思政讲义

“两个结合”领航中国

SIZHENG JIANGYI

“LIANGGE JIEHE” LINGHANG ZHONGGUO

薛静　庆超 | 著

中国出版集团有限公司
研究出版社

图书在版编目（CIP）数据

思政讲义：“两个结合”领航中国 / 薛静，庆超著 .
北京：研究出版社，2025. 6. -- ISBN 978-7-5199
-1614-5
Ⅰ . D261.42
中国国家版本馆 CIP 数据核字第 20246EC698 号

出 品 人：陈建军
出版统筹：丁　波
策划编辑：宋军占
责任编辑：宋军占　赖婷婷

思政讲义：“两个结合”领航中国
SIZHENG JIANGYI: “LIANGGE JIEHE” LINGHANG ZHONGGUO
薛静　庆超　著
研究出版社出版发行
（100006　北京市东城区灯市口大街100号华腾商务楼）
北京新华印刷有限公司印刷　新华书店经销
2025年6月第1版　2025年6月第1次印刷
开本：787mm × 1092mm　1/16　印张：25.5
字数：478千字
ISBN 978-7-5199-1614-5　定价：78.00元
电话（010）64217619　64217652（发行部）

内 容 简 介

中共二十大指出：“坚持和发展马克思主义，必须同中华优秀传统文化相结合。”“把马克思主义基本原理同中国具体实际相结合、同中华优秀传统文化相结合。”“两个结合”是马克思主义中国化的重要成果。本书运用五千多年中华文化的历史积淀、历史内涵、历史典故、历史故事，深入浅出地阐释“两个结合”给中华民族带来的历史性变化。

“两个结合”是当代中国广大党员、干部和群众的学习热点、关注热点、重视热点，“两个结合”是当代中国的政治学界热点、理论界热点、思想界热点、近现代史学界热点，“两个结合”是中央大力推进的“大中小学思政一体化”、大学“课程思政”的重点。

本书一方面为广大党员、干部和人民群众进一步学习、落实“两个结合”提供了具有政治性、科学性、历史性、知识性、可读性、普及性兼备的读物；另一方面为大学、中学、小学讲好、学好“课程思政”的广大师生，为推进“大中小学思政一体化”提供了新鲜教材和学习读物。

作 者 简 介

薛　静　北京大学中文系学士、硕士、博士。现任清华大学人文学院讲师。主要从事文化传播、文创产业与大众文化等领域的研究。在各类学术期刊发表论文四十余篇，多次成为期刊年度优秀论文、封面论文，专著、合著、参与编撰的著作共计十余部，两度受邀担任国际学术会议分组主席。在《人民日报》《中国青年报》等媒体发表文艺评论五十余篇，多篇被广泛转载并引发热烈的社会反响。代表性著作：《以"重生"反思"现代"》（作家出版社）、《文创理念与当代中国文化传播》（光明日报出版社）、《网络文学20年·典文集》（漓江出版社）、《脂粉帝国》（中国文联出版社）等。

庆　超　研究方向为马克思主义中国化、中国近现代思想史等。曾向中央领导同志讲述抗战胜利70周年主题展览，根据中央领导同志批示，到联合国讲述中国抗战展览9天。曾任《复兴之路》《迎接党的十八大》《新中国成立六十周年》《伟大胜利，历史贡献——庆祝抗日战争胜利70周年主题展览》等展览小组成员，在联合国举办的《为了和平的纪念——纪念抗日战争、世界反法西斯战争胜利暨联合国成立70周年主题展览》展览小组成员，中央纪念抗战胜利70周年办公室成员、纪念抗战胜利中央宣讲团成员、纪念抗战胜利70周年文艺晚会历史顾问。主要著作：《邓小平与现代中国》（国家出版基金项目，中共中央宣传部、国家新闻出版总署"一带一路"推介图书，参加阿尔及尔国际图书博览会，在10多个国家出版）；《历史转折关头的邓小平》（省部级"五个一工程"奖）；《第一代中央领导集体的形成》和《中国共产党执政史》第3卷（中共中央宣传部、国家新闻出版总署重点图书）；《中国现代史论》共10卷、《壮丽人生》共4卷、《毛泽东南方决策》、《光荣与梦想》上中下卷、《马克思主义基本原理与中华优秀传统文化》、《浴血奋斗》等。

目　录

上　篇

“第一个结合”：马克思主义基本原理同中国具体实际相结合

中　篇

“第二个结合”：马克思主义基本原理同中华优秀传统文化相结合

下　篇

愚公移山：中华优秀传统文化的时代价值

上　篇

“第一个结合”：马克思主义基本原理同中国具体实际相结合

第一讲

马克思主义基本原理
同中国具体实际相结合的源头与发展

中华民族古老的经典著作《周易》里面写道："刚柔交错，天文也；文明以止，人文也。观乎天文，以察时变；观乎人文，以化成天下。"中华民族的"文化"二字由此而来。中华文明是中华民族智慧的结晶，中华优秀传统文化是中华民族五千多年绵延不绝灿烂历史的结晶，是中华民族历史文化的集中体现，是中华民族走向世界舞台中心的最强大的"软实力"，也是中华民族世世代代传承、创新、发展的宝贵精神财富。

一、马克思、恩格斯预见"中国社会主义"将不同于"欧洲社会主义"

马克思主义诞生在19世纪的欧洲西部，为全世界工人阶级和人民大众的解放指明了道路。当时，位于世界东方亚洲的中国，正处于遭受帝国主义和封建主义双重压迫下的半殖民地半封建社会。但是，马克思、恩格斯以辩证唯物主义与历史唯物主义的立场、观点和方法，高瞻远瞩，高屋建瓴，很早就对世界东方和中国革命给予极大的期望和具有前瞻性的预见。

（一）"马克思、恩格斯……甚至为他们心中的新中国取了靓丽的名字——'中华共和国'"①

中华民族五千多年连绵不绝的历史创造了光辉灿烂的中国古代文明。马克思对此予以高度评价："火药、指南针、印刷术——这是预告资产阶级社会到来的三大发明。火药把骑士阶层炸得粉碎，指南针打开了世界市场并建立了殖民地，而印刷术则变成新教的工具，总的来说变成科学复兴的手段，变成对精神发展创造必要前提的最

---

① 习近平：《论党的宣传思想工作》，中央文献出版社2020年版，第324－325页。

强大的杠杆。"①

恩格斯则认为火药和印刷术"具有光辉历史意义"。中国进入近代后，反抗帝国主义侵略和封建主义剥削的群众运动此起彼伏，连绵不绝，直至爆发了中国近代历史上规模最大的农民起义——洪秀全领导的太平天国农民运动。

1850 年 1 月，马克思在《新莱茵报》发表文章指出："如果我们欧洲的反动分子不久的将来会逃奔亚洲，最后到达万里长城，到达最反动最保守的堡垒的大门，那么他们说不定就会看见这样的字样'中华共和国自由，平等，博爱'。"②

在纪念马克思诞辰 200 周年大会上，习近平总书记指出："马克思、恩格斯高度肯定中华文明对人类文明进步的贡献，科学预见了'中国社会主义'的出现，甚至为他们心中的新中国取了靓丽的名字——'中华共和国'。"③

20 世纪 40 年代末，中国革命胜利时，中华人民共和国宣告成立，中国共产党和中国人民为新中国确立的名字与马克思的预言不谋而合。

（二）马克思、恩格斯前瞻性地预见到"中国社会主义"将不同于"欧洲社会主义"

1848 年 2 月，马克思、恩格斯在《共产党宣言》中指出："资产阶级，由于一切生产工具的迅速改进，由于交通的极其便利，把一切民族甚至最野蛮的民族都卷到文明中来了。它的商品的低廉价格，是它用来摧毁一切万里长城、征服野蛮人最顽强的仇外心理的重炮。它迫使一切民族——如果它们不想灭亡的话——采用资产阶级的生产方式；它迫使它们在自己那里推行所谓的文明，即变成资产者。一句话，它按照自己的面貌为自己创造出一个世界。"

马克思、恩格斯在《共产党宣言》中认为："随着资产阶级的发展，随着贸易自由的实现和世界市场的建立，随着工业生产以及与之相适应的生活条件的趋于一致，各国人民之间的民族分隔和对立日益消失。无产阶级的统治将使它们更快地消失。联合的行动，至少是各文明国家的联合的行动，是无产阶级获得解放的首要条件之一。"

1853 年，马克思在《欧洲革命和中国革命》中预言，在鸦片战争开始的英国大炮的轰击下，中国封建社会"天朝帝国万世长存的迷信破了产，野蛮的、闭关自守的、与文明世界隔绝的状态被打破，开始同外界发生联系"。马克思、恩格斯认为，

---

① 转引自《人民日报》2016 年 6 月 1 日。

② 《马克思恩格斯全集》第 7 卷，人民出版社 1959 年版，第 265 页。

③ 习近平：《论党的宣传思想工作》，中央文献出版社 2020 年版，第 324－325 页。

鸦片战争迫使中国这个落后国家卷入了世界资本主义经济市场，同时也激发了中国人民反对帝国主义和封建主义的斗争，从此中国人民反帝反封建的革命与欧洲的社会主义革命联为一体（“两极相联”）。马克思、恩格斯认为“中国社会主义之于欧洲社会主义，也许就像中国哲学与黑格尔哲学一样”，并前瞻性地预见到“中国社会主义”将不同于“欧洲社会主义”。

正是马克思主义创始人一系列具有前瞻性的论断，成为新民主主义革命时期中国共产党人提出中国革命是世界无产阶级革命一部分的著名论断的理论源头，对此，毛泽东在《新民主主义论》中进行了充分的论述。马克思主义经典作家的论述，成为马克思主义中国化时代化的理论源头，成为“把马克思主义基本原理同中国具体实际相结合、同中华优秀传统文化相结合”的理论源头。

马克思主义创始人前瞻性地预见到“中国社会主义”将不同于“欧洲社会主义”，为中国实行改革开放和社会主义现代化建设新时期坚定不移地“走自己的路，建设有中国特色社会主义”提供了权威依据与理论源头。

二、列宁提出马克思主义东方化的“困难而特殊的任务”

（一）列宁认为实现马克思主义东方化，是东方共产主义者的“困难而特殊的任务，但又是一个能收到卓著成效的任务”

列宁虽然一直在欧洲，却非常重视世界东方——亚洲特别是中国的发展变化。1913 年 5 月，列宁满怀激情地写下了《亚洲的觉醒》的文章，对中国乃至整个亚洲出现的民主主义高潮进行了充满预见的论述。列宁写道：“中国不是早就被公认为是长期完全停滞的国家的典型吗？但是现在中国的政治生活沸腾起来了，社会运动和民主主义高潮正在汹涌澎湃地发展。继俄国 1905 年的运动之后，民主革命席卷了整个亚洲——席卷了土耳其、波斯、中国。在英属印度，动乱也在加剧。”①

列宁高度评价亚洲人民的革命觉醒：“世界资本主义和俄国 1905 年的运动终于唤醒了亚洲。几万万受压制的、由于处于中世纪的停滞状态而变得粗野的人民觉醒过来了，他们走向新生活，为争取人的起码权利、为争取民主而斗争。”② “世界各先进国家的工人以关切、兴奋的心情注视着全球各地各种形式的世界解放运动的这种气势磅礴的发展。被工人运动的力量吓坏了的欧洲资产阶级，投到反动势力、军阀、僧侣主义和蒙昧主义的怀抱里去了。但是，欧洲各国的无产阶级以及亚洲各国年轻的、对自

① 《列宁全集》第 23 卷，人民出版社 1990 年版，第 160 页。
② 《列宁全集》第 23 卷，人民出版社 1990 年版，第 161 页。

己力量充满信心、对群众充满信任的民主派，正在起来代替这些气息尚存但已日趋腐朽的资产阶级。"① "亚洲的觉醒和欧洲先进无产阶级夺取政权斗争的开始，标志着20世纪初所开创的全世界历史的一个新阶段。"②

在此期间，列宁撰写了《落后的欧洲和先进的亚洲》。列宁写道："把标题中的这两个词组作对比，似乎是不合情理的。谁不知道欧洲先进、亚洲落后呢？但是用作本文标题的这两个词组却包含着一个辛辣的真理。"③ "技术十分发达、文化丰富全面、实行立宪、文明又先进的欧洲，已经进入这样一个历史时期，这时当权的资产阶级由于惧怕日益成长壮大的无产阶级而支持一切落后的、垂死的、中世纪的东西。正在衰朽的资产阶级与一切已经衰朽的和正在衰朽的势力联合起来，以求保存摇摇欲坠的雇佣奴隶制。"④ "在先进的欧洲，当权的是支持一切落后东西的资产阶级。当今欧洲之所以先进，并不是由于资产阶级的存在，而是由于不顾资产阶级的反对，因为只有无产阶级才能使争取美好未来的百万大军日益壮大起来，只有它才能保持和传播对落后、野蛮、特权、奴隶制和人侮辱人现象的无情的仇视心理。"⑤ "在'先进的'欧洲，只有无产阶级才是先进的阶级。而活着的资产阶级甘愿干一切野蛮、残暴和罪恶的勾当，以维护垂死的资本主义奴隶制。"⑥ "欧洲资产阶级为了金融经纪人和资本家骗子的自私目的而支持亚洲的反动势力，这可以说是整个欧洲资产阶级已经腐朽的一个最明显不过的例子。"⑦

列宁认为，"在亚洲，强大的民主运动到处都在发展、扩大和加强。那里的资产阶级还在同人民一起反对反动势力。数亿人正在觉醒起来，追求生活，追求光明，追求自由。这个世界性的运动使一切懂得只有通过民主才能达到集体主义的觉悟工人多么欢欣鼓舞！一切真诚的民主主义者对年轻的亚洲是多么同情！"⑧ "而'先进的'欧洲呢？它掠夺中国，帮助中国那些反对民主和自由的人！"⑨

列宁愤怒地指出："请看一笔很简单而又很有教益的账吧。为了反对中国的民主派，已经签订向中国提供一笔新借款的契约，因为'欧洲'支持准备实行军事独裁的袁世凯。为什么它要支持袁世凯呢？因为这是一笔有利可图的生意。借款数目将近

① 《列宁全集》第23卷，人民出版社1990年版，第161页。
② 《列宁全集》第23卷，人民出版社1990年版，第161页。
③ 《列宁全集》第23卷，人民出版社1990年版，第165页。
④ 《列宁全集》第23卷，人民出版社1990年版，第165页。
⑤ 《列宁全集》第23卷，人民出版社1990年版，第165页。
⑥ 《列宁全集》第23卷，人民出版社1990年版，第165页。
⑦ 《列宁全集》第23卷，人民出版社1990年版，第165－166页。
⑧ 《列宁全集》第23卷，人民出版社1990年版，第166页。
⑨ 《列宁全集》第23卷，人民出版社1990年版，第166页。

25000万卢布，但要按100卢布折合84卢布的行市计算。这就是说，‘欧洲’资产者实际付给中国人21000万卢布；而他们向公众则要去22500万卢布。你看，在几星期内，一下子就赚得1500万卢布的纯利！这岂不确实是一笔很大的‘纯’利吗？”①

列宁揭露说，要是中国人民不承认这笔借款呢？中国不是建立了共和制而国会中的多数又反对这笔借款吗？啊，那时“先进的”欧洲就会大喊什么“文明”、“秩序”、“文化”和“祖国”！那时它就会出动大炮，并与那个冒险家、卖国贼、反动势力的朋友袁世凯勾结起来扼杀“落后的”亚洲的共和制！② 列宁痛斥“整个欧洲的当权势力，整个欧洲的资产阶级，都是与中国的一切反动势力和中世纪势力勾结在一起的”。③

列宁满怀信心地预见：“但整个年轻的亚洲，即亚洲数亿劳动者，却有着一切文明国家里的无产阶级做他们的可靠的同盟者。世界上没有任何力量能阻止无产阶级的胜利，而这一胜利一定能把欧洲各国人民和亚洲各国人民都解放出来。”④

（二）列宁提出马克思主义基本原理必须同东方革命具体实际相结合问题，阐述了关于民族殖民地问题的理论和纲领

在马克思主义发展史和国际共产主义运动史上，极为关注东方革命的列宁，最早提出马克思主义基本原理必须同东方革命具体实际相结合的科学命题。

1919年列宁在《在全俄东部各民族共产党组织第二次代表大会上的报告》中，向东方共产主义者强调指出：“你们面临着全世界共产党人所没有遇到过的一个任务，就是你们必须以共产主义的一般理论和实践为依据，适应欧洲各国所没有的特殊条件，善于把这种理论和实践运用于主要群众是农民、需要解决的斗争任务不是反对资本而是反对中世纪残余这样的条件。这是一个困难而特殊的任务，但又是一个能收到卓著成效的任务。”⑤

1920年举行的共产国际第二次代表大会上，列宁提出的《民族和殖民地问题提纲初稿》，阐述了关于民族殖民地问题的理论和纲领，是马克思主义关于民族问题理论在帝国主义条件下的继续和发展，对促进和加强世界无产阶级与被压迫民族的联合，推动殖民地各国的革命运动具有重大的指导意义。列宁指出，在第一次世界大战和俄国十月革命后，民族和殖民地问题已经成为世界无产阶级革命的一部分。各国共

---

① 《列宁全集》第23卷，人民出版社1990年版，第166页。
② 《列宁全集》第23卷，人民出版社1990年版，第166页。
③ 《列宁全集》第23卷，人民出版社1990年版，第166页。
④ 《列宁全集》第23卷，人民出版社1990年版，第166－167页。
⑤ 《列宁全集》第37卷，人民出版社1986年版，第323页。

产党必须帮助落后国家的资产阶级民族解放运动；必须特别援助落后国家中反对地主、反对大土地占有制、反对各种封建主义现象或封建主义残余的农民运动，竭力使农民运动具有最大的革命性。

在列宁指导下，共产国际第二次代表大会通过的《关于民族和殖民地问题的补充提纲》指出："殖民地革命在初期并不是共产主义革命，然而，如果它从一开始就由共产主义先锋队来领导，革命群众就将逐渐获得革命经验，走上达到最终目的的正确道路。"在革命发展的第一阶段，应当是推翻外国资本主义，完成资产阶级民主革命任务，如分配土地等。列宁的论述和共产国际的文件，明确地指出了各被压迫民族和殖民地、半殖民地革命的基本道路，指出共产党在民族民主革命中所应采取的基本方针，对中国革命具有重要指导意义。

为了揭露帝国主义国家利用华盛顿会议进行侵略扩张的面目，广泛传播列宁关于民族和殖民地问题理论，号召远东各被压迫民族开展反帝反封建的民族民主革命，共产国际于1922年初召开远东各国共产党及民族革命团体第一次代表大会。出席这次大会的中国代表团有44人，其中共产党员14人，还有社会主义青年团代表、国民党代表，以及工人、农民、学生、妇女等革命团体的代表。

这是中国共产党成立后第一次正式派出代表参加大型国际会议。大会揭露了华盛顿会议的实质及其瓜分中国的图谋，总结和交流了远东各国人民开展革命斗争的情况和经验。会议根据列宁的民族和殖民地问题的理论，阐明了被压迫民族所面临的反帝反封建的历史任务，讨论共产党人在民族和殖民地问题上的立场，以及共产党同民族革命政党进行合作的问题，强调吸收农民群众参加民族民主革命运动的重大意义。

这次会议期间，列宁抱病接见了中国共产党代表张国焘、中国国民党代表张秋白和铁路工人代表邓培3人，希望国共两党实现合作，勉励中国工人阶级和革命群众加强团结，推动中国革命向前发展。此次会议，对于帮助中国共产党人认清中国国情和制定中国民主革命的纲领，建立民主主义的联合战线，起了至关重要的作用。

在此期间，中国共产党一方面通过革命实践探索中国革命的基本问题，另一方面接受列宁关于民族和殖民地问题的理论，并开始把这两个方面结合起来，逐渐酝酿和形成了一个大体上符合中国国情的革命纲领。这就说明，中国共产党把马克思主义基本原理同中国具体实际相结合过程中，推进和实现马克思主义中国化过程中，一开始就得到了列宁和共产国际的正确帮助。

"半亩方塘一鉴开，天光云影共徘徊。问渠那得清如许，为有源头活水来。"列宁对中国革命和亚洲革命的深切期待、殷切展望与理论阐述，为中国共产党"把马克思主义基本原理同中国具体实际相结合、同中华优秀传统文化相结合”提供了思想营养、理论源泉，指明了前进方向。

三、把马克思主义基本原理同中国具体实际相结合，开创中国革命道路

马克思主义创始人历来认为，马克思主义理论不是教条，而是行动的指南。马克思主义必须随着时代的发展而发展，随着实践的变化而变化，随着历史的前进而前进。

（一）“把马克思主义基本原理同中国具体实际相结合”“中国革命斗争的胜利要靠中国同志了解中国情况”

1848 年，马克思、恩格斯在《共产党宣言》第二章末尾提出了无产阶级剥夺剥夺者的十项革命措施。然而，在 1872 年《共产党宣言》德文版序言中，马克思、恩格斯又写道：“这些基本原理的实际运用，正如《宣言》中所说的，随时随地都要以当时的历史条件为转移，所以，第二章末尾提出的那些革命措施并没有什么特殊的意义。现在这一段在许多方面都应该有不同的写法了。”

列宁在《论策略书》中指出：“马克思和恩格斯总是说，‘我们的学说不是教条，而是行动的指南’。”中国共产党成立后，迅速领导了一系列工人运动和群众运动，建立国共合作的统一战线，进行北伐战争，掀起了轰轰烈烈的大革命。大革命失败后，以毛泽东为代表的共产党人总结经验教训，深入农村和山区，开展武装斗争，进行土地革命，建立工农红军和工农政权，创建了井冈山革命根据地、中央革命根据地、大别山革命根据地、湘鄂西革命根据地、陕甘革命根据地等一系列革命根据地，创造了把马克思主义基本原理同中国具体实际相结合形成的建党、建军、建政的丰富经验。

在《中国革命战争的战略问题》中毛泽东总结道：我们的战争是从 1927 年秋天开始的，当时根本没有经验。南昌起义、广州起义是失败了，秋收起义在湘鄂赣边界地区的部队，也打了几个败仗，转移到湘赣边界的井冈山地区。第二年 4 月，南昌起义失败后保存的部队，经过湘南也转到了井冈山。然而从 1928 年 5 月开始，适应当时情况的带着朴素性质的游击战争基本原则，已经产生出来了，那就是所谓“敌进我退，敌驻我扰，敌疲我打，敌退我追”的十六字诀。这个十六字诀的军事原则，立三路线以前的中央是承认了的。后来我们的作战原则有了进一步的发展。到了江西根据地第一次反“围剿”时，“诱敌深入”的方针提出来了，而且应用成功了。等到战胜敌人的第三次“围剿”，于是全部红军作战的原则就形成了。这时是军事原则的新发展阶段，内容大大丰富起来，形式也有了许多改变，主要的是超越了从前的朴素

性，然而基本的原则，仍然是那个十六字诀。十六字诀包举了反"围剿"的基本原则，包举了战略防御和战略进攻的两个阶段，在防御时又包举了战略退却和战略反攻的两个阶段。后来的东西只是它的发展罢了。①

中国共产党把马克思主义基本原理同中国革命具体实际相结合的代表人物，首推毛泽东。20 世纪 30 年代初期，毛泽东就提出了把马克思主义基本原理同中国具体实际相结合问题。他从中国革命的经验教训中得出必须"反对本本主义"的结论，在《反对本本主义》中指出："马克思主义的'本本'是要学习的，但是必须同我国的实际情况相结合，我们需要'本本'，但是一定要纠正脱离实际情况的'本本主义'。"

在《反对本本主义》中，毛泽东得出的结论是："中国革命斗争的胜利要靠中国同志了解中国情况。"

然而，在中国革命进程中却多次出现严重危害革命、给革命造成重大挫折的"左"倾教条主义错误。20 世纪 30 年代初期，王明"左"倾教条主义者篡夺了中共中央领导权，推行"左"倾教条主义，在政治路线方面，推行"左"倾"关门主义"，即实质上的"左"倾教条主义，"打倒一切，唯我独左"，不要同盟军，将中间阶层视为"最危险的敌人"；在组织路线方面，对持不同意见的干部，实行"残酷斗争、无情打击"；在军事路线方面，实行"左"倾冒险主义，脱离中国实际和中国革命战争敌强我弱的特点，教条主义地"照抄照搬"欧洲国家的"正规战""阵地战""堡垒战"，"左"倾教条主义者认为毛泽东等创造的政治、军事、根据地建设经验"不登大雅之堂"，是"山沟里的马克思主义"。

"左"倾教条主义者遇到中国革命问题，只会"拿本本来"，照抄、照念、照搬外国经验和外国方法，根本脱离中国革命的具体实际。"左"倾教条主义者起劲地反对"游击主义"。他们说：诱敌深入是不对的，放弃了许多地方。过去虽然打过胜仗，然而现在不是已经和过去不同了吗？并且不放弃土地又能打胜敌人不是更好些吗？在敌区或在我区敌区交界地方去打胜敌人不是更好些吗？过去的东西没有任何的正规性，只是游击队使用的办法。现在我们的国家已成立了，我们的红军已正规化了。我们和蒋介石作战是国家和国家作战，大军和大军作战。历史不应重复，"游击主义"的东西是应该全部抛弃的了。新的原则是"完全马克思主义"的，过去的东西是游击队在山里产生的，而山里是没有马克思主义的。新原则和这相反："以一当十，以十当百，勇猛果敢，乘胜直追"，"全线出击"，"夺取中心城市"，"两个拳头

---

① 《毛泽东选集》第 1 卷，人民出版社 1991 年版，第 204 – 205 页。

打人”。敌人进攻时，对付的办法是“御敌于国门之外”，“先发制人”，“不打烂坛坛罐罐”，“不丧失寸土”，“六路分兵”；是“革命道路和殖民地道路的决战”；是短促突击，是堡垒战，是消耗战，是“持久战”；是大后方主义，是绝对的集中指挥；最后，则是大规模搬家。并且谁不承认这些，就给以惩办，加之以机会主义的头衔，如此等等。

“左”倾教条主义者“拒绝了解任何的特殊情况，拒绝红军血战史的经验，轻视帝国主义和国民党的力量，轻视国民党军队的力量，对敌人采用的反动的新原则视若无睹。结果，是丧失了除了陕甘边区以外的一切革命根据地，使红军由三十万人降到了几万人，使中国共产党由三十万党员降到了几万党员，而在国民党区域的党组织几乎全部丧失。总之，是受了一次极大的历史性的惩罚。他们自称为马克思列宁主义者，其实一点马克思列宁主义也没有学到。列宁说：马克思主义的最本质的东西，马克思主义的活的灵魂，就在于具体地分析具体的情况。我们的这些同志恰是忘记了这一点。”①

中国革命正反两个方面的经验教训证明，“在一个半殖民地、半封建的东方大国里进行革命，必然遇到许多特殊的复杂问题。靠背诵马克思列宁主义一般原理和照搬外国经验，不可能解决这些问题。主要在本世纪二十年代后期和三十年代前期在国际共产主义运动中和我们党内盛行的把马克思主义教条化、把共产国际决议和苏联经验神圣化的错误倾向，曾使中国革命几乎陷于绝境”②。红军第五次反“围剿”失败、除了陕甘革命根据地以外的根据地的丧失、红军不得不从南方长征到西北，就是“左”倾教条主义者造成的严重恶果。

长征途中的遵义会议实现了中国革命伟大的历史性转折，事实上确立了毛泽东在中央的领导地位，开始形成以毛泽东为核心的党的第一代中央领导集体。从此，中国革命走上把马克思主义基本原理同中国革命具体实际相结合的正确道路，冲破一切激流险滩，迅猛发展；战胜一切艰难险阻，一往无前。

（二）“使马克思主义在中国具体化，使之在其每一表现中带着必须有的中国的特性”③

历史在发展。抗日战争初期，中共六届六中全会确立全党坚持和发展马克思主义中国化的正确方向。会前举行的中共中央政治局会议，由从苏联回到延安的王稼祥作

---

① 《毛泽东选集》第1卷，人民出版社1991年版，第187页。

② 《关于建国以来党的若干历史问题的决议》，《人民日报》1981年7月1日。

③ 《毛泽东选集》第2卷，人民出版社1991年版，第534页。

《国际指示报告》，传达共产国际指示和共产国际执行委员会总书记季米特洛夫的意见："认为中共一年来建立了抗日统一战线，尤其是朱（德）、毛（泽东）等领导了八路军执行了党的新政策，（共产）国际认为中共的政治路线是正确的，中共在复杂的环境及困难条件下真正运用了马列主义。"① 中共中央"在领导机关中要在毛泽东为首的领导下解决，领导机关中要有亲密团结的空气"②。

中共六届六中全会由毛泽东代表中央政治局作《抗日民族战争与抗日民族统一战线发展的新阶段》的政治报告。这是毛泽东首次代表中央在中央全会作政治报告。

关于全党要普遍地深入地研究马克思主义理论与中华民族历史和中国革命现状的问题，毛泽东指出："一般地说，一切有相当研究能力的共产党员，都要研究马克思、恩格斯、列宁、斯大林的理论，都要研究我们民族的历史，都要研究当前运动的情况和趋势；并经过他们去教育那些文化水准较低的党员。特殊地说，干部应当着重地研究这些，中央委员和高级干部尤其应当加紧研究。指导一个伟大的革命运动的政党，如果没有革命理论，没有历史知识，没有对于实际运动的深刻的了解，要取得胜利是不可能的。"③

坚持实事求是，反对教条主义。毛泽东要求全党把马克思主义同中国的具体特点相结合，反对教条主义。对于马克思主义，"不应当把他们的理论当作教条看待，而应当看作行动的指南"④。毛泽东说：马克思、恩格斯、列宁、斯大林的理论，是"放之四海而皆准"的理论。不应当把他们的理论当作教条看待，而应当看作行动的指南。不应当只是学习马克思列宁主义的词句，而应当把它当成革命的科学来学习。不但应当了解马克思、恩格斯、列宁、斯大林他们研究广泛的真实生活和革命经验所得出的关于一般规律的结论，而且应当学习他们观察问题和解决问题的立场和方法。我们党的马克思列宁主义的修养，现在已较过去有了一些进步，但是还很不普遍，很不深入。我们的任务，是领导一个几万万人口的大民族，进行空前的伟大的斗争。所以，普遍地深入地研究马克思列宁主义的理论的任务，对于我们，是一个亟待解决并须着重地致力才能解决的大问题。我希望从我们这次中央全会之后，来一个全党的学习竞赛，看谁真正地学到了一点东西，看谁学的更多一点，更好一点。在担负主要领导责任的观点上说，如果我们党有一百个至二百个系统地而不是零碎地、实际地而不是空洞地学会了马克思列宁主义的同志，就会大大地提高我们党的战斗力量，并加速

---

① 《王稼祥选集》，人民出版社 1989 年版，第 138 页。
② 《王稼祥选集》，人民出版社 1989 年版，第 141 页。
③ 《毛泽东选集》第 2 卷，人民出版社 1991 年版，第 532－533 页。
④ 《毛泽东选集》第 2 卷，人民出版社 1991 年版，第 533 页。

我们战胜日本帝国主义的工作。①

关于把马克思主义基本原理同中华优秀传统文化相结合问题，毛泽东强调，学习我们的历史遗产，用马克思主义的方法给以批判的总结，是我们学习的另一任务。我们这个民族有数千年的历史，有它的特点，有它的许多珍贵品。对于这些，我们还是小学生。今天的中国是历史的中国的一个发展；我们是马克思主义的历史主义者，我们不应当割断历史。从孔夫子到孙中山，我们应当给以总结，承继这一份珍贵的遗产。这对于指导当前的伟大的运动，是有重要的帮助的。共产党员是国际主义的马克思主义者，但是马克思主义必须和我国的具体特点相结合并通过一定的民族形式才能实现。马克思列宁主义的伟大力量，就在于它是和各个国家具体的革命实践相联系的。对于中国共产党说来，就是要学会把马克思列宁主义的理论应用于中国的具体的环境。成为伟大中华民族的一部分而和这个民族血肉相连的共产党员，离开中国特点来谈马克思主义，只是抽象的空洞的马克思主义。因此，使马克思主义在中国具体化，使之在其每一表现中带着必须有的中国的特性，即是说，按照中国的特点去应用它，成为全党亟待了解并亟须解决的问题。洋八股必须废止，空洞抽象的调头必须少唱，教条主义必须休息，而代之以新鲜活泼的、为中国老百姓所喜闻乐见的中国作风和中国气派。把国际主义的内容和民族形式分离起来，是一点也不懂国际主义的人们的做法，我们则要把二者紧密地结合起来。在这个问题上，我们队伍中存在着的一些严重的错误，是应该认真地克服的。②

正是在中共六届六中全会上，毛泽东十分鲜明地向全党郑重提出实现马克思主义中国化问题，要求全党“把马克思主义基本原理同中国的具体实际相结合”。他指出：“没有抽象的马克思主义，只有具体的马克思主义。所谓具体的马克思主义，就是通过民族形式的马克思主义，就是把马克思主义应用到中国具体环境的具体斗争中去。”③ 毛泽东严厉批判“左”倾教条主义，提出实现全党马克思主义中国化具有重要现实意义和深远历史意义。

最后，毛泽东代表中央在中共六届六中全会的结论报告中指出：我们党奋斗了十七年，空前地进步了，党已经能够更灵活地运用马克思列宁主义于中国革命的具体实践。④ 中共六届六中全会推动全党把马克思主义基本原理同中国具体实际相结合提升

---

① 《毛泽东选集》第2卷，人民出版社1991年版，第532－533页。

② 《毛泽东选集》第2卷，人民出版社1991年版，第533－534页。

③ 毛泽东：《论新阶段》，延安《解放》周刊第57期，1938年11月。

④ 中共中央文献研究室编：《毛泽东年谱（1893—1949）》中卷，人民出版社、中央文献出版社1993年版，第94页。

到新阶段，要求全党"在宣传工作中实现马克思主义中国化""在组织工作中实现马克思主义中国化""在全党各项工作中实现马克思主义中国化"。毛泽东认为"六中全会是决定中国之命运的"，六中全会路线是"从中国自己的土地上生长出来的"。

在中共六届六中全会上，毛泽东第一次将中华优秀传统文化中的"实事求是"概念古为今用、点石成金，赋予崭新的政治内涵与时代内涵。毛泽东指出："共产党员应是实事求是的模范，又是具有远见卓识的模范。因为只有实事求是，才能完成确定的任务；只有远见卓识，才能不失前进的方向。"① 以此为开端，在以后的延安整风运动中，正式确立了中国共产党实事求是的思想路线。

在抗日战争时期著名的全党整风运动初期，毛泽东就在《改造我们的学习》中指出："实事"就是客观存在着的一切事物，"是"就是客观事物的内部联系，即规律性，"求"就是我们去研究。② 毛泽东认为，"是"就是事物的规律，"求是"就是认真追求、研究事物的发展规律，找出事物的内部联系，作为我们行动的向导。毛泽东指出：学习马克思主义要"有的放矢"，"的"就是中国革命，"矢"就是马克思列宁主义。我们中国共产党人之所以要找这根"矢"，就是为了要射中国革命和东方革命这个"的"。这种态度就是"实事求是"的态度。③ "这种态度，有实事求是之意，无哗众取宠之心。这种态度，就是党性的表现，就是理论和实践统一的马克思列宁主义的作风。"

通过整风运动和批判教条主义，中国共产党确立马克思主义与中国革命的具体实际相统一的思想——毛泽东思想为指导思想，引领中国革命走向了胜利。《关于建国以来党的若干历史问题的决议》指出："以毛泽东同志为主要代表的中国共产党人，根据马克思列宁主义的基本原理，把中国长期革命实践中的一系列独创性经验作了理论概括，形成了适合中国情况的科学的指导思想，这就是马克思列宁主义普理原理和中国革命具体实践相结合的产物——毛泽东思想。"④

通过总结新民主主义革命时期出现"左"倾错误和右倾错误的根源实质上都是源于教条主义。毛泽东指出："斯大林对中国作了一些错事。第二次国内革命战争后期的王明'左'倾冒险主义，抗日战争初期的王明右倾机会主义，都是从斯大林那里来的。解放战争时期，先是不准革命，说是如果打内战，中华民族有毁灭的危险。仗打起来，对我们半信半疑。仗打胜了，又怀疑我们是铁托式的胜利，1949、1950

① 《毛泽东选集》第2卷，人民出版社1991年版，第522-523页。
② 《毛泽东选集》第3卷，人民出版社1991年版，第801页。
③ 《毛泽东选集》第3卷，人民出版社1991年版，第801页。
④ 《关于建国以来党的若干历史问题的决议》，《人民日报》1981年7月1日。

两年对我们的压力很大。”①

历史证明，坚持把马克思主义基本原理同中国具体实际相结合是唯一正确的道路。中国共产党始终不渝地坚持把马克思主义基本原理同中国革命的具体实际相结合，领导中国人民赢得了新民主主义革命的伟大胜利。

四、把马克思主义基本原理同中国具体实际相结合，确立社会主义制度

（一）“把马克思主义基本原理同中国具体实际相结合”，创造社会主义革命和建设的重大成就

中华人民共和国成立后，中国共产党成为执政党，“把马克思主义基本原理同中国具体实际相结合”进入新阶段。

俄国十月革命胜利后，布尔什维克党成为执政党，列宁明确指出：“我们应当同过去诀别，着手进行真正的经济建设，改造党的全部工作，使党能够领导苏维埃的经济建设，取得实际的成就。”② 在新中国成立后举行的中共七届三中全会上，毛泽东提出了“为争取国家财政经济状况的根本好转而斗争”“不要四面出击”，在本质上体现着以经济建设为中心的战略思想和集中精力、集中力量完成国家经济恢复工作的策略思想，两者之间具有相辅相成的内在联系。事实证明，这样的方针完全正确，党和国家在很短的时间内完成了恢复国民经济的重大任务，奠定了全面建设社会主义的重要基础。

在此基础上，发展国民经济的第一个五年计划顺利实施，奠定了大规模经济建设的重要基础。第一届全国人大第一次会议制定《中华人民共和国宪法》，确立了社会主义基本制度。新中国犹如旭日东升，光芒万丈。在短短的时间内，中国共产党领导中国人民“建立和发展了社会主义经济，基本上完成了对生产资料私有制的社会主义改造，基本上实现了生产资料公有制和按劳分配。剥削制度消灭了，剥削阶级作为阶级已经不再存在，他们中的绝大多数人已经改造成为自食其力的劳动者”③。新中国政通人和，欣欣向荣，生机勃勃。

中华人民共和国成立后，“把马克思主义基本原理同中国具体实际相结合”成效显著。1956 年春天，中央听取了工业、农业、运输业、商业、财政等 34 个部门的工作汇报，毛泽东在总结中国社会主义革命和建设初步经验的基础上，以苏联经验为鉴戒，作了《论十大关系》的重要讲话，“最近苏联方面暴露了他们在建设社会主义过

---

① 毛泽东：《论十大关系》，《人民日报》1976 年 12 月 26 日。

② 《列宁全集》第 40 卷，人民出版社 1992 年版，第 37 页。

③ 《关于建国以来党的若干历史问题的决议》，《人民日报》1981 年 7 月 1 日。

程中的一些缺点和错误，他们走过的弯路，你还想走？过去我们就是鉴于他们的经验教训，少走了一些弯路，现在当然更要引以为戒"。"我们要学的是属于普遍真理的东西，并且学习一定要与中国实际相结合。如果每句话，包括马克思的话，都要照搬，那就不得了。我们的理论，是马克思列宁主义的普遍真理同中国革命的具体实践相结合。"① 这就明确提出了根据中国国情，走中国社会主义建设道路的思想。

在探索中国社会主义建设道路过程中，毛泽东认为："对于苏联和其他社会主义国家的经验，也应当采取这样的态度。过去我们一些人不清楚，人家的短处也去学，当着学到以为了不起的时候，人家那里已经不要了，结果栽了个斤斗，像孙悟空一样，翻过来了。比如，过去有人因为苏联是设电影部、文化局，我们是设文化部、电影局，就说我们犯了原则错误。他们没有料到，苏联不久也改设文化部，和我们一样。有些人对任何事物都不加分析，完全以'风'为准。今天刮北风，他是北风派，明天刮西风，他是西风派，后来又刮北风，他又是北风派。自己毫无主见，往往由一个极端走到另一个极端。"② 中国社会主义革命和建设的巨大成功，为进一步探索中国社会主义建设道路奠定了坚实基础。

（二）"全国人民的主要任务是集中力量发展社会生产力，实现国家工业化，逐步满足人民日益增长的物质和文化需要"③

社会主义改造基本完成后举行的中共八大认为：社会主义制度在我国已经基本上建立起来……国内主要矛盾已经不再是工人阶级和资产阶级的矛盾，而是人民对于经济文化迅速发展的需要同当前经济文化不能满足人民需要的状况之间的矛盾；全国人民的主要任务是集中力量发展社会生产力，实现国家工业化，逐步满足人民日益增长的物质和文化需要；虽然还有阶级斗争，还要加强人民民主专政，但其根本任务已经是在新的生产关系下面保护和发展生产力。大会坚持了 1956 年 5 月党中央提出的既反保守又反冒进即在综合平衡中稳步前进的经济建设方针。大会着重提出了执政党的建设问题，强调要坚持民主集中制和集体领导制度，反对个人崇拜，发展党内民主和人民民主，加强党和群众的联系。中共八大的路线是正确的，它为新时期社会主义事业的发展和党的建设指明了方向。④

历史证明，中共八大高瞻远瞩。在中共八大开启的集中力量发展生产力、全面建设社会主义进程中，全国人民奋发图强，初步建立起独立的比较完整的工业体系和国

---

① 毛泽东：《论十大关系》，《人民日报》1976 年 12 月 26 日。
② 毛泽东：《论十大关系》，《人民日报》1976 年 12 月 26 日。
③ 《关于建国以来党的若干历史问题的决议》，《人民日报》1981 年 7 月 1 日。
④ 《关于建国以来党的若干历史问题的决议》，《人民日报》1981 年 7 月 1 日。

民经济体系，培养了大批经济建设的骨干人才，积累了社会主义建设的重要经验，创造了社会主义革命和建设的巨大成就。

中共八大确定的以经济建设为中心的政治路线，对中国社会主义事业发展具有长远意义。然而，由于种种原因，中共八大路线未能坚持下去，历史发展经历了曲折的道路。“1976 年 10 月，中央政治局执行党和人民的意志，毅然粉碎了‘四人帮’，结束了‘文化大革命’这场灾难。”①

实践证明，中国社会主义道路，既不能走“文化大革命”的死路，也不能走“文化大革命”前的老路，更不能走导致苏联解体东欧剧变的邪路，中国必须根据 20 世纪 70 年代末期的世界发展变化和基本国情的实际情况，坚持把马克思主义基本原理同中国具体实际相结合，开创中国特色社会主义新路。

五、“走自己的道路，建设有中国特色的社会主义”②

（一）马克思主义经典作家认为“我们的理论是发展着的理论，而不是必须背得烂熟并机械地加以重复的教条”③

1886 年恩格斯指出，“我们的理论不是教条，而是对包含着一连串互相衔接的阶段的发展过程的阐明”。1887 年 1 月 27 日，恩格斯在致凯利—威士涅维茨基的信中明确指出：“我们的理论是发展着的理论，而不是必须背得烂熟并机械地加以重复的教条。”④ 1895 年 3 月 11 日，恩格斯致信桑巴特，更加明确地写道：“马克思的整个世界观不是教义，而是方法。它提供的不是现成的教条，而是进一步研究的出发点和供这种研究使用的方法。”列宁对恩格斯的马克思主义科学态度极为赞成，在《论策略书》中，将恩格斯的话精辟地凝练为“我们的学说不是教条，而是行动的指南”。

恩格斯一方面反复强调要用科学态度对待马克思主义，另一方面坚决反对那种教条式的“马克思主义”。1890 年，由于德国工人阶级的长期斗争，造成德国政治形势发生重大变化，但是德国社会党内的“青年派”却罔顾历史发展的事实，仍然热衷于过去举行“总罢工”的斗争方式。对此，恩格斯写道：“关于这种马克思主义，马克思曾经说过‘我只知道我自己不是马克思主义者’。”恩格斯辛辣地抨击被教条主义束缚思想的“青年派”：“马克思大概会把海涅对自己的模仿者说的话转送给这些先生们：‘我种下的是龙种，而收获的却是跳蚤’。”中国改革开放初期也曾出现过这

---

① 《关于建国以来党的若干历史问题的决议》，《人民日报》1981 年 7 月 1 日。
② 《邓小平文选》第 3 卷，人民出版社 1993 年版，第 3 页。
③ 《马克思恩格斯选集》第 4 卷，人民出版社 1995 年版，第 681 页。
④ 《马克思恩格斯选集》第 4 卷，人民出版社 1995 年版，第 681 页。

样的事例，围绕民营企业雇工七人人数问题，竟然需要查找马克思在《资本论》里面的论述，才能制定相应的政策。马克思在《资本论》中讲过一个有八名雇员的雇主是在剥削他人劳动的例子，因此当时的政策就规定个体户雇工不能超过七人，雇工七人以内属于个体户，雇工八人以上属于"私营企业主"。

（二）《解放思想，实事求是，团结一致向前看》是马克思主义基本原理同中国具体实际相结合、实行改革开放的政治宣言书

20 世纪 70 年代后期，世界上新科技革命带来科学技术、生产力发展和各个方面日新月异的巨大变化，中国能不能赶上世界发展潮流、能不能抓住机遇后来居上、能不能走在世界发展的前列，关键在于能不能把马克思主义基本原理同中国具体实际相结合。面对世界发展带来的巨大挑战，1978 年 12 月，邓小平在中央工作会议作了《解放思想，实事求是，团结一致向前看》的重要讲话。

邓小平强调："如果现在再不实行改革，我们的现代化事业和社会主义事业就会被葬送。"① 邓小平旗帜鲜明地指出："在经济政策上，我认为要允许一部分地区、一部分企业、一部分工人农民，由于辛勤努力成绩大而收入先多一些，生活先好起来。一部分人生活先好起来，就必然产生极大的示范力量，影响左邻右舍，带动其他地区、其他单位的人们向他们学习。这样，就会使整个国民经济不断地波浪式地向前发展，使全国各族人民都能比较快地富裕起来。"② 邓小平的重要讲话成为中共十一届三中全会的重要指导思想，成为中国实行改革开放的先导，成为开辟中国特色社会主义道路的政治宣言书。

在邓小平《解放思想，实事求是，团结一致向前看》重要讲话指引下，党的十一届三中全会实现伟大的历史转折。"党的十一届三中全会是在党和国家面临何去何从的重大历史关头召开的。当时，世界经济快速发展，科技进步日新月异，而'文化大革命'十年内乱导致我国经济濒临崩溃的边缘，人民温饱都成问题，国家建设百业待兴。党内外强烈要求纠正'文化大革命'的错误，使党和国家从危难中重新奋起。邓小平同志指出：'如果现在再不实行改革，我们的现代化事业和社会主义事业就会被葬送。'"③

中共十一届三中全会确定解放思想、开动脑筋、实事求是、团结一致向前看的指导方针；果断地停止使用"以阶级斗争为纲"这个不适用于社会主义社会的口号，

---

① 《邓小平文选》第 2 卷，人民出版社 1994 年版，第 150 页。
② 《邓小平文选》第 2 卷，人民出版社 1994 年版，第 152 页。
③ 习近平：《在庆祝改革开放 40 周年大会上的讲话》，《人民日报》2018 年 12 月 19 日。

作出把工作重点转移到社会主义现代化建设上来的战略决策；提出要注意解决好国民经济重大比例严重失调的要求，制订关于加快农业发展的决定；着重提出了健全社会主义民主和加强社会主义法制的任务；审查和解决党的历史上一批重大冤假错案和一些重要领导人的功过是非问题。全会还增选了中央领导机构成员。这些在领导工作中具有重大意义的转变，标志着中国共产党重新确立马克思主义的思想路线、政治路线和组织路线，实现社会主义时期的伟大历史转折。从此，中国进入改革开放和社会主义现代化建设新时期。

中国共产党作出实行改革开放的历史性决策，是基于对党和国家前途命运的深刻把握，是基于对社会主义革命和建设实践的深刻总结，是基于对时代潮流的深刻洞察，是基于对人民群众期盼和需要的深刻体悟。邓小平指出：“贫穷不是社会主义”，“我们要赶上时代，这是改革要达到的目的”。

改革开放是我们党的一次伟大觉醒，正是这个伟大觉醒孕育了我们党从理论到实践的伟大创造。改革开放是中国人民和中华民族发展史上一次伟大革命，正是这个伟大革命推动了中国特色社会主义事业的伟大飞跃！

（三）把马克思主义基本原理同中国具体实际相结合，改革开放，开创中国特色社会主义道路

中国实行改革开放前无古人。马克思主义经典作家没有这方面的重要论述，国际共产主义运动没有这样的成功先例，中华人民共和国历史上没有这方面的实践经验。列宁在《论策略书》中早就指出：“现在必须弄清一个不容置辩的真理，就是马克思主义者必须考虑生动的实际生活，必须考虑现实的确切事实，而不应当抱着昨天的理论不放，因为这种理论和任何理论一样，至多只能指出基本的和一般的东西，只能大体上概括实际生活中的复杂情况。‘我的朋友，理论是灰色的，而生活之树是长青的’。”

中国改革开放植根国情民情，来自历史的呼唤、中华民族发展的必然要求和人民群众的生动实践，升华为马克思主义中国化的创新理论，又指导新的改革开放实践。改革开放初期，为了把改革开放引向深入，邓小平1980年夏天前往四川、湖北、河南等省调查研究，提出一系列推进改革开放和社会主义现代化建设的重要思想。

在四川调研期间，邓小平推广了安徽开启农村改革的新鲜经验，四川作了进一步发展。邓小平明确肯定了四川的工作，并说“你们的胆子还要再大些”。他实地参观了四川成都郊区农村利用沼气的情况，看了农村建成的沼气动力房和农家沼气灶。当看到由于利用沼气而展现的显著成效——农民的厨房里没有堆放柴草、煤炭，也没有烟尘油垢，邓小平高兴地说：“火也变了，锅也变了，干净了，卫生了，沼气把过去

的土锅土灶都改掉了"。参观农民厨房的沼气灶时，他突然提问："你这个火苗能不能炒腰花？"因为炒腰花需要大火爆炒，沼气灶能炒腰花才能证明火力足，真正实用。

在湖北十堰，邓小平参观了第二汽车制造厂。他精神饱满、兴致勃勃地说：这次我出来（调查研究），最感兴趣的是年轻干部，对大学毕业、有实践经验、有业务能力、又敢于顶住"四人帮"的破坏，这样的青年干部要很好培养。他还说，我们现在的任务就是办好这件事（指选拔青年干部），这比什么都有意义。邓小平指出："现在任何一个老同志和高级干部，合乎不合乎党员标准和干部标准，就看他能不能认真选好合格的接班人。""老同志现在的责任很多，第一个责任是什么？就是认真选好接班人，选得合格，选得好，我们就交了账了，这一辈子的事就差不多了。"他认为，中央委员会委员中要有一大批优秀的中青年干部，50 岁以下的同志要占中央委员会总数的50%左右，要注重选拔人才，培养人才，一定要把选拔青年干部的工作做好。邓小平强调：老干部的责任就是选拔好青年干部，这是一项比什么都重要的工作，从这次出来看，有的是人才。政治标准通过"文化大革命"已经分清楚了：标准就是，不是"四人帮"体系。①

前往河南途中，邓小平听取了中共河南省委负责同志关于河南工业、农业、财贸等工作汇报。邓小平指出："这次出来到几个省看看，最感兴趣的两个问题，一个是选拔青年干部问题；一个是如何实现农村'奔小康'，达到人均一千美元问题。"省委负责同志汇报了河南农村发展变化和各项农村主要经济指标。邓小平问："你们的账是怎么算的？"对方回答："我们在火车上算的。""河南农业按照每年增长 8% 递增，我们就可以提前两年达到人均一千美元。"他们以河南新乡刘庄村为例，就农村经济发展中农业、乡镇工业、副业在农业总产值中所占的比重和具体数字，向邓小平详细计算了河南农村何时才能达到小康水平的"总账"。邓小平让他们反复核算，一定要计算准确。并说，如何实现农村奔小康，达到人均一千美元，我作了一些调查，让江苏、广东、山东、湖北、东北三省等省份，一个省一个省"算账"，我对这件事最感兴趣，8 亿人口能够达到人均一千美元的小康水平，这就是一件很了不起的事情。你们河南地处中原，你们"算账"的数字是"中原标准""中州标准"，有一定的代表性。②

河南省委负责同志向邓小平汇报工作过程中，谈到在黄河中游修建小浪底水库，

① 中共中央党史研究室《再造中华辉煌——邓小平纪事》，中共党史出版社 1994 年版，第 177 - 180 页。
② 中共中央党史研究室《再造中华辉煌——邓小平纪事》，中共党史出版社 1994 年版，第 177 - 180 页。

可以防止黄河中下游洪水灾害，在发电、灌溉、水利等方面产生巨大的经济效益，邓小平说：“小浪底水库现在还没有建成，不能算进去。”省委负责同志谈到在保证完成国家调拨粮食任务情况下，大力发展农村经济作物，增加农民收入时，邓小平说：农业可靠……省委负责同志谈到河南正在发展棉花生产，争取通过科学种田，不断提高棉花产量时，邓小平认为可以继续提高。省委负责同志谈到通过发展棉花种植，几十个纱厂就可以带起来，增加农民收入。邓小平说：一定要保证产品质量。[①]

在调查研究的路上，邓小平最感兴趣的是如何使农村尽快发展起来，如何使农民尽快实现人均一千美元达到小康水平。每当谈到具体问题时，他总是扳着指头详细“算账”。在谈到农民住房问题时，邓小平指出，过去对于发展建材工业不重视，把盖房子不当生产当消费是不对的，四川的老太太有了钱，一是娶媳妇，一是盖房子，建筑工业大有发展前途，包括城市和农村，发展建材生产只搞砖瓦不行，要搞现代的、轻型的。为了实现人均一千美元的目标，要敢想、敢干，敞开思想，找门路。在谈到农民的燃料问题时，邓小平指出，农村发展沼气要列入计划，使用沼气不仅节约能源、节约时间，而且减少疾病，又清洁卫生，20 天发酵消灭血吸虫，还能秸秆还田，提高肥效。但是发展沼气一哄而起不行，要有计划、有步骤，一批一批地搞。[②]

怎样早日使中国人民达到人均一千美元的“小康”水平，是邓小平考虑的一个大问题。经过对四川、湖北、河南等实地调查研究，邓小平的考虑更加成熟。在郑州，邓小平听取河南省委工作汇报后说：提拔青年干部问题，这次出来看，有的是人才，政治上，“文化大革命”分清楚了，标准就是不是“四人帮”体系。现在取消“终身制”是个大问题，干部终身制，老当第一书记谁敢提意见。提拔青年干部，光靠推荐不行，要下去发现人才。他认为，干部要考核，两年一考核，不称职就下来。他说，十一届三中全会后思想解放还不够，要解放到 20 世纪末。邓小平强调：四川的农村政策老太太高兴，赞成联产责任制，政策威力大，有了正确的农村政策，农业生产就发展得快，但科学种田问题还没有很好解决。实现人均一千美元，调查了河南、湖北、江苏、广东、东北三省、山东 8 个省，在中国 8 亿人口中，河南有一定的代表性，河南地处中原，是“中原标准”。[③]

在河南调研期间，邓小平来到郑州北郊黄河花园口，详细了解黄河汛期流量和防洪措施等，并走下黄河大坝，一直走到黄河主流旁边，仔细观察黄河流量，询问黄河泥沙情况和防止泥沙淤积措施。邓小平说，维持黄河的现状，仍有相当大一部分地区

---

① 中共中央党史研究室：《再造中华辉煌——邓小平纪事》，中共党史出版社 1994 年版，第 177－180 页。
② 中共中央党史研究室：《再造中华辉煌——邓小平纪事》，中共党史出版社 1994 年版，第 177－180 页。
③ 中共中央党史研究室：《再造中华辉煌——邓小平纪事》，中共党史出版社 1994 年版，第 177－180 页。

和人口在特大洪水出现时有危险，因此还是要搞小浪底水库，解决黄河中下游的汛期防洪问题。①

"一石激起千层浪。"邓小平在四川、湖北和河南调研期间的谈话精神，对进一步推进建设小康社会、推进改革开放、推进中国特色社会主义具有重要意义。当时，知道邓小平谈话内容的干部、党员和群众，纷纷奔走相告。

1985 年 9 月 23 日，邓小平在中国共产党全国代表会议上发表重要讲话。他首先肯定了中国改革开放的成功实践："大家都看到，十一届三中全会以来的将近七年，是建国以来最好的、关键性的时期之一。这确实来之不易。我们主要做了两件事，一是拨乱反正，二是全面改革。"②

在回顾与总结中国社会主义建设的历史经验时，邓小平说："多少年来我们吃了一个大亏，社会主义改造基本完成了，还是'以阶级斗争为纲'，忽视发展生产力。'文化大革命'更走到了极端。十一届三中全会以来，全党把工作重点转移到社会主义现代化建设上来，在坚持四项基本原则的基础上，集中力量发展社会生产力。这是最根本的拨乱反正。不彻底纠正'左'的错误，坚决转移工作重点，就不会有今天的好形势。同样，不认真坚持四项基本原则，就不能保持安定团结的局面，还会把纠'左'变成'纠正'社会主义和马列主义，也不会有今天的好形势。"③

对于改革开放已经开始找到建设中国特色社会主义的路子，邓小平充满信心地说："改革的问题，十一届三中全会也已经提出来了。改革从农村开始，一度议论纷纷。经过三年，解决了许多实践中出现的新问题，取得成效，认识也就比较一致了。当然也还有新问题，还需要继续解决。十二届三中全会以后，改革的重点转移到城市。在多年酝酿和农村改革成功的基础上，经济体制的全面改革逐步展开。改革促进了生产力的发展，引起了经济生活、社会生活、工作方式和精神状态的一系列深刻变化。改革是社会主义制度的自我完善，在一定的范围内也发生了某种程度的革命性变革。这是一件大事，表明我们已经开始找到了一条建设有中国特色的社会主义的路子。"④

关于改革开放的基本原则，邓小平强调："在改革中，我们始终坚持两条根本原则，一是以社会主义公有制经济为主体，一是共同富裕。有计划地利用外资，发展一部分个体经济，都是服从于发展社会主义经济这个总要求的。鼓励一部分地区、一部

① 中共中央党史研究室：《再造中华辉煌——邓小平纪事》，中共党史出版社 1994 年版，第 177－180 页。
② 《邓小平文选》第 3 卷，人民出版社 1993 年版，第 141 页。
③ 《邓小平文选》第 3 卷，人民出版社 1993 年版，第 141 页。
④ 《邓小平文选》第 3 卷，人民出版社 1993 年版，第 141－142 页。

分人先富裕起来，也正是为了带动越来越多的人富裕起来，达到共同富裕的目的。总的说来，除了个别例外，全国人民的生活，都有了不同程度的改善。当然，在改革过程中，难免带来某些消极的东西。只要我们正视这些东西，采取针对性的坚决步骤，问题是不难解决的。”①

对改革开放的前景，邓小平展望未来，登高望远，认为：“我国经济体制的全面改革刚刚起步，总的方向、原则有了，具体章法还要在试验中一步步立起来。我们要抓住当前的有利时机，坚定不移，大胆探索，同时注意及时发现问题和解决问题，力争在不太长的时间内把改革搞好。我相信，凡是符合最大多数人的根本利益，受到广大人民拥护的事情，不论前进的道路上还有多少困难，一定会得到成功。”②

“马克思主义理论从来不是教条，而是行动的指南。它要求人们根据它的基本原则和基本方法，不断结合变化着的实际，探索解决新问题的答案，从而也发展马克思主义理论本身。”中国的改革为什么成功了，而苏联的改革却失败了、并由此导致了苏联解体是一个世界性的研究课题。其根本原因就在于，中国改革坚持把马克思主义基本原理同中国具体实际相结合，首先从农村改革开始、从经济体制改革入手，这完全符合马克思主义关于经济基础决定上层建筑、生产力决定生产关系的基本原理。反之，苏联改革热衷于政治体制改革的“轰轰烈烈”，热衷于上层建筑改革和生产关系改变，看起来似乎“热热闹闹”“美丽动人”，甚至引发了世界媒体的“广泛报道”和“热烈称赞”，实际上恰恰忘记了马克思主义基本原理关于经济基础决定上层建筑、生产力决定生产关系这个根本问题，最终导致了苏联解体。中国外交部有人在一次国际航班上偶然遇到了当年的苏联共产党中央总书记、苏联第一任总统也是苏联最后一任总统戈尔巴乔夫，他抓住机会向戈尔巴乔夫提出了一个问题——苏联改革为什么会出现如此结局？戈尔巴乔夫回答：因为我们没有邓小平。

六、把马克思主义基本原理同中国具体实际相结合是必由之路

中国近现代史告诉我们，中国共产党的历史就是一部把马克思主义基本原理同中国具体实际相结合的历史。坚持和发展马克思主义基本原理同中国具体实际相结合，中国革命、建设和改革开放就能够前进，就能够发展，就能够从胜利走向胜利。

新民主主义革命时期，中国共产党把马克思主义基本原理同中国革命具体实践结合起来，创立了毛泽东思想，团结带领全党全国各族人民，经过长期浴血奋斗，完成

---

① 《邓小平文选》第3卷，人民出版社1993年版，第142页。
② 《邓小平文选》第3卷，人民出版社1993年版，第142页。

了新民主主义革命，建立了中华人民共和国。

社会主义革命和建设时期，中国共产党把马克思主义基本原理同中国具体实际相结合，确立了社会主义基本制度，成功实现了中国历史上最深刻最伟大的社会变革，为当代中国一切发展进步奠定了根本政治前提和制度基础。在社会主义革命和建设中取得的独创性理论成果和巨大成就，为在新的历史时期开创中国特色社会主义提供了宝贵经验、理论准备、物质基础。

改革开放和社会主义现代化建设新时期，中国共产党团结带领全党全国各族人民，深刻总结社会主义建设经验，借鉴世界社会主义历史经验，创立了邓小平理论，作出把党和国家工作中心转移到经济建设上来、实行改革开放的历史性决策，深刻揭示社会主义本质，确立社会主义初级阶段基本路线，明确提出走自己的路、建设中国特色社会主义，科学回答了建设中国特色社会主义的一系列基本问题，制定了到21世纪中叶分三步走、基本实现社会主义现代化的发展战略，成功开创了中国特色社会主义。

中共十三届四中全会以后，中国共产党团结带领全党全国各族人民，坚持党的基本理论、基本路线，加深了对什么是社会主义、怎样建设社会主义和建设什么样的党、怎样建设党的认识，积累了治党治国新的宝贵经验，形成了"三个代表"重要思想。在国内外形势十分复杂、世界社会主义出现严重曲折的严峻考验面前，捍卫了中国特色社会主义，确立了社会主义市场经济体制的改革目标和基本框架，确立了社会主义初级阶段的基本经济制度和分配制度，开创全面改革开放新局面，推进党的建设新的伟大工程，成功把中国特色社会主义推向21世纪。

中共十六大以后，中国共产党团结带领全党全国各族人民，坚持以邓小平理论和"三个代表"重要思想为指导，根据新的发展要求，深刻认识和回答了新形势下实现什么样的发展、怎样发展等重大问题，形成了科学发展观。抓住重要战略机遇期，在全面建设小康社会进程中推进实践创新、理论创新、制度创新，强调坚持以人为本、全面协调可持续发展，形成中国特色社会主义事业总体布局。着力保障和改善民生，促进社会公平正义，推动建设和谐世界，推进党的执政能力建设和先进性建设，成功在新的历史起点上坚持和发展了中国特色社会主义。

中国特色社会主义新时代，中国共产党团结带领全党全国各族人民，全面审视国际国内新的形势，通过总结实践、展望未来，深刻回答了新时代坚持和发展什么样的中国特色社会主义、怎样坚持和发展中国特色社会主义这个重大时代课题，创立了习近平新时代中国特色社会主义思想。坚持统筹推进"五位一体"总体布局、协调推进"四个全面"战略布局，坚持稳中求进工作总基调，对党和国家各方面工作提出一系列新理念新思想新战略，推动党和国家事业发生历史性变革、取得历史性成就，中国特色社会主义进入了新时代。中国共产党以巨大的政治勇气和智慧，提出全面深化改革总目标是完善和发展中国特色社会主义制度、推进国家治理体系和治理能力现代化，着力增强改革系统性、整体性、协同性，着力抓好重大制度创新，着力提升人民群众获得感、幸福感、安全感，推出一系列改革方案，啃下了不少硬骨头，闯过了不少急流险滩，改革呈现全面发力、多点突破、蹄疾步稳、纵深推进的局面。

艰难困苦，玉汝于成。开拓进取，敢为人先。特别是改革开放以来，中国共产党“把马克思主义的普遍真理同我国的具体实际结合起来，走自己的道路，建设有中国特色的社会主义”①，创造了前无古人的历史性辉煌。中国共产党坚持和发展中国特色社会主义，解放思想、实事求是，大胆地试、勇敢地改，干出了一片新天地。从实行家庭联产承包、乡镇企业异军突起、取消农业税牧业税和特产税到农村承包地“三权”分置、打赢脱贫攻坚战、实施乡村振兴战略，从兴办深圳等经济特区、沿海沿边沿江沿线和内陆中心城市对外开放到加入世界贸易组织、共建“一带一路”、设立自由贸易试验区、谋划中国特色自由贸易港、成功举办首届中国国际进口博览会，从“引进来”到“走出去”，从搞好国营大中小企业、发展个体私营经济到深化国资国企改革、发展混合所有制经济，从单一公有制到公有制为主体、多种所有制经济共同发展和坚持“两个毫不动摇”，从传统的计划经济体制到前无古人的社会主义市场经济体制再到使市场在资源配置中起决定性作用和更好发挥政府作用，从以经济体制改革为主到全面深化经济、政治、文化、社会、生态文明体制和党的建设制度改革，党和国家机构改革、行政管理体制改革、依法治国体制改革、司法体制改革、外事体制改革、社会治理体制改革、生态环境督察体制改革、国家安全体制改革、国防和军队改革、党的领导和党的建设制度改革、纪检监察制度改革等一系列重大改革扎实推进，各项便民、惠民、利民举措持续实施，使改革开放成为当代中国最显著的特征、最壮丽的气象。

---

① 《邓小平文选》第3卷，人民出版社1993年版，第3页。

第二讲

马克思主义基本原理同中国具体实际相结合的成功范例

毛泽东指出："马克思列宁主义并没有结束真理，而是在实践中不断地开辟认识真理的道路。"① 列宁给东方共产主义者提出一个重要任务，就是把马克思主义东方化。中国共产党的奋斗历程就是把马克思主义中国化的奋斗历程，古田会议是其中一个重要组成部分。古田会议召开 85 周年之际，习近平总书记在古田会议会址强调："我们再次来到这里，目的是寻根溯源，深入思考当初是从哪里出发的、为什么出发的。"

古田会议把马克思主义基本原理与中国革命具体实践相结合，在党的建设、人民军队建设等一系列问题上，具有创造性地提出了理论与实践相结合的新思想、新观点和新原则，牢固确立中国共产党对人民军队的绝对领导，精心铸造人民军队的军魂，实现了马克思主义中国化的新飞跃。

一、"千淘万漉虽辛苦，吹尽狂沙始到金"

秋收起义第一次打出"中国工农革命军"旗帜，"三湾改编"初步奠定中国共产党领导人民军队基本原则，"朱毛会师井冈山"建立中国工农红军第四军

1927 年中共八七会议后，中共中央特派员、湖南省委秋收起义前敌委员会书记毛泽东在江西萍乡安源张家湾召开军事会议，正式决定抛弃南昌起义部队仍然打着的"国民革命军"旗子，宣告正式建立中国共产党领导的"中国工农革命军"，在湘赣边界举行秋收起义。参加秋收起义的"中国工农革命军"主要由两部分部队组成，一是没有赶上南昌起义的原国民革命军第四集团军第二方面军总指挥部警卫团（亦

① 《毛泽东选集》第 1 卷，人民出版社 1991 年版，第 296 页。

称武汉国民政府警卫团)，二是湖南平江和浏阳农军、鄂南崇阳和通城部分农民自卫军、安源煤矿工人武装（工人纠察队和安源大罢工胜利后中共掌握的矿警队）等。1927 年 9 月 9 日，湘赣边界秋收起义正式爆发。“工农革命军”从修水、安源、铜鼓等地出发进攻长沙，受到严重挫折。毛泽东认为，革命低潮时期进攻长沙得不偿失，在浏阳东乡上坪召开紧急会议，决定改变攻打长沙计划，命令“工农革命军”到湖南浏阳文家市集结。前敌委员会文家市会议经过一夜讨论，决定“工农革命军”沿罗霄山脉南移，向敌人统治薄弱地区进军。途中，由于遭到国民党地方武装袭击，“工农革命军”总指挥卢德铭在江西萍乡芦溪牺牲。“出师未捷身先逝，长使英雄泪满襟。”赖毅在《毛委员在连队建党》中回忆说：“芦溪受挫后，部队中弥漫着一股消沉的情绪，许多知识分子和军官出身的人，看到失败似乎已成定局，纷纷不告而别。有些小资产阶级出身的共产党员，也在这时背弃了革命，走向叛变或者消极的道路。一营一连的一个排就在排长的唆使下，利用放哨的机会全部逃跑了，并且带走了所有的武器。那时，逃亡变成了公开的事，投机分子互相询问：‘你走不走?’‘你准备上哪儿去?’这真是一次严峻的考验。”“工农革命军”到达三湾时，减员较大，人员不足千人，组织不健全，思想混乱。由于部队没有建立中共基层组织，党组织不能切实掌握部队；雇佣军队影响严重存在；作战失利，连续行军，斗争艰苦，一些意志不坚定分子不断离开部队。如不加强党对军队的领导，就难以适应艰苦环境，无法完成革命任务。当晚毛泽东在三湾主持前敌委员会会议，决定对“工农革命军”进行改编。次日集合部队，毛泽东宣布“三湾改编”决定：第一，整编部队，把原“工农革命军”第一军第一师缩编为一个团，下辖两个营十个连，番号“工农革命军”第一军第一师第一团。第二，“支部建在连上”，设立党代表制度，排有党小组，班有党员；营、团以上有党委，全军由毛泽东任书记的中国共产党前敌委员会领导，确立“党指挥枪”的原则。第三，连队建立士兵委员会，实行军队民主制度，官兵平等，经济公平，破除雇佣关系；逐步完善“三大纪律、八项注意”。三湾改编“支部建在连上”，设立党代表制度，确立政治工作制度，这是一个伟大的创举，初步奠定中国共产党政治建军基本原则。罗荣桓在《秋收起义与我军初创》中认为：“三湾改编”以前，“这支部队中，虽然有不少是党员，但没有形成坚强的组织核心，也没有明确的行动纲领。军事指挥员大部分是黄埔军校的学生，他们都是知识分子，没有经过更多实际战争的锻炼，指挥能力弱，旧的一套带兵方法，妨碍着上下一致、官兵一致。”“三湾改编，实际上是我军的新生，正是从这时开始，确立了党对军队的领导。如果不是这样，红军即使不被强大的敌人消灭，也只能变成流寇。”然后，毛泽东率领“工农革命军”开创井冈山革命根据地。1928 年 4 月，朱德、毛泽东会师井冈山。

毛泽东率领的“工农革命军”与朱德率领的南昌起义军余部以及湘南起义部队会师井冈山，合编为“工农革命军”第四军，5月改编为中国工农红军第四军，简称红四军，朱德任军长，毛泽东任党代表。11月，红四军前敌委员会成立，毛泽东任书记。毛泽东、朱德领导红四军建立以井冈山为中心的湘赣革命根据地，打破了敌人多次围攻。其间，毛泽东、朱德领导的红四军与彭德怀等领导平江起义建立的红五军实现“井冈山会师”。从秋收起义到创建井冈山革命根据地，党的建设和人民军队建设不断发展。“三湾改编”确立的建军原则，在整编袁文才、王佐率领的井冈山农民武装、朱德率领的南昌起义军余部、毕占云和张威的起义部队、彭德怀率领的红五军过程中，得到进一步坚持和发展，积累了人民军队建设的丰富经验。毛泽东在《井冈山的斗争》指出：“红军所以艰难奋战而不溃散，‘支部建在连上’是一个重要原因。”[①] 马克思主义认为，共产党是工人阶级的先锋队。列宁强调，给我一个革命家组织就可以把地球翻转过来。毛泽东把马克思主义基本原理与中国革命具体实际相结合，创造性提出“支部建在连上”，把党的建设具体落实到了连队，落实到了军队基层，造就了人民军队听党指挥的坚实组织基础。

《中共中央给红四军前委的指示信》肯定红四军取得的成绩和经验，明确肯定毛泽东的正确意见，鲜明指出毛泽东为红四军政治核心“应仍为前委书记”，奠定古田会议重要政治基础

1929年1月，毛泽东、朱德率领红四军主力向赣南、闽西进军，开创赣南、闽西革命根据地（赣南、闽西革命根据地逐步发展成为中央革命根据地，红四军逐步发展成为红一军团、红一方面军即中央红军）。在革命根据地和红四军发展过程中，大量农民和其他小资产阶级出身的同志加入中共组织和红军队伍。毛泽东曾向中共中央报告：“红军的来源：（一）潮汕叶（挺）贺（龙）旧部；（二）前武昌国民政府警卫团；（三）平（江）浏（阳）的农民；（四）湘南的农民和水口山的工人；（五）许克祥、唐生智、白崇禧、朱培德、吴尚、熊式辉等部的俘虏兵；（六）边界各县的农民。但是叶贺旧部、警卫团和平浏农民，经过一年多的战斗，只剩下三分之一。湘南农民，伤亡也大。因此，前四项虽然至今还是红军第四军的骨干，但已远不如后二项多。后二项中又以敌军俘虏为多，设无此项补充，则兵员大成问题。虽然如此，兵的增加和枪的增加仍不相称，枪不容易损失，兵有伤、亡、病、逃，损失甚易。湖南省委答应送安源工人来此，亟盼实行。”[②] 毛泽东认为：“红军成分，一部是

---

① 《毛泽东选集》第1卷，人民出版社1991年版，第65－66页。
② 《毛泽东选集》第1卷，人民出版社1991年版，第63页。

工人、农民，一部是游民无产者。游民成分太多，当然不好。但因天天在战斗，伤亡又大，游民分子却有战斗力，能找到游民补充已属不易。在此种情形下，只有加紧政治训练的一法。”① 同时，由于形势发展变化，红军队伍日益壮大，战斗频繁，生活艰苦，敌强我弱，红四军得不到及时教育和整训，导致极端民主化、重军事轻政治、不重视建立巩固的革命根据地、流寇思想和军阀主义等非无产阶级思想在红军内部有所滋长。毛泽东指出：“四军党内各种非无产阶级意识非常之浓厚，对于党的正确路线之执行，加了极大的妨碍，若不彻底纠正，则中国伟大革命斗争加于四军的任务，是决然担负不来的。四军党内种种不正确倾向的总来源，自然是由于党的组织基础最大部分是建筑于农民及其他小资产阶级成分之上，然党的指导机关对于这些不正确倾向缺乏一致的坚决的斗争，缺乏对党员正确路线的教育，亦是使这些不正确倾向存在和发展的重大原因。”② “承认军事政治二者的对立，不承认军事只是达到政治任务的工具之一。甚至还有说‘军事好，政治自然会好，军事不好，政治也不会好’的，则更进一步承认军事是政治的领导了。” “认为红军的任务也和白军相仿佛，只是单纯打仗的，不知道红军的任务，在意义上，是一个执行阶级的政治任务的武装集团。在工作上，特别中国现在的工作上，它决不仅是单纯的打仗的，它除了打仗一件工作之外，还要担负宣传群众，组织群众，武装群众，帮助群众建设政权等重大任务。红军之打仗不是为打仗而打仗，乃是为了宣传群众，组织群众，武装群众，帮助群众建设政权才去打仗的。离了对群众宣传、组织、武装、建设政权等目标，就完全失了打仗的意义，也就根本失了红军存在的意义。”③ 红四军前委书记毛泽东力图纠正这些错误的思想倾向。但是，红四军党内在创建根据地、实行民主集中制等问题上仍然存在认识上的严重分歧和激烈争论。为了解决这些问题而召开的中国共产党红军第四军第七次代表大会（中共红四军七大），不仅未能从根本上解决问题，反而使坚持正确意见的毛泽东落选了前委书记，选举陈毅任红四军前委书记。会后，毛泽东离开红四军，到闽西养病并指导地方工作。随后召开的中国共产党红军第四军第八次代表大会（中共红四军八大），仍然未能解决问题，反而使争论与分歧愈演愈烈。

二、久旱逢甘霖，“九月来信”指方向

在此期间，红四军派代表抵上海，向中共中央汇报红四军工作。中央政治局听取红四军情况汇报后，决定组成专门委员会研究红四军问题。最后，形成《中共中央

---

① 《毛泽东选集》第 1 卷，人民出版社 1991 年版，第 63 页。

② 《中国共产党红军第四军第九次代表大会决议案》。

③ 《中国共产党红军第四军第九次代表大会决议案》。

给红四军前委的指示信》即“九月来信”

“九月来信”由中共中央政治局讨论通过，作为“最高指示”，由红四军代表带回红四军负责传达。“九月来信”充分肯定红四军建立以来的成绩和经验，明确指出毛泽东“应仍为前委书记”。“九月来信”明确指出中国革命的特征：“先有农村红军，后有城市政权，这是中国革命的特征，这是中国经济基础的产物。如有人怀疑红军的存在，他就是不懂得中国革命的实际，就是一种取消观念。”“九月来信”明确规定红军的根本任务：“一、发动群众斗争，实行土地革命，建立苏维埃政权；二、实行游击战争，武装农民，并扩大本身组织；三、扩大游击区域及政治影响于全国。”“九月来信”回答了红四军分兵与集中的争论：“分兵与集中只是某一个时期中的工作方式的便利问题，绝不能把红军四军分成几路各不相属的部队，这样就是分散而不是分兵，或者把红军四军分小，化成无数的游击队而不相联属。两者皆是取消观念。”“九月来信”批评急躁冒进情绪“预定一年内夺取江西全省政权的决定，也是错误的”。“九月来信”旗帜鲜明、鼎力支持毛泽东的一系列正确意见，强调要进一步加强中国共产党对人民军队的绝对领导：“党的一切权力集中于前委指导机关，这是正确的，绝不能动摇。不能机械地引用‘家长制’这个名词来削弱指导机关的权力，来作极端民主化的掩护。”“九月来信”明确要求“纠正一切不正确的倾向”：“第一，应该团结全体同志努力向敌人斗争，实现红军所负的任务；第二，前委要加强指导机关的威信，与一切非无产阶级意识作坚决的斗争；第三，前委应纠正朱、毛两同志的错误，要恢复朱、毛两同志在群众中的信仰；第四，朱、毛两同志仍留前委工作。经过前委会议，朱、毛两同志诚恳接受中央指示后，毛同志应仍为前委书记，并须使红军全体同志了解而接受。”红四军传达“九月来信”后，红四军领导层坚决拥护中共中央指示，表示欢迎毛泽东回红四军主持前委工作。于是，红四军将“九月来信”送给毛泽东，请毛泽东回来主持工作。毛泽东看到“九月来信”十分高兴，迅即到长汀和红四军前敌委员会成员会合。“九月来信”肯定毛泽东“工农武装割据”思想，确认中国革命先有农村红军，后有城市政权；红军基本任务是实行土地革命，开展游击战争；明确规定红军由前委指挥，并将党代表改为政治委员，其职责是监督军队行政事务、巩固政治领导、部署命令等；要求红四军维护朱德、毛泽东领导，明确“毛泽东仍为前委书记”，奠定红四军思想统一、政治统一、组织统一、领导统一的坚实基础，奠定古田会议坚实基础。可以说，没有“九月来信”就没有古田会议。“九月来信”是古田会议的政治基础，古田会议是“九月来信”具体化、进一步发展与创新。“九月来信”和古田会议都是中国共产党把马克思主义基本原理与中国革命具体实际相结合、实现马克思主义中国化的集体智慧结晶。

三、确立符合中国具体实际的建党思想和建军原则

政治建军是马克思主义中国化的崭新实践，是中国共产党领导军事工作和军队建设的智慧结晶，是建设新型人民军队的根本原则

根据《中共中央给红四军前委的指示信》精神，1929 年 12 月中国共产党红军第四军第九次代表大会（古田会议）在福建上杭县古田召开。毛泽东根据《中共中央给红四军前委的指示信》和通过调查研究掌握的红四军现状作政治报告，朱德作军事报告，陈毅传达中央指示信并作反对枪毙逃兵的报告。古田会议认真总结红军创建以来的丰富经验，统一思想，一致通过旨在纠正党内错误思想的《中国共产党红军第四军第九次代表大会决议案》即古田会议决议。在军队建设方面，古田会议决议明确规定“中国的红军是一个执行革命的政治任务的武装集团”，这个军队必须是服从于无产阶级思想领导、服务于人民革命斗争和根据地建设的工具。这个规定从根本上划清了新型人民军队同一切旧式军队的界限。从这个基本观点出发，古田会议决议阐明了人民军队同党的关系，指出人民军队必须绝对服从党的领导，必须全心全意地为着党的纲领、路线和政策而奋斗。古田会议决议批评了那种认为军事和政治是对立的、军事不要服从政治或者以军事来指挥政治的单纯军事观点。这样，中国共产党从大革命时期建立直接领导的“孙中山陆海军大元帅府”铁甲车队，支援工农运动；到北伐战争时期建立直接领导的北伐军第四军独立团（叶挺独立团），充当北伐战争的先锋；到南昌起义开始独立领导人民军队，探索武装夺取政权的道路；到秋收起义领导大规模武装起义，建立中国工农革命军；到井冈山时期建立中国工农红军第四军，开创井冈山革命根据地，中国共产党建设人民军队过程中，大革命疾风暴雨的实践、南昌起义潮起潮落的检验、井冈山斗争和开创中央革命根据地的经验，在实践中发展，在战火中检验，在前进中深化，特别通过“三湾改编”和古田会议决议的提炼和升华，终于确立政治建军这个人民军队的核心所在。政治建军把马克思主义基本原理的“暴力革命”原则具体化、实践化和中国化，晓畅明白，通俗易懂，内涵丰富，寓意深远。

思想建党是马克思主义中国化的党建实践，是确立中国共产党对人民军队绝对领导的重要内涵，是落实“党指挥枪”的重要原则

红四军成分，有的来源于北伐战争时期的国民革命军官兵，有的来源于农村的农民自卫军，有的来源于安源的工人纠察队和矿警队，有的来源于国民党军队的起义官兵，有的来源于被俘虏的国民党军队官兵，等等。在各级干部中，有毛泽东这样的革命家，有朱德这样的军事家，有陈毅这样在欧洲勤工俭学走上革命道路的知识分子，

也有黄埔军校毕业生、北伐军军官、农民运动积极分子、工人运动积极分子、学生运动积极分子等。大家通过不同途径选择了革命，走上了革命道路。因此红四军党内在思想建党方面，任重道远。古田会议在党的建设方面着重强调加强党的思想建设的重要性。首先从发展新党员入手，"将旧的基础厉行清洗，如政治观念错误……屡戒不改的，不论干部及非干部，一律清洗出党"。"以后新分子入党的条件：1. 政治观念没有错误的（包括阶级觉悟）。2. 忠实。3. 有牺牲精神，能积极工作。4. 没有发洋财的观念。5. ……不赌博。以上五个条件完备的人才能够介绍他进党。介绍人首先要审查被介绍人是否确实具备上列条件，经过必需的介绍手续。介绍入党后，要详细告诉新党员以支部生活（包括秘密工作）及党员应遵守的要点。介绍人对所介绍人应负相当责任。支委要派人向将要入党的人谈话，考查是否具备入党条件。"其次，开展积极的党内斗争，在党内组织生活和党员教育中提高党员的思想素质和政治素质。古田会议决议指出："党内批评是坚强党的组织，加增党的战斗力的武器，但红军党内批评，很多不明白这种意义，而误用了去攻击个人，结果，不但毁坏了个人，而且毁坏了党的组织，这完全是小资产阶级个人主义意识的表现。纠正的方法，在于使党员明了批评的意义，是加增党的战斗力以达到阶级斗争的胜利，完全不能利用批评去做攻击个人的工具。""许多党员不在党内批评而在党外批评，这是因为没有建设党的组织的政治意义于一般党员观念之中，因此不懂得党的组织（会议等）的重要，以为批评在组织内组织外没有什么分别的缘故。这种结果，亦足引导党走上毁坏的道路。纠正的方法，就是建设党的组织的政治意义于一般党员观念之中，这样方能从根本上肃清一切不负责任地给群众以坏影响的非组织的批评。"古田会议从红四军实际出发，全面指出党内各种非无产阶级思想的表现，深入分析其来源，提出了切实的纠正办法。古田会议决议在着重强调党的思想建设的同时，指出必须加强党的组织建设，必须坚持民主集中制，反对极端民主化、非组织观点等错误倾向；并且提出注意提高党员质量，加强各级党组织工作等要求。古田会议决议提出思想建党的原则和任务，发展了马克思主义建党学说，把建立党组织、发展新党员提升到既要从组织上建党又要从思想上建党的新境界。要求每一个党员，不仅在组织上入党，而且在思想上也要入党。

用无产阶级思想进行军队建设和党的建设。古田会议确立中国共产党对人民军队绝对领导原则，确保人民军队永远"听党指挥、能打胜仗、作风优良"

古田会议中心任务是用无产阶级思想进行军队建设和党的建设。经过热烈讨论，一致通过毛泽东起草的 8 个决议案。《中国共产党红军第四军第九次代表大会决议案》即古田会议决议是其中一部分，核心内容是《关于纠正党内的错误思想》。古田会议根据中共中央“九月来信”精神，选举产生新的中国共产党红四军前敌委员会，毛泽东当选为书记。古田会议总结了创立红军的经验，强调用马克思主义和党的正确路线教育党员和军队，划清了人民军队同旧军队的界限，确定了无产阶级建军路线。通过古田会议，一是进一步确立党对军队绝对领导原则，强调加强政治工作重要性。确定了一套实现党对军队绝对领导的原则和措施，规定了政治工作任务和具体内容。古田会议决议指出，中国共产党要成为部队“领导中枢”，“党对于军事工作要有积极的注意和讨论。一切工作，在党的讨论和决议之后，再经过群众去执行”。二是深刻论述党的思想建设原则，强调要用无产阶级思想克服各种非无产阶级思想，并对思想政治教育的内容和方法作了具体规定。三是阐述党的组织建设原则，明确指出“厉行集中指导下的民主生活”重要性。一方面领导机构要有正确指导路线，另一方面要保证党员充分民主权利，使党员能对党的工作尽量发表意见，提出批评。四是阐述党的基层组织建设重要原则，强调要重视党支部作用，规定健全支部生活，严格党的纪律等措施。同时规定，实现中国共产党对军队绝对领导，必须注重“党的组织路线问题：（一）党员发展的路线，以战斗兵为主要对象，同时对非战斗兵如夫子（民工）、勤务兵亦不应忽视。（二）每连建设一个支部，每班建设一个小组，这是红军中党的组织的重要原则之一。在党员数量过少的部队，事实上每班不能建立一个小组时，则暂由以排为单位建设小组，而把组员有计划的分配到各班，但须明白这是过渡的方法。（三）红军原有的小组编制法，即干部分子与一般分子，知识分子与劳动分子的混合编制的法子，是很对的。但还缺乏有计划地将各种出身不同、能力不同的分子很好地混合编起来，以后此点要多加注意。至于单纯地把干部分子编成小组，那是要不得的”。从三湾改编到古田会议确立的中国共产党对人民军队绝对领导原则，确保人民军队“听党指挥、能打胜仗、作风优良”，是中国共产党对马克思主义党建思想的创造性运用和创新性发展。

古田会议确定“中国的红军是一个执行革命的政治任务的武装集团”，明确规定红军不但要打仗，而且要担负起宣传群众、组织群众、武装群众等项任务

古田会议深刻总结红四军成立以来人民军队建设的经验教训，确立人民军队建设基本原则。古田会议决议强调：红军是“一个执行革命的政治任务的武装集团”，必须服从党的领导，树立无产阶级思想，纠正单纯军事观点、极端民主化、非组织观点、绝对平均主义、主观主义、流寇思想和盲动主义残余等。同时强调，红军不但要打仗，而且要担负起宣传群众、组织群众、武装群众等项任务；并且要在军内外建立正确关系，对敌军采取正确政策等。这是中国共产党和红军建设的纲领性文献，对中国共产党和人民军队的建设发挥了重大作用。古田会议强调“中国的红军是一个执

行革命的政治任务的武装集团"，重申党对红军绝对领导原则，反对以任何借口削弱党对红军的领导，必须使党成为军队中的坚强领导和团结核心；要求把党建设成为无产阶级先锋队，把军队建设成为无产阶级领导的新型人民军队，这是事关党的事业兴衰成败的根本性问题，这些要求在古田会议决议中得到明确规定。古田会议决议成为党的建设和军队建设的伟大纲领及重要里程碑。

四、"坚持真理，纠正错误；思想建党，政治建军"

古田会议精神的提炼与概括，应该考虑四个维度：一是历史维度，二是时间维度，三是内容维度，四是现实维度

从历史维度看，古田会议精神的提炼与概括应该包含中国共产党创建人民军队到古田会议的历程；从时间维度看，古田会议精神的提炼与概括重点是古田会议解决的主要问题；从内容维度看，古田会议精神应该把古田会议的精华提炼出来，使其发挥长远的指导意义；从现实维度看，古田会议精神应该对21世纪军队改革、中共中央提出的"建设世界一流军队"提供强大的精神力量。因此，古田会议精神是"坚持真理，纠正错误；思想建党，政治建军"。

关于"坚持真理"。坚持中国共产党对人民军队的绝对领导，坚持"支部建在连上"，坚持人民军队政治工作制度，坚持人民军队的政治民主、军事民主和经济民主制度，坚持"中国的红军是一个执行革命的政治任务的武装集团"，必须服从于无产阶级思想领导、服务于人民革命斗争和根据地建设，"它除了打仗一件工作之外，还要担负宣传群众，组织群众，武装群众，帮助群众建设政权等重大任务"。

关于"纠正错误"。《中国共产党红军第四军第九次代表大会决议案》讲得非常明确，这就是单纯军事观点问题、极端民主化问题、非组织意识问题、绝对平均主义问题、唯心观点问题、个人主义问题、流寇思想问题、盲动主义的残余问题等。古田会议纠正了这些问题，红四军从此走上顺利发展的道路，逐步发展为红一军团、红一方面军，成为中国工农红军三大主力之一。

关于"思想建党"。古田会议总结了人民军队建设的历史经验和现实需要，进一步确立思想建党原则。《中国共产党红军第四军第九次代表大会决议案》指出红四军党内存在的非无产阶级思想表现，深刻分析其存在原因和危害，提出思想建党的重要任务，深刻阐述人民军队建设中加强党的思想建设的极端重要性，突出强调党的建设的核心问题就是坚持无产阶级思想的领导："红军第四军的共产党内存在着各种非无产阶级的思想，这对于执行党的正确路线，妨碍极大。""不提高党内政治水平，不肃清党内各种偏向，便决然不能健全并扩大红军，更不能担负重大的斗争任务。"其

中特别强调，要通过思想教育“使党员的思想和党内的生活都政治化、科学化”。2014 年 10 月全军政治工作会议深刻指出：“坚持从思想上政治上建设部队，是我军建设的一条基本原则，是能打仗、打胜仗的政治保证。过去我们是这么做的，现在也必须这么做。”

关于“政治建军”。中国共产党领导的政治工作是人民军队的生命线。土地革命战争时期的政治工作保证了红军强渡大渡河、飞夺泸定桥、攻克腊子口、爬雪山过草地的胜利，革命战争时期的政治工作为人民军队战胜强敌和艰难险阻提供了强大精神源泉，革命、建设和改革时期的政治工作保证了人民军队始终“听党指挥、能打胜仗、作风优良”。在长期实践中，人民军队政治工作形成一整套优良传统：坚持党指挥枪的根本原则和制度，坚持全心全意为人民服务的根本宗旨，坚持实事求是的思想路线，坚持群众路线的根本作风，坚持用科学理论武装官兵，坚持围绕党和军队中心任务发挥服务保证作用，坚持公道正派选拔使用干部，坚持官兵一致、发扬民主，坚持实行自觉的严格的纪律，坚持艰苦奋斗、牺牲奉献的革命精神，坚持党员干部带头、以身作则等，就是古田会议精神的具体体现并得到继承发扬的人民军队政治工作根本原则和内容。

第三讲

确立第一代中央领导集体核心的深刻启示[①]

列宁认为："在历史上，任何一个阶级，如果不推举出自己的善于组织运动和领导运动的政治领袖和先进代表，就不可能取得统治地位。"[②] 从遵义会议事实上确立毛泽东在中央的核心地位到开创中国革命新局面，实现党的事业大发展，充分证明确立核心的重要性，为革命、建设、改革和新时代提供了深刻启示。在中国这样地域辽阔、人口众多、历史悠久、文化深厚的东方大国，领导革命、建设、改革和全面建设社会主义现代化国家，是无与伦比的艰巨任务。从确立毛泽东在中央的核心地位起，中国共产党形成在各个历史时期确立核心的传统。这是党的事业继往开来、兴旺发达的重要经验之一。

中共二十大报告指出："坚持和发展马克思主义，必须同中国具体实际相结合。我们坚持以马克思主义为指导，是要运用其科学的世界观和方法论解决中国的问题，而不是要背诵和重复其具体结论和词句，更不能把马克思主义当成一成不变的教条。"中国共产党成立后，毛泽东是坚持和发展马克思主义、把马克思主义基本原理同中国具体实际相结合的典范。建党初期毛泽东与刘少奇深入安源路矿，领导安源路矿工人大罢工赢得胜利。大革命时期毛泽东发表《湖南农民运动考察报告》充分肯定贫困农民的革命积极性。大革命失败后毛泽东领导秋收起义和向井冈山进军，开辟农村革命根据地。然后，毛泽东与战友们率部向赣南、闽西进军，在各级中共组织帮助下，创建中央革命根据地，成立红一方面军，建立中华苏维埃共和国。在此期间，毛泽东撰写《中国的红色政权为什么能够存在?》《井冈山的斗争》《关于纠正党内的

---

① 讲稿。曾以《百年大党视域下确立毛泽东在中央核心地位的历程与启示》为题发表在《郑州轻工业大学学报》（社会科学版）2023 年第 1 期。

② 中共中央马克思恩格斯列宁斯大林著作编译局编：《列宁专题文集：论无产阶级政党》，人民出版社 2009 年版，第 344 页。

错误思想》《星星之火，可以燎原》《反对本本主义》等著作，坚持实事求是、独立自主和群众路线，坚决反对教条主义，提出“没有调查就没有发言权”，作出“中国革命斗争的胜利要靠中国同志了解中国情况”[①] 的科学论断。毛泽东从实践上和理论上解决了中国革命的发展方向问题，开辟农村包围城市、武装夺取政权道路，实现马克思主义中国化的实践创新和理论创新。遵义会议把马克思主义基本原理同中国具体实际相结合的典范毛泽东事实上确立为中央的核心，是一个历史性的选择，经历了历史检验和实践考验。

恩格斯指出：“历史是这样创造的：最终的结果总是从许多单个的意志的相互冲突中产生出来的，而其中每一个意志，又是由于许多特殊的生活条件，才成为它所成为的那样。这样就有无数互相交错的力量，有无数个力的平行四边形，由此就产生出一个合力，即历史结果，而这个结果又可以看作一个作为整体的、不自觉地和不自主地起着作用的力量的产物。因为任何一个人的愿望都会受到任何另一个人的妨碍，而最后出现的结果就是谁都没有希望过的事物。所以到目前为止的历史总是像一种自然过程一样地进行，而且实质上也是服从于同一运动规律的。但是，各个人的意志——其中的每一个都希望得到他的体质和外部的、归根到底是经济的情况（或是他个人的，或是一般社会性的）使他向往的东西——虽然都达不到自己的愿望，而是融合为一个总的平均数，一个总的合力，然而从这一事实中决不应作出结论说，这些意志等于零。相反地，每个意志都对合力有所贡献，因而是包括在这个合力里面的。”[②] 百年大党，苦难辉煌。毛泽东在中共中央的核心地位不是从天上掉下来的，也不是任何人为的因素造成的，而是中国革命面临的历史环境与客观形势，革命阵营出现的种种挫折与主观矛盾，历史前进历经的疾风暴雨与艰难险阻，呼唤革命队伍出现高屋建瓴、扭转乾坤的核心人物。这一系列“合力”造就了毛泽东在中共中央的核心地位，而毛泽东的核心地位亦造就了全党公认的历史辉煌。

一、根据中国实际，实现伟大转折

中国共产党历史证明，确立中央领导核心对党的事业发展至关重要。1935 年初，中共中央和红一方面军长征途中，面临国民党军围追堵截，中国革命到了最危急的关头——由于“左”倾教条主义的错误指导，红军第五次反“围剿”失败，不得不离开中央革命根据地长征；湘江战役红军损失折半，元气大伤；“左”倾教条主义代表

① 中共中央文献研究室编：《毛泽东年谱（1893—1949）》上卷，人民出版社、中央文献出版社 1993 年版，第 307－308 页。

② 《马克思恩格斯选集》第 4 卷，人民出版社 1995 年版，第 697 页。

人物一筹莫展，无计可施。中国革命需要核心人物领导，红军需要合格统帅指挥，中共中央需要高瞻远瞩、经验丰富、克敌制胜、坚强有力的领导集体。

遵义会议确立毛泽东在中共中央和红军的核心地位

1935 年 1 月中共中央在长征途中召开的遵义会议，选举毛泽东为中央政治局常委，事实上确立毛泽东在中央的核心地位，开始形成以毛泽东为核心的第一代中央领导集体。当时，虽然在组织形式上毛泽东没有担任中央总书记也没有在中央"负总责"，但是，由于他指挥红军三次反"围剿"胜利的具体实践，由于他的卓越政治智慧和丰富军事经验，由于他总结的红军战略战术和军事原则已经为中央领导集体所公认，特别是他一贯倡导的实事求是思想路线和长征中多次提出的扭转危局的军事主张，已经被遵义会议所接受、被中共中央所肯定，因此毛泽东在中央已经处于核心地位。《中共中央关于党的百年奋斗重大成就和历史经验的决议》指出："1935 年 1 月，中央政治局在长征途中举行遵义会议，事实上确立了毛泽东同志在党中央和红军的领导地位，开始确立以毛泽东同志为主要代表的马克思主义正确路线在党中央的领导地位，开始形成以毛泽东同志为核心的党的第一代中央领导集体，开启了党独立自主解决中国革命实际问题新阶段，在最危急关头挽救了党、挽救了红军、挽救了中国革命，并且在这以后使党能够战胜张国焘的分裂主义，胜利完成长征，打开中国革命新局面。这在党的历史上是一个生死攸关的转折点。"这是中共中央对遵义会议确立毛泽东在中央核心地位的最新阐述和评价。

遵义会议后毛泽东在中央发挥着重要的核心作用

遵义会议后，毛泽东在中共中央一系列重大决策和指挥红军作战方面一直发挥着重要的核心作用。历史亲历者、遵义会议前后担任中共中央秘书长的邓小平指出："遵义会议以后，毛泽东同志对全党起了领导作用。那个时候行军，毛泽东同志、周恩来同志、张闻天同志和我是在一起的。每天住下来，要等各个部队的电报，一直等到深夜，再根据这些电报来确定行军的行动。在重要问题上，大多是毛泽东同志出主意，其他同志同意的。尽管名义上他没有当总书记或军委主席，实际上他对军队的指挥以及重大问题的决策，都为别的领导人所承认。朱德同志、周恩来同志、张闻天同志、王稼祥同志他们这些同志确实照顾大局，确实有党性原则，只要毛泽东同志的意见是对的，都一致支持，坚决执行。"① 遵义会议后，在中共中央最高领导机关，毛泽东任政治局常委，参与中央领导集体重大决策，决定长征中的路线、方针和政

① 邓力群：《介绍和问答——学习关于建国以来党的若干历史问题的决议》，北京出版社 1981 年版，第 68 页。

策。遵义会议后建立的中共中央最高军事领导机构——“三人团”，毛泽东是成员之一，担负着长征中最重要的军事领导工作，直接指挥红军作战。在最高政府领导机关，毛泽东作为中华苏维埃共和国中央政府主席，发布政令和法令，向长征沿途各地的地方实力派和少数民族发布各种布告和政策，被中国和世界视为中国共产党的重要领导人。中共中央率领红一方面军艰苦转战到达四川西部草地时，由于周恩来重病，中共中央政治局常务委员会对常委工作进行新的分工，确定由毛泽东主管军事工作。从此，毛泽东在中共中央政治局常务委员会主管军事工作长达41年，直至辞世。

遵义会议在中国共产党和红军最危急的关头作出确立毛泽东核心地位的历史性选择，奠定克服危局、摆脱困境、完成长征的重要基础，为落脚陕甘革命根据地，实现红军三大主力会师西北，进入全国抗日战争的前进阵地，创造重要条件。

二、经受实践检验，推动历史发展

革命战争实践最能检验革命家、战略家、军事家毛泽东的军事运筹能力和统率指挥能力。从遵义会议到长征结束，毛泽东指挥红军展示的灵活机动的战略战术，在一系列重大决策中发挥的举足轻重的重要作用，令人信服地凸显了毛泽东在中央无可替代的核心地位。中共中央率领红一方面军到达陕甘革命根据地后，毛泽东将马克思主义基本原理同中国革命具体实际相结合，撰写《论反对日本帝国主义的策略》阐述中国共产党马克思主义的政治路线，撰写《中国革命战争的战略问题》阐述中国共产党马克思主义的军事路线，撰写《矛盾论》《实践论》阐述中国共产党马克思主义的思想路线，中国革命开创新局面。毛泽东在中央的核心地位日益巩固。

红一方面军完成长征，毛泽东任西北革命军事委员会主席（实际上是中央革命军事委员会主席）

1935年10月，中共中央率领红一方面军到达陕甘革命根据地，结束长征。11月3日，中央政治局召开会议讨论红军当前行动方针及中央组织问题。在中央“负总责”的张闻天指出，当前的紧迫任务，是怎样去彻底粉碎国民党军对陕甘革命根据地的第三次“围剿”。他提议中央领导成员分为两部分行动，“一部分同志到前方去，一部分可在后方进行动员工作”。关于中央军事组织问题，张闻天建议成立新的中央军委（名义称“西北军委”），并提议毛泽东担任军委主席。他指出：“大的战略问题，军委向中央提出讨论，至于战斗指挥问题，由他们全权决定。”中央政治局经过讨论，同意张闻天提出的方案并决定：（一）中央对外公开用“西北中央局”称谓，对白区则仍称“中央（秘密）”。（二）成立西北革命军事委员会，毛泽东任主席，周恩来、彭德怀任副主席。（三）中央分两路行动：毛泽东、周恩来、彭德怀率领部队南下与红十五军团会合粉碎敌人"围剿"；张闻天、博古等人率领中央机关北上进驻瓦窑堡。[①] 同时，中央红军恢复红一方面军番号，彭德怀任司令员，毛泽东任政治委员。随后，中华苏维埃共和国中央政府根据中央政治局会议精神，决定成立中国工农红军西北革命军事委员会，任命毛泽东为主席，周恩来、彭德怀为副主席。西北革命军事委员会在中共中央直接领导下，实际上是中央革命军事委员会。这是毛泽东政治生涯中首次担任革命军事委员会主席。

三大主力会师，毛泽东任中华苏维埃共和国中央革命军事委员会主席团主席，成为红军最高统帅

1936 年 9 月，红军三大主力即将会师，中共中央批准组成中央革命军事委员会主席团，成员为毛泽东、朱德、周恩来、张国焘、彭德怀、任弼时、贺龙等 7 人。10 月，红一方面军、红二方面军、红四方面军在甘肃会宁地区会师。为统一指挥红军三大主力协同作战，中央革命军事委员会任命彭德怀为红军前敌总指挥兼政治委员。为适应新形势，12 月 7 日，中华苏维埃共和国中央政府命令扩大中央革命军事委员会，由毛泽东、朱德、周恩来等 23 人为委员；毛泽东、朱德、周恩来、张国焘、彭德怀、任弼时、贺龙等 7 人组成主席团，毛泽东为主席，周恩来、张国焘为副主席。中央革命军事委员会下设总司令部、总政治部、后方勤务部兼总供给部、总卫生部、总兵站部等。红军三大主力会师前，各路红军基本上是根据各自情况各自为政。从 1936 年 12 月起，由中央革命军事委员会制定战略方针，统一部署、统一指挥各路红军。毛泽东作为中央革命军事委员会主席团主席，成为名副其实的红军最高统帅。

红军改编为八路军，毛泽东任中共中央革命军事委员会书记（实际称"主席"）

全国抗日战争爆发后，以国共两党合作为基础的抗日民族统一战线正式形成。为了动员一切抗战力量，实现中国共产党提出的全面抗战路线，1937 年 8 月，中共中央政治局在陕北洛川举行扩大会议。毛泽东作军事问题和国共两党关系问题的报告。洛川会议讨论了国共关系、战略方针和红军主力开赴抗日前线等问题，基本取得一致意见，通过毛泽东起草的《抗日救国十大纲领》和中共中央《关于目前形势与党的任务的决定》。洛川会议决定了中国共产党在抗战爆发新形势下的行动方针和政策：在敌人后方放手发动群众，开展独立自主的游击战争，开辟敌后战场，建立抗日根据地；在国民党统治区，大力开展群众性的抗日救亡运动；在有利于动员全国人民参加

---

① 中共中央党史研究室张闻天选集传记组编：《张闻天年谱》上卷，中共党史出版社 2000 年版，第 193 页。

抗战的前提下，争取人民大众应有的政治经济权利，以减租减息作为抗战时期解决农民问题的基本政策；使陕甘宁边区成为抗日民主的模范区。洛川会议决定，新的中共中央革命军事委员会由毛泽东、朱德、周恩来、张浩、彭德怀、任弼时等 11 人为委员，毛泽东为书记（实际称主席），朱德、周恩来为副书记（实际称副主席），统一指挥中国共产党领导的所有武装力量。为便于指挥开赴华北抗日前线的部队，洛川会议决定设立中央军委前方分会，朱德为书记、彭德怀为副书记。以后，又成立中共中央军委新四军分会，项英为书记、陈毅为副书记。1937 年 8 月 25 日，中共中央革命军事委员会主席毛泽东，副主席朱德、周恩来发出红军改编为八路军的命令。

实践证明，中国共产党领导的武装斗争和人民军队，需要毛泽东这样通晓国情，具有丰富革命战争经验，善于制定人民战争战略战术的核心人物。以毛泽东为核心的中央领导集体率领红军完成长征，打开抗日战争新局面，实现中国革命大发展。

三、“使马克思主义在中国具体化”

遵义会议事实上确立毛泽东在中共中央的核心地位，是中共中央在与共产国际失去联系的情况下，非常时期作出的非常决策。毛泽东在中共中央的核心地位能否得到共产国际认可和同意，至关重要。共产国际和总书记季米特洛夫在关键时刻发表关键性指示和意见，中共中央政治局和六届六中全会进行传达贯彻和落实。

共产国际提出“在领导机关中要在毛泽东为首的领导下解决”

中国共产党建立后是共产国际的一个支部。共产国际对中国革命尤其是对中共中央领导成员的组成极为重视。遵义会议事实上确立毛泽东在中共中央的核心地位后，中共中央领导成员陈云、王稼祥、任弼时等曾先后到莫斯科向共产国际汇报长征情况、遵义会议情况、完成长征到达陕甘革命根据地的情况、中国抗战形势与八路军开辟华北抗日根据地的情况等。共产国际对中国革命的最新发展和毛泽东在中共中央的核心地位非常关注。1938 年 10 月，中共扩大的六届六中全会在延安举行。会前，首先召开中共中央政治局会议，由刚刚从苏联回到延安的王稼祥作《国际指示报告》，传达共产国际指示和共产国际执行委员会总书记季米特洛夫的意见。王稼祥首先说明：“我的报告是根据（任）弼时在（共产）国际的报告、在（共产）国际的讨论的主要内容。”① 王稼祥说明自己报告依据的是——中共中央政治局委员、中共驻共产国际代表团团长任弼时代表中共中央于 1938 年 4 月 14 日向共产国际执行委员会作的书面报告大纲《中国抗日战争的形势与中国共产党的工作和任务》、5 月 17 日向共

---

① 《王稼祥选集》，人民出版社 1989 年版，第 138 页。

产国际执行委员会对此书面报告作的口头说明和补充①；共产国际讨论中国共产党问题时的主要内容来做的。② 王稼祥传达共产国际重要指示的具体内容是：关于共产国际对中国共产党的路线的估计——根据共产国际讨论中国共产党问题时共产国际执行委员会总书记季米特洛夫的发言，"认为中共一年来建立了抗日统一战线，尤其是朱（德）、毛（泽东）等领导了八路军执行了党的新政策，（共产）国际认为中共的政治路线是正确的，中共在复杂的环境及困难条件下真正运用了马列主义"③。关于中国共产党的党内团结问题，季米特洛夫与王稼祥谈话中有下列各点："（1）今天中共在全国取得公开存在，在群众中有很大的威信，党在公开活动中是可能影响国民党的。（2）今天日寇特别要很巧妙地挑拨破坏党内的团结，如制造什么周恩来与毛泽东的冲突等。（3）今天的环境中，中共主要负责人很难在一块，因此更容易发生问题。"④季米特洛夫代表共产国际提出，中国共产党"在领导机关中要在毛泽东为首的领导下解决，领导机关中要有亲密团结的空气"⑤。季米特洛夫特别嘱咐："要中共团结才能建立信仰。在中国，抗日统一战线是中国人民抗日的关键，而中共的团结又是统一战线的关键。统一战线的胜利是靠党的一致与领导者间的团结。这是季米特洛夫临别时的赠言。"⑥ 共产国际执行委员会总书记季米特洛夫的意见非常具有针对性，要着意解决的就是王明 1937 年 11 月从莫斯科回国后企图篡夺中共中央领导权问题。共产国际的指示和季米特洛夫的意见彻底堵死了王明夺取中共中央领导权的图谋，对巩固毛泽东在中共中央的核心地位是最有力的支持。

共产国际确认毛泽东的核心地位具有非常重要的意义

共产国际确认中国共产党建立抗日民族统一战线的政治路线是正确的，评价中国共产党在复杂的环境和困难的条件下真正运用了马列主义，强调中共中央领导机关要以毛泽东为首解决统一领导问题，这在共产国际与中国共产党关系史上，堪称首次，非常重要，对中国共产党具有特殊的意义。因为中国共产党作为共产国际的一个支部，必须坚决贯彻执行共产国际指示。此前，遵义会议改组中共中央领导机关，确立毛泽东在中共中央的核心地位，事前并未请示共产国际；由于长征的客观环境和中共中央与共产国际失去电讯联系等原因，事后也未能及时向共产国际汇报。这时，共产国际充分肯定遵义会议以来中国共产党的政治路线是正确的，强调中共中央领导机关

---

① 《王稼祥选集》，人民出版社 1989 年版，第 142 页。
② 《王稼祥选集》，人民出版社 1989 年版，第 138 页。
③ 《王稼祥选集》，人民出版社 1989 年版，第 138 页。
④ 《王稼祥选集》，人民出版社 1989 年版，第 141 页。
⑤ 《王稼祥选集》，人民出版社 1989 年版，第 141 页。
⑥ 《王稼祥选集》，人民出版社 1989 年版，第 141－142 页。

“要在毛泽东为首的领导下解决”①，对进一步加强中共中央领导机关的团结、进一步巩固毛泽东在中共中央的核心地位，都具有非同寻常的意义。毛泽东在这次中共中央政治局会议上的长篇发言中指出：共产国际的指示是这次政治局会议成功的保证，同时又是中共六届六中全会和第七次全国代表大会的指导原则，指示的最主要点是强调党内团结。② 在中共中央政治局会议最后一天，毛泽东强调：这次中央政治局会议取得了伟大的成功，从而可以保证六届六中全会的成功，并建议在六届六中全会通过一个中央工作规则。③ 中共中央政治局会议通过了扩大的六届六中全会议程，决定由毛泽东代表中央向全会作政治报告。这次中共中央政治局会议取得圆满成功。

中共六届六中全会进一步巩固毛泽东在中央的核心地位

在中共六届六中全会上，王稼祥传达了共产国际的指示和季米特洛夫的意见。毛泽东代表中央政治局作《抗日民族战争与抗日民族统一战线发展的新阶段》的政治报告。这是毛泽东首次代表中央在中央全会作政治报告。毛泽东强调，全党要普遍地深入地学习和研究马克思列宁主义理论，把马克思列宁主义同中国的具体特点相结合，反对教条主义。毛泽东向全党郑重提出实现马克思主义中国化问题，“使马克思主义在中国具体化，使之在其每一表现中带着必须有的中国的特性，即是说，按照中国的特点去应用它，成为全党亟待了解并亟须解决的问题”④。毛泽东突出强调“把马克思主义基本原理同中国的具体实际相结合”。他指出：“没有抽象的马克思主义，只有具体的马克思主义。所谓具体的马克思主义，就是通过民族形式的马克思主义，就是把马克思主义应用到中国具体环境的具体斗争中去。”⑤ 毛泽东对危害中国革命的教条主义深恶痛绝，强调：“洋八股必须废止，空洞抽象的调头必须少唱，教条主义必须休息，而代之以新鲜活泼的、为中国老百姓所喜闻乐见的中国作风和中国气派。”⑥ 毛泽东提出实现全党马克思主义中国化具有重要现实意义和深远历史意义。最后，毛泽东代表中央在全会的结论报告中指出：这次会议总结了抗日战争与抗日民族统一战线的全部经验，科学地分析和估计了抗日战争的形势，规定了党的方针和任务。这次会议是一个好的会议，是党的历史上少有的，讨论的问题多，经验丰富，态

---

① 《王稼祥选集》，人民出版社 1989 年版，第 141 页。

② 中共中央文献研究室编：《毛泽东年谱（1893—1949）》中卷，人民出版社、中央文献出版社 1993 年版，第 90 页。

③ 中共中央文献研究室编：《毛泽东年谱（1893—1949）》中卷，人民出版社、中央文献出版社 1993 年版，第 90 页。

④ 《毛泽东选集》第 2 卷，人民出版社 1991 年版，第 534 页。

⑤ 毛泽东：《论新阶段》，延安《解放》周刊第 57 期，1938 年 11 月。

⑥ 《毛泽东选集》第 2 卷，人民出版社 1991 年版，第 534 页。

度认真。我们党奋斗了十七年，空前地进步了，党已经能够更灵活地运用马克思列宁主义于中国革命的具体实践。[1] 在中共六届六中全会上，与会同志认真学习共产国际指示和季米特洛夫的意见，进一步提升了对毛泽东在中央核心地位的认识。八路军副总司令彭德怀对毛泽东的认识过程在党内高级干部中具有一定程度的代表性。毛泽东开辟井冈山革命根据地期间，首先是朱德带领南昌起义剩余部队上了井冈山，"朱毛会师井冈山，革命力量大发展"。接着是彭德怀率领平江起义成立的红五军上了井冈山，实现毛泽东、朱德率领的红四军与彭德怀率领的红五军会师井冈山。随后，彭德怀在毛泽东直接指挥下南征北战，担任红五军军长、红三军团总指挥、红一方面军副总司令兼红三军团总指挥、红军陕甘支队司令员、红军前敌总指挥兼政治委员、八路军副总司令等，以善打硬仗著称，成为闻名遐迩的著名红军战将。长征结束时，毛泽东曾为彭德怀赋诗："山高路远坑深，大军纵横驰奔。谁敢横刀立马，唯我彭大将军。"[2] 在历史上，毛泽东的政治水平和领导能力有一个成熟过程，高级干部对毛泽东的认识和了解也有一个发展过程。彭德怀说自己对毛泽东的认识就有三个发展阶段，首先是兄长，毛泽东年长自己；其次是先生，感到毛泽东很有学问，可以做自己的老师；然后是领袖，经过中国革命实践检验，认识到毛泽东确实高人一筹，是名副其实的中国共产党领袖。毛泽东高度评价中共六届六中全会，在中共七大指出："六中全会是决定中国之命运的。六中全会以前虽然有些著作，如《论持久战》，但是如果没有共产国际指示，六中全会还是很难解决问题的。共产国际指示就是王稼祥同志在苏联养病后回国带回来的，由王稼祥同志传达的。"[3] 毛泽东认为"六中全会是决定中国之命运的"，可见对这次全会的评价之高。

中共六届六中全会强调增强党的团结和加强党的纪律建设

全国性抗日战争实现中国共产党的空前发展，共产党的各级组织发展到全国，人民军队在华北、华中、华南等地创建一系列抗日民主根据地，新形势新发展新局面给党的建设提出一系列新要求。中共六届六中全会指出，共产党的团结统一，首先是中央及各级领导机关，尤其是八路军、新四军中党的领导干部，和各中央局及省委的团结和统一，是保证抗日民族统一战线向前巩固和扩大的最基本前提，同时也就是争取中华民族抗战胜利和实现新中国成立大业的最重要条件。每个共产党员应该爱护党和

---

① 中共中央文献研究室编：《毛泽东年谱（1893—1949）》中卷，人民出版社、中央文献出版社 1993 年版，第 94 页。

② 中共中央文献研究室编：《毛泽东年谱（1893—1949）》上卷，人民出版社、中央文献出版社 1993 年版，第 481 页。

③ 中共中央文献研究室编：《毛泽东在七大的报告和讲话集（1945 年 4 月—6 月）》，中央文献出版社 1995 年版，第 231－232 页。

党的团结统一有如生命。中共六届六中全会采取一系列举措加强党的纪律建设，针对王明在长江局时期对抗中央，擅自发表宣言，破坏党的团结和纪律的行为，全会重申少数服从多数、个人服从组织、下级服从上级、全党服从中央的纪律。根据毛泽东的建议，全会鉴于王明违反组织纪律的事实和张国焘由自立中央发展到反党叛党的严重事件，制定了加强党的组织纪律原则的一系列文件《关于中央委员会工作规则与纪律的决定》《关于各级党委暂行组织机构的决定》《关于各级党部工作规则与纪律的决定》等。这些文件分别规定了中国共产党中央委员会、中央政治局、中央书记处及各级党委、各级党部工作的任务、职责范围和纪律。特别强调每个党员都必须遵守民主集中制原则。规定各中央委员如果没有中央委员会、中央政治局及中央书记处的委托，不得以中央名义向党内党外发表言论与文件。各中央委员不得在中央委员会以外对任何人发表与中央委员会决定违反的意见，亦不得有任何相违反的行动。通过这些加强党的建设的重大举措，有力地实现了全党的团结和统一，有力地增强了以毛泽东为核心的中共中央的权威。从此，在政治上同中共中央保持高度一致、一切行动听从中共中央指挥，成为高级干部和全党的自觉行动。

中共六届六中全会后，“一切重大问题均由毛主席决定”

中共六届六中全会期间，遵义会议上被推选在中央“负总责”（一般称为总书记）的张闻天向毛泽东提出，“把总书记一职让掉”“推举毛泽东同志为中央总书记”。[①] 但是，毛泽东根据当时的具体情况，“不主张提这个问题”[②]。因此，张闻天没有向中共六届六中全会提出自己的建议，而是在会后将自己的工作职责逐渐向中央宣传教育部门转移。对此，张闻天 1943 年在整风笔记（中央领导成员的整风笔记在中央领导层相互传阅，相互征求意见）中写道：“我现在反省我在六中全会上没有坚持的推举毛泽东同志为中央总书记，是我的一个错误。”[③] “在六中全会时，关于此问题，我确曾向毛泽东同志提过，当时他不主张提这个问题。”[④] “六中全会期间我虽未把总书记一职让掉，但我的方针还是把工作逐渐转移，而不是把持不放。自王明同志留延（安）工作后，我即把政治局会议地点，移到杨家岭毛泽东同志住处开（会），我只在形式上当主席，一切重大问题均由毛主席决定，特别是七八月政治局会议之后（所谓‘神仙会议’），我实际上是做了宣传教育部门的工作。”[⑤]

---

① 张闻天选集传记组编：《张闻天在 1935－1938 年》（年谱），中共党史出版社 1997 年版，第 319 页。
② 张闻天选集传记组编：《张闻天在 1935－1938 年》（年谱），中共党史出版社 1997 年版，第 319 页。
③ 张闻天选集传记组编：《张闻天在 1935－1938 年》（年谱），中共党史出版社 1997 年版，第 319 页。
④ 张闻天选集传记组编：《张闻天在 1935－1938 年》（年谱），中共党史出版社 1997 年版，第 319 页。
⑤ 张闻天选集传记组编：《张闻天在 1935－1938 年》（年谱），中共党史出版社 1997 年版，第 319 页。

从历史上看，中共六届六中全会是一次十分成功的具有里程碑意义的重要会议。《中共扩大的六中全会政治决议案》批准以毛泽东为代表的中央政治局路线，规定了中国共产党在抗日战争新阶段的任务。这次全会传达贯彻共产国际的指示和季米特洛夫的意见，进一步巩固了毛泽东在中央的核心地位。这次全会全面阐述中国共产党在抗日战争时期的基本政策，统一全党思想，增强全党团结，从政治上思想上组织上为实现中国共产党对抗日战争的领导奠定基础，推动了各项工作迅速发展。

四、确立实事求是的思想路线

时势造英雄。伟大的革命造就伟大的领袖，领袖是革命的产物。伟大的革命推动伟大的创新，实践创新必然推动理论创新。

马克思主义基本原理同中国革命具体实践相结合的毛泽东思想

抗日战争时期是中国革命大发展时期，也是马克思主义中国化大发展时期。陕甘宁边区聚集着一大批学养深厚的革命家、理论家、哲学家、文学家、教育家、历史学家等。他们立足延安，面向全国，关注中国思想理论发展的最新动向，阐发马克思主义中国化的基本内容。1941 年 3 月，社会科学家张如心在延安的中共中央机关刊物《共产党人》杂志发表《论布尔什维克的教育家》，认为"毛泽东同志的言论著作是马列主义理论与中国革命实践结合典型的结晶体"①，第一次提出"毛泽东同志的思想"的概念。② 同年 4 月，张如心在延安《解放》周刊发表的《在毛泽东的旗帜下前进》中认为："说到创造性马克思主义在中国问题上的发展，最主要最典型的代表，是我们党的领袖毛泽东同志。"③ 1941 年 12 月底，张如心担任毛泽东的读书秘书，对毛泽东的理论与实践有了更加深入的了解。1942 年 2 月 18 日和 19 日，延安的中共中央机关报《解放日报》连载张如心撰写的长篇文章《学习和掌握毛泽东的理论和策略》。张如心把毛泽东的理论和策略分为思想路线、政治路线和军事路线三个组成部分，认为"这三个组成部分内在有机的统一便构成毛泽东的理论和策略的体系"，称之为"毛泽东主义"。该文在延安党政军机关和思想理论界引起强烈反响。但是，毛泽东本人不赞成"毛泽东主义"的提法。4 月 22 日，毛泽东致信中共中央宣传部代理部长凯丰，认为"我的思想（马列），自觉没有成熟，还是学习时候，不是鼓吹时候，要鼓吹只宜以某些片段去鼓吹（例如整风文件中的几件），不宜当做体系去鼓

---

① 张如心：《论布尔什维克的教育家》，中共中央机关刊物《共产党人》杂志第 16 期，1941 年 3 月。
② 张如心：《论布尔什维克的教育家》，中共中央机关刊物《共产党人》杂志第 16 期，1941 年 3 月。
③ 张如心：《在毛泽东的旗帜下前进》，延安《解放》周刊第 127 期，1941 年 4 月。

吹，因我的体系还没有成熟”①。但是，毛泽东不同意“毛泽东主义”提法的意见没有得到广泛传播。同年7月1日，中共中央北方局晋察冀分局机关报《晋察冀日报》发表邓拓撰写的社论《纪念七一，全党学习掌握毛泽东主义》，认为毛泽东主义是中国共产党领导中国革命的指导思想和方法论相结合的完整体系，是创造性马列主义在中国的新发展。1943年7月8日，在遵义会议上第一个挺身而出推举毛泽东指挥红军领导革命的中共中央政治局委员、中央军委副主席兼总政治部主任王稼祥，在《解放日报》发表《中国共产党与中国民族解放的道路》的文章，正式提出“毛泽东思想”的科学概念，指出毛泽东思想就是中国的马克思列宁主义，毛泽东思想便是马克思列宁主义与中国革命运动实际经验相结合的结果。在此期间，中共中央领导成员纷纷发表讲话和文章，表示拥护和执行毛泽东思想。这些理论研究成果，丰富了毛泽东思想的科学体系，为确立毛泽东思想为全党指导思想奠定了基础。

阐述实事求是的马克思主义思想路线

全国抗日战争时期，根据形势发展和党的建设需要，中共中央决定开展整风运动。整风运动首先在延安的高级干部中开始，这是全党整风运动的预备阶段。毛泽东一贯重视实事求是问题，在中共六届六中全会报告中最早提到实事求是：“共产党员应是实事求是的模范，又是具有远见卓识的模范。因为只有实事求是，才能完成确定的任务；只有远见卓识，才能不失前进的方向。”② 1941年5月，毛泽东古为今用，点石成金，在《改造我们的学习》中对实事求是作了新的阐发：“要使马克思列宁主义的理论和中国革命的实际运动结合起来，是为着解决中国革命的理论问题和策略问题而去从它找立场，找观点，找方法的。这种态度，就是有的放矢的态度。‘的’就是中国革命，‘矢’就是马克思列宁主义。我们中国共产党人所以要找这根‘矢’，就是为了要射中国革命和东方革命这个‘的’的。这种态度，就是实事求是的态度。‘实事’就是客观存在着的一切事物，‘是’就是客观事物的内部联系，即规律性，‘求’就是我们去研究。我们要从国内外、省内外、县内外、区内外的实际情况出发，从其中引出其固有的而不是臆造的规律性，即找出周围事变的内部联系，作为我们行动的向导。而要这样做，就须不凭主观想象，不凭一时的热情，不凭死的书本，而凭客观存在的事实，详细地占有材料，在马克思列宁主义一般原理的指导下，从这些材料中引出正确的结论。这种结论，不是甲乙丙丁的现象罗列，也不是夸夸其谈的滥调文章，而是科学的结论。这种态度，有实事求是之意，无哗众取宠之心。这种态

① 《毛泽东书信选集》，中央文献出版社2003年版，第212页。

② 《毛泽东选集》第2卷，人民出版社1991年版，第522－523页。

度，就是党性的表现，就是理论和实际统一的马克思列宁主义的作风。"[①] 经过整风运动，实事求是成为全党的共识。中共七大将实事求是载入党章，确立为中国共产党的思想路线。

全党整风运动奠定统一的思想基础

在整风运动中，毛泽东深刻论述马克思主义基本原理同中国革命具体实际相结合的原则，深入批判主观主义，号召全党树立理论和实践统一的马克思主义作风。中共中央作出《关于增强党性和决定》《关于调查研究的决定》，号召全党克服非无产阶级思想，加强党性锻炼。1941 年 9 月至 10 月，中央政治局召开扩大会议，毛泽东作反对主观主义和宗派主义问题的报告。会议在充分讨论基础上，确认土地革命战争时期王明等人所犯错误是"左"倾教条主义路线错误。9 月 26 日，中央决定成立中央学习研究组，各地成立高级学习组，研究马克思列宁主义理论，总结党的历史经验和教训。全党整风从 1942 年 2 月开始，主要内容是反对主观主义以整顿学风，反对宗派主义以整顿党风，反对党八股以整顿文风。整风运动方针是惩前毖后，治病救人。毛泽东在中央党校作《整顿党的作风》讲演，在延安干部会议作《反对党八股》报告，标志着全党整风开始。《改造我们的学习》《整顿党的作风》《反对党八股》是毛泽东论整风运动的基本著作，进一步从思想上总结过去中国共产党内路线的分歧，分析了广泛存在于党内的非马克思主义思想作风，主要是主观主义、宗派主义和党八股，号召开展马克思主义教育运动，整顿党的作风。毛泽东的号召很快引起怎样以从实际出发观点而不是以教条主义观点来对待马克思主义原理，怎样使马克思主义基本原理和中国革命实际相结合，以及怎样对待 1931 年初至 1934 年底党内两条路线斗争这样一些重大问题的大讨论，巩固了马克思主义在党内外的阵地，使广大干部在思想上提高一步，全党通过分清路线是非，思想上达到空前统一。

整风运动重要成果：毛泽东任中央政治局主席和中央书记处主席

在整风运动中，1943 年 3 月中共中央政治局会议，通过《中央关于中央机构调整及精简的决定》，指出："在两次中央全会之间，中央政治局担负领导整个党工作的责任，有权决定一切重大问题。政治局推定毛泽东为主席。""书记处是根据政治局所决定的方针处理日常工作的办事机关。""书记处重新决定由毛泽东、刘少奇、任弼时三同志组成之，毛泽东为主席，会期不固定，得随时由主席召集之，会议中所讨论的问题，主席有最后决定之权。"[②] 中共中央政治局会议决定，毛泽东为中央政

① 《毛泽东选集》第 3 卷，人民出版社 1991 年版，第 801 页。
② 《刘少奇传》（上），中央文献出版社 2008 年版，第 448 页。

治局主席、中央书记处主席；中央书记处由毛泽东、刘少奇、任弼时组成，根据政治局决定的方针处理日常工作；刘少奇参加中央军委并任军委副主席；设立中央宣传委员会和中央组织委员会，作为中央政治局和中央书记处的助理机关，中央宣传委员会由毛泽东兼任书记，中央组织委员会由刘少奇兼任书记。这次中共中央政治局会议从组织上彻底完成了遵义会议开始的毛泽东在中央核心地位的确立问题。需要说明的是，毛泽东具有“最后决定权”的是“书记处会议所讨论的问题”，而“书记处是根据政治局所决定的方针处理日常工作的办事机关”，一切重大问题必须由政治局会议讨论通过。因此，那种认为毛泽东具有在整个党的工作中一切重大问题上“最后决定权”的说法，是一种误解误读和以讹传讹。整风运动形成了对党史重大问题认识一致的政治成果。1943 年冬，整风运动最后阶段总结党的历史经验，召开各种类型的党史座谈会，研究土地革命战争时期各个根据地的经验教训，高级干部重新开始党史学习讨论，对历次“左”、右倾错误特别是王明“左”倾教条主义进行批评，进一步分清路线是非。1944 年 4 月，毛泽东在延安高级干部会上作《学习和时局》报告，传达中央政治局对党的高级干部学习党史中几个重要问题所作的结论，并对中共六大文件的讨论问题、党内历史上的宗派问题等作了实事求是的结论。整风运动形成马克思主义基本原理与中国革命具体实际相结合的理论成果。中共六届七中全会通过的《关于若干历史问题的决议》，系统总结建党以来的经验教训，对重大历史问题作出评价；对历次“左”、右倾错误，特别是土地革命战争时期王明“左”倾教条主义错误，作了科学结论；高度评价毛泽东坚持把马克思主义基本原理与中国革命具体实践相结合的卓越贡献，全党在马克思主义基础上达到完全统一。至此，整风运动结束。

从遵义会议到抗日战争，毛泽东根据中国历史、中国国情、中国特点和中国实际，实事求是地指导中国革命，赢得全党信任。《关于若干历史问题的决议》号召：“在马克思列宁主义思想一致的基础上，团结全党同志如同一个和睦的家庭一样，如同一块坚固的钢铁一样，为着获得抗日战争的彻底胜利和中国人民的完全解放而奋斗。”①

五、确立毛泽东思想为指导思想

列宁认为：“在通常情况下，在多数场合，至少在现代的文明国家内，阶级是由政党来领导的；政党通常是由最有威信、最有影响、最有经验、被选出担任最重要职

① 中共中央党史研究室第一研究部等编：《两个历史问题的决议及十一届三中全会以来党对历史的回顾》(简明注释本)，中共党史出版社 2013 年版，第 5 页。

务而称为领袖的人们所组成的比较稳定的集团来主持的。"① 在整风运动和《关于若干历史问题的决议》基础上，中共七大总结历史经验，制定七大路线，确定毛泽东思想为全党指导思想，选举产生以毛泽东为核心的第七届中央委员会。

黄土高原上举行的中共七大详细阐述中国共产党的政治主张

在整风运动奠定的思想基础、政治基础和组织基础上，1945 年 4 月 23 日中共七大在延安开幕。毛泽东主持大会并致开幕词，指出中国共产党的任务"就是为着打败日本侵略者，建设一个独立的、自由的、民主的、统一的、富强的新中国而奋斗"②。毛泽东在《论联合政府》的书面政治报告中，分析了国际国内形势，总结了抗战中两条不同指导路线的斗争和人民战争的基本经验，阐述了中国共产党在民族民主革命阶段的一般纲领和具体纲领，指出中国人民应当争取打败侵略者、建设新中国的前途。毛泽东指出：作为一般纲领，"我们主张在彻底地打败日本侵略者之后，建立一个以全国绝大多数人民为基础而在工人阶级领导之下的统一战线的民主联盟的国家制度，我们把这样的国家制度称之为新民主主义的国家制度"③。毛泽东认为，我们主张的新民主主义经济，必须是由国家经营、私人经营和合作社经营三部分组成。毛泽东阐述了对资本主义的态度："有些人不了解共产党人为什么不但不怕资本主义，反而在一定的条件下提倡它的发展。我们的回答是这样简单：拿资本主义的某种发展去代替外国帝国主义和本国封建主义的压迫，不但是一个进步，而且是一个不可避免的过程。它不但有利于资产阶级，同时也有利于无产阶级，或者说更有利于无产阶级。"④ 毛泽东认为："中国一切政党的政策及其实践在中国人民中所表现的作用的好坏、大小，归根到底，看它对于中国人民的生产力的发展是否有帮助及其帮助之大小，看它是束缚生产力的，还是解放生产力的。"⑤ 毛泽东强调："应该使每个同志明了，共产党人的一切言论行动，必须以合乎最广大人民群众的最大利益，为最广大人民群众所拥护为最高标准。应该使每一个同志懂得，只要我们依靠人民，坚决地相信人民群众的创造力是无穷无尽的，因而信任人民，和人民打成一片，那就任何困难也能克服，任何敌人也不能压倒我们，而只会被我们所压倒。"⑥ 在中共七大上毛泽东多次阐述七大路线："这就是放手发动群众，壮大人民力量，在我党的领导下，打败

---

① 《列宁选集》第 4 卷，人民出版社 1995 年版，第 151 页。
② 中共中央文献研究室编：《毛泽东在七大的报告和讲话集》，中央文献出版社 1995 年版，第 18 页。
③ 中共中央文献研究室编：《毛泽东在七大的报告和讲话集》，中央文献出版社 1995 年版，第 50 页。
④ 中共中央文献研究室编：《毛泽东在七大的报告和讲话集》，中央文献出版社 1995 年版，第 55 页。
⑤ 中共中央文献研究室编：《毛泽东在七大的报告和讲话集》，中央文献出版社 1995 年版，第 75 页。
⑥ 中共中央文献研究室编：《毛泽东在七大的报告和讲话集》，中央文献出版社 1995 年版，第 94 页。

日本侵略者，解放全国人民，建立一个新民主主义的中国。”① 毛泽东的论述指明了中国共产党的前进方向，至今仍然具有重要意义。

确立毛泽东思想为全党指导思想。毛泽东当选中共中央主席

刘少奇在中共七大作《关于修改党的章程的报告》，论述中国共产党的特点和性质、党的指导思想、中国革命的特点、党的群众路线、党的民主集中制等一系列重大理论原则问题，同时全面阐述毛泽东在中国革命中的历史地位和毛泽东思想。刘少奇指出，毛泽东是“我们党和现代中国革命的组织者与领导者”②，中国共产党“在1927年前，发动了空前伟大的革命运动，毛泽东同志是这个大革命的组织者；在苏维埃土地革命时，创造了伟大的苏区和红军，毛泽东同志是苏区和红军的创造者与领导者；在抗日战争中，创造了伟大的解放区和人民的军队——八路军与新四军，毛泽东同志又是解放区和八路军、新四军的创造者与领导者。毛泽东同志，是我们党的领袖，但他又是我们党的一个普通党员，他是在党的支配之下，并以最谨慎的态度来遵守党的一切纪律的。他是人民群众的领袖，但他的一切都根据人民群众的意志，他在人民面前是最忠实的勤务员和最恭谨的小学生”③。刘少奇将毛泽东思想的主要内容概括为九个方面。他认为，毛泽东思想是“毛泽东同志关于中国历史、社会与中国革命的理论与政策”④，毛泽东思想是“马克思列宁主义的理论与中国革命的实践之统一的思想，就是中国的共产主义，中国的马克思主义”⑤。中共七大通过的党章规定，中国共产党，以马克思列宁主义的理论与中国革命的实践之统一的思想——毛泽东思想，作为自己一切工作的指针。党章还规定，必须在党的工作中坚持群众路线，在党的生活中坚持民主集中制。中共七届一中全会选举毛泽东、朱德、刘少奇、周恩来、任弼时为中央书记处书记；选举毛泽东为中央委员会主席、中央政治局主席、中央书记处主席。中央政治局扩大会议决定组成新的中央军事委员会，毛泽东任主席。中国共产党实现在毛泽东思想基础上的团结和统一是赢得革命胜利的重要保证。

“我们已经找到新路，我们能跳出这周期率”⑥

中共七大认真总结建党以来的历史经验，制定正确的纲领和策略，使全党特别是

---

① 中共中央文献研究室编：《毛泽东在七大的报告和讲话集》，中央文献出版社1995年版，第234页。
② 《刘少奇选集》（上），人民出版社1981年版，第319页。
③ 《刘少奇选集》（上），人民出版社1981年版，第319页。
④ 《刘少奇选集》（上），人民出版社1981年版，第333页。
⑤ 《刘少奇选集》（上），人民出版社1981年版，第333页。
⑥ 中共中央文献研究室编：《毛泽东年谱（1893—1949）》中卷，人民出版社、中央文献出版社1993年版，第610页。

高级干部对中国革命发展规律有了明确认识，使全党在毛泽东思想基础上达到空前团结。中共七大闭幕后，毛泽东在延安窑洞会见从重庆来的黄炎培等6位国民参政会参政员，与黄炎培等就团体、政党乃至国家存在的周期率进行了著名的“窑洞对”。毛泽东问黄炎培等在延安有什么感想，黄炎培说：我生六十多年，耳闻的不说，所亲眼看到的，真所谓“其兴也勃焉”“其亡也忽焉”，一人，一家，一团体，一地方，乃至一国，不少单位，都没有能跳出这周期率的支配力。大凡初时聚精会神，没有一事不用心，没有一人不卖力，也许那时艰难困苦，只有从万死中觅取一生。既而环境渐渐好转了，精神也就渐渐放下了。有的因为历史长久，自然地惰性发作，由少数演为多数，到风气养成，虽有大力，无法扭转，并且无法补救。也有为了区域一步步扩大下，它的扩大，有的出于自然发展，有的为功业欲所驱使，强求发展，到干部人才渐见竭蹶、艰于应付的时候，环境倒越加复杂起来了，控制力不免趋于薄弱了。一部历史，“政怠宦成”的也有，“人亡政息”的也有，“求荣取辱”的也有，总之没有能跳出这周期率。中共诸君从过去到现在，我略略了解的了，就是希望找出一条新路，来跳出这周期率的支配。[①] 毛泽东郑重地说：“我们已经找到新路，我们能跳出这周期率。这条新路，就是民主。只有让人民来监督政府，政府才不敢松懈。只有人人起来负责，才不会人亡政息。”[②]

整风运动统一全党思想，《关于若干历史问题的决议》总结历史经验教训，中共七大从政治上、思想上、组织上完成确立毛泽东在中央核心地位的全部程序，中国革命胜利指日可待。

六、确立第一代中央领导集体核心的深刻启示

马克思指出：“如爱尔维修所说的，每一个社会时代都需要有自己的大人物，如果没有这样的人物，它就要把他们创造出来。”[③] 中国共产党奋斗历程证明，在中国这样一个地域辽阔、人口众多、历史悠久、文化深厚的东方大国，领导革命、建设、改革开放和全面建设社会主义现代化国家，是一项无与伦比的艰巨任务。中国共产党是全中国人民的领导核心，确立中国共产党的核心具有更加重要的意义。从新民主主义革命时期确立毛泽东在中央的核心地位起，中国共产党形成在各个历史时期确立核心的优良传统。这是党的事业继往开来、兴旺发达的重要经验之一。

---

① 《八十年来——黄炎培自述》，文汇出版社2000年版，第204－205页。

② 中共中央文献研究室编：《毛泽东年谱（1893—1949）》中卷，人民出版社1993年版，第610页。

③ 《马克思恩格斯选集》第1卷，人民出版社1995年版，第432页。

长征中确立以毛泽东为核心的第一代中央领导集体，开创中国革命新局面，建立中华人民共和国

大革命时期毛泽东高度重视农民运动，大革命失败后毛泽东率先领导开创农村根据地，解决了中国革命的道路问题。毛泽东在中国革命实践中，总结灵活机动的战略战术解决了人民军队的克敌制胜问题，坚持和发展统一战线解决了中国革命的同盟军问题，创新党的建设解决了在一个东方农业大国锻造无产阶级先锋队问题。从遵义会议到 1966 年 4 月，以毛泽东为核心的第一代中央领导集体领导中国革命和建设长达 30 年。这是翻天覆地的 30 年。“在革命斗争中，以毛泽东同志为主要代表的中国共产党人，把马克思列宁主义基本原理同中国具体实际相结合，对经过艰苦探索、付出巨大牺牲积累的一系列独创性经验作了理论概括，开辟了农村包围城市、武装夺取政权的正确革命道路，创立了毛泽东思想，为夺取新民主主义革命胜利指明了正确方向。”① 新中国成立后，以毛泽东为核心的第一代中央领导集体提出“为实现国家财政经济状况的根本好转而斗争”“不要四面出击”“论十大关系”“关于正确处理人民内部矛盾的问题”，自力更生，发愤图强，创造社会主义革命和建设的伟大成就。

中共十一届三中全会确立以邓小平为核心的第二代中央领导集体，实行改革开放，开辟中国特色社会主义道路

改革开放是中国共产党的一次伟大觉醒，是决定当代中国前途命运的关键一招，是中国人民和中华民族发展史上一次伟大革命。“改革开放和社会主义现代化建设的伟大成就举世瞩目，我国实现了从生产力相对落后的状况到经济总量跃居世界第二的历史性突破，实现了人民生活从温饱不足到总体小康、奔向全面小康的历史性跨越，推进了中华民族从站起来到富起来的伟大飞跃。”② 以邓小平为核心的第二代中央领导集体在改革开放实践中，解放思想，实事求是，总结世界社会主义运动兴衰成败的经验教训，总结发展中国家的成功与挫折，总结中国改革开放的新鲜经验，确立中国共产党“以经济建设为中心，坚持四项基本原则，坚持改革开放”的社会主义初级阶段基本路线，“面向未来，面向世界，面向现代化”，带领全党全国人民开创中国特色社会主义道路，创立邓小平理论。“中国特色社会主义道路是指引中国发展繁荣的正确道路，中国大踏步赶上了时代。”③

---

① 《中共中央关于党的百年奋斗重大成就和历史经验的决议》，《人民日报》2021 年 11 月 12 日。
② 《中共中央关于党的百年奋斗重大成就和历史经验的决议》，《人民日报》2021 年 11 月 12 日。
③ 《中共中央关于党的百年奋斗重大成就和历史经验的决议》，《人民日报》2021 年 11 月 12 日。

中共十三届四中全会以后，以江泽民同志为主要代表的中国共产党人，成功把中国特色社会主义胜利推向21世纪

从20世纪80年代末到21世纪初，中共中央团结带领全党全国各族人民，坚持党的基本理论、基本路线，加深了对什么是社会主义、怎样建设社会主义和建设什么样的党、怎样建设党的认识，形成了“三个代表”重要思想，在国内外形势十分复杂、世界社会主义出现严重曲折的严峻考验面前捍卫了中国特色社会主义，确立了社会主义市场经济体制的改革目标和基本框架，确立了社会主义初级阶段公有制为主体、多种所有制经济共同发展的基本经济制度和按劳分配为主体、多种分配方式并存的分配制度，开创全面改革开放新局面，推进党的建设新的伟大工程，成功把中国特色社会主义推向21世纪。

中共十六大以后，以胡锦涛同志为主要代表的中国共产党人，成功在新形势下坚持和发展了中国特色社会主义

中共中央团结带领全党全国各族人民，在全面建设小康社会进程中推进实践创新、理论创新、制度创新，深刻认识和回答了新形势下实现什么样的发展、怎样发展等重大问题，形成了科学发展观，抓住重要战略机遇期，聚精会神搞建设，一心一意谋发展，强调坚持以人为本、全面协调可持续发展，着力保障和改善民生，促进社会公平正义，推进党的执政能力建设和先进性建设，成功在新形势下坚持和发展了中国特色社会主义。

中共十八大以来，以习近平同志为核心的党中央推动党和国家事业取得历史性成就、发生历史性变革

中国特色社会主义新时代，面临世界百年未有之大变局。中国共产党在坚持党的全面领导上，在全面从严治党上，在经济建设上，在全面深化改革开放上，在政治建设上，在全面依法治国上，在文化建设上，在社会建设上，在生态文明建设上，在国防和军队建设上，在维护国家安全上，在坚持“一国两制”和推进祖国统一上，在外交工作上，都呈现出新时代新气象新面貌。特别是中国共产党成立百年之际全面建成小康社会，实现了中华民族的千年梦想，使14亿多中国人民过上了小康生活。“以习近平同志为核心的党中央，以伟大的历史主动精神、巨大的政治勇气、强烈的责任担当，统筹国内国际两个大局，贯彻党的基本理论、基本路线、基本方略，统揽伟大斗争、伟大工程、伟大事业、伟大梦想，坚持稳中求进工作总基调，出台一系列重大方针政策，推出一系列重大举措，推进一系列重大工作，战胜一系列重大风险挑战，解决了许多长期想解决而没有解决的难题，办成了许多过去想办而没有办成的大事，推动党和国家事业取得历史性成就、发生历史性变革。”①

列宁强调：“在历史上，任何一个阶级，如果不推举出自己的善于组织运动和领导运动的政治领袖和先进代表，就不可能取得统治地位。”② 中国革命、建设、改革和新时代创造的重大成就和丰富经验，充分证明了中国共产党奋斗历程确立核心的必然性和正确性。

---

① 《中共中央关于党的百年奋斗重大成就和历史经验的决议》，《人民日报》2021 年 11 月 12 日。

② 中共中央马克思恩格斯列宁斯大林著作编译局编：《列宁专题文集：论无产阶级政党》，人民出版社 2009 年版，第 344 页。

第四讲

二十一世纪视域下的“两个确立”[①]

中共二十大指出：“全党要高举中国特色社会主义伟大旗帜，深刻领悟‘两个确立’的决定性意义，坚决维护习近平同志党中央的核心、全党的核心地位，全面贯彻习近平新时代中国特色社会主义思想，弘扬伟大建党精神，自信自强、守正创新，踔厉奋发、勇毅前行，为全面建设社会主义现代化国家、全面推进中华民族伟大复兴而团结奋斗。”[②] 这是中国共产党第二十次全国代表大会进一步深刻阐述“两个确立”的决定性意义。

列宁指出：“历史早已证明，伟大的革命斗争会造就伟大人物，使过去不可能发挥的天才发挥出来。”[③] 中国共产党百年奋斗，创造了举世瞩目的重大成就，关键因素之一，就是善于将马克思主义基本原理与中国实际情况相结合，在革命、建设、改革的各个历史时期，按照马克思主义唯物史观的内在要求和历史逻辑，选择众望所归的领导人“确立在党中央的核心、全党的核心地位”，领导中国共产党排除千难万险，战胜激流险滩，克服艰难险阻，赢得百年辉煌。

一、确立第一代中央领导集体的核心走上胜利之路

20 世纪 20 年代初期，中国共产党横空出世。中国共产党要在一个半殖民地半封建社会的东方大国领导革命走向胜利，面临着空前严峻、空前艰巨的历史任务，必须选择熟悉中国国情和中国特点，具有深厚的历史积淀和理论造诣，具备广阔的世界眼光和深邃的政治智慧，积累丰富的克敌制胜经验和各方面斗争艺术的革命领袖。历史

---

① 原载《轻工业大学学报》2022 年第 1 期。

② 《中国共产党第二十次全国代表大会关于十九届中央委员会报告的决议》，《人民日报》2022 年 10 月 23 日。

③ 《列宁全集》第 29 卷，人民出版社 1985 年版，第 71 页。

证明，只有毛泽东能够承担这样的历史重任。

历史发展呼唤合格的卓越的深孚众望的领袖人物

中国共产党成立后，立即投入领导中国革命的伟大斗争，领导轰轰烈烈的大革命，开展风起云涌的土地革命，建立红军和农村革命根据地，创建中华苏维埃共和国。但是，由于中国共产党尚未形成坚强有力的领导核心，特别是没有选出众望所归的核心人物，因此中国革命多次在胜利发展中遭到重大挫折——大革命轰轰烈烈却因为党缺乏坚强的领导核心，在蒋介石、汪精卫突然叛变革命时，缺乏应对措施，大革命遭到失败；土地革命战争蓬勃发展，却因为“左”倾教条主义统治中央，造成红军第五次反“围剿”失败，红军主力不得不离开原来的革命根据地进行长征。中共中央率领红一方面军（中央红军）长征的过程，也是反思第五次反“围剿”以来军事指挥方面经验教训的过程。红一方面军在毛泽东等领导下取得第一至第四次反“围剿”胜利、在“左”倾教条主义者与共产国际来的军事顾问李德指挥下第五次反“围剿”被动挨打遭到失败的事实，以血的教训有力地教育了党和红军尤其是中央领导机关。从红一方面军高级指挥员到中央绝大多数领导成员，逐渐从实践中认识到，只有毛泽东的领导和指挥才能扭转危局，才能使党和红军摆脱困境转危为安。中共中央政治局在长征途中关于进军方向问题召开的通道会议、黎平会议和猴场会议，一次又一次明确地肯定和批准了毛泽东的正确意见，一次又一次否定了李德等人的错误意见。这说明，由中央专门召集一次会议集中讨论关于红军第五次反“围剿”失利原因的条件已经成熟。而毛泽东在红军面临危境时奋不顾身、扭转危局的正确主张，也愈来愈多地为中央领导成员所接受和支持。

实现伟大历史转折，作出一系列重大决策

中央革命根据地和红一方面军在毛泽东正确领导下的胜利发展与在“左”倾教条主义错误指导下导致惨痛失利的事实，沉重地教育了中央领导机关中部分犯过“左”倾错误的领导同志。长征的过程实际上也是部分犯了“左”倾错误的领导同志逐步认识并抛弃“左”倾教条主义的过程。毛泽东为此做了大量深入细致的思想工作。当时的中共中央政治局常委、中华苏维埃共和国人民委员会主席（类似政府总理）张闻天回忆说：长征出发后，我同毛泽东、王稼祥二同志在一起。毛泽东同志开始对我们解释反五次“围剿”中，中央过去在军事领导上的错误，我很快地接受了他的意见，并且在政治局内开始了反对李德、博古的斗争，一直到遵义会议。① 当时的中共中央政治局成员、中华苏维埃共和国革命军事委员会副主席、红军总政治部

① 中共中央党史资料征集委员会主办：《党史通讯》1985 年第 1 期。

主任王稼祥与红一方面军红一军团政委聂荣臻谈话时明确指出："博古、李德等人不行，必须改组领导，要毛主席出来领导。"① 张闻天、王稼祥的鲜明立场和坚决态度，是中共中央和红一方面军要求改变"左"倾教条主义错误领导，要求尽快摆脱第五次反"围剿"以来的被动局面，要求毛泽东出来领导中国革命的愿望，在中央领导机关的反映。这表明，改变"左"倾教条主义的领导，拥护毛泽东出来领导全党、指挥红军的条件已经成熟。1935 年 1 月红一方面军突破乌江，攻取遵义，中共中央政治局决定在遵义召开一次扩大会议，总结经验，汲取教训，统一思想，部署下一步战略方针等问题；特别是研究红军第五次反"围剿"为什么失败、红一方面军为什么不得不退出中央革命根据地进行长征等问题。中共中央政治局在中国革命危急关头举行的扩大会议——遵义会议，结束了"左"倾教条主义在中央的统治，改组了中央领导机关，遵义会议最后一天，讨论了中央领导机构的改组等重大问题，决定："（一）毛泽东同志选为（中央政治局）常委。（二）指定洛甫同志（即张闻天）起草（遵义会议）决议，委托（中央政治局）常委审查后，发到支部中去讨论。（三）（中央政治局）常委中再进行适当的分工。（四）取消三人团，仍由最高军事首长朱（德）、周（恩来）为军事指挥者，而恩来同志是党内委托的对于指挥军事上下最后决心的负责者。"② "扩大会完毕后中常委（中央政治局常务委员会）即分工，以泽东同志为恩来同志的军事指挥上的帮助者。"③ "在由遵义出发到威信的行军中，（中央政治局）常委分工上，决定以洛甫（即张闻天）同志代替博古（即秦邦宪）同志负总的责任。"④ 遵义会议后，毛泽东任中共中央政治局常委、中华苏维埃共和国中央执行委员会主席、全权指挥军事的红军最高统帅部新的"三人团"成员、红军前敌司令部政治委员（政治委员作为党代表具有指挥作战的最后决定权）。遵义会议实现了中国共产党在新民主主义革命时期的伟大历史转折，反映了长征中的党和红军的共同心愿。从此，中国革命走上顺利发展的道路。

确立核心、赢得革命胜利，确立社会主义制度

1945 年，在全党整风运动的基础上，中共六届七中全会通过的《关于若干历史问题的决议》指出："尤其值得我们庆幸的是，我们党以毛泽东同志为代表，创造性地把马克思、恩格斯、列宁、斯大林的革命学说应用于中国条件的工作，在这十年内

---

① 朱仲丽（王稼祥夫人）：《"关键一票"的由来——王稼祥同志谈遵义会议》，载《革命史资料》第 1 期。

② 《遵义会议文献》，人民出版社 1985 年版，第 42 页。

③ 《遵义会议文献》，人民出版社 1985 年版，第 42 页。

④ 《遵义会议文献》，人民出版社 1985 年版，第 42 页。

有了很大的发展。我党终于在土地革命战争的最后时期，确立了毛泽东同志在中央和全党的领导。这是中国共产党在这一时期的最大成就，是中国人民获得解放的最大保证。”① 2021 年《中共中央关于党的百年奋斗重大成就和历史经验的决议》指出：遵义会议“事实上确立了毛泽东同志在党中央和红军的领导地位，开始确立以毛泽东同志为主要代表的马克思主义正确路线在党中央的领导地位，开始形成以毛泽东同志为核心的党的第一代中央领导集体，开启了党独立自主解决中国革命实际问题新阶段，在最危急关头挽救了党、挽救了红军、挽救了中国革命，并且在这以后使党能够战胜张国焘的分裂主义，胜利完成长征，打开中国革命新局面。这在党的历史上是一个生死攸关的转折点”②。列宁在《共产主义运动中的“左派”幼稚病》中指出：“在多数情况下，至少在现代的文明国家内，阶级通常是由政党来领导的；政党通常是由最有威信，最有影响，最有经验，被选出担任最重要职务而称为领袖的人们所组成的比较稳定的集团来主持的。”③ 遵义会议开始确立毛泽东在党中央的核心、全党的核心地位，开始形成以毛泽东为核心的中国共产党第一代中央领导集体，奠定中国革命走向胜利的重要基础。从此，中国革命进入胜利发展的“高速公路”，中共中央率领红一方面军，战胜国民党军的围追堵截，历尽千辛万苦，首先完成长征。红一方面军、红二方面军和红四方面军三大主力会师西北，将中国革命重心由南方转移到北方，进入准备全国性抗日战争的前进阵地。中国共产党提出抗日民族统一战线总方针，领导一二九运动，和平解决西安事变，形成第二次国共合作局面。全国性抗日战争爆发后，抗日民族统一战线正式形成，红军主力改编为八路军东渡黄河，挺进华北，建立一系列抗日民主根据地，开辟了辽阔的华北抗日战场。南方红军游击队改编为新四军，在大江南北开辟一系列抗日游击根据地，直接威胁日本侵略军占领的上海、南京、杭州等核心地区。华南抗日游击队东江纵队、珠江纵队、韩江纵队、琼崖纵队和香港九龙游击大队，在南方地区直至香港九龙开展广泛的抗日游击战争。中国共产党是全民族抗战的中流砥柱。中国成为世界反法西斯战争的东方主战场。1945 年中共七大进一步确立毛泽东在党中央的核心、全党的核心地位，确立毛泽东思想为全党的指导思想。中国共产党领导抗日军民赢得中国人民抗日战争彻底胜利。抗战胜利后，中国共产党正确应对国内外形势，领导中国人民解放战争，经过战略防御、战略进攻和战略决战，歼灭了国民党军精锐部队。人民解放军强渡长江，解放南京，攻

---

① 中共中央党史研究室：《两个历史问题的决议及十一届三中全会以来党对历史的回顾》（简明注释本），中共党史出版社 2013 年版，第 4－5 页。

② 《中共中央关于党的百年奋斗重大成就和历史经验的决议》，《人民日报》2021 年 11 月 12 日。

③ 《列宁选集》第 4 卷，人民出版社 1972 年版，第 197 页。

克上海，席卷江南，向全国进军，解放了中国大陆和除了台湾等岛屿的所有地区，实现中华民族空前的领土完整和统一。中国革命的胜利和中华人民共和国的成立，为与中国具有相同历史命运的殖民地半殖民地被压迫民族和被压迫人民，提供了农村包围城市、武装夺取政权的"中国道路"，极大地鼓舞了被压迫民族和被压迫人民争取民族独立和人民解放的斗争。中华人民共和国成立后，全国性土地改革运动彻底挖掉封建土地制度的"老根"，实现了孙中山提出而未能实现的"耕者有其田"，彻底解放了农村生产力。毛泽东提出"为争取国家财政经济状况的根本好转而斗争""不要四面出击"，全党全国集中精力迅速恢复因为长期战乱造成的疮痍满目的国民经济。在社会主义发展史上，史无前例地完成马克思、列宁设想的用和平赎买方式对资本主义工商业进行社会主义改造的任务。制定国民经济和社会发展五年计划，开展大规模的社会主义建设。制定《中华人民共和国宪法》，确立社会主义基本制度。

在惊涛骇浪中成立的中国共产党，在急剧发展的中国革命中砥砺前行，犹如大浪淘沙。在中国革命的暴风骤雨、惊涛骇浪中被淘汰的是"沙子"，被中国革命精英选择出来的是"真正的金子"。中国革命确立毛泽东的核心地位是关键时刻的重要选择，是一个历史性的选择。中国革命选择毛泽东决定了长征的走向、中国革命的走向、中国共产党的走向、中国近现代历史的走向。这个正确的选择决定了中国革命的命运和中国走向社会主义的命运，决定了中华人民共和国成立与确立社会主义制度的命运。毛泽东集中中国共产党的集体智慧，创立马克思主义基本原理与中国具体实际相结合的理论成果——毛泽东思想，实现马克思主义中国化的第一次历史性飞跃。

二、新时期确立核心开辟中国特色社会主义

20 世纪 70 年代末期，世界形势发生重大变化。中共十一届三中全会确立邓小平在党中央的核心、全党的核心地位。中国共产党领导全党全国人民，解放思想，改革开放，把握天下大势，果断抓住机遇，实现社会主义时期的历史性转折。中国大踏步赶上了世界发展潮流。

社会主义革命和建设取得重大成就，也经历艰难曲折之路

中华人民共和国成立后，建立独立的比较完整的国民经济体系，培养大批经济建设人才，积累社会主义建设的重要经验，创造社会主义革命和建设的巨大成就，为世界上发展中国家提供了经济落后国家在革命成功后迅速建成社会主义的样板。中共八大总结了革命和建设的丰富经验，制定了正确的中共八大路线。"遗憾的是，党的八大形成的正确路线未能完全坚持下去，先后出现'大跃进'运动、人民公社化运动等错误，反右派斗争也被严重扩大化。面对当时严峻复杂的外部环境，党极为关注社

会主义政权巩固，为此进行了多方面努力。然而，毛泽东同志在关于社会主义社会阶级斗争的理论和实践上的错误发展得越来越严重，党中央未能及时纠正这些错误。毛泽东同志对当时我国阶级形势以及党和国家政治状况作出完全错误的估计，发动和领导了‘文化大革命’，林彪、江青两个反革命集团利用毛泽东同志的错误，进行了大量祸国殃民的罪恶活动，酿成十年内乱，使党、国家、人民遭到新中国成立以来最严重的挫折和损失，教训极其惨痛。1976 年 10 月，中央政治局执行党和人民的意志，毅然粉碎了‘四人帮’，结束了‘文化大革命’这场灾难。”① 这时，实践已经证明，中国社会主义既不能走“文化大革命”的死路，也不能走“文化大革命”前的老路，必须根据 20 世纪 70 年代末期的世界发展变化和中国的实际情况，开创中国特色社会主义新路。

解放思想，实事求是，团结一致向前看

粉碎“四人帮”后，20 世纪 70 年代末期的中国面临着向何处去的问题。历史发展呼唤核心，呼唤新的理论，呼唤新的道路。在这种形势下，1978 年 11 月 10 日至 12 月 15 日的中央工作会议，解放思想，拨乱反正，提出和解决了一系列关系中国前途命运的重大问题。中央工作会议闭幕时，邓小平作了《解放思想，实事求是，团结一致向前看》的重要讲话。他高度评价这次会议提出把全党工作的重心转到实现现代化上来的根本指导方针，解决了全党的工作重心转移问题，解决了过去遗留下来的一系列重大问题，解决了许多有关党和国家命运的重大问题。然后，邓小平根据“解放思想，实事求是，团结一致向前看”的主题，提出：改革开放和社会主义现代化建设必须解放思想，“民主是解放思想的重要条件”，“必须使民主制度化、法律化”，“处理遗留问题为的是向前看”，要正确评价革命领袖，要在新的历史条件下“研究新情况、解决新问题”，“要特别注意克服官僚主义”及时进行改革，“要学会用经济方法管理经济”，在管理制度上“要特别注意加强责任制”等一系列新思想、新观点、新创见。邓小平强调：“如果现在再不实行改革，我们的现代化事业和社会主义事业就会被葬送。”② 邓小平鲜明地指出：“在经济政策上，我认为要允许一部分地区、一部分企业、一部分工人农民，由于辛勤努力成绩大而收入先多一些，生活先好起来。一部分人生活先好起来，就必然产生极大的示范力量，影响左邻右舍，带动其他地区、其他单位的人们向他们学习。这样，就会使整个国民经济不断地波浪式地

① 《中共中央关于党的百年奋斗重大成就和历史经验的决议》，《人民日报》2021 年 11 月 12 日。

② 《邓小平文选》第 2 卷，人民出版社 1994 年版，第 150 页。

向前发展，使全国各族人民都能比较快地富裕起来。"① 邓小平的讲话既是对中央工作会议的重要总结，又为中共十一届三中全会提出了重要指导思想，论述了改革开放和社会主义现代化建设亟须解决的一系列基本问题，成为开辟中国特色社会主义道路的政治宣言书。

新时期确立核心，实现社会主义时期历史转折

在邓小平《解放思想，实事求是，团结一致向前看》指引下，在中央工作会议奠定的坚实基础上，中共十一届三中全会确定解放思想、开动脑筋、实事求是、团结一致向前看的指导方针；果断地停止使用"以阶级斗争为纲"这个不适用于社会主义社会的口号，作出把工作重点转移到社会主义现代化建设上来的战略决策；提出要注意解决好国民经济重大比例严重失调的要求，制订关于加快农业发展的决定；着重提出了健全社会主义民主和加强社会主义法制的任务；审查和解决党的历史上一批重大冤假错案和一些重要领导人的功过是非问题。全会还增选了中央领导机构成员。这些在领导工作中具有重大意义的转变，标志着中国共产党重新确立马克思主义的思想路线、政治路线和组织路线，实现社会主义时期伟大历史转折。从此，邓小平成为中国共产党第二代中央领导集体的核心，成为举世公认的"当代中国改革开放的总设计师"。邓小平指出："党的十一届三中全会建立了一个新的领导集体，这就是第二代的领导集体。在这个集体中，实际上可以说我处在一个关键地位。"② "第一代领导集体的核心是毛主席。因为有毛主席作领导核心，'文化大革命'就没有把共产党打倒。第二代实际上我是核心。因为有这个核心，即使发生了两个领导人的变动，都没有影响我们党的领导，党的领导始终是稳定的。"③ 邓小平领导中国共产党实现工作重点转移，实行改革开放，震撼了中国也震撼了世界。1978 年 12 月的法国《观点》杂志把邓小平列为当年的新闻人物——因为邓小平"把中国对世界开放"，并赢得美国对中国的承认。这份杂志评价邓小平是"不倒的第二号人物，不倒的重返政坛的人"。④ 1979 年 1 月上旬，邓小平被美国《时代》周刊评为"1978 年度世界风云人物"，《时代》周刊 1979 年第 1 期序言指出："一个崭新中国的梦想者——邓小平向世界打开了'中央之国'的大门。这是人类历史上气势恢宏、绝无仅有的一个壮举！"⑤ 以邓小平为核心的中央领导集体，解放思想、实事求是；始终不渝地坚持以

① 《邓小平文选》第 2 卷，人民出版社 1994 年版，第 152 页。
② 《邓小平文选》第 3 卷，人民出版社 1993 年版，第 309 页。
③ 《邓小平文选》第 3 卷，人民出版社 1993 年版，第 310 页。
④ 新华社主办：《参考消息》1978 年 12 月 25 日。
⑤ 美国《时代》周刊，1979 年第 1 期。

经济建设为中心，坚持四项基本原则，坚持改革开放，开创中国特色社会主义伟大事业。正如以毛泽东为核心的第一代中央领导集体指引中国革命走向胜利一样，以邓小平为核心的第二代中央领导集体指引中国改革开放和社会主义现代化建设走向胜利。

“改革开放极大改变了中国的面貌、中华民族的面貌”①

马克思在《1848 至 1850 年的法兰西阶级斗争》中指出：“如爱尔维修所说的，每一个社会时代都需要有自己的大人物，如果没有这样的人物，它就要把他们创造出来。”② 邓小平领导中国共产党开创改革开放和社会主义现代化建设新时期，是中国社会主义发展的需要，是中国人民渴望美好幸福生活的需要，是中华民族走向世界的需要。当时，世界上新科技革命日新月异、高新技术不断涌现出来，新科技革命和高新技术开发促使发达国家的经济起死回生。中国人民早已厌倦了“文化大革命”造成的动荡不定的“十年内乱”，迫切希望过上政治稳定、经济发展、人民丰衣足食的小康生活。“改革开放是决定当代中国前途命运的关键一招。”③ 邓小平引领中国走上“面向现代化，面向世界，面向未来”的改革开放之路，完全契合中国人民的期盼，充分代表中华民族的根本利益，高度适应世界形势和经济发展趋势。在中共十二大上，邓小平正式提出：“把马克思主义的普遍真理同我国的具体实际结合起来，走自己的道路，建设有中国特色的社会主义。”④ 中共十三大正式确立“以经济建设为中心，坚持四项基本原则，坚持改革开放”的社会主义初级阶段基本路线。改革开放和中国特色社会主义使中国经济与社会发展突飞猛进，大踏步赶上世界发展潮流。20 世纪 90 年代初期，苏联解体，苏联共产党解散，东欧发生剧烈变化，国际形势动荡不已。邓小平镇定自若，胸有成竹，88 岁又出征，发表南方谈话，提出妥善应对国际形势急剧变化的一系列重大举措，制定了冷静观察，稳住阵脚，沉着应付，埋头实干，韬光养晦，善于守拙，决不当头，立足于把我们自己的事情办好，有所作为的国际战略。中国“任凭风浪起，稳坐钓鱼船”，始终不渝地坚持改革开放不动摇，始终不渝地坚持中国特色社会主义道路不动摇。中国特色社会主义乘风破浪高歌猛进。党的十三届四中全会以后，以江泽民同志为主要代表的中国共产党人，团结带领全党全国各族人民，坚持党的基本理论、基本路线，加深了对什么是社会主义、怎样建设社会主义和建设什么样的党、怎样建设党的认识，形成了“三个代表”重要思想，在国内外形势十分复杂、世界社会主义出现严重曲折的严峻考验面前捍卫了中国特色社

---

① 习近平：《在庆祝改革开放四十周年大会上的讲话》，《人民日报》2018 年 12 月 19 日。
② 《马克思恩格斯文集》第 2 卷，人民出版社 2009 年版，第 137 页。
③ 《中共中央关于党的百年奋斗重大成就和历史经验的决议》，《人民日报》2021 年 11 月 12 日。
④ 《邓小平文选》第 3 卷，人民出版社 1993 年版，第 3 页。

会主义，确立了社会主义市场经济体制的改革目标和基本框架，确立了社会主义初级阶段公有制为主体、多种所有制经济共同发展的基本经济制度和按劳分配为主体、多种分配方式并存的分配制度，开创全面改革开放新局面，推进党的建设新的伟大工程，成功把中国特色社会主义推向 21 世纪。党的十六大以后，以胡锦涛同志为主要代表的中国共产党人，团结带领全党全国各族人民，在全面建设小康社会进程中推进实践创新、理论创新、制度创新，深刻认识和回答了新形势下实现什么样的发展、怎样发展等重大问题，形成了科学发展观，抓住重要战略机遇期，聚精会神搞建设，一心一意谋发展，强调坚持以人为本、全面协调可持续发展，着力保障和改善民生，促进社会公平正义，推进党的执政能力建设和先进性建设，成功在新形势下坚持和发展了中国特色社会主义。

实践证明，"改革开放是我们党的一次伟大觉醒，正是这个伟大觉醒孕育了我们党从理论到实践的伟大创造。改革开放是中国人民和中华民族发展史上一次伟大革命，正是这个伟大革命推动了中国特色社会主义事业的伟大飞跃！"① 改革开放和社会主义现代化建设带来中国日新月异的巨大发展变化，中国人民的幸福指数不断提高，中华民族的经济实力日益上升，中国迅速发展成为世界第二大经济体。中国共产党在实践创造和理论创新过程中，形成中国特色社会主义理论体系，实现马克思主义中国化新的历史性飞跃。

三、新时代确立核心全面建成小康社会推进中国式现代化

2012 年 10 月，中国共产党领导人的"接力棒"传递给了习近平同志。开展群众路线教育实践活动，提出"四个全面"治国理政方略，深化军队改革建设世界一流军队，倡议"一带一路"助力发展中国家，构建"人类命运共同体"彰显大国风范。中国共产党谱写中国特色社会主义新时代的壮丽乐章。

新时代正确分析世界大势，确立"两个一百年"奋斗目标

中国特色社会主义新时代面临国内外的新形势和新挑战。中国面临着百年未有的重大机遇，世界面临着千年未有之大变局，人类面临着前所未有的各种重大挑战。国际形势从来没有像 21 世纪初期这样风云变幻，神秘莫测，各种全球性矛盾"井喷式"大量涌现，世界上各种政治势力不断进行排列组合，危机与机遇并存，发展与战乱交织，"落霞与孤鹜齐飞，秋水共长天一色"。中国应对世界发展变化唯一正确的方略是发展自己。只有发展自己才是解决国内外一切问题的关键所在。中国发展

---

① 习近平：《在庆祝改革开放四十周年大会上的讲话》，《人民日报》2018 年 12 月 19 日。

了，中国强大了，中国的经济实力增加了，中国人民过上幸福生活了，中华民族在世界上的腰杆子就更加硬朗。中国的发展必然影响世界的发展，中国的变化必然促使世界的变化，中国日益走近世界舞台的中心必然推动世界的和平与发展。中国人口占人类总人口约五分之一，中国是世界上最大的发展中国家，中国应当对于人类作出更大的贡献。新时代明确坚持和发展中国特色社会主义总任务是实现社会主义现代化和中华民族伟大复兴，在全面建成小康社会的基础上，分两步走在21世纪中叶建成富强民主文明和谐美丽的社会主义现代化强国；明确新时代我国社会主要矛盾是人民日益增长的美好生活需要和不平衡不充分的发展之间的矛盾，必须坚持以人民为中心的发展思想，不断促进人的全面发展、全体人民共同富裕；明确中国特色社会主义事业总体布局是“五位一体”，战略布局是“四个全面”，强调坚定道路自信、理论自信、制度自信、文化自信；明确全面深化改革总目标是完善和发展中国特色社会主义制度、推进国家治理体系和治理能力现代化；明确全面推进依法治国总目标是建设中国特色社会主义法治体系、建设社会主义法治国家；明确党在新时代的强军目标是建设一支听党指挥、能打胜仗、作风优良的人民军队，把人民军队建设成为世界一流军队；明确中国特色大国外交要推动构建新型国际关系，推动构建人类命运共同体；明确中国特色社会主义最本质的特征是中国共产党领导，中国特色社会主义制度的最大优势是中国共产党领导，党是最高政治领导力量，提出新时代党的建设总要求，突出政治建设在党的建设中的重要地位；明确确定两个一百年奋斗目标：中国共产党成立100年全面建成小康社会，中华人民共和国成立100年实现中国现代化。由此，在习近平新时代中国特色社会主义思想引领下，“两个一百年”的奋斗目标成为新时代最显著的标识、最响亮的口号、最明确的努力方向。

新时代激流勇进，敢于亮剑，反腐倡廉，大见成效

中国特色社会主义新时代初始阶段面临反腐倡廉问题。当时，腐败问题是全党全国人民反映最集中的问题，也是一个国内外十分关注的热点问题、难点问题和焦点问题。习近平总书记知难而进，抓住反腐倡廉这个人民群众反映最强烈、对执政基础关系最大的突出问题，以“刮骨疗毒、壮士断腕”的决心，掀起了雷厉风行的反腐风暴，“老虎”“苍蝇”一起打，从周永康这样的“老虎屁股摸不得”的“大老虎”到基层形形色色的“小官大贪”，一个一个地落入了国家的法网。这种千钧霹雳、震撼寰宇的反腐举措和力度，在中国历史上前所未有，在世界历史上举世罕见。同时，中央出台或修订党内法规数十部，大力加强反腐倡廉的制度建设，从根本上治理腐败问题。习近平总书记指出：“要加强对权力运行的制约和监督，把权力关进制度的笼子

里，形成不敢腐的惩戒机制、不能腐的防范机制、不易腐的保障机制。"① 全党全国人民对新时代反腐倡廉的"力度""硬度"和"强度"拍手称快，国际舆论对中国掀起的反贪风暴好评如潮。"我们坚定不移反对腐败，使我们占据了国际道义制高点。过去，美国等西方国家总想用反腐败问题来拿捏我们，不断在联合国、二十国集团、亚太经合组织等场合提出所谓反腐败问题。现在，我们在国际上一举转为战略主动。我们加强反腐败国际多边双边合作，启动'天网行动'，加大追逃追赃力度，将一批外逃多年的犯罪分子缉拿归案。我们主动提出一系列反腐败国际合作倡议，倡议构建国际反腐新秩序，特别是加大对美国等西方国家在反腐败合作方面的压力，要求他们不要成为腐败分子的'避罪天堂'。原来他们认为那些犯罪嫌疑人是他们手中的牌，现在都成了手里的烫山芋。"② 新时代的反腐倡廉充分展现了中国共产党对腐败问题除恶务尽的坚定不移的决心。"新松恨不高千尺，恶竹应须斩万竿。"联合国和世界上各个国家、国际舆论和著名媒体以及各个方面对中国敢于向腐败"亮剑"是佩服的，中国的反腐行动赢得了国际社会的充分尊重和广泛好评。"反腐败永远在路上。"2017 年 10 月，中共十九大报告指出："夺取反腐败斗争压倒性胜利。人民群众最痛恨腐败现象，腐败是我们党面临的最大威胁。只有以反腐败永远在路上的坚韧和执着，深化标本兼治，保证干部清正、政府清廉、政治清明，才能跳出历史周期率，确保党和国家长治久安。……推进反腐败国家立法，建设覆盖纪检监察系统的检举举报平台。强化不敢腐的震慑，扎牢不能腐的笼子，增强不想腐的自觉，通过不懈努力换来海晏河清、朗朗乾坤。"现在，公款消费，大吃大喝，花天酒地的"吃喝风"完全刹住，"不敢腐的惩戒机制""不能腐的防范机制""不易腐的保障机制"已经形成。

新时代确立以人民为中心的发展思想，全面建成小康社会

马克思主义唯物史观认为，人民群众是历史的创造者，是社会历史发展的主体。马克思主义强调，人民群众是社会物质财富的创造者，人民群众是社会精神财富的创造者，人民群众是推动历史变革的决定性力量。马克思认为："历史活动是群众的事业，随着历史活动的深入，必将是群众队伍的扩大。"③ 列宁指出："生气勃勃的创造性的社会主义是由人民群众自己创立的。"④ 毛泽东强调："人民，只有人民才是创造世界历史的动力。"⑤ 邓小平指出："群众是我们力量的源泉，群众路线和群众观点是

---

① 习近平：《在第十八届中央纪律检查委员会第二次全体会议上的讲话》，《人民日报》2013 年 1 月 23 日。
② 习近平：《在中国共产党第十八届中央纪律检查委员会第六次全体会议上的讲话》，《人民日报》2016 年 5 月 3 日。
③ 《马克思恩格斯全集》第 2 卷，人民出版社 1957 年版，第 104 页。
④ 《列宁全集》第 26 卷，人民出版社 1959 年版，第 269 页。
⑤ 《毛泽东选集》第 3 卷，人民出版社 1991 年版，第 1031 页。

我们的传家宝。”[①]“三个代表”重要思想要求始终代表中国最广大人民群众的根本利益，科学发展观的核心是“以人为本”科学发展。新时代开始，就明确提出“人民对美好生活的向往就是我们的奋斗目标”，在宏阔的时空维度中思考民族复兴和人类进步的深刻命题，团结带领中国人民上下求索、锐意进取，创造更加美好的未来。中共中央首先开展群众路线教育实践活动，要求全党各级干部把人民群众放在心上，通过全面建成小康社会、全面深化改革、全面依法治国、全面从严治党，把人民群众的愿望转化为全党的实践。中共十九大正式确立以人民为中心的发展思想，强调人民是历史的创造者，是决定党和国家前途命运的根本力量。必须坚持人民主体地位，坚持立党为公、执政为民，践行全心全意为人民服务的根本宗旨，把党的群众路线贯彻到治国理政全部活动之中，把人民对美好生活的向往作为奋斗目标，依靠人民创造历史伟业。新时代把“坚持以人民为中心的发展思想”“坚持人民至上”体现在党的全部工作和社会生活的方方面面：大力推进乡村振兴战略，积极倡导绿水青山就是金山银山的生态文明理念，坚决扫黑除恶创造安居乐业新常态，深入推进“厕所革命”扫除千年陋习，提升农村生存环境，加强精神文明建设全面提升中华民族“软实力”。特别是持之以恒，久久为功，全面发力，上下联动，层层负责，狠抓落实，坚韧不拔，不懈奋斗，在中国共产党成立百年之际全面建成小康社会，使中国人民包括革命老区、贫困地区、少数民族地区、边疆地区和山区的“低保户”“贫困户”与弱势群体，彻底告别贫困，真正过上了“吃饭不用愁，耕地不用牛，点灯不用油，浇水不用辘轳头”“楼上楼下，电灯电话”的幸福生活。中华民族千年期盼的“理想生活状态”——小康已经成为中华大地活生生的现实。

新时代“党确立习近平同志党中央的核心、全党的核心地位”

中国特色社会主义新时代将马克思主义中国化的实践创造和理论创新发展到新阶段。中国共产党以“敢于啃硬骨头”的精神解决了一系列看起来似乎难以解决的问题，使马克思主义基本原理在新时代放射出万丈光芒，有力地体现了马克思主义的科学性、真理性、人民性、实践性、开放性和时代性，实现了马克思主义中国化新的飞跃。中共十九届六中全会深刻阐述中国特色社会主义新时代的实践创造与理论创新，明确指出：“以习近平同志为主要代表的中国共产党人，坚持把马克思主义基本原理同中国具体实际相结合、同中华优秀传统文化相结合，坚持毛泽东思想、邓小平理论、‘三个代表’重要思想、科学发展观，深刻总结并充分运用党成立以来的历史经

---

① 《邓小平文选》第2卷，人民出版社1994年版，第368页。

验，从新的实际出发，创立了习近平新时代中国特色社会主义思想。"① 中共十九届六中全会对中共十八大以来中国特色社会主义的重大成就进行了历史回顾和理论总结，深刻指出，习近平同志对关系新时代党和国家事业发展的一系列重大理论和实践问题进行了深邃思考和科学判断，就新时代坚持和发展什么样的中国特色社会主义、怎样坚持和发展中国特色社会主义，建设什么样的社会主义现代化强国、怎样建设社会主义现代化强国，建设什么样的长期执政的马克思主义政党、怎样建设长期执政的马克思主义政党等重大时代课题，提出一系列原创性的治国理政新理念新思想新战略，是习近平新时代中国特色社会主义思想的主要创立者。② 中国共产党百年辉煌的重要启示就是实践不断发展，理论不断创新，实践发展到哪里，理论创新就跟进到那里。新的实践升华为新的理论，新的理论指导新的实践。中共十九届六中全会认为"习近平新时代中国特色社会主义思想是当代中国马克思主义、二十一世纪马克思主义，是中华文化和中国精神的时代精华，实现了马克思主义中国化新的飞跃。"③ 中国革命确立毛泽东的核心地位，中国革命转危为安；中国改革开放确立邓小平的核心地位，中国特色社会主义扬帆远航；中国特色社会主义新时代确立习近平的核心地位，实现中华民族伟大复兴指日可待。中共十九届六中全会强调："党确立习近平同志党中央的核心、全党的核心地位，确立习近平新时代中国特色社会主义思想的指导地位，反映了全党全军全国各族人民共同心愿，对新时代党和国家事业发展、对推进中华民族伟大复兴历史进程具有决定性意义。"④

新时代以中国式现代化全面推进中华民族伟大复兴

经过全党全国各族人民持续奋斗，2021 年中国共产党成立 100 周年之际，在中华大地上全面建成小康社会，历史性地解决了绝对贫困问题。这是中华民族五千多年发展史上的空前壮举，同时为发展中国家提供了"中国智慧""中国经验"和"中国道路"，对促进人类发展具有无可估量的积极意义。

中共二十大规划了推进中国式现代化的"路线图"：从现在起，中国共产党的中心任务就是团结带领全国各族人民全面建成社会主义现代化强国、实现第二个百年奋斗目标，以中国式现代化全面推进中华民族伟大复兴。在新中国成立特别是改革开放以来长期探索和实践基础上，经过十八大以来在理论和实践上的创新突破，我们党成功推进和拓展了中国式现代化。

---

① 《中共十九届六中全会公报》，《人民日报》2021 年 11 月 12 日。
② 《中共十九届六中全会公报》，《人民日报》2021 年 11 月 12 日。
③ 《中共十九届六中全会公报》，《人民日报》2021 年 11 月 12 日。
④ 《中共十九届六中全会公报》，《人民日报》2021 年 11 月 12 日。

中国式现代化，是中国共产党领导的社会主义现代化，既有各国现代化的共同特征，更有基于自己国情的中国特色。中国式现代化是人口规模巨大的现代化。中国式现代化是全体人民共同富裕的现代化。中国式现代化是物质文明和精神文明相协调的现代化。中国式现代化是人与自然和谐共生的现代化。中国式现代化是走和平发展道路的现代化。

中国式现代化的本质要求是：坚持中国共产党领导，坚持中国特色社会主义，实现高质量发展，发展全过程人民民主，丰富人民精神世界，实现全体人民共同富裕，促进人与自然和谐共生，推动构建人类命运共同体，创造人类文明新形态。

中国到2035年发展的总体目标是：经济实力、科技实力、综合国力大幅跃升，人均国内生产总值迈上新的大台阶，达到中等发达国家水平；实现高水平科技自立自强，进入创新型国家前列；建成现代化经济体系，形成新发展格局，基本实现新型工业化、信息化、城镇化、农业现代化；基本实现国家治理体系和治理能力现代化，全过程人民民主制度更加健全，基本建成法治国家、法治政府、法治社会；建成教育强国、科技强国、人才强国、文化强国、体育强国、健康中国，国家文化软实力显著增强；人民生活更加幸福美好，居民人均可支配收入再上新台阶，中等收入群体比重明显提高，基本公共服务实现均等化，农村基本具备现代生活条件，社会保持长期稳定，人的全面发展、全体人民共同富裕取得更为明显的实质性进展；广泛形成绿色生产生活方式，碳排放达峰后稳中有降，生态环境根本好转，美丽中国目标基本实现；国家安全体系和能力全面加强，基本实现国防和军队现代化。

从中共二十大起，未来五年是全面建设社会主义现代化国家开局起步的关键时期。中国发展进入战略机遇和风险挑战并存、不确定难预料因素增多的时期，各种“黑天鹅”“灰犀牛”事件随时可能发生。必须增强忧患意识，坚持底线思维，做到居安思危、未雨绸缪，准备经受风高浪急甚至惊涛骇浪的重大考验。前进道路上，必须牢牢把握以下重大原则：

坚持和加强党的全面领导。坚决维护党中央权威和集中统一领导，把党的领导落实到党和国家事业各领域各方面各环节，使党始终成为风雨来袭时全体人民最可靠的主心骨。

坚持中国特色社会主义道路。既不走封闭僵化的老路，也不走改旗易帜的邪路，坚持把国家和民族发展放在自己力量的基点上，坚持把中国发展进步的命运牢牢掌握在自己手中。

坚持以人民为中心的发展思想。不断实现发展为了人民、发展依靠人民、发展成果由人民共享，让现代化建设成果更多更公平惠及全体人民。

坚持深化改革开放。不断彰显中国特色社会主义制度优势，不断增强社会主义现代化建设的动力和活力，把我国制度优势更好转化为国家治理效能。

坚持发扬斗争精神。增强全党全国各族人民的志气、骨气、底气，不信邪、不怕鬼、不怕压，知难而进、迎难而上，统筹发展和安全，全力战胜前进道路上各种困难和挑战，依靠顽强斗争打开事业发展新天地。

四、"两个确立"奠定中华民族伟大复兴重要基石

邓小平指出："任何一个领导集体都要有一个核心，没有核心的领导是靠不住的。"[①] 总结中国共产党百年经验，核心问题十分重要，核心就是力量，核心就是旗帜，核心就是方向。

中国共产党百年奋斗确立毛泽东、邓小平、习近平"在党中央的核心、全党的核心地位"是历史发展的必然结果

马克思主义认为，经济基础决定上层建筑，时势造英雄，历史人物是历史发展到一定阶段的必然产物，只要历史人物代表历史发展的前进方向，就能够有力地促进和推动历史前进。马克思指出："在这里透过各种偶然性来为自己开辟道路的必然性，归根到底仍然是经济的必然性。恰巧某个伟大人物在一定时间出现于某个国家，这当然纯粹是一种偶然现象。但是，如果我们把这个人除掉，那时就会需要有另外一个人来代替他，并且这个代替者是会出现的，——或好或坏，但是随着时间的推移总是会出现的。恰巧拿破仑这个科西嘉岛人做了被战争弄得精疲力竭的法兰西共和国所需要的军事独裁者，——这是个偶然现象。但是，假如不曾有拿破仑这个人，那么他的角色是会由另一个人来扮演的。这点可以由下面的事实来证明，即每当需要有这样一个人的时候，他就会出现：如凯撒、奥古斯都、克伦威尔等。如果说马克思发现了唯物史观，那么梯叶里、涅米、基佐以及 1850 年英国所有的历史学家就证明，已经有人力求做到这一点，而摩尔根对于同一观点的发现表明，做到这点的时机已经成熟了，这一观点必将被发现。"[②] 中国共产党百年奋斗，根据革命、建设、改革和新时代的历史进程与党的事业兴旺发达需要，中国革命和建设选择毛泽东、中国改革开放和社会主义现代化建设选择邓小平、中国特色社会主义新时代选择习近平"确立在党中央的核心、全党的核心地位"。这是马克思主义唯物史观的具体体现。中国共产党百年奋斗，每当发展到一定阶段，就必然会推出经过千锤百炼、历经苦难辉煌、具备钢

---

① 《邓小平文选》第 3 卷，人民出版社 1993 年版，第 310 页。
② 《马克思恩格斯全集》第 4 卷，人民出版社 1958 年版，第 506－507 页。

铁般意志与世界眼光，能够代表全党全国人民根本利益并将党的事业引向胜利的领袖人物。

中国共产党百年奋斗确立毛泽东、邓小平、习近平“在党中央的核心、全党的核心地位”是全党的选择、人民的选择

马克思指出：“如果要去探究那些隐藏在——自觉地或不自觉地，而且往往是不自觉地——历史人物的动机背后并且构成历史的真正的最后动力的动力，那么问题涉及的，与其说是个别人物，即使是非常杰出的人物的动机，不如说是使广大群众、使整个整个的民族，并且在每一民族中间又是使整个整个阶级行动起来的动机；而且也不是短暂的爆发和转瞬即逝的火光，而是持久的、引起重大历史变迁的行动。”① 中国共产党在各个发展时期确立的核心，是因为他们代表了中国革命、建设和改革的正确方向，代表了历史前进的发展规律，代表了中国人民和中华民族的根本利益，他们是革命、建设和改革的代表人物，是推动历史前进、站在历史发展前列的“弄潮儿”。在他们身上，集中体现了党的意志、人民的意志、历史前进的意志。正如列宁所言：“无产阶级革命第一次使过去单枪匹马进行革命斗争的英雄有了真正的基础、真正的环境、真正的群众、真正的无产阶级军队，使这些领袖能够大显身手。”②

“党确立习近平同志党中央的核心、全党的核心地位”，开启全面建设社会主义现代化国家新征程

中国特色社会主义新时代“党确立习近平同志党中央的核心、全党的核心地位，确立习近平新时代中国特色社会主义思想的指导地位，反映了全党全军全国各族人民共同心愿，对新时代党和国家事业发展、对推进中华民族伟大复兴历史进程具有决定性意义”③。这是根据历史发展需要、根据应对国内外形势需要、根据党的事业发展需要作出的重大决策。现在，中国共产党成立100周年全面建成小康社会的第一个百年奋斗目标如期实现。全党全国人民开启全面建设社会主义现代化国家新征程，为中华人民共和国成立100周年实现现代化而奋斗。从国家正式公布的统计资料和中央媒体报道可以看到，2019年至2021年，前所未有、历史罕见的新型冠状病毒席卷全球，肆虐世界。然而，整个世界吃惊地发现，中国特色社会主义体现了巨大的优越性，中国最早最快最好最全面地控制了疫情。2021年起，中华民族战胜艰难险阻，沉着应对百年变局和世纪疫情，构建新发展格局迈出新步伐，高质量发展取得新成

---

① 《马克思恩格斯选集》第4卷，人民出版社2012年版，第255－256页。

② 《列宁全集》第29卷，人民出版社1985年版，第69页。

③ 《中共中央关于党的百年奋斗重大成就和历史经验的决议》，《人民日报》2021年11月12日。

效，实现"十四五"良好开局。在国防建设方面，"中国制造"的三型主战舰艇——长征18号艇、大连舰、海南舰在海南三亚军港正式"参军"，加入中国人民解放军海军行列，这是海军首次同时入列三艘主战舰艇。在航天事业方面，中国航天进入"空间站时代"，多次完成震惊世界的历史性壮举，在载人航天领域，空间站"天和"核心舱进入预定轨道，中国空间站建造进入全面实施阶段；两批次中国航天员入驻，开启中国空间站有人长期驻留时代，中国空间站首次太空授课活动面向全球直播。深空探测领域，"天问一号"火星探测器成功实现中国首次地外行星着陆。在水电建设方面，单机容量世界第一，装机规模全球第二的白鹤滩水电站首批机组正式投产发电，2022年7月全部机组投产，届时金沙江下游四座梯级水电站年发电量可达2000亿千瓦时，每年可替代标准煤6152万吨、减少二氧化碳排放15030万吨，相当于种植66.2万公顷阔叶林；中国已沿长江建成世界最大清洁能源走廊，将对实现"双碳"目标作出重要贡献。世界上规模最大抽水蓄能电站——河北丰宁抽水蓄能电站正式投产发电，这是当前世界规模最大的抽水蓄能电站，创造四项世界第一：装机容量世界第一，储能能力世界第一，地下厂房规模世界第一，地下洞室群规模世界第一。丰宁电站总装机规模360万千瓦，年设计发电量66.12亿千瓦时，年抽水电量87.16亿千瓦时，将服务于北京冬奥会的绿电供应。在西南边疆，号称"世界屋脊"的青藏高原上的西藏拉萨贡嘎机场T3航站楼正式投入运营。在对外贸易方面，2021年前10个月，中国完成港口货物吞吐量128.7亿吨，同比增长7.8%，完成集装箱吞吐量2.35亿标箱，同比增长8.4%。中国经济在外部环境深刻复杂变化背景下，在促进更加开放的国内国际双循环中，保持着可持续高质量发展。在中部具有代表性的河南，2021年12月2日，中俄东线天然气管道盾构穿越工程传来喜讯：中国自行研制的"畅通号"盾构机在2021年11月累计掘进1003.5米，创造泥水盾构机单月掘进里程世界纪录。盾构机全名盾构隧道掘进机，是现代隧道施工的高端装备，被誉为"工程机械之王"。"上天有神舟，下海有蛟龙，入地有盾构。"改革开放以来，中国生产的盾构机从无到有，从中国制造发展为中国"智造"，成为中国走向世界的"大国重器"之一。河南郑州的中国中铁工程装备集团有限公司（简称中铁装备集团）是中国生产盾构机的"专业户"。近年来中铁装备集团发展飞速，先后研制出世界首台马蹄形盾构机、世界最大断面矩形盾构机、世界最大直径硬岩掘进机等一系列创新产品，盾构机订单累计1300多台，市场占有率连续九年国内第一，连续四年产销量世界第一。2021年中铁装备集团更是成绩斐然：3月31日，世界最小直径常压刀盘盾构机"畅通号"下线；6月4日，世界首台大直径（9.53米）超小转弯TBM"抚宁号"下线；9月14日，国产首台高原高寒大直径硬岩掘进机"雪域先锋号"始发……中铁装备集团的发展历程是近年来河南制造业高质量发展的缩影。在农业生产方面，2021 年中国粮食总产量达 13657 亿斤，比上年增加 267 亿斤。“手中有粮，遇事不慌，脚踏实地，喜气洋洋。”全国粮食丰收为确保国家粮食安全、应对复杂多变的国内外形势、克服各种风险挑战提供了有力支撑，为推动经济社会高质量发展，构建新发展格局奠定坚实基础。在人口数量和质量方面，根据国家统计局、国务院第七次全国人口普查领导小组办公室发布全国人口普查结果：2020 年 11 月 1 日零时，全国人口（不含港澳台）共 14 亿 1178 万人，约占全球总人口的 18%。近十年来，中国人口总量持续增长，仍然是世界第一人口大国；人口质量稳步提升，受教育水平明显提高，性别结构改善，城镇化水平持续提升。

中国共产党成立 100 年，实现中华民族站起来、富起来、强起来的历史性发展。在新的征程中，中国共产党领导中国人民以史为鉴，开创未来，埋头苦干，勇毅前行，一定能够实现中华民族伟大复兴。

第五讲

“第一个结合”与统一战线[①]

绪论：马克思主义关于统一战线的基本思想与时俱进，不断发展

马克思主义关于统一战线的理论与实践同国际共产主义运动相伴相随，不断丰富，不断发展。马克思主义认为：其一，无产阶级只有解放全人类，才能最后解放自己，这是无产阶级统一战线的根本指导思想。其二，无产阶级必须加强自身的团结统一。无产阶级内部的团结和统一包括两个方面：一个国家内无产阶级自身的团结和统一；各国无产阶级之间的国际联合。全世界无产者，联合起来。其三，无产阶级在革命进程中要努力同其他可以参加革命的阶级和社会力量结成联盟。必须联合农民和城市小资产阶级，在反对封建制度的斗争中，只要资产阶级采取革命行动，也要联合资产阶级。其四，无产阶级政党在同其他阶级和政党联合行动时，必须坚持无产阶级的独立性，即指无产阶级要争取统一战线领导权的思想。

把马克思主义基本原理同俄国具体实际相结合，进一步坚持和发展了马克思主义的统一战线思想。列宁认为：其一，无产阶级要尽最大的努力联合同盟军。要利用一切机会，哪怕是极小的机会来获得大量的同盟者，尽管这些同盟者可能是暂时的、动摇的、不稳定的、靠不住的、有条件的。这对于无产阶级夺取政权以前和以后的时期，都是一样适用的。有两种同盟军，一种是直接的，即尽可能地团结一切可以团结的力量；另一种是间接的，即充分利用敌人营垒中的一切矛盾。在这里，根据具体的环境和条件采取必要的妥协，是无产阶级及其政党争取同盟军的一条重要策略原则。其二，无产阶级要掌握统一战线的领导权和建立工农联盟。无产阶级的领导权是民主革命彻底胜利以及统一战线取得成功的决定性条件和根本保证。而无产阶级要实现对民主革命的领导权，就必须建立工农联盟。其三，全世界无产者和被压迫民族联合起

---

① 原载《复旦马克思主义研究评论》2024 年第 1 期，题目《缘起与实践：百年大党与统一战线》。

来，才能战胜帝国主义，才能使无产阶级和被压迫民族得到解放。其四，建立工人阶级统一战线，实现工人阶级行动的统一。其五，建立党与非党的联盟。无产阶级专政是无产阶级同人数众多的非无产阶级的劳动阶层（小资产阶级、小业主、农民、知识分子等）或同他们中的大多数结成的特种形式的阶级联盟，共产党员和非党员结盟是绝对必要的，党同非党知识分子的联合是十分重要的。其六，实行多党合作。苏维埃政权不只是无产阶级一个阶级的政权，必须吸收代表其他劳动阶级或阶层利益的政党参加。社会主义事业是千百万人民群众的事业，要最大限度地团结和调动群众，就必须对那些有一定群众基础和社会影响并愿意合作的政党采取团结的态度。其七，实行国家资本主义，对资本家的资产实行和平赎买政策。

把马克思主义基本原理同中国具体实际相结合，实现理论创新和实践创造。中国共产党进一步丰富和发展了马克思主义关于统一战线的理论与实践，使统一战线成为“三大法宝”之一。《中共中央关于党的百年奋斗重大成就和历史经验的决议》指出：“坚持统一战线。团结就是力量。建立最广泛的统一战线，是党克敌制胜的重要法宝，也是党执政兴国的重要法宝。党始终坚持大团结大联合，团结一切可以团结的力量，调动一切可以调动的积极因素，促进政党关系、民族关系、宗教关系、阶层关系、海内外同胞关系和谐，最大限度凝聚起共同奋斗的力量。只要我们不断巩固和发展各民族大团结、全国人民大团结、全体中华儿女大团结，铸牢中华民族共同体意识，形成海内外全体中华儿女心往一处想、劲往一处使的生动局面，就一定能够汇聚起实现中华民族伟大复兴的磅礴伟力。”习近平总书记在庆祝中国共产党成立 100 周年大会上的讲话指出：“在百年奋斗历程中，中国共产党始终把统一战线摆在重要位置，不断巩固和发展最广泛的统一战线，团结一切可以团结的力量、调动一切可以调动的积极因素，最大限度凝聚起共同奋斗的力量。”这是对中国共产党成立以来坚持和发展统一战线的科学总结。进一步研究中国革命与统一战线的历史经验，对开启全面建设社会主义现代化国家新征程，实现祖国统一，具有深刻的历史意义和长远的现实意义。

一、马克思主义基本原理同中国具体实际相结合建立统一战线

马克思、恩格斯开创国际共产主义运动提出“全世界无产者，联合起来”。列宁提出全世界无产阶级和被压迫人民、被压迫民族联合起来。中国共产党成立初期提出在反对帝国主义、反对封建军阀的斗争中建立各阶级的联合战线的主张。

《关于“民主的联合战线”的议决案》首次提出建立统一战线

1922 年 7 月中共二大宣言认为，中国革命的对象是帝国主义和封建军阀，革命

的策略是组成各阶级的联合战线。中国共产党明确提出奋斗目标：消除内乱，打倒军阀，建设国内和平；推翻国际帝国主义的压迫，达到中华民族完全独立；统一中国为真正的民主共和国。这是中国共产党反帝反封建的民主革命纲领即最低纲领。中国共产党最高纲领是"组织无产阶级，用阶级斗争的手段，建立劳农专政的政治，铲除私有财产制度，渐次达到一个共产主义的社会"。中共二大深刻分析中国各阶级与中国革命的关系，指出"中国三万万的农民，乃是革命运动中的最大要素"，小资产阶级会"加入到革命的队伍里面来""中国幼稚资产阶级为免除经济上的压迫起见，一定要起来与世界资本帝国主义奋斗"，工人阶级有伟大势力，"将会变成推倒在中国的世界资本帝国主义的革命领袖军"。中共二大宣言认为，中国革命的对象是帝国主义和封建军阀；革命的动力是工人、农民和小资产阶级，民族资产阶级也是革命的力量之一；革命的策略是组成各阶级的联合战线；革命的任务和目标是打倒军阀，推翻国际帝国主义的压迫，实现中华民族的独立和中国的统一；革命的前途是向社会主义革命转变。中共二大《关于"民主的联合战线"的议决案》指出："在全国各城市，集合工会、农民团体、商人团体、职教员联合会、学生会、妇女参政同盟团体、律师公会、新闻记者团体等，组织'民主主义大同盟'。"中国共产党"应该出来联合全国革新党派，组织民主的联合战线，以扫清封建军阀，推翻帝国主义压迫，建立真正民主政治的独立国家为职志"，要扩大"民主的联合战线的主张"，为此提出了具体计划。理论是实践的先导。中国共产党关于统一战线的理论与实践由此发端，奠定大革命时期建立统一战线的理论基础与实践基础。

西湖会议和中共三大决定与孙中山领导的国民党建立统一战线

中共二大后，为了贯彻中国共产党的民主革命纲领，建立民主联合战线，中共中央派李大钊、陈独秀同孙中山等会晤，商谈国共合作问题。1922 年 8 月中共中央在杭州西湖召开特别会议，专题研究国共合作问题。共产国际代表马林建议共产党员以个人资格加入国民党，实现国共合作。西湖会议决定在孙中山改组国民党的条件下，由共产党少数负责人先加入国民党，同时劝说全体共产党员以个人名义加入国民党。西湖会议是中国共产党关于国共合作政策由党外合作转为党内合作的转折点，在第一次国共合作和统一战线史上有重要意义。同时，中国共产党在实践中认识到，在半殖民地半封建中国，要推翻帝国主义和根深蒂固的封建军阀统治，仅仅依靠工人阶级力量是不够的，应该联合孙中山领导的国民党，建立工人阶级和民主力量的联合战线。1923 年 6 月中共三大在广州举行，陈独秀主持会议并代表中央执行委员会作报告，总结中共二大以来工作特别是京汉铁路大罢工经验教训，着重阐明同国民党建立联合战线的必要性。西湖特别会议通过的《关于国民运动及国民党问题的议决案》《中国共产党第三次全国代表大会宣言》等文件指出：“应该以国民革命运动为中心工作”，采取党内合作形式同国民党建立联合战线，“共产党党员应加入国民党”，“努力扩大国民党的组织于全中国，使全中国革命分子集中于国民党”，并规定了保持共产党政治上的独立性的基本原则。中共三大决定共产党员以个人身份加入国民党，实现国共合作，有利于改造国民党，使国民党获得新生；有利于共产党走向全国，使各地党组织获得迅速发展；有利于推动反帝反封建民主革命，掀起大革命高潮。

中国共产党帮助孙中山召开国民党一大，标志第一次国共合作形成

中国共产主义运动先驱李大钊承担着实现第一次国共合作的重任。1922 年至 1924 年，他受中共中央的委托，奔走于北京、上海、广州之间，帮助孙中山改组国民党，为建立第一次国共合作的统一战线作出重大贡献。1924 年 1 月中国国民党第一次全国代表大会在广州举行，李大钊是大会主席团五位成员之一。谭平山任共产党的党团书记，代表国民党临时中央执行委员会做工作报告。共产党人在“大会上的表现是十分出色的”①。《中国国民党第一次全国代表大会宣言》由共产国际代表、孙中山聘请的国民党中央组织训练员、国民政府顾问鲍罗廷根据《共产国际执行委员会主席团关于中国民族解放运动和国民党问题的决议》起草，共产党人瞿秋白翻译，孙中山同意。这个文献对三民主义重新解释，包含新的内容和新的精神，这就是新三民主义。新三民主义的政纲同中国共产党的民主革命纲领基本一致，成为国共合作的共同纲领。大会通过的《中国国民党章程》确认共产党员以个人身份加入国民党。这次大会的宣言和章程成为国共合作的政治基础。国民党一大选举产生中国国民党中央执行委员会，共产党员李大钊、谭平山、于树德、毛泽东、林祖涵（林伯渠）、瞿秋白、张国焘、于方舟、韩麟符、沈定一当选为中央执行委员和候补执行委员，占委员总数四分之一。毛泽东回忆，孙中山在国民党一大期间，曾与毛泽东亲切长谈，并亲笔将毛泽东的名字列入国民党中央执行委员会候补委员名单。国民党一届一中全会推选廖仲恺、谭平山（当时为共产党员）、戴季陶为中央常务委员，谭平山任国民党中央组织部部长，林祖涵任农民部部长，冯菊坡任工人部秘书，彭湃任农民部秘书，杨匏安任组织部秘书。通过国共合作，改组后的国民党基本上成为工人、农民、城市小资产阶级和民族资产阶级的革命联盟，成为国共联合战线的组织形式。但是，国民党内的地主、买办、官僚、政客和南方军阀仍然占有一定地位，成为国民党右派的主要基础。国民党一大标志着国民党改组完成和第一次国共合作形成，成为轰轰烈烈的大革命起点。共产党人和国民党左派在全国大部分地区改组或建立国民党各级党部；

① 《共产国际、联共（布）与中国革命档案资料丛书》第 1 卷，北京图书馆出版社 1997 年版，第 412 页。

李大钊成为北方地区国共两党领袖，并与冯玉祥等建立密切联系。

积极从事国共合作的统一战线工作，毛泽东成为国民党候补中央执行委员

在中共三大期间，毛泽东多次利用休息时间，找湖南老乡、著名国民党人谭延闿谈国共合作问题，做争取谭延闿合作的工作。中共三大结束后，毛泽东与陈独秀、李大钊到国民党领导成员廖仲恺家里，谈国共合作问题。国民党派覃振从广东去湖南时，毛泽东委托覃振带信给李维汉，要求中共湘区委员会协助覃振在湖南筹建国民党组织。1923 年 6 月 25 日，毛泽东与陈独秀、李大钊等致信孙中山，向国民党提出"在上海或广州建立强有力的执行委员会，以期合力促进党员的活动和广泛开展宣传"[①] 等重要建议，受到孙中山的高度重视和积极采纳。1923 年 9 月，毛泽东遵照中共中央决定，并受国民党总务部副部长林伯渠（共产党人）委托，回到长沙，筹建国民党湖南组织。他同夏曦商议，第一步组织长沙支部，第二步组织常德、衡阳及其他可能的支分部，第三步再组织湖南总支部。根据毛泽东的计划，同年 10 月初，国民党长沙支部成立。毛泽东在长沙、宁乡、安源等地建立了国民党分部和湖南总支部。由此，湖南成为国民党组织最发达的省份之一。因为毛泽东在第一次国共合作的统一战线中发挥了重要作用，所以作为国民党湖南组织的代表，出席了 1924 年 1 月举行的国民党第一次全国代表大会。会议期间，毛泽东被指定为国民党章程起草委员会委员，并在会上多次发言。1 月 28 日，国民党一大讨论国民党章程时，国民党右派方瑞麟等反对共产党员"跨党"，要在章程中增加一条"本党党员不得加入他党"。李大钊义正词严，当即予以驳斥。国民党左派廖仲恺等多数代表支持李大钊的发言。这时，毛泽东适时提议，停止讨论，请付表决，方瑞麟的提案被大会否决。1 月 29 日，国民党一大讨论"比例选举制为大会政纲之一"议案。毛泽东在发言中对此案表示明确反对："现时比例选举制系少数党所运动出来的结果。本党为革命党，凡利于革命的可采用，有害于革命的即应摒弃。比例制有害于革命党，因少数人当选即有力量可以破坏革命事业，是予少数派以机会也。本席根本反对本案，以为不能讨论，不能表决。"[②] 毛泽东指出："比例选举制虽为社会党所赞成，但当其未成功时固是如此，若成功后即不尽然。此制很有害于革命之本身，盖以自由给予反对党，革命事业便十分危险。"[③] 由于毛泽东等人坚决反对，这一提案未被通过。在国民党一大选举

---

① 中共中央文献研究室编：《毛泽东年谱（1893—1949）》上卷，人民出版社、中央文献出版社 1993 年版，第 115 页。

② 中共中央文献研究室编：《毛泽东年谱（1893—1949）》上卷，人民出版社、中央文献出版社 1993 年版，第 122 页。

③ 中共中央文献研究室编：《毛泽东年谱（1893—1949）》上卷，人民出版社、中央文献出版社 1993 年版，第 122 页。

时，毛泽东由孙中山亲自提名，列为国民党中央执行委员会候补执行委员候选人，顺利当选。会后，毛泽东作为国民党中央候补执行委员，出席孙中山主持召开的国共合作后的国民党第一届中央执行委员会、监察委员会第一次全体会议。会上，决定派遣国民党中央执行委员分别到上海、北京、汉口等特别区，组织国民党的执行部，指导和监督当地党务。毛泽东被派到国民党上海执行部工作。现在，中国台湾地区国民党中央党部的党史馆里，依然保存着毛泽东在国民党上海执行部工作期间给国民党中央的有关报告等历史文献。根据国民党中央党部党史馆保存的历史文献记载，第一次国共合作的统一战线期间，国民党拖欠毛泽东工资的数额加上近百年的利息，现已成为一个巨大数字。毛泽东对第一次国共合作的统一战线具有刻骨铭心的历史记忆。在中国共产党第七次全国代表大会上，毛泽东回忆说：“孙中山这个人我见过，在座的同志看见过他的还有。他是 1925 年去世的。当他致力于国民革命三十九年的时候，我见到了他，那时他已将近六十岁。当时国民党开第一次全国代表大会，在座的林老（林伯渠）也是参加的一个。我们以共产党员的资格出席国民党的代表大会，也就是‘跨党分子’，是国民党员，同时又是共产党员。当时各省的国民党，都是我们帮助组织的。那个时候，我们不动手也不行，因为国民党不懂得组织国民党，致力于国民革命三十九年，就是不开代表大会。我们参加国民党以后，1924 年才开第一次代表大会。宣言由我们起草，许多事情由我们帮它办好，其中有一个鲍罗廷，当顾问，是苏联共产党员，有一个瞿秋白，是加入国民党的中国共产党员。孙中山这个人有个好处，到了没有办法的时候，他就找我们，鲍罗廷说的话他都听。那时候叫做‘以俄为师’，因为他革命三十九年老是失败。我们当时提出打倒帝国主义，打倒封建势力，打倒贪官污吏，打倒土豪劣绅，有很多人反对我们，说中央委员会的委员是三十六天罡星。”① 在中共三大后建立的国共合作统一战线期间，毛泽东在国民党第一、第二次全国代表大会上均当选为候补中央执行委员，曾在广州任国民党中央宣传部代理部长，主编《政治周报》；主办第六届中央农民运动讲习所，并讲课《中国农民问题》《农村教育》《地理》和专题讲座《中国社会各阶级的分析》；曾任国民党上海执行部执行委员暨组织部秘书和文书科主任。毛泽东是第一次国共合作的统一战线时期崭露头角的重要政治人物之一。他在大革命时期的亲身实践与丰富经验为其高度重视统一战线、确立统一战线为中国共产党的三大法宝之一，奠定了坚实基础。

---

① 中共中央文献研究室编：《毛泽东在七大的报告和讲话集（1945 年 4 月—6 月）》，中央文献出版社 1995 年版，第 8 页。

国共合作创办黄埔军校与中国共产党建立革命武装力量

中国革命迅猛发展，迫切需要建立可靠的武装力量。根据国民党一大决定，国共合作创办黄埔军校。孙中山在开学典礼上指出："我们今天要开这个学校，是有什么希望呢？就是要从今天起，把革命的事业重新来创造，要用这个学校内的学生做根本，成立革命军。"① 中国共产党选派大批党员、团员和进步青年到黄埔军校学习，第一期有蒋先云、陈赓、左权、许继慎、徐向前等，教官和职员中的共产党员有金佛庄、茅延桢、严凤仪、徐成章等。黄埔军校与旧式军校最大区别是政治教育与军事训练并重，注重培养学生的爱国思想和革命精神。特别是周恩来任黄埔军校政治部主任后，朝气蓬勃，大胆创新，建立政治工作制度，加强政治教育，指导中国青年军人联合会活动，奠定军校政治工作重要基础。共产党人恽代英、萧楚女、熊雄、聂荣臻等曾任政治教官等。黄埔军校政治工作制度逐步推广到国民革命军。随后，周恩来和中共广东区委经孙中山同意，从黄埔军校第一期毕业生中抽调部分党、团员为骨干，改组"大元帅大本营"铁甲车队，建立中国共产党领导的第一支革命武装力量。随后，铁甲车队扩建为叶挺独立团。铁甲车队和叶挺独立团成为中国共产党创建人民军队的开端。在西北，中国共产党与冯玉祥合作，刘伯坚、刘志丹等在冯玉祥部队开展政治工作，史可轩、邓小平等创办"第二黄埔"——西安中山军事学校。该校师生成为渭华起义和创建西北革命根据地的骨干。

第一次国共合作建立统一战线，有力推动革命形势发展，统一广东，开展国共合作的北伐战争。以共产党员、青年团员为骨干的叶挺独立团成为"北伐先锋"。北伐军兵分三路，连战皆捷。在共产党各级组织和工农运动大力支持下，革命力量从珠江流域迅速推进到长江流域。

二、高举反帝反封建旗帜，与爱国力量建立统一战线

大革命失败后，中国共产党高举反帝反封建旗帜，领导土地革命，建立工农民主统一战线，开辟农村包围城市、武装夺取政权的中国革命新道路。同时，在一定程度上与反蒋力量和坚持抗战的爱国力量形成统一战线。

南昌起义胜利，建立统一战线的革命委员会

1927 年 8 月 1 日中国共产党领导南昌起义，占领南昌。那种认为南昌起义失败了的说法既不符合历史，也不科学。正确的说法应该是，南昌起义胜利了，南昌起义军南下广东途中失败了。统一战线在南昌起义中发挥重要作用。起义准备阶段，周恩来

① 《孙中山选集》，人民出版社 1981 年版，第 917 页。

代表中共前敌委员会任命贺龙为起义军总指挥（贺龙在南下途中入党），共产党人叶挺、朱德、刘伯承等任南昌起义领导成员。南昌起义成功后，为争取和团结国民党中一部分愿意继续革命的人士，揭露蒋介石、汪精卫背叛孙中山革命精神的面目，仍使用国民党左派的旗帜，成立统一战线形式的中国国民党革命委员会，宋庆龄、邓演达（以上二人未到）、贺龙、周恩来等25人为委员，由宋庆龄、邓演达等七人组成主席团。同时以宋庆龄等名义发表《中央委员宣言》，指出蒋介石、汪精卫等曲解三民主义，背叛国共合作，毁弃联俄联共扶助农工三大政策，已成为孙中山事业的罪人；号召一切革命者团结一致，继承孙中山革命遗志，“继续为反帝国主义与实行解决土地问题奋斗”。起义部队沿用国民革命军第二方面军番号，革命委员会任命贺龙为国民革命军第二方面军代总指挥，叶挺为代前敌总指挥。此后，邓小平通过开展统一战线，领导百色起义与龙州起义，建立红七军和红八军；中央革命军事委员会运用统一战线，发动宁都起义，建立红五军团，统一战线发挥重要作用。

国民党内反蒋力量在反对蒋介石独裁方面与共产党主张基本一致

大革命失败后，国民党左派邓演达坚持反对蒋介石独裁统治的严正立场。1930年8月邓演达在上海成立中国国民党临时行动委员会（中国农工民主党前身），号召推翻蒋介石政权，继续完成孙中山的革命事业。1931年8月邓演达被国民党当局勾结上海租界逮捕，引渡上海龙华警备司令部。蒋介石下令将邓演达押往南京进行劝降，遭到严词拒绝，邓演达被秘密杀害。宋庆龄为邓演达被害发表通电，强烈谴责蒋介石的卑鄙行径。1932年12月，国民党左派宋庆龄和蔡元培、杨杏佛等组织中国民权保障同盟，积极营救被捕的爱国人士和共产党人（陈赓就是其中之一），揭露和抨击国民党统治，争取人民各项民主自由权利。1933年中国民权保障同盟与上海20多个进步团体一起组织国民御侮自救会。宋庆龄指出，国民党政府“是地主及资产阶级联盟的代表，一个剥削民众压迫民众与毁灭民众及国家的联盟”“中国的一切男子、一切妇女与一切的青年，尤其是工人、农民、学生与义勇军一齐联合起来”“向着民族与社会的解放的大道上前进”①。宋庆龄明确提出抗日主张：“（一）全国军队至少百分之八十以上，配以适当的军械与飞机，应开拔去抵抗日本帝国主义，收复满洲、热河，保卫中国；（二）人民应全部武装，组织人民自卫团；（三）人民的民权（言论出版自由，集会结社自由等）立即恢复，革命分子的监禁酷刑与杀戮应立即废止；（四）停止向中国苏维埃区域的进攻。”② 当时媒体评价宋庆龄的演说“非常有效

① 《宋庆龄选集》上卷，人民出版社1992年版。
② 《宋庆龄选集》上卷，人民出版社1992年版。

地被到会群众拥护”。

国民党左派宋庆龄在极端危险环境中为中国革命作出特殊贡献

20 世纪 30 年代宋庆龄在上海，为建立和沟通中国共产党的国际联系，支援中国共产党地下组织和革命根据地，营救共产党人和革命志士，作了大量鲜为人知的工作。1935 年 3 月共产党人廖承志等被捕后，宋庆龄召开中国民权保障同盟会议研究营救，并发表宣言：“3 月 28 日罗登贤、余文化、廖承志三人由同寓者之报告被捕，依报章所载，其罪状为加入共产党及工会运动，罗余两人于寓所逮捕，廖于数小时后竟因偶尔投访，同遭拘禁……即使被告为共产党员，尚非法律所不许，应即立刻释放，盖信仰自由屡载约法，为吾国民必争之权利。”廖承志晚年回忆，自己刚刚从英国巡捕房被保释出来，宋庆龄就突然来秘密接头。她巧妙支走廖承志的母亲何香凝，与廖承志谈话时明确说，我是代表最高方面来的。廖承志大为吃惊。宋庆龄说代表共产国际向廖承志了解上海情况，第一是上海的秘密工作能否坚持下去，第二是你所知道的叛徒名单。廖承志回答，上海的秘密工作坚持下去很困难，我打算去革命根据地，叛徒名单可以马上写给你。宋庆龄微笑着打开小皮包，摸出一根香烟自己点了火，然后站起身子，往廖承志母亲的房间走去。廖承志飞快地在一张纸条上写出叛徒名单，十分钟后宋庆龄出来接过纸条，打开皮包取出一根纸烟，把上半截烟丝挑出来，把廖承志写好的纸条卷成卷儿塞了进去，放进皮包里，同何香凝、廖承志道别后，匆匆离开了。廖承志说，尽管过了将近 50 年，但那短暂的不及半小时的每一分钟，我都记得清清楚楚。

中国共产党支持淞沪抗战、与冯玉祥合作抗战、与十九路军签订停战协定

1932 年初日本军队在上海制造一二八事变。蔡廷锴、蒋光鼐指挥第十九路军英勇抵抗。中国共产党大力发动群众，积极支援抗日前线。中共江苏省委领导成立的上海民众反日救国联合会发挥重要作用。在广大人民群众有力支援下，第十九路军和随后参战的第五军（张治中任军长）部分官兵顽强战斗，取得重大战果，打破日军速战速决迷梦。1933 年 5 月，中国共产党帮助国民党将领冯玉祥，在张家口成立察哈尔民众抗日同盟军。中国共产党在民众抗日同盟军建立前线委员会和基层组织，开展政治、组织和宣传工作。共产党人吉鸿昌任民众抗日同盟军前敌总指挥兼第 2 军军长。民众抗日同盟军连克康保、宝昌、沽源、多伦，收复察哈尔省全部失地，在全国影响很大。1933 年 11 月，被蒋介石调到福建“剿共”的第十九路军将领蔡廷锴、蒋光鼐等联合国民党内李济深、陈铭枢等发动福建事变，成立中华共和国人民革命政府，宣布抗日反蒋。中华苏维埃共和国代表与第十九路军代表签订《中华苏维埃临时中央政府及工农红军与福建省政府及十九路军反日反蒋初步协定》《闽西边界及交

通条约》，相互停止军事行动。毛泽东指出：“无论蔡廷锴们将来的事业是什么，无论当时福建人民政府还是怎样守着老一套不去发动民众斗争，但是他们把本来向着红军的火力掉转去向着日本帝国主义和蒋介石，不能不说是有益于革命的行为，这是国民党营垒的破裂。”① 中共中央率领红军长征前夕，周恩来派何长工、潘汉年与广东军阀陈济棠的代表在寻乌罗塘谈判，达成“必要时可以互相借道”等协议，保证了红军长征初期顺利通过国民党军第一道封锁线。

土地革命战争时期，党内王明“左”倾教条主义“唯我独尊”“唯我独革”，认为国民党各派和中间派都是“最危险的敌人”，给中国革命造成严重损失。毛泽东抨击“左”倾教条主义者：“革命的力量是要纯粹又纯粹，革命的道路是要笔直又笔直。圣经上载了的才是对的。民族资产阶级是全部永世反革命了。对于富农，是一步也退让不得。对于黄色工会，只有同它拼命。如果同蔡廷锴握手的话，那必须在握手的瞬间骂他一句反革命。哪有猫儿不吃油，哪有军阀不是反革命？知识分子只有三天的革命性，招收他们是危险的。因此，结论：关门主义是唯一的法宝，统一战线是机会主义的策略。”② 毛泽东指出，中国革命要“组织千千万万的民众，调动浩浩荡荡的革命军”，而关门主义即“左”倾教条主义却“‘为渊驱鱼，为丛驱雀’，把‘千千万万’和‘浩浩荡荡’都赶到敌人那一边去，只博得敌人的喝采。关门主义在实际上是日本帝国主义和汉奸卖国贼的忠顺的奴仆。关门主义的所谓‘纯粹’和‘笔直’，是马克思列宁主义向之掌嘴，而日本帝国主义则向之嘉奖的东西。我们一定不要关门主义，我们要的是制日本帝国主义和汉奸卖国贼的死命的民族革命统一战线”③。

三、把握天下大势，首倡抗日民族统一战线，站在历史潮流前列

1931 年日本发动九一八事变，中华民族与日本帝国主义的矛盾上升为社会主要矛盾。中国共产党提出建立抗日民族统一战线，赢得广泛赞成和支持，有力地推动了历史前进。

建立东北抗日民族统一战线，开展东北抗日游击战争

九一八事变后，中国人民就在白山黑水间奋起抵抗，成为中国人民抗日战争的起点，同时揭开了世界反法西斯战争的序幕。1933 年 1 月 26 日中共中央给满洲（东

---

① 《毛泽东选集》第 1 卷，人民出版社 1991 年版，第 146 页。
② 《毛泽东选集》第 1 卷，人民出版社 1991 年版，第 154－155 页。
③ 《毛泽东选集》第 1 卷，人民出版社 1991 年版，第 155 页。

北）各级党组织及全体党员的信，纠正了过去对东北的错误政策，提出在东北特殊环境下“尽可能造成全民族（计算到特殊的环境）的反帝统一战线，来聚集和联合一切可能的，虽然是不可靠的、动摇的力量，共同的与共同敌人——日本帝国主义及其走狗斗争”的策略。“一二六指示信”说明了对各种反日游击队的政策，强调建立下层统一战线外，“在某种程度和范围内，或能实行上层的统一战线”“与民族资产阶级的某一部分实行统一战线”。这是建立广泛的东北抗日民族统一战线的正确策略。中共满洲省委根据“一二六指示信”明确指出“联合一切反日力量，开展反日反帝斗争与反日游击运动”，并建立抗日联合军指挥部，以实现抗日武装的统一战线。中共满洲省委决定，纠正在抗日问题上的“左”错误，停止开展土地革命，广泛建立反日武装统一战线，取消苏维埃政权及红军游击队，建立抗日人民政府和人民革命军（东北抗日联军前身）。中共满洲省委和各级党组织传达贯彻“一二六指示信”后，迅速实现建立东北反日武装统一战线的转变，到 1936 年 1 月，建立东北人民革命军六个军，开辟了抗日游击根据地，建立了各种反日群众组织和区、县级抗日政权。东北人民革命军发展到 6000 余人，抗日游击区扩大到 40 余县。东北人民革命军联合抗日义勇军余部和其他反日武装，在南满、北满、东满和吉东建立反日联合军司令部或反日同盟军，执行反日统一战线政策，团结其他反日武装、灵活运用抗日游击战术，粉碎日伪军多次“讨伐”，沉重打击日本帝国主义，极大鼓舞了东北人民的抗日斗志。随后，东北人民革命军发展成为东北抗日联军，坚持到抗日战争胜利。

采取一系列重大举措倡导建立抗日民族统一战线

在日本妄图吞并中国，民族危机日益严重形势下，中国共产党代表中华民族根本利益，高举抗日旗帜，1933 年 1 月中共驻共产国际代表团以中华苏维埃共和国中央执行委员会主席毛泽东和中国工农红军革命军事委员会主席朱德名义起草宣言，首次提出中国工农红军准备在三个条件下同任何武装部队订立共同对日作战的协定：（一）立即停止进攻苏维埃区域；（二）立即保证民众的民主权利（集会、结社、言论、罢工、出版之自由等）；（三）立即武装民众创立武装的义勇军，以保卫中国及争取中国的独立统一与领土的完整。这个宣言标志着中国共产党提出建立抗日民族统一战线的开端。1935 年中国共产党驻共产国际代表团以中国苏维埃政府、中国共产党中央名义发表《为抗日救国告全体同胞书》即八一宣言，号召全国人民团结起来，停止内战，一致抗日。八一宣言指出：抗日则生，不抗日则死，抗日救国，已成为每个同胞的神圣天职。八一宣言强调，建立包括上层在内的统一战线，扩大抗日民族统一战线的范围；呼吁全国各党派、各军队、各界同胞，不论过去和现在有任何政见和利害的不同，有任何敌对行动，都应当停止内战，集中一切国力去为抗日而奋斗。八一宣言提出：只要国民党军队停止进攻苏区，实行对日作战，红军愿立刻与之携手，共同救国。同时，建议一切愿意参加抗日救国的党派、团体、名流学者、政治家和地方军政机关进行谈判，共同成立国防政府；在国防政府领导下，一切抗日军队组成统一的抗日联军。中华苏维埃共和国政府和中国共产党愿意作国防政府的发起人，工农红军首先加入抗日联军，以尽抗日救国的天职。最后，八一宣言提出抗日救国十大纲领。八一宣言在国内外产生巨大反响。中共地下组织通过邮局的地下党员，给华北地区和国民党中央党政军要员每人家里寄去一份八一宣言。北京大学学生早上到盥洗间，发现洗脸盆里放着八一宣言，晚上回到宿舍睡觉，发现被子里放着八一宣言。宋庆龄、何香凝、柳亚子、经亨颐等衷心赞同八一宣言提出的各项主张。国民党元老、国民党政府监察院院长于右任看到八一宣言后，假托陕西老乡从农村墙上揭下来的红军传单，专门送给蒋介石看，引起重视。此后，蒋介石即令驻莫斯科大使馆首席武官邓文仪找到中国共产党驻共产国际代表团，寻找与中共中央的联系渠道。

瓦窑堡会议确定抗日民族统一战线总方针

中共中央率领红一方面军到达陕北后，中共驻共产国际代表张浩回国传达共产国际七大关于建立国际反法西斯统一战线的新精神。毛泽东欣喜异常，中共中央瓦窑堡会议通过《中央关于目前政治形势与党的任务决议》，确立抗日民族统一战线总方针。毛泽东根据中央精神，在党的活动分子会议上作《论反对日本帝国主义的策略》的报告。瓦窑堡会议决议及毛泽东的报告，解决了遵义会议没有来得及解决的党的政治路线问题，彻底批判“左”倾关门主义即“左”倾教条主义，实现党的政治路线彻底转变。毛泽东指出：“革命的道路，同世界上一切事物活动的道路一样，总是曲折的，不是笔直的。革命和反革命的阵线可能变动，也同世界上一切事物的可能变动一样。日本帝国主义决定要变全中国为它的殖民地，和中国革命的现时力量还有严重的弱点，这两个基本事实就是党的新策略即广泛的统一战线的出发点。组织千千万万的民众，调动浩浩荡荡的革命军，是今天的革命向反革命进攻的需要。只有这样的力量，才能把日本帝国主义和汉奸卖国贼打垮，这是有目共见的真理。因此，只有统一战线的策略才是马克思列宁主义的策略。关门主义的策略则是孤家寡人的策略。”①中国共产党建立抗日民族统一战线工作全面展开，迅速打开中国革命新局面，开创中国革命新天地。

《致中国国民党中央委员会并转全体国民党员的信》

20 世纪 30 年代中期，世界形势急剧变幻，德国、日本、意大利法西斯妄图称霸

---

① 《毛泽东选集》第 1 卷，人民出版社 1991 年版，第 155 页。

世界，成为人类公敌。共产国际提出建立国际反法西斯统一战线，中共中央分析世界大势，1936 年 8 月 25 日发出致中国国民党中央委员会并转全体国民党员的信，倡议在抗日大目标下实行第二次国共合作，"只有国共的重新合作，以及同全国各党各派各界的总合作才能真正地救亡图存"。中共中央指出，当前全国全民族沦亡惨祸的绝大危险之所以迫在眼前，完全是由国民党和国民党政府的错误政策所招来的。信中认为，蒋介石在国民党五届二中全会上对"和平的绝望时期""牺牲的最后关头"的解释"较之过去是有了若干进步""诚恳的欢迎这种进步"；同时指出，蒋介石的这种解释依然不能满足全国人民的要求，他还是认为现在尚未到最后关头，"依然不愿提出组织抗日统一战线的任务，依然拒绝了立即发动神圣的抗日战争"。这封信说明，中国共产党确认集中与统一全国的救国力量是完全必要的，并且指出，全国人民所要的是抗日救国的集中统一，而不是媚外残民的集中统一。信中强调："我们赞助建立全中国统一的民主共和国，赞助召集由普选权选举出来的国会，拥护全国人民和抗日军队的抗日救国代表大会，拥护全国统一的国防政府。"信中表示：我们"是早已准备着在任何地方与任何时候派出自己的全权代表，同贵党的全权代表一道，开始具体实际的谈判，以期迅速订立抗日救国的具体协定，并愿坚决地遵守这个协定"。在此期间，忠于孙中山新三民主义的宋庆龄、何香凝等向国民党领导人提议召开国民党五届三中全会讨论国共合作问题。许多国民党上层人物也表示，赞同停止内战、一致抗日的主张。为了推动抗日民族统一战线形成，1936 年 9 月，中共中央向党内发出《关于逼蒋抗日问题的指示》《关于抗日救亡运动的新形势与民主共和国的决议》。指示提出："目前中国的主要敌人，是日帝，所以把日帝与蒋介石同等看待是错误的，'抗日反蒋'的口号，也是不适当的。""我们的总方针，应是逼蒋抗日。"决议指出："国民党南京政府内外政策的摇摆不定，其言行的自相矛盾，与其各派间关于抗日问题上的争论，明显的表示出他现在是在动摇的中间。"在国内外形势作用下，"国民党南京政府有缩小以至结束其动摇地位，而转向参加抗日运动的可能"。"推动国民党南京政府及其军队参加抗日战争，是实行全国性大规模的严重的抗日武装斗争之必要条件。"决议强调"在目前说来'左'的关门主义倾向，依然是彻底实现抗日民族统一战线策略的主要的危险"。中共中央提醒全党，逼蒋抗日，实现第二次国共合作，任重道远。

建立抗日民族统一战线主张在国内外广泛传播

日本侵略中国，烧杀奸淫无恶不作，犯下累累暴行，"罄南山之竹，书罪未穷；决东海之波，流毒难尽"。为了建立抗日民族统一战线，毛泽东给宋庆龄、何香凝、冯玉祥以及救国会成员等发去大量信件。在《毛泽东书信选》《周恩来书信选》中，有许多关于建立抗日民族统一战线问题写给各界人士和国民党上层人物的书信。毛泽东曾分别致书宋庆龄、蔡元培、邵力子、李济深、李宗仁、白崇禧、蒋光鼐、蔡廷锴等，请他们阅览中国共产党致国民党信，并希望他们利用各自的资望和地位，积极响应和推动统一战线的组成。周恩来曾致书曾养甫、陈果夫、陈立夫、蒋介石、胡宗南、陈诚、汤恩伯等，阐述“大敌在前，亟应团结御侮”，望蒋介石等“从过去之误国政策抽身而出，进入于重新合作共同抗日之域”。1936 年 8 月 10 日，毛泽东致函全国各界救国会负责人章乃器、陶行知、邹韬奋、沈钧儒并转救国会全体成员，用近 6000 字阐明中国共产党对全民族抗战和建立抗日民族统一战线的诚意和基本政策。中共中央将此信发给中共驻共产国际代表团、在天津的北方局，作为建立抗日民族统一战线的重要文献。北方局书记刘少奇指定河北省委《火线》刊发此信，中共驻共产国际代表团将此信译为英文在世界上广泛传播，中共在法国主办的《救国时报》以《苏维埃政府领袖毛泽东先生致章陶邹沈四先生》为题予以发表。这封信和《救国时报》同日发表的《中国共产党致中国国民党书》成为《救国时报》最先整版发表的毛泽东著作。随后苏联《太平洋》杂志全文发表毛泽东的这封信。

华北事变后，中华民族到了生死存亡的关键时刻，“华北之大，再也放不下一张平静的书桌了”。全国抗日救亡运动此起彼伏。中国共产党领导的一二九运动提出“停止内战、一致抗日”，得到全国人民热烈拥护，抗日民族统一战线主张深入人心。建立抗日民族统一战线的历史潮流滚滚向前，顺之则昌，逆之则亡。

四、三方达成六项协议，和平解决西安事变，抗日民族统一战线初步形成

中国共产党为建立抗日民族统一战线做了大量工作。毛泽东委派汪锋携带亲笔信会见国民党军第十七路军总指挥杨虎城，双方达成共识，建立统一战线联系。周恩来与张学良举行肤施会谈①，红军与东北军建立统一战线联系，红军代表叶剑英进驻东北军总部沟通信息。在西北，中国共产党与东北军统帅张学良、第十七路军总指挥杨虎城，率先形成抗日民族统一战线局面，有力推动全国抗日民族统一战线的建立。停止内战、一致抗日，成为大势所趋，人心所向。

西安事变和平解决。蒋介石承诺“停止剿共，联红抗日”

中国共产党确立抗日民族统一战线总方针，红军主力完成长征，一二九运动爆发，中国政治形势发生重大变化。蒋介石却误判形势，认为红军经过万里长征已经疲惫不堪，“胜利在最后五分钟”，亲自飞到西安，逼迫张学良、杨虎城进攻红军。张

① 肤施，延安旧名。1937 年 1 月中共中央进驻肤施城，改称：延安市。

学良、杨虎城毅然决然发动西安事变，活捉了蒋介石。中共中央应张学良、杨虎城邀请，派周恩来到西安，以中华民族大局为重，促成西安事变和平解决。周恩来、张学良和杨虎城与蒋介石指定的国民党代表宋子文、宋美龄经过秘密谈判，达成六项协议：1. 改组国民党与国民政府，驱逐亲日派容纳抗日分子；2. 释放上海爱国领袖和一切政治犯，保障人民的自由权利；3. 停止"剿共"政策，联合红军抗日；4. 召集各党各派各界各军救国会议，决定抗日救亡方针；5. 与同情中国抗日的国家建立合作关系；6. 其他具体的救国办法。[①] 当晚，周恩来会见被关押的蒋介石。蒋介石第一句话是：恩来，救命呀。周恩来说：蒋先生，我们有 10 年没见面了，你显得比从前苍老些。蒋介石诺诺点头。周恩来强调，蒋介石必须改变"攘外必先安内"的反动政策，停止内战，一致抗日，并阐述了中国共产党抗日民族统一战线总方针，最后指出，如果蒋介石坚持内战自速其亡。蒋介石当即作了三项承诺。周恩来致电中央汇报蒋介石的最后承诺："1. 停止'剿共'，联红抗日。2. 由宋、宋、张全权代表他与我（周恩来）解决一切（所谈如前）。3. 他回南京后，我可直接去谈判。"[②] 蒋介石承诺"停止剿共，联红抗日"后，中国共产党与东北军和第十七路军决定释放蒋介石。毛泽东指出："西安事变的和平解决成了时局转换的枢纽：在新形势下的国内的合作形成了，全国的抗日战争发动了。"[③]

社会各界大力拥护抗日民族统一战线主张

在中国共产党建立抗日民族统一战线主张影响下，北平、上海、天津、武汉等地相继成立群众性各界救国会组织，形成广泛的抗日民族统一战线。1936 年 5 月 31 日，全国 20 余省市 60 多个救亡团体在上海成立全国各界救国联合会，进一步推动了全国各地救亡运动发展。11 月 22 日，国民党政府以"危害民国罪"在上海逮捕爱国人士沈钧儒、章乃器、邹韬奋、李公朴、沙千里、史良、王造时等救国会领袖，制造"七君子事件"。全国各界极为震惊和愤慨，开展声势浩大的营救活动。中国共产党发表《对沈、章诸氏被起诉宣言》，要求释放"七君子"等一切政治犯，并多方开展营救工作。1937 年 6 月宋庆龄、何香凝、胡愈之等 16 人发起"救国入狱"运动，得到全国各界人士响应。宋庆龄与发起人一起自带行李，到苏州高等法院自请入狱，国民党当局惊慌失措。在中国共产党和全国人民声援下，国民党当局不得不承认"救国会以救国为目的，当然无罪"。抗战爆发后"七君子"被释出狱。在此期间，毛泽东

---

① 《周恩来选集》上卷，人民出版社 1997 年版，第 73 页。

② 《周恩来选集》上卷，人民出版社 1997 年版，第 73 页。

③ 《毛泽东选集》第 3 卷，人民出版社 1991 年版，第 1037 页。

会见美国记者斯诺，通过斯诺撰写的《红星照耀中国》将中国共产党抗日民族统一战线主张传播到全国和世界。美国总统罗斯福三次通读《红星照耀中国》，并与斯诺畅谈阅读体会。

我们党始终以马克思主义基本原理分析把握历史大势，正确处理中国和世界的关系，善于抓住和用好各种历史机遇。民族危急关头，中国共产党高屋建瓴，气贯长虹，以中华民族的根本利益为重，和平解决西安事变，初步实现第二次国共合作，为迎接全民族抗战到来奠定坚实基础。

五、全国性抗日战争爆发，抗日民族统一战线凝聚全民族抗日力量

抗日战争时期，我们党从世界反法西斯战争和中国人民抗日救亡强烈愿望的大势出发，促成了抗日民族统一战线，并最终团结带领人民赢得了抗日战争伟大胜利。全国性抗战爆发后，中国共产党坚决维护抗日民族统一战线，同时与民主党派和民主人士等密切联系，增强合作。毛泽东曾对抗大学员指出，当年姜子牙下昆仑山，元始天尊送给了他杏黄旗、四不像、打神鞭三样法宝。现在你们出发上前线，我也送你们三样法宝，这就是：统一战线，武装斗争，党的建设。

以第二次国共合作为基础的抗日民族统一战线正式形成

七七事变后，抗击侵略、救亡图存成为中国各党派、各民族、各阶级、各阶层、各团体以及海外华侨华人的共同意志和行动，中国由此进入全民族抗战阶段，并开辟了世界反法西斯战争的东方主战场。1937 年 7 月 8 日中共中央发出通电，提出只有全民族实行抗战才是中国的出路；同时致电蒋介石要求全国总动员进行抗日斗争，并代表红军将士请缨杀敌。9 月 22 日国民党中央通讯社发表《中共中央为公布国共合作宣言》，次日蒋介石发表谈话。第二次国共合作正式形成。红军主力改编为八路军，东渡黄河，开赴华北抗日前线；南方红军游击队改编为新四军，开赴华中抗日战场。1938 年 7 月国民政府成立国民参政会，共产党人毛泽东、陈绍禹、秦邦宪、董必武、吴玉章、林伯渠、邓颖超等应聘为参政员。会前，毛泽东致电国民参政会，称因病不能到会，向国民参政会进三言：“一曰，坚持抗战；二曰，坚持统一战线；三曰，坚持持久战。”同时，周恩来任国民政府军事委员会政治部中将副部长，共产党人成为政治部第三厅的骨干力量。在中国共产党积极努力下，以国共两党合作为中心，各族人民、各民主党派、各爱国军队、各阶层爱国人士以及海外华侨的抗日民族统一战线空前发展，开展抗日民族解放战争，掀起全民族抗战高潮。

抗日民族统一战线造成正面战场和敌后战场共同抗日的战略态势

在波澜壮阔的全民族抗战中，“中国国民党和中国共产党领导的抗日军队，分别

担负着正面战场和敌后战场的作战任务，形成了共同抗击日本侵略者的战略态势。以国民党军队为主体的正面战场，组织了一系列大仗，特别是全国抗战初期的淞沪、忻口、徐州、武汉等战役，给日军以沉重打击"①。中国共产党领导的敌后战场，广泛发动群众，开展游击战争，八路军、新四军、华南抗日游击队、东北抗日联军奋勇作战。平型关大捷打破"日军不可战胜"的神话，百团大战振奋全国军民争取抗战胜利的信心。敌后战场钳制和歼灭日军大量兵力，歼灭大部分伪军，逐渐成为中国人民抗日战争的主战场。香港澳门台湾同胞、海外侨胞和海外华人大力支援抗战。杨靖宇、赵尚志、左权、彭雪枫、佟麟阁、赵登禹、张自忠、戴安澜等一批抗日将领，八路军"狼牙山五壮士"、新四军"刘老庄连"、东北抗联"八女投江"的八位女战士、国民党军"八百壮士"等众多英雄群体，就是中国人民不畏强暴、英勇抗争的杰出代表。中国人民从战略防御、战略相持到战略反攻，彻底打败日本侵略者。

抗日民族统一战线与国际反法西斯统一战线联为一体

抗战期间，中国共产党将抗日民族统一战线与国际反法西斯统一战线融为一体。毛泽东多次与来自美国、加拿大等国的斯诺、史沫特莱、福尔曼、白求恩等新闻记者和医生长谈。毛泽东、朱德、周恩来等广泛会见世界各国来华的记者、作家、医生、护士、学生、军人和政要等各方面人士，阐述中国共产党建立和维护抗日民族统一战线和国际反法西斯统一战线的主张。毛泽东在《关于反法西斯的国际统一战线》中指出："在外交上，同英美及其他国家一切反对德意日法西斯统治者的人们联合起来，反对共同的敌人。"② 根据中央决定，成立陕甘宁边区政府交际处、中共中央外事组、长江局对外宣传小组、南方局外事组，专门承担外交工作。同时，苏联军队情报组、反法西斯盟军——美军观察组常驻延安，南方局外事组与反法西斯盟国驻重庆使馆和英美记者保持密切联系，八路军、新四军、东江纵队指战员多次舍生忘死营救对日军作战跳伞的盟军空军人员，根据延安总部命令东江纵队与反法西斯盟军进行深度情报合作，共产党人董必武作为中国代表团成员到美国出席联合国成立大会、并在《联合国宪章》上签字。中国人民与世界人民一起赢得世界反法西斯战争彻底胜利。美军驻延安观察组 1944 年 6 月 20 日给美国国务院的报告《中国的局势和关于美国政策的建议》中写道，国民党统治的中国面临经济崩溃，军队和政府机关人心涣散，士气民心低沉……政府和军事机构从上层到基层到处都是空前规模和明目张胆的贪污

① 胡锦涛：《在纪念中国人民抗日战争暨世界反法西斯战争胜利 60 周年大会上的讲话》，《人民日报》2005 年 9 月 4 日。

② 《毛泽东选集》第 3 卷，人民出版社 1991 年版，第 806 页。

腐败、网纪废弛。受通货膨胀之害最重的知识分子和薪水阶层处于生死存亡的危险中。农民对滥肆征兵，征税和其他形形色色的强制性摊派不满……国民党军队内部的不满正在增长。国共之间的嫌隙不仅没有表明有所缩小，而且随着时间的推移，越来越严重，现在，人们已经普遍同意，内战不可避免。国民党谋取自我利益的政策和拒绝听取进步的批评意见，已使他失去了人民的敬重和支持。党内的不满和宗派活动……知识分子抨击委员长的独裁统治，越来越直言不讳。美军驻延安观察组向美国发回 77 份调研报告，介绍抗日根据地情况的整风运动，华北抗日军民的抗日游击战争，美军观察组成员亲自感受的地道战等，认为国民党政府腐败透顶必然失败，中国共产党是“中国的希望”必然胜利。

与民主党派、无党派民主人士在抗战时期加强合作

全国性抗日战争进入相持阶段，中国共产党与民主党派、民主人士在抗日救国和争取民主的共同政治基础上，进一步加深了解，加强合作，一致要求国民党结束党治、实施宪政，并在全国兴起民主宪政运动。在中国共产党支持下，民主党派力量日益发展。中共中央南方局在重庆团结、争取民主党派和民主人士，加强抗日民族统一战线，经常就国内外形势和坚持团结抗战大局与他们交换意见。章伯钧、左舜生等人拟发起成立民主联合会，周恩来完全赞同，表示在挽救民族危亡中风雨同舟，共同奋斗。1939 年 11 月在中国共产党支持下，统一建国同志会（中国民主政团同盟前身）在重庆成立。中共中央《关于组织进步力量争取时局好转的指示》指出，要用极大努力帮助他们用各种方式组织起来，加强对友党的统战工作。1941 年 3 月以民族资产阶级和上层小资产阶级及其知识分子为基础的中国民主政团同盟在重庆成立，成员包含中华民族解放行动委员会（即第三党）、中国青年党、国家社会党、中华职业教育社、乡村建设派、全国各界救国联合会及社会贤达等。中国共产党热情鼓励，大力支持，中共中央机关报《解放日报》社论称赞中国民主政团同盟是“民主运动的生力军”，要求国民党统治区的中共地下组织“应积极支持此组织”。中国民主政团同盟在国民党政府打压下无法在重庆公开活动，派人到香港开展工作，周恩来等指示中共驻香港办事处在政治上、经济上给予大力支持。9 月 18 日中国民主政团同盟机关报《光明报》在香港创刊。10 月 10 日《光明报》发表中国民主政团同盟对时局主张纲领和成立宣言，提出坚决抗日，加强团结，结束党治，实行宪政，实践民主，保障自由等主张，在国内外引起强烈反响。在中国共产党支持下，民主党派力量日益发展。1943 年 9 月中国民主政团同盟召开全国代表会议，决定改名为中国民主同盟，更多无党无派的民主人士参加了民盟。民盟发表对时局主张，谴责国民党排除异己、拒绝进行民主改革，呼吁立即结束一党专政，建立各党派之联合政权，实行民主政

治。1944 年 9 月国民参政会上中共代表提出"结束国民党一党专政，成立民主联合政府"的政治主张，得到各民主党派积极响应和广泛支持。

大量吸收知识分子，将统一战线作为干部培训的重要内容

知识分子工作是统一战线的经常性、基础性、战略性工作，抗战时期得到空前发展。从 1937 年初到 1940 年，在许多大城市的知识分子和青年学生中间，奔赴延安、参加革命成为时代潮流、成为进步青年最时尚最时髦最摩登的风气（1941 年初皖南事变后，国民党加紧封锁陕甘宁边区，奔赴延安的人遭到阻拦和逮捕）。中共中央根据开创中国革命新局面需要，作出大量吸收知识分子的决定。毛泽东指出："共产党必须善于吸收知识分子，才能组织伟大的抗战力量，组织千百万农民群众，发展革命的文化运动和发展革命的统一战线。没有知识分子的参加，革命的胜利是不可能的。"① 中共中央组织部部长陈云提出"抢知识分子"："现在各方面都在抢知识分子，国民党在抢，我们也要抢，抢得慢就没有了……如果把广大知识分子都争取到我们这里来，充分发挥他们的作用，那末，我们虽不能说天下完全是我们的，但是至少也有三分之一是我们的了。"② 当时，从延安到西安的每一个电线杆上都贴着抗大、陕北公学的招生信息和大量吸收知识分子的宣传材料。中央党校、抗大、陕北公学、鲁迅艺术学院、泽东青年干部学校、中国女子大学等会集了来自国内外的大批知识分子。统一战线的理论与实践是干部培训的重要内容。经过培训，这些学员成为各方面的骨干力量。1939 年 7 月 9 日毛泽东对陕北公学开赴华北抗日前线的同学讲话：送给同学们三个法宝。第一个法宝是统一战线。现在时局的特点是妥协投降分子要闹分裂，我们就以抗战的进步、全国的团结、坚持统一战线来对付。一定要坚持抗日民族统一战线，坚持国共长期合作，凡是可以多留一天的，也要留他一天。抗日民族统一战线是战略的，又是策略的。从决定无产阶级的主要打击方向这一点来说，抗日民族统一战线是战略的，是调动同盟军。第二个法宝是游击战争。第三个法宝是革命中心的团结。这是指共产党要与共产党的同情者好好地团结起来。没有革命中心的团结，别的法宝就不能使用。1943 年 12 月底，中共中央书记处书记任弼时指出："抗战后到延安的知识分子总共 4 万余人，就文化程度言，初中以上 71%（其中高中以上 19%，高中 21%，初中 31%），初中以下约 30%。"在奔赴延安的 4 万多知识分子中，近半数为女性（1938 年延安男女比例 30:1，1941 年 18:1，1944 年 8:1），为了大批培训妇女干部，中共中央决定创办中国女子大学。毛泽东在中国女子大学开学时指出：

① 《毛泽东选集》第 2 卷，人民出版社 1991 年版，第 618 页。
② 《陈云文选》第 1 卷，人民出版社 1995 年版，第 180－181 页。

“女大的成立，在政治上有着非常重大的意义。它不仅是培养大批有理论武装的妇女干部，而且要培养大批做实际工作的妇女运动的干部。假如中国没有占半数妇女的觉醒，中国抗战是不会胜利的。”“全国妇女起来之日，就是中国革命胜利之时。”①

抗日民主根据地建立统一战线的“三三制”政权

在抗日民主根据地的政权建设上，毛泽东提出“三三制”政权建设思想，即抗日民族统一战线政权在人员分配上，应规定为共产党员占三分之一，非党的左派进步分子占三分之一，不左不右的中间派占三分之一。毛泽东指出，在抗日时期，我们所建立的政权的性质，是民族统一战线的。这种政权，是一切赞成抗日又赞成民主的人们的政权，是几个革命阶级联合起来对汉奸和反动派的民主专政。②“三三制”原则提出后，首先在陕甘宁边区部分区县试点。1941 年 5 月中共中央批准的《陕甘宁边区施政纲领》规定，陕甘宁边区参议会实行“三三制”。此后，具有统一战线性质的“三三制”政权在各抗日民主根据地相继建立。建立“三三制”政权对进一步巩固和扩大抗日民族统一战线，争取和团结各阶级、阶层、党派和团体参与抗战，夺取抗日战争彻底胜利，具有重要意义。陕北开明绅士李鼎铭在陕甘宁边区第二届参议会上提出“精兵简政”提案，并当选为陕甘宁边区政府副主席。毛泽东指出：“‘精兵简政’这一条意见，就是党外人士李鼎铭先生提出来的；他提得好，对人民有好处，我们就采用了。”③

1942 年 7 月 9 日毛泽东致刘少奇“不须对任何人说”的绝密电报：“我们的方针是极力团结国民党，设法改善两党关系，并强调战后仍须合作建国。整个国际局势战后一时期仍是民主派各界合作的统一战线的民主共和国局面，中国更必须经过民主共和国才能进入社会主义。”④ 在部署中国革命发展方向的中共七大上，毛泽东强调，中国共产党主张“立即废止国民党一党专政，成立民主的联合政府”⑤。毛泽东指出：“我们主张在彻底地打败日本侵略者之后，建立一个以全国绝对大多数人民为基础而在工人阶级领导之下的统一战线的民主联盟的国家制度，我们把这样的国家制度称之为新民主主义的国家制度。”⑥ 在这里，毛泽东实际上提出了中国共产党领导的多党合作构想。

---

① 毛泽东：《在中国女子大学开学典礼上的讲话》，1939 年 7 月 20 日。1941 年 9 月该校并入延安大学。
② 《毛泽东选集》第 2 卷，人民出版社 1991 年版，第 741 页。
③ 《毛泽东选集》第 3 卷，人民出版社 1991 年版，第 1004 页。
④ 《毛泽东文集》第 2 卷，人民出版社 1993 年版，第 434 页。
⑤ 《毛泽东选集》第 3 卷，人民出版社 1991 年版，第 1051 页。
⑥ 《毛泽东选集》第 3 卷，人民出版社 1991 年版，第 1056 页。

六、"和平、民主、团结"方针赢得广泛赞同，统一战线日益扩大

抗战胜利后，中国面临两种前途、两个命运。国民党顽固坚持内战、独裁、专制。中国共产党明确提出"和平、民主、团结"方针，赢得民主党派和社会各界广泛赞同，进一步扩大了统一战线。

黄土高原上烁古震今的"窑洞对"

1945 年 7 月国民参政会参政员褚辅成、黄炎培、冷遹、傅斯年、左舜生、章伯钧访问延安。毛泽东与黄炎培等就团体、政党乃至国家存在的周期率进行了著名的"窑洞对"。毛泽东问黄炎培等在延安有什么感想？黄炎培说：我生六十多年，耳闻的不说，所亲眼看到的，真所谓"其兴也勃焉""其亡也忽焉"，一人，一家，一团体，一地方，乃至一国，不少单位，都没有能跳出这周期率的支配力。一部历史，"政怠宦成"的也有，"人亡政息"的也有，"求荣取辱"的也有，总之没有能跳出这周期率。中共诸君从过去到现在，我略略了解的了，就是希望找出一条新路，来跳出这周期率的支配。① 毛泽东说：我们已经找到新路，我们能跳出这周期率。这条新路，就是民主。只有让人民来监督政府，政府才不敢松懈。只有人人起来负责，才不会人亡政息。② 黄炎培认为"这话是对的""只有大政方针决之于公众，个人功业欲才不会发生。只有把每一地方的事，公之于每一地方的人，才能使地地得人，人人得事。把民主来打破这周期率，怕是有效的"。从此，黄炎培对中国共产党有了新认识。他写了《延安归来》展示在延安所见所闻，在中华职业教育社同仁支持下出版，影响很大。随后黄炎培与胡厥文等成立中国民主建国会。

侃侃而谈，重庆谈判期间会见各方面代表人物开展统战工作

1945 年 8 月，为争取国内和平，毛泽东赴重庆与国民党谈判，与蒋介石多次会谈。同时，中共代表团努力团结各方面和平民主力量。毛泽东广泛会见国民党上层人物、各民主党派负责人、民主人士和社会各界代表，听取各方面意见和建议。毛泽东与国民党左派宋庆龄、冯玉祥、谭平山、柳亚子、张伯苓等亲切交谈，会见中国民主同盟负责人张澜、沈钧儒、罗隆基、章伯钧、黄炎培和知名人士郭沫若、章士钊、马寅初等。毛泽东会见许德珩和劳君展夫妇时，一手拉着劳君展、一手拉着许德珩说"想不到我们在这里见面了"。毛泽东与许德珩畅谈早年在北大的情景，追述参加少年中国学会和北大平民教育讲演团往事。劳君展回顾了在周南女校读书时加入新民学

---

① 《毛泽东年谱（1893—1949）》中卷，人民出版社 1993 年版，第 609－610 页。

② 《毛泽东年谱（1893—1949）》中卷，人民出版社 1993 年版，第 610 页。

会和驱逐军阀张敬尧运动的情况，1921 年赴法国勤工俭学在上海候船时，毛泽东组织新民学会成员在半淞园欢送并摄影留念的情景。毛泽东风趣地说：“你们知道我这个人怎么会打仗呢？我是逢山开路，遇水搭桥。”当谈到延安情况时，毛泽东说，经过大生产运动，现在陕北人民的生活显著好转，基本上达到丰衣足食。回想初到陕北时，生活相当艰苦。在北平的教授先生知道我们物资缺乏，还给我们送来了火腿、怀表和布鞋，真是令人感动。为了争取国民党上层对中共政治主张的理解，减少谈判阻力，毛泽东分别会晤国民党要员孙科、于右任、陈诚、白崇禧、何应钦、陈立夫、戴季陶等，反复说明中国共产党的基本主张。毛泽东会见陈立夫时，蒋介石找陈立夫谈事，看到毛泽东与陈立夫谈天说地，大为吃惊，没想到毛泽东的统一战线工作做到自己心腹的家里去了。毛泽东根据南方局外事组安排，亲切会见三个美国兵。周恩来多次举行各民主党派和国际人士参加的座谈会，会见工商、文化、妇女、新闻等各界代表，交流意见。毛泽东、周恩来等的这些活动以及中共代表在谈判中多次让步，使中国共产党的立场得到民主党派和民主人士普遍同情和支持。这是促进重庆谈判取得某些积极成果的重要因素。

与民主党派建立亲密关系，大力支持民主党派发展

中国共产党通过重庆谈判，揭露国民党的内战阴谋，争取和团结各界和平民主力量，进一步增进与各民主党派的了解与亲密关系。最终国共签署《双十协定》，并达成协议：必须共同努力，以和平、民主、团结、统一为基础；长期合作，坚决避免内战，建设独立、自由和富强的新中国。随后，国共签署停战协议。当天，政治协商会议在重庆开幕。会前，民盟代表同中共代表约定，双方携手合作，互相支持。会议期间，无论大会还是小组会，双方遇事商量，密切配合。会议通过的《和平建国纲领》明确指出：建立统一、自由、民主的新中国，保持国家的和平发展。在中国共产党支持下，在争取民主斗争中，新的民主党派相继成立。1945 年底三民主义同志联合会、民主建国会、中国民主促进会成立，1946 年九三学社、中国国民党民主促进会成立，1947 年初中国国民党临时行动委员会易名为中国农工民主党，1947 年台湾民主自治同盟成立。民主党派力量壮大有利于中国革命而不利于国民党统治。其中，九三学社是在毛泽东启发下成立的。抗战后期，重庆科技界、文化界和教育界的一些高级知识分子经常聚在一起讨论民主与抗战问题，逐渐形成座谈会方式。重庆谈判期间，许德珩向毛泽东汇报了这些情况。毛泽东勉励说“既然有许多人参加，就把座谈会搞成一个永久性的政治组织”。许德珩说“我们也在考虑这样做，不过担心成立组织人数太少”。毛泽东指出：“人数不少，即使少也不要紧，你们都是些科学文教界有影响的代表人物，经常在报上发表意见和看法，不是也起到很大的宣传作用吗！”在

毛泽东推动下，许德珩等决心把座谈会组成一个永久性政治组织，1946 年 5 月九三学社正式成立，中国共产党主办的《新华日报》刊登新闻，表示支持。

民主党派、人民团体和社会各界反对国民党发动内战

1946 年 2 月 10 日，民主建国会、救国会、三民主义同志联合会等联合 20 多个团体在重庆较场口举行陪都各界庆祝政协会议成功大会。国民党特务及暴徒捣毁会场，殴打李公朴、郭沫若、马寅初等著名社会活动家和群众 60 余人，制造了较场口事件。1946 年 3 月国民党六届二中全会通过五项决议，公然推翻政协决议提出的宪法原则。各民主党派负责人纷纷发表讲话和文章谴责国民党违反政协决议。5 月 5 日，各民主党派、人民团体 50 多个单位成立上海人民团体联合会，发表宣言，要求停止内战。6 月 23 日，上海人民团体联合会召开近 10 万群众参加的上海各界人民反内战大会，推举马叙伦为团长的上海人民和平请愿团，赴南京向国民党呼吁和平。请愿团到达南京下关车站时，遭到国民党特务及暴徒围攻殴打。7 月中旬民盟中央委员李公朴、闻一多被国民党特务杀害，社会各界强烈抗议国民党暴行。1946 年 6 月国民党发动全面内战，次年 10 月宣布中国民主同盟为非法团体，强令解散。各民主党派在国民党高压下，有的被迫解散，有的转入地下活动。蒋介石的独裁专制和倒行逆施"搬起石头砸自己的脚"，全国人民争取和平民主的斗争日益高涨。各民主党派纷纷放弃"第三条道路"幻想，自觉接受中国共产党领导，开始形成中国共产党领导的多党合作的政治格局。蒋介石一意孤行，不顾中共和民主党派反对，1946 年 11 月召开国民党包办的"国民大会"，第二次国共合作彻底破裂。全国各地爆发反内战运动。郭沫若、沈钧儒等 500 多人在重庆举行反内战大会，成立陪都各界反内战联合会。昆明学生在西南联合大学举行反内战集会，3 万余人总罢课。国民党武装镇压学生，酿成震惊全国的"一二一惨案"。1947 年反饥饿、反内战学生运动发展成为全国性"反饥饿、反内战、反迫害"运动，被毛泽东称为解放战争"第二条战线"。

"世界潮流，浩浩荡荡；顺之则昌，逆之则亡。"国民党坚持内战、独裁、专制，违背历史潮流，必然灭亡；中国共产党坚持和平民主，顺应历史潮流，必然胜利。两相比较"泾渭分明"。中国共产党大力支持各民主党派的建立和发展，统一战线范围愈来愈大，影响愈来愈广。

七、最广泛的人民民主统一战线，赢得中国革命胜利

毛泽东认为："中国新民主主义的革命要胜利，没有一个包括全民族绝大多数人

口的最广泛的统一战线，是不可能的。”① 中国人民解放战争由战略防御转入战略进攻后，中国人民解放军总部宣言提出“打倒蒋介石，解放全中国”“工农兵学商，组织反蒋统一战线”。1948 年 1 月毛泽东为中共中央起草文件，全面阐述建立人民民主统一战线的方针政策。1948 年 3 月国民党召开所谓“行宪国大”选举蒋介石为“总统”。国民党倒行逆施激起爱国民主运动新发展。民主党派、民主人士与爱国学生运动等汇成的“第二条战线”更加汹涌澎湃。

发布“五一口号”，号召成立民主联合政府

中国人民解放军转入战略进攻后，毛泽东更加强调统一战线重要性，谆谆告诫全党：“如果我们在每一个局部上，在每一个具体问题上，不采取谨慎态度，不讲究斗争艺术，不集中全力作战，不注意争取一切应当争取的同盟者……我们就要犯‘左’倾机会主义错误。”② 1948 年 5 月 1 日，中国共产党中央委员会发布《纪念“五一”劳动节口号》，号召各民主党派、各人民团体、各社会贤达迅速召开政治协商会议，讨论并实现召集人民代表大会，成立民主联合政府。“五一口号”得到各民主党派、各人民团体、海外华侨团体和无党派人士热烈响应，他们纷纷举行讨论会、座谈会，撰写文章，贡献意见，研究办法，草拟各种方案，为召开新政协献计献策。响应“五一口号”，标志着各民主党派接受中国共产党的新民主主义革命纲领，承认中国共产党的领导地位，为建立中国共产党领导的多党合作制度拉开序幕。在香港的各民主党派集会讨论，一致认为召开政治协商会议，成立民主联合政府是中国“政治上的必须的途径”“民主人士自应起来响应”。中国国民党革命委员会李济深、何香凝，中国民主同盟沈钧儒、章伯钧，中国民主促进会马叙伦、王绍鏊，中国致公党陈其尤，中国农工民主党彭泽民，中国人民救国会李章达，中国国民党民主促进会蔡廷锴，三民主义同志联合会谭平山和无党派人士郭沫若等，从香港联名致电毛泽东，响应中共“五一口号”，赞同召开新政协，赞同成立民主联合政府，同时向全国发出通电。台湾民主自治同盟发表《告台湾同胞书》，号召台湾同胞以实际行动响应“五一口号”。民主建国会在上海秘密召开理事和监事会议，决议响应“五一口号”。在香港的社会各界著名人士柳亚子、茅盾、章乃器等 125 人联合发表声明，赞同中共“五一口号”。在上海，中国共产党地下组织千方百计，营救了被国民党特工严密监视并“软禁”、准备“沉江”的民主同盟中央主席张澜（新中国的中央人民政府副主席）、民主同盟领导成员罗隆基（新中国的政务院政务委员）。民主同盟中央常委史良（新

① 《毛泽东选集》第 4 卷，人民出版社 1991 年版，第 1257 页。
② 《毛泽东选集》第 4 卷，人民出版社 1991 年版，第 1267－1268 页。

中国首任司法部部长）等遭到国民党特工追杀（未遂），民主建国会负责人黄炎培（新中国的政务院副总理）脱险后，儿子黄竞武被捕，宁死不屈，惨遭国民党特工活埋。中华人民共和国成立后，黄炎培在家中挂着的长子画像旁写道："每一次望见人民英雄纪念碑，想起为国家和人民牺牲的千千万万英雄中有一个你"。中国共产党与民主党派用鲜血凝成"风雨同舟，患难与共"的光辉历史。

"我党同党外民主人士长期合作的政策，必须在全党思想上和工作上确定下来"

1948 年 8 月 1 日毛泽东给各民主党派负责人和无党派人士复电，邀请他们前来解放区协商召开新政协事宜。11 月 25 日中共中央代表同由国民党统治区和香港到达哈尔滨的民主党派人士和无党派民主人士进行协商，对成立新政协筹备会和新政协的性质、任务等问题，取得共识。北平和平解放后，各民主党派和无党派民主人士的代表到达北平，参加新政协筹备工作。中国共产党与各民主党派合作，共同建立新中国，这是形势发展的需要，也为实行中国共产党领导的多党合作和政治协商制度奠定基础。1949 年 1 月 22 日，李济深等 55 位民主党派领导人及民主人士发表《我们对时局的意见》，"愿在中共领导下，献其绵薄，共策进行"。1949 年 3 月，应中共中央邀请，经香港进入东北、华北解放区的民主党派领导人、无党派人士、科学家、作家及部分家属等 350 人以上。在中共七届二中全会上，毛泽东讲到召开新的政治协商会议、成立民主联合政府以及对待民主人士政策时指出："我党同党外民主人士长期合作的政策，必须在全党思想上和工作上确定下来。我们必须把党外大多数民主人士看成和自己的干部一样，同他们诚恳地坦白地商量和解决那些必须商量和解决的问题，给他们工作做，使他们在工作岗位上有职有权，使他们在工作上做出成绩来。"① 后来，通过统一战线工作，中国人民解放军和平解放北平、绥远、湖南、云南、新疆、西藏等地。第二野战军第五兵团进军贵州时，邓小平在《贵州新区工作的策略》中提出："在进入新区后，一开始就要注意团结一切可能团结的人，中立一切可能中立的人，分化敌人营垒中一切可能分化的人"；要坚持团结多数、打击少数的方针；对进入城市后将会遇到的货币、物价、工资问题和农村中的粮食、治安问题，要尽早召开各界代表会议解决，这比仅在党内解决好；对各种杂色武装的处理问题，要依据不同对象，权衡利弊，审慎处理，要有策略、有步骤、有方法地达到全部的改编和掌握；对所接收的国民党机构和人员，要按照中央的明确规定把他们全部收容起来，一个也不能遣散。中共中央认为这封电报对新区工作有普遍意义，立即转发各中央局参照执行。

---

① 《毛泽东选集》第 4 卷，人民出版社 1991 年版，第 1437 页。

联合民主党派、无党派人士举行新政协筹备会预备会议，共商国是

1949年6月，中国共产党同民主党派、无党派人士在北平香山举行新政治协商会议筹备会首次预备会议。毛泽东、周恩来、朱德与李济深、沈钧儒、章伯钧、黄炎培、郭沫若、马叙伦、彭泽民、谭平山、蔡廷锴、陈其尤、李立三、刘玉厚、陈叔通、沈雁冰、张奚若、廖承志、蔡畅、谢邦定、周建人、乌兰夫、陈嘉庚等出席。预备会决定向筹备会提出：参加筹备会的单位为23个，每单位4人至7人；筹备会组织条例；筹备会工作机构设总务组、组织组、纲领组、政府方案组、宣言组；筹备会常务委员会人选及筹备会日程等建议。新政协筹备会第一次全体会议选出毛泽东、朱德、李济深等21人组成筹备会常务委员会，毛泽东为主任，周恩来、李济深、沈钧儒、郭沫若、陈叔通为副主任，李维汉为秘书长。会议决定在常委会领导下设立六个小组，分别完成下列各项任务：（一）拟定参加新政协的单位及其代表名额；（二）起草新政协的组织条例；（三）起草共同纲领；（四）拟定中华人民共和国政府方案；（五）起草宣言；（六）拟定国旗、国歌及国徽方案。通过这些小组的工作，迅速完成召开新政协及建立民主联合政府的准备工作。新政协筹备会第二次全体会议基本通过各小组起草的政协组织法草案、共同纲领草案、政府组织法草案等，一致通过将新政治协商会议改为中国人民政治协商会议。

“海纳百川，有容乃大。”确保党外人士当选政协成员和中央人民政府成员

第一届政协一次会议期间，“当看到政协代表中其他党派的人士占很大比例，许多部队代表就有点看不惯。特别是看到还有一些国民党起义过来的高级将领也参加了会议，就更想不通了。这些人由于过去生活很讲究，起义过来后生活方式并没有太大改变。有些给他们担任警卫的战士，看见他们竟然拿剩饭、馒头和肉喂狗，难以接受”。[①] 于是，有的部队代表就发牢骚讲怪话，甚至出现了“老革命不如新革命，新革命不如不革命，不革命不如反革命”的“顺口溜”。这种情况很快被汇报到中共中央。为了保证党外人士顺利当选政协成员和中央人民政府成员，中共中央专门发出《中国共产党人民政协党组织关于选举问题的紧急通知》，要求全体党员代表负责保证政协选举获得成功，特别要保证投党外人士的票。为此，刘少奇专门召开参加政协会议的党员代表开会，着重讲了要进一步做好统一战线工作。当时，一些代表对毛泽东亲自到火车站去接宋庆龄和程潜不理解，感到我们自己那么多有战功的将领进京，毛主席都没有去接，可是却去接程潜这样的人，怎么也想不通。针对这些问题，刘少奇严肃地说，毛主席去接刘伯承、陈毅有什么意义？可是接了程潜，广州那边

① 西柏坡纪念馆编：《西柏坡口述历史》第2册，河北人民出版社2018年版，第189页。

（国民党政府刚从南京迁到广州）马上就有了反应。他们多吃两斤肉，或者把吃剩下的馒头、包子喂狗了，你们就心疼，他们要是孤注一掷，炸几座桥值多少钱?[①] 最后，刘少奇强调，共产党员参加这样的会议，党控制不了你的手和这一票，那还要你这个党员干什么![②] 刘少奇的话，严厉而深刻，党员代表受到极大震撼，思想上的弯子转了过来，进一步提高了对统一战线的认识，有力地保证了选举工作顺利完成。

新中国的国歌、国旗、国都、国名、纪年与统一战线

第一届政协第一次会议充分发扬民主，积极发挥集体智慧，通过统一战线，集思广益，研究确定大家较为关注的若干问题。毛泽东、周恩来特意在中南海丰泽园召开郭沫若、沈雁冰、黄炎培、陈嘉庚、张奚若、马叙伦、田汉、徐悲鸿、李立三、洪深、艾青、马寅初、梁思成、马思聪、吕骥、贺绿汀等18人参加的会议，研究国旗、国徽、国歌、国都、纪年等问题。在讨论中，毛泽东说，大家认为《义勇军进行曲》做国歌最好，意见比较一致，我看就这样定下来吧！民主促进会代表马叙伦说：我们第六小组都同意用《义勇军进行曲》做国歌，完全赞同毛泽东意见，但有个别人要求修改某些歌词。周恩来接着说，要用就用旧歌词，这样才能激励感情，修改了唱起来就不会有那种感情。听了大家意见后，毛泽东说，我国人民经过艰苦斗争，虽然全国快要解放了，但还受帝国主义的包围，不能忘记帝国主义对我国的压迫，我们要争取中国完全独立解放，还要进行艰苦卓绝的斗争，所以还是保持原有歌词好。大家热烈鼓掌表示赞同。研究国旗问题时，毛泽东说，过去我们脑子里老想在国旗上标志中国特征，因此画一条横杠代表黄河，其实许多国家国旗也不一定有什么该国特征，苏联之锤子镰刀，也不一定代表苏联特征，哪一国都可以有同样的锤子镰刀，英、美等国的国旗也没有什么该国的特征。代表国家特征可以在国徽上表现出来。他拿着放大了的五星红旗图案说，大家都说这个图案好，中国革命的胜利就是在共产党领导下以工农联盟为基础，团结了小资产阶级、民族资产阶级，共同斗争取得的，这是中国革命的历史事实，今后还要共同努力进行社会主义建设，我看这个图案反映了中国革命的实际，表现了我们革命人民大团结。现在要团结，将来也要团结，我看这个图案是较好的国旗图案。大家热烈鼓掌赞同。讨论到国都问题时，大家一致同意建都北平，改名北京。对纪年问题，民主建国会代表黄炎培说，有人说采用公元纪年是以耶稣降生之年为纪元，是基督教国家的年号，据我们调查了解，其实许多非信仰基督教的国家也采用公元纪年，现在公元纪年已成为国际习惯通用的年号。少数国家采用本国纪

---

① 西柏坡纪念馆编：《西柏坡口述历史》第2册，河北人民出版社2018年版，第190页。
② 西柏坡纪念馆编：《西柏坡口述历史》第2册，河北人民出版社2018年版，第190页。

年，但在行文写到本国纪年时，常常还要加注公元多少年，很麻烦。经过讨论，大家一致同意采用公元纪年为新中国纪年。中华人民共和国的国名，政协会议采纳了民主人士张奚若的建议。

中国人民政治协商会议第一届全体会议选举中央人民政府委员会

“周公吐哺，天下归心。”1949 年 9 月 21 日至 30 日，中国人民政治协商会议第一届全体会议在北平召开。参加政协的民主党派有民革、民盟、民建、民进、农工党、致公党、九三学社、台盟、救国会、三民主义同志联合会、中国国民党民主促进会及无党派民主人士等。出席大会的共 45 个单位及特邀人士，正式代表、候补代表、特邀代表共 662 人。毛泽东主持大会并致开幕词。中国共产党代表刘少奇、特邀代表宋庆龄、中国国民党革命委员会代表何香凝、中国民主同盟代表张澜、解放区代表高岗、中国人民解放军代表陈毅、民主建国会代表黄炎培、中华全国总工会代表李立三、新疆代表赛福鼎、特邀代表张治中及程潜、华侨代表司徒美堂等 12 人发表演讲。会议听取以下报告：林伯渠关于人民政协筹备工作的报告，谭平山关于中国人民政协组织法草案起草经过和草案的特点，董必武关于中华人民共和国中央人民政府组织法的起草经过和草案，周恩来关于起草中国人民政治协商会议共同纲领的经过和草案的特点。朱德致闭幕词。第一届政协一次会议讨论通过具有临时宪法性质的《中国人民政治协商会议共同纲领》《中华人民共和国中央人民政府组织法》《中国人民政治协商会议组织法》。会议决定：中华人民共和国的国都定于北平，将北平改为北京；采用公元纪年；以《义勇军进行曲》为代国歌；国旗为五星红旗。会议选举毛泽东为中央人民政府主席，朱德、刘少奇、宋庆龄、李济深、张澜、高岗为副主席，周恩来等 56 人为委员，组成中央人民政府委员会。同时，选出以毛泽东为主席由 180 人组成的中国人民政治协商会议第一届全国委员会。10 月 1 日中央人民政府委员会第一次会议一致决议，宣布中华人民共和国中央人民政府成立，接受《中国人民政治协商会议共同纲领》为中央人民政府施政方针。当天下午，在天安门广场举行庆祝中华人民共和国中央人民政府成立盛典，毛泽东宣告：“中华人民共和国中央人民政府今天成立了！”

中国人民政治协商会议充分显示中国人民大团结和中华民族大团结。中华人民共和国成立标志着近代以来争取民族独立和人民解放的历史任务胜利完成。这个胜利是中国共产党领导全国各族人民、各民主党派及爱国人士长期共同奋斗的结果，是中国共产党领导的多党合作事业的巨大成功。

八、统一战线"汇聚起实现民族复兴的磅礴力量"

中国革命史证明，能否正确认识、坚持和发展统一战线直接关系革命成败。大革命时期建立革命统一战线，实现大革命的大发展。抗日战争建立抗日民族统一战线，中国共产党汲取经验教训，中国革命空前发展。解放战争建立人民民主统一战线，团结一切可以团结的力量，赢得中国革命胜利。毛泽东认为："一个有纪律的，有马克思列宁主义的理论武装的，采取自我批评方法的，联系人民群众的党。一个由这样的党领导的军队。一个由这样的党领导的各革命阶级各革命派别的统一战线。这三件是我们战胜敌人的主要武器。"①

新民主主义革命时期确立统一战线为"三大法宝"之一

抗战时期毛泽东指出："统一战线问题，武装斗争问题，党的建设问题，是我们党在中国革命中的三个基本问题。"② 毛泽东科学总结中国革命经验教训，告诫全党："正确地理解了这三个问题及其相互关系，就等于正确地领导了全部中国革命。"③"统一战线，武装斗争，党的建设，是中国共产党在中国革命中战胜敌人的三个法宝，三个主要的法宝。"④ 毛泽东将统一战线实践升华为统一战线理论，又去指导新的实践，来源于对建党以来统一战线问题刻骨铭心的历史记忆。毛泽东强调，中国革命的经验告诉我们："统一战线和武装斗争，是战胜敌人的两个基本武器。统一战线，是实行武装斗争的统一战线。而党的组织，则是掌握统一战线和武装斗争这两个武器以实行对敌冲锋陷阵的英勇战士。这就是三者的相互关系。"⑤ 毛泽东深刻汲取统一战线的经验教训，牢牢掌控抗日民族统一战线主动权，实现抗日民族统一战线与国际反法西斯统一战线"无缝对接"，赢得抗战彻底胜利。解放战争时期建立人民民主统一战线，团结民主党派、民主人士和一切可以团结的力量，赢得中国革命胜利。通过统一战线工作，国民党军起义、投诚官兵达到120万人，蒋介石对共产党的统一战线恨得要死、怕得要命。

社会主义革命和建设时期坚持和发展统一战线

中华人民共和国成立，中国人民政治协商会议成为人民民主统一战线新的组织形式。清华大学一位教授看到中央人民政府成员包括各个方面的代表人物，感动得泪流

---

① 《毛泽东选集》第4卷，人民出版社1991年版，第1480页。
② 《毛泽东选集》第2卷，人民出版社1991年版，第605页。
③ 《毛泽东选集》第2卷，人民出版社1991年版，第605-606页。
④ 《毛泽东选集》第2卷，人民出版社1991年版，第606页。
⑤ 《毛泽东选集》第2卷，人民出版社1991年版，第613页。

满面，认为一盘散沙的中华民族终于团结起来了。“海纳百川，有容乃大。”中央人民政府成员、政务院成员和各部部长，具有广泛代表性。这是新中国屹立于世界民族之林、迅速恢复国民经济、提前完成第一个五年计划的可靠保证。毛泽东在《论十大关系》中强调：“究竟是一个党好，还是几个党好？现在看来，恐怕是几个党好。不但过去如此，而且将来也可以如此，就是长期共存，互相监督。”① 毛泽东认为：“在我们国内，在抗日反蒋斗争中形成的以民族资产阶级及其知识分子为主的许多民主党派，现在还继续存在。在这一点上，我们和苏联不同。我们有意识地留下民主党派，让他们有发表意见的机会，对他们采取又团结又斗争的方针。一切善意地向我们提意见的民主人士，我们都要团结。”② 中央文史馆是党和政府为团结和安排老年知识分子而设立的、具有统战性和荣誉性的“敬老崇文”机构，受聘者都是老年硕学之士、社会名流和专家学者。当时，曾经依靠稿费养活全家的著名作家张恨水没有“单位”，生活困难。经周恩来审定，由习仲勋、齐燕铭签发聘书，使张恨水成为中央文史馆馆员，各方面生活有了可靠保障。原国民党政府“副总统”“代理总统”李宗仁回国，产生很大影响，这是统一战线的重要成就。

改革开放和社会主义现代化建设时期统一战线充满活力。中共十一届三中全会实现社会主义时期历史转折。改革开放初期邓小平任全国政协主席，将爱国统一战线摆在重要位置。邓小平指出：“我国的统一战线已经成为工人阶级领导的、工农联盟为基础的社会主义劳动者和拥护社会主义的爱国者的广泛联盟。新时期统一战线和人民政协的任务，就是要调动一切积极因素，努力化消极因素为积极因素，团结一切可以团结的力量，同心同德，群策群力，维护和发展安定团结的政治局面，为把我国建设成为现代化的社会主义强国而奋斗。”③ 五届政协三次会议上邓小平对统一战线范围作了进一步论述：“我们要进一步加强全体社会主义劳动者、拥护社会主义的爱国者和拥护祖国统一的爱国者的广泛团结，使我国统一战线和人民政协在发挥社会主义制度优越性的实践中，作出积极的贡献。”④ 1979 年 1 月邓小平主持“火锅宴”，邀请五位原工商业者到人民大会堂吃涮羊肉。请他们献计献策。邓小平通过这个举世瞩目、独一无二的举措，树立以经济建设为中心、调动一切积极因素、团结一切可以团结的力量、为改革开放服务的典范。《关于建国以来党的若干历史问题的决议》把改革开放新时期统一战线定名为“爱国统一战线”。中共十二大确立“长期共存、互相

① 《毛泽东文集》第 7 卷，人民出版社 1999 年版，第 34 页。
② 《毛泽东文集》第 7 卷，人民出版社 1999 年版，第 34－35 页。
③ 《邓小平文选》第 2 卷，人民出版社 1994 年版，第 187 页。
④ 邓小平：《在五届政协三次会议上的开幕词》，《人民日报》1980 年 8 月 29 日。

监督、肝胆相照、荣辱与共”作为中国共产党领导的多党合作和政治协商制度的基本方针、中国共产党和民主党派、无党派人士团结合作的指导方针。在邓小平“一国两制”方针指引下，香港、澳门回归祖国，两岸关系得到历史性突破。在总结改革开放新时期统一战线新鲜经验基础上，2000 年形成《中共中央关于加强统一战线工作的决定》，有力推动统一战线工作新形势下的新发展。

中国特色社会主义新时代“统战工作的本质要求是大团结大联合”

中国特色社会主义新时代总结百年党史经验，《中国共产党统一战线工作条例》作出新论断：统一战线是中国共产党凝聚人心、汇聚力量的政治优势和战略方针，是夺取革命、建设、改革事业胜利的重要法宝，是增强党的阶级基础、扩大党的群众基础、巩固党的执政地位的重要法宝，是全面建设社会主义现代化国家、实现中华民族伟大复兴的重要法宝。统一战线工作进一步规范化、系统化和制度化。“人心向背、力量对比是决定党和人民事业成败的关键，是最大的政治。统战工作的本质要求是大团结大联合，解决的就是人心和力量问题。这是我们党治国理政必须花大心思、下大气力解决好的重大战略问题。”① 中共十九大报告指出：“铸牢中华民族共同体意识，加强各民族交往交流交融，促进各民族像石榴籽一样紧紧抱在一起。”十三届全国人大一次会议通过的《中华人民共和国宪法修正案》规定，新时代爱国统一战线，包括全体社会主义劳动者、社会主义事业的建设者、拥护社会主义的爱国者、拥护祖国统一和致力于中华民族伟大复兴的爱国者。这是中国特色社会主义新时代确立的最广泛的统一战线。

爱国统一战线是中国共产党团结海内外全体中华儿女实现中华民族伟大复兴的重要法宝。开启全面建设社会主义现代化国家新征程，仍然需要坚持和发展统一战线。新的征程上，我们必须坚持大团结大联合，坚持一致性和多样性统一，加强思想政治引领，广泛凝聚共识，广聚天下英才，努力寻求最大公约数、画出最大同心圆，形成海内外全体中华儿女心往一处想、劲往一处使的生动局面，汇聚起实现民族复兴的磅礴力量！百余年以来，中国共产党将马克思主义基本原理与中国具体情况相结合，推进马克思主义中国化新发展，达到马克思主义中国化新境界，实现马克思主义中国化新辉煌。统一战线理论与实践就是马克思主义中国化的重要内容。历史与现实都证明，中国共产党统一战线的理论与实践，在国际共产主义运动中史无前例，在中国革命、建设和改革中不可或缺，在中国特色社会主义新时代更加熠熠生辉。

---

① 中共中央文献研究室编：《十八大以来重要文献选编》（中），中央文献出版社 2016 年版，第 556 页。

第六讲

马克思主义中国化的历程与启示[①]

“以史为鉴、开创未来，必须继续推进马克思主义中国化。马克思主义是我们立党立国的根本指导思想，是我们党的灵魂和旗帜。中国共产党坚持马克思主义基本原理，坚持实事求是，从中国实际出发，洞察时代大势，把握历史主动，进行艰辛探索，不断推进马克思主义中国化时代化，指导中国人民不断推进伟大社会革命。”[②]中国共产党历史就是一部将马克思主义基本原理同中国具体实际相结合进行实践创造和理论创新，推进马克思主义中国化，创造马克思主义新辉煌的历史。

一、实事求是、开创新路，创造新民主主义革命的伟大成就

马克思主义给中国人民指明了实现民族独立、人民解放的方向。将马克思主义基本原理与中国革命具体情况相结合是中国共产党的重要任务。中国共产党依据列宁提出的马克思主义东方化，推进马克思主义中国化，是一个伟大的创造。

列宁向东方共产主义者提出马克思主义东方化的“特别崇高的任务”

马克思、恩格斯在《共产党宣言》1872 年德文版序言中明确指出，对马克思主义的实际运用“随时随地都要以当时的条件为转移”[③]。列宁将马克思主义基本原理与俄国革命具体实践相结合，形成马克思主义俄国化的理论结晶——列宁主义。俄国十月革命后，列宁认为东方共产主义者“面临着一个全世界共产主义者所没有遇到过的任务，就是你们必须以一般共产主义的理论和实践为依据，适应欧洲各国所没有的特殊条件，善于把这种理论和实践运用于主要群众是农民，需要解决的斗争任务不是反对资本而是反对中世纪残余这样的条件。这是一个困难而特殊的任务，同时它又

---

① 原载《中央社会主义学院学报》2021 年第 5 期，题目《百年大党与马克思主义中国化》。

② 习近平：《在庆祝中国共产党成立 100 周年大会上的讲话》，《人民日报》2021 年 7 月 2 日。

③ 《马克思恩格斯选集》第 1 卷，人民出版社 1972 年版，第 228 页。

是特别崇高的任务”。列宁强调完成这个重要的“特别崇高的任务”的答案“无论在哪一部共产主义书本里都找不到”,① 只有依靠东方各国共产主义者将马克思主义基本原理与东方国家的具体实践相结合，实现马克思主义东方化。中国共产党成立初期就面临着推进马克思主义中国化的艰巨任务。马克思主义诞生在工业发达、工人阶级力量强大的欧洲，20 世纪 20 年代的中国是半殖民地半封建的农业国，工人阶级人数很少、力量很小。要赢得中国革命胜利，必须实现马克思主义中国化，舍此别无出路。当时，第一次世界大战造成资本主义世界分崩离析，十月革命激发国际共产主义运动蓬勃发展，中国共产主义运动先驱李大钊激情澎湃地振臂呐喊“试看未来的环球，必是赤旗的世界”。中国共产党顺应历史潮流应运而生。中国共产党诞生就是顺应世界发展大势的结果。十月革命的胜利，社会主义的兴起，就是当时的世界大势。中国共产党从这个世界大势中产生，走在了时代前列。中国共产党第二次全国代表大会根据世界形势和中国经济政治状况，制定中国共产党的最高纲领和最低纲领：要组织无产阶级，用阶级斗争的手段，建立劳农专政的政治，铲除私有财产制度，渐次达到一个共产主义的社会。这是中国共产党的最高纲领。中国共产党同时提出目前历史条件下的最低纲领：消除内乱，打倒军阀，建设国内和平；推翻国际帝国主义的压迫，达到中华民族完全独立；统一中国为真正的民主共和国。中共二大正确分析中国社会性质与中国革命的性质、对象、动力和前途，指出中国革命要分两步走，在中国近代史上第一次明确提出彻底的反帝反封建的民主革命纲领，为中国革命指明了方向。

中国共产党创造马克思主义中国化的历史辉煌

中国共产党成立后，开展工农运动，掀起五卅运动，革命风暴席卷全国，实现第一次国共合作，进行了北伐战争。大革命失败后，中国共产党总结经验教训，将城市的革命退却与农村的革命进攻结合起来，深入农村开展土地革命，建立人民军队实行武装斗争，创建农村革命根据地，开创农村包围城市、武装夺取政权的中国革命新道路。抗日战争初期，中国共产党面临全新的国内外形势和空前繁重的任务，实现从土地革命战争向民族解放战争的重大转变，站在历史潮流前列担负工人阶级先锋队、中国人民和中华民族先锋队的重任。这时，推进马克思主义中国化具有特别重要的意义。毛泽东在中共六届六中全会上代表中共中央政治局所做的政治报告，要求全党要普遍地深入地学习和研究马克思列宁主义理论，把马克思列宁主义同中国的具体特点相结合，坚决反对教条主义。毛泽东指出：“使马克思主义在中国具体化，使之在其

① 《列宁选集》第 4 卷，人民出版社 1972 年版，第 104 - 105 页。

每一表现中带着必须有的中国的特性，即是说，按照中国的特点去应用它，成为全党亟待了解并亟须解决的问题。”① 在历史发展关键时刻，毛泽东郑重向全党提出马克思主义中国化问题，具有非常重要的现实意义和深远的历史意义。同时，张闻天在报告中指出：“在组织工作中必须熟习马列主义的基本原则。必须严格的估计到中国民族的、政治的、文化的、思想习惯的各种特点，来决定组织工作的特点，来使组织工作中国化。”② 同时，中国共产党始终以马克思主义基本原理分析把握历史大势，正确处理中国和世界的关系，善于抓住和用好各种历史机遇。中国共产党正确分析天下大势，倡导、推动建立抗日民族统一战线，联合各个阶层共同抗日，将国内抗日民族统一战线与世界反法西斯统一战线“无缝对接”，中国人民抗日战争成为世界反法西斯战争重要组成部分，中国战场成为世界反法西斯战争东方主战场，中国赢得近代史上第一次完全的反侵略战争的彻底胜利，重新恢复在世界上的大国地位。抗日战争时期，中国共产党从世界反法西斯战争和中国人民抗日救亡强烈愿望的大势出发，促成了抗日民族统一战线，并最终团结带领人民赢得了抗日战争伟大胜利。抗战胜利后，在抗日战争和世界反法西斯战争中遭受巨大牺牲的中国人民和世界人民期望和平，中国共产党响亮地提出“和平、民主、团结”三大口号，毛泽东亲赴重庆与国民党谈判，赢得历史主动权。国民党坚持“独裁、内战、卖国”违背历史潮流。中国共产党建立最广泛的爱国统一战线，团结一切可以团结的力量，经过战略防御、战略进攻、战略决战，实施渡江战役，向全国进军，赢得中国革命伟大胜利。

中国革命的胜利是马克思主义中国化的胜利

中国共产党将马克思主义基本原理与中国革命具体情况相结合，根据中国国情、深入中国实际、注重中国特点，既注重革命实践，又注重理论升华，创立马克思主义中国化第一个理论成果——毛泽东思想。“在一个半殖民地、半封建的东方大国里进行革命，必然遇到许多特殊的复杂问题。靠背诵马克思列宁主义一般原理和照搬外国经验，不可能解决这些问题。”③ 主要在20世纪20年代后期和30年代前期“在国际共产主义运动中和我们党内盛行的把马克思主义教条化、把共产国际决议和苏联经验神圣化的错误倾向，曾使中国革命几乎陷于绝境。毛泽东思想是在同这种错误倾向作斗争并深刻总结这方面的历史经验的过程中逐渐形成和发展起来的”④。毛泽东思想

---

① 中共中央文献研究室编：《毛泽东年谱（1893—1949）》中卷，人民出版社、中央文献出版社1993年版，第92页。

② 张闻天：《关于抗日民族统一战线的与党的组织问题》，1938年10月15日。原件存中央档案馆。

③ 《关于建国以来党的若干历史问题的决议》，《人民日报》1981年7月1日。

④ 《关于建国以来党的若干历史问题的决议》，《人民日报》1981年7月1日。

在大革命时期开始萌芽，在土地革命战争后期和抗日战争时期得到系统总结和多方面展开而达到成熟，在解放战争时期和中华人民共和国成立后继续得到发展。毛泽东思想是马克思列宁主义在中国的运用和发展，是被实践证明了的关于中国革命的正确的理论原则和经验总结，是中国共产党集体智慧的结晶。在半殖民地半封建的中国，中国共产党将马克思主义的"暴力革命"原则、打碎旧的国家机器建立新的国家机器的原则运用于中国实际，武装斗争是"暴力革命"原则的具体体现，建立革命根据地的苏维埃政权（工农民主政权）、抗日根据地的"三三制"抗日民主政权、解放区的人民政府，是打碎旧的国家机器建立新的国家机器原则的具体形式。中国共产党在土地革命战争中创造"敌进我退，敌驻我扰，敌疲我打，敌退我追"的游击战争十六字诀；大步进退，诱敌深入，集中兵力，游击战与运动战相结合的战略战术，抗战时期将游击战争提升到战略地位，坚持持久战，实行人民战争；解放战争时期创造十大军事原则。人民军队"支部建在连上"，政治建军，思想建党，创建政治工作制度，实行三大纪律八项注意，要求"党指挥枪"。中国共产党将农村、农民、农业问题作为中国革命基本问题之一，形成"打土豪、分田地""抽多补少、抽肥补瘦""减租减息""土地改革"等基本政策。在农民占主要成分的中国，建立工人阶级先锋队，高度重视党的建设，确立实事求是思想路线，实行德才兼备的干部政策；依靠群众，组织群众，把群众路线作为党的根本的政治路线和组织路线。实事求是、群众路线、独立自主成为马克思主义中国化的活的灵魂。毛泽东指出："中国革命斗争的胜利要靠中国同志了解中国情况。"① 这是马克思主义中国化的本质所在。

土地革命战争时期，"左"倾教条主义者讥笑毛泽东创造的马克思主义中国化的基本原则为"山沟里的马克思主义"，似乎不登大雅之堂。实践是检验真理的唯一标准。经过实践检验，"左"倾教条主义者信奉"教条""一切拿本本来"，导致革命失败。毛泽东和他的战友们坚持一切从实际出发，理论联系实际，实事求是，推进马克思主义中国化，指引中国革命赢得了胜利。

二、自力更生、发愤图强，创造社会主义革命和建设的伟大成就

第二次世界大战结束后，社会主义国家从一国发展到多国，形成社会主义阵营，民族解放运动空前高涨，国际形势呈现有利于社会主义的趋势。中华人民共和国的成立和巩固，也是顺应时代大潮的产物。那时，社会主义发展壮大，亚非拉民族解放运

① 中共中央文献研究室编：《毛泽东年谱（1893—1949）》上卷，人民出版社、中央文献出版社1993年版，第309－310页。

动风起云涌，出现了“东风压倒西风”的气象，新中国就是沐浴着这个东风诞生并站住了脚的。

中华人民共和国成立马克思主义中国化再创辉煌

新中国成立，中国共产党分析天下大势，迅速恢复在旧中国遭到严重破坏的国民经济，全国工农业生产1952年底达到历史最高水平。中共中央提出要在一个相当长的时期内，逐步实现国家的社会主义工业化，并逐步实现对农业、手工业和资本主义工商业的社会主义改造的过渡时期总路线。中国共产党领导全国人民有步骤地实现从新民主主义到社会主义的转变，在恢复国民经济基础上开展有计划的经济建设，在全国绝大部分地区基本完成对生产资料私有制的社会主义改造，实现马克思和列宁曾经设想过的对资产阶级的和平赎买。社会主义改造基本完成后，转入大规模的社会主义建设，在经济、政治和科学文化各个领域继续探索并取得初步成果。建成武汉和南京长江大桥，开发大庆油田，建设和发展鞍钢、武钢、包钢、太钢等钢铁基地，建成一批飞机、汽车、拖拉机制造厂，研制成功原子弹、导弹核武器和人造地球卫星，大大提升科技和国防实力，提出实现农业、工业、国防和科学技术现代化的宏伟目标。20世纪50年代起，与一系列国家建立外交关系，开展国际经贸、文教和科技合作。通过抗美援朝、日内瓦会议、万隆会议，有力提升中国的国际地位。20世纪70年代初毛泽东主导“乒乓外交”，实现中美关系历史性突破，中美签订“上海公报”。中国进入联合国，并在国际舞台发挥举足轻重的作用。

在新的实践中大力推进马克思主义中国化

新中国成立初期，毛泽东在《为争取国家财政经济状况的基本好转而斗争》的报告中指出：要获得财政经济状况的根本好转，要用三年左右的时间，创造三个条件：土地改革的完成；现有工商业的合理调整；国家机构所需经费的大量节减。为此，要做好土地改革等八项工作。毛泽东在《不要四面出击》的讲话中，要求必须处理好国内各阶级、政党、民族等各方面的关系，以便孤立和打击当前的主要敌人，而不应四面出击，树敌太多，造成全国紧张的不利局面。毛泽东批评了那种认为可以提早消灭资本主义、实行社会主义的思想，指出这是不适合我们国家情况的错误思想。民族资产阶级将来是要消灭的，但是现在要把他们团结在我们身边，不要把他们推开。我们一方面要同他们作斗争，另一方面要团结他们。毛泽东的报告和讲话，实质上体现着以经济建设为中心的基本思想。1956年毛泽东《论十大关系》的讲话，初步总结中国社会主义建设经验，提出探索适合中国国情的社会主义建设道路的任务。中共八大指出：社会主义制度在我国已经基本上建立起来；我们还必须为解放台湾、为彻底完成社会主义改造、最后消灭剥削制度和继续肃清反革命残余势力而斗争，但是国内主要矛盾已经不再是工人阶级和资产阶级的矛盾，而是人民对于经济文化迅速发展的需要同当前经济文化不能满足人民需要的状况之间的矛盾；全国人民的主要任务是集中力量发展社会生产力，实现国家工业化，逐步满足人民日益增长的物质和文化需要。中共八大为新时期社会主义事业的发展和党的建设指明了方向。

中华人民共和国成立后，完成社会主义革命，确立社会主义制度，实现中国历史上最广泛最深刻的社会变革，建立独立的比较完整的工业体系和国民经济体系，培养大批经济建设人才。毛泽东提出必须正确区分和处理社会主义社会两类不同性质的社会矛盾，把正确处理人民内部矛盾作为国家政治生活的主题等观点；周恩来提出知识分子绝大多数已经是劳动人民的知识分子，科学技术在现代化建设中具有关键性作用等观点；邓小平提出生产关系一定要适合生产力的发展水平，整顿工业企业，改善和加强企业管理，实行职工代表大会制等观点，都属于马克思主义中国化的新发展。

三、解放思想、锐意进取，创造改革开放和社会主义现代化建设的伟大成就

列宁指出："伟大的俄国革命家车尔尼雪夫斯基说过：历史活动并不是涅瓦大街的人行道。谁认为无产阶级革命必须一帆风顺，各国无产者必须一下子就采取联合行动，事先必须保证不会遭到失败，革命的道路必须宽阔、畅通、笔直，在走向胜利的途中根本不必承受极其重大的牺牲，不必'困守在被包围的要塞里'，或者穿行最窄狭、最难走、最曲折和最危险的山间小道，谁认为只有'在这种条件下'才'可以'进行无产阶级革命，谁就不是革命者。"① 中国革命经历大河奔流，九曲连环，激流险滩，艰难曲折，直到遵义会议实现伟大历史转折，终于进入胜利发展的轨道。中国社会主义实践依然经历了曲折的发展道路。中国共产党历经千难万险，艰辛探索，中共十一届三中全会实现社会主义时期的伟大历史转折，终于开辟中国特色社会主义道路。

改革开放开启中国特色社会主义伟大事业

古希腊哲学家赫拉克利特认为"太阳每天都是新的""人不能两次踏进同一条河流""一切皆流，无物常驻"。恩格斯认为"这个原始的、素朴的但实质上正确的世界观是古希腊哲学的世界观，而且是由赫拉克利特第一次明白地表述出的：一切都存在，同时又不存在，因为一切都在流动，都在不断地变化，不断地产生和消灭"②。马克思主义是发展的理论，与时俱进，与时偕行，永远不会静止不动、停留在一个水

① 《列宁选集》第 3 卷，人民出版社 1995 年版，第 563 页。
② 《马克思恩格斯选集》第 3 卷，人民出版社 1972 年版。

平上。恩格斯1886年12月28日在写给美国一位社会主义者的信中指出：“我们的理论是发展着的理论，而不是必须背得烂熟并机械地加以重复的教条。”毛泽东指出：“马克思列宁主义并没有结束真理，而是在实践中不断地开辟认识真理的道路。”① 中共十一届三中全会决定实行改革开放极大地推进了中国特色社会主义的实践创造和理论创新。全会前夕举行了中央工作会议。邓小平亲拟讲话提纲：一、解放思想，开动机器；二、发扬民主，加强法制；三、向后看为的向前看；四、克服官僚主义，人浮于事；五、允许一部分先好起来；六、加强责任制，搞几定；七、新的问题。根据这个提纲，邓小平在中央工作会议作了《解放思想，实事求是，团结一致向前看》的重要讲话。他强调：“如果现在再不实行改革，我们的现代化事业和社会主义事业就会被葬送。”他指出：解放思想，开动脑筋，实事求是，团结一致向前看，首先要解放思想。只有思想解放了，我们才能正确地以马列主义、毛泽东思想为指导，解决过去遗留的问题，解决新出现的一系列问题，正确地改革同生产力迅速发展不相适应的生产关系和上层建筑。他认为：只有解放思想，坚持实事求是，一切从实际出发，理论联系实际，我们的社会主义现代化建设才能顺利进行。他强调，实事求是，是无产阶级世界观的基础，是马克思主义的思想基础。过去我们搞革命所取得的一切胜利，是靠实事求是；现在我们要实现四个现代化，同样要靠实事求是。②《解放思想，实事求是，团结一致向前看》是中国实行改革开放、开辟中国特色社会主义道路的政治宣言。在此基础上，中共十一届三中全会“确定了解放思想、开动脑筋、实事求是、团结一致向前看的指导方针；果断地停止使用‘以阶级斗争为纲’这个不适用于社会主义社会的口号，作出了把工作重点转移到社会主义现代化建设上来的战略决策”③。改革开放揭开序幕，中国特色社会主义由此发端。邓小平指出：“我们干革命几十年，搞社会主义三十多年，截至1978年，工人的月平均工资只有四五十元，农村的大多数地区仍处于贫困状态。这叫什么社会主义优越性？因此，我强调提出，要迅速地坚决地把工作重点转移到经济建设上来。十一届三中全会解决了这个问题，这是一个重要的转折。”④ 从此，中国共产党带领全国人民，解放思想、实事求是，改革开放，开拓创新，在中国特色社会主义道路上高歌猛进。邓小平紧紧抓住“什么是社会主义、怎样建设社会主义”这个基本问题，响亮提出“走自己的道路，建设有中国特色的社会主义”的伟大号召，领导中国共产党在新中国成立以来革命和建

① 《毛泽东选集》第1卷，人民出版社1991年版，第296页。

② 《邓小平文选》第2卷，人民出版社1994年版，第140－153页。

③ 《关于建国以来党的若干历史问题的决议》，《人民日报》1981年7月1日。

④ 《邓小平文选》第3卷，人民出版社1993年版，第10－11页。

设实践的基础上，成功开创中国特色社会主义新道路。邓小平强调必须坚持以经济建设为中心，坚持四项基本原则，坚持改革开放，确立中国共产党社会主义初级阶段基本路线。邓小平正确认识中国所处的发展阶段和根本任务，领导制定现代化建设"三步走"发展战略。邓小平突出强调"改革是中国的第二次革命"，领导全党有步骤地展开各方面体制改革，勇敢打开对外开放大门。邓小平反复强调"两手抓、两手都要硬"，必须抓好社会主义精神文明建设和民主法制建设，实现社会全面进步。他创造性提出"一国两制"科学构想，指导实现香港、澳门平稳过渡和顺利回归，推动海峡两岸关系打开新局面。邓小平明确提出和平与发展是当代世界的两大问题，及时调整各方面政策，为改革开放和社会主义现代化建设创造了难得历史机遇和良好外部环境。邓小平强调加强党的领导必须改善党的领导，必须聚精会神抓党的建设，使党的建设充满新的生机活力。正是这些重大思想理论和实践，使 20 世纪的中国又一次发生天翻地覆的变化，在新的实践中创立马克思主义中国化新的理论成果——邓小平理论。社会主义发展史证明，改革开放是我们党的一次伟大觉醒，正是这个伟大觉醒孕育了我们党从理论到实践的伟大创造。改革开放是中国人民和中华民族发展史上一次伟大革命，正是这个伟大革命推动了中国特色社会主义事业的伟大飞跃！

马克思主义中国化实践创新的伟大创举

中国特色社会主义以改革开放为起点，改革开放首先从农村改革起步。列宁认为生机勃勃的社会主义是人民群众自己创造出来的。农村改革来自农民群众的创造。马克思主义基本原理强调，生产力决定生产关系，经济基础决定上层建筑，生产关系必须适合生产力的发展要求。然而，改革开放以前，农村生产关系频繁变动，严重超越农村生产力发展水平，"大锅饭""大呼隆"的人民公社体制极大地束缚了农民的生产积极性。1978 年 11 月安徽凤阳小岗村 18 户农民订立"包产到户"契约，决定"包产到户"。他们认为包产到户"交足国家的，留够集体的，剩下都是自己的"，有利于促进和发展农业生产。小岗村由此成为农村改革发源地。农村改革大潮汹涌澎湃，势不可当。农村改革的巨大成功有力地打破人们头脑里的精神枷锁，促进了思想解放，推动了改革开放迅猛发展。农村改革通过"家庭联产承包责任制"彻底解决困扰中华民族数千年的吃饭问题。这是中国特色社会主义对中华民族的伟大贡献，也是对整个人类的伟大贡献，因为中国解决了人口众多的一个东方大国十多亿人的吃饭问题。2016 年 4 月习近平总书记来到小岗村了解 18 户村民按下红手印签订大包干契约的情景，感慨道："当年贴着身家性命干的事，变成中国改革的一声惊雷，成为中国改革的标志。"他强调，雄关漫道真如铁，而今迈步从头越。今天在这里重温改革，就是要坚持党的基本路线一百年不动摇，改革开放不停步，续写新的篇章。①

中国对外开放以创办经济特区为开端。1978 年习仲勋主持广东工作，个别农村经济落后地区出现逃往香港打工的“逃港风”。他到“逃港风”严重的村子调研时，问外逃的人“你们为什么要跑到香港那边给人当奴仆，受人剥削”？对方回答“我们穷，分配很低。到香港容易找工作”。在实地调研中习仲勋找到了“逃港风”根源所在。此时，国家有关方面到欧洲和港澳考察，反映世界经济状况，为对外开放、创办经济特区献计献策。1978 年 11 月习仲勋在中央工作会议作《广东的建设如何大干快上》工作汇报，提出利用广东与香港、澳门相邻优势，尽快发展广东的建议。1979 年 4 月习仲勋向中央强调“不仅经济体制、整个行政体制上也要考虑改革。中国这么大，各省有各省的特点，有些应根据各省的特点来搞”。同年 7 月，中共中央、国务院批准广东、福建实行“特殊政策、灵活措施、先行一步”，并试办出口特区。1980 年 8 月深圳、珠海、汕头、厦门经济特区应运而生。当时，经济全球化决定了中国只能在面向世界的改革开放中实现社会主义现代化。对外开放是迅速赶上世界发展潮流，实现社会主义现代化的必要条件，是汲取国内外发展经验的必然结果，是社会化大生产和经济全球化的客观要求，是发展社会主义市场经济的必由之路，也是中国特色社会主义的伟大创举。经济特区建立后“逃港风”很快消失了。1984 年根据邓小平进一步扩大开放的指导思想，中央决定进一步开放上海、广州、天津、大连等 14 个沿海港口城市，形成中国对外开放的前沿阵地。1985 年中央决定把长江三角洲、珠江三角洲和闽南厦门、泉州、漳州三角地区开辟为经济开放区，把中国对外开放向前推进一大步；1988 年中央决定海南建省，把海南岛辟为经济特区。在中央坚强领导和全国支持下，经济特区为改革开放和社会主义现代化建设作出重大贡献。

中国特色社会主义实践推进马克思主义中国化

中国特色社会主义为马克思主义中国化的实践创造与理论创新开辟无限广阔的道路。农业问题曾经是原来的社会主义国家苏联和东欧各国从建立到剧变一直没有彻底解决的“棘手问题”和“老大难问题”。中国共产党通过改革开放，实行农村改革，彻底解放农村生产力，从根本上解决了中国人民的吃饭问题。

中共十一届三中全会开启改革开放新时期。农村改革一马当先，农村联产承包责任制以迅猛之势，在安徽、四川、河南和全国各地相继展开，犹如星火燎原，势不可当。1982 年 1 月 1 日，中共中央批转《全国农村工作会议纪要》——即 1982 年中央 1 号文件。中央指出，全国农村建立的包产到户等各种不同形式的农业生产责任制，

① 《人民日报》2016 年 4 月 26 日。

都是社会主义集体经济的生产责任制。中共十二大以后，农村改革全面开展，势如破竹。第一步以稳定和完善联产承包责任制为主要任务。

1983 年 1 月，中共中央下发《当前农村经济政策的若干问题》——即 1983 年中央 1 号文件，对联产承包责任制作了充分肯定。中央指出，联产承包责任制是在党的领导下中国农民的伟大创造，是马克思主义农业合作化理论在中国实践中的新发展。从 1982 年一直到 1986 年，中央（或与国务院）每年年初发布一份指导全国农村改革工作的重要文件，统称为"五个中央一号文件"，有力地指导了农村改革的深入发展。

此后，以推行联产承包责任制，实行土地所有权与经营权分离的农村第一步改革获得全面稳步的发展。就这样，不用国家投入资金，不用派工作组反复动员，不用搞政治运动，只用一个农村改革的政策，中国共产党彻底解决了历朝历代都没有解决的人民群众的吃饭问题。在一个拥有世界上人口最多的国家里，彻底解决 10 多亿人民的吃饭问题，这是中国共产党对中华民族、对中国历史的伟大贡献。同时，也是对整个世界、对整个人类的最大贡献。

彻底解决中国人民的吃饭问题是改革开放的伟大历史功绩。没有改革开放，就没有农村改革；没有农村改革，就没有农村联产承包责任制；没有农村联产承包责任制，就没有农村生产力的空前解放。改革开放，解放了人们的思想；农村改革，开辟了农业发展的新道路。改革开放使农民掌握了对土地的自主权。在农民承包的这块土地上，他们想种什么就种什么，想什么时候干活就什么时候干活，想怎样干活就怎样干活。思想上空前解放，行动上空前自由，生产力获得空前解放，粮食产量获得空前提高。

改革开放解放了农民的思想。从单一种植粮食发展到种植各种经济作物，真正做到了以粮为纲，全面发展；因地制宜，发挥优势。宜农则农，宜林则林；宜粮则粮，宜牧则牧；宜渔则渔，宜菜则菜；靠山吃山，靠水吃水。从单一农业经济发展到多种经济，"养猪专业户""养牛专业户""养兔专业户""养鸡专业户"……大批涌现，层出不穷，犹如"八仙过海"，在致富路上"各显神通"。从单纯农业种植发展到"庭院农业""循环农业""旅游农业""观光农业""订单农业""出口农业"……中国农村的各种"绿色食品"和"绿色产品"，打出国门，走向世界。

改革开放使乡镇企业异军突起。自古以来，农民只会"土里刨食"。改革开放极大地开拓了农民的眼界，首先通过"包工头""建筑队"进行"资本原始积累"。接着，一个个的乡镇企业、农村企业、农民企业拔地而起，农民企业家应运而生。改革开放改变了农村面貌。在农村改革的先进地区，昔日低矮破旧的茅草房已经被一座座楼房所代替，宽广的水泥公路纵横交错，农民家中家用电器琳琅满目，农民的文化生活丰富多彩，农村的医疗卫生条件大为改善，农民的文化教育程度大大提高。

改革开放促进了农业机械化的发展。实践证明，最初那种担心农村实行联产承包责任制会影响农业机械化的忧虑全无必要。农村改革后，过去一直强力推进而收效甚微的农业机械化，不用政治运动，无需上级动员，广大农民根据自身劳动需要和生产力发展水平，广泛使用各种各样的拖拉机、播种机、插秧机、收割机，一下子把农业机械化水平提升到农村广泛普及的程度，这是任何人也没有预料到的。现在，每到麦收季节，浩浩荡荡的农民驾着收割机，从南往北，一边收割一边行走，成为中国农村夏收的一道引人注目的“靓丽的风景线”。

改革开放提高了农村的科技水平。土地交给农民支配，农民有了自主权，掌握农业科技的愿望和要求异常迫切。提高粮食产量的农业科学技术、农药、良种、化肥，受到农民的高度重视，学习农业科技蔚然成风，电视中的农业科技知识成为最受农民欢迎的节目。自费到农业院校进修、高价聘请农业科学技术人员的消息屡见不鲜。农业科技和优良品种正在成为提高农业发展潜力的重要因素。

改革开放极大地开阔了农民的视野。过去，农民们只看到自己眼前的小村庄，只关心自己脚下的“一亩三分地”。改革开放后，“民工潮”汹涌澎湃，一批批农村青年下广东、闯深圳，走北京、进上海，到新疆摘棉花，到国外去打工，开阔了视野，认识了世界，学到了现代科技和管理经验，积累了资金。然后回到家乡艰苦创业，或经商，或办厂，提升了农村的发展水平，促进了农业生产力的发展，不断催生出新的农业“增长点”。

改革开放极大地改变了农村产业结构。农村改革前，主要是单一的粮食生产。农村改革后，粮食问题彻底解决，多种经营蓬勃发展。“塑料大棚蔬菜”使城乡四季鲜菜不断。东西南北的各种农作物互相移植，外国优良品种到中国农村落地生根，蔬菜、瓜果市场琳琅满目，四季常青，美不胜收。中国西北部有一个小山村，昔日农田是满目石头的万亩荒滩，因为改革开放而发现石头中含有丰富的可以极大提高人们自身免疫能力的微量元素——硒。于是，在科技人员指导下，当地农民在荒石滩中种起了万亩西瓜，称之为“富硒西瓜”。从此，使当地因盛产“富硒西瓜”而过上了好日子。

改革开放使中国农村、中国农民和中国农业发生历史性巨变。这一巨变，对于中国的发展进步、对于世界的发展进步，都具有不可估量的意义。中国长期落后的农业生产能够在短时期内蓬勃发展起来，充分显示了农村改革的强大活力。只有改变不适应中国农业生产力发展的经济体制，全面推行联产承包责任制，发挥中国农民巨大的社会主义积极性，中国农业问题才能够取得如此巨大的发展和进步。在农村改革持续发展过程中，农村经济逐步向专业化、商品化和现代化转变。农村改革的成就，为整个经济体制改革提供了成功经验，奠定了坚实基础。

“抓住时机，发展自己，关键是发展经济”“发展才是硬道理”

20 世纪 90 年代前后，苏联解体东欧剧变，世界风云剧烈变幻，中国特色社会主义一枝独秀。邓小平认为“中国解决所有问题的关键是要靠自己发展”。1992 年初邓小平前往南方调研，从社会实践中获取“发展灵感”，从人民群众创造性劳动中汲取政治智慧。邓小平在武汉指出：“发展才是硬道理”“能快就不要慢”“不坚持社会主义，不改革开放，不发展经济，不改善人民生活，只能是死路一条”。办事情正确与否“主要看是否有利于发展社会主义社会的生产力，是否有利于增强社会主义国家的综合国力，是否有利于提高人民的生活水平”“中国的事情关键在人，关键在党”“我坚信，世界上赞成马克思主义的人会多起来的，因为马克思主义是科学”。邓小平在长沙指出：“改革开放的胆子要大一些，经济发展要快一点，总要力争隔几年上一个台阶。”邓小平看到深圳市区的巨大变化高兴地说：“对办特区，从一开始就有不同意见，担心是不是搞资本主义。深圳的建设成就，明确回答了那些有这样那样担心的人。特区姓‘社’不姓‘资’。”“从深圳的情况看，公有制是主体，外商投资只占四分之一，就是外资部分，我们还可以从税收、劳务等方面得到益处嘛！多搞点‘三资’企业，不要怕。”“有的人认为，多一分外资，就多一分资本主义，‘三资’企业多了，就是资本主义的东西多了，就是发展了资本主义。这些人连基本常识都没有。”“广东二十年赶上亚洲‘四小龙’，不仅经济要上去，社会秩序、社会风气也要搞好，两个文明建设都要超过他们，这才是有中国特色的社会主义。”邓小平听了深圳工作汇报后指出：“要坚持党的十一届三中全会以来的路线、方针、政策，关键是坚持‘一个中心、两个基本点’。不坚持社会主义，不改革开放，不发展经济，不改善人民生活，只能是死路一条。基本路线要管一百年，动摇不得。”邓小平对深圳负责同志说：“改革开放胆子要大一些，敢于试验，不能像小脚女人一样。看准了的，就大胆地试，大胆地闯。深圳的重要经验就是敢闯。没有一点闯的精神，没有一点‘冒’的精神，没有一股气呀、劲呀，就走不出一条好路，走不出一条新路，就干不出新的事业。”在深圳前往珠海的快艇上，邓小平说：抓住时机，发展自己，关键是发展经济。现在，周边一些国家和地区，经济发展比我们快，如果我们不发展或发展得太慢，老百姓一比较，就有问题了。所以，能发展就不要阻挡。有条件的地方，要尽可能搞快点。只要是讲效益，讲质量，搞外向型经济，就没有什么可以担心的。低速度就等于停步，甚至等于后退。要抓住机会，现在就是好机会。我就担心丧失机会。不抓呀，看到的机会就丢掉了。时间一晃就过去了。在珠海经济特区，邓小平说：我坚信，世界上赞成马克思主义的人会多起来的。一些国家出现严重的曲折，社会主义好像被削弱了，但人民经受锻炼，从中吸取教训，将促使社会主义向更加健康的方向发展。[①] 邓小平南方谈话精辟分析国际国内形势，科学总结改革开放以来党的基本实践和基本经验，明确回答困扰和束缚人们思想的许多认识问题，强调基本路线要管一百年，动摇不得，要求全党思想更解放一点，改革开放的胆子更大一点，建设的步子更快一点，千万不可丧失时机。邓小平通过总结改革开放成功经验，向世界宣示了坚持和发展中国特色社会主义的坚定信念。以此为标志，改革开放和社会主义现代化建设进入新阶段。

始终不渝地坚持马克思主义中国化的正确方向

从20世纪末到21世纪初，中国共产党始终不渝地坚持马克思主义中国化的正确方向，充分认识社会主义初级阶段基本国情，牢牢立足社会主义初级阶段这个最大实际，牢牢坚持党的基本路线这个党和国家的生命线、人民的幸福线，领导和团结全国各族人民，以经济建设为中心，坚持四项基本原则，坚持改革开放，推动中国特色社会主义砥砺前行。中共十三届四中全会以后，中国共产党团结带领全党全国各族人民，坚持党的基本理论、基本路线，加深了对什么是社会主义、怎样建设社会主义和建设什么样的党、怎样建设党的认识，积累治党治国新的宝贵经验，形成“三个代表”重要思想。在国内外形势十分复杂、世界社会主义出现严重曲折的严峻考验面前，捍卫了中国特色社会主义，确立了社会主义市场经济体制的改革目标和基本框架，确立了社会主义初级阶段的基本经济制度和分配制度，开创全面改革开放新局面，推进党的建设新的伟大工程，成功把中国特色社会主义推向21世纪。中共十六大以后，中国共产党团结带领全党全国各族人民，坚持以邓小平理论和“三个代表”重要思想为指导，根据新的发展要求，深刻认识和回答新形势下实现什么样的发展、怎样发展等重大问题，形成科学发展观，抓住重要战略机遇期，在全面建设小康社会进程中推进实践创新、理论创新、制度创新，强调坚持以人为本、全面协调可持续发展，形成中国特色社会主义事业总体布局，着力保障和改善民生，促进社会公平正义，推动建设和谐世界，推进党的执政能力建设和先进性建设，成功在新的历史起点上坚持和发展了中国特色社会主义。

坚持把马克思主义基本原理同中国具体实际相结合、同中华优秀传统文化相结合，创造了马克思主义中国化时代化的奇迹，指引着中国革命、建设和改革开放胜利

---

① 《邓小平文选》第3卷，人民出版社1993年版，第370－383页。

前进。

四、坚持人民至上，创造新时代中国特色社会主义的伟大成就

恩格斯指出："马克思发现了人类历史的发展规律，即历来为繁芜丛杂的意识形态所掩盖着的一个简单事实：人们首先必须吃、喝、住、穿，然后才能从事政治、科学、艺术、宗教等等；所以，直接的物质的生活资料的生产，从而一个民族或一个时代的一定的经济发展阶段，便构成基础，人们的国家设施、法的观点、艺术以至宗教观念，就是从这个基础上发展起来的，因而，也必须由这个基础来解释，而不是像过去那样做得相反。"① 从马克思主义基本原理人民群众是历史的创造者到以人民为中心的发展思想，体现了习近平新时代中国特色社会主义思想与马克思主义既一脉相承又与时俱进的理论特质。

"人民对美好生活的向往，就是我们的奋斗目标"

马克思、恩格斯指出："历史活动是群众的活动，随着历史活动的深入，必将是群众队伍的扩大。"② "过去的一切运动都是少数人的，或者为少数人谋利益的运动。无产阶级的运动是绝大多数人的，为绝大多数人谋利益的独立的运动。"③ 马克思主义运用辩证唯物主义与历史唯物主义考察人类社会历史发展进程，认为生产力决定生产关系，经济基础决定上层建筑。而劳动者是生产力诸要素中最活跃最革命的要素，人民群众是社会物质财富和精神财富的创造者，是推动社会变革的决定性力量，科学揭示人民群众是推动社会发展的主体力量，人民群众是历史的创造者。马克思、恩格斯对人民群众是历史的创造者、无产阶级革命政党必须和人民群众保持密切联系的重要论述，构成马克思主义群众观。中国共产党根据马克思主义基本原理对中国革命实践进行深刻总结，形成一切依靠群众，一切相信群众，一切为了群众，从群众中来、到群众中去，密切联系群众的群众路线。这是中国共产党在艰难困苦环境中战胜强敌经验的深刻总结，是中国共产党对马克思主义理论宝库的丰富和发展。中国特色社会主义新时代，习近平总书记指出：毛泽东同志要求全党同志必须全心全意为人民服务，邓小平同志要求我们做工作必须考虑群众拥护不拥护、赞成不赞成、高兴不高兴、答应不答应，江泽民同志提出我们党要始终代表中国最广大人民根本利益，胡锦涛同志提出必须把实现好、维护好、发展好最广大人民根本利益作为一切工作的出发

---

① 《马克思恩格斯选集》第3卷，人民出版社2012年版，第1002页。
② 《马克思恩格斯文集》第1卷，人民出版社2009年版，第287页。
③ 《马克思恩格斯选集》第1卷，人民出版社2012年版，第411页。

点和落脚点，我们这一届党中央明确提出“人民对美好生活的向往，就是我们的奋斗目标”，是一以贯之的。在前进征途上，只要我们党始终坚持人民利益高于一切，紧紧依靠人民，就能永远立于不败之地。①

确立“以人民为中心的发展思想”

中共十九大正式确立以人民为中心的发展思想，“坚持以人民为中心。人民是历史的创造者，是决定党和国家前途命运的根本力量。必须坚持人民主体地位，坚持立党为公、执政为民，践行全心全意为人民服务的根本宗旨，把党的群众路线贯彻到治国理政全部活动之中，把人民对美好生活的向往作为奋斗目标，依靠人民创造历史伟业”②。“以人民为中心的发展思想”强调“人民至上”，将马克思主义关于人民群众是历史创造者的基本原理和中国共产党群众路线发展到崭新阶段，成为21世纪马克思主义的重要内容。习近平总书记在纪念马克思诞辰200周年时指出：“学习马克思，就要学习和实践马克思主义关于坚守人民立场的思想。人民性是马克思主义最鲜明的品格。马克思说，‘历史活动是群众的活动’。让人民获得解放是马克思毕生的追求。我们要始终把人民立场作为根本立场，把为人民谋幸福作为根本使命，坚持全心全意为人民服务的根本宗旨，贯彻群众路线，尊重人民主体地位和首创精神，始终保持同人民群众的血肉联系，凝聚起众志成城的磅礴力量，团结带领人民共同创造历史伟业。这是尊重历史规律的必然选择，是共产党人不忘初心、牢记使命的自觉担当。”③中国特色社会主义新时代决胜全面建成小康社会，“脱贫攻坚”，“精准扶贫”，乡村振兴战略，美丽乡村建设，“扫黑除恶”“厕所革命”“绿水青山就是金山银山”等，都是“以人民为中心的发展思想”的体现，有力地促进了经济发展、社会进步和人民幸福。

全面建成小康社会是21世纪马克思主义中国化的辉煌成就

马克思认为“衣食住行是人们最基本的物质生活需要，人类要生存发展必须首先进行物质资料生产”。恩格斯强调，马克思发现了人类社会的发展规律，人民必须首先解决吃、喝、住、穿，然后才能从事政治、科学、艺术、宗教等。马克思主义的根本目的是实现人的自由和发展。中国共产党百余年历史最根本的一条就是从人民群众最基本的需求出发，为实现人民群众翻身解放、过上幸福生活而不懈奋斗。土地革命时期“打土豪分田地”赢得人民群众衷心拥护，抗日战争时期“减租减息”适应

---

① 习近平：《论中国共产党历史》，中央文献出版社2021年版，第20页。
② 习近平：《在中国共产党第十九次全国代表大会上的报告》，《人民日报》2017年10月28日。
③ 习近平：《在纪念马克思诞辰200周年大会上的讲话》，《人民日报》2018年5月5日。

民族解放需要，解放战争时期土地改革彻底废除封建性及半封建性剥削的土地制度。实行耕者有其田，彻底摧毁帝国主义、封建主义和官僚资本主义的统治基础，促进了社会生产力发展，为中国革命胜利奠定了坚实的群众基础。改革开放新时期将马克思主义基本原理与社会主义初级阶段的基本国情相结合，提出建设小康社会，进一步推进了马克思主义中国化，上接天理下接地气，人民大众晓畅明白，男女老少朗朗上口，"奔小康"成为中华民族最大共识。中共十八大起全面建成小康社会进入决战决胜阶段。习近平总书记在美国西雅图即席演讲中指出："新中国成立以来特别是改革开放以来，中国走过了一段很不平凡的历程，我们这一代中国人对此有着切身的体会。上世纪 60 年代末，我才十几岁，就从北京到中国陕西省延安市一个叫梁家河的小村庄插队当农民，在那儿度过了 7 年时光。那时候，我和乡亲们都住在土窑里、睡在土炕上，乡亲们生活十分贫困，经常是几个月吃不到一块肉。我了解乡亲们最需要什么！后来，我当了这个村子的党支部书记，带领乡亲们发展生产。我了解老百姓需要什么。我很期盼的一件事，就是让乡亲们饱餐一顿肉，并且经常吃上肉。但是，这个心愿在当时是很难实现的。今年春节，我回到这个小村子。梁家河修起了柏油路，乡亲们住上了砖瓦房，用上了互联网，老人们享有基本养老，村民们有医疗保险，孩子们可以接受良好教育，当然吃肉已经不成问题。"① "这两年，我去了中国很多贫困地区，看望了很多贫困家庭，他们渴望幸福生活的眼神深深印在我的脑海里。"② 全面建成小康社会的进程中，习近平总书记走遍全国 14 个集中连片特困地区，深入河北阜平县骆驼湾村和顾家台村、甘肃渭源县元古堆村、湖南凤凰县菖蒲塘村、湖南花垣县十八洞村、河南兰考县张庄村、江西井冈山市神山村、安徽金寨县大湾村、宁夏泾源县杨岭村、宁夏永宁县原隆村、青海格尔木市长江源村、青海互助土族自治县班彦村、河北张北县德胜村、山西岢岚县赵家洼村和宋家沟村、四川昭觉县三河村和火普村、重庆石柱土家族自治县华溪村、江西于都县潭头村、内蒙古喀喇沁旗马鞍山村、河南光山县东岳村、云南腾冲市三家村中寨司莫拉佤族村、陕西柞水县金米村、宁夏吴忠市弘德村等贫困村考察调研。习近平总书记强调"小康不小康，关键看老乡"，全面建成小康社会"一个也不能少""一个少数民族也不能少"。全党全国凝心聚力，万众一心，众志成城，攻坚克难，"上下同心，其利断金"。终于实现建党 100 周年全面建成小康社会的奋斗目标。2021 年 7 月 1 日习近平总书记庄严宣告：经过全党全国各族人民持续奋斗，我们实现了第一个百年奋斗目标，在中华大地上全面建

---

① 《习近平谈治国理政》第 2 卷，外文出版社 2017 年版，第 29 – 30 页。
② 《习近平谈治国理政》第 2 卷，外文出版社 2017 年版，第 30 页。

成了小康社会，历史性地解决了绝对贫困问题，正在意气风发向着全面建成社会主义现代化强国的第二个百年奋斗目标迈进。①

马克思主义认为，“如果要去探究那些隐藏在——自觉地或不自觉地，而且往往是不自觉地——历史人物的动机背后并且构成历史的真正的最后动力的动力，那么问题涉及的，与其说是个别人物，即使是非常杰出的人物的动机，不如说是使广大群众、使整个整个的民族，并且在每一民族中间又是使整个整个阶级行动起来的动机”②。以人民为中心的发展思想将马克思主义基本原理与中国共产党的伟大实践、中华民族的创造性劳动紧密结合在一起，最大限度地激发了千百万人民群众的积极性、创造性和历史主动精神，汇成了推动历史前进、全面建成小康社会的排山倒海的力量。以人民为中心的发展思想与中国全面建成小康社会的决心和行动，震撼了整个世界。美国前总统卡特曾建议时任美国总统特朗普“像中国一样，少打仗，多建设”，美国前总统奥巴马认为“中国成功让数亿人摆脱极度贫穷，实属人类一大创举”。

五、用马克思主义观察时代、把握时代、引领时代

中国共产党成立 100 周年之际，中国开启全面建设社会主义现代化国家新征程。在新的征程上，我们要坚持用马克思主义观察时代、把握时代、引领时代，继续发展当代中国马克思主义、21 世纪马克思主义！

要始终不渝地坚持把马克思主义基本原理同中国具体实际相结合

化者，彻头彻尾、彻里彻外也。对中国共产党来说，马克思主义中国化是一个永恒的主题。百余年以来，中国共产党将马克思主义基本原理同中国具体实际相结合，新民主主义革命时期开辟农村包围城市、武装夺取政权的中国革命新道路；新中国成立以后，取得社会主义革命和建设时期的巨大成就；改革开放和社会主义现代化建设时期，开创中国特色社会主义道路；中国特色社会主义新时代，实现决胜全面建成小康社会。开启全面建设社会主义现代化国家新征程，必须继续推进马克思主义中国化，用马克思主义基本原理分析世界形势，站在历史发展的制高点上，掌控推动历史前进的主动权，妥善应对前所未有的来自各个方面的各种新挑战，解决遇到的各种纷繁复杂的新问题，实现中华人民共和国成立 100 年实现现代化的宏伟目标。

---

① 习近平：《在庆祝中国共产党成立 100 周年大会上的讲话》，《人民日报》2021 年 7 月 2 日。

② 《马克思恩格斯选集》第 4 卷，人民出版社 2012 年版，第 255 - 256 页。

要始终不渝地坚持以马克思主义基本原理分析把握历史大势

用马克思主义的广阔世界眼光看待世界上一切事物，以马克思主义的辩证唯物主义和历史唯物主义分析世界经济、政治和各种突如其来的问题，以此作为中国共产党制定路线、方针、政策和确立奋斗目标的重要基础，立足中国国情，立足现实，展望未来，正确处理中国与世界的关系，善于抓住和用好各种重要机遇，乘势而上，顺势而为，是中国共产党百余年历史的成功经验，也是马克思主义中国化的应有之义。"作出改革开放的重大决策，也是基于我们党对时代潮流的深刻洞察。当时，世界经济科技快速发展，我国发展同国际先进水平的差距明显拉大，邓小平同志说：'我们要赶上时代，这是改革要达到的目的。'我们党对世界大势作出了科学判断，下决心实现党和国家工作中心的转移，一往无前拉开了改革开放的历史大幕。"① 21 世纪 20 年代的国际形势错综复杂，资本主义世界的剧烈变化令人眼花缭乱，发展中国家遇到的经济、政治、宗教、民族、发展问题层出不穷。古诗云"飞来山上千寻塔，闻说鸡鸣见日升。不畏浮云遮望眼，自缘身在最高层"。坚持以马克思主义基本原理分析把握历史大势，就能够"不畏浮云遮望眼""透过现象看本质""任凭风浪起，稳坐钓鱼船"，牢牢把握"和平与发展是当代世界的两大主题"的天下大势，坚持中国特色社会主义道路自信、理论自信、制度自信和文化自信，为实现中华民族伟大复兴奋勇前进。

要始终不渝地坚持"以人民为中心的发展思想"

中国共产党来自人民，植根人民，为了人民，服务人民。中国特色社会主义新时代将马克思主义关于人民是历史创造者的基本原理、中国共产党的群众路线、全心全意为人民服务的宗旨，集中地凝聚为"以人民为中心的发展思想"，集中地凝聚为"人民至上"，这是马克思主义中国化的最新理论成果，是中国共产党百年历史的理论结晶，是当代中国马克思主义的集中体现，是 21 世纪的马克思主义。在全面建设社会主义现代化国家新征程中，要进一步落实马克思主义关于实现共同富裕、实现人的全面发展的基本原理，"生产将以所有人的富裕为目的""所有人共同享受大家创造出来的福利"。马克思、恩格斯认为："代替那存在着阶级和阶级对立的资产阶级旧社会的，将是这样一个联合体，在那里，每个人的自由发展是一切人的自由发展的条件。"② 中国特色社会主义新时代打赢脱贫攻坚战，全面建成小康社会，为促进共同富裕创造了良好条件，要适应中国社会主要矛盾的变化，更好满足人民日益增长的

---

① 习近平：《在党史学习教育动员大会上的讲话》，《求是》2021 年第 7 期。

② 《马克思恩格斯全集》第 37 卷，人民出版社 1971 年版，第 189 页。

美好生活需要，把促进共同富裕作为为人民谋幸福的着力点。共同富裕是全体人民的富裕，是不断提升人民群众物质生活和精神生活的富裕。要坚持在发展中保障和改善民生，为人民提高受教育程度、增强发展能力创造更加普惠公平的条件，畅通向上流动通道，给更多人创造致富机会，形成人人参与的发展环境。要坚持基本经济制度，立足社会主义初级阶段实际状况，坚持公有制为主体、多种所有制经济共同发展，允许一部分人先富起来，先富带后富帮后富，鼓励辛勤劳动、合法经营、敢于创业的致富带头人。要尽力而为量力而行，建立科学的公共政策体系，形成人人享有的合理分配格局。要坚持以人民为中心的发展思想，在高质量发展中促进共同富裕，促进社会公平正义，实现全体人民共同富裕、促进人的全面发展。

第七讲

马克思、恩格斯“历史活动是群众的活动”到新时代“人民至上”[①]

马克思主义认为，人民群众是历史的创造者，是推动历史前进的动力。

中华优秀传统文化强调：“与天下同利者，天下持之；擅天下之利者，天下谋之。”“能用众力，则无敌于天下矣；能用众智，则无畏于圣人矣。”“民为邦本，本固邦宁。”

“在五千多年中华文明深厚基础上开辟和发展中国特色社会主义，把马克思主义基本原理同中国具体实际、同中华优秀传统文化相结合是必由之路。这是我们在探索中国特色社会主义道路中得出的规律性的认识，是我们取得成功的最大法宝。”“‘结合’的前提是彼此契合。马克思主义和中华优秀传统文化来源不同，但彼此存在高度的契合性。相互契合才能有机结合。”[②]

从马克思、恩格斯提出“历史活动是群众的活动”，到新时代“坚持人民至上”，充分证明了这一点。

一、“随着历史活动的深入，必将是群众队伍的扩大”[③]

习近平总书记在纪念马克思诞辰200周年时指出：“学习马克思，就要学习和实践马克思主义关于坚守人民立场的思想。人民性是马克思主义最鲜明的品格。马克思说，‘历史活动是群众的活动’。让人民获得解放是马克思毕生的追求。我们要始终

---

① 本文原为薛庆超在中共中央宣传部宣传教育局群众路线教育实践活动时讲课的讲稿，以《中国共产党百年奋斗的成功密码》为题，在《郑州轻工业大学学报》2021年第3期发表。

② 《习近平在文化发展座谈会上强调　担负起新的文化使命　努力建设中华民族现代文明》，《人民日报》2023年6月3日。

③ 《马克思恩格斯文集》第1卷，人民出版社2009年版，第287页。

把人民立场作为根本立场，把为人民谋幸福作为根本使命，坚持全心全意为人民服务的根本宗旨，贯彻群众路线，尊重人民主体地位和首创精神，始终保持同人民群众的血肉联系，凝聚起众志成城的磅礴力量，团结带领人民共同创造历史伟业。这是尊重历史规律的必然选择，是共产党人不忘初心、牢记使命的自觉担当。”①

马克思、恩格斯指出：“历史活动是群众的活动，随着历史活动的深入，必将是群众队伍的扩大。”②“过去的一切运动都是少数人的，或者为少数人谋利益的运动。无产阶级的运动是绝大多数人的，为绝大多数人谋利益的独立的运动。”③“代替那存在着阶级和阶级对立的资产阶级旧社会的，将是这样一个联合体，在那里，每个人的自由发展是一切人的作用发展的条件。”④恩格斯认为：“马克思发现了人类历史的发展规律，即历来为繁芜丛杂的意识形态所掩盖着的一个简单事实：人们首先必须吃、喝、住、穿，然后才能从事政治、科学、艺术、宗教等等；所以，直接的物质的生活资料的生产，从而一个民族或一个时代的一定的经济发展阶段，便构成基础，人们的国家设施、法的观点、艺术以至宗教观念，就是从这个基础上发展起来的，因而，也必须由这个基础来解释，而不是像过去那样做得相反。”⑤“如果要去探究那些隐藏在——自觉地或不自觉地，而且往往是不自觉地——历史人物的动机背后并且构成历史的真正的最后动力的动力，那么问题涉及的，与其说是个别人物，即使是非常杰出的人物的动机，不如说是使广大群众、使整个整个的民族，并且在每一民族中间又是使整个整个阶级行动起来的动机。”⑥

马克思主义诞生引领了人类历史上的伟大革命。马克思主义运用辩证唯物主义与历史唯物主义考察人类社会的历史发展进程，认为生产力决定生产关系，经济基础决定上层建筑。而劳动者是生产力诸要素中最活跃最革命的要素，人民群众是社会物质财富和精神财富的创造者，是推动社会变革的决定性力量，从而科学地揭示了人民群众是推动社会发展的主体力量，人民群众是历史的创造者。马克思、恩格斯对人民群众是历史的创造者、无产阶级革命政党必须和人民群众保持密切联系的重要论述，构成马克思主义群众观。中国共产党根据马克思主义群众观，按照辩证唯物主义与历史唯物主义基本原理，经过对中国革命实践和历史发展规律的深刻总结与理论升华，形成一切依靠群众，一切相信群众，一切为了群众，从群众中来、到群众中去，密切联

---

① 《人民日报》2018年5月5日。
② 《马克思恩格斯文集》第1卷，人民出版社2009年版，第287页。
③ 《马克思恩格斯选集》第1卷，人民出版社2012年版，第411页。
④ 《马克思恩格斯全集》第37卷，人民出版社1971年版，第189页。
⑤ 《马克思恩格斯选集》第3卷，人民出版社2012年版，第1002页。
⑥ 《马克思恩格斯选集》第4卷，人民出版社2012年版，第255－256页。

系群众的群众路线。这是中国共产党在艰难困苦环境中战胜强敌经验的深刻总结，是中国共产党对马克思主义理论宝库的丰富和发展。中国特色社会主义新时代，习近平总书记提出以人民为中心的发展思想，坚持人民至上，从而将马克思主义关于人民群众是历史创造者的基本原理和中国共产党群众路线发展到一个崭新阶段，成为21世纪马克思主义的重要内容。

二、"党的根本的政治路线和根本的组织路线"

马克思主义基本原理认为，人民群众是社会物质财富和精神财富的创造者，是推动社会变革的决定性力量。中国共产党将马克思主义基本原理与中国革命具体实践相结合，形成具有独创性的群众路线，成为克敌制胜的重要法宝之一。

"党的一切运动都必须深入到广大的群众里面去""党的总路线是争取群众"

1921年中国共产党成立时只有来自各地的13个代表，代表着50多位党员，手无寸铁。中共一大在上海开会期间就遇到"惊涛骇浪"，不得不中止会议，在浙江嘉兴南湖红船完成全部既定议程。1922年中共二大通过的《组织章程决议案》提出，要搞好群众工作，使"党的一切运动都必须深入到广大的群众里面去"。1925年10月中国共产党中央执行委员会决议案中，提出一切工作要在群众中进行，"中国革命运动的将来命运，全看中国共产党会不会组织群众，引导群众"。中共八七会议后，中国共产党开始土地革命和武装夺取政权的奋斗历程，深入农村建立共产党的各级基层组织，建立中国工农红军，建立各级工农政权，必须依靠群众才能完成历史赋予的重要使命。因此，中共六大作出"党的总路线是争取群众"的重要论断和具体要求。中国共产党紧紧依靠人民群众，代表中国人民和中华民族根本利益，首先完成打倒帝国主义、封建主义和官僚资本主义的历史使命，赢得中国新民主主义革命伟大胜利。在开创农村革命根据地过程中，1929年6月中共红四军七大前后，红四军党内有一些争论。毛泽东认为，红军是一个执行革命的政治任务的武装集团，除打仗之外，还要肩负宣传群众、发动群众、组织群众、建立革命政权，帮助地方建立党组织等政治任务。另一种意见认为红军只管打仗。中共红四军七大没有达成共识，毛泽东的正确意见没有被认可，毛泽东的红四军前委书记没有继续当选。会后，毛泽东离开红四军到闽西协助指导地方工作并养病。红四军党内的争论没有解决，随后召开中共红四军八大仍然没有达成共识。在此期间，红四军代表到上海向中共中央汇报工作。中央作了专题研究，向红四军作出重要指示《中央对红四军前委的指示信》。中央认为，毛泽东的意见是正确的，其他同志的意见是错误的。《中央对红四军前委的指示信》提出，红军一切要接受党组织领导，仍然由毛泽东任红四军前委书记。《中央对红四军前委的指示信》三次提到群众路线：一是筹款工作要“经过群众路线”，二是没收地主豪绅财产要“经过群众路线”，三是红军给养及需用品问题也要“渐次做到由群众路线去找出路”。红四军接到《中央对红四军前委的指示信》后，表示完全同意中央意见，立即派代表到闽西请毛泽东回红四军主持工作。毛泽东回到红四军后召开一系列座谈会，把各种问题一一梳理清楚。在此基础上，在福建省上杭县古田村主持召开中共红四军九大——古田会议，通过《古田会议决议》。《古田会议决议》强调，红军是一个执行革命的政治任务的武装集团，它不仅要打仗，同时要深入群众、组织群众、发动群众、武装群众，帮助地方建立革命政权和共产党组织。党的工作要“在党的讨论和决议之后，再经过群众路线去执行”。毛泽东的主张得到完全实现，红四军各种问题得到解决。红军执行三大任务：打仗、筹款、做群众工作。从此，群众路线深入人心，中国革命深入发展，红四军发展成为红一方面军，逐步开创中央革命根据地，建立中华苏维埃共和国。

“半条被子”的故事充分体现了中国共产党的人民情怀和为民本质

长征途中，毛泽东指出，中国工人、农民、兵士以及一切劳苦民众的出路在共产党主张的苏维埃红军，我们一定会胜利。1934 年 11 月，中共中央率领红一方面军通过英勇战斗，突破国民党军第二道封锁线，从湖南汝城南部出发，进军宜章，路过汝城县文明瑶族乡沙洲瑶族村时，经过长途跋涉的红军准备在村里宿营。可是，红军战士发现，沙洲村里空荡荡静悄悄，没有一个人影。原来，由于国民党政权、国民党军和土豪劣绅肆意污蔑红军、丑化红军，村里的老百姓不明真相，纷纷躲到山里逃避战乱去了。红军战士风尘仆仆进村后，坚持“未经允许，不入民宅”，征衣未脱，穿着衣服，睡在老百姓屋檐下或村里的空地上。白天，红军战士在村里和老百姓院子打扫卫生，还给老百姓家里的水缸挑满清水。11 月 7 日黄昏时分，有三名红军女战士来到一户老百姓家，帮助打扫卫生，原以为这家空无一人，谁知竟然听到一阵阵的孩子哭声。三名红军女战士发现，原来这家老百姓徐解秀、朱兰芳两口子，因为一岁的儿子生病，怕到荒山野岭躲藏导致儿子病情加重，就没有“逃难”，躲藏在家里照顾生病的孩子。三位红军女战士连忙叫来红军医生给孩子看病，并向徐解秀、朱兰芳宣传红军是共产党领导的军队，是人民的军队，“打土豪、分田地”就是为了老百姓过上好日子。三位红军女战士还把打土豪得到的衣物、粮食，分给徐解秀、朱兰芳。自古以来，贫困农民见到的“官军”“国民党军”，都是抢粮抢物，欺男霸女，欺压百姓，无恶不作，草民百姓只有忍气吞声，注定承受被剥削被抢夺的命运。而今，第一次见到红军女战士这样关心民众、爱护民众的士兵，夫妻两人十分感动。红军战士爱人民，人民群众爱红军。徐解秀不忍心看着三位红军女战士顶着寒霜露水深秋季节住在院子里，硬拉着三个红军女战士住到自己房屋里面。三个红军女战士看到徐解秀家里十分贫穷，简陋到赤贫的程度，房屋床铺上只有一件蓑衣和一条破棉絮，根本没有其他基本生活用品。于是三位红军女战士便用长征中随身携带的仅有的一条军被与徐解秀母子合盖，抵御风寒，五个人虽然不能全部盖住，但是大家的心里暖乎乎的。就这样，一条军被暖人心，军民深情似海深。长夜漫长，情暖人心。这样的故事，在近现代中国，只有在中国共产党领导的红军身上才能发生。第二天拂晓，三位红军女战士惊讶地发现，徐解秀的丈夫朱兰芳夜间竟然睡在院子里的草垛上，守护着她们的安全。三位红军女战士在徐解秀家住了两个晚上，彼此结下深厚情谊，11 月 9 日早上，三位红军女战士与徐解秀夫妻依依不舍，挥手告别。她们要跟着部队继续长征。三位红军女战士出发了。徐解秀忽然发现她们将唯一的军被留在了床铺上。这绝不是疏忽，而是有意识地"遗忘"。没有军被，她们长征中怎么度过寒夜呀。徐解秀立刻抱起被子追上红军队伍，找到三位红军女战士。于是，三位红军女战士与一个农村青年妇女，四个人抱着一个军被，彼此之间推来推去、让来让去。很快，红军部队愈走愈远了。一位红军女战士急中生智，从背包中摸出一把剪刀，迅速将一条被子剪成两半，把其中半条被子塞到了徐解秀的怀里。徐解秀把三位红军女战士送给自己的半条被子紧紧贴在胸口，眼含泪水，目送三位红军女战士渐渐远去，一直到再也看不清楚。"半条被子"的故事并不偶然，具有深刻的历史内涵。1934 年 11 月 7 日，邓小平主编的中国工农红军总政治部机关报《红星报》在汝城发表长征路上唯一的"号外"，要求红军部队"不乱打土豪，不乱拿群众一点东西；进入宿营地时，要向群众做宣传，出发时要向群众告别"。[①] 这份"号外"没有吸人眼球的重大新闻，着重强调加强军民关系。毫无疑问，"半条被子"的故事与此"号外"息息相关。红军离开沙洲村后，国民党军卷土重来，翻箱倒柜，不仅把三位红军女战士留下的半条被子搜走了，而且把徐解秀拖到村子祠堂，拷打罚跪，要她说出红军的"军事秘密"，但一无所获。一个农妇哪里知道红军的"军事秘密"呢？有生之年，徐解秀一直盼望三位红军女战士回来。每年深秋，她都到与三位红军女战士分别的山脚下，久久等待。"半条被子"的鱼水深情和贴心温暖，让徐解秀暖心了一辈子。徐解秀说，什么叫共产党，共产党就是自己只有一条被子，也要给穷苦人半条的人。"半条被子的故事"体现了人民军队的政治本色。红军在长征中饥寒交迫，缺吃少穿，风餐露宿，仍然时时刻刻关心老百姓冷暖，只有一条被子，也要剪成两半，给群众留下二分之一。由此可以看到，永远同人民群众风雨同舟，血脉相通，生死与共，同甘共苦，是中国共产

① 中国工农红军总政治部机关报《红星报》"号外"，1934 年 11 月 7 日。

党和红军取得长征胜利的根本保证，也是战胜一切困难和风险的根本保证。2020 年 9 月 16 日至 18 日，习近平总书记在湖南考察时指出“半条被子”的故事充分体现了中国共产党的人民情怀和为民本质。

红军长征得到人民群众支援。红军作战坚持群众路线才能赢得胜利

红军长征过程中，通过于都河需要人民群众协助红军架桥，突破乌江、巧渡金沙江、强渡嘉陵江等需要人民群众充当船工；爬雪山、过草地需要人民群众介绍情况、担任向导，引领前进方向；红军作战需要人民群众提供各方面情报，介绍山川河流地理形势。红一方面军长征经过四川凉山彝民区时，开始彝族群众不了解红军，漫山遍野围了上来，不准红军过路，甚至抢走红军工兵部队的装备。这时红军战士纷纷请战，红军指挥员根据中央指示，命令后撤。由地下党组织出面找到一个彝族首领小叶丹的叔父。红军指挥员向他说明，红军是中国共产党领导的队伍，主张各民族一律平等，红军只是借路，并不久留。小叶丹的叔父给小叶丹做了解释。小叶丹骑着一匹骡子拜见红军总参谋长、先遣队司令员刘伯承，愿意与刘司令员结为兄弟。刘伯承欣然同意。于是，刘伯承和小叶丹举行“彝海结盟”仪式，两人举起“鸡血酒”，刘伯承说：“上有天，下有地，刘伯承愿意与小叶丹结兄弟。”小叶丹也说：“上有天，下有地，小叶丹愿意与刘伯承结兄弟。”言毕，两人同时将“鸡血酒”一饮而尽。当晚，红军先遣队和彝族同胞联欢，红军将附近白酒购买一空与彝族同胞畅谈畅饮。次日，小叶丹为红军提供向导，给红军带路，红一方面军顺利通过彝族地区。红一方面军长征转战，爬雪山过草地，来到进入陕甘地区必经的天险腊子口。这里“一夫当关，万夫莫开”。国民党军早已居高临下修建防线，构筑碉堡以逸待劳。红军突击队反复冲锋，难以奏效。红军如果不能攻克腊子口，就要重返草地、雪山；红军攻克腊子口就可以进入陕甘地区，开创中国革命新局面。腊子口势在必夺。红军指挥员发扬群众路线优良传统，召开战地“诸葛亮会”激发“头脑风暴”，凝聚集体智慧。一个刚从贵州参军被大家称为“云贵川”的小战士说，我有办法，参军前我跟着父亲上山打柴采药，翻山越岭不在话下，可以找一个长木杆在上面绑一个铁钩，再给我一捆大绳。我用铁钩子钩住山上的树木岩石，从侧面爬上腊子口上方的山峰，把大绳绑到山顶的树木岩石上，红军突击队从侧面拉着大绳攀到山顶，居高临下，将手榴弹扔向半山腰国民党军碉堡，就可以一举成功。红军指挥员照此办理。“云贵川”一马当先攀岩而上，将大绳绑在山顶大树上，红军突击队攀着大绳从侧面登上山顶，一批手榴弹从天而降，把守卫腊子口碉堡的国民党军炸得粉身碎骨。红军主力从正面呐喊着冲上去夺取了腊子口。中共中央率领红一方面军通过腊子口，进入陕西、甘肃交界的陕甘革命根据地，完成长征，举行瓦窑堡会议确定建立抗日民族统一战线总方针，迅速开

创了中国革命的新局面。

依靠群众陕甘根据地"硕果仅存"，成为红军三大主力长征的"落脚点"

中共八七会议后领导了大大小小 100 多次武装起义，在各地逐步建立井冈山革命根据地、中央革命根据地、鄂豫皖革命根据地、湘鄂西革命根据地等，最后由于"左"倾教条主义错误指导，只剩下刘志丹、谢子长、习仲勋等创建的陕甘革命根据地。这块根据地能够"硕果仅存"的一个重要原因就是始终不渝地坚持群众路线。1934 年 11 月 7 日陕甘边区苏维埃政府成立，刘志丹任陕甘边区军事委员会主席，习仲勋任陕甘边区苏维埃政府主席，建立了各级农会、工会、赤卫军、青年、妇女、儿童等群众组织。刘志丹是西北革命领袖，与人民群众保持着密切联系，主要率领红军作战，开辟根据地。习仲勋负责陕甘边区苏维埃政府工作，他要求工作人员："陕甘边根据地还要不断地巩固和扩大发展，我们进行的是土地革命，只有正确执行党的土地革命政策，根据地的人民群众才会拥护我们。边区政府的每一个同志，都必须听懂政策、掌握政策，才能正确执行政策。做群众工作时，一个村子、一户人家都不能落下。要一家一户宣传和动员群众参加红军，没有红军，根据地就保不住，没有根据地，红军就没有依托、就没有家、没有后方。建立根据地、扩大红军都离不开群众的支持，只要紧紧依靠群众，我们陕甘边区根据地和红军就能发展壮大。"每当刘志丹率领红军打下乡村、城镇时，习仲勋总是带领工作人员一家一户做工作，宣传党的土地革命政策，发展积极分子，建立革命政权，发动群众打土豪、分田地，动员群众参加红军，推翻国民党统治。习仲勋特别强调工作方法。他说："对根据地群众开展工作，最主要的是政策对头，紧紧依靠群众，一家一户做工作，一家都不能落下。调查土地改革分配的情况，分配要做到公平合理。通过土地革命，从宣传群众到组织群众，条件成熟时就建立红色政权，巩固和扩大根据地。对红军家属开展工作时，要鼓励他们坚定信心，支持红军和边区政府。要了解他们的困难，及时解决。帮助他们孝敬老人、抚养子女，动员他们做军服、军鞋、加工军粮。支持在红军中的亲人，不拉后腿。对军烈属要优待，没有劳动力的由边区政府养起来。对可能被争取转化的人开展工作时，对他们的家属要经常宣传、争取和教育，详细了解他们的各种情况，生活困难的要适当接济。"习仲勋晚年回顾说，我们总是一家一户、一个村子、一个村子做群众工作，和人民群众建立了密切的联系。他感慨地说，每当敌人"围剿"时，其他同志需要转移，我不需要转移，每当危险关头人民群众都会保护我的安全。习仲勋革命生涯多次经历险境，有时负伤、有时重病、有时遇到国民党军突然袭击。每当关键时刻都是人民群众挺身而出，帮助他度过难关。刘志丹、谢子长、习仲勋等一直与人民群众保持密切联系，凡是遇到问题，总是深入群众，调查研究，问计于民，陕甘边区革命根据地和陕北革命根据地日益发展，最后形成陕甘革命根据地（即西北革命根据地），成为红军万里长征的“落脚点”，随后发展为陕甘宁边区，成为八路军东渡黄河开赴抗日前线的“出发点”，中共中央领导中国革命的“大本营”。

始终不渝地依靠人民群众，全民皆兵，开展人民战争

全国性抗日战争爆发后，国民党主张依靠国民党政府和国民党军抗战。这是“片面抗战路线”。中国共产党主张发动全国人民团结在抗日民族统一战线旗帜下，铸成新的长城。中国共产党全面抗战路线的实质就是依靠人民群众抗战，就是坚持和发展群众路线。中国共产党洛川会议研究八路军挺进华北前线的战略方针，有的同志主张八路军开赴华北前线主要是对日军作战。毛泽东主张，八路军一方面要对日军作战，更重要的是发动人民群众依靠人民群众，建立广阔的抗日根据地，在战胜日本侵略者过程中，为中国革命胜利奠定坚实的基础。洛川会议通过目前形势与党的任务的决定等，要求中国共产党要站在抗日战争前列，发动人民群众，建立抗日根据地，在国民党统治区要大力支持人民群众的抗日救亡运动。随后，八路军挺进华北前线实行战略展开，平型关首战告捷，阳明堡夜袭日军飞机场，连战皆捷，影响很大。然后，八路军根据毛泽东的战略部署，实行第二次战略展开，把主力部队按照团营连分散，广泛发动群众，建立抗日根据地，创建了晋冀鲁豫抗日根据地、晋察冀抗日根据地、晋绥抗日根据地和山东抗日根据地等。南方红军游击队组成新四军，依靠人民群众，在大江南北开创一系列抗日游击根据地。中国共产党领导的东江纵队、珠江纵队、韩江纵队、琼崖纵队等依靠人民群众创建华南一系列抗日游击根据地。日军占领香港九龙后，东江纵队通过秘密交通线，把大批国际友人、著名爱国人士和文化人安全护送到大后方，创造了一大奇迹。在创建抗日根据地过程中，中国共产党各级组织、人民军队和人民群众紧密联系在一起，把抗日根据地的男女老少充分动员起来。太行老区的老人们回忆起来，认为人生印象最深刻的是抗战时期，八路军挺进太行山区将大家组织起来，白天下地搞生产，晚上青年们参加青年救国会的活动，年龄大的参加抗日救国会的活动，妇女们参加妇女救国会的活动和识字班的活动，少年儿童参加儿童团的活动，人人心中像燃着一团火，觉得有干头有盼头有劲头。中国共产党紧紧依靠人民群众，实行全民皆兵全民参战，伏击战、游击战、麻雀战、破袭战、地道战、地雷战、水上游击战等，人民战争大显神威。人民战争“造成了陷敌于灭顶之灾的汪洋大海”。历史证明中国共产党是全民族抗战的中流砥柱。

“马石山十勇士”等英雄群体为掩护群众突围，义无反顾，壮烈牺牲

1942 年冬日军向胶东抗日根据地马石山区“扫荡”，将数千名来不及转移的老人、妇女和孩子等围困在马石山上。日军不断缩小包围圈，准备进行大屠杀。这时八

路军一个班10名战士路过此地，看到被围困的人民群众危在旦夕。班长问战士们："父老乡亲被困住了，怎么办？"战士们回答："救不出被困的群众，我们算什么八路军？就是拼上性命也要带群众突围。"八路军战士组织群众突围时，群众异口同声地说："指望着你们打鬼子呢，你们赶紧突围，不要管我们，晚了就冲不出去了。"一位老大娘把两个七八岁的孩子送到班长面前说："别让俺们这些打仗使不上劲的人拖累你们，你们赶紧趁天黑走吧。把这两个孩子带上，他们是烈士的后代，绝不能落到日本鬼子手里。"班长经过侦察判断，日军在黎明发起进攻的可能性极大，当晚是突围的最后时机。他和战友们研究了带领群众突围的方案。班长前去探路，其他战士分头把群众带到隐蔽的山沟里作突围前的准备。夜间，班长带领三名战士，以迅雷不及掩耳之势将日军哨兵干掉，其他战士在日军包围圈上撕开几个口子，带领群众分别突围出去。八路军10名战士撤离时，一位老大爷跑过来说：俺老伴和儿媳妇带着孩子还在包围圈里面，估计是跟邻村的人一起，还没撤出来。班长立即带领战士回过头向马石山奔去，正好遇到100多名群众。班长把全班分成三组，两个组搜救在围困中走散的群众，自己和两名战士带着100多名群众向突破口撤离。掩护群众突围后，班长带着战士第二次返回包围圈。凌晨，日军发现正在撤离的群众，猛烈开火。八路军战士们英勇抗击，掩护群众突围。经过激战，大批群众安全撤退。一名战士牺牲，多名战士负伤。最后，班长和战士们准备撤离，一个小女孩跑来说，西南面山沟里还有好多人呢。班长带着战士们第三次返回包围圈。刚和山沟里的群众会合，就被日军发现。为了牵制日军，掩护群众突围，战士们将日军吸引到马石山主峰，依托山峰和日军作战。日军冲到山顶时，全班战士一起拉响最后一颗手榴弹，与日军同归于尽，壮烈殉国。

"狼牙山五壮士"掩护连队和群众转移，英烈千秋

1941年9月，日军"扫荡"隐蔽着许多干部和群众的狼牙山区。此前八路军主力部队已经转移，担负掩护任务的只有八路军晋察冀军区第一军分区第一团第七连。七连经过一个多月英勇奋战，给予日军沉重打击。由于敌我力量悬殊，七连决定将连队和干部、群众一起转移，由六班担任掩护。班长马宝玉，副班长葛振林，战士胡德林、胡福才和宋学义为掩护连队和群众转移，一边打一边撤，把日军引上狼牙山棋盘坨的悬崖绝壁。他们与日军激战中，打退日军多次进攻。手榴弹和子弹打光后，摔碎枪支，宁死不屈，跳下悬崖，马宝玉、胡福才和胡德林壮烈牺牲，葛振林、宋学义被山腰树木挡住，身负重伤，经人民群众帮助，回到部队。这就是著名的"狼牙山五壮士"。

八路军伤员将"子弟兵母亲"戎冠秀称为"妈妈"

晋察冀抗日根据地有一位"子弟兵母亲"戎冠秀。1938年八路军来到戎冠秀家乡，她参加了中国共产党，当上了村妇女救国会主任，带领村里妇女拥军支前投入抗

日救亡，组织“识字班”宣传抗日，带头送子上前线，为八路军筹集粮草，支援前线，照顾伤员，为中国人民抗日战争作出巨大贡献。夏天的晚上，戎冠秀忍着蚊虫叮咬，在昏暗的油灯下纳鞋底做军鞋，手指磨出鲜血又磨成老茧；冬天严寒，她为伤员洗绷带，手上冻裂出一道道口子。在八路军反“扫荡”中，戎冠秀带领妇女，给八路军战士送水送饭。在严重缺医少药的情况下，为挽救八路军伤员的生命，她经常拿出家里仅有的面粉和鸡蛋，做成可口的饭菜，一勺一勺地喂给伤员；严寒的冬季，她看到八路军伤员的脚冷，就撕开女儿的棉袄掏出棉花，包扎在八路军伤员的伤口处；为了及时把八路军重伤员送到医院，她经常带领妇救会员抬着担架奔跑在山路上；为了一个重伤员的安全，她临危不惧，让伤员踩着自己的肩膀，把伤员托举上去，藏进山洞。许多八路军伤员情不自禁地向她行跪拜大礼，亲切地称她“妈妈”。这些各级党组织和人民军队同人民群众生死相依、血肉相连、亲如一家、情同手足的事迹，在各个抗日民主根据地举不胜举。

“凡属正确的领导，必须是从群众中来，到群众中去”

抗日战争时期各个抗日民主根据地开展的大生产运动来源于群众路线。事情的缘起是，陕甘宁边区召开县长联席会议，忽然天上打雷把陕甘宁边区政府小礼堂一个木柱子劈断了，坐在旁边的延川县代理县长李彩云猝不及防被劈死了。当时科学知识不普及，一些群众就发牢骚说，“天上打雷怎么把县长劈死了，为啥没把老毛劈死？”陕甘宁边区保安处听到“反动言论”准备抓人。毛泽东知道后说不要抓人，把情况了解清楚再说。经过了解，那年陕甘宁边区征收公粮较多，一些群众有意见。毛泽东了解到来自群众的这些“牢骚话”后，经过调查研究，从中得出正确的结论，做出了正确的决策——迅速召开中央会议研究人民群众的负担情况，坚持实事求是地解决问题，决定减少一部分公粮征收任务。同时决定，全党动手，自力更生，开展大生产运动，“自己动手、丰衣足食”。1943 年 6 月，毛泽东总结了全国抗日战争时期中国共产党群众路线的新做法、新创造和新经验，在《关于领导方法的若干问题》中，从辩证唯物主义认识论高度，对群众路线进行了深刻阐述：“在我党的一切实际工作中，凡属正确的领导，必须是从群众中来，到群众中去。这就是说，将群众的意见（分散的无系统的意见）集中起来（经过研究，化为集中的系统的意见），又到群众中去做宣传解释，化为群众的意见，使群众坚持下去，见之于行动，并在群众行动中考验这些意见是否正确。然后再从群众中集中起来，再到群众中坚持下去。如此无限循环，一次比一次地更正确、更生动、更丰富。这就是马克思主义的认识论。”抗战期间中国共产党坚持和发展群众路线，深入实践群众路线，凝聚中华民族万众一心，团结在中国共产党倡导的抗日民族统一战线旗帜下坚持抗战直至胜利。这是中国共产党代表中国人民根本利益和中华民族根本利益的生动体现，这是最广泛最彻底的群众路线。毛泽东在中共七大《论联合政府》的政治报告中对群众路线进行了全面阐述："我们共产党人区别于其他政党的又一个显著的标志，就是和最广大的人民群众取得最密切的联系。全心全意地为人民服务，一刻也不脱离群众；一切从人民的利益出发，而不是从个人或小集团的利益出发；向人民负责和向党的领导机关负责的一致性；这些就是我们的出发点。"刘少奇在《关于修改党的章程的报告》中专门论述群众路线对于党的事业的极端重要性："党的群众路线，是我们党的根本的政治路线，也是我们党的根本的组织路线。"群众路线"就是要使我们党同人民群众建立正确关系的路线"，"就是我们党的领导骨干和党内党外广大群众密切结合的路线，就是从群众中来又到群众中去的路线，就是指导方法上的一般号召与个别指导相结合的路线"。中国共产党在革命战争时期的路线，不仅是发展党员、搞好基层组织建设、注重干部培养、干部选拔、干部使用，更主要是发动群众、组织群众、动员群众、发现和培养先进分子，建立各级党组织和各级人民政权。所以刘少奇把中国共产党的群众路线称为党的根本的政治路线和根本的组织路线。中共七大通过的《中国共产党章程》，第一次明确规定党的群众观点和群众路线的基本内容和基本要求。

"我们也会感动上帝的。这个上帝不是别人，就是全中国的人民大众"①

中国共产党第七次全国代表大会闭幕时，为了鼓舞全党以坚韧不拔的精神实现七大路线，毛泽东讲了中国古代寓言愚公移山的故事，并赋予新的政治内涵。毛泽东说：中国古代有个寓言，叫作"愚公移山"。说的是古代有一位老人，住在华北，名叫北山愚公。他的家门南面有两座大山挡住他家的出路，一座叫作太行山，一座叫作王屋山。愚公下决心率领他的儿子们要用锄头挖去这两座大山。有个老头子名叫智叟的看了发笑，说是你们这样干未免太愚蠢了，你们父子数人要挖掉这样两座大山是完全不可能的。愚公回答说：我死了以后有我的儿子，儿子死了，又有孙子，子子孙孙是没有穷尽的。这两座山虽然很高，却是不会再增高了，挖一点就会少一点，为什么挖不平呢？愚公批驳了智叟的错误思想，毫不动摇，每天挖山不止。这件事感动了上帝，他就派了两个神仙下凡，把两座山背走了。现在也有两座压在中国人民头上的大山，一座叫作帝国主义，一座叫作封建主义。中国共产党早就下了决心，要挖掉这两座山。我们一定要坚持下去，一定要不断地工作，我们也会感动上帝的。这个上帝不是别人，就是全中国的人民大众。全国人民大众一齐起来和我们一道挖这两座山，有

① 《毛泽东选集》第3卷，人民出版社1991年版，第1102页。

什么挖不平呢?[1] 毛泽东号召全党，以“愚公移山”精神带领中国人民顽强奋斗，彻底挖掉压在中国人民头上的帝国主义和封建主义“两座大山”。中国共产党在抗日战争中代表中国人民和中华民族根本利益，成为赢得抗日战争胜利的中流砥柱和民族先锋，在浴血奋战中党的力量得到空前发展，拥有100万人民军队、一亿人口的解放区和大批民兵，这时的中国共产党是一个生机勃勃的党、空前成熟、高举毛泽东思想旗帜的党。由于党在抗战中奠定强大政治基础、组织基础和群众基础，抗战胜利后很快夺取中国革命胜利。

“把最后一点粮食作军粮，把最后一块布料做军装，把最后一个儿子送上战场”

中国人民解放战争时期，中国共产党的群众路线进一步丰富和发展。华东野战军在孟良崮战役期间投入兵力数十万人，华东解放区人民群众奋力支前，送上去的是军粮，押下来的是俘虏。有一天，华东野战军某部需要迅速通过汶河，河上没有桥梁，上级通知艾山乡迅速架桥确保部队过河。乡村干部一看，男性抬担架送军粮都支援前线去了，只剩下姑娘和媳妇。大家聚集一起商量决定，每人回家把自己家里的门板拆下来，以人架桥。在艾山乡妇救会长带领下，32名妇女拆掉自家门板扛到河边集合。华东野战军部队到达后，这些姑娘媳妇一个个扛着门板，义无反顾跳到河里，“没有桥腿用人腿，没有桥板用门板”，用肩膀扛着门板架起一座“女人桥”。时值寒冬腊月，河水冰冷刺骨，部队指战员不忍心通过。站在河里的姑娘媳妇们说，咱们都是为了战胜国民党反动派的共同目标，请同志们赶快从桥上过去吧。指战员眼含热泪通过这座人民群众用身体架起的“女人桥”冲向战场。一个团的部队过桥后，充当“女人桥”的姑娘媳妇们一个个累倒在河滩上。其中有的妇女怀有身孕，正是她们用柔弱的肩膀搭起通向胜利的“女人桥”。华东解放区广泛传颂着“沂蒙六姐妹”的事迹。每当战役打响，村干部和民兵都上了前线，支前重担就落在女性肩上。孟良崮附近“沂蒙六姐妹”发动全村男女老幼，为部队摊煎饼做军鞋护理伤病员，经常忙得每天只吃一顿饭。孟良崮战役期间，她们带领全村为部队做军鞋500多双，为胜利作出突出贡献。华东野战军数十万部队在前线作战，每天三顿要吃饭，有个村里的姑娘媳妇们架起大锅，不分昼夜摊山东煎饼支援前线。累了就躺到地上休息一会儿，然后起来继续干，一直坚持到战役胜利。孟良崮战役关键时刻，华东野战军骑兵部队发起进攻前经过一个村庄，战马需要喂饱战士需要吃饱才能冲锋陷阵，没有草料没有粮食。骑兵部队负责人找到村长，村长放眼四顾，村里能够支前的物资都已送上前线，

---

① 《毛泽东选集》第3卷，人民出版社1991年版，第1102页。

只有几间新草房上的草可以喂战马，村民们的粮食都已支援前线留下的只有种子。他二话未说，发动村民们说，把这些新草房拆了喂战马，把每家留下的粮食种子全部拿出来给战士们做饭。于是，村民们把新草房的草拆下来用铡刀铡细，将骑兵部队战马喂饱；将粮食种子做成饭让战士们饱餐一顿。这样的真情感动得战士们骑着战马冲锋陷阵，一往无前。类似的事情，在华东战场到处都有。华东野战军一次重要战役的紧急关头，一位基层政治干部率部冲锋时被国民党军重机枪子弹击中腿部，鲜血直流。人民群众的担架队冒着枪林弹雨迅速把他抢救下来。抬着担架下山过程中，他隐隐约约听到一个担架队员说"哎呀，这个小青年快不行了，要赶快抢救"。"赶快喂点小米稀饭。"于是，一位担架队员取下担架上挂着的一罐小米稀饭，由于风刮日晒小米稀饭已变成饭团。而这位重伤员处于半昏迷状态连嘴也张不开。一个女担架队员二话没说，解开上衣把自己的乳汁挤到饭罐里面，从树上拧下树枝做筷子把饭团搅了搅，稀释一下，将乳汁小米饭一点一点喂到伤员口中。伤员得救了，被送到后方医院，经过手术，腿保住了，恢复健康后重新上了战场，战功卓著，逐步成长为中国人民解放军高级将领。后来，他多次来到革命老区，想找到这位用乳汁救活自己的"红嫂"。然而，在寻找"红嫂"时却发现革命老区各个村子都有这样的"红嫂"。"天上星星亮晶晶，沂蒙红嫂数不清。""红嫂"故事太多了。当年担架队员冒着枪林弹雨抢救他下山，年轻"红嫂"用乳汁救他，也没有想到将来他成为高级将领来寻找自己、来报答自己。大家所做的一切都是发自内心的。人民群众全力以赴支援共产党和人民军队，共产党和人民军队把人民群众当作自己的亲人。

人民群众和我们站在一起，这就是我们的"铁桶江山"

解放战争时期的西北战场上，国民党军集结 25 万人重兵进攻陕甘宁边区，西北野战军只有两万多人。面对强敌，中国人民解放军副总司令、西北野战军司令员兼政治委员彭德怀说，别看敌人貌似强大，他们脱离人民，陕甘宁边区这个地方虽然贫穷，但是人民群众和我们站在一起，这就是我们的"铁桶江山"；敌军虽然貌似强大，但最后必然会被我们所战胜。历史的发展，完全被彭德怀的预见所证明，国民党军胡宗南集团占领延安后，赶快向蒋介石报捷，蒋介石想要看看红军长征后在陕北发展壮大的奥秘所在，看看毛泽东和中共中央究竟用了什么法宝？于是，蒋介石乘坐"美龄号"专机飞到延安，来到毛泽东、朱德、刘少奇、周恩来、任弼时、彭德怀等住过的窑洞，仔仔细细、里里外外看了一遍。就是在这种纯天然的原始状态的窑洞里，中国共产党代表中国人民根本利益，落地生根，由弱到强，发展壮大，最后彻底战胜了国民党反动派。国民党军胡宗南集团占领延安后，西北野战军"三战三捷"。青化砭战斗消灭国民党军一个旅，活捉旅长和一批国民党军官兵。西北野战军打扫战场后，立即撤离战场，国民党军增援部队很快开了过来。西北野战军司令员兼政委彭德怀、西北局书记兼西北野战军副政委习仲勋站在黄土高原的山上观察敌情，看到国民党军无论走到哪里，都有人民群众利用消息树等接力发信号——指示国民党军的动向。彭德怀非常高兴地说：什么是天罗地网，这就是天罗地网啊！有人民群众的支援和帮助，我们必然战胜国民党反动派。一次战役结束后，西北野战军一个重伤员掉队了，几个担架队员把他放到担架上，翻山越岭，送到隐蔽在一个山沟里的西北野战军。他们不知道此地是西北野战军司令部，看到有人民解放军战士站岗就抬了过来。警卫部队指战员为了保护首长安全，连连说不要靠近，不让抬担架的群众过来。彭德怀在窑洞里听见了，出来批评说：你们这是什么作风？人民群众冒着生命危险，历经千难万险，把我们的伤员抢救下来，抬了过来。你们是什么态度？如果是国民党军司令部，你用绳子捆住他，他也不去。然后，彭德怀把抬着伤员的担架队员请到窑洞里，给每人端了一碗水让他们喝水，对他们表示感谢，又派部队的同志带领担架队员抬着伤员送到后方医院。一个侦察员单独活动期间违反群众纪律，部队将处理报告上报彭德怀。彭德怀说，我们长征到陕北，这里的人民群众一直给我们大力支持，对我们有很多恩德。可是这个侦察员却危害群众利益，按律当斩。但彭德怀在处理报告上签字时，数次拿起毛笔又数次把毛笔扔掉，如是者再三，最后狠狠心才签了“同意”。然后，他把处理报告狠狠地扔到地上，跺着脚说，这个侦察员才23岁，是我们没有教育好，是我彭德怀没有教育好，他才犯了杀头之罪，人民群众把子弟送到部队来，我们没有把他教育好，我们是干什么吃的？说完，他潸然泪下。

人民军队副总司令与陕北军民同甘共苦，国民党军将军们心悦诚服

西北野战军连战皆捷，俘虏大批国民党军高级将校。一天，彭德怀把一个中将军长叫来谈话，了解国民党军情况。到吃饭时间了，警卫员端来一大盆面条，拿来两个粗瓷大碗，彭德怀首先盛了一碗面条。国民党军的中将军长却在旁边看呆了，说，“哎呀，早就听说彭副总司令艰苦朴素，没有想到你就吃这样的饭，佩服，佩服”。彭德怀把脸一沉，说道：“怎么了，我能吃这样的饭，说明我彭德怀高高在上，比人民群众生活优越得多，你们国民党觉得这饭难以下咽，说明你们这些达官贵人代表的是地主资产阶级。”把这个国民党军的军长教训了一番。在西北战场上有一次彭德怀外出，后面跟着警卫班。几个解放军战士押着俘虏的国民党军一个中将军长相向而行。国民党军的军长看到前面的解放军干部后面跟着警卫班，判断一定是解放军的大官，就十分注意。彭德怀走到一个村子看到一个老乡挑了一挑水，说：“老乡，我能不能喝点水啊？”老乡说，解放军同志喝水，可以呀。彭德怀舀了一碗凉水“咕咚咕咚”喝了下去，说：“谢谢老乡啊！”老乡说“不用谢，军民一家嘛！”彭德怀继续向

前走了。后面的国民党军长问押送自己的战士：那个大官是谁？战士说：是我们的彭副总司令。这个国民党军长对此感叹不已。他说国民党是必然要灭亡了。为什么呢？他认为，名震中外的彭德怀副总司令艰苦朴素，同人民群众同甘共苦，口渴了舀了一碗凉水就喝了；与此对照，国民党的那些达官贵人、高级将领却是锦衣玉食花天酒地，因此必然走向灭亡。国民党军这个将领就从这一点上得出结论国民党一定失败。

"尤其是在目前情况下，纪律应该是铁是钢，而不是豆腐渣，不能一碰就碎"

全国解放战争时期的中原战场上，刘伯承和邓小平率领晋冀鲁豫野战军（人民群众亲切地称为"刘邓大军"）进军大别山期间，人民群众强烈要求将国民党一个将领名字命名的县名改为"伯承县"。刘伯承认为，解放区应当由人民群众当家作主，建立新社会开始新生活，坚决反对将县名改为"伯承县"，而是建议改为新县。这就是河南省新县名字的来历。刘邓大军转战大别山区期间，一天，刘伯承、邓小平率领直属部队来到鄂东黄冈总路嘴一带。当地群众不明真相，看到有军队过来都跑掉了。警卫团一位副连长来到路边一个店铺看到里面没有人，就拿了两匹布和一捆粉条，还有一些白纸和几只毛笔，准备用布给一个小战士做棉衣，用纸和笔给连队出板报，用粉条给刘伯承做菜吃，他知道刘伯承爱吃粉条。但是军纪规定，凡是抢劫民财者要处以严厉惩罚——枪毙。这件事上报给刘伯承、邓小平后，他们心里异常沉重。邓小平说："法纪如山，谁也不能以身试法！"这位违纪的副连长提出，对他执行军纪一事，不要告诉自己母亲，因为母亲年事已高，就说牺牲在战场上了。邓小平说："可以考虑作为战场牺牲告诉家人。三国时，诸葛亮挥泪斩马谡，但优抚其妻儿。今天，我们也是硬把眼泪往肚里吞啊！"在公开宣判大会上，那位店铺老板要求高抬贵手，一位老大娘跪在地上要求刀下留人，广大群众纷纷要求不要枪毙这位违纪的副连长。邓小平坚定地说："军纪如山，动摇不得！一个没有纪律的部队是没有战斗力的，是不会得到群众真心拥护的。尤其是在目前情况下，纪律应该是铁是钢，而不是豆腐渣，不能一碰就碎！不能让人们说我们是虚张声势！所以，我的意见，还是要坚决执行纪律！"军队执法部门对这位副连长执行军纪后，邓小平说："此事不要通知地方政府。按照军属待遇照顾他的家庭，一个同志犯了错误，也是我们没有教育好，我们也有责任，对不起组织，对不起生养他盼望他的老妈妈。"1948 年春天，刘邓大军从大别山进入河南中西部地区改名为中原野战军。人民群众纷纷提供粮食，参军参战，支援人民解放军。邓小平非常高兴地致电中央，进入河南境内后，兵源、粮源、财源滚滚而来，估计今年夏季河南粮食丰收，今后工作能够顺利开辟。中共中央决定，建立扩大的中原局和中原军区，邓小平任中原局第一书记、中原军区和中原野战军政治委员，刘伯承任中原军区和中原野战军司令员，将华东野战军司令员兼政委陈毅调到中原，任中原局第二书记、中原军区第一副司令员。邓小平曾回忆说，解放战争时期心情非常舒畅，胜利一个接着一个，中央交给的各项任务都得到圆满完成。人民解放军攻克当时中原地区第一个省会河南开封时，非常准确地体现了群众路线。开封战役刚结束，中国人民解放军开封前线司令部、政治部就发出毛泽东修改的《入城布告》，保护一切人民群众生命财产安全、保护一切文化教育机关和学校。硝烟未散，人民解放军警备部队已在河南大学、河南省图书馆、开封市图书馆门前站上了岗。河南大学具有光荣革命传统，很多进步教授、学生和河南省会大批知识分子、名流学者纷纷参加革命。他们刚刚进入中原解放区，刘伯承司令员、陈毅司令员、陈赓司令员就来看望。在这些大学教授、名流学者心目中的刘伯承将军、陈毅将军、陈赓将军都是天兵天将一样可望而不可即的人物，现在一个个穿着粗布军装谈笑风生，简直难以置信这是真的。陈毅说，我们有两支队伍，一支是武装的队伍就是人民解放军；一支是不穿军装的队伍就是文化战线的队伍。因为解放区日益扩大急需大批干部，邓小平主持中原局决定，以这批河南文化界教育界的名流学者和河南大学进步师生为基础建立中原大学，为中原解放区培训干部。陈毅自告奋勇任中原大学筹备委员会主任委员。开学后，陈毅作报告，高屋建瓴畅谈国内外形势和中原战场形势。中原大学师生们听了很受鼓舞、非常振奋。陈毅作报告后与大家互动，一个学员说，中原大学毕业后能不能当县长啊？陈毅说，你这个同志口气太小了，你只要有能力，司令员都可以当嘛！但是共产党的县长都是单枪匹马打出来的，是要靠你自己去开辟。有的学员问，如果想家了，想回家怎么办，能不能让回去？陈毅说，来者欢迎，走者欢送，天热，我还要送你一个草帽。陈毅一边说着一边做了个送草帽的动作。中原大学师生听了陈毅报告，各种疑虑烟消云散。中原大学为中原解放区和中南地区培训大批干部，发展成为中南财经政法大学。

发动群众、依靠群众，建立巩固的东北根据地，造就东北野战军百万雄师

在解放战争的东北战场上，1946 年 6 月东北民主联军（后来改名为东北野战军）总政治部在政治工作指示中指出：我们的战争是人民战争，只要我们把群众发动起来，群众是拥护我们的，国民党就得不到群众的拥护。“在部队中加强群众观点的教育，使一切人员懂得依靠群众的重要，关心群众利益，切实执行三大纪律八项注意，与打骂群众、侵犯群众利益及任何脱离群众的现象作斗争。”1946 年 7 月 7 日东北局通过东北局副书记、东北野战军副政委陈云起草的《关于形势与任务的决议》——《七七决议》。中央修改后批准《七七决议》。《七七决议》根据中共中央建立巩固的东北根据地的方针，强调指出：大城市是我们所需要的，但大城市暂时一般地不宜确保，如果偏重大城市，轻视建立根据地，我们将面临既无大城市又无根据地的危险。

因此，必须规定，无论目前或今后一个时期内，创造根据地是我们工作的第一位。创造根据地的主要内容是发动农民群众，能否发动农民是东北斗争成败的关键。《七七决议》要求东北各级干部到农村去，深入发动群众，建立巩固的东北根据地。东北局号召广大干部，走出城市，丢掉汽车，脱下皮鞋，换上农民衣服，不分文武，不分男女，不分资格，一切可以下乡的干部要统统到农村发动农民，造成干部下乡的热潮。东北局负责人分头到东北各地传达贯彻《七七决议》精神。在东北解放战争形势严峻之际，《七七决议》统一东北地区各级党组织和党政军干部的思想，使东北地区工作方针和人民军队作战指导思想，转变到中共中央制定的《建立巩固的东北根据地》的战略方针上来，并成为东北地区各级党政军干部的实际行动。东北地区各级党组织和广大干部遵照中共中央指示和《七七决议》精神，加强思想政治工作，克服悲观情绪与和平幻想，树立进行艰苦战争的决心。整编训练部队、及时补充兵员，组建炮兵、坦克兵、铁道兵、工兵等特种兵部队。实行主力部队与地方部队相结合，广泛发动群众，开展大规模剿匪斗争，使主力部队和地方部队战斗力迅速提高。东北局动员数万名干部组成土改工作团、土改工作队，到农村发动群众。经过轰轰烈烈的土地改革运动、扎扎实实的群众工作和建设东北根据地的艰苦工作，通过"四保临江""三下江南"等战役战斗，有力扭转东北战局，为解放全东北奠定基础。东北人民积极参军参战，东北野战军发展成为兵强马壮的百万大军。辽沈战役进攻锦州总攻之前，东北野战军政委罗荣桓要求各纵队做好战时政治工作，特别要严格遵守群众纪律。他指着一个院子里的苹果树说："要教育部队保证不吃老百姓一个苹果，无论是挂在树上的、收获在家里的、掉在地上的，都不要吃，这是一条纪律，要坚决做到。"在此期间，东北野战军秋毫无犯，各个部队都有不吃农民苹果的事迹。东北野战军在《关于九、十两月作战总结致毛泽东等电》中汇报："义县、兴城、锦州、沈阳等城都没有侵犯私人工商业及城市人民的利益。一切工厂、公共机关（锦州受炮火摧毁）保护比较完整，在兴城解决战斗后，县政府只少了一把修理电话的铁钳，并由部队立即清查交还。某地主之大批苹果，战士一个未动。"东北野战军一位团长回忆，坚守塔山时，战士们坐在果实累累的苹果树下休息，虽然又饥又渴，却无一人去拿，受到纵队司令员表扬。当地群众回忆说，1948 年秋攻锦州前，国民党军为在南山修碉堡，将满山的杨柳榆槐、7000 多棵苹果树砍光，将 13 户人家的猪、鸡、粮抢光。这时，人民解放军打过来，受到群众热烈欢迎。大家请解放军吃苹果，可是解放军说什么也不拿不吃。毛泽东看到东北野战军的报告非常感动。后来他在一个批示中写道："锦州那个地方出苹果，辽西战役的时候，正是秋天，老百姓家里很多苹果，我们战士一个都不去拿。我看到了那个消息很感动。在这个问题上，战士们自觉地认为：不吃是很高尚的，而吃了是很卑鄙的，因为这是人民的苹果。我们的纪律就建筑在这个自觉性上边。这是我们党的领导和教育的结果。人是要有一点精神的，无产阶级的革命精神就是由这里头出来的。”① 随着东北野战军胜利进军，东北解放区人民群众组成民工团，东北野战军打到哪里东北民工团就跟进到哪里。东北野战军之所以后勤保障非常充分，一方面由于辽沈战役缴获国民党军大量物资；另一方面由于东北民工团带着这些物资跟着东北野战军前进，从东北到华北，直到中原和中南地区解放才返回东北。

紧紧依靠群众，完全相信群众，一切为了群众

中国革命胜利与群众路线有很大关系。全国解放战争三年取得胜利的战略决策是毛泽东问计于民的结果。中共中央迁到西柏坡后，在国民党统治区长期做地下工作的胡愈之来到解放区，他听说中央预定用五年时间打败国民党反动派夺取革命胜利，就说国民党已经彻底腐败了——政治腐败、经济腐败、军事腐败，国民党统治区人民群众都希望人民解放军赶快进军，早日解放全中国。胡愈之的谈话被报告给中共中央，毛泽东把胡愈之请到西柏坡，听他详细讲述国民党政治崩溃、军事崩溃和经济崩溃，国民党统治区人民群众盼望人民解放军尽快进军的详细情况。毛泽东征求各方面意见，召开中央会议果断决定，大大缩短人民解放战争进程，用三年时间从根本上打败国民党反动派，夺取中国革命胜利。中国革命胜利前夕，毛泽东在中共七届二中全会上指出，中国革命胜利只是万里长征走完了第一步，今后的斗争将会更艰苦更复杂，“务必使同志们继续地保持谦虚、谨慎、不骄、不躁的作风，务必使同志们继续地保持艰苦奋斗的作风”②。“两个务必”的核心就是紧紧依靠人民群众，完全相信人民群众，一切为了人民群众，把人民群众的愿望和要求作为党的奋斗目标。中国革命战争时期，中国共产党的群众路线体现在党的全部活动中，体现在重大决策中，体现在战役战斗中，体现在共产党人的日常行动和群众关系中。马克思主义的根本目的是要解放全人类。毛泽东说，无产阶级如果不能解放全人类，就不能使无产阶级自己最后的得到解放。这是辩证唯物主义与历史唯物主义的基本原理。

三、“必须不断地发扬党的工作中的群众路线的传统”

中国共产党在革命战争年代坚持群众路线、依靠群众路线、发展群众路线，赢得人民战争胜利。中国革命胜利后，中国共产党成为执政党，仍然坚持群众路线、依靠

① 《人民日报》1972 年 8 月 1 日。
② 《毛泽东选集》第 4 卷，人民出版社 1991 年版，第 1438－1439 页。

群众路线、发展群众路线，赢得社会主义革命和建设的胜利。

进军西藏，剿匪平叛，坚持群众路线，赢得彻底胜利

中华人民共和国成立后，中国人民解放军第二野战军第十八军担负进军西藏任务。邓小平指出，进军西藏要严格坚持党的群众路线，所谓群众路线，包括调查研究等。第十八军坚决贯彻中共中央“慎重稳进”的方针，首先了解西藏的民情民风。通过调查研究西藏的实际情况，为进军西藏、服务西藏群众、和平解放西藏、争得西藏群众，奠定坚实基础。在进军西藏过程中，第十八军大力宣传中国共产党的民族宗教政策、民族团结政策、三大纪律八项注意。充分尊重西藏群众的宗教信仰，保护喇嘛寺庙，未经许可不准进入寺庙，更不准住经堂；不得在寺庙附近捕鱼、打猎；不得到神山砍柴、放牧等。积极帮助群众解决生产和生活困难，为群众背水、扫地、打柴、修补房屋，免费治病、发放无息或低息农业贷款、进行社会救济、救灾、修桥、修路、办学校、稳定市场物价、供应部分民需物资等。为了严格遵守三大纪律八项注意，第十八军指战员遇到缺粮挨饿，绝不拿群众一颗粮食；遇到风雪严寒，绝不住喇嘛寺庙，坚持搭帐篷宿营。这些优良作风，体现了人民军队为人民服务的根本宗旨，体现了中国共产党的民族政策和宗教政策，增进了民族团结，确保了进军西藏的胜利。中华人民共和国成立初期，甘肃甘南一些地方发生国民党从台湾空降过来的特务暗中煽动操纵的叛乱。于是，西北局负责人兼西北军区政委习仲勋会见甘南藏族代表人物黄正清。黄正清在大革命时期曾得到共产党人宣侠父的教育。黄正清家族在甘南地区很有影响。彭德怀、习仲勋指挥第一野战军进军西北时，深受宣侠父宣传的革命思想影响的黄正清迅速和第一野战军取得联系。彭德怀、习仲勋立即派人把黄正清接到西北局和第一野战军。黄正清宣布起义加入革命阵营，听从西北局和第一野战军指挥。在彭德怀、习仲勋亲切关怀下，黄正清担任甘肃省人民政府委员、西北军政委员会委员。黄正清对习仲勋说，我愿意到甘南地区平息叛乱。习仲勋说，我授予你平息甘南地区叛乱的全权，任命你为甘南剿匪副司令员。一边说一边把随身佩带的手枪解下来交给黄正清说，你带上护身。黄正清深受感动，到甘南地区振臂一呼，少数民族群众纷纷骑着快马带着猎枪聚集到他的驻地。他把藏族群众编成藏族骑兵剿匪团，配合人民解放军骑兵团，布下天罗地网，穷追猛打，把叛乱分子一网打尽，活捉叛乱头子交给了人民政府。国民党从台湾空投的特务电台台长钻到一个山洞里不出来，被藏族剿匪骑兵团当场打死，甘南地区平叛取得彻底胜利。这时习仲勋已调中央工作，立即把黄正清这一贡献报告中共中央和中央军委予以嘉奖。

“必须不断地发展党的工作中的群众路线的传统”

在中国共产党第八次全国代表大会上，邓小平在修改党章的报告中总结了新民主

主义革命时期坚持群众路线的历史经验和执政后发展群众路线的新鲜经验，对群众路线做了详细阐述：“党章草案的总纲，着重地指出了党必须不断地发展党的工作中的群众路线的传统，并且指出了这个任务由于党成了执政的党而有更加重大的意义。”①在中共八大通过的党章中第一次写上了“群众路线”：“中国共产党的一切主张的实现，都要通过党的组织和党员在人民群众中间的活动，都要通过人民群众在党的领导下的自觉的努力，因此，必须不断地发扬党的群众工作中的群众路线传统。”中共八大还提出，坚持群众路线，要注意建立制度，要加强监督，这是中国共产党执政后对群众路线进一步的丰富和发展。中国共产党成为执政党后，中央领导人在坚持群众路线方面树立了榜样。新中国成立十周年，中国共产党中央委员会副主席、中华人民共和国主席刘少奇会见全国劳动模范、北京市掏粪工人时传祥。刘少奇说：你做掏粪工人，我做国家主席，咱们都一样，只是革命工作分工的不同，都是为人民服务。在中国历史上和世界历史上，第一次国家元首和一个普通掏粪工人平起平坐，将两者地位并列在一起，显示出很高的思想境界。他认为自己这个国家主席和时传祥这个掏粪工人，只是工作分工的不同，都是为人民服务。

大兴调查研究之风，深入群众，深入基层

1961年春天，刘少奇在广州参加中央工作会议后，来到湖南省宁乡县家乡调查研究。他担心到其他地方调查研究听不到来自农村的真话，决定到自己家乡调查研究了解农村的真实情况。他首先来到一个人民公社（乡镇一级）的一个生产大队（行政村一级），当时宣传这个生产大队有一个养着几万头猪的大型养猪场，号称“万头猪场”。他说，咱们先去看看你们的“万头猪场”吧。实地一看，哪里有什么“万头猪场”，只有几头瘦得不像样子的小猪。他说这就是你们宣传的“万头猪场”呀，咱们的调查研究就从这里开始吧。于是，他住在农村，一家一户、一个村子一个村子地实地了解真实情况。刘少奇对一个少年时代一起放过牛的农民说，你说真话，到底现在农业减产、农村困难是什么原因造成的？这个农民说，有天灾的因素，但是要让我看呢，“万头猪场”不是天灾，主要是人祸。人祸就是由于人们主观认识和做法造成的问题导致出现农村经济困难。刘少奇在湖南农村调查研究44天，走村串户，了解情况。他真正了解农村真实情况后，胸有成竹，回到北京，在中央会议上大声疾呼，要采取果断措施，扭转危局，迅速解决国民经济出现的严重困难。在中央“七千人大会”上，他本来准备了书面报告，又临时即席讲话，实事求是地分析国民经济出现严重困难的原因，提出一系列扭转困难局面的重大举措。在历史发展重要关头，

---

① 《邓小平文选》第1卷，人民出版社1994年版，第216－217页。

刘少奇表现出共产党人密切联系人民群众、充分代表人民群众根本利益、坚持实事求是的崇高品质。

"集体力量""群众基础"。用辩证唯物主义与历史唯物主义阐述重大问题

历史证明，全面贯彻落实群众路线不是一帆风顺的。在革命战争年代，是否实行群众路线出现过曲折和不同意见；在社会主义革命和建设时期，是否坚持群众路线同样不是一帆风顺的。中共中央在《关于建国以来党的若干历史问题的决议》指出："文化大革命"是一场由领导者错误发动，被反革命集团利用，给党、国家和各族人民带来严重灾难的"内乱"。[①]"十年内乱"时期，群众路线荡然无存。表面上看起来"文化大革命"运动是一场所谓的"群众运动"。实质上"文化大革命"是打着"群众运动"的幌子"运动群众"。"文化大革命"时期召开的中共九大和中共十大都从《中国共产党章程》中删去了关于群众路线的内容。"黄河九曲终归大海""长江万里奔向海洋"历史发展历经曲折后，中国共产党依靠人民群众的力量，终于彻底粉碎"四人帮"。当时，国际国内对粉碎"四人帮"有很多说法。意大利著名女记者法拉契采访邓小平时提出一个问题：粉碎"四人帮"究竟是谁决定的？是哪一个人、哪几个人决定的？邓小平回答说，"这是集体的力量。我认为首先有四五运动的群众基础。'四人帮'这个词是毛主席在逝世前一两年提出来的。1974 年、1975 年，我们同'四人帮'进行了两年的斗争。'四人帮'的面貌，人民已看得很清楚。尽管毛主席指定了接班人，但'四人帮'是不服的。毛主席去世以后，'四人帮'利用这个时机拼命抢权，形势逼人。'四人帮'那时很厉害，要打倒新的领导。在这样的情况下，政治局大多数同志一致的意见是要对付'四人帮'。要干这件事，一个人、两个人的力量是办不到的"[②]。《关于建国以来党的若干历史问题的决议》对粉碎"四人帮"做了历史结论："1976 年 4 月间，在全国范围内掀起了以'天安门事件'为代表的悼念周总理、反对'四人帮'的强大抗议运动，这个运动实质上是拥护以邓小平同志为代表的党的正确领导，它为后来粉碎江青反革命集团奠定了伟大的群众基础。"邓小平和《关于建国以来党的若干历史问题的决议》阐述的观点，就是马克思主义的辩证唯物主义与历史唯物主义基本原理——人民群众是历史发展的主体，人民群众是推动历史前进的真正动力，人民群众是历史的创造者。

四、大力支持人民群众首创精神

中共十一届三中全会实现社会主义时期伟大历史转折。解放思想，拨乱反正，改

---

① 《关于建国以来党的若干历史问题的决议》，《人民日报》1981 年 7 月 1 日。
② 《邓小平文选》第 2 卷，人民出版社 1994 年版，第 349－350 页。

革开放，实事求是，成为滚滚向前的历史潮流。中共中央决定实行改革开放和社会主义现代化建设，来源于充分发挥人民群众建设社会主义主动性、积极性和创造性的马克思主义基本原理，体现着中国共产党尊重人民群众的首创精神，蕴含着相信群众、依靠群众推动历史前进的群众路线。

实现伟大的历史转折是坚持群众路线的结果

中共十一届三中全会和会前召开的中央工作会议上，充分发挥集体智慧，与会同志畅所欲言，来自全党全国各个方面的意见和建议得到充分展现，不论发表怎样尖锐的意见都可以在会议简报上得到直截了当、直言不讳的充分反映。与会同志回忆，中共十一届三中全会和会前中央工作会议发表的各种会议简报，相当于两部《红楼梦》三部《三国演义》那么厚，中共中央集思广益，发挥集体智慧，汲取与会同志意见，集纳全党全国人民的共同意志，代表中国人民和中华民族的根本利益，实现历史性转变，开辟改革开放和社会主义现代化建设新时期。中国改革开放以农村改革为起点，农村改革来自人民群众的创造。邓小平多次讲过，农村改革不是我的发明创造，是来自人民群众的发明创造，我的作用只是把人民群众的发明创造总结出来、推广开来。邓小平始终坚持用辩证唯物主义与历史唯物主义的立场、观点和方法看问题，树立了坚持、丰富和发展群众路线的典范。全党全国坚决贯彻执行邓小平关于农村改革的一系列指示，安徽等地依靠群众在农村改革方面走在前列，进行许多有益探索，勇于大胆创造，总结出许多新鲜经验，迅速得到广泛推广。“一花独放不是春，万紫千红春满园。”农村改革蓬勃发展，成效显著。改革开放初期创办经济特区也是坚持群众路线的结果。经济特区建立初期并非一帆风顺，各种议论都有，有的说经济特区是资本主义，有的说深圳经济特区除中华人民共和国国旗还是社会主义以外，其他都已经变质了。各种议论在一段时间内纷纷攘攘。为此，邓小平1984 年到深圳、珠海、厦门经济特区实地考察，深入实际，调查研究，走群众路线。他风尘仆仆，来到企业、码头、农村、渔村、工厂、公司等单位，与工人、农民、渔民、科技人员、企业家、港澳人士，甚至和住地服务员都进行了广泛接触、交流和谈话。最后得出结论，经济特区是社会主义的，经济特区姓社不姓资。实践证明，我们设立经济特区的决策是正确的。邓小平回到北京后，中央政治局立即召开会议，研究进一步发展对外开放问题。随同他一起到经济特区考察的中央领导同志专门向新华社记者发表谈话，介绍经济特区的发展成就。根据邓小平实地调研和中共中央决策，经济特区的发展进一步得到各方面大力支持，实现迅猛发展，中央继续开放沿海 14 个城市，实行沿海地区开放、沿江地区开放、沿边地区开放，使经济特区和沿海地区、沿江地区、沿边地区的对外开放协调发展，既带动了整个改革开放发展，也有力地带动了整个国民经济发展，使改革开放和社会主义现代化建设迅速迈上了新台阶。实践是检验真理的唯一标准，实践也是检验经济特区的唯一标准。历史发展已经证明，改革开放和经济特区是中国共产党的独特创造，在经济发展和社会生活中产生非常好的政治效益、经济效益和社会效益。外国很多国家元首、政府首脑、政党领袖、著名政治家和社会活动家到中国访问，首先要到北京访问，然后就要南下深圳到中国的经济特区去看看实际情况。现在，经济特区已经基本实现了现代化，城市和乡村的区别已被打破，完全融为一体，成为中共中央和国务院确定的"中国特色社会主义深圳示范区"。

"群众路线，就是一切为了群众，一切依靠群众，从群众中来，到群众中去"

中共十一届六中全会通过的《关于建国以来党的若干历史问题的决议》总结了中国共产党群众路线的理论与实践，深刻指出，群众路线，就是一切为了群众，一切依靠群众，从群众中来，到群众中去。把马克思列宁主义关于人民群众是历史的创造者的原理系统地运用在党的全部活动中，形成党在一切工作中的群众路线，这是我们党长时期在敌我力量悬殊的艰难环境里进行革命活动的无比宝贵的历史经验的总结。毛泽东同志经常强调，只要我们依靠人民，坚决地相信人民的创造力是无穷无尽的，因而信任人民，和人民打成一片，那就任何困难都有可能克服，任何敌人最终都压不倒我们，而只能被我们所压倒。他还指出，领导群众进行一切实际工作时，要取得正确的领导意见，必须从群众中来、到群众中去，实行领导和群众相结合，一般号召和个别指导相结合。这就是说，把群众的意见集中起来，化为系统的意见，又到群众中坚持下去，在群众的行动中考验这些意见是否正确。如此循环往复，使领导的认识更正确、更生动、更丰富。这样，毛泽东同志就把马克思主义的认识论同党的群众路线统一起来了。党是阶级的先进部队，党是为人民的利益而存在和奋斗的，但是党永远只是人民的一小部分；离开人民，党的一切斗争和理想不但都会落空，而且都要变得毫无意义。我们党要坚持革命，把社会主义事业推向前进，就必须坚持群众路线。

发展伟大事业，应对国内外复杂局势，坚持和发展群众路线是唯一正确途径

无论是历史经验还是现实发展都证明，革命战争年代需要依靠群众路线，社会主义革命和建设时期需要依靠群众路线，改革开放和社会主义现代化建设新时期的实践创造和理论创新依然需要依靠群众路线。在新的历史时期，邓小平对群众路线做了进一步的丰富和发展。20 世纪 90 年代前后，国际风云急剧变幻，国际共产主义运动出现重大挫折，苏联东欧发生剧变，苏联解体，苏联共产党解散。在此前后，邓小平反复强调："总之，对于国际局势，概括起来就是三句话：第一句话，冷静观察；第二句话，稳住阵脚；第三句话，沉着应付。不要急，也急不得。要冷静、冷静、再冷

静，埋头实干，做好一件事，我们自己的事。①”他提出冷静观察，稳住阵脚，沉着应付，韬光养晦，善于守拙，决不当头，抓住机遇，有所作为，立足于把我们自己的事情办好的重要国际战略方针。邓小平对中央领导同志说：“现在国际形势不可测的因素多得很，矛盾越来越突出。过去两霸争夺世界，现在比那个时候要复杂得多，乱得多。怎样收拾，谁也没有个好主张。第三世界有一些国家希望中国当头。但是我们千万不要当头，这是一个根本国策。这个头我们当不起，自己力量也不够。当了绝无好处，许多主动都失掉了。中国永远站在第三世界一边，中国永远不称霸，中国也永远不当头。但在国际问题上无所作为不可能，还是要有所作为。作什么？我看要积极推动建立国际政治经济新秩序。我们谁也不怕，但谁也不得罪，按和平共处五项原则办事，在原则立场上把握住。”② 为此，邓小平再次视察南方，来到深圳经济特区和珠海经济特区等地，到工厂、农村、企业、科研机构、大学等单位，广泛接触方方面面的党员、干部、知识分子、农民、工人、企业家、港澳人士，问计于民。邓小平通过走群众路线，实地调查研究，从中得出正确结论——中国实行改革开放完全正确、中国建立经济特区完全正确、中国特色社会主义道路完全正确，在国际风云急剧变幻的时候，我们要立足于把自己的事情办好。在邓小平指引下，“任凭风浪起，稳坐钓鱼台”。不管世界风云如何变幻，中国特色社会主义蓬勃发展，中国经济蓬勃发展，中国经济实力逐步增长，中国人民的幸福指数日益提高。中国迅速发展成为世界第二大经济体。在 20 世纪 90 年代国际共产主义运动发生重大挫折的严峻形势下，中国特色社会主义依然保持蓬勃旺盛的生机与活力。因为中国共产党始终不渝地坚持来自人民、植根人民、服务人民、为了人民，因而能够青春常在，蓬勃发展。历史证明，群众路线是中国共产党取之不尽、用之不竭的重要力量源泉。中共十三届四中全会后，中共中央在深化改革过程中不断总结改革开放新鲜经验，大力推进实践创新和理论创新，引领中国顺利实现从 20 世纪向 21 世纪的跨越。21 世纪初，江泽民到广东省和经济特区调查研究，在广泛接触人民群众、深入调研过程中，将中共十三届四中全会以来的理论创新和实践经验进一步升华，形成“三个代表”重要思想。“三个代表”重要思想来自全国人民的社会实践，来自全党同志的改革开放实践，来自群众路线，是集体智慧的结晶。2003 年初中国一些地方发生“非典”疫情，在一段时间内传播得相当厉害。胡锦涛来到广东在“非典”疫情最严重的广州街头同人民群众一起同甘苦共患难，调查研究，探讨迅速消灭“非典”疫情的科学办法。中共中央坚持群

① 《邓小平文选》第 3 卷，人民出版社 1993 年版，第 321 页。
② 《邓小平文选》第 3 卷，人民出版社 1993 年版，第 363 页。

众路线，充分听取科学家与各方面意见和建议，采取一系列科学有效的果断措施，很快遏制住了"非典"疫情。在此基础上，根据广大人民群众的根本利益和社会发展与经济发展需要，中共中央提出以人为本、科学发展、构建和谐社会等一系列决策，形成科学发展观的重大战略思想。

五、确立"以人民为中心的发展思想""坚持人民至上"

中国特色社会主义新时代确立以人民为中心的发展思想，坚持人民至上。习近平总书记指出："要坚持人民主体地位，顺应人民群众对美好生活的向往，不断实现好、维护好、发展好最广大人民根本利益，做到发展为了人民、发展依靠人民、发展成果由人民共享。"[①] 中国特色社会主义新时代的理论与实践充分体现了这一点。

"人民对美好生活的向往，就是我们的奋斗目标"

中共第十八届中央政治局常委与中外记者见面会上，习近平总书记明确指出："人民对美好生活的向往，就是我们的奋斗目标。"[②] 中共十八大以来提出一系列丰富和发展群众路线的重大举措，中央领导成员身体力行，率先垂范。中共十八大后，中央政治局常委第一次集体活动是到国家博物馆参观"复兴之路"展览。那天上午陪同参观的中央各部委领导干部按时到达国家博物馆，中央政治局常委却迟到半个多小时。他们前往国家博物馆的路上没有让警察封路，没有用警车开道，北京正处于上班时间，路上堵车，中央领导同志耐心等着，同其他车辆一起缓缓行进，所以迟到了。参观《复兴之路》展览后，习近平总书记指出："实现中华民族伟大复兴，就是中华民族近代以来最伟大的梦想。这个梦想，凝聚了几代中国人的夙愿，体现了中华民族和中国人民的整体利益，是每一个中华儿女的共同期盼。"[③] 中国特色社会主义新时代，中共中央作出密切联系群众八项决定、全面建成小康社会、全面深化改革、在全党深入开展群众路线教育实践活动、实施乡村振兴战略、倡导绿水青山就是金山银山理念、大力反腐倡廉、坚决扫黑除恶、首倡厕所革命等一系列重大决策，深得民心，深接地气，得到全国人民衷心拥护。

"小康不小康，关键看老乡。""全面建成小康社会，一个也不能少"

中国特色社会主义进入新时代，中共十八大首先提出"全面建成小康社会"，中共十九大提出"决胜全面建成小康社会"。习近平总书记多次强调："小康不小康，

---

① 习近平：《在省部级主要领导干部学习贯彻党的十八届五中全会精神专题研讨班上的讲话》，人民出版社 2016 年版，第 24－25 页。

② 《人民日报》2012 年 11 月 16 日。

③ 《人民日报》2012 年 11 月 30 日。

关键看老乡。”① 他说：全面建成小康社会，一个也不能少；共同富裕路上，一个也不能掉队。我们将举全党全国之力，坚决完成脱贫攻坚任务，确保兑现我们的承诺。② 为此，他经常到革命老区、少数民族地区、边境地区和贫困地区调查研究，实地解决问题，部署脱贫攻坚，号召坚决打赢决胜全面建成小康社会的历史性战役，让中国人民进入政治稳定、经济发展、社会进步、生活幸福的小康社会，实现中华民族的千年期盼。

深入实际、深入基层，深入农村、深入群众，创造性提出“精准扶贫”战略

湖南湘西土家族苗族自治州花垣县排碧乡十八洞村属于少数民族地区、边远地区、贫困地区。2013 年 11 月习近平总书记到该村实地调研，亲眼看到当时的十八洞村穷得叮当响。他走访多个“低保户”“特困户”，看民居、问民情、揭米仓、进猪圈，仔细了解村民生产和生活情况，询问水、路、电、教育、医疗等情况，并与村干部和村民代表座谈。在这次调研中，首次提出“精准扶贫”，抓扶贫开发，既要整体联动、有共性的要求和措施，又要突出重点、加强对特困村和特困户的帮扶。根据“精准扶贫”新概念，中国共产党确定“精准扶贫”战略，成效显著，大得人心。2016 年 3 月 8 日上午，习近平总书记来到出席全国人大会议的湖南代表团现场，开口就问：“去年有多少人娶媳妇？”全国人大代表、湘西土家族苗族自治州州长回答：“7 个。”代表们听了两人对话，会心地笑了。两人谈的正是十八洞村情况，州长回忆起习近平总书记到十八洞村调研的情景。习近平总书记说，我正式提出“精准扶贫”就是在十八洞村，前几天中央电视台报道的十八洞村脱贫进展情况，我都看了。他问：“现在人均收入有多少了？”州长回答：“您当年来的时候是 1680 元，现在已经增加到 3580 元。”州长说，十八洞村百姓收入增加，村容村貌变化，已成为全省文明村和旅游定点村，村民笑容多了、求发展愿望强了，连大龄男青年解决“脱单”问题也容易了。从中华民族祖先憧憬小康到中国特色社会主义新时代决胜全面建成小康社会，新时代既继承前人又不断创新，引领着“全面建成小康社会”发展方向。新时代多次强调，要把“小康不小康，关键看老乡”作为全面建成小康社会的“硬指标”，这样，就使愈来愈多“弱势群体”和经济文化落后地区过上了小康生活。

“全面建成小康社会”代表了中国人民和中华民族的根本利益

长期以来，中国共产党铭记“为中国人民谋幸福，为中华民族谋复兴”的奋斗目标，推翻帝国主义、封建主义和官僚资本主义，实现民族独立与人民解放，成立中

① 《人民日报》2013 年 12 月 26 日。

② 2017 年 10 月 25 日习近平总书记在第十九届中共中央政治局常委同中外记者见面时的讲话。

华人民共和国，确立社会主义制度，开创中国特色社会主义道路。在建党百年之际，中国共产党以决胜全面建成小康社会的决心，脱贫攻坚的一系列重大举措，万众一心众志成城的创造力、组织力和领导力，将中华民族五千多年对小康的美好期盼变成活生生现实。这是对中华民族发展的伟大贡献，具有前无古人的历史意义。中国用了30多年时间，使经济总量跃居世界第二，十多亿人摆脱物质短缺，总体达到小康水平，享有前所未有的尊严和权利。这既是中国人民生活的巨大变化，也是人类文明的巨大进步，更是中国对世界发展的重要贡献。因为中国是一个人口大国，中国全面建成小康社会使世界东方的人口大国十多亿人享受丰衣足食、文明幸福生活，毫无疑问是对人类发展的伟大贡献。同时要清醒地认识到，中国仍然是世界上最大的发展中国家。夺取全面建成小康社会胜利只是实现第一个百年奋斗目标，要开启全面建设社会主义现代化国家新征程，为实现第二个百年奋斗目标继续前进。

"以人民为中心的发展思想"成为21世纪马克思主义的重要内容

在纪念毛泽东诞辰120周年讲话中，习近平总书记指出："坚持人民主体地位，充分调动人民积极性，始终是我们党立于不败之地的强大根基。"① 2014年2月他接受俄罗斯电视台专访时说："我的执政理念，概括起来说就是：为人民服务，担当起该担当的责任。"② 习近平总书记总结中国共产党历史经验提出"着力践行以人民为中心的发展思想""这是党的十八届五中全会首次提出来的，体现了我们党全心全意为人民服务的根本宗旨，体现了人民是推动发展的根本力量的唯物史观"③。中共十九大强调："坚持以人民为中心。人民是历史的创造者，是决定党和国家前途命运的根本力量。必须坚持人民主体地位，坚持立党为公、执政为民，践行全心全意为人民服务的根本宗旨，把党的群众路线贯彻到治国理政全部活动之中，把人民对美好生活的向往作为奋斗目标，依靠人民创造历史伟业。"④ "必须坚持以人民为中心的发展思想，不断促进人的全面发展、全体人民共同富裕。"⑤ 习近平总书记指出："不忘初心，方得始终。中国共产党人的初心和使命，就是为中国人民谋幸福，为中华民族谋复兴。这个初心和使命是激励中国共产党人不断前进的根本动力。全党同志一定要永远与人民同呼吸、共命运、心连心，永远把人民对美好生活的向往作为奋斗目标，以永不懈怠的精神状态和一往无前的奋斗姿态，继续朝着实现中华民族伟大复兴的宏伟

---

① 《人民日报》2013年12月27日。

② 《人民日报》2014年2月9日。

③ 习近平：《在省部级主要领导干部学习贯彻党的十八届五中全会精神专题研讨班上的讲话》，人民出版社2016年版，第24页。

④ 《习近平谈治国理政》第3卷，外文出版社2020年版，第16－17页。

⑤ 《习近平谈治国理政》第3卷，外文出版社2020年版，第15页。

目标奋勇前进。”① 2021 年 2 月习近平总书记在党史学习教育动员大会上指出，我们党的百年历史，就是一部践行党的初心使命的历史，就是一部党与人民心连心、同呼吸、共命运的历史。历史充分证明，江山就是人民，人民就是江山，人心向背关系党的生死存亡。赢得人民信任，得到人民支持，党就能够克服任何困难，就能够无往而不胜。要教育引导全党深刻认识党的性质宗旨，坚持一切为了人民、一切依靠人民，始终把人民放在心中最高位置、把人民对美好生活的向往作为奋斗目标，推动改革发展成果更多更公平惠及全体人民，推动共同富裕取得更为明显的实质性进展，把 14 亿多中国人民凝聚成推动中华民族伟大复兴的磅礴力量。② 这些论述深刻表达始终坚持发展是为了人民的价值追求，为中国经济和社会发展指明前进方向，成为 21 世纪马克思主义的重要内容。重温马克思主义基本原理，总结中共历史，展望中国发展历程，可以清楚地看到，中国共产党在长期革命实践中将马克思主义关于人民群众是历史创造者的基本原理与中国具体实践相结合，形成中国共产党的群众路线。中共十九大确定“以人民为中心的发展思想”是对长期奋斗历程和奋斗经验的深刻总结，深刻提炼，深刻升华和深刻发展。

“从群众中来，到群众中去，把党的正确主张变为群众的自觉行动”

从中国共产党领导革命、建设和改革的历史，可以非常清楚地看到，群众路线是党的生命线和根本工作路线。中国共产党的历史就是一部坚持和发展群众路线的历史。人心向背关系到党的生死存亡。各级领导干部只有把人民群众当成自己的亲人，人民群众才会把领导干部当成自己的亲人，这是中国特色社会主义事业蓬勃发展的重要力量源泉之一。群众路线是中国共产党的独特创造，是马克思主义中国化的具体内容。中国共产党在革命、建设和改革实践中，对群众路线不断进行丰富和发展，在新的实践中创造新的经验，再把新的经验转化为新的实践，进行理论升华，在党章上确定下来。中共十二大通过的党章指出：“党坚持用共产主义思想教育群众，并在自己的工作中实行群众路线，一切为了群众，一切依靠群众，把党的正确主张变为群众的自觉行动。”中共十四大的党章对群众路线又做了新的表述：“党在自己的工作中实行群众路线，一切为了群众，一切依靠群众，从群众中来，到群众中去，把党的正确主张变为群众的自觉行动。”从中共十四大党章到十九大党章，对群众路线的科学、系统、全面的表述，都被延续下来。同时，与时俱进，不断增添新的内容。中共十八大修正后的党章指出：“党在自己的工作中实行群众路线，一切为了群众，一切依靠

① 《习近平谈治国理政》第 3 卷，外文出版社 2020 年版，第 1－2 页。
② 《人民日报》2021 年 2 月 21 日。

群众，从群众中来，到群众中去，把党的正确主张变为群众的自觉行动。"这是中国共产党对群众路线最全面最深刻最科学最详细的全新阐述。

人民群众是历史的创造者，是历史发展的主体

从中国共产党成立到百年华诞，从马克思主义唯物史观到实现马克思主义中国化，从毛泽东思想到中国特色社会主义理论体系，从马克思主义中国化最新理论成果习近平新时代中国特色社会主义思想到人民至上，中国共产党的群众路线最彻底地体现、坚持和发展了马克思主义的唯物史观。毛泽东提出："人民，只有人民，才是创造世界历史的动力。"① 邓小平说："我是中国人民的儿子，我深情地爱着我的祖国和人民。"② 他强调："中国共产党员的含意或任务，如果用概括的语言来说，只有两句话：全心全意为人民服务，一切以人民利益作为每一个党员的最高准绳。"③ 他要求全党要始终把人民拥护不拥护、人民赞成不赞成、人民高兴不高兴、人民答应不答应作为党的一切工作的出发点和归宿，作为检验中国共产党的政策是否符合中国人民根本利益的"试金石"和基本标准。江泽民提出中国共产党要始终代表中国先进生产力的发展要求、始终代表中国先进文化的前进方向、始终代表中国最广大人民的根本利益，将"三个代表"重要思想作为立党之本、执政之基、力量之源。胡锦涛提出坚持以人为本，树立全面、协调、可持续的发展观，促进经济社会和人的全面发展的科学发展观。习近平总书记强调：中国共产党根基在人民、血脉在人民。党团结带领人民进行革命、建设、改革，根本目的就是让人民过上好日子，无论面临多大挑战和压力，无论付出多大牺牲和代价，这一点都始终不渝、毫不动摇。坚持以人民为中心的发展思想，体现了党的理想信念、性质宗旨、初心使命，也是对党的奋斗历程和实践经验的深刻总结。必须坚持人民至上、紧紧依靠人民、不断造福人民、牢牢植根人民，并落实到各项决策部署和实际工作之中，落实到做好统筹疫情防控和经济社会发展工作中去。④ 中国共产党的群众路线随着历史前进和新的实践，不断丰富、不断发展、不断前进，生机勃勃，与时俱进，永葆青春与活力。

实现中华民族伟大复兴仍然需要坚持和发展群众路线

中国共产党百余年历史充分证明，没有人民群众的支持，革命战争就不能胜利；没有人民群众的参与，党的事业就不能发展壮大；没有人民群众的伟大实践，改革开放和社会主义现代化建设就不能取得辉煌成就。在中国共产党领导革命、建设和改革

---

① 《毛泽东选集》第 3 卷，人民出版社 1991 年版，第 1031 页。
② 这是邓小平为英国培格曼出版公司出版的《邓小平文集》英文版写的序言，1981 年 2 月 14 日。
③ 《邓小平文选》第 1 卷，人民出版社 1994 年版，第 257 页。
④ 《人民日报》2020 年 5 月 25 日。

开放的历史进程中：搞革命需要坚持和发展群众路线；搞建设需要坚持和发展群众路线；搞改革开放需要坚持和发展群众路线；全面建成小康社会需要坚持和发展群众路线；实现中华民族伟大复兴的中国梦仍然需要坚持和发展群众路线。中国共产党百余年历史还证明，群众路线是进行革命、建设、改革的生命线和根本工作路线。在革命战争年代，面对强敌，敌强我弱，中国共产党的重要法宝之一，就是深入群众、依靠群众、发动群众，建立起强大的革命队伍，最后战胜貌似强大的敌人。在社会主义革命和建设时期，中国共产党依靠群众路线，取得社会主义革命和建设巨大成就，在改革开放和社会主义现代化建设新时期，中国共产党总结人民群众的创造性实践，开创中国特色社会主义道路，赢得举世瞩目的发展奇迹。在中国特色社会主义新时代，中国共产党凝聚全党全国人民力量，众志成城，尽锐出战，全面建成小康社会，实现中华民族的千年期盼。习近平总书记反复强调，坚持不忘初心、继续前进，就要坚信党的根基在人民、党的力量在人民，坚持一切为了人民、一切依靠人民，充分发挥广大人民群众积极性、主动性、创造性，不断把为人民造福事业推向前进。人民立场是中国共产党的根本政治立场，是马克思主义政党区别于其他政党的显著标志。党与人民风雨同舟、生死与共，始终保持血肉联系，是党战胜一切困难和风险的根本保证。当前，中国共产党把人民放在心中最高位置，坚持全心全意为人民服务的根本宗旨，坚持以人民为中心的发展思想，坚持人民至上，坚持把实现好维护好发展好最广大人民根本利益、把人民拥护不拥护、赞成不赞成、高兴不高兴、答应不答应作为衡量一切工作得失的根本标准，领导中国人民开启全面建设社会主义现代化国家新的伟大征程。

从马克思主义到马克思主义中国化，从马克思主义诞生到当代中国的马克思主义，从马克思“历史活动是群众的活动”、中国共产党群众路线到习近平总书记“以人民为中心的发展思想”，既一脉相承又与时俱进；既坚持马克思主义基本原理，又“面向现代化，面向世界，面向未来”，体现着中国共产党在理论与实践中的马克思主义创新精神，体现着中国共产党独有的实践担当、理论担当与历史担当。

中　篇

“第二个结合”：马克思主义基本原理同中华优秀传统文化相结合

第一讲

“坚持和发展马克思主义，必须同中华优秀传统文化相结合”

一、“推动中华优秀传统文化创造性转化、创新性发展”

“文化自信是一个国家、一个民族发展中更基本、更深沉、更持久的力量。必须坚持马克思主义，牢固树立共产主义远大理想和中国特色社会主义共同理想，培育和践行社会主义核心价值观，不断增强意识形态领域主导权和话语权，推动中华优秀传统文化创造性转化、创新性发展，继承革命文化，发展社会主义先进文化，不忘本来、吸收外来、面向未来，更好构筑中国精神、中国价值、中国力量，为人民提供精神指引。”①

中华文化是中华民族的血脉，是中国人民、全世界所有中国人和华人华侨华裔共同的精神家园。文化自信是中华民族更基本更深层更持久的力量。中华文化独一无二的理念、智慧、气度、神韵，极大地增添了中国人民和中华民族内心深处的自信和自豪，已经成为建设社会主义文化强国、增强国家文化软实力、实现中华民族伟大复兴的强大精神力量。

中华文化源远流长、灿烂辉煌。在五千多年中华文明发展中孕育的中华优秀传统文化，积淀着中华民族最深沉的精神追求，代表着中华民族独特的精神标识，是中华民族生生不息、发展壮大的丰厚滋养，是中国特色社会主义植根的文化沃土，是当代中国发展的突出优势，是中华民族走向世界舞台中心的强大“软实力”，对延续和发展中华文明、促进人类文明进步，发挥着重要作用。

中国共产党在领导人民进行革命、建设和改革开放的伟大实践中，自觉肩负起传

---

① 习近平：《在中国共产党第十九次全国代表大会上的报告》，《人民日报》2017 年 10 月 28 日。

承、发展中华优秀传统文化的历史责任，是中华优秀传统文化的忠实继承者、弘扬者和建设者。中国特色社会主义新时代，有力提升中华优秀传统文化的重要地位和作用，大力推动中华优秀传统文化的"创造性转化和创新性发展"，开展一系列富有创新、富有成效的工作，极大地增强了中华优秀传统文化的凝聚力、影响力、创造力，产生了巨大的精神效益和多方面的显著成效。

同时，当代世界的科学技术和生产方式与生活方式，都在发生着日新月异的变化。中国特色社会主义伟大事业正在胜利前进，中国的经济、社会等正在发生深刻变革、对外开放日益扩大、互联网和新媒体快速发展，各种思想、文化交流、交融、交汇、交锋更加频繁，深化对中华优秀传统文化重要性的认识，有利于进一步增强文化自觉和文化自信，有利于深入挖掘中华优秀传统文化的价值与内涵，有利于进一步激发中华优秀传统文化的生机与活力。

目前，国家正在着力构建中华优秀传统文化传承发展体系，实施中华优秀传统文化传承发展工程。这是建设社会主义文化强国的重大战略任务，对于传承中华文脉、全面提升人民群众文化素养、增强国家文化软实力、推进国家治理体系和治理能力现代化，具有重要意义。

"我们要以更大的力度、更实的措施加快建设社会主义文化强国，培育和践行社会主义核心价值观，推动中华优秀传统文化创造性转化、创新性发展，让中华文明的影响力、凝聚力、感召力更加充分地展示出来。"①

中国共产党从成立之日起，就开始了把马克思主义基本原理同中国具体实际相结合的历史性进程，通过百余年奋斗，赢得了中国革命、建设和改革开放的伟大胜利，赢得了举世瞩目的中华民族历史性发展和中国社会的全面进步。"在五千多年中华文明深厚基础上开辟和发展中国特色社会主义，把马克思主义基本原理同中国具体实际、同中华优秀传统文化相结合是必由之路。这是我们在探索中国特色社会主义道路中得出的规律性认识。"②

二、把马克思主义基本原理同中华优秀传统文化相结合

在整个人类文明发展史上，位于世界东方的中华民族，具有五千多年光辉灿烂的悠久历史，具有五千多年博大精深的历史文化，具有"天下大同""天下为公""民为邦本""实事求是""为政以德""天人合一""知行合一""协和万邦"等人人耳

---

① 习近平：《在第十三届全国人民代表大会第一次会议上的讲话》，《人民日报》2018 年 3 月 21 日。
② 习近平：《在文化传承发展座谈会上的讲话》，《求是》2023 年第 17 期。

熟能详、传承了数千年的历史基因和文化传统。“马克思主义传入中国后，科学社会主义的主张受到中国人民热烈欢迎，并最终扎根中国大地、开花结果，决不是偶然的，而是同我国传承了几千年的优秀历史文化和广大人民日用而不觉的价值观念融通的。”①

马克思主义基本原理之所以能够同中华优秀传统文化相结合，深深植根中华大地，根深叶茂，开花结果，硕果累累，根本原因就在于马克思主义基本原理同中华优秀传统文化相结合具有深厚的历史基础、文化基础、思想基础和群众基础。

在中国近现代历史上，把马克思主义基本原理同中华优秀传统文化相结合的代表人物，首推毛泽东。毛泽东熟读中华优秀传统文化的经典书籍，具有中华优秀传统文化的深厚积淀。毛泽东指出：“我们这个民族有数千年的历史，有它的特点，有它的许多珍贵品。对于这些，我们还是小学生。今天的中国是历史的中国的一个发展；我们是马克思主义的历史主义者，我们不应当割断历史。从孔夫子到孙中山，我们应当给以总结，继承这一份珍贵的遗产。这对于指导当前的伟大的运动，是有重要的帮助的。”②

从投身中国革命起，毛泽东创造性地运用中华优秀传统文化指挥革命战争、治党治国治军，树立了把马克思主义基本原理同中华优秀传统文化相结合的光辉典范。

中国人民抗日战争时期，毛泽东在延安撰写的《中国革命和中国共产党》中，对中华民族、中国古代社会、中国近代的殖民地半殖民地社会，进行了深入的研究和阐述。毛泽东详细分析了由于帝国主义侵略，中国由封建社会坠入半殖民地半封建社会的过程，分析了半殖民地半封建中国的特点，分析了中国社会面临的主要矛盾，进而指出：“帝国主义列强侵略中国，在一方面促使中国封建社会解体，促使中国发生了资本主义因素，把一个封建社会变成了一个半封建的社会；但是在另一方面，它们又残酷地统治了中国，把一个独立的中国变成了一个半殖民地和殖民地的中国。”③这是对中国半殖民地半封建社会性质做出的科学结论。在这个基础上，毛泽东论述了中国革命的对象、中国革命的任务、中国革命的动力、中国革命的性质和中国革命的前途。最后，毛泽东在《中国革命和中国共产党》中得出结论：中国革命的终极的前途，不是资本主义的，而是社会主义和共产主义的，也就没有疑义了。毛泽东强调，中国资产阶级民主革命的最后结果，避免资本主义的前途，实现社会主义的前

---

① 习近平：《在党的十九届四中全会第二次全体会议上的讲话》，《十九大以来重要文献选编》（中），中央文献出版社 2021 年版，第 300 页。

② 《毛泽东选集》第 2 卷，人民出版社 1991 年版，第 533 – 534 页。

③ 《毛泽东选集》第 2 卷，人民出版社 1991 年版，第 630 页。

途，不能不具有极大的可能性了。

在《中国革命战争的战略问题》中，毛泽东详细论述了中国古代著名的战斗、战役、战争、战例，运用马克思主义的辩证唯物主义与历史唯物主义观点，进行了具有独到见解的发人深思的分析。

毛泽东写道：战略退却，是劣势军队处在优势军队进攻面前，因为顾到不能迅速地击破其进攻，为了保存军力，待机破敌，而采取的一个有计划的战略步骤。可是，军事冒险主义者则坚决反对此种步骤，他们的主张是所谓"御敌于国门之外"。

谁人不知，两个拳师放对，聪明的拳师往往退让一步，而蠢人则气势汹汹，劈头就使出全副本领，结果却往往被退让者打倒。

《水浒传》上的洪教头，在柴进家中要打林冲，连唤几个"来""来""来"，结果是退让的林冲看出洪教头的破绽，一脚踢翻了洪教头。①

《水浒传》是描写中国古代农民战争的著名小说，相传为 14 世纪元末明初人施耐庵所作。林冲、柴进都是《水浒传》中的人物。洪教头是柴进家里的一个武术教师。关于林冲和洪教头比武的故事，出自《水浒传》第九回《柴进门招天下客，林冲棒打洪教头》。

在《中国革命战争的战略问题》中，毛泽东详细分析了中国古代著名战争中的经典战例。毛泽东写道：春秋时候，鲁与齐战，鲁庄公起初不待齐军疲惫就要出战，后来被曹刿阻止了，采取了"敌疲我打"的方针，打胜了齐军，造成了中国战史中弱军战胜强军的有名战例。请看历史家左丘明的叙述："春，齐师伐我。公将战。曹刿请见。其乡人曰：肉食者谋之，又何间焉？刿曰：肉食者鄙，未能远谋。乃入见。问：何以战？公曰：衣食所安，弗敢专也，必以分人。对曰：小惠未遍，民弗从也。公曰：牺牲玉帛，弗敢加也，必以信。对曰：小信未孚，神弗福也。公曰：小大之狱，虽不能察，必以情。对曰：忠之属也。可以一战。战则请从。公与之乘。战于长勺。公将鼓之。刿曰：未可。齐人三鼓。刿曰：可矣。齐师败绩。公将驰之。刿曰：未可。下视其辙，登轼而望之，曰：可矣。遂逐齐师。既克，公问其故。对曰：夫战，勇气也。一鼓作气，再而衰，三而竭。彼竭我盈，故克之。夫大国难测也，惧有伏焉。吾视其辙乱，望其旗靡，故逐之。"②

毛泽东认为，当时的情况是弱国抵抗强国。文中指出了战前的政治准备——取信于民，叙述了利于转入反攻的阵地——长勺，叙述了利于开始反攻的时机——彼竭我

① 《毛泽东选集》第 1 卷，人民出版社 1991 年版，第 204 页。
② 《毛泽东选集》第 1 卷，人民出版社 1991 年版，第 203－204 页。

盈之时，叙述了追击开始的时机——辙乱旗靡之时。虽然是一个不大的战役，却同时说的是战略防御的原则。中国战史中合此原则而取胜的实例是非常之多的。楚汉成皋之战、新汉昆阳之战、袁曹官渡之战、吴魏赤壁之战、吴蜀夷陵之战、秦晋淝水之战等有名的大战，都是双方强弱不同，弱者先让一步，后发制人，因而战胜的。①

毛泽东在《中国革命战争的战略问题》中，专门列出了中国古代战争史上著名的楚汉成皋之战、新汉昆阳之战、袁曹官渡之战、吴魏赤壁之战、吴蜀夷陵之战、秦晋淝水之战等。

根据中国古代历史记载，这些中国古代著名战例的具体情况大致如下：

关于楚汉成皋之战：成皋故城在今河南省荥阳市西北部，为古代军事重地。公元前 203 年，汉王刘邦和楚王项羽曾相持于此。当时项羽接连攻下荥阳、成皋，刘邦几乎溃不成军。但后来刘邦终于等待到楚军在汜水半渡的时机，大破楚军，复取成皋。

关于新汉昆阳之战：昆阳故城在今河南省叶县境内。公元 23 年，刘秀（后称东汉光武帝）在这里击破王莽（公元 8 年称帝，定国号为新）的军队。这次战争双方军力强弱悬殊，刘秀只有八九千人，而王莽有 40 余万人。但刘秀利用王莽的将军王寻、王邑轻敌懈怠，以 3000 精兵突破王莽军队的中坚，乘锐进击，大破敌军。

关于袁曹官渡之战：官渡在今河南省中牟县东北。公元 200 年，曹操军队和袁绍军队战于此处。当时袁绍拥军 10 万，而曹操兵少粮尽。但曹操利用袁军的轻敌无备，实行轻兵偷袭，烧了袁军的辎重。袁军慌乱，曹军出击，歼灭了袁军主力。

关于吴魏赤壁之战：吴指孙权方面，魏指曹操方面。赤壁在今湖北省蒲圻县西北长江南岸。公元 208 年，曹操率兵数十万进攻孙权。孙权出兵 3 万，并且同刘备联合，利用曹军有疫疾，又不习水战，在赤壁一带用火攻烧曹军船只，大破曹军。

关于吴蜀夷陵之战：彝陵在今湖北省宜昌市境内。公元 222 年，吴将陆逊在这里大败蜀汉的刘备。这次战争开始，蜀军连战皆捷，进到彝陵，已入吴境五六百里。陆逊守七八月不战，直待刘备“兵疲意沮，计不复生”，利用顺风放火，大破蜀军。

关于秦晋淝水之战：公元 383 年，东晋将军谢玄大败秦王苻坚于安徽淝水。当时苻坚有步兵 60 余万、骑兵 27 万、卫队 3 万余骑，东晋只有水陆军 8 万。在两军隔淝水对峙的时候，晋军将领要求淝水以北的秦军让出一片战场来，以便晋军渡水决战。秦军应允后撤，但一退即不可遏止，晋军乘机渡水攻击，大败秦军。

《中国革命战争的战略问题》是延安时期毛泽东在红军大学和中国人民抗日军事政治大学讲课的教案。毛泽东点评这些中国古代著名的战例，通过进行马克思主义的

---

① 《毛泽东选集》第 1 卷，人民出版社 1991 年版，第 204 页。

辩证唯物主义和历史唯物主义的分析，从中得出其成败得失的科学结论，"把马克思主义基本原理同中国具体实际相结合"，教育红军大学和中国人民抗日军事政治大学的学员（人民军队的高级指挥员），汲取中华优秀传统文化中的历史智慧和政治智慧，善于运用灵活机动的战略战术，赢得人民战争的胜利。

在领导中国革命和社会主义建设过程中，毛泽东经常通过对"中华优秀传统文化的创造性转化和创新性发展"，微言大义，要言不烦，古为今用，点石成金，说明问题，启迪思维。

运用"实事求是"来阐述中国共产党实事求是的思想路线；

运用"诱敌深入"来阐述人民军队在"敌强我弱"的情况下克敌制胜之道；

运用"惩前毖后、治病救人"来阐述中国共产党整风运动的方针；

运用"兼听则明、偏听则暗"来要求各级领导干部广泛听取各方面的意见；

运用老子的朴素辩证法思想来阐明在一定的条件下，事物的矛盾与转化；等等。

社会主义革命和建设时期，通过"对中华优秀传统文化的创造性转化和创新性发展"，把马克思主义基本原理同中国具体实际相结合推向新阶段。例如：

将"百花齐放，百家争鸣"作为中华人民共和国发展科学、繁荣文学艺术的基本方针；

将"古为今用""洋为中用""推陈出新"作为社会主义文化建设的路径；

将"愚公移山"升华为鼓舞人民群众移山填海的强大精神力量。

20 世纪 60 年代初期，为了迅速解决出现的经济困难局面，邓小平提出"不管黑猫白猫，只有能捉住老鼠就是好猫"来阐述马克思主义关于生产关系的变革一定要适应生产力发展水平的基本原理等。

三、马克思主义基本原理同中华优秀传统文化相结合达到新阶段

中国改革开放和社会主义现代化建设新时期，中国共产党把马克思主义基本原理同中国具体实际相结合，"对中华优秀传统文化进行创造性转化和创新性发展"达到新阶段。

中国古代最早的诗歌总集《诗经》有着"民亦劳止，汔可小康；惠此中国，以绥四方"的记载。改革开放新时期，古为今用，点石成金，将中华民族世世代代期盼的"小康"赋予崭新的政治内涵，提出建设"小康"社会。

中国古代提出"为政以德"。21 世纪初，科学总结古今中外国家兴亡废替的经验教训，创造性地提出把依法治国与以德治国结合起来的重要思想。明确指出，在建设中国特色社会主义、发展社会主义市场经济的过程中，要坚持不懈地加强社会主义法

制建设，依法治国，同时也要坚持不懈地加强社会主义道德建设，以德治国。

中国古代《尚书》提出“民惟邦本，本固邦宁”。中共十七大提出科学发展观，核心是以人为本。

中国改革开放和社会主义现代化建设新时期，中国特色社会主义迅速发展，国家经济总量不断提升。在此基础上，国家高度重视历史文物保护工作，确定“保护为主，抢救第一，合理利用，加强管理”的文物工作方针，建立以国家保护为主，动员全社会参与的文物保护体制。

1982 年 11 月 19 日，第五届全国人大常委会第二十五次会议通过《文物保护法》，通过法律形式对中华优秀传统文化进行国家保护。该法规定：

为了加强对文物的保护，继承中华民族优秀的历史文化遗产，促进科学研究工作，进行爱国主义和革命传统教育，建设社会主义精神文明和物质文明，根据宪法，制定本法。

在中华人民共和国境内，下列文物受国家保护：

具有历史、艺术、科学价值的古文化遗址、古墓葬、古建筑、石窟寺和石刻、壁画；

与重大历史事件、革命运动或者著名人物有关的以及具有重要纪念意义、教育意义或者史料价值的近代现代重要史迹、实物、代表性建筑；

历史上各时代珍贵的艺术品、工艺美术品；

历史上各时代重要的文献资料以及具有历史、艺术、科学价值的手稿和图书资料等；

反映历史上各时代、各民族社会制度、社会生产、社会生活的代表性实物。

古文化遗址、古墓葬、古建筑、石窟寺、石刻、壁画、近代现代重要史迹和代表性建筑等不可移动文物，根据它们的历史、艺术、科学价值，可以分别确定为全国重点文物保护单位，省级文物保护单位，市、县级文物保护单位。

历史上各时代重要实物、艺术品、文献、手稿、图书资料、代表性实物等可移动文物，分为珍贵文物和一般文物；珍贵文物分为一级文物、二级文物、三级文物。

文物工作贯彻保护为主、抢救第一、合理利用、加强管理的方针。

中华人民共和国境内地下、内水和领海中遗存的一切文物，属于国家所有。古文化遗址、古墓葬、石窟寺属于国家所有。国家指定保护的纪念建筑物、古建筑、石刻、壁画、近代现代代表性建筑等不可移动文物，除国家另有规定的以外，属于国家所有。国有不可移动文物的所有权不因其所依附的土地所有权或者使用权的改变而改变。

2011 年 2 月，第十一届全国人大常委会第十九次会议审议通过《中华人民共和国非物质文化遗产法》。这是具有中国特色的以非物质文化遗产为保护对象的国内专门法，充分体现了中国特色社会主义制度的优越性。

《非物质文化遗产法》的出台，是完善中国特色社会主义法律体系、加强文化立法的重要举措，为全面推动非物质文化遗产工作提供了坚实的法律保障，对非物质文化遗产的抢救、保护、传承、利用和管理发挥了重大作用，对继承和弘扬中华民族优秀传统文化、增强民族凝聚力创造力、推动文化强国建设具有重大深远的意义。

四、中华优秀传统文化蕴藏着解决当代人类面临难题的重要启示

中国特色社会主义新时代明确提出，把马克思主义基本原理同中国具体实际相结合、同中华优秀传统文化相结合。"两个结合"高屋建瓴，气贯长虹，继往开来，深入人心。2012 年 11 月 15 日，党的十八届一中全会深刻指出，我们党坚持把马克思主义基本原理同中国具体实际和时代特征结合起来，独立自主走自己的路，开创和发展了中国特色社会主义，从根本上改变了中国人民和中华民族的前途命运。2021 年 7 月 1 日，在庆祝中国共产党成立 100 周年大会上，习近平总书记强调"两个结合"，即坚持把马克思主义基本原理同中国具体实际相结合、同中华优秀传统文化相结合。

中国特色社会主义新时代重新恢复了孔子及其思想体系在中华民族历史上应有的地位。孔子创立的儒家学说以及在此基础上发展起来的儒家思想，对中华文明产生了深刻影响，是中国传统文化的重要组成部分。儒家思想同中华民族形成和发展过程中所产生的其他思想文化一道，记载了中华民族自古以来在建设家园的奋斗中开展的精神活动、进行的理性思维、创造的文化成果，反映了中华民族的精神追求，是中华民族生生不息、发展壮大的重要滋养。中华文明，不仅对中国发展产生了深刻影响，而且对人类文明进步作出了重大贡献。

中国特色社会主义新时代认为儒家思想具有突出的特点。一是儒家思想和中国历史上存在的其他学说既对立又统一，既相互竞争又相互借鉴，虽然儒家思想长期居于主导地位，但始终和其他学说处于和而不同的局面之中。二是儒家思想和中国历史上存在的其他学说都是与时迁移、应物变化的，都是顺应中国社会发展和时代前进的要求而不断发展更新的，因而具有长久的生命力。三是儒家思想和中国历史上存在的其他学说都坚持经世致用原则，注重发挥文以化人的教化功能，把对个人、社会的教化同对国家的治理结合起来，达到相辅相成、相互促进的目的。

中国特色社会主义新时代认为包括儒家思想在内的传统思想文化中的优秀成分具

有积极作用。从历史的角度看，包括儒家思想在内的中国传统思想文化中的优秀成分，对中华文明形成并延续发展几千年而从未中断，对形成和维护中国团结统一的政治局面，对形成和巩固中国多民族和合一体的大家庭，对形成和丰富中华民族精神，对激励中华儿女维护民族独立、反抗外来侵略，对推动中国社会发展进步、促进中国社会利益和社会关系平衡，都发挥了十分重要的作用。

中国特色社会主义新时代认为中华优秀传统文化中蕴藏着解决当代人类面临的难题的重要启示。例如，关于道法自然、天人合一的思想，关于天下为公、大同世界的思想，关于自强不息、厚德载物的思想，关于以民为本、安民富民乐民的思想，关于为政以德、政者正也的思想，关于苟日新日日新又日新、革故鼎新、与时俱进的思想，关于脚踏实地、实事求是的思想，关于经世致用、知行合一、躬行实践的思想，关于集思广益、博施众利、群策群力的思想，关于仁者爱人、以德立人的思想，关于以诚待人、讲信修睦的思想，关于清廉从政、勤勉奉公的思想，关于俭约自守、力戒奢华的思想，关于中和、泰和、求同存异、和而不同、和谐相处的思想，关于安不忘危、存不忘亡、治不忘乱、居安思危的思想，等等。中华优秀传统文化的丰富哲学思想、人文精神、教化思想、道德理念等，可以为人们认识和改造世界提供有益启迪，可以为治国理政提供有益启示，也可以为道德建设提供有益启发。对中华优秀传统文化中适合于调理社会关系和鼓励人们向上向善的内容，要结合时代条件加以继承和发扬，赋予其新的涵义。让中华优秀传统文化同世界各国优秀文化一道造福人类。

中国特色社会主义新时代进一步论述了中华优秀传统文化与中国特色社会主义文化的内在联系。中华民族有五千多年的文明历史，创造了灿烂的中华文明，为人类作出了卓越贡献，成为世界上伟大的民族。中国特色社会主义文化，源自于中华民族五千多年文明历史所孕育的中华优秀传统文化，熔铸于党领导人民在革命、建设、改革中创造的革命文化和社会主义先进文化，植根于中国特色社会主义伟大实践。发展中国特色社会主义文化，就是以马克思主义为指导，坚守中华文化立场，立足当代中国现实，结合当今时代条件，发展面向现代化、面向世界、面向未来的，民族的科学的大众的社会主义文化，推动社会主义精神文明和物质文明协调发展。要坚持为人民服务、为社会主义服务，坚持百花齐放、百家争鸣，坚持创造性转化、创新性发展，不断铸就中华文化新辉煌。中共十九大指出：“推动中华优秀传统文化创造性转化、创新性发展，继承革命文化，发展社会主义先进文化，不忘本来、吸收外来、面向未来，更好构筑中国精神、中国价值、中国力量，为人民提供精神指引。”

在中华民族祖先提出“小康”，改革开放和社会主义现代化建设新时期提出“建设小康社会"的基础上，中国特色社会主义新时代一以贯之，中共十八大确立"全面建设小康社会"的奋斗目标。中共十九大进一步提出"决胜全面建成小康社会，夺取新时代中国特色社会主义伟大胜利"。中国共产党成立100周年之际，中国大地全面建成小康社会。

在中华民族古代思想家提出"民为邦本"，改革开放和社会主义现代化建设新时期提出"以人为本"的基础上，中国特色社会主义新时代确立以人民为中心的发展思想，强调"人民至上"。中共十九大指出：坚持以人民为中心。人民是历史的创造者，是决定党和国家前途命运的根本力量。必须坚持人民主体地位，坚持立党为公、执政为民，践行全心全意为人民服务的根本宗旨，把党的群众路线贯彻到治国理政全部活动之中，把人民对美好生活的向往作为奋斗目标，依靠人民创造历史伟业。

中国特色社会主义新时代科学、系统、全面论述了"两个结合"。中共二十大指出："只有把马克思主义基本原理同中国具体实际相结合、同中华优秀传统文化相结合，坚持运用辩证唯物主义和历史唯物主义，才能正确回答时代和实践提出的重大问题，才能始终保持马克思主义的蓬勃生机和旺盛活力。"

中国特色社会主义新时代进一步深刻阐发了中华优秀传统文化的诸多重要元素。比如，天下为公、天下大同的社会理想，民为邦本、为政以德的治理思想，九州共贯、多元一体的大一统传统，修齐治平、兴亡有责的家国情怀，厚德载物、明德弘道的精神追求，富民厚生、义利兼顾的经济伦理，天人合一、万物并育的生态理念，实事求是、知行合一的哲学思想，执两用中、守中致和的思维方法，讲信修睦、亲仁善邻的交往之道等，共同塑造出中华文明的突出特性。

中国特色社会主义新时代总结了中华文明具有的突出的连续性。中华文明是世界上唯一绵延不断且以国家形态发展至今的伟大文明。这充分证明了中华文明具有自我发展、回应挑战、开创新局的文化主体性与旺盛生命力。深厚的家国情怀与深沉的历史意识，为中华民族打下了维护大一统的人心根基，成为中华民族历经千难万险而不断复兴的精神支撑。中华文明的连续性，从根本上决定了中华民族必然走自己的路。如果不从源远流长的历史连续性来认识中国，就不可能理解古代中国，也不可能理解现代中国，更不可能理解未来中国。

中国特色社会主义新时代总结了中华文明具有的突出的创新性。中华文明是革故鼎新、辉光日新的文明，静水深流与波澜壮阔交织。连续不是停滞、更不是僵化，而是以创新为支撑的历史进步过程。中华民族始终以"苟日新，日日新，又日新"的精神不断创造自己的物质文明、精神文明和政治文明，在很长的历史时期内作为最繁荣最强大的文明体屹立于世。中华文明的创新性，从根本上决定了中华民族守正不守旧、尊古不复古的进取精神，决定了中华民族不惧新挑战、勇于接受新事物的无畏品格。

中国特色社会主义新时代总结了中华文明具有的突出的统一性。中华文明长期的大一统传统，形成了多元一体、团结集中的统一性。“向内凝聚”的统一性追求，是文明连续的前提，也是文明连续的结果。团结统一是福，分裂动荡是祸，是中国人用血的代价换来的宝贵经验教训。中华文明的统一性，从根本上决定了中华民族各民族文化融为一体、即使遭遇重大挫折也牢固凝聚，决定了国土不可分、国家不可乱、民族不可散、文明不可断的共同信念，决定了国家统一永远是中国核心利益的核心，决定了一个坚强统一的国家是各族人民的命运所系。

中国特色社会主义新时代总结了中华文明具有的突出的包容性。中华文明从来不用单一文化代替多元文化，而是由多元文化汇聚成共同文化，化解冲突，凝聚共识。中华文化认同超越地域乡土、血缘世系、宗教信仰等，把内部差异极大的广土巨族整合成多元一体的中华民族。越包容，就越是得到认同和维护，就越会绵延不断。中华文明的包容性，从根本上决定了中华民族交往交流交融的历史取向，决定了中国各宗教信仰多元并存的和谐格局，决定了中华文化对世界文明兼收并蓄的开放胸怀。

中国特色社会主义新时代总结了中华文明具有的突出的和平性。和平、和睦、和谐是中华文明五千多年来一直传承的理念，主张以道德秩序构造一个群己合一的世界，在人己关系中以他人为重。倡导交通成和，反对隔绝闭塞；倡导共生并进，反对强人从己；倡导保合太和，反对丛林法则。中华文明的和平性，从根本上决定了中国始终是世界和平的建设者、全球发展的贡献者、国际秩序的维护者，决定了中国不断追求文明交流互鉴而不搞文化霸权，决定了中国不会把自己的价值观念与政治体制强加于人，决定了中国坚持合作、不搞对抗，决不搞“党同伐异”的小圈子。

中国特色社会主义新时代，坚持中国特色社会主义文化自信，根据全面依法治国的战略部署，高度重视文化遗产工作和弘扬中华优秀传统文化的重要作用，一是强调各级政府在文化遗产保护工作中的重要责任，“树立保护文物也是政绩的科学理念”，“保护文物功在当代、利在千秋”；二是强调发挥文化遗产的价值功能作用，“让文物说话，让历史说话，让文化说话”；三是强调文化遗产的传承发展，要“把老祖宗留下的文化遗产精心守护好，让历史文脉更好地传承下去”，要推动创造性转化和创新性发展，以古人之规矩，开自己之生面。这些重要论述为新时代非物质文化遗产工作指明了方向，为深入贯彻落实非物质文化遗产法提供了根本遵循。2017 年初，中共中央办公厅、国务院办公厅发布《关于实施中华优秀传统文化传承发展工程的意见》，强调国家对文化遗产的保护与传承进行顶层设计、分类指导。

在整个人类的文明发展史上，中华文明是革故鼎新、辉光日新的文明，静水深流与波澜壮阔交织，根脉深邃和与时俱进交融。中华优秀传统文化绵延不绝，长达五千多年没有中断，在世界上独树一帜，熠熠生辉。中华民族既古老又"新潮"，具有强烈的进取意识，始终以"苟日新，日日新，又日新"的精神，不断创造自己的物质文明、精神文明和政治文明，在很长的历史时期内作为最繁荣最强大的文明体屹立于世。中华文明的创新性，从根本上决定了中华民族与时俱进的进取精神，决定了中华民族"海纳百川，有容乃大"，胸怀广阔，勇于接受新事物的宝贵品格。

第二讲

中华优秀传统文化“创造性转化和创新性发展”的典范[①]

中国特色社会主义新时代明确提出“坚持把马克思主义基本原理同中国具体实际相结合、同中华优秀传统文化相结合”。新时代强调，中国特色社会主义文化，源自于中华民族五千多年文明历史所孕育的中华优秀传统文化，熔铸于党领导人民在革命、建设、改革中创造的革命文化和社会主义先进文化，植根于中国特色社会主义伟大实践。发展中国特色社会主义文化，就是以马克思主义为指导，坚守中华文化立场，立足当代中国现实，结合当今时代条件，发展面向现代化、面向世界、面向未来的，民族的科学的大众的社会主义文化，推动社会主义精神文明和物质文明协调发展。要坚持为人民服务、为社会主义服务，坚持百花齐放、百家争鸣，坚持创造性转化、创新性发展，不断铸就中华文化新辉煌。中国特色社会主义新时代，将中华优秀传统文化升华为“中华民族的基因”“民族文化血脉”“中华民族的精神命脉”和中华民族共同的“精神家园”，把中华优秀传统文化的重要地位提升到崭新的阶段。开启全面建设社会主义现代化国家新征程，研究、总结、弘扬中国共产党对中华优秀传统文化的“创造性转化和创新性发展”，对实现中华民族伟大复兴具有重要意义。

一、博览群书，贯通古今，从中华优秀传统文化汲取历史智慧和政治智慧

阅读中华优秀传统文化典籍，贯穿毛泽东从少年时代到晚年的读书生活。通过对中华优秀传统文化的创造性转化和创新性发展，运用中华优秀传统文化治党治国治

---

① 本讲内容，作为讲稿，曾在中共中央统战部、空军后勤部、国防科技大学、中国民航飞行学院等中央和各地党政军机关、大学、院校、党校（行政学院）、干部学院、大型企业、干部培训班等讲课；讲稿曾在全军理论学习中心组刊物《解放军理论学习》，以《毛泽东运用中华优秀传统文化治党治国治军》的题目发表；经过进一步扩展范围、深化研究、增加内容，在《统一战线学研究》2021 年第 5 期发表。

军，是毛泽东治国理政的重要特点。在《毛泽东选集》四卷中，可以看到大量毛泽东引用中华优秀传统文化书籍、成语、典故、金句、故事、人物的具体范例。

汲取中华优秀传统文化的历史智慧，奠定中华优秀传统文化的深厚底蕴

毛泽东少年时代读过多个私塾，从不同的私塾老师那里汲取了中华优秀传统文化的多种历史文化营养。其中塾师毛麓钟独具慧眼，经常向他灌输立志成才、报效国家的道理，并悉心讲授《资治通鉴》《贞观政要》等"治乱兴衰之书"的基本知识，使他逐步认识到"国家兴亡、匹夫有责"的道理。毛泽东从青年时代起"不动笔墨不读书"，读书时要一边读书一边批注，而且"书不读秦汉以下"。他认为，秦朝以前，百花齐放，百家争鸣，中华传统文化经典著作皆为原创性著作。秦始皇"焚书坑儒"，汉武帝"罢黜百家，独尊儒术"，中华传统文化在秦始皇、汉武帝时期遭到重创，秦汉以后的经典著作历经了重新收集、后人整理的过程，在一定程度上降低了可信度和史料价值，失去了原创性，因此他要读秦汉以前的原创性古代典籍。

1920 年 4 月 11 日，青年毛泽东为送别奔赴法国的勤工俭学人员从上海出国，专程从北京到上海。途中，他在天津、济南、泰安、曲阜、南京等处参观游览。在孔子故乡——曲阜参观了孔府、孔庙、孔林，拜谒孔子墓。6 月 7 日，毛泽东在上海致黎锦熙的信中写道："京别以来，在天津、济南、泰山、曲阜、南京等处游览一晌，二十五天才到上海。"毛泽东1936 年 7 月在陕北接受美国记者斯诺采访时说："在前往南京途中，我在曲阜下车，去看了孔子的墓。我看到了孔子的弟子濯足的那条小溪，看到了圣人幼年所住的小镇。在历史性的孔庙附近那棵有名的树，相传是孔子栽种的，我也看到了。我还在孔子的一个有名弟子颜回住过的河边停留了一下，并且看到了孟子的出生地。"

可以毫不夸张地说，从中国古代的《论语》《大学》《孟子》《中庸》到《诗经》《尚书》《周易》《春秋》再到《二十四史》《资治通鉴》等，毛泽东阅读过几乎所有中华传统文化的经典著作。他好学深思，孜孜不倦，皇皇巨著《资治通鉴》曾经通读 17 遍就是一个典型的例子。中华优秀传统文化滋润了毛泽东的心智，开阔了毛泽东的视野，确立了毛泽东的志向，为毛泽东成为经邦济世之才奠定深厚的历史基础、积淀丰富的历史智慧。正是这种深厚的传统文化基础和气吞山河的雄伟胆略和气魄，才使毛泽东写下了千古名篇"惜秦皇汉武，略输文采；唐宗宋祖，稍逊风骚。一代天骄，成吉思汗，只识弯弓射大雕。俱往矣，数风流人物，还看今朝"。

创造性地运用马克思主义辩证法，将中华传统文化分为精华和糟粕两部分

中国人民抗日战争时期，中共中央专门调集著名历史学家范文澜等到延安，编写马克思主义史学著作和历史、哲学等方面的文章，提供各级干部学习。毛泽东指出：

“我们这个民族有数千年的历史，有它的特点，有它的许多珍贵品。对于这些，我们还是小学生。今天的中国是历史的中国的一个发展；我们是马克思主义的历史主义者，我们不应当割断历史。从孔夫子到孙中山，我们应当给以总结，继承这一份珍贵的遗产。这对于指导当前的伟大的运动，是有重要的帮助的。”[①]

同时，毛泽东清楚地看到，在中华传统文化中，既有封建性的糟粕，也有带有民主性和革命性的精华。对待中华传统文化的原则，应当是取其精华，去其糟粕。为此，毛泽东作了精辟论述：中国的长期封建社会中，创造了灿烂的古代文化。清理古代文化的发展过程，剔除其封建性的糟粕，吸收其民主性的精华，是发展民族新文化提高民族自信心的必要条件；但是决不能无批判地兼收并蓄。必须将古代封建统治阶级的一切腐朽的东西和古代优秀的人民文化即多少带有民主性和革命性的东西区别开来。中国现时的新政治新经济是从古代的旧政治旧经济发展而来的，中国现时的新文化也是从古代的旧文化发展而来的，因此，我们必须尊重自己的历史，决不能割断历史。但是这种尊重，是给历史以一定的科学的地位，是尊重历史的辩证法的发展，而不是颂古非今，不是赞扬任何封建的毒素。对于人民群众和青年学生，主要的不是引导他们向后看，而是引导他们向前看。[②]

可以看到，毛泽东的论述，树立用马克思主义的辩证唯物主义与历史唯物主义分析中华传统文化的典范。我们必须坚持马克思主义唯物辩证法，善于运用辩证思维和一分为二的观点对待中华传统文化。只有用这样的态度对待中华传统文化，才是应有的马克思主义科学态度。那种对传统文化不加分析不加区别要么全盘肯定全盘继承，要么全盘否定全部抛弃的做法，有害无益，贻误青年，贻误后人，后患无穷。

历史发展关键时刻的关键作用，中华优秀传统文化与遵义会议

长征路上，1935 年 1 月中共中央在贵州召开遵义会议。开始阶段由“左”倾教条主义路线代表人物、在中央负总责的博古（秦邦宪）主持。他首先代表中央政治局常务委员会作关于反对国民党军队第五次“围剿”的总结报告（政治报告）。他在报告中虽然对军事指挥上的错误作了一些检讨，但实际上仍然坚持“左”倾教条主义错误立场，竭力为“左”倾错误军事路线辩解。周恩来作关于军事问题的报告（副报告），实事求是地分析了红军第五次反“围剿”失利的主要原因，“并就军事指挥上的错误进行自我批评，主动承担责任”[③]。张闻天根据长征途中与毛泽东、王稼

---

① 《毛泽东选集》第 2 卷，人民出版社 1991 年版，第 533 – 534 页。

② 《毛泽东选集》第 2 卷，人民出版社 1991 年版，第 707 – 708 页。

③ 周恩来：《在延安中央政治局会议上的发言》（节录），1943 年 11 月 27 日。中央档案馆：《遵义会议文献》，人民出版社 1985 年版，第 28 页。

祥共同商量形成的《毛洛王提纲》（毛洛王，毛即毛泽东、洛即洛甫就是张闻天、王是王稼祥），作了反对"左"倾错误军事路线的报告，系统地批评了博古（秦邦宪）、李德军事指挥上的错误。然后，毛泽东作长篇发言，将会议重点和大家注意力集中在最迫切需要解决的军事问题和组织问题上，针对博古（秦邦宪）强调客观原因，竭力推卸自己责任的辩解，列举大量事实，针锋相对地进行了有力的批驳，尖锐地批判了"左"倾错误军事路线和组织路线，指出红军第五次反"围剿"失败的主要原因是军事指挥和战略战术的错误。与会的绝大多数同志支持毛泽东的意见，批判错误的军事路线和组织路线，要求改换领导，赞同毛泽东领导。这时，凯丰却在发言中为博古（秦邦宪）辩护，并说毛泽东也没有什么了不起，指挥红军打仗的方法并不高明，完全是按照两本书去指挥打仗的，一本是《三国演义》，另一本是《孙子兵法》。① 后来，毛泽东多次讲到凯丰用反批评的方式来维护博古（秦邦宪）、李德的"左"倾错误。他说："遵义会议时，凯丰说我打仗的方法不高明，是照着两本书去打的，一本是《三国演义》，另一本是《孙子兵法》。其实打仗的事，怎么照书本去打？那时，这两本书，我只看过一本——《三国演义》。另一本《孙子兵法》，当时我并没有看过。那个同志硬说我看过。我问他《孙子兵法》共有几篇？第一篇的题目叫什么？他答不上来。其实他也没有看过。从那以后，倒是逼使我翻了翻《孙子兵法》。"②（根据笔者考证，毛泽东少年时代读私塾时，私塾老师曾给他讲过《孙子兵法》的基本知识。青年毛泽东在湖南第一师范学校读书期间，国文课教师曾向毛泽东和学生们详细讲授过魏源撰写的《孙子集注序》。《毛泽东早期文稿》收入的青年毛泽东当年听课笔记和读书札记《讲堂录》中，写有他研读《孙子兵法》的感悟与体会："百战百胜，非善之善者也；不战而屈人之兵，善之善者也。故善用兵者，无智名，无勇功。"③ 由此可见，遵义会议以前，毛泽东阅读过《孙子兵法》片段，但尚未仔细、系统地研读全本《孙子兵法》）。虽然博古（秦邦宪）仍然坚持错误，也有个别人（凯丰）为他辩护，但终究阻挡不住与会同志批判"左"倾教条主义军事路线和组织路线的主流。遵义会议决定："（一）毛泽东同志选为（中央政治局）常委。（二）指定洛甫（张闻天）同志起草（遵义会议）决议。委托常委审查后，发到支部讨论。（三）（中央政治局）常委中再进行适当的分工。（四）取消三人团，仍由最高军事首长朱（德）、周（恩来）为军事指挥者，而恩来同志是党内委托的对于军事指

---

① 《长征中的重大决策》，四川人民出版社 2010 年版，第 40 页。

② 毛泽东会见日本社会党顾问铃木茂三郎率领的访华代表团的谈话，1962 年 1 月 12 日，原件存中央档案馆。

③ 毛泽东在湖南省立第一师范学校读书期间的《讲堂录》（课堂笔记），原件存国家博物馆。

挥上下最后决心的负责者。”① 会后，毛泽东任前敌司令部政治委员，红军最高军事领导机构新的“三人团”成员。遵义会议实现中国革命历史性转折，事实上确立毛泽东在红军和中共中央的领导地位，开始形成以毛泽东为核心的第一代中央领导集体。

古为今用，点石成金，中华优秀传统文化与党的思想路线

实事求是，出自中国古代典籍《汉书》中的“修学好古，实事求是”。毛泽东古为今用，点石成金，抗日战争时期，在《改造我们的学习》中将实事求是赋予崭新的政治内涵和时代内涵，用以指导中国革命。毛泽东认为，坚持实事求是，“就是党性的表现，就是理论和实践统一的马克思列宁主义的作风”②。因此，从延安整风起，实事求是成为中国共产党的思想路线，指引着中国革命走向胜利，成立中华人民共和国。1978 年的中共十一届三中全会标志着中国共产党实现社会主义时期伟大转折。会前，邓小平在中央工作会议强调“解放思想，实事求是，团结一致向前看”。在中共十一届五中全会上，邓小平强调：“实事求是，一切从实际出发，理论联系实际，坚持实践是检验真理的标准，这就是我们党的思想路线。”③ 中共十二大起，《中国共产党章程》明确规定：坚持解放思想，实事求是，与时俱进，求真务实。党的思想路线是一切从实际出发，理论联系实际，实事求是，在实践中检验真理和发展真理。全党必须坚持这条思想路线，积极探索，大胆试验，开拓创新，创造性地开展工作，不断研究新情况，总结新经验，解决新问题，在实践中丰富和发展马克思主义，推进马克思主义中国化。历史已经证明，在改革开放和社会主义现代化建设新时期，中国共产党始终不渝地坚持实事求是思想路线，实事求是的研究和解决国内外一系列重大问题，开辟了中国特色社会主义道路，实现了中华民族史无前例的伟大腾飞。

高度凝练，晓畅明白，中华优秀传统文化与干部政策

“德才兼备”原为“才德兼备”。最早出自元代《娶小乔》第一折：“江东有一故友，乃鲁子敬，此人才德兼备。”“才德兼备”指一个人既有才干和能力，又具备优秀的道德品质。中国古代高度重视“德才兼备”问题。周朝推翻商朝统治后，通过总结商朝灭亡的教训，在《尚书》中强调“皇天无亲，惟德是辅”，含义是苍天公正无私，总是帮助品德高尚的人。春秋战国时期，孔子言：“为政以德，譬如北辰，居其所而众星拱之。”古代经典《大学》指出：“大学之道，在明明德，在亲民，在

① 陈云：《遵义政治局扩大会议传达提纲》。中央档案馆：《遵义会议文献》，人民出版社 1985 年版，第 42 页。

② 《毛泽东选集》第 3 卷，人民出版社 1991 年版，第 801 页。

③ 《邓小平文选》第 2 卷，人民出版社 1994 年版，第 278 页。

止于至善。"唐朝魏征建议："今欲求人，必须慎防其行，若知其善，然后用之。"清朝康熙指出："国家用人，当以德器为本，才艺为末。""才德难以兼备时，以立品为主，学问次之。"上述论述，强调的就是德才兼备、以德为先的道理。诸葛亮在《出师表》中写道："亲贤臣，远小人，此先汉所以兴隆也；亲小人，远贤臣，此后汉所以倾颓也。"中国人民抗日战争时期，毛泽东在中共六届六中全会报告中，古为今用，点石成金，赋予"才德兼备"以崭新的时代内涵。毛泽东指出："中国共产党是在一个几万万人的大民族中领导伟大革命斗争的党，没有多数才德兼备的领导干部，是不能完成其历史任务的。十七年来，我们党已经培养了不少的领导人才，军事、政治、文化、党务、民运各方面，都有了我们的骨干，这是党的光荣，也是全民族的光荣。但是，现有的骨干还不足以支撑斗争的大厦，还须广大地培养人才。在中国人民的伟大的斗争中，已经涌出并正在继续涌出很多的积极分子，我们的责任，就在于组织他们，培养他们，爱护他们，并善于使用他们。政治路线确定之后，干部就是决定的因素。因此，有计划地培养大批的新干部，就是我们的战斗任务。"① 随后，中国共产党将"才德兼备"改为"德才兼备"，更加重视更加强调"德"的重要性。中国改革开放和社会主义现代化建设新时期初始阶段，需要大批能够打开改革开放新局面的领导干部。为此，邓小平多次强调，提拔干部、使用干部，要坚持德才兼备，不能重德轻才，也不能重才轻德。中共十五大指出"选拔干部，必须全面贯彻德才兼备原则，坚持任人唯贤"。中共十七大提出："坚持正确的用人导向，按照德才兼备、注重实绩、群众公认原则选拔干部，提高选任用人公信度。"中共二十大指出，"培养造就大批德才兼备的高素质人才，是国家和民族长远发展大计"。《中国共产党章程》明确规定：党的干部是党的事业的骨干，是人民的公仆。党按照德才兼备、以德为先的原则选拔干部，坚持五湖四海、任人唯贤，反对任人唯亲，努力实现干部队伍的革命化、年轻化、知识化、专业化。

"惩前毖后""治病救人"。用中华优秀传统文化阐述整风运动方针

"惩前毖后"出自中国古代第一部诗歌总集《诗经·周颂·小毖》"予其惩而毖后患"。惩为警戒，毖指谨慎，寓意为批判以前所犯的错误，吸取教训，使以后较为谨慎，不致再犯。"治病救人"出自晋代葛洪的《神仙传》"沈羲，吴郡人，学道于蜀，能治病救人，甚有恩德"。抗日战争时期开展全党整风运动，毛泽东提出整风运动的方针是"惩前毖后""治病救人"。这种方针与苏联共产党为解决党内矛盾而进行一次又一次的"肃反"，用对待敌人的"肃反"的方式来处理党内具有不同意见的

① 《毛泽东选集》第 2 卷，人民出版社 1991 年版，第 526 页。

同志，因而造成极大的恶果有根本性的不同。毛泽东指出：我们反对主观主义、宗派主义、党八股，有两条宗旨是必须注意的：第一是“惩前毖后”，第二是“治病救人”。对以前的错误一定要揭发，不讲情面，要以科学的态度来分析批判过去的坏东西，以便使后来的工作慎重些，做得好些。这就是“惩前毖后”的意思。但是我们揭发错误、批判缺点的目的，好像医生治病一样，完全是为了救人，而不是为了把人整死。一个人发了阑尾炎，医生把阑尾割了，这个人就救出来了。任何犯错误的人，只要他不讳疾忌医，不固执错误，以至于达到不可救药的地步，而是老老实实，真正愿意医治，愿意改正，我们就要欢迎他，把他的毛病治好，使他变为一个好同志。这个工作决不是痛快一时，乱打一顿，所能奏效的。对待思想上的毛病和政治上的毛病，决不能采用鲁莽的态度，必须采用“治病救人”的态度，才是正确有效的方法。[①] 用“惩前毖后”“治病救人”的方针解决党内矛盾是毛泽东总结历次党内斗争经验教训后，制定的整风运动的正确方针。它与“左”倾教条主义统治中央时提出的“残酷斗争”“无情打击”具有本质的区别。根据这个方针，中央规定了领导整风运动的方法，就是组织党员干部学习整风文献，联系党内实际，开展批评与自我批评，检查自己思想上、工作上、作风上的错误，分析产生错误的根源，找出改正错误的方法，“坚持真理，修正错误”，最后达到既要弄清思想、又要团结同志这样两个目的。1943 年冬，整风运动发展到最后阶段，总结党的历史经验。通过召开各种类型的党的历史经验座谈会，对土地革命战争时期各个革命根据地的历史经验和教训进行回顾和研究，党的高级干部重新开始了党史的学习讨论，对党的历史上的各次“左”、右倾错误，特别是“左”倾教条主义错误进行了批评，进一步分清了路线是非。1944 年 4 月 12 日，毛泽东在延安高级干部会上作《学习和时局》的报告，传达中央政治局对党的高级干部学习党史中的几个重要问题所作的结论。他说：“对于任何问题应取分析态度，不要否定一切。例如对于四中全会（指 1931 年 1 月中共六届四中全会至遵义会议时期）中央的领导路线问题，应作两方面的分析：一方面，应指出那个时期中央领导机关所采取的政治策略、军事策略和干部政策在其主要方面都是错误的；另一方面，应指出当时犯错误的同志在反对蒋介石、主张土地革命和红军斗争这些基本问题上面，和我们之间是没有争论的。即在策略方面也要进行分析。例如在土地问题上，当时的错误是实行了地主不分田、富农分坏田的过左政策，但在没收地主土地分给无地和少地的农民这一点上，则是和我们一致的。”[②] 毛泽东的报告

---

① 《毛泽东选集》第 3 卷，人民出版社 1991 年版，第 827 – 828 页。

② 《毛泽东选集》第 3 卷，人民出版社 1991 年版，第 938 – 939 页。

还对中共六大文件的讨论问题、党内历史上的宗派问题等作了实事求是的结论。1945年4月中共六届七中全会通过《关于若干历史问题的决议》，系统总结建党以来的经验教训，对若干重大历史问题作出评价，对党内历次"左"、右倾错误，特别是土地革命战争时期的"左"倾教条主义错误，作了全面的实事求是的结论；高度评价毛泽东坚持把马克思主义基本原理与中国革命的具体实践相结合的贡献；使全党达到完全统一。全党整风运动结束。当时，王明写信给毛泽东和六届七中全会表示同意和拥护《关于若干历史问题的决议》："这个决议草案在党的历史问题、思想问题和党的建设方面，有重大的积极建设性的意义。它说明了毛主席是我党有史以来把马克思主义的普遍真理与中国革命具体实践相结合在思想上和事业上的代表。"《关于建国以来党的若干历史问题的决议》指出：毛泽东针对历史上党内斗争中存在过的"残酷斗争、无情打击"的"左"倾错误，提出"惩前毖后、治病救人"的正确方针，强调在党内斗争中要达到既弄清思想又团结同志的目的。他创造了在全党通过批评与自我批评进行马克思列宁主义思想教育的整风形式。

"以文会友，以友辅仁"。运用中华优秀传统文化解疑释惑，团结朋友

中国古代经典《论语·颜渊》写道，曾子曰："君子以文会友，以友辅仁。"可以说，"以文会友，以友辅仁"是中华民族的优良传统。尤其是以中华优秀传统文化的中华诗词一唱一和，创造了许多"以文会友，以友辅仁"的千古不朽的诗篇。例如，李白的《赠汪伦》"李白乘舟将欲行，忽闻岸上踏歌声。桃花潭水深千尺，不及汪伦送我情"。

近现代中国，毛泽东与柳亚子互相唱和的诗篇，既承继中华优秀传统文化，又推进中华优秀传统文化，留下了千古佳话。大革命时期在广州，朝气蓬勃的共产党人毛泽东给孙中山留下深刻印象，被孙中山亲笔列入国共合作的中国国民党第一次全国代表大会候补中央执行委员名单，随后，毛泽东担任国共合作的国民党中央宣传部秘书、代理部长。柳亚子属于国民党元老，与毛泽东一见如故，时有往来。

抗战胜利后毛泽东赴重庆谈判期间，与柳亚子亲切会见。柳亚子向毛泽东索要诗词，毛泽东回复了万里长征，初到陕北，东征山西前夕，第一次见到北方大雪，触景生情，挥毫而就的《沁园春·雪》：

北国风光，千里冰封，万里雪飘。望长城内外，惟余莽莽，大河上下，顿失滔滔。山舞银蛇，原驰蜡象，欲与天公试比高。须晴日，看红装素裹，分外妖娆。江山如此多娇，引无数英雄竞折腰。惜秦皇汉武，略输文采；唐宗宋祖，稍逊风骚。一代天骄，成吉思汗，只识弯弓射大雕。俱往矣，数风流人物，还看今朝。

柳亚子大喜，予以高度评价，并秘密在朋友中传播。1945年11月，重庆《新民

报晚刊》一位编辑几经辗转，终于得到完整的《沁园春·雪》，以《毛词·沁园春》为题，将其刊出，并加按语：“毛润之先生能词，似鲜为人知。客有抄得其《沁园春》一词者，风调独绝，文情并茂，而气魄之大，乃不可及。”

《沁园春·雪》公开发表，立刻在重庆引起强烈反响，文坛为之轰动。

1948年初，柳亚子与何香凝、李济深等在香港成立中国国民党革命委员会，柳亚子任中央常委兼秘书长，公开站在中国共产党领导的革命阵营。1949年初，毛泽东电邀柳亚子赴北平共商建国大计。3月25日毛泽东从西柏坡抵达北平，在西苑机场与柳亚子、郭沫若等亲切会面。

当晚，毛泽东在颐和园设宴，招待柳亚子等各方面代表和朋友。毛泽东充满胜利豪情，与柳亚子等谈笑风生庆祝胜利。

柳亚子当夜赋诗三首并录呈毛泽东，回顾与毛泽东的多年情谊、欢呼中国革命的胜利。其中一首是：

“二十三年三握手，陵夷谷换到今兹。珠江粤海惊初见，巴县渝州别一时。延水鏖兵吾有泪，燕都定鼎汝休辞。推翻历史三千载，自铸雄奇瑰丽词。”

3月28日，柳亚子写了《七律·感事呈毛主席》：开天辟地君真健，说项依刘我大难。夺席谈经非五鹿，无车弹铗怨冯驩。头颅早悔平生贱，肝胆宁忘一寸丹。安得南征驰捷报，分湖便是子陵滩。

毛泽东既雄才大略，又心细如发，觉察到了柳亚子这首词的“弦外之音”，对工作人员说：“我这位老诗友的倔脾气又上来了，要退隐是假，有牢骚才是真，看来还得好好和他谈谈，以便更好地发挥他的积极性啊。”

4月29日，毛泽东以诗词唱和形式致书柳亚子《七律·和柳亚子先生》：饮茶粤海未能忘，索句渝州叶正黄。三十一年还旧国，落花时节读华章。牢骚太盛防肠断，风物长宜放眼量。莫道昆明池水浅，观鱼胜过富春江。

柳亚子仔细阅读毛泽东的诗后，立即写了《次韵奉和毛主席惠诗》回复：离骚屈子幽兰怨，风度元戎海水量。倘遣名园长属我，躬耕原不恋吴江。

5月1日毛泽东专程到颐和园拜访柳亚子，促膝谈心，游园登山。5月5日孙中山就职非常大总统纪念日，毛泽东与柳亚子等到香山谒孙中山衣冠冢，合影留念，并与柳亚子共进午餐，朱德总司令作陪，大家兴致勃勃，谈诗论政。

席终，柳亚子拿出《羿楼纪念册》请毛泽东和朱德题词。毛泽东挥毫写了联句诗：池塘生春草，空梁落燕泥。竹外桃花两三枝，春江水暖鸭先知。

1949年9月，柳亚子出席中国人民政治协商会议第一届全体会议，随后曾任中华人民共和国中央人民政府委员、政务院文教委员会委员、华东行政委员会副主席、中央文史馆副馆长、全国人大常委会委员等。

1949 年 10 月 1 日，中华人民共和国宣告成立，为实现中华民族伟大复兴奠定重要基础。1950 年 10 月 1 日，中华人民共和国成立一周年，中华民族生机勃勃，欣欣向荣。10 月 3 日，中华人民共和国中央人民政府举行盛大庆典，全国 158 名各族人民代表欢聚一堂，在北京中南海怀仁堂举行隆重的献礼大会，各民族文工团表演了歌舞节目，毛泽东与柳亚子同席观看了歌舞晚会。

在毛泽东的激励下，柳亚子即兴赋《浣溪沙》赠毛泽东：

火树银花不夜天，弟兄姊妹舞翩跹，歌声唱彻月儿圆。不是一人能领导，那容百族共骈阗，良宵盛会喜空前。

次日，毛泽东步其原韵，写了《浣溪沙・和柳亚子先生》，赠与柳亚子：

长夜难明赤县天，百年魔怪舞翩跹，人民五亿不团圆。一唱雄鸡天下白，万方乐奏有于阗，诗人兴会更无前。

毛泽东运用中华优秀传统文化，撰写文章，发表讲话，指导革命，教育干部，指挥战争，部署工作，信手拈来，皆成经典，微言大义，寓意深刻，要言不烦，朗朗上口。例如，毛泽东谈到延安整风的方法，用"惩前毖后，治病救人"来说明整风运动的真谛所在；谈到领导干部要发扬民主，广泛听取大家的意见和建议，善于发挥集体智慧的作用，就用"兼听则明，偏听则暗"来说明问题。

二、熟悉古代战略战术与经典战例，"创造性转化、创新性发展"，炉火纯青、出神入化

中华优秀传统文化蕴含着丰富的内涵。毛泽东出身农家，少年时代读私塾，青年时代毕业于湖南第一师范学校，曾任该校附属小学主事（校长），除了辛亥革命后在湖南新军当过半年士兵，没有任何军事经验可言。但是，毛泽东饱读中华传统文化经典著作，深得其精髓所在，从中汲取大量历史智慧、军事智慧和政治智慧，"在战争中学习战争"，成为举世闻名的军事家。

饱读史书，注重实践，中华优秀传统文化与指挥革命战争

毛泽东熟读《二十四史》和中国古籍，熟悉中国古代著名战役战斗战例，从中华优秀传统文化中汲取丰富的历史营养和军事智慧，创造性灵活运用于中国革命战争实践。井冈山上，毛泽东与朱德等集中集体智慧，创造"游击战争十六字诀"。对此，毛泽东在《中国革命战争的战略问题》中写道："我们的战争是从一九二七年秋天开始的，当时根本没有经验。南昌起义、广州起义是失败了，秋收起义在湘鄂赣边界地区的部队，也打了几个败仗，转移到湘赣边界的井冈山地区。第二年四月，南昌

起义失败后保存的部队，经过湘南也转到了井冈山。然而从一九二八年五月开始，适应当时情况的带着朴素性质的游击战争基本原则，已经产生出来了，那就是所谓‘敌进我退，敌驻我扰，敌疲我打，敌退我追’的十六字诀。”① 在开创以瑞金为中心的中央革命根据地过程中，1929 年 4 月 5 日毛泽东在《前委致中央的信》中写道：“我们三年来从斗争中所得的战术，真是和古今中外的战术都不同。用我们的战术，群众斗争的发动是一天比一天长大的，任何强大的敌人是奈何我们不得的。我们的战术就是游击的战术。大要说来是：‘分兵以发动群众，集中以应付敌人。’‘敌进我退，敌驻我扰，敌疲我打，敌退我追。’‘固定区域的割据，用波浪式的推进政策，强敌跟追，用盘旋式的打圈子政策。’‘很短的时间，很好的方法，发动很大的群众。’这种战术正如打网，要随时打开，又要随时收拢。打开以争取群众，收拢以应付敌人。三年以来，都是用的这种战术。”② 这是毛泽东在历史文献中第一次完整的阐述“游击战争十六字诀”。1930 年 12 月红一方面军召开反对国民党军队第一次“围剿”动员大会，毛泽东写了一副对联“敌进我退，敌驻我扰，敌疲我打，敌退我追，游击战里操胜算；大步进退，诱敌深入，集中兵力，各个击破，运动战里歼敌人”。长征到达陕北后，毛泽东根据马克思主义军事学说，结合自己指挥中国革命战争的丰富实践经验，精心研究《孙子兵法》和古今中外的军事名著，撰写了《中国革命战争的战略问题》《抗日游击战争的战略问题》《论持久战》等著作。他在《中国革命战争的战略问题》中，结合中国革命战争的经验与教训，系统评述中国古代大量著名战例的成败得失，用以教育红军大学和中国人民抗日军事政治大学（抗大）的学员。当时的抗大校长对此印象特别深刻，在东北解放战争时期，将《中国革命战争的战略问题》随身携带，反复阅读，精心研究，称之为“毛泽东战略学”，要求东北野战军高级干部认真学习，悉心体会，用以指挥作战。中国古代军事思想家孙子曰：兵者，诡道也。故能而示之不能，用而示之不用，近而示之远，远而示之近。利而诱之，乱而取之，实而备之，强而避之，怒而挠之，卑而骄之，佚而劳之，亲而离之。攻其无备，出其不意。此兵家之胜，不可先传也。孙子这段话的大意是：指挥战争要通过谋略克敌制胜。因而，“能”要显示“不能”，“用兵”要让对方看成“不用兵”，“近”要让对方看成“远”，“远”要让对方看成“近”。对方若贪图小利，就以利益去诱惑它；对方若混乱，就去袭击它；对方若力量充实，就要防备它；对方若兵强马壮，就避开它；对方若气势汹汹，就要使其士气衰落；对方若谨小慎微，就

① 《毛泽东选集》第 1 卷，人民出版社 1991 年版，第 204 页。
② 《毛泽东选集》第 1 卷，人民出版社 1991 年版，第 103－104 页。

要使之骄傲起来；对方若休整充分，就要使其疲惫不堪；对方若亲密无间，就要离间它。要攻击对方没有防备的地方，要在对方意料不到之时发起突然进攻。从中不难看出，毛泽东与战友们精心总结、创造、提炼的“游击战争十六字诀”“敌进我退，敌驻我扰，敌疲我打，敌退我追”与《孙子兵法》之间的历史传承和创新发展关系。中国古代著作《智囊》论述唐太宗用兵之道：“唐太宗尝言，自少经略四方，颇知用兵之要。每观敌阵，则知其强弱，常以吾弱当其强，强当其弱。彼乘吾弱，奔逐不过数百步；吾乘其弱，必出其阵后反而击之，无不溃败。盖用孙子之术也。”毛泽东读后，结合指挥中国革命战争战役战斗的实践经验进行批注，所谓以弱当强，就是以少数兵力，佯攻敌诸路大军。所谓以强当弱，就是集中绝对优势兵力，以五六倍于敌一路之兵力，四面包围，聚而歼之。[①] 由此可以看到，毛泽东在中国人民解放战争时期制定的“十大军事原则”中的“集中优势兵力，各个歼灭敌人”，与总结、汲取唐太宗李世民的用兵之道，具有一定的历史联系。毛泽东还在一些中国古代著名战例上批注，“攻魏救赵，因败魏军，千古高手”；“胡柳陂正面突破不成，乃从东向南打大迂回，乘虚而入，卒以成功”；“契丹善用诱敌深入战法，让敌人多占地方，然后待机灭敌”等。由此可以看到，毛泽东为人民军队制定的一系列战略战术，与中华优秀传统文化具有内在的逻辑联系，并且在指挥革命战争实践中不断进行丰富与发展、创新与升华。

问鼎中原，逐鹿中原。中华优秀传统文化与开辟中原战场

“自古逐鹿在中原，得中原者得天下”。1947 年夏天，中国人民解放军晋冀鲁豫野战军（亦称刘邓大军、刘邓野战军，后来改名中原野战军、第二野战军）遵照中共中央和毛泽东的战略部署，强渡黄河，发起鲁西南战役。邓小平回忆：“首先过黄河，一下消灭敌人四个师部、九个半旅，旗开得胜，那气势是很了不起的。过黄河实际上就是开始反攻。”[②] 这时，“毛主席打了个极秘密的电报给刘邓，写的是陕北‘甚为困难’。当时我们二话没说，立即复电，半个月后行动，跃进到敌人后方去，直出大别山”[③]。然后，晋冀鲁豫野战军千里跃进大别山，挺进中原，逐鹿中原，开辟中原战场。中国人民解放军这一战略行动，恰似一把利剑插进国民党统治区的腹部，它同中国人民解放军在东北、华北、西北、华东等战略区的反攻和进攻相配合，形成中国人民解放军对国民党军队的全国规模的巨大攻势，揭开中国人民解放战争战略进攻

---

① 全军中国特色社会主义理论体系研究中心主办，全军党委中心组理论学习期刊：《解放军理论学习》2017 年第 5 期。

② 《邓小平文选》第 3 卷，人民出版社 1993 年版，第 339 页。

③ 《邓小平文选》第 3 卷，人民出版社 1993 年版，第 339 页。

序幕。从此，中国人民解放军由内线作战转为外线作战，由战略防御转入战略进攻，一举扭转整个战争形势，为夺取中国革命胜利创造极为有利的条件。根据中国革命和解放战争发展需要，1948 年 2 月初，毛泽东以战略家的远见卓识为中共中央军委起草致刘伯承、邓小平的电报，指示刘邓野战军指挥所从大别山移至淮河、陇海、沙河、伏牛山之间，指挥刘邓野战军三个纵队，华东野战军陈士榘、唐亮四个纵队，陈赓、谢富治一个半纵队，共八个半纵队，在“淮河、汉水、陇海、津浦之间集中，机动打中等的及大的歼灭战”。[①] 并指出，这样部署，可将敌主力吸引至淮河、汉水以北，利于粟裕部机动，利于大别山、江汉等地放手发展，还因为北面有巩固的后方可为依托利于打歼灭战。[②] 中国人民解放军发起战略进攻，将战线从黄河流域推进到长江流域，直接威慑武汉，震慑南京，在黄河以南，长江以北，秦岭以东、大海以西，逐鹿中原，开辟了辽阔的中原解放区。从 1948 年春天开始，中国人民解放军在中原战场相继发起洛阳战役、宛西战役、宛东战役、襄樊战役、开封战役、江汉战役、郑州战役等，势如破竹，连战皆捷，奠定中原战场战略决战胜利和渡江战役胜利的坚实基础。

总揽全局，气贯长虹，中华优秀传统文化与《中原我军解放南阳》

毛泽东对各地历史文化了然于胸，了如指掌，信手拈来，如数家珍，恣肆汪洋，皆成文章。1948 年 11 月，中国人民解放军在中原战场赢得宛西战役、宛东战役和襄樊战役胜利后，豫西南重镇南阳成为孤城，国民党南阳驻军王凌云率部仓皇南逃，南阳不战而克，获得解放。毛泽东获悉中国人民解放军在中原战场解放历史名城南阳，欣喜异常。捷报飞来，毛泽东文思如潮，挥动如椽巨笔，一口气写下千古名篇《中原我军解放南阳》：“在人民解放军伟大的胜利的攻势下，南阳守敌王凌云于四日下午弃城南逃，我军当即占领南阳。”毛泽东写道：南阳为古宛县，三国时曹操与张绣曾于此城发生争夺战。后汉光武帝刘秀，曾于此地起兵，发动反对王莽王朝的战争，创立了后汉王朝。民间所传二十八宿，即刘秀的二十八个主要干部，多是出生于南阳一带。在过去一年中，蒋介石极重视南阳，曾于此设立所谓绥靖区，以王凌云为司令官，企图阻遏人民解放军向南发展的道路。上月，白崇禧使用黄维兵团三个军的力量，经营整月，企图打通信阳、南阳间的运输道路，始终未能达到目的。最近蒋军因全局败坏，被迫将整个南部战线近百个师的兵力集中于以徐州为中心和以汉口为中心

① 中共中央文献研究室编：《毛泽东年谱》1893～1949 年下册，人民出版社、中央文献出版社 1993 年版，第 278 页。

② 中共中央文献研究室编：《毛泽东年谱》1893～1949 年下册，人民出版社、中央文献出版社 1993 年版，第 278 页。

的两个地区，两星期前已放弃开封，现又放弃南阳。从此，河南全境，除豫北之新乡、安阳，豫西之灵宝、阌乡，豫南之确山、信阳、潢川、光山、商城、固始等地尚有残敌外，已全部为我解放（编者注：河南全省共有一百一十一座城市，我已占一〇一座，敌仅余十座）。去年七月，南线人民解放军开始向敌后实行英勇的进军以来，一年多时间内，除歼灭了大量的国民党正规部队以外，最大的成绩，就是在大别山区（鄂豫区）、皖西区、豫西区、陕南区、桐柏区、江汉区、江淮区（即皖东一带）恢复和建立了稳固的根据地，创立了七个军区，并极大地扩大了豫皖苏军区老根据地。除江淮军区属于苏北军区管辖外，其余各军区，统属于中原军区管辖。豫皖苏区、豫西区、陕南区、桐柏区现已连成一片，没有敌人的阻隔。这四个军区并已和华北连成一片。我武装力量，除补上野战军和地方军一年多激烈战争的消耗以外，还增加了大约二十万人左右，今后当有更大的发展。白崇禧经常说："不怕共产党凶，只怕共产党生根。"他是怕对了。我们在所有江淮河汉区域，不仅是树木，而且是森林了。不仅生了根，而且枝叶茂盛了。在去年下半年的一个极短时间内，我们在这一区域曾经过早地执行分配土地的政策，犯了一些策略上的"左"的错误。但是随即纠正了，普遍地利用了抗日时期的经验，执行了减租减息的社会政策和各阶层合理负担的财政政策。这样，就将一切可能联合或中立的社会阶层，均联合或中立起来，集中力量反对国民党反动统治势力及乡村中为最广大群众所痛恨的少数恶霸分子。这一策略，是明显地成功了，敌人已经完全孤立起来。在我强大的野战军和地方军配合打击之下，困守各个孤立据点内的敌人，如像开封、南阳等处，不得不弃城逃窜。南阳守敌王凌云统率的军队是第二军、第六十四军以及一些民团，现向襄阳逃窜。襄阳也是国民党的一个所谓"绥靖区"，第一任司令官康泽被俘后，接手的是从新疆调来的宋希濂。最近宋希濂升任了徐州的副总司令兼前线指挥所主任去代替原任的杜聿明。杜聿明则刚从徐州飞到东北，一战惨败，又逃到了葫芦岛。王凌云到襄阳，大概是接替宋希濂当司令官。但是从南阳到襄阳，并没有走得多远，襄阳还是一个孤立据点，王凌云如不再逃，康泽的命运是在等着他的。① 毛泽东撰写《中原我军解放南阳》，高屋建瓴，气势磅礴，洋洋洒洒，一气呵成，将中华传统文化与革命战争形势融为一体，阐述人民解放战争必然胜利的大好形势，堪称政治名篇、军事名篇和新闻名篇，为厚重的历史文化增加了夺目的光彩。

集中兵力，聚而歼之。中华优秀传统文化与部署渡江战役

毛泽东精心阅读、深入研究中国古代战例，心得体会与批注很多。例如"先退

① 《人民日报》1948年11月9日。

后进”“中间突破”“有强大的战斗后备队”等。中国人民解放战争后期，毛泽东部署渡江战役，就采用了“集中绝对优势兵力，以五六倍于敌一路之兵力，四面包围，聚而歼之”“有强大的战斗后备队”等战法。当时，为了战胜国民党军队集中兵力在长江沿线的严密防守，毛泽东和中央军委调集中国人民解放军第二野战军、第三野战军全部兵力，同时以第四野战军为战略预备队，以狮子搏兔、杀鸡也要用牛刀、志在必得的决心，发起渡江战役（亦称京沪杭战役），一举摧毁国民党军队长江防线，乘势夺取国民党政府首都南京，解放亚洲第一大工商业城市上海，然后以摧枯拉朽之势，横扫江南广大地区。当时的第二野战军司令员刘伯承回忆说：“毛主席的军事思想，什么时候都主张要有强大的战略、战役预备队。他主张以四倍到六倍的兵力打击敌人，就是要保持强大的预备队。”“渡长江时，国民党只剩残余军队一百万人，我军的力量已占了绝对优势，开头只准备第三野战军过江，后来怕力量单薄，把第二野战军也加上去，共同实施渡江战役。”“毛主席说：我还有大预备队没有用，就是第四野战军。”“这样强大的预备队，是敌人无法抗拒的。”

“攻其无备、出其不意。”中华优秀传统文化与运筹西南战役

解放西南是中国大陆的最后一役，毛泽东创造性运用和发展中华优秀传统文化“攻其无备、出其不意”战法，以及中国古代元朝灭南宋的大迂回、大包抄、大包围、大歼灭战略战术，创造了中国革命战争的经典战例。当时，毛泽东和中央军委首先命令贺龙率领中国人民解放军第十八兵团从陕西沿着秦岭方向南下，进军大西南西北部，吸引国民党军队猬集在西南地区的最后一个战略集团集中兵力防守秦岭方向。然后，命令渡江战役后集结在南京地区的第二野战军乘火车北上，经徐州到郑州时，让刘伯承司令员、邓小平政治委员出席会议，会见媒体记者，并公开报道。给蒋介石以第二野战军沿陇海铁路西进，将跟随贺龙率领的第十八兵团后面，从陕西秦岭方向南下进军西南的战略意图。这就是古代兵法上的“示形于西”。实际上，当刘伯承、邓小平和第二野战军在郑州公开露面后，毛泽东和中央军委密令第二野战军严密封锁一切消息，秘密乘火车从郑州南下，经过武汉，直达湖南，从大西南东南部，“出其不意，攻其不备”，改“声东击西”为“声西击东”，向国民党军队发起突然袭击。于是，大西南东南部是人民解放军第二野战军，西北部是贺龙率领的人民解放军第十八兵团，两路解放大军对西南地区的国民党军队最后一个战略集团，形成强有力的“钳形攻势”，造成其插翅难逃的局势。此时此刻，中国人民解放军“攻城为下，攻心为上”。对西南地区的国民党军队一方面实施猛烈的军事打击，另一方面实行强有力的政治争取。刘伯承、邓小平向西南国民党军政人员提出四项忠告，号召他们停止抵抗，投向光明，改过自新，立功赎罪。云南、西康（当时的一个省）、四川等地的

国民党军政负责人卢汉、刘文辉、邓锡侯、潘文华等，分别宣布率部起义。国民党军队第十九兵团副司令官、第二十二兵团司令官兼第七十二军军长、第十五兵团司令官、第二十兵团司令官、第七兵团司令官、第十八兵团司令官也相继宣布率部起义。国民党军队第五兵团司令官执迷不悟，其本人以下 5 万余人被俘。中国人民解放军不战而下成都。国民党军队最后一个战略集团被彻底歼灭。西南战役大获全胜。起初，在西南战役中分别率部起义、投诚，或者放下武器的原国民党军队的大批军官惶惶不安，担心共产党“清算”其历史。为此，贺龙司令员专门讲到革命不分先后，我自己原来就是旧军人出身，后来才跟着共产党走上了革命道路。刘伯承司令员专门强调：“我们接收了大量的旧公务人员、起义军人、投诚和俘虏人员。他们是后至者，他们要由消极因素转变为积极因素。我们要管饭，要改造，要录用，要整编。毛主席说‘禹王治诸侯，后至者诛。这个政策是错的’。‘后至者诛’，谁还敢回到中国大家庭一起为人民大众作好事呢？今天我们只要于人民事业有利，只要进步，只要愿意改造，为大众服务，就可以一齐来干。”刘伯承阐发的毛泽东运用中华传统文化说明革命不分先后的重要指示，有力地安抚、团结、教育了原国民党军政人员，使西南地区对原国民党军政人员的改造和整编工作得以顺利进行。

“实践出真知。”从井冈山开展游击战争到解放大西南战役，毛泽东大胆实践，勇于创新，善于总结经验，及时汲取教训，指挥革命战争得心应手，游刃有余。他悉心钻研，精心谋划，将马克思主义军事学说、中华优秀传统文化和中国革命战争实践熔于一炉，形成毛泽东军事思想，指挥革命战争达到炉火纯青、出神入化的程度。

三、高屋建瓴，气势磅礴，创造性运用中华优秀传统文化治党治国治军

毛泽东认为，读书的目的全在于应用。他反对死读书、读死书，主张读活书，理论与实践相结合，读书思考与灵活运用相结合，提倡将书本知识运用于实际工作。中华优秀传统文化对毛泽东治党治国治军有深刻影响。他经常结合领导工作，向高级干部阐发历史典故，启发大家的思维；向高级干部讲述历史故事，达到古为今用的效果；要求高级干部阅读古典名著，引导领导干部文武兼备。

引用老子观点，阐述矛盾转化——中华优秀传统文化与辩证思维

中国古代典籍《道德经》是古代道家哲学思想的重要来源。《道德经》以哲学上的“道德”为主题，论述修身、治国、用兵、养生之道，立论严谨，环环相扣，内涵丰富，犀利透彻，寓意深刻，影响深远，被称为中国古代“内圣外王”之学，具有朴素辩证法思想。中国古代的唐玄宗、宋徽宗、明太祖、清世祖等，都曾经认真阅读，精心批注，予以推广。古往今来，阐发释义者甚多。毛泽东对《道德经》非常

熟悉，了然于胸，信手拈来，妙语连珠，皆成真谛。1949 年 3 月 13 日，毛泽东在中共七届二中全会讲到党委会的工作方法时，要求各级党委成员“互通情报，这对于取得共同语言是很重要的”。讲到这里，毛泽东引用老子的《道德经》来说明问题：“有些人不是这样做，而是像老子说的‘鸡犬之声相闻，老死不相往来’，结果彼此之间就缺乏共同的语言。”① 毛泽东以此要求各级党委成员，要经常“互通情报”，谈心、交心，“取得共同语言”。1949 年 8 月 18 日，中华人民共和国成立前夕，美国驻南京原国民党政府的大使司徒雷登悄然离去，返回美国。美国统治集团声称要封锁即将成立的新中国。毛泽东专门为新华社撰写《别了，司徒雷登》的评论，满怀豪情地指出：“多少一点困难怕什么。封锁吧，封锁十年八年，中国的一切问题都解决了。中国人死都不怕，还怕困难吗？老子说过：‘民不畏死，奈何以死惧之。’美帝国主义及其走狗蒋介石反动派，对于我们，不但‘以死惧之’，而且实行叫我们死。”② 其中，毛泽东引用老子的话，就出自《道德经》。毛泽东的意思是，帝国主义的封锁对于即将成立的新中国来说是坏事，但是激发中国人民自力更生的精神，坏事可以转化为好事。1957 年 2 月 27 日最高国务会议上，毛泽东在《关于正确处理人民内部矛盾的问题》中谈道：“在一定的条件下，坏的东西可以引出好的结果，好的东西也可以引出坏的结果。老子在二千多年以前就说过：‘祸兮福所倚，福兮祸所伏。’”③ 毛泽东多次运用老子的朴素辩证法思想来说明事物对立统一和矛盾转化问题。他举例说，日本帝国主义侵略中国是坏事，但是激发中国人民在中国共产党领导下建立抗日民族统一战线，中华民族万众一心、众志成城奋起进行抗日战争，最后打败了日本侵略者，赢得抗日战争胜利，坏事又转化为好事了。

透过表象，揭露实质——中华优秀传统文化与“透过现象看本质”

中华优秀传统文化代表性文学著作之一《三国演义》第七十八回写道：却说曹操自杀华佗之后，病势愈重，又忧吴、蜀之事。正虑间，近臣忽奏东吴遣使上书。操取书拆视之，略曰：“臣孙权久知天命已归王上，伏望早正大位，遣将剿灭刘备，扫平两川，臣即率群下纳土归降矣。”操观毕大笑，出示群臣曰：“是儿欲使吾居炉火上耶！”侍中陈群等奏曰：“汉室久已衰微，殿下功德巍巍，生灵仰望。今孙权称臣归命，此天人之应，异气齐声。殿下宜应天顺人，早正大位。”操笑曰：“吾事汉多年，虽有功德及民，然位至于王，名爵已极，何敢更有他望？苟天命在孤，孤为周文

① 《毛泽东选集》第 4 卷，人民出版社 1991 年版，第 1441 页。
② 《毛泽东选集》第 4 卷，人民出版社 1991 年版，第 1496 页。
③ 《毛泽东文集》第 7 卷，人民出版社 1999 年版，第 238 页。

王矣。"司马懿曰："今孙权既称臣归附，王上可封官赐爵，令拒刘备。"操从之，表封孙权为骠骑将军、南昌侯，领荆州牧。即日遣使赍诰敕赴东吴去讫。"十年内乱"时期，林彪集团逐渐窃取一系列重要职务。1970年4月11日，林彪向中共中央政治局正式提出设国家主席的意见，并建议毛泽东兼任国家主席。毛泽东在中央政治局关于林彪意见的报告上批示："我不能再做此事，此议不妥。"[①] 4月27日，毛主席在中共中央政治局会议上提出，自己不当国家主席，也不设国家主席。[②] 毛泽东当着林彪的面，用《三国演义》中的典故说：孙权劝曹操当皇帝。曹操说孙权是要把他放在炉火上烤。我劝你们不要把我当曹操，你们也不要做孙权。[③] 7月中旬，中共中央修改宪法起草委员会会议期间，再次出现设国家主席的议论。毛泽东得知后指出：设国家主席，那是形式，不要因人设事。[④] 可是，林彪集团一意孤行，坚持设国家主席。1970年8月23日至9月6日，中共九届二中全会（第二次庐山会议）在江西庐山举行。林彪集团蓄谋已久，密谋滋事生非，挑起争端，制造混乱，浑水摸鱼，企图推出林彪作为中华人民共和国主席人选，进而篡夺党和国家最高权力。在中共九届二中全会上，林彪集团的主要目的是"抢班夺权"，公开打出的却是"称颂毛主席为天才""坚持让毛主席担任国家主席"等旗号。林彪集团发起进攻时，提出"坚持天才论""坚持设国家主席""揪出反对毛主席的黑手""捍卫毛主席"等口号，"打着毛主席的旗号打击毛主席的力量"，导致不少人受骗上当。对林彪集团的阴谋诡计，由于参加会议的绝大多数中央委员和候补中央委员根本不了解情况，完全不明真相，因此有的人"说了错话，办了错事"。庐山会议期间，8月25日毛泽东在中央政治局常委扩大会上宣布："设国家主席的问题不要再提了，谁坚持设国家主席，谁就去当，反正我不当！"[⑤] 毛泽东还专门针对林彪说：我劝你也不要当国家主席。[⑥] 毛泽东识破了林彪集团的图谋，撰写了《我的一点意见》，公开批判"天才论"，坚决不设国家主席，粉碎了林彪集团企图通过中共九届二中全会篡党夺权的阴谋活动。会后，1971年8月至9月毛泽东南巡期间，会见各地党政军主要负责人，特别是湖北省委和武汉军区、广东省委广西区委和广州军区、福建省委和福州军区、江苏省委和南京军区、北京市委和北京军区的党委书记、司令员和政治委员等，发表一系列"南巡谈话"，为彻底粉碎林彪集团奠定思想基础和政治基础。

---

① 中共中央文献研究室编：《毛泽东年谱（1949～1976年）》第6卷，中央文献出版社2013年版，第292页。
② 中共中央文献研究室编：《毛泽东年谱（1949～1976年）》第6卷，中央文献出版社2013年版，第295页。
③ 中共中央文献研究室编：《毛泽东年谱（1949～1976年）》第6卷，中央文献出版社2013年版，第313页。
④ 中共中央文献研究室编：《毛泽东年谱（1949～1976年）》第6卷，中央文献出版社2013年版，第295页。
⑤ 中共中央文献研究室编：《毛泽东年谱（1949～1976年）》第6卷，中央文献出版社2013年版，第327页。
⑥ 中共中央文献研究室编：《毛泽东年谱（1949～1976年）》第6卷，中央文献出版社2013年版，第327页。

“天要下雨，娘要嫁人”——中华优秀传统文化与处理突发事件

“天要下雨，娘要嫁人”是中国古代的一个成语典故，一般用来比喻事物发展有其自身的客观规律，不以人们的主观意志为转移。1971 年 9 月 13 日凌晨，林彪带着老婆叶群、儿子林立果私自乘一架“三叉戟”飞机，强行起飞，叛党叛国，飞往当时与中国严重敌对的苏联。最后，这架飞机在蒙古温都尔汗沙漠坠毁，林彪等人粉身碎骨。林彪事件发生时，周恩来向毛泽东请示如何处理，毛泽东用中华传统文化中的一句话来回答：天要下雨，娘要嫁人，由他去吧。① 同年 10 月初，周恩来在广州送走来访的非洲一个国家元首后，给中国人民解放军广州军区高级干部作关于林彪事件的专题报告。大会主持人事先说明，与会同志如果有问题，可以当场写条子递上来，周恩来将即席解答。于是，当周恩来讲到林彪外逃“自我爆炸，自取灭亡”时，有一位同志递上去一个条子问：是不是周恩来总理命令部队，用导弹把林彪乘坐的飞机打下来的？周恩来看完这个条子，严肃地说：“我在此再说一遍，林彪的座机不是我命令打下来的，确实是迫降时自我爆炸，自取灭亡。大家可以想一想，林彪是党中央副主席，我仅仅是个常委。在军队他是副统帅，而我在军队没挂职，我敢命令部队把党中央副主席、军队副统帅的座机打下来吗？他是‘九大’党章写上的接班人啊，如果我命令部队把他打下来，我怎么向全党全军和全国人民交待嘛！”② 周恩来还说：“当然，林彪坐（飞）机外逃时，我是及时向主席请示报告了的，这是一个共产党员起码的组织纪律性嘛。但是主席说，天要下雨，娘要嫁人，由他去吧！主席尚能宽容林彪，我周恩来为什么要阻拦他呢？主席南巡时也说过，林彪还是要保的，如果他承认了错误，还可以给他当一个政治局委员。主席对林彪都很宽宏大量，我为什么要置林彪于死地呢？”③ 于是，林彪事件真相与“天要下雨，娘要嫁人”的成语典故联系在一起，迅速传遍全国。这对于全党全军全国人民消除林彪事件迷雾，破解林彪事件真相，弄清林彪逃跑的来龙去脉发挥了巨大作用。

巧用《红楼梦》，阐述“地球村”——中华优秀传统文化与分析国际形势

《红楼梦》是中国古代名著，大部分中国人耳熟能详。毛泽东熟读《红楼梦》，认为《红楼梦》是反映中国封建社会的“百科全书”。他运用《红楼梦》来分析国际形势，堪称一绝。1973 年 11 月 17 日上午，毛泽东在北京中南海游泳池住处召集

---

① 中共中央文献研究室编：《毛泽东年谱（1949～1976 年）》第 6 卷，中央文献出版社 2013 年版，第 405 页。

② 中共中央文献研究室编：《周恩来年谱（1949～1976 年）》下卷，中央文献出版社 1997 年版，第 448－449 页。

③ 中共中央文献研究室编：《周恩来年谱（1949～1976 年）》下卷，中央文献出版社 1997 年版，第 448－449 页。

周恩来、乔冠华和外交部的三位年轻干部谈话。毛泽东畅谈中美关系和国际形势时，旁征博引，妙语连珠，其中谈到了《红楼梦》。毛泽东说：（《红楼梦》）是部政治小说，从康熙到乾隆年间，有两大派，一派胜利者即雍正皇帝，抄另一派失败者的家。写的是从兴盛到灭亡，贾、史、王、薛四大家族的兴亡史。"坐山观虎斗"也是凤姐的话。"大有大的难处"，特别对我们有用。"千里搭长棚，没有不散的筵席"，美国、苏联就是"千里搭长棚"。"不是东风压倒西风，就是西风压倒东风"，出自林黛玉，没有调和的余地。① 毛泽东在这次谈话中，运用《红楼梦》分析了20世纪70年代美国与苏联霸权主义两个"超级大国"既互相勾结，又互相矛盾、互相争夺，争霸世界的实质。毛泽东认为，美国与苏联霸权主义虽然是两个"超级大国"，但是貌似强大，实则虚弱，"大有大的难处"；两个"超级大国"之间的互相勾结是暂时的，他们之间的互相矛盾、互相争夺是必然的，"千里搭长棚，没有不散的筵席"；在世界上"不是东风压倒西风，就是西风压倒东风"，中国要坚持和平共处五项原则，坚持世界上一切国家一律平等，团结发展中国家，坚决反对两个"超级大国"的霸权主义，坚决反对两个"超级大国"称霸世界。

"随陆无武，绛灌无文"——中华优秀传统文化与加强军队建设

毛泽东运用中华优秀传统文化解读问题、说明问题、阐述问题，达到出神入化的程度。1973年12月，毛泽东多次主持召开中共中央政治局会议，部署各大军区司令员对调，提议邓小平担任军队领导工作。12月21日下午，毛泽东接见参加中央军委会议的全体成员，谈到《红楼梦》时，说：要看五遍才有发言权呢。它那是把真事隐去，是假语村言写出来，所以有两个人，一个叫甄士隐，一个叫贾雨村。真事不能讲，就是政治斗争。"吊膀子"这些是掩盖它的（政治内容）。第四回里边有一张"护官符"，那上面说："贾不假，白玉为堂金作马。阿房宫，三百里，住不下金陵一个史。东海缺少白玉床，龙王请来金陵王。丰年好大雪，珍珠如土金如铁。"中国古代小说写得好的是这一部，最好的一部，创造了好多文学语言呢。② 毛泽东讲到这里，专门对南京军区司令员说：你就只讲打仗。你这个人以后搞点文学吧。③ 毛泽东还说："随陆无武，绛灌无文。"绛是说周勃。周勃厚重少文，你这个人也是少文。④ 毛泽东问：你能够看懂《红楼梦》吗？要看五遍。《水浒传》不反皇帝，专门反对贪

① 中共中央文献研究室编：《毛泽东年谱（1949～1976年）》第6卷，中央文献出版社2013年版，第506页。
② 中共中央文献研究室编：《毛泽东年谱（1949～1976年）》第6卷，中央文献出版社2013年版，第514页。
③ 中共中央文献研究室编：《毛泽东年谱（1949～1976年）》第6卷，中央文献出版社2013年版，第514页。
④ 中共中央文献研究室编：《毛泽东年谱（1949～1976年）》第6卷，中央文献出版社2013年版，第514页。

官，宋江后来接受了招安。① 毛泽东对各大军区司令员评价《红楼梦》，要求大家熟读《红楼梦》，其寓意是要求司令员们不但要议军，还要议政；既要懂军事，又要懂政治；要善于从政治上看问题，透过现象看本质。毛泽东说“随陆无武，绛灌无文”，是期望军队高级干部能文能武，文武兼备。毛泽东部署各大军区司令员对调，具有多方面因素：一是“文化大革命”中，部队介入地方“文化大革命”，“支左、支工、支农、军管、军训”（简称“三支两军”），对稳定地方上的混乱局面，起了很好作用。但是也由此介入地方派性纠纷，甚至把派性带入部队，影响部队的统一和稳定。二是在“文化大革命”中，许多大军区受到地方群众组织的“冲击”，结下许多恩恩怨怨。三是许多大军区负责人在一个地方任职多年，身边都是老关系、老部下、老熟人，遇事掣肘，不利于工作。四是当时苏联在中国边境陈兵百万，虎视眈眈。毛泽东提出“要准备打仗”，让大军区司令员对调，有利于熟悉更多的部队、熟悉更多的社会环境、熟悉更多的自然环境，有利于加强战备、巩固国防。总之，正如毛泽东讲的，一个人在一个地方工作太久了，不太好。换一个新的环境，有利于打破“文化大革命”中的派性缠绕，有利于避开“文化大革命”中说不清、道不明的恩恩怨怨，有利于打破多年形成的老关系、老部下、老熟人的掣肘，有利于在新的环境中放手工作。根据毛泽东的战略部署，中共中央军委下达八大军区司令员对调命令，八大军区司令员闻风而动，雷厉风行，迅速实现对调，十天内完成交接，到达新的工作岗位。后来，邓小平就此指出：“我们的传统是军队听党的话，不能搞小集团，不能搞小圈子，不能把权力集中在几个人身上。军队任何时候都要听中央的话，听党的话，选人也要选听党的话的人。军队不能打自己的旗帜。”② “前一段我提出党中央的权威必须加强。陈云同志讲，各路诸侯太多，议而不决，决而不行，各自为政。这个批评是正确的。中央的话不听，国务院的话不听，这不行。特别是有困难的时候，没有中央、国务院这个权威，不可能解决问题。有了这个权威，困难时也能做大事。不能否定权威，该集中的要集中，否则至少要耽误时间。对于不听中央、国务院的话的，处理要坚决，可以先打招呼，不行就调人换头头。‘文化大革命’后期，毛主席把八大军区司令对调，这是因为懂得领导军队的艺术，就是不允许任何军队领导干部有个团团，有个势力范围。军队就有这个传统，经常调过来调过去。”③

---

① 中共中央文献研究室编：《毛泽东年谱（1949～1976年）》第6卷，中央文献出版社2013年版，第514页。
② 《邓小平文选》第3卷，人民出版社1993年版，第317页。
③ 《邓小平文选》第3卷，人民出版社1993年版，第319页。

"柔中寓刚，绵里藏针"——中华优秀传统文化与评价干部

邓小平早年投身革命，战争年代长期担任八路军第129师政治委员、晋冀鲁豫中央局第一书记兼晋冀鲁豫军区政治委员、中原局第一书记兼中原野战军政治委员、华东局第一书记兼中原野战军政治委员、西南局第一书记兼第二野战军政治委员等；中共八大任中央政治局常委、中央委员会总书记。"十年内乱"初期邓小平被撤销一切领导职务。1973年3月10日，中共中央作出《关于恢复邓小平同志的党组织生活和国务院副总理的职务的决定》。中国共产党第十次全国代表大会上，当选中央委员。12月14日，在毛泽东召集的有部分中共中央政治局委员出席的会议上，毛泽东对大家说：现在，请了一个军师，叫邓小平。发个通知，当政治局委员、军委委员。政治局是管全部的，党政军民学，东西南北中。我想在政治局添一个秘书长吧，你（指邓小平）不要这个名义，那就当个参谋长吧。① 次日上午，邓小平出席毛泽东主持召开的有部分中央政治局委员和北京军区、沈阳军区、济南军区、武汉军区负责人参加的中央政治局扩大会议。会上，毛泽东向大家介绍邓小平说：我们现在请了一位总参谋长。他呢，有些人怕他，但是办事比较果断。他一生大概是三七开。你们的老上司，我请回来了，政治局请回来了，不是我一个人请回来的。毛泽东对邓小平说：你呢，人家有点怕你，我送你两句话：柔中寓刚，绵里藏针。外面和气一点，内部是钢铁公司。② 毛泽东评价邓小平"柔中寓刚，绵里藏针"，是为推出邓小平任中共中央副主席、国务院第一副总理、中央军委副主席兼中国人民解放军总参谋长制造舆论、创造条件。12月22日，根据中共中央决定，邓小平正式担任中央政治局委员、中央军委委员。1974年4月，他代表中国政府出席联合国第六届特别会议，系统阐述毛泽东关于三个世界划分的理论，在世界上产生重大影响。1975年1月，被毛泽东认为"柔中寓刚，绵里藏针"的邓小平任中共中央副主席、国务院副总理、中央军委副主席兼中国人民解放军总参谋长。在毛泽东、周恩来病重的情况下，邓小平主持中央党政军日常工作，针对"文化大革命"造成的混乱局面进行全面整顿，成效显著，得到全国人民衷心拥护。后来，美国哥伦比亚广播公司著名主持人华莱士采访江泽民时，问道："有些人说你成功的原因是'绵里藏针'。这是你成功的秘诀吗?"江泽民回答："在中国，这是对别人的赞誉之词。我们的前任领导人邓小平也获得了这样的评价。"③ 中共十一届三中全会后，"柔中寓刚，绵里藏针"的邓小平成为"第

---

① 中共中央文献研究室编：《邓小平年谱（1904—1974）》（下），中央文献出版社2009年版，第1991页。
② 中共中央文献研究室编：《邓小平年谱（1904—1974）》（下），中央文献出版社2009年版，第1992页。
③ 新华社：《参考消息》2012年4月1日第9版。

二代中央领导集体的核心”“中国改革开放的总设计师”，领导中国人民改革开放，开创了中国特色社会主义道路。20 世纪 90 年代初期，国际形势急剧变幻，苏联解体，东欧剧变。邓小平高瞻远瞩，胸有成竹，提出“冷静观察，稳住阵脚，沉着应付，韬光养晦，善于守拙，决不当头，立足于把我们自己的事情办好，有所作为”的战略方针，引领中国以经济建设为中心，坚持四项基本原则，坚持改革开放，“韬光养晦，有所作为”，中国很快发展成为“世界第二大经济体”。长期担任中国外交部部长的钱其琛表示：“当时小平同志及时提出了冷静观察、稳住阵脚、沉着应付、有所作为的战略方针。只要自己的事情办好了，不管国际形势如何变化，一定要牢牢抓住经济建设这个中心不动摇。我们要在和平共处五项原则的基础上很从容地发展同所有国家的关系。”

“深挖洞，广积粮，不称霸”——中华优秀传统文化与应对国际局势

20 世纪 70 年代初期和中期，“深挖洞，广积粮，不称霸”的口号在中国响彻云霄，“深挖洞，广积粮，不称霸”的巨幅标语遍及全国城乡。当时，“深挖洞，广积粮，不称霸”是根据 20 世纪 70 年代中国面临的国内外形势和中国属于社会主义国家的国家性质，有针对性地提出要做好反侵略战争准备工作的基本方针。最初，“深挖洞，广积粮，不称霸”来源于 1972 年 10 月《中共中央转发〈国务院关于粮食问题的报告〉的批语》中转述的毛泽东重要指示：毛泽东主席讲了《明史 · 朱升传》的历史故事。明朝建立以前，朱元璋召见一位叫朱升的知识分子，问他在当时形势下应当怎么办。朱升说：“高筑墙，广积粮，缓称王。”朱元璋采纳了他的意见，取得了胜利。由此可见，“深挖洞，广积粮，不称霸”的历史渊源是中华优秀传统文化。据《明史 · 朱升传》记载：朱升，字允升，休宁人。元末举乡荐，为池州学正，讲授有法。蕲、黄盗起，弃官隐石门。数避兵逋窜，卒未尝一日废学。太祖下徽州，以邓愈荐，召问时务。对曰：“高筑墙，广积粮，缓称王。”太祖善之。吴元年，授侍讲学士，知制诰，同修国史。以年老，特免朝谒。洪武元年进翰林学士，定宗庙时享斋戒之礼。寻命与诸儒修《女诫》，采古贤后妃事可法者编上之。大封功臣，制词多升撰，时称典核。逾年，请老归，卒年七十二。升自幼力学，至老不倦。尤邃经学。所作诸经旁注，辞约义精。学者称枫林先生。将《明史 · 朱升传》用现代白话文翻译：朱升，字允升，休宁人。元末举乡荐，担任池州学正，讲授有法。蕲、黄盗起，弃官隐居石门。多次逃避兵乱，四处流窜，但没有一天荒废学业。太祖攻下徽州，因邓愈推荐，召他询问时务。他回答说：“高筑墙，广积粮，缓称王。”太祖颇为赞赏。吴元年授予侍讲学士、知制诰、同修国史。因他年老，特免除朝拜之礼。洪武元年（公元 1368 年）晋升为翰林学士，制定宗庙时享斋戒之礼仪。不久，命他与诸儒编

修《女诫》，把古代贤良的后妃可以效法的一些事迹编入此书。大封功臣，制词大多是朱升撰写，当时称为典核。过了一年，请求告老还乡，去世时七十二岁。朱升从小勤奋学习，到了老年也不厌倦。尤其精通经学。他所作的诸经旁注，言辞简约，意义精辟。学者称他为枫林先生。朱升建议朱元璋"高筑墙，广积粮，缓称王"的意思是：群雄并起，天下未定，要深谋远虑，长远谋划，首先要积蓄自己的力量，发展自己的力量，巩固自己的力量；其次要搞好农业，发展经济，积蓄粮食；再次，不要急于求成，不要急不可待，不要急于当皇帝，避免四面树敌、成为众矢之的。只有这样，才能赢得最后胜利。20 世纪 70 年代初期，毛泽东在借鉴中华优秀传统文化"高筑墙，广积粮，缓称王"的基础上，进一步对其内涵和外延加以创造性转化和创新性发展，将"高筑墙"改为"深挖洞"，用以号召全国军民"积极防御"，有备无患，加强备战，全民挖地道，建立防空设施，防止敌人突然袭击；采纳"广积粮"，用以号召全国重视农业，发展农业，加强农业第一线，做好粮食储备，确保粮食问题和吃饭问题，以便应对自然灾害和战争，广义上指要注重工农业生产；将"缓称王"改为"不称霸"，用以体现中国坚持独立自主的和平外交政策，体现中国在世界舞台上坚决反对霸权主义，体现中国始终不渝地坚持和平共处五项原则，体现中国坚持军事防御方针，绝不在世界上称王称霸欺负其他国家。根据毛泽东"深挖洞，广积粮，不称霸"战略部署，中国人民解放军进一步加强重要战略方向的国防工程建设，在重点防空城市大规模建设人民防空工程，构筑大量打防结合、平战结合的地下工事，增强国家整体防御能力；军队和地方加强战略物资储备，形成国家、军队和地方的战略储备体系。"深挖洞，广积粮，不称霸"与"备战，备荒，为人民"结合起来，从国内政策延伸到外交政策，对反对"超级大国"的侵略战争、推进国家经济建设、树立中国维护世界和平的良好形象，起到十分积极的作用。但是，由于对爆发世界大战危险性估计过高，把过多力量用于反侵略战争准备，长期使军队处于临战状态，给国家经济长远发展和军队现代化建设也造成一定影响。

汲取古代精华，深思治蜀方略——中华优秀传统文化与治国安邦

中国古代三国时期著名政治家、军事家诸葛亮在《出师表》中写道：

"先帝创业未半而中道崩殂，今天下三分，益州疲弊，此诚危急存亡之秋也。然侍卫之臣不懈于内，忠志之士忘身于外者，盖追先帝之殊遇，欲报之于陛下也。诚宜开张圣听，以光先帝遗德，恢弘志士之气，不宜妄自菲薄，引喻失义，以塞忠谏之路也。"

"亲贤臣，远小人，此先汉所以兴隆也；亲小人，远贤臣，此后汉所以倾颓也。""臣本布衣，躬耕于南阳，苟全性命于乱世，不求闻达于诸侯。先帝不以臣卑鄙，猥

自枉屈，三顾臣于草庐之中，咨臣以当世之事，由是感激，遂许先帝以驱驰。后值倾覆，受任于败军之际，奉命于危难之间，尔来二十有一年矣。”

自古至今，河南省南阳市郊区卧龙岗遗留着诸葛亮居住、读书、会客，与刘备畅谈天下大势时的“草庐”，躬耕的陇亩和浇水时用的水井，散步时的小桥流水，以及诸葛亮满腔抱负不得施展时常常抱膝长吟的抱膝处和长吟亭等历史遗迹。

刘备三顾茅庐使诸葛亮深受感动，应邀出山，辅佐刘备，大展才华，“鞠躬尽瘁，死而后已”。诸葛亮去世后，人们在其隐居地卧龙岗修建武侯祠，作为永久纪念。

南宋抗金名将岳飞在战争年代路过南阳，夜宿卧龙岗，感念诸葛亮的业绩和精神，夜不能寐，挥毫疾书，用行草写下诸葛亮《出师表》和《后出师表》，并用狂草写下“还我河山”四个大字，以示抗金决心。

在南阳卧龙岗武侯祠有两副著名楹联，第一副楹联是：

能攻心则反侧自消从古知兵非好战，不审势即宽严皆误后来治蜀要深思。

这副楹联评价了诸葛亮的功过得失，上联认为其善于通过“思想政治工作”达到《孙子兵法》中所阐述的“不战而屈人之兵”的效果；下联则认为其在蜀国建立后，没有很好地研究和判断蜀国面临的政治、军事、经济形势，由于对天下大势判断失误，总的路线错了，所以在治理蜀国过程中，无论具体的治国方略是宽是严都无济于事。

政略错误，战略无法挽回；战略错误，战术无法挽回；战术错误，战斗无法挽回。政略错误是根本性错误，具体的治国方法挽回不了。

第二副楹联是：

心在朝廷原无论先主后主，名高天下何必辨襄阳南阳。

毛泽东雄才大略，博古通今，对南阳卧龙岗武侯祠两副著名楹联心向往之，多次希望实地调研，一饱眼福。据中共河南省委老同志回忆，1952 年 10 月毛泽东视察黄河期间，曾希望到南阳卧龙岗武侯祠，实地看一看两副著名楹联，但是中共南阳地区委员会负责人回复，南阳伏牛山区的土匪尚未彻底肃清，从当时河南省会开封到南阳的公路两旁都是庄稼地，担心毛泽东的安全问题。于是，毛泽东的南阳卧龙岗武侯祠之行未能实现。

1958 年 3 月，毛泽东在成都筹备并主持中共中央成都会议期间，游览了成都武侯祠。他进入武侯祠，首先到碑亭仔细观看石碑，随后观看武侯祠二门和刘备殿的楹联。毛泽东兴致盎然，边走边看，边聊边谈，并对陪同人员说：你们走在前面，你们年轻，应该多看些。

武侯祠内楹联随处可见，以诸葛亮殿前清末赵藩所题最负盛名。毛泽东特意指出的赵藩所题楹联就是"能攻心则反侧自消从古知兵非好战；不审势即宽严皆误后来治蜀要深思"。

毛泽东走到这副对楹联前时，停住脚步，注视良久，心诵不已。《毛泽东年谱》记载：1958 年 3 月 6 日下午，毛泽东"游览成都武侯祠。嘱人将武侯祠的楹联抄录送给他"。

1958 年毛泽东在河南期间，一天早上登上汽车，准备到南阳卧龙岗武侯祠实地看看，没想到头天夜间天降大雨，将沿途一座桥梁冲垮了，这次毛泽东仍然没有实现到南阳卧龙岗武侯祠的愿望。

然而，"能攻心则反侧自消从古知兵非好战；不审势即宽严皆误后来治蜀要深思"这副著名楹联却一直铭刻在毛泽东的脑海里。

20 世纪 70 年代初期有一种广为流传的说法：1972 年 3 月，新任中共四川省委第一书记、成都军区第一政治委员到四川上任前，毛泽东指示其去看一看成都武侯祠"能攻心则反侧自消从古知兵非好战，不审势即宽严皆误后来治蜀要深思"的楹联，以增加治理四川和指挥成都军区的历史知识、明白怎样开展工作。

这位负责人到成都上任后，专门到武侯祠调研。他询问武侯祠负责人："毛主席说武侯祠有副楹联对解决当前四川局面很有帮助，不知是哪副楹联？"

武侯祠负责人说："记得 1958 年春，中央政治局成都会议期间，毛主席来过武侯祠，他在赵藩敬撰的'能攻心则反侧自消从古知兵非好战，不审势即宽严皆误后来治蜀要深思'这副楹联前凝视了许久，看后对此联大加赞赏。"然而，"十年内乱"初期"破四旧"，早已将这副楹联作为"四旧"摘了下来，不知道放在哪个角落了。

成都军区政委要求武侯祠，尽快将毛泽东高度重视的这副楹联挂出来，让人们从中受到教益。

武侯祠负责人回答："这副对联已经被破了'四旧'，摘下放在仓库里了。我马上落实。"随后，虽然在武侯祠仓库里找到上联，却没有找到下联，只好重新写了一副楹联挂上（20 世纪 80 年代在武侯祠档案室中找到了赵藩所写楹联的真迹）。

这个消息很快传播开来。于是，成都甚至全国，在关心国家大事的人们中间，街谈巷议，沸沸扬扬，"内幕新闻""小道消息"都在传播毛泽东的这个"重要指示"。一时间，成都武侯祠内"能攻心则反侧自消从古知兵非好战，不审势即宽严皆误后来治蜀要深思"的楹联前面，观者如堵，议论丛生。

上述各种说法有力地证明，毛泽东长期对武侯祠"能攻心则反侧自消从古知兵非好战，不审势即宽严皆误后来治蜀要深思"的著名楹联念念不忘，并对其中治国安邦的“微言大义”和深邃思想具有深刻感悟和透彻理解。

尤其值得说明的是，20 世纪 50 年代，共青团中央第一书记胡耀邦到南阳地区调查研究。工作之余，登上仰慕已久的南阳卧龙岗，看到了武侯祠大殿上高悬着的两副著名楹联。第一副：能攻心则反侧自消从古知兵非好战，不审势即宽严皆误后来治蜀要深思。他读罢，连连赞扬：“写得好！写得好！”第二副楹联，是清朝南阳知府顾嘉衡所书：心在朝廷原无论先主后主，名高天下何必辨襄阳南阳。自古以来，由于诸葛亮名扬天下，南阳和襄阳一直为诸葛亮出山襄助刘备之前，究竟是在河南南阳隐居还是在湖北襄阳隐居，争论不休。南阳人认为，东汉时期的南阳，北接河洛，西通长安，东控中原，南瞰荆楚，交通便利，四通八达，物产丰富，民风淳朴，历史悠久，文风昌盛，底蕴深厚。更兼南阳是东汉开国皇帝刘秀发迹的地方，“民间所传二十八宿即刘秀的二十八个主要将领大多在南阳一带”，因此南阳在东汉时被称为“南都”“帝乡”。中国古代历来有“大隐隐于朝，中隐隐于市，小隐隐于郊”之说，意为凡隐居者，隐居是假，在隐居中等待时机，等待“上面”的召唤才是真。因此，诸葛亮只有隐居南阳，才有可能身在南阳，心在朝廷，胸怀中原，放眼天下。更何况，诸葛亮在《出师表》中亲笔所述：“臣本布衣，躬耕于南阳，苟全性命于乱世，不求闻达于诸侯……”南阳卧龙岗即为诸葛亮（卧龙先生）隐居此地而得名。襄阳人则认为，襄阳“古隆中”的地理地貌更适合诸葛亮隐居林泉的需要。诸葛亮会见刘备时有名的“隆中对”就发生在襄阳“古隆中”。“古隆中”对面有一座山，在云雾缭绕时像盘踞着的一条卧龙，诸葛亮号称“卧龙”即因此山而得名。而且，襄阳“古隆中”归枣阳县管辖，历史上枣阳县属于南阳郡，所以诸葛亮说“臣本布衣，躬耕于南阳”实为襄阳的枣阳县。但南阳学者查阅汉代行政区划，南阳郡的管辖范围不到襄阳的“古隆中”。千百年来，究竟诸葛亮“躬耕南阳”还是“躬耕襄阳”；究竟诸葛亮隐居的地方是河南南阳西郊卧龙岗，还是湖北襄阳郊区“古隆中”，南阳、襄阳各执一词，无法统一。担任南阳知府的顾嘉衡是湖北人，他深知，同意“襄阳说”会得罪南阳人，众怒难犯；同意“南阳说”会得罪襄阳人，数典忘祖。然而，顾嘉衡却与众不同，非同凡响，根本没有陷于“南阳说”“襄阳说”的争执之中。他熟悉诸葛亮的志向抱负、人格风范和历史贡献，在担任南阳知府期间，挥毫为南阳卧龙岗武侯祠写下了千古不朽的著名楹联“心在朝廷原无论先主后主，名高天下何必辨襄阳南阳”。

胡耀邦对顾嘉衡这副楹联早已心向往之。在南阳卧龙岗上见到顾嘉衡真迹后，兴奋不已，时而轻声细读，时而大声朗诵，悉心体会，精心揣摩，七步之内，脱口而出：

心在人民原无论大事小事，利归天下何必争多得少得。

这副对联朴实无华，立意高远，感情真挚，掷地有声，受到随行人员一致称赞。传开后，在广大干部、群众中得到广泛传诵，成为卧龙岗上的一段佳话。2015 年 11 月 20 日，习近平总书记在纪念胡耀邦同志诞辰 100 周年座谈会上的讲话中指出：我们纪念胡耀邦同志，就是要学习他心在人民、利归天下的为民情怀。胡耀邦同志保持着劳动人民本色，对人民群众怀有深厚感情。他说，共产党人参加工作，不是为了享福，要在为人民服务中去追求人生的乐趣和价值。他强调，脱离群众是危险的，联系群众才有智慧，认为自己一切都行了，不再需要深入实际依靠群众了，对群众的意见不当一回事，特别是不同意见和反面意见难听进去了，于是就危险了！他语重心长告诫各级干部，经常到基层去接触群众，心里才会装着人民，才会时刻想着人民，才能真正为人民群众做一些实事、好事。他强调，改革开放的根本目的就是要让人民过上好日子，我们共产党员要时时刻刻为人民着想，使人民尽快富裕起来。胡耀邦同志是这样说的，也是这样做的。他经常深入基层、调研考察，每到一处，他都同当地干部群众一起谈改革、话致富，为当地发展出主意、想办法，勉励广大干部群众发愤图强，使经济尽快发展起来、人民尽快富裕起来。①

四、"中华优秀传统文化是中华民族的突出优势，是我们最深厚的文化软实力"

中华文化源远流长，博大精深，贯通古今，惠及世界，是中华民族生生不息、团结奋进的不竭动力。它包含着中华优秀传统文化、革命文化和社会主义先进文化等重要内容。中国共产党成立以来，既是中华优秀传统文化的忠实传承者和弘扬者，又是中国先进文化的积极倡导者和发展者。中国共产党历来高度重视运用文化引领前进方向、凝聚奋斗力量，团结带领全国各族人民不断以思想文化新觉醒、理论创造新成果、文化建设新成就推动党和人民事业向前发展，文化工作在革命、建设和改革的各个历史时期都发挥了不可替代的重大作用。

革命和建设必须高度重视中华优秀传统文化。毛泽东对中华优秀传统文化具有深厚积淀和精深造诣，具有一般人难以企及的中华优秀传统文化深厚底蕴。他终其一生，如饥似渴，学而不厌，夜以继日，手不释卷，博览群书，经邦济世，理论联系实际，将中华优秀传统文化运用于指挥革命战争和治党治国治军的各个方面，在学习、研究、运用和正确对待中华优秀传统文化方面，为中华民族留下了取之不尽用之不竭

---

① 习近平：《在纪念胡耀邦同志诞辰 100 周年座谈会上的讲话》，《人民日报》2015 年 11 月 21 日。

的精神财富。

改革开放使中华优秀传统文化大放异彩。“改革开放总设计师”邓小平十分熟悉中华优秀传统文化。邓小平非常善于从中华优秀传统文化中汲取政治智慧和历史智慧。他从中华民族先人对小康的期盼中得到启发，根据当代中国仍然处于社会主义初级阶段的基本情况，大刀阔斧，雷厉风行，知难而进，开拓创新，领导中华民族实行改革开放，开创中国特色社会主义道路。在改革开放初期，他立足国情，联系实际，上承天理，下接地气，实事求是，顺从民意，提出建设小康社会的奋斗目标，成为中华民族的最大共识。中国共产党第十六次全国代表大会系统论述“全面建设小康社会，开创中国特色社会主义事业新局面”。中国共产党第十七次全国代表大会提出高举中国特色社会主义伟大旗帜，为夺取全面建设小康社会新胜利而奋斗，论述实现全面建设小康社会奋斗目标的新要求。中国特色社会主义新时代全党全国人民万众一心，全力以赴，“决胜全面建成小康社会”。在中国共产党成立100周年之际，中国已经实现全面建成小康社会的奋斗目标。中华民族14亿多人进入经济发展、政治稳定、人民幸福、丰衣足食的小康社会，创造了人类历史发展的奇迹。

新时代进一步弘扬中华优秀传统文化。习近平总书记指出：“中华民族具有5000多年连绵不断的文明历史，创造了博大精深的中华文化，为人类文明进步作出了不可磨灭的贡献。经过几千年的沧桑岁月，把我国56个民族、13亿多人紧紧凝聚在一起的，是我们共同经历的非凡奋斗，是我们共同创造的美好家园，是我们共同培育的民族精神，而贯穿其中的、最重要的是我们共同坚守的理想信念。”① 他强调：“中华优秀传统文化是中华民族的突出优势，是我们最深厚的文化软实力。”② 中国特色社会主义新时代进一步推动中华优秀传统文化“创造性转化、创新性发展”，为实现中华民族伟大复兴提供了强大的精神力量。2021年3月，习近平总书记在福建考察期间，在九曲溪畔朱熹园详细了解朱熹生平及理学研究等情况。他指出，要推动中华优秀传统文化创造性转化、创新性发展，以时代精神激活中华优秀传统文化的生命力。要把坚持马克思主义同弘扬中华优秀传统文化有机结合起来，坚定不移走中国特色社会主义道路。

在人类历史上，中华文明和中华优秀传统文化，长盛不衰，代代相传，已经成为全世界中国人共同的精神家园。在开启全面建设社会主义现代化国家新征程中，中华优秀传统文化将继续大放异彩，光耀中华，惠及世界。

---

① 习近平：《在第十二届全国人民代表大会第一次会议上的讲话》，《人民日报》2013年3月18日。

② 习近平：《在全国宣传思想工作会议上的讲话》，《人民日报》2013年8月20日。

第三讲

中华优秀传统文化与改革开放和社会主义现代化建设[①]

引言：坚守马克思主义的魂脉和中华优秀传统文化的根脉

“坚持把马克思主义基本原理同中国具体实际相结合、同中华优秀传统文化相结合。”中国特色社会主义新时代确立的“两个结合”，是对中国共产党成立以来实践创新与理论创新的深刻总结，是对马克思主义中国化时代化新的理论概括、新的理论判断和新的理论定位，是当代中国马克思主义的重要内容，是 21 世纪马克思主义的新发展。2023 年 6 月 2 日，习近平总书记在文化传承发展座谈会上指出：“在五千多年中华文明深厚基础上开辟和发展中国特色社会主义，把马克思主义基本原理同中国具体实际、同中华优秀传统文化相结合是必由之路。这是我们在探索中国特色社会主义道路中得出的规律性的认识，是我们取得成功的最大法宝。”在这次座谈会上，他同时指出：“更重要的是，‘第二个结合’是又一次的思想解放，让我们能够在更广阔的文化空间中，充分运用中华优秀传统文化的宝贵资源，探索面向未来的理论和制度创新。”6 月 30 日，习近平总书记在主持中共中央政治局第六次集体学习时强调：“马克思主义中国化时代化这个重大命题本身就决定，我们决不能抛弃马克思主义这个魂脉，决不能抛弃中华优秀传统文化这个根脉。坚守好这个魂和根，是理论创新的基础和前提。”习近平总书记的一系列重要讲话阐发了“两个结合”的深刻历史内涵和深远时代意义，特别是为把握“第二个结合”的精髓要义提供了重要遵循。

在革命、建设、改革各个历史时期，中国共产党不断深化对理论创新的规律性认识，不断推进“两个结合”。特别是 20 世纪 70 年代末中国实行改革开放以来到中国

---

① 原载《统一战线学研究》2023 年第 4 期。

特色社会主义新时代，一方面中华民族面向整个世界敞开了巨大的胸怀，吸收一切人类文明的先进成果为我所用；另一方面整个世界风云变幻，各种思潮潮起潮落，呈现“四海翻腾云水怒，五洲震荡风雷激”的壮观局面。面对世界上这种前所未有的新形势新特点新局面，中华民族要在世界上“任凭风浪起，稳坐钓鱼船”，“坚持把马克思主义基本原理同中国具体实际相结合、同中华优秀传统文化相结合”具有更加重要的现实意义和更加深远的历史意义。中华民族只有坚定不移地坚持马克思主义的“魂脉”和中华优秀传统文化的“根脉”，才能在动荡不已的国际环境中坚如磐石、稳如泰山，守正创新，阔步前进。

中国革命、建设和改革的历史性进程中，中国共产党在“两个结合”方面取得了巨大成功。20 世纪 70 年代末期，中国进入改革开放和社会主义现代化建设新时期，邓小平将马克思主义基本原理同中国具体实际相结合、同中华优秀传统文化相结合，开辟中国特色社会主义道路，在推进“第二个结合”方面作出突出贡献。

一、好学深思，学贯中西，具有中华优秀传统文化的深厚积淀

邓小平从幼年开始接受严格的农村私塾教育。他 5 岁进入私塾学习中华优秀传统文化基础性著作——曾经将《三字经》《百家姓》《千字文》《三字幼仪》等背诵得滚瓜烂熟，并且按照严格规范的传统文化要求进行写毛笔字的训练，奠定了遒劲有力的“邓体”书法基础。7 岁开始，邓小平进入协兴初级小学堂接受新式教育，学习国文（中国语文）、体操（体育）、国画（中国画）等课程。1915 年秋天，邓小平转学插班到广安县立高等小学堂学习（后来，广安县财政局办公室即为邓小平当年读书时的教室），学习课程有国文、算术、理科（物理等自然科学知识）、历史、地理、修身（道德教育）等新式教育课程。1918 年夏天，14 岁的邓小平进入广安县立中学读书，主要课程有国文、数学、历史、地理、化学、物理、博物、修身、体操等。邓小平通过农村私塾、协兴乡初级小学堂、广安县高等小学堂、广安县立中学，受到了系统完整的基础教育，奠定了中华优秀传统文化和自然科学的初步基础。然后，他到欧洲勤工俭学期间，找到了马克思主义，投身共产主义运动。从戎马倥偬、烽火连天的革命战争时期到日理万机、宵衣旰食的改革开放和社会主义现代化建设新时期，邓小平一直保持着好学深思、博览群书、终身学习、终身阅读的习惯。据中共中央办公厅邓小平办公室工作人员回忆，邓小平经常利用一切休闲时间，见缝插针，随时随地读书。邓小平经常阅读的书籍主要有两个方面：一方面是马克思主义的基本著作，另一方面是中华优秀传统文化的代表性著作。在中华优秀传统文化方面，他百读不厌的主要是两套书：一套是中华优秀传统文化的重要经典著作《资治通鉴》（毛泽东曾

系统阅读《资治通鉴》17 遍)，一套是中华优秀传统文化的知识性读物《康熙字典》。这两套书从革命战争时期开始便伴随他，一直到改革开放新时期，不知道他究竟阅读过多少遍。因为岁月久远，这两套书里面的纸张早已发黄了。于是，每当这两套书出现破损时，邓小平办公室的工作人员就用胶布粘贴修补一下；后来有了透明胶带，每当这两套书出现破损的地方，工作人员就用透明胶带粘贴修补。因此，这两套书里面，很多地方贴着胶布和透明胶带。工作人员多次建议，将这两套书送给国家博物馆，给他重新购买新的《资治通鉴》和《康熙字典》，他坚决不同意。同时，邓小平注重吸收人类文明的一切成果。改革开放初始阶段，曾经详细阅读美国人威廉·曼彻斯特撰写的反映美国现代历史的大部头著作《光荣与梦想》。这本巨著重点反映从 1932 年美国总统罗斯福执政到 1972 年尼克松总统执政期间，美国政治、经济、文化和社会生活的方方面面。

中华优秀传统文化滋润了邓小平的心智，他从中汲取了许多深邃的政治智慧和丰富的历史智慧。邓小平的家人回忆说，邓小平最喜欢中国古典史书，特别是《资治通鉴》，家里有两套，其中一套是线装书。《资治通鉴》不知道看过多少遍，应该叫熟读。邓小平从头到尾通读过《二十四史》，《二十四史》中最爱阅读的是《三国志》。其实，在现代世界，从 20 世纪 60 年代到 90 年代，从某种意义上说，实际上是现代版的"三国志"——中国、苏联、美国之间的互相博弈与彼此之间的力量消长，主导着国际形势的发展方向。邓小平一位女儿说，父亲特别爱看书，什么书都看，中外古典名著、历史人物传记、时事评论专辑乃至整本整册的《二十四史》，他统统都喜欢读。在历史古籍中，他最喜欢读的还是《资治通鉴》。① 1961 年 1 月 5 日，中共中央总书记邓小平主持中央书记处会议，听取杨静仁汇报西藏工作。其间，邓小平针对当时某些基层具体工作中出现的"瞎指挥"问题，明确指出：我最近看了《资治通鉴》，历史上遭到了严重破坏后，真正搞起来两年就恢复了，瞎指挥破坏也快。

邓小平认为："历史上成功的经验是宝贵财富，错误的经验、失败的经验也是宝贵财富。这样来制定方针政策，就能统一全党思想，达到新的团结。这样的基础是最可靠的。"② 据邓小平家人回忆，有两个历史时期邓小平阅读《资治通鉴》的时间最多，一个时期是 20 世纪 60 年代初期，国民经济遇到暂时的严重困难，急需从中国古代历史典籍中借鉴治国理政的方法；另一个时期是"十年内乱"时期，邓小平被下放到位于江西南昌市郊的新建县拖拉机修配厂进行劳动改造，需要从历史典籍中获得

---

① 《党的文献》2012 年第 4 期。

② 《邓小平文选》第 3 卷，人民出版社 1993 年版，第 234－235 页。

早日消弭内乱、实现中华民族伟大腾飞的历史镜鉴。

在邓小平政治生涯最艰难的岁月里，阅读文史著作是他战胜困境的最有力的精神武器。邓小平的女儿邓榕回忆道，从北京到江西初期，邓小平和家人收到了中共中央办公厅运去的几个“沉甸甸的大书箱”，里面是他们离开北京时打包的“邓小平藏书”。邓榕说：“我们家的藏书，什么都有。中国历史方面的书籍，有《二十四史》《资治通鉴》等等；中国文学方面的书籍，有《红楼梦》、《三国演义》、《水浒传》、《西游记》、‘三言二拍’、《儒林外史》、《镜花缘》、《西厢记》、《牡丹亭》、《桃花扇》和《诗经》、唐诗、宋词、元曲，及现代作家鲁迅、巴金、老舍的作品等等；外国文学方面的书籍，有托尔斯泰、果戈理、契诃夫、陀思妥耶夫斯基、巴尔扎克、雨果、罗曼·罗兰、大仲马、莫里哀、萧伯纳、泰戈尔、海明威等等的诸多作品；还有许许多多外国历史、回忆录、传记、哲学等方面的书籍。当然，还有许多马克思主义书籍。”①

正是《二十四史》《资治通鉴》等中华优秀传统文化的经典著作，以及中外文学作品，使邓小平在变幻莫测的“内乱风云”中，沉稳淡定，一直保持着“宠辱不惊看庭前花开花落，去留无意望天上云卷云舒”的心情。书籍既是人类智慧的结晶，也是人类进步的精神营养。读书可以增长智慧，阅读历史著作可以增强经邦济世的本领。邓小平的女儿邓榕曾感叹道：从北京运到江西的这又沉又重的几大箱子书，真是我们的宝贝啊。在孤寂的年代，靠着读书，可以解除寂寞，可以充实生活，可以增长知识，可以陶冶情操，可以安静心灵。父母亲都喜欢看书（邓小平的夫人卓琳最喜欢阅读中国古典文学名著《红楼梦》，被研究《红楼梦》的专家们称为“半个红学家”），在闲暇的午后，在万籁俱寂的夜晚，书，陪伴着他们共度岁月。②

关于邓小平在江西期间一边劳动、一边读书的情况，其女儿邓榕写的《在江西的日子里》详细回忆道：父母二人每日上午到工厂劳动，下午三人在园中耕作。晚饭后，清扫完毕，三人便围坐在一起听新闻广播。然后父母亲读书看报，祖母就做一些针线补缀之事。父亲和母亲非常喜爱看书。离开北京时，经过批准，他们带来了几乎全部的藏书。在那谪居的日子里，父母抓住时机，勤于攻读。特别是父亲，每日都读至深夜。那几年之中，他们读了大量的马列著作，读了《二十四史》以及古今中外的其他书籍。对他们来说，能有时间如此坐下来读书，确也是难得的机会。我们到江西探亲时，父亲常给我们讲一些历史典故，有时还出题考我们。母亲也时常给我们

① 毛毛：《我的父亲邓小平：“文革”岁月》，中央文献出版社 2000 年版，第 150 页。
② 毛毛：《我的父亲邓小平：“文革”岁月》，中央文献出版社 2000 年版，第 150 页。

讲述、议论一些书中精辟之处。在读书中，他们抚古思今，受益不浅。我父亲为人性格内向，沉稳寡言，五十多年的革命生涯，使他养成了临危不惧、遇喜不亢的作风，特别是在对待个人命运上，相当达观。在逆境之中，他善于用乐观主义精神对待一切，并用一些实际的工作来调节生活，从不感到空虚和彷徨。在江西那段时间，他就主要用劳动和读书来充实生活，陶冶精神。① 1972 年 12 月 5 日，兴国招待所的工作人员看到即将返回北京工作的邓小平夫妇带了两个箱子，里面除了一点换洗衣服，都是书籍，有些还是厚厚的古代历史书籍。卓琳给他们解释说"我们就是爱看书。这些都是小平同志的宝贝"。1973 年邓小平恢复工作，1975 年主持中央党政军日常工作。1976 年邓小平再次落难，中华优秀传统文化智慧的结晶《二十四史》《资治通鉴》依然伴随他的日常生活。1977 年 7 月他再次恢复工作，领导中华民族开创了改革开放和社会主义现代化建设的伟大事业。1984 年 8 月 22 日是邓小平的 80 岁诞辰。当天，女儿邓榕在刊登着《在江西的日子里》这篇文章的《人民日报》上面写着："老爷子，这是我和平平送你的生日礼物，请阅。毛毛，8 月 22 日。"邓小平高兴地看了这份非同寻常的生日礼物，在报纸上面亲笔批示："看了，写得真实。"②

改革开放和社会主义现代化建设新时期，邓小平强调"要懂得些中国历史，这是中国发展的一个精神动力"③。他通过对中华优秀传统文化的创造性转化和创新性发展，重新将"实事求是"提升到思想路线的高度。党的十一届三中全会恢复了中国共产党实事求是的思想路线，并写入了《中国共产党章程》。从此，坚持实事求是，实行改革开放，全党全国人人皆知，成为中华民族的历史基因，代代传承。特别是邓小平从中华优秀传统文化第一部诗歌总集《诗经·大雅·民劳》"民亦劳止，汔可小康；惠此中国，以绥四方"和《礼记·礼运篇》中感受到中华民族自古以来对"小康"的期盼，从中华优秀传统文化中获得历史智慧和"灵感"，赋予"小康"以崭新的时代内涵和新的政治含义，领导中国人民走上了建设小康社会的历史性征程。从此在中华大地上，"奔小康"成为改革开放新时期中华民族的最大共识。全国上下，男女老少，人人皆知，朗朗上口，明白晓畅，最终在中国共产党成立 100 周年之际全面建成小康社会，实现了中华民族对"小康"的千年期盼。

---

① 毛毛（邓榕）：《在江西的日子里》，《人民日报》1984 年 8 月 22 日。

② 江西省南昌市邓小平小道陈列馆展览的 1984 年 8 月 22 日《人民日报》照片，上面有邓小平亲笔批示和毛毛写的向邓小平祝贺生日的话。

③ 《邓小平文选》第 3 卷，人民出版社 1993 年版，第 358 页。

二、“柔中寓刚，绵里藏针。外面和气一点，内部是钢铁公司”①

中华优秀传统文化一贯主张“严于律己，宽以待人”，认为“柔中有刚，绵里藏针”“以柔克刚”“劲气内敛”既是一种哲学思想，又是一种精神境界和处世之道。毛泽东将“柔中有刚，绵里藏针”古为今用，点石成金，赋予评价邓小平的崭新政治内涵。邓小平早年在欧洲勤工俭学期间投身共产主义运动，经历了中国共产党的创建时期、大革命时期、土地革命战争时期、万里长征、抗日战争时期、解放战争时期与社会主义革命和建设时期，具有高屋建瓴，驾驭全局的领导能力，“运筹帷幄之中、决胜千里之外”的指挥能力，理论联系实际的政治水平和旗帜鲜明、大刀阔斧、雷厉风行的工作作风。1956 年，他开始担任中共第八届中央政治局常委、中央委员会总书记。“十年内乱”初期，邓小平被撤销一切领导职务。后来，毛泽东多次提到邓小平“人才难得”。1973 年 3 月 10 日，中共中央作出《关于恢复邓小平同志的党组织生活和国务院副总理的职务的决定》。在中共十大上，邓小平当选中央委员。

当时，毛泽东以“柔中寓刚，绵里藏针。外面和气一点，内部是钢铁公司”② 评价邓小平。1973 年 12 月，毛泽东多次主持召开中共中央政治局会议，研究部署各大军区司令员对调问题，提议邓小平出任中央党政军的重要领导工作。1973 年 12 月 14 日，在毛泽东召集的有部分中共中央政治局委员出席的会议上，毛泽东对大家说：“现在，请了一个军师，叫邓小平。发个通知，当政治局委员、军委委员。政治局是管全部的，党政军民学，东西南北中。我想政治局添一个秘书长吧，你（指邓小平）不要这个名义，那就当个参谋长吧。”③ 次日上午，邓小平出席毛泽东主持召开的有部分中共中央政治局委员和北京军区、沈阳军区、济南军区、武汉军区主要负责人参加的中共中央政治局扩大会议。会上，毛泽东向大家介绍邓小平说：“我们现在请了一位总参谋长。他呢，有些人怕他，但是办事比较果断。他一生大概是三七开。你们的老上司，我请回来了，政治局请回来了，不是我一个人请回来的。”④ 毛泽东对邓小平说：“你呢，人家有点怕你，我送你两句话：柔中寓刚，绵里藏针。外面和气一点，内部是钢铁公司。”⑤ 毛泽东历来对中央党政军领导成员要求严格，很少予以高度评价。因此，毛泽东对邓小平的评价殊为难得，尤其是评价邓小平“柔中寓刚，

---

① 中共中央文献研究室编：《邓小平年谱（1904—1974）》（下），中央文献出版社 2009 年版，第 1992 页。
② 中共中央文献研究室编：《邓小平年谱（1904—1974）》（下），中央文献出版社 2009 年版，第 1992 页。
③ 中共中央文献研究室编：《邓小平年谱（1904—1974）》（下），中央文献出版社 2009 年版，第 1991 页。
④ 中共中央文献研究室编：《邓小平年谱（1904—1974）》（下），中央文献出版社 2009 年版，第 1992 页。
⑤ 中共中央文献研究室编：《邓小平年谱（1904—1974）》（下），中央文献出版社 2009 年版，第 1992 页。

绵里藏针。外面和气一点，内部是钢铁公司"①，一语中的，入木三分。这个评价既说明了邓小平待人和气、与人为善的个性，又展示了邓小平意志坚定、政治能力强的特质。毛泽东具有一般人难以望其项背的中华优秀传统文化深厚积淀。他饱读诗书，满腹经纶，尤其善于点石成金，古为今用。"疾风知劲草，板荡识诚臣。"毛泽东评价邓小平"柔中寓刚，绵里藏针。外面和气一点，内部是钢铁公司"②，是为推出邓小平担任中共中央副主席、国务院第一副总理、中央军委副主席兼中国人民解放军总参谋长，制造舆论，创造条件，奠定基础。

邓小平雷厉风行领导开展全面整顿。根据毛泽东的提议，1973 年 12 月 22 日中共中央决定，邓小平任中央政治局委员、中央军委委员，参加中央党政军领导工作。根据毛泽东提名，1974 年 4 月，国务院副总理邓小平率领中华人民共和国代表团出席联合国第六届特别会议。这是中华人民共和国领导人第一次出席联合国会议。邓小平代表中国政府在联合国讲坛上系统阐述毛泽东关于"三个世界划分"的战略思想，庄严宣告："坚决支持一切被压迫人民和被压迫民族争取和维护民族独立，发展民族经济，反对殖民主义、帝国主义、霸权主义的斗争，这是我们应尽的国际主义义务。中国现在不是，将来也不做超级大国。"邓小平的发言在世界上产生重大影响。随后，在毛泽东、周恩来病重情况下，根据毛泽东的战略决策，1975 年由邓小平任中共中央副主席、国务院第一副总理、中央军委副主席兼中国人民解放军总参谋长，主持中央党政军日常工作。邓小平迅速领导开展对全国各个方面的全面整顿，大见成效，得到全党全军全国人民热烈拥护，奠定彻底粉碎"四人帮"的重要基础。《关于建国以来党的若干历史问题的决议》指出："1975 年，周恩来同志病重，邓小平同志在毛泽东同志支持下主持中央日常工作，召开了军委扩大会议和解决工业、农业、交通、科技等方面问题的一系列重要会议，着手对许多方面的工作进行整顿，使形势有了明显好转。""同年（1976 年）4 月间，在全国范围内掀起了以天安门事件为代表的悼念周总理、反对"四人帮"的强大抗议运动。这个运动实际上是拥护以邓小平同志为代表的党的正确领导，它为后来粉碎江青反革命集团奠定了伟大的群众基础。"这是历史的结论。

邓小平"三落三起""愈挫愈奋"，知难而进，斗志昂扬。1976 年 10 月 6 日，中共中央对"四人帮"采取隔离审查的断然措施。中共十届三中全会决定恢复邓小平一切职务。邓小平首先表示："全会决定恢复我的工作，作为一名老共产党员，还能

① 中共中央文献研究室编：《邓小平年谱（1904—1974）》（下），中央文献出版社 2009 年版，第 1992 页。
② 中共中央文献研究室编：《邓小平年谱（1904—1974）》（下），中央文献出版社 2009 年版，第 1992 页。

在不多的余年里为党为国家为人民做一点力所能及的事情，在我个人来说是高兴的，我感谢全会的信任。”接着，邓小平直言不讳地说：“粉碎了‘四人帮’，我实在高兴。我现在七十三岁了，想再活二十年到三十年，但自然规律不以人们的意志为转移。外国通讯社讲我七十四岁，给我加了一岁，实际是七十三岁。现在我的身体还好，‘零件’都还健全，还可以做几年工作。”最后，邓小平义无反顾地表示：“坦率地说，我自己也考虑了一下，出来工作，可以有两种态度，一个是做官，一个是做点工作。我想，谁叫你当共产党人呢，既然当了，就不能够做官，不能够有私心杂念，不能够有别的选择，应该老老实实地履行党员的责任，听从党的安排。”从邓小平恢复工作到逝世，整整 20 年，邓小平领导全党全国人民披荆斩棘、砥砺前行，开辟中国特色社会主义道路，实现了中华民族的伟大腾飞。

理论是实践的先导。列宁于 1897 年在《俄国社会民主主义者的任务》中写道：“早已有人说过，没有革命的理论，就不会有革命的运动，而现在未必有再来证明这个真理的必要。”[①] 邓小平为了推动改革开放和社会主义现代化建设顺利进行，在党的十二大正式提出“把马克思主义的普遍真理同我国的具体实际结合起来，走自己的道路，建设有中国特色的社会主义，这就是我们总结长期历史经验得出的基本结论”[②]。邓小平始终站在时代要求、国家发展、人民期待的高度，同中央领导集体一起，领导中国共产党作出一系列重大决策，把改革开放和社会主义现代化建设的伟大事业胜利推向前进。

邓小平指导全党系统总结新中国成立以来的历史经验，解决了科学评价毛泽东的历史地位和毛泽东思想的科学体系、根据新的实际和发展要求确立中国社会主义现代化建设的正确道路这样两个相互联系的重大历史课题，彻底否定“文化大革命”的错误实践和理论，坚决顶住否定毛泽东和毛泽东思想的错误思潮，为党和国家发展确定了正确方向。邓小平紧紧抓住“什么是社会主义、怎样建设社会主义”这个基本问题，响亮提出“走自己的道路，建设有中国特色的社会主义”[③] 的伟大号召，领导全党在新中国成立以来革命和建设实践的基础上，成功走出了一条中国特色社会主义新道路。邓小平强调必须坚持以经济建设为中心，坚持四项基本原则，坚持改革开放，领导制定中国共产党社会主义初级阶段基本路线。邓小平指导全党正确认识中国所处的发展阶段和根本任务，制定了现代化建设“三步走”发展战略。

邓小平突出强调“改革是中国的第二次革命”，领导有步骤地展开各方面体制改

① 《列宁选集》第 1 卷，人民出版社 2012 年版，第 109 页。
② 《邓小平文选》第 3 卷，人民出版社 1993 年版，第 3 页。
③ 《邓小平文选》第 3 卷，人民出版社 1993 年版，第 3 页。

革，勇敢打开对外开放大门。邓小平反复强调"两手抓、两手都要硬"，必须抓好社会主义精神文明建设和民主法制建设，实现社会全面进步。邓小平创造性提出"一国两制"科学构想，指导实现香港、澳门平稳过渡和顺利回归，推动海峡两岸关系打开新局面。邓小平明确提出"和平与发展是当代世界的两大问题"，领导党和国家及时调整各方面政策，为改革开放和社会主义现代化建设创造了难得历史机遇和良好外部环境。邓小平强调加强党的领导必须改善党的领导，必须聚精会神抓党的建设，使党的建设充满新的生机与活力。

邓小平的这些重大思想理论和实践使20世纪的中国又一次发生天翻地覆的变化，在中国特色社会主义道路上奔腾向前，经过中华民族不懈奋斗，中国逐步发展成为世界第二大经济体。中华民族昂首挺胸赶上了世界发展潮流。"邓小平同志对党和人民的贡献，是历史性的，也是世界性的。正是由于有邓小平同志的卓越领导，正是由于有邓小平同志大力倡导和全力推进的改革开放，中国特色社会主义才能欣欣向荣，中国人民才能过上小康生活，中华民族和中华人民共和国才能以新的姿态屹立于世界东方。"①

三、"解放思想，实事求是，团结一致向前看"

中华优秀传统文化源远流长，博大精深；著名典籍浩如烟海，汗牛充栋。其中微言大义、内涵深邃、寓意丰富的成语、典故、寓言、故事，犹如星汉灿烂，不可胜数。这既是中华文明的瑰宝，也是人类文明的宝藏。其中，解放思想就是中华优秀传统文化的重要内容。《周易》写道："天行健，君子以自强不息；地势坤，君子以厚德载物。"其中就蕴含着世界上万事万物不断发展变化、人类要适应这种发展变化才能顺利前进的含义。这种适应就要求解放思想而不是束缚自己的思想。进入新时代后，习近平总书记指出："解放思想是前提，是解放和发展社会生产力、解放和增强社会活力的总开关。没有解放思想，我们党就不可能在十年动乱结束不久作出把党和国家工作中心转移到经济建设上来、实行改革开放的历史性决策，开启我国发展的历史新时期；没有解放思想，我们党就不可能在实践中不断推进理论创新和实践创新，有效化解前进道路上的各种风险挑战，把改革开放不断推向前进，始终走在时代前列。"②

"实事求是"最早来源于中国古代典籍《二十四史》。东汉班固在《汉书·河间

① 习近平：《在纪念邓小平同志诞辰110周年座谈会上的讲话》，《人民日报》2014年8月21日。
② 习近平：《切实把思想统一到党的十八届三中全会精神上来》，《求是》2014年第1期。

献王刘德传》里写道：“修学好古，实事求是。”但是，中国古代强调的“实事求是”实际上只是一种研究学问的治学方法。唐朝颜师古注释“实事求是”时，将其界定为“务得事实，每求真是也”。就是说，根据古代经典书籍和历史材料去研究探索思想精义，即实事求是的治学方法也。近代以降，“实事求是”作为中华优秀传统文化的重要基因，愈益得到重视和传播。湖南湘乡东山学堂是毛泽东早年读书的地方。该校章程中明确写着“穷则变通，苟非实事以求是，即物而穷理，恐书院究成虚设，何以造就人才?”浙江1897年创办的求是书院（浙江大学前身）则提倡“务求实学，存是去非”。1914年天津北洋大学将“实事求是”确立为校训。1917年湖南公立工业高等专门学校（湖南大学前身之一）迁入岳麓山岳麓书院，校长宾步程为该校题写“实事求是”的匾额。新民主主义革命时期，毛泽东古为今用，点石成金，将“实事求是”确立为中国共产党的思想路线。由此可见，“实事求是”作为中华优秀传统文化的重要内容已成为中华民族的重要基因，代代相传。改革开放和社会主义现代化建设新时期，邓小平多次深刻阐述“实事求是”，认为“实事求是是马克思主义的精髓”①。中共十二大正式将“实事求是”作为中国共产党的思想路线载入党章。

改革开放新时期邓小平成为中国共产党第二代中央领导集体的核心，为开创中国特色社会主义作出历史性贡献。“‘文化大革命’结束，‘中国向何处去’又成为摆在中国人民面前头等重要的问题。邓小平同志以他的远见卓识、丰富政治经验、高超领导艺术，强调实事求是是毛泽东思想的精髓，旗帜鲜明反对‘两个凡是’的错误观点，支持和领导开展真理标准问题的讨论，推动进行各方面的拨乱反正。在邓小平同志指导下，1978年12月召开的党的十一届三中全会，重新确立了解放思想、实事求是的思想路线，停止使用‘以阶级斗争为纲’的错误提法，确定把全党工作的着重点转移到社会主义现代化建设上来，作出实行改革开放的重大决策，实现了党的历史上具有深远意义的伟大转折。”②

改革开放新时期邓小平更加强调坚持实事求是、坚持彻底的求真务实精神。他说：“我读的书并不多，就是一条，相信毛主席讲的实事求是。过去我们打仗靠这个，现在搞建设、搞改革也靠这个。”③ 他强调，要把是否有利于发展社会主义社会的生产力、是否有利于增强社会主义国家的综合国力、是否有利于提高人民的生活水平作为判断一切工作是非得失的标准。④ 改革开放过程中，面对纷繁复杂的各种问

① 《邓小平文选》第3卷，人民出版社1994年版，第382页。
② 习近平：《在纪念邓小平同志诞辰110周年座谈会上的讲话》，《人民日报》2014年8月21日。
③ 《邓小平文选》第3卷，人民出版社1993年版，第382页。
④ 《邓小平文选》第3卷，人民出版社1994年版，第372页。

题，邓小平一贯坚持中国共产党实事求是的思想路线，坚持一切从实际出发，常说自己是"实事求是派"，反复强调"拿事实来说话"。他说："实事求是是马克思主义的精髓。要提倡这个，不要提倡本本。我们改革开放的成功，不是靠本本，而是靠实践，靠实事求是。"① 邓小平理论与实践证明，他是一位高瞻远瞩的思想家、政治家、战略家，也是一位求实、务实、踏实的实干家。在纪念邓小平同志诞辰 110 周年座谈会上，习近平总书记指出："我们纪念邓小平同志，就要学习他始终坚持实事求是的理论品质。实事求是，是邓小平同志一生最重要的思想特点，也永远是中国共产党人应该遵循的思想方法。"2012 年 5 月 16 日，习近平同志在中央党校发表《坚持实事求是的思想路线》的重要讲话，专门系统阐述实事求是问题。他认为："我们党是靠实事求是起家和兴旺发展起来的。""坚持实事求是，就能兴党兴国；违背实事求是，就会误党误国。"2020 年 9 月 17 日，他在岳麓书院"实事求是"匾额前提出中国共产党实事求是思想路线策源地的命题。历史证明，坚持实事求是贯穿百年党领导革命、建设和改革的奋斗历程，是中国共产党集体智慧的结晶。

四、中华优秀传统文化"革故鼎新"历史基因与改革开放

中华民族之所以能够五千多年长盛不衰，绵延不绝，蓬勃兴旺，持续发展，日新月异，其中一个重要原因就是"革故鼎新"。中华优秀传统文化的古老著作《周易·杂卦》写道："革，去故也，鼎，取新也。"中华民族第一部诗歌总集《诗经·大雅》写道："周虽旧邦，其命维新。"中华优秀传统文化的名著《礼记·大学》写道："汤之盘铭曰：苟日新，日日新，又日新。康诰曰：作新民。诗曰：周虽旧邦，其命维新。是故君子无所不用其极。"上述经典著作关于求新、创新的论述，鲜明地展现了中华民族自古以来就有"革故鼎新"的理念。

从哲学意义上讲，"革故"与"鼎新"，是世界上一切事物发展变化过程中不可分割的两个重要过程。"革故"是"鼎新"的前提，"鼎新"是"革故"的结果。"革故"是革除旧的事物，"鼎新"则要求"后来居上""青出于蓝而胜于蓝"。西汉文学家扬雄在《太玄·玄摛》中写道："因而循之，与道神之，革而化之，与时宜之。故因而能革，天道乃得；革而能因。天道乃驯。"唐代吕岩在《吕子易说》中认为，"革故鼎新"指革除旧的事物，建立新的事物，"必有信下之志而后改上之命，则命无不行，而革故鼎新之治成矣"。宋代石介在《上郭殿院书》中写道："皇帝始亲决万机，革故鼎新。"《水浒传》第八十回写道："毋犯雷霆，当效革故鼎新之意。"

---

① 《邓小平文选》第 3 卷，人民出版社 1994 年版，第 382 页。

清代黄图珌在《苏岭募葺广福庵引》中写道：“第开创年久，不无倾圮，于是求诸施者，欲图革旧鼎新。”可见，中国古代已经认识到，“革故鼎新”反映了世界上一切事物发展变化的基本规律，“革故鼎新”阐发了新事物与旧事物的更替，新事物是在旧事物基础上发展变化的结果。中华民族数千年来历朝历代口口相传，男女老少人人皆知的俗语“旧的不去，新的不来”，实质上表达的也是“革故鼎新”之意。

“革故鼎新”是中华民族的优良传统。早在公元前1600年，商朝开国皇帝成汤就把“苟日新，日日新，又日新”刻在器皿上。其目的就是时刻提醒自己，不断创新。古代中国屡屡出现“管仲改革”“商鞅变法”“北魏孝文帝改革”“王安石变法”“张居正改革”等，史不绝书。王安石提出的“天变不足畏”“祖宗不足法”“人言不足恤”，已具有古代朴素唯物主义思想的特质。从古代“管仲改革”到近代“戊戌变法”等，其宗旨都是期望通过革新内政，改革军制，发展经济，增强国力，达到使中华民族强盛的目的。从《诗经·大雅》“周虽旧邦，其命维新”到改革开放开创中国特色社会主义道路，“革故鼎新”已成为中华民族的历史基因。历史一再证明，中华民族是具有“革故鼎新”意识和“与时偕行”精神的民族。

邓小平总结了中国古代社会盛衰成败的经验教训，深刻指出：“因为现在任何国家要发达起来，闭关自守都不可能。我们吃过这个苦头，我们的老祖宗吃过这个苦头。恐怕明朝明成祖时候，郑和下西洋还算是开放的。明成祖死后，明朝逐渐衰落。以后清朝康乾时代，不能说是开放。如果从明朝中叶算起，到鸦片战争，有三百多年的闭关自守，如果从康熙算起，也有近二百年。长期闭关自守，把中国搞得贫穷落后，愚昧无知。中华人民共和国建立以后，第一个五年计划时期是对外开放的，不过那时只能是对苏联东欧开放。以后关起门来，成就也有一些，总的来说没有多大发展。当然这有内外许多因素，包括我们的错误。历史经验教训说明，不开放不行。开放伤害不了我们。”①

党的十一届三中全会实现社会主义时期伟大历史转折，开启中国改革开放的历史性进程。从此，中国迈上改革开放的“金光大道”。然而，实行改革开放，马克思主义著作没有论述，前人没有先例，国际共产主义运动史上没有这方面的理论与实践。这就需要中国共产党人在改革开放中探索新路。对此，邓小平指出：“我们现在所干的事业是一项新事业，马克思没有讲过，我们的前人没有做过，其他社会主义国家也没有干过，所以，没有现成的经验可学。我们只能在干中学，在实践中摸索。我们现

① 《邓小平文选》第3卷，人民出版社1993年版，第90页。

在所干的事业，就是努力把中国变成一个现代化的社会主义国家。"①

从20世纪70年代末开始，改革开放成为中华民族最大共识。对内改革与对外开放密不可分。对此，邓小平指出："要尊重社会经济发展规律，搞两个开放，一个对外开放，一个对内开放。对外开放具有重要意义，任何一个国家要发展，孤立起来，闭关自守是不可能的，不加强国际交往，不引进发达国家的先进经验、先进科学技术和资金，是不可能的。对内开放就是改革。改革是全面的改革，不仅经济、政治，还包括科技、教育等各行各业。"② 改革开放极大地激发了中国人民创造美好幸福生活的积极性、主动性和创造性。对外开放大潮滚滚，经济特区率先垂范。邓小平指出："对办特区，从一开始就有不同意见，担心是不是搞资本主义。深圳的建设成就，明确回答了那些有这样那样担心的人。特区姓'社'不姓'资'。"③ 经济特区犹如"第一个吃螃蟹的人"。有了经济特区的成功经验，经济体制改革、教育体制改革、科技体制改革、卫生体制改革、国防和军队体制改革、其他各个领域的改革，阔步向前。中共十二大提出全面开创社会主义现代化新局面，中共十三大确立中国共产党"以经济建设为中心，坚持四项基本原则，坚持改革开放"的社会主义初级阶段基本路线。中国通过改革开放大踏步赶上了世界发展潮流。

改革开放极大地改变了中国共产党的面貌、中国人民的面貌和中华民族的面貌，中国发展成为世界第二大经济体。习近平总书记指出："中国人民具有伟大梦想精神，中华民族充满变革和开放精神。几千年前，中华民族的先民们就秉持'周虽旧邦，其命维新'的精神，开启了缔造中华文明的伟大实践。自古以来，中国大地上发生了无数变法变革图强运动，留下了'治世不一道，便国不法古'等豪迈宣言。"④

中国特色社会主义新时代继往开来，开启全面深化改革的历史性进程。中共十八届三中全会通过《中共中央关于全面深化改革的决定》，对全面深化改革进行全方位"顶层设计"，提出一系列具有针对性和可操作性的重大举措，在实践中不断将全面深化改革推向前进。中共中央以巨大的政治勇气和智慧，提出全面深化改革总目标是坚持和完善中国特色社会主义制度、推进国家治理体系和治理能力现代化，着力增强改革系统性、整体性、协同性，着力抓好重大制度创新，着力提升人民群众获得感、幸福感、安全感，啃下了不少"硬骨头"，闯过了不少急流险滩。新时代深化改革呈现全面发力、多点突破、蹄疾步稳、纵深推进的局面，从以经济体制改革为主发展到

---

① 《邓小平文选》第3卷，人民出版社1993年版，第258－259页。
② 《邓小平文选》第3卷，人民出版社1993年版，第117页。
③ 《邓小平文选》第3卷，人民出版社1993年版，第372页。
④ 习近平：《在庆祝改革开放40周年大会上的讲话》，《人民日报》2018年12月19日。

全面深化经济、政治、文化、社会、生态文明体制和党的建设制度改革。与此同时，党和国家机构改革、行政管理体制改革、依法治国体制改革、司法体制改革、外事体制改革、社会治理体制改革、生态环境督察体制改革、国家安全体制改革、国防和军队改革、党的领导和党的建设制度改革、纪检监察制度改革等一系列重大改革扎实推进，各项便民惠民利民举措持续实施。改革开放成为当代中国最显著的特征和最壮丽的气象，成为推动中华民族自信自强走向世界的巨大推动力。

五、中华优秀传统文化的“黄狸黑狸，得鼠者雄”与农村改革的蓬勃兴起

中华优秀传统文化名著《聊斋志异》写道：“黄狸黑狸，得鼠者雄!”狸者，猫也，其含义是“黄猫黑猫，抓住老鼠就是好猫。”邓小平夫人卓琳曾说过，邓小平休闲的时候经常阅读《聊斋志异》，不仅在北京休闲时阅读，外出也要让工作人员将《聊斋志异》的部分内容做成活页，以便休闲时阅读。四川人的俗语“黄猫、黑猫，只要抓住老鼠就是好猫”来源于《聊斋志异》的“黄狸黑狸，得鼠者雄!”

经过对中华文化俗语的创造性转化与创新性运用，“黄狸黑狸，得鼠者雄”在20世纪60年代被译为白话文而名扬天下，并与20世纪70年代末期开始的中国农村改革联系到了一起。中国是一个农业大国，农业问题直接关系到十多亿人口的吃饭问题。中国共产党历来重视农村问题和农民问题。中华人民共和国成立初期，立即进行土地改革。广大翻身农民传诵着“土地回老家，合理又合法”的歌谣，投入农业生产，农村呈现政通人和、粮食丰收的景象。但是，20世纪50年代后期的人民公社运动化运动，在脱离农村生产力发展水平情况下急剧变革生产关系，造成严重后果。20世纪60年代初期，由于人民公社体制严重束缚农村生产力发展、严重压抑人民群众的生产积极性，部分地区出现严重困难。为了渡过难关，安徽等地在农村搞起了“责任制”，一般称为“包产到户”。农村广大干部、群众认为“‘包产到户’是救命政策”，符合农村现状；而一部分人却认为“‘包产到户’是自发资本主义倾向”，必须批判。

在中共第一代中央领导集体中，邓小平最早提出了农村改革思路——尊重人民群众的首创精神。1962年7月7日，邓小平明确指出：生产关系究竟以什么形式为最好，恐怕要采取这样一种态度，就是哪种形式在哪个地方能够比较容易比较快地恢复和发展农业生产，就采取哪种形式；群众愿意采取哪种形式，就应该采取哪种形式，不合法的使它合法起来。这都是些初步意见，还没有作最后决定，以后可能不算数。刘伯承同志经常讲一句四川话：“黄猫、黑猫，只要捉住老鼠就是好猫。”这是说的打仗。我们之所以能够打败蒋介石，就是不讲老规矩，不按老路子打，一切看情况，

打赢算数。现在要恢复农业生产，也要看情况，就是在生产关系上不能完全采取一种固定不变的形式，看用哪种形式能够调动群众的积极性就采用哪种形式①。邓小平的讲话实质上是中国农村改革先声。他鲜明地指出了农村出现困难局面的症结所在，强调要尊重人民群众的首创精神，支持“包产到户”和“责任到田”；在农村生产方式问题上“不管黄猫、黑猫，只要捉住老鼠就是好猫”，其实质是农村生产方式如何变革由农民群众说了算。

邓小平的讲话在全国产生极大的震撼力和冲击波。“黄猫、黑猫，只要捉住老鼠就是好猫”的精辟论述，通俗易懂，鞭辟入里，生动好记，符合广大农民群众的愿望，不胫而走，迅速传遍全国。在人们口口相传的过程中，邓小平的话被变成了“不管黑猫、白猫，只要捉住老鼠就是好猫”。列宁认为：“生机勃勃的创造性的社会主义是由人民群众自己创立的。”② 从1956年至1978年，“包产到户”在中国农村“三起三落”，由此可知其顽强的生命力和历史必然性。

20世纪70年代中期，人民公社体制严重束缚广大农民发展生产的积极性和创造性，严重束缚农村生产力的发展。粉碎“四人帮”后，万里主持安徽工作，经过深入调查研究，为改变安徽农村的落后面貌，以实事求是精神，主持安徽省委下发了《关于当前农村经济政策几个问题的规定》（简称“省委六条”）。其主要内容是，尊重生产队的自主权，坚持按劳分配原则，减轻生产队和人民公社社员负担，允许和鼓励人民公社社员保有自留地和开展正当的家庭副业，生产队可以根据不同农活建立不同的生产责任制，也可以责任到人。

在“省委六条”推动下，1978年夏季安徽省肥西县出现百年不遇的大旱时，县委大胆实行“特殊政策”，允许把人民公社的一部分土地分给农民“借地度荒”“种保命粮”。肥西县山南镇小井庄村率先实行“包产到户”，并很快在附近10万农户中蔓延开来。但是，各种各样的阻力同时产生，对“包产到户”众说纷纭，莫衷一是。万里坚持“实践第一”、坚持让实践说话，两次到江淮地区丘陵之间偏僻的小井庄村，主持召开全国农村第一次“包产到户”座谈会，给予充分肯定。

“穷则思变”“变则畅通”。改革就意味着对旧事物的否定，因此改革必然伴随争议。古今中外，概莫能外。这时，“小岗变法”应运而生。1978年前的小岗村是安徽省凤阳县有名的“吃粮靠返销、用钱靠救济、生产靠贷款”的“三靠村”。全村二十户农民中的成年男性大多当过生产队干部，“算盘响，换队长”已成为小岗村特有的

---

① 《邓小平文选》第1卷，人民出版社1994年版，第323－324页。

② 《列宁全集》第26卷，人民出版社2017年版，第629页。

规律。1977 年底，小岗村社员已是一无所有，“不论户大户小，户户外流”。面对这种严重状况，绝大多数人并未认识到问题的症结在于人民公社体制问题，而认为主要在于“经营管理”和某些政策及干部作风问题。

1978 年 11 月 24 日，安徽省凤阳县小岗村生产队 18 户农民举行秘密会议，做出“分田单干，包产到户”决定。当时，这是一个危险的举动。为此，小岗村 18 户农民用中国传统方式起草契约：“我们分田到户，每户户主签字盖章，如以后能干，保证完成每户的全年上缴和公粮，不再向国家伸手要钱要粮；如果不成，我们干部坐牢杀头也甘心。大家社员也保证，把我们的小孩养活到十八岁。”然后，每个人在“契约”上郑重摁下自己的手印。这一举动使小岗成为中国农村改革的发源地，进而开启中国波澜壮阔的改革开放大潮。“小岗变法”的实质用小岗村农民的话来说就是：“交足国家的，留够集体的，剩下都是自己的。”由此可见，小岗村农民仍然将国家利益放在第一位。这就是中国农民的精神境界。

“小岗变法”不胫而走，很快引发极大争议。万里坚决站在农民一边，对“小岗变法”坚决支持。当时，万里曾与一位同志发生过争论。这位同志说：“包干到户，不同于田间管理责任制，没有统一经营，不符合社会主义所有制的性质，不宜普遍推广。”万里问道：“包干到户，是群众要求。群众不过是为了吃饱肚子，有什么不符合社会主义的，为什么不可行？”对方说：“它偏离了社会主义方向，不是走共同富裕道路。”万里问：“社会主义和人民群众，你要什么？”对方答：“我要社会主义。”万里说：“我要群众。”

局部地区农村改革的成功经验，推动着农村改革的发展。1978 年中央工作会议上，许多同志提出了农村改革的迫切性和必要性等问题。中央工作会议和中共十一届三中全会总结新中国成立以来农业问题的经验教训，原则同意《中共中央关于加快农业发展若干问题的决定（草案）》和《农村人民公社工作条例（试行草案）》。会后，《人民日报》报道了四川省广汉县、贵州省开阳县、云南省元谋县、安徽省和广东省普遍实行农业生产责任制的情况。与此同时，全国其他地区也陆续实行了各种形式的农业生产责任制。

马克思主义认为人民群众是历史的创造者。中国农村改革的成功经验充分证明了这一点。1980 年 5 月 31 日，邓小平明确指出：“农村政策放宽以后，一些适宜搞包产到户的地方搞了包产到户，效果很好，变化很快。安徽肥西县绝大多数生产队搞了包产到户，增产幅度很大。‘凤阳花鼓’中唱的那个凤阳县，绝大多数生产队搞了大包干，也是一年翻身，改变面貌。有的同志担心，这样搞会不会影响集体经济。我看这种担心是不必要的。"① 邓小平的讲话给中国农民吃了"定心丸"，对打破一些人的思想僵化，促进方兴未艾的农村改革产生重要作用。

每当农村改革关键时刻，邓小平总是旗帜鲜明地大力支持。1981 年 8 月，他明确肯定"包产到户"的性质："'包产到户'是社会主义制度下责任制的一种形式，没有剥削，没有违背集体所有的原则，可以调动人民的积极性，体现了按劳分配的社会主义原则，有利于发展社会主义经济，不是资本主义。"② 1981 年 12 月 21 日中共中央政治局会议通过《全国农村工作会议纪要》，1982 年 1 月 1 日作为中共中央一号文件下发全党，第一次正式肯定"包产到户""包干到户"等农业生产责任制的社会主义性质，得到中国农民热烈拥护。到 1981 年底，全国农村有 90% 以上的生产队建立了不同形式的农业生产责任制。1983 年中共中央 1 号文件正式确立"家庭联产承包责任制"作为农村改革的一项战略决策。

在以邓小平为核心的党的第二代中央领导集体的坚强领导下，中共中央从 1982 年开始，连续五年出台五个关于农村问题的"一号文件"，有力地推动了农村改革深入发展。在改革开放时代大潮推动下，农村改革犹如"星火燎原"，由点到面，迅猛展开，创造了举世瞩目的奇迹，彻底解决了困扰中华民族数千年的"吃饭问题"。这是中国特色社会主义对中华民族的伟大贡献，也是对整个人类的伟大贡献。

---

① 《邓小平文选》第 2 卷，人民出版社 1994 年版，第 315 页。

② 中共中央文献研究室编：《邓小平年谱（1975－1997）》，中央文献出版社 2004 年版，第 764 页。

第四讲

中华优秀传统文化与中国的跨世纪发展

历史潮流滚滚向前，巍巍巨轮行稳致远。惊涛拍岸汹涌澎湃，中华民族砥砺前行。20 世纪 80 年代末期，“党的十三届四中全会后，在国内外形势十分复杂、世界社会主义出现严重曲折的严峻考验面前，江泽民带领中央领导集体，紧紧依靠全党全军全国各族人民，捍卫了中国特色社会主义伟大事业，成功把中国特色社会主义推向二十一世纪，建立了永不磨灭的功勋，赢得了全党全军全国各族人民衷心爱戴和国际社会广泛赞誉”①。

第三代中央领导集体的核心江泽民一贯好学深思，知识渊博，具有中华优秀传统文化的深厚积淀，在治党治国治军、内政国防外交等方面，经常运用中华优秀传统文化阐述问题、启迪思维、启发干部，成效显著。他在中华优秀传统文化方面的深厚功底，一方面来源于书香门第家庭基础教育的深厚熏陶，另一方面来源于对中华优秀传统文化手不释卷、孜孜不倦的学习。

对此，家人的历史记忆最有说服力。少年时代与其朝夕相处的妹妹江泽慧回忆说：“我们家可以说是书香门第，一贯致力于学习求知，并酷爱文学艺术；我们家在读书做人方面的良好家风，一直是代代相传的。”② 早在学生时代，青年江泽民就背诵了许多中华优秀传统文化的经典性古典诗词。这些古典诗词伴随他终身，担任中国领导人后，仍然能够记忆犹新，信手拈来，脱口而出，倒背如流。③

---

① 《江泽民伟大光辉的一生》，《人民日报》2022 年 12 月 3 日。

② 〔美〕罗伯特·劳伦斯·库恩著，谈峥、于海江等译：《他改变了中国：江泽民传》，上海译文出版社 2005 年版，第 18 页。

③ 〔美〕罗伯特·劳伦斯·库恩著，谈峥、于海江等译：《他改变了中国：江泽民传》，上海译文出版社 2005 年版，第 18、22 页。

一、"数点梅花亡国泪，二分明月故臣心"

"数点梅花亡国泪，二分明月故臣心"是镌刻在江苏扬州史可法衣冠冢前的一副对联。它的含义是：残落的梅花瓣就像亡国者留下的血泪，明朝老臣的心也如同残月一样。史可法是明朝末年的著名政治家、军事家、抗清名将。他在崇祯元年，即公元1628年，考取进士，任西安府推官。明朝末年农民起义军首领李自成率部攻占北京城后，明朝崇祯皇帝在北京煤山（今景山）一棵歪脖子槐树上自缢而死。随后，福王监国，授予史可法东阁大学士兼礼部尚书。福王称帝，史可法因遭朝廷内部某些官僚排挤，自请出镇淮上，加太子太保，改任兵部尚书、武英殿大学士。

弘光元年，即公元1645年，清军大举南下。史可法由扬州至白洋河，部署诸镇抗清军事。随后，史可法在扬州城组织军民抵抗清军，坚守扬州城。扬州城被清军攻破，史可法自尽未死，为清军俘虏，宁死不屈。据史书记载：史可法大呼："我史督师也！"清军十分震惊，将史可法押到扬州城，上钟鼓楼去见清军扬州前线统帅多铎。多铎说："之前多次传信请你投降，没回应。守城至今，忠义已经彰显。请先生为清朝招降收拾江南，清朝会给予先生高官厚禄。"史可法回答："我是大明天朝的重臣，怎能苟且偷生，得罪万世！我愿速死，去和先帝一起在地下。"多铎再三劝说，但史可法坚决求死。

于是，多铎说："既然你是忠臣，就要杀你以全你的名节。"史可法说："城已经失守，我死无悔恨，但清军已经攻陷扬州城，请宽待民众。因守城而死者，只有我死就足够了，勿杀扬州人。"多铎没有答应史可法的要求，下令斩杀史可法。由于史可法曾经坚决抵抗清军，清兵怀恨在心，肢解了史可法的尸体。鉴于史可法的尸首无法辨认，史可法的属下只好将其衣冠安葬，修建了史可法衣冠冢和史公祠。

古往今来，江苏扬州人由于历史积淀和世代传承，具有深厚的爱国主义传统。早年江泽民就深受中华优秀传统文化浸润。1926年8月，他出生于江苏省扬州市一个爱国知识分子家庭，从小受到爱国主义思想和民主革命思想的启蒙，同时在诗书世家的氛围中深受中华优秀传统文化的熏陶。他早年就读于扬州东关小学和扬州中学，在扬州中学求学期间家乡被日本侵略军占领，他常去扬州的梅花岭明代爱国名将史可法墓凭吊，吟诵史公祠的楹联"数点梅花亡国泪，二分明月故臣心"，抒发悲愤心情。

中华优秀传统文化激发了江泽民的爱国主义热忱，他进而走上共产主义道路。1943年，他考入南京中央大学电机系，积极参加进步学生抗日爱国活动。抗日战争胜利后转到上海交通大学电机系学习。1946年4月，江泽民加入中国共产党，成为一名共产主义战士。他积极从事中共地下工作，参加矛头直指国民党反动统治的反饥饿、反内战、反迫害的爱国学生运动，掩护革命同志。1947 年，江泽民从上海交通大学电机系毕业后，到上海粮服实验工厂工作，历任工程师、工务科长、电务工场主任、动力车间主任等职。在此期间，他在工人群众中并在青年会夜校职业青年中从事革命工作，1949 年组织工人群众开展护厂活动，迎接上海解放。中共中央指出：“江泽民同志从青少年时代起就立志追求真理，积极投身人民革命运动的洪流。他是江苏省扬州市人，1926 年 8 月出生在爱国知识分子家庭，从小接受爱国主义思想和民主革命思想的启蒙。1943 年冬，他参加了中共地下党组织领导的爱国进步学生运动，1946 年 4 月加入中国共产党，从此把毕生精力献给了党和人民。”①

20 世纪 70 年代末期开始的改革开放和社会主义现代化建设伟大事业，极大地激发了中国人民的积极性、主动性、创造性和进取精神。大批德才兼备，符合革命化、知识化、专业化、年轻化条件的领导干部被选拔到重要的领导岗位上。德才兼备、工作经验和管理经验丰富的江泽民既有中华优秀传统文化的深厚造诣，又有早期的革命经历，还有丰富的领导工作经验和多方面多领域的社会实践经历，20 世纪 80 年代初期被任命为电子工业部第一副部长兼党组副书记，中共十二大上成为中共中央委员。

中华优秀传统文化对江泽民的政治生涯有巨大影响。江泽民担任中共中央总书记、中华人民共和国主席后，1991 年 5 月 12 日，苏联记者采访江泽民时，希望了解他青少年时期的情况。江泽民说，我是江苏省扬州人，在扬州城外梅花岭下有史可法的衣冠冢。那里有一副对联，叫作“数点梅花亡国泪，二分明月故臣心”，很能激发人们的民族自尊心和爱国热情。江泽民通过引用“数点梅花亡国泪，二分明月故臣心”来赞扬史可法的英雄气概和宁死不屈的民族精神。这说明，“数点梅花亡国泪，二分明月故臣心”蕴含的爱国情怀对江泽民产生了深刻的影响。②

以史鉴今，铭记在心。1995 年 7 月间，江泽民访问芬兰、匈牙利和德国。在看望中国大使馆工作人员时，他说：“我是扬州人，扬州史可法祠有一副对联：‘数点梅花亡国泪，二分明月故臣心。’日本侵占时期，许多人去这个地方凭吊，以鼓舞抗日的志气。那时，我在扬州念中学，每星期都去，很受教育。中国人历来是讲民族气节的，是不畏强暴的……无论如何不能丧失爱国心。”③ 江泽民古为今用，通过对“数点梅花亡国泪，二分明月故臣心”的解读，有力地激发了中国外交官的爱国主义精神，这些大使馆的同志们深受鼓舞。由此可见，“数点梅花亡国泪，二分明月故臣心”这副对联，已成为中华民族爱国主义精神的历史基因，成为中华优秀传统文化

---

① 习近平：《在江泽民同志追悼大会上的悼词》，《人民日报》2022 年 12 月 7 日。

② 吴直雄：《江泽民妙用传统诗词楹联》，《党的文献》1996 年第 5 期。

③ 《江泽民文选》第 1 卷，人民出版社 2006 年版，第 72－73 页。

的组成部分。

二、"苟利国家生死以，岂因祸福避趋之"

"长风破浪会有时，直挂云帆济沧海。"中华人民共和国成立后，江泽民先后在企业、科研单位、国家部委工作，在每个岗位上都尽职尽责、艰苦努力，把火热年华献给了社会主义革命和建设事业，在改革开放方面做了大量开拓性工作。在中共十二大上，他当选为中央委员。20 世纪 80 年代中期，江泽民先后担任上海市市长、中共上海市委书记。他领导制定上海经济发展规划和城市建设规划，提出在 20 世纪末把上海建设成为开放型、多功能、产业结构合理、科学技术先进，具有高度文明的社会主义现代化城市的发展方针，强调把浦东建设成为国际化、枢纽化、现代化的世界一流新市区，积极推进为民办实事制度化，为开创上海改革开放和社会主义现代化建设新局面作出突出贡献，当选为中共第十三届中央政治局委员。

刚刚担任中共中央总书记，江泽民的政治生涯就与中华优秀传统文化紧密联系在一起。在上海，江泽民拜访了中共上海市委原副书记、上海原市长汪道涵。汪道涵属于老一代革命家之一，经验丰富，德高望重，手不释卷，知识渊博，政治涵养很深，道德品质高尚，经常举贤任能，推举新人，因而被上海的党政领导干部尊称为"汪老"。

中华人民共和国成立后，汪道涵的工作多次与江泽民交集，因此"汪老"亦多次担任江泽民的"老领导"，两人在社会主义革命和建设过程中结下了深厚的相互信任的同志情谊，历经大风大浪，始终坚如磐石。江泽民向汪道涵征求到中央工作的意见。汪道涵回忆说："我知道他是总书记的合适人选……所以我写了领导 1840 年抗英鸦片战争的中华民族英雄林则徐的一副对联来勉励他：'苟利国家生死以，岂因祸福避趋之。'大意是如果对国家有利，就要不惧生死……不管前面是什么，他都应当接受这个重大挑战。"①

汪道涵用民族英雄林则徐"苟利国家生死以，岂因祸福避趋之"的诗句赠送江泽民，他对此一直铭记在心。1989 年 9 月 19 日，江泽民会见美国耶鲁大学退休教授赵浩生时，对方请他谈谈担任中央总书记的想法，他吟诵了"苟利国家生死以，岂因祸福避趋之"，以此表明自己为国家为人民而奋斗的决心和信心。

---

① 〔美〕罗伯特·劳伦斯·库恩著，谈峥、于海江等译：《他改变了中国：江泽民传》，上海译文出版社 2005 年版，第 144 页。

三、“为了党和人民的事业，我一定鞠躬尽瘁，死而后已”

中华优秀传统文化的历史基因已经深深融入中华民族的发展进程中。2013 年 3 月 1 日，在中共中央党校建校 80 周年庆祝大会暨 2013 年春季学期开学典礼上，习近平总书记指出：中华传统文化博大精深，学习和掌握其中的各种思想精华，对树立正确的世界观、人生观、价值观很有益处。古人所说的“先天下之忧而忧，后天下之乐而乐”的政治抱负，“位卑未敢忘忧国”“苟利国家生死以，岂因祸福避趋之”的报国情怀，“富贵不能淫，贫贱不能移，威武不能屈”的浩然正气，“人生自古谁无死，留取丹心照汗青”“鞠躬尽瘁，死而后已”的献身精神等，都体现了中华民族的优秀传统文化和民族精神，我们都应该继承和发扬。

其中，“鞠躬尽瘁，死而后已”，来源于中华优秀传统文化的代表性人物、中华民族古代智慧的化身、三国时期的著名政治家诸葛亮。

中华优秀传统文化的著名篇章，诸葛亮所作的《出师表》中，表述了自己“鞠躬尽力，死而后已”的由来：“臣本布衣，躬耕于南阳，苟全性命于乱世，不求闻达于诸侯。先帝不以臣卑鄙，猥自枉屈，三顾臣于草庐之中，咨臣以当世之事，由是感激，遂许先帝以驱驰。后值倾覆，受任于败军之际，奉命于危难之间，尔来二十有一年矣。”

诸葛亮建言后主刘禅：“先帝创业未半而中道崩殂，今天下三分，益州疲弊，此诚危急存亡之秋也。然侍卫之臣不懈于内，忠志之士忘身于外者，盖追先帝之殊遇，欲报之于陛下也。诚宜开张圣听，以光先帝遗德，恢弘志士之气，不宜妄自菲薄，引喻失义，以塞忠谏之路也。”诸葛亮通过《出师表》表达的“鞠躬尽瘁，死而后已”的心情，跃然纸上。

“先帝知臣谨慎，故临崩寄臣以大事也。受命以来，夙夜忧叹，恐托付不效，以伤先帝之明，故五月渡泸，深入不毛。今南方已定，兵甲已足，当奖率三军，北定中原，庶竭驽钝，攘除奸凶，兴复汉室，还于旧都。此臣所以报先帝而忠陛下之职分也。”在《出师表》里，诸葛亮“鞠躬尽瘁，死而后已”的耿耿忠心，唯有天日可表。

诸葛亮在《后出师表》中，向后主刘禅分析了蜀国当时面临的各方面形势，最后表示了自己的忠诚：“凡事如是，难可逆见。臣鞠躬尽力，死而后已；至于成败利钝，非臣之明所能逆睹也。”

在中华优秀传统文化中，诸葛亮在《出师表》《后出师表》中表达的“鞠躬尽力，死而后已”精神，逐渐演化为“鞠躬尽瘁，死而后已”，并代代相传下来。

"岱宗夫如何？齐鲁青未了。造化钟神秀，阴阳割昏晓。荡胸生层云，决眦入归鸟。会当凌绝顶，一览众山小。"20 世纪 80 年代末期，在中共十三届四中全会上，江泽民当选为中央政治局常委、中央委员会总书记，十三届五中全会决定他为中共中央军事委员会主席，形成以江泽民为核心的党的第三代中央领导集体。"江泽民同志担任党和军队主要领导职务之际，我国正面临外有压力、内有困难的严重时刻，可谓临危受命。江泽民同志坚定表示：'为了党和人民的事业，我一定鞠躬尽瘁，死而后已。'"①

临危受命，勇往直前。20 世纪 80 年代末 90 年代初，国际国内发生严重政治风波，世界社会主义出现严重曲折，一些西方国家对中国进行所谓"制裁"，我国社会主义事业发展面临空前巨大的困难和压力。在这个决定党和国家前途命运的重大历史关头，江泽民带领中央领导集体，紧紧依靠全党全军全国各族人民，毫不动摇坚持经济建设这个中心，旗帜鲜明坚持四项基本原则，坚持改革开放，坚决开展治理整顿，全面加强意识形态工作，深入开展党风廉政建设和反腐败斗争，加强党同人民群众的联系，积极展开外交斗争，坚决维护国家的独立、尊严、安全、稳定，捍卫了中国特色社会主义伟大事业。经过艰苦努力，党和人民成功稳住了改革发展大局，为我国发展打下了坚实基础。

从党的十三届四中全会到党的十六大的 13 年中，国际形势风云变幻，我国改革开放和社会主义现代化建设进程波澜壮阔。在国际国内十分复杂的形势下，江泽民带领党的中央领导集体，高举马克思列宁主义、毛泽东思想、邓小平理论伟大旗帜，坚持党的基本路线不动摇，紧紧依靠全党全军全国各族人民，坚定不移坚持和发展中国特色社会主义。

提出抓住机遇、深化改革、扩大开放、促进发展、保持稳定的基本方针，全面阐述了正确处理社会主义现代化建设中的十二大关系，深化了我们对社会主义现代化建设规律的认识，强调抓住机遇而不可丧失机遇、开拓进取而不可因循守旧，领导我们制定和实施了促进改革发展稳定的一系列方针政策和重大战略。他领导我们确定了党在社会主义初级阶段的基本纲领，为我们坚持和发展中国特色社会主义事业提供了有力指导。

确立社会主义市场经济体制的改革目标和基本框架，确立社会主义初级阶段公有制为主体、多种所有制经济共同发展的基本经济制度和按劳分配为主体、多种分配方式并存的分配制度，锐意推进经济体制改革、政治体制改革、文化体制改革和其他各

---

① 习近平：《在江泽民同志追悼大会上的悼词》，《人民日报》2022 年 12 月 7 日。

方面改革。

对全面建设小康社会、实现第三步战略目标进行前瞻性的战略思考，强调要在20世纪头20年集中力量全面建设惠及十几亿人口的更高水平的小康社会。他强调，财大才能气粗，落后就要挨打，必须把发展作为党执政兴国的第一要务，聚精会神搞建设、一心一意谋发展。他提出坚持“引进来”和“走出去”相结合，以开放促改革促发展，中国加入世界贸易组织，形成对外开放新格局。他领导发展社会主义民主政治，实施依法治国基本方略，发展社会主义先进文化，实现香港、澳门顺利回归，推动两岸双方达成体现一个中国原则的“九二共识”，有力开展反分裂、反“台独”重大斗争。

始终以宽广的世界眼光洞察世界形势发展总趋势，提出一系列外交和国际战略思想，积极推动世界走向多极化，推进国际关系民主化，尊重世界多样性，推动成立上海合作组织，领导打开外交工作崭新局面。他强调治国必先治党、治党务必从严，强调讲学习、讲政治、讲正气，提出推进党的建设新的伟大工程，强调要解决好提高领导水平和执政水平、增强拒腐防变和抵御风险的能力两大历史性课题，坚定不移推进党风廉政建设和反腐败斗争，始终保持共产党人的蓬勃朝气、昂扬锐气、浩然正气，始终保持党的先进性和纯洁性。他领导正确处理改革发展稳定关系，推动社会主义物质文明、政治文明、精神文明建设和党的建设取得举世瞩目的新进展，成功把中国特色社会主义推向21世纪。

深刻洞察世界新军事变革的发展趋势，主持制定新时期军事战略方针，强调要推进中国特色军事变革，坚定不移走中国特色的精兵之路，加强人民军队革命化、现代化、正规化建设。他强调：“我这些年集中精力抓的问题，一言以蔽之，就是我军能否打得赢、不变质。”他强调，要毫不动摇坚持党对人民军队的绝对领导，部队要做到政治合格、军事过硬、作风优良、纪律严明、保障有力，永葆人民军队性质、本色、作风，把军事斗争准备的基点放到打赢信息化条件下的局部战争上来，加快国防和武器装备发展。他作出军队、武警部队和政法机关必须彻底停止一切经商活动的战略性决策。在江泽民亲自领导和大力推动下，国防和军队现代化建设取得了巨大成就。

坚持解放思想、实事求是、与时俱进，尊重实践，尊重群众，围绕建设中国特色社会主义这个主题提出一系列新思想新观点新论断，为坚持和发展党的基本理论、基本路线、基本纲领、基本经验作出杰出贡献。特别是集中全党智慧创立“三个代表”重要思想，进一步回答了什么是社会主义、怎样建设社会主义的问题，创造性回答了建设什么样的党、怎样建设党的问题，深化了全党对新的时代条件下推进中国特色社会主义事业、加强党的建设的规律的认识，以新的思想、观点、论断，继承、丰富、发展了中国特色社会主义理论体系。

四、"先天下之忧而忧，后天下之乐而乐"

中华民族具有百万年的人类史、一万年的文化史、五千多年的文明史。中华文化源远流长，中华文明博大精深。只有全面深入了解中华文明的历史，才能更有效地推动中华优秀传统文化创造性转化、创新性发展，更有力地推进中国特色社会主义文化建设，建设中华民族现代文明。中华文明具有突出的连续性。中华文明是世界上唯一绵延不断且以国家形态发展至今的伟大文明。这充分证明了中华文明具有自我发展、回应挑战、开创新局的文化主体性与旺盛生命力。深厚的家国情怀与深沉的历史意识，为中华民族打下了维护大一统的人心根基，成为中华民族历经千难万险而不断复兴的精神支撑。中华文明的连续性，从根本上决定了中华民族必然走自己的路。如果不从源远流长的历史连续性来认识中国，就不可能理解古代中国，也不可能理解现代中国，更不可能理解未来中国。江泽民具有中华优秀传统文化的深厚素养，经常运用古典诗词、成语典故、历史故事阐述深邃的道理，令人回味无穷，深受启迪。

关于大力培养中青年干部，江泽民用三句古典诗词来说明问题。2000 年 6 月 9 日，江泽民在全国党校工作会议上，谈到加紧培养适应 21 世纪要求的中青年领导干部时，引用了三句著名的古典诗词。第一句是清代龚自珍的"我劝天公重抖擞，不拘一格降人才"，第二句是宋代郑板桥的"千磨万击还坚劲，任尔东西南北风"，第三句是宋代朱熹的"等闲识得东风面，万紫千红总是春"。[①] 江泽民通过引用上述的古典诗词，古为今用，点石成金，推陈出新，阐发新意，要求培养中青年领导干部，既要不拘一格，更要加强磨炼，最终达到人才辈出。

关于确立立党为公、执政为民的执政理念，江泽民用一系列名言启迪思维。江泽民多次运用范仲淹《岳阳楼记》的"先天下之忧而忧，后天下之乐而乐"来阐发共产党人的执政理念。1997 年 1 月，在中央纪委第八次全会上，江泽民指出："共产党员、领导干部应该有吃苦在前、享受在后的自觉性和高尚情操。宋朝范仲淹写的《岳阳楼记》还讲'先天下之忧而忧，后天下之乐而乐'嘛!"[②] 在省部级主要领导干部金融研究班上，江泽民再次引用"先天下之忧而忧，后天下之乐而乐"来要求领导干部，同时引用了"富贵不能淫，贫贱不能移，威武不能屈""业精于勤，荒于

---

① 《江泽民文选》第 3 卷，人民出版社 2006 年版，第 53 页。
② 《十四大以来重要文献选编》（下），人民出版社 1999 年版，第 2281 页。

嬉；行成于思，毁于随”“天下兴亡，匹夫有责”“修身齐家治国平天下”“吾日三省吾身”① 等一系列名人名言佳句。他强调，这些“都是古人留下的很有价值的思想”②，要求共产党人要自觉改造主观世界，全心全意为人民服务，一心一意为人民谋利益。2000 年 12 月，在中共中央纪律检查委员会第五次全体会议上，江泽民指出：“领导干部一定要树立正确的利益观，要‘先天下之忧而忧，后天下之乐而乐’，时刻把党和人民的利益、国家的利益放在首位。”③ 2001 年 1 月，江泽民在全国宣传部长会议上再次引用“先天下之忧而忧，后天下之乐而乐”，提倡宣传和弘扬淡泊名利、无私奉献的精神。④

《江泽民文选》曾引用杜牧《阿房宫赋》：“灭六国者，六国也，非秦也。族秦者，秦也，非天下也。嗟乎！使六国各爱其人，则足以拒秦。使秦复爱六国之人，则递三世可至万世而为君，谁得而族灭也？秦人不暇自哀，而后人哀之；后人哀之而不鉴之，亦使后人而复哀后人也。”⑤ 江泽民以此要求领导干部铭记“立党为公，执政为民”的执政理念。他曾经指出：“我们党作为执政党，必须高度关注党同群众的关系问题、人心向背问题。人心向背，是决定一个政党、一个政权兴亡的根本性因素。”⑥ “历代统治阶级中较有见地、较有作为的统治者，大都是比较注意民心向背的。一旦忘记这一条，失去民心，腐败盛行，政权就保不住了。在这个问题上，历史为我们提供了许多盛衰兴亡的经验教训。”⑦ 1994 年 1 月 1 日，在全国政协新年茶话会上，江泽民提出“以人民群众为本”“我们衷心希望大家处处以党和人民的利益为重，以人民群众为本，抛弃一切官僚主义、形式主义的不良习气，真正在领导方法和工作方法方面取得新的进步，在全心全意为人民谋利益方面创造出新的气象”⑧。他抚今追昔，说：2000 多年前，中国就有“民惟邦本”等朴素的民主思想。“今天，这些思想被赋予了新的时代内容。”⑨

关于淡泊名利，树立正确的世界观、人生观、价值观。1996 年 1 月江泽民在全国宣传部长会议讲话中，引用了中国民间代代相传的至理名言“家有黄金数吨，一日不过三顿”。朴实简约，言简意赅，发人深思。江泽民说：“陆放翁有两句诗：‘利

---

① 《江泽民文选》第 2 卷，人民出版社 2006 年版，第 307 页。
② 《江泽民文选》第 2 卷，人民出版社 2006 年版，第 307 页。
③ 《江泽民文选》第 3 卷，人民出版社 2006 年版，第 184 页。
④ 《江泽民文选》第 3 卷，人民出版社 2006 年版，第 198 页。
⑤ 《江泽民文选》第 3 卷，人民出版社 2006 年版，第 12－13、186 页。
⑥ 《江泽民文选》第 3 卷，人民出版社 2006 年版，第 185 页。
⑦ 《十四大以来重要文献选编》（中），人民出版社 1997 年版，第 1194 页。
⑧ 《江泽民文选》第 1 卷，人民出版社 2006 年版，第 364 页。
⑨ 《十五大以来重要文献选编》（上），人民出版社 2000 年版，第 63 页。

欲驱人万火牛，江湖浪迹一沙鸥。'前一句描绘陷入功名利禄使人丑恶的现象，后一句劝人把功名利禄看得淡一些。郑板桥的一首《道情》，也很值得那些功名利禄思想重的人读一读：'老书生，白屋中，说黄虞，道古风；许多后辈高科中。门前仆从雄如虎，陌上旌旗去似龙。一朝势落成春梦。倒不如篷门僻巷，教几个小小蒙童。'"[①]江泽民古为今用，告诫党员干部，要淡泊名利，树立正确的世界观、人生观、价值观，为中国特色社会主义而奋斗。江泽民曾经讲述《旧唐诗》卷七十《岑文本传》中的历史故事："唐太宗时期有一个大臣叫岑文本，有人劝他给自己的家庭置点产业。岑文本说了一段话，大意是这样的：我本是一介布衣，起自民间，当年我徒步进入京城长安之时，没有想过要做大官，能做一个秘书郎、一个县令就于愿足矣。后来，朝廷重用我，位至宰相。我所得到的薪俸已经够多的了，我时常为此感到惶恐，还要置什么产业呢？"[②]

中华优秀传统文化给江泽民提供了深厚的历史智慧。他认为自己"受过三种教育"，"第一种是中国哲学，尤其是孔孟之道。从上小学起，我就开始背《三字经》……"[③] 在《江泽民文选》中，经常引用孔子、孟子、老子、庄子、晏子、管子、荀子等古代思想家和《礼记》《左传》《史记》等古代经典著作的史学、哲学观点。他引用孔子"学而不思则罔，思而不学则殆"，要求各级领导干部，要不断在学习中思考、在思考中学习[④]；他引用孟子的"入则无法家拂士，出则无敌国外患者，国恒亡。然后知生于忧患而死于安乐也"，来说明必须增强忧患意识[⑤]；他引用《左传》"亲仁善邻，国之宝也"，管仲"远者来而近者亲""远者以礼，近者以体"，来说明中华民族关于和平共处的历史文化、睦邻友好的悠久传统。[⑥]

关于以讲学习、讲政治、讲正气为主要内容的党性党风教育。《江泽民文选》中，在《讲学习，讲政治，讲正气》里引用了孟子、苏轼、文天祥、顾炎武等人的观点。他说："讲正气，是中华民族也是我们党的一个优良传统。古语所说的'我善养吾浩然之气'，'一点浩然气，千里快哉风'，等等，都是讲一个人必须树立正气，必须有正义感……文天祥专门写过一篇《正气歌》，他在《过零丁洋》中写下的'人生自古谁无死，留取丹心照汗青'，以及顾炎武的'天下兴亡，匹夫有责'，等等，

---

① 《十四大以来重要文献选编》（中），人民出版社 1997 年版，第 1672 页。

② 《江泽民文选》第 2 卷，人民出版社 2006 年版，第 187－188 页。

③ 〔美〕罗伯特·劳伦斯·库恩著，谈峥、于海江等译：《他改变了中国：江泽民传》，上海译文出版社 2005 年版，第 23 页。

④ 《江泽民文选》第 2 卷，人民出版社 2006 年版，第 148 页。

⑤ 《江泽民文选》第 3 卷，人民出版社 2006 年版，第 237 页。

⑥ 《江泽民文选》第 3 卷，人民出版社 2006 年版，第 314 页。

为什么会成为千古传诵的名句，就是因为充满着高昂激越的爱国正气。”① 在《始终做到“三个代表”是我们党的立党之本、执政之基、力量之源》中，江泽民引用了唐代韩愈的话：“古之君子，其责己也重以周，其待人也轻以约。重以周，故不怠；轻以约，故人乐为善。”并加以解释：“也就是说，作为领导者，首先要对自己严格要求，作出榜样来，不要事事先去责备他人。”②

一位美国作家评论说：“在其职业生涯里，江经常使用诗词来表达观点，抒发感情，弘扬文化。”③ 江泽民好学不倦，好学深思，达到古人说的“学而不厌，诲人不倦”的崇高精神境界。同时，他学贯中西，不仅精通中华优秀传统文化，而且熟练掌握英语（在美国哈佛大学用英语全程发表演讲）、俄语、罗马尼亚语，熟悉日语、德语、法语等国家的语言。在《江泽民文选》第一至三卷的203篇文章中，共引用160余处典故。其中包括诗词歌赋、散文名句、戏曲小说、历史故事、圣贤著述、民间谚语等。这些承载着中华优秀传统文化的中华文明精髓，微言大义，内涵丰富，充满历史智慧，寓意深邃，令人深受启迪，回味无穷。

五、“把依法治国与以德治国紧密结合起来”

中华优秀传统文化“以德治国”的理念，包含着中华民族世世代代传颂不已的“先天下之忧而忧，后天下之乐而乐”的思想。

它出自宋朝范仲淹的《岳阳楼记》：

嗟夫！予尝求古仁人之心，或异二者之为，何哉？不以物喜，不以己悲，居庙堂之高则忧其民，处江湖之远则忧其君。是进亦忧，退亦忧。然则何时而乐耶？其必曰“先天下之忧而忧，后天下之乐而乐”乎！噫！微斯人，吾谁与归？

欧阳修曾经写道：“公少有大节，于富贵贫贱、毁誉欢戚，不一动其心，而慨然有志于天下。常自诵曰：‘士当先天下之忧而忧，后天下之乐而乐也。’”

刘少奇在《论共产党员的修养》中号召大家：“共产党员要‘先天下之忧而忧，后天下之乐而乐。’”

尤其令人意想不到的是，就在古城延安宝塔山下的摩崖石刻上，赫然铭刻着范仲淹的巨幅石刻：“先忧后乐。”“先天下之忧而忧，后天下之乐而乐。”

仿佛是在为共产党人提前留下历史的见证。

---

① 《江泽民文选》第1卷，人民出版社2006年版，第485页。

② 《江泽民文选》第3卷，人民出版社2006年版，第29页。

③ 〔美〕罗伯特·劳伦斯·库恩著，谈峥、于海江等译：《他改变了中国：江泽民传》，上海译文出版社2005年版，第360页。

"以德治国"包含着古代孟子提倡的高尚的气节和精神"富贵不能淫，贫贱不能移，威武不能屈"。刘少奇认为共产党人也应该达到如此的境界。

总之，中国革命战争年代，从毛泽东的《为人民服务》《纪念白求恩》到刘少奇的《论共产党员的修养》，都把道德建设提高到"德治"地位，充分肯定道德建设在中国革命中的重要意义。

改革开放和社会主义现代化建设新时期，邓小平第一次把"德治"提高到治国方略的高度。他指出，建设中国特色社会主义，不但要有高度的物质文明，而且要有高度的精神文明。"没有这种精神文明，没有共产主义思想，没有共产主义道德，怎么能建设社会主义？"

20世纪80年代初期，邓小平提议把社会主义精神文明建设写进《中华人民共和国宪法》。邓小平主持的中共十二届六中全会通过了《中共中央关于社会主义精神文明建设指导方针的决议》。这个决议明确指出，社会主义精神文明是社会主义社会的重要特征；社会主义精神文明建设，是关系到社会主义兴衰成败的大事。《决议》向全党和全国人民发出了提高整个中华民族的思想道德素质和科学文化素质、培育"四有"社会主义公民、树立和发扬社会主义的道德风尚、大力加强职业道德建设的号召。邓小平关于精神文明建设的理论，蕴含着中国特色社会主义德治理论的重要思想。

改革开放和社会主义现代化建设新时期，以江泽民同志为核心的党中央提出"以德治国"理念。改革开放以来，我国社会经济成分、组织形式、就业方式、利益关系和分配方式日益多样化，也给人们的思想观念、价值取向、文化生活带来了多样性，由此造成的一些消极影响，"反映到人们的思想意识和人与人关系上来，容易诱发自由主义、分散主义和拜金主义、享乐主义、利己主义；人民内部矛盾的内容和表现形式也出现了许多新的情况"。① 因此，提出以德治国，是加快推进现代化的迫切需要。②

2000年6月，江泽民《在中央思想政治工作会议上的讲话》中指出："法律和道德作为上层建筑的组成部分，都是维护社会秩序、规范人们思想和行为的重要手段，它们互相联系、互相补充。法治以其权威性和强制手段规范社会成员的行为，德治以其说服力和劝导力提高社会成员的思想认识和道德觉悟。道德规范和法律规范应该互相结合，统一发挥作用。"从此，以德治国成为社会主义精神文明建设的重要组成部

---

① 《江泽民文选》第3卷，人民出版社2006年版，第81－82页。
② 《以德治国思想学习概要》，学习出版社2002年版，第4、5页。

分，成为中国特色社会主义的重要标识之一。

2001 年 1 月，江泽民在全国宣传部长会议上提出“我们要把法制建设与道德建设紧密结合起来，把依法治国与以德治国紧密结合起来”① 的治国方略。江泽民指出：“我们在建设有中国特色社会主义，发展社会主义市场经济的过程中，要坚持不懈地加强社会主义法制建设，依法治国，同时也要坚持不懈地加强社会主义道德建设，以德治国。”② “以德治国”，这是以江泽民为核心的党的第三代中央领导集体在我国社会经济步入新的发展时期所提出的重要治国方略，是在深刻总结国内外治国经验的基础上作出的科学论断，是对马克思主义的重大发展。

在庆祝建党 80 周年之际，江泽民进一步强调：“要把依法治国同以德治国结合起来，为社会保持良好的秩序和风尚营造高尚的思想道德基础。”③ 江泽民提出的“以德治国”，就是要以马克思列宁主义、毛泽东思想、邓小平理论为指导，以为人民服务为核心，以集体主义为原则，以爱祖国、爱人民、爱劳动、爱科学、爱社会主义为基本要求，以职业道德、社会道德、家庭美德的建设为落脚点，积极建立适应社会主义市场经济发展的社会主义思想道德体系，并使之成为全体人民普遍认同和自觉遵守的规范。

“以德治国”是中国共产党汲取中华优秀传统文化的精髓，吸纳国外国家事务管理中的经验教训，在新的历史条件下，对管理国家事务，教育引导人民崇尚高尚的精神生活而提出的创造性治国方略。江泽民提出“把依法治国与以德治国紧密结合起来”是对中华优秀传统文化的“创造性转化和创新性发展”。他在阐述“以德治国”时引用了孔子的话。他说：“在中国历史上，很多人都主张儒法并用，就是思想教育手段和法制手段并用。法是他律，德是自律。一个社会治理水平的高低，与人们的思想道德素质有密切的关联。孔子就说过：‘道之以政，齐之以刑，民免而无耻；道之以德，齐之以礼，有耻且格。’治理国家是一个复杂的系统工程，必须统筹兼顾、多管齐下。”④

中国古代，孔子是强调“德治”的代表性人物，即便如此，孔子同时指出：“宽以济猛，猛以济宽，政是以和。”所谓古代“盛世”执行的治国方略，从根本上来说，无非是“德法并举”而已。对此，江泽民指出：“对一个国家的治理来说，法治

---

① 《十五大以来重要文献选编》（中），人民出版社 2001 年版，第 1587 页。
② 《十五大以来重要文献选编》（中），人民出版社 2001 年版，第 1587 页。
③ 《江泽民文选》第 3 卷，人民出版社 2006 年版，第 278 页。
④ 《江泽民文选》第 2 卷，人民出版社 2006 年版，第 567 页。

和德治，从来都是相辅相成、相互促进的。二者缺一不可，也不可偏废。"① "法治以其权威性和强制手段规范社会成员的行为，德治以其说服力和劝导力提高社会成员的思想认识和道德觉悟。"② "法治属于政治建设、属于政治文明，德治属于思想建设、属于精神文明。二者范畴不同，但其地位和功能都是非常重要的。"③

从马克思主义的辩证唯物主义与历史唯物主义高度，江泽民深刻阐述了"法治"和"德治"辩证关系，为进一步加强社会主义精神文明建设提供了新的内容。他强调，要坚持不懈加强社会主义法制建设、依法治国，同时要坚持不懈加强社会主义道德建设、以德治国，把法制建设与道德建设紧密结合起来，把依法治国与以德治国紧密结合起来。

六、"中国在自己发展的长河中，形成了优良的历史文化传统"

中华文明和中华优秀传统文化是世界上唯一绵延五千年以上没有中断的文明和文化。1991 年，江泽民在庆祝建党 70 周年纪念大会上第一次明确提出："中华民族是有悠久历史和优秀文化的伟大民族。我们的文化建设不能割断历史。对民族传统文化要取其精华、去其糟粕，并结合时代的特点加以发展，推陈出新，使它不断发扬光大。"④ 他强调，中国特色社会主义文化"必须继承发扬民族优秀传统文化而又充分体现社会主义时代精神"。中共十五大把"继承历史文化优秀传统"郑重写进社会主义初级阶段文化纲领之中。⑤

中国实现 20 世纪向 21 世纪的跨世纪发展，必须高度重视中华优秀传统文化与现代文明的交汇、交融和交流。2000 年春天，江泽民提出：只要我们党始终成为中国先进社会生产力的发展要求、中国先进文化的前进方向、中国最广大人民的根本利益的忠实代表，我们党就能永远立于不败之地。"三个代表"重要思想的提出，特别是要"始终代表中国先进文化的前进方向"，进一步丰富了中国特色社会主义理论体系的内涵。

列宁在《马克思主义的三个来源和三个组成部分》中，论述了马克思主义理论的渊源、体系和实质，指出马克思主义是严整的科学体系和完整的世界观，说明马克思主义不是离开世界文明发展大道而产生的封闭的僵化的学说，它批判地继承和发展

---

① 《十五大以来重要文献选编》（中），人民出版社 2001 年版，第 1587 页。
② 《江泽民文选》第 3 卷，人民出版社 2006 年版，第 91 页。
③ 《江泽民文选》第 3 卷，人民出版社 2006 年版，第 200 页。
④ 《十三大以来重要文献选编》（下），人民出版社 1993 年版，第 1644、1465 页。
⑤ 参见《十五大以来重要文献选编》（上），人民出版社 2000 年版，第 19 页。

了人类文明的优秀成果，回答了人类先进思想已经提出的种种问题。在哲学方面，马克思批判地继承和发展了德国古典哲学特别是黑格尔的辩证法，创立了辩证唯物主义；马克思把辩证唯物主义运用于认识人类社会，创立了历史唯物主义，这是科学思想中的最大成果。在经济学方面，马克思利用了英国古典政治经济学的成就，揭示了资本主义社会经济运动的规律，创立了新的经济理论。马克思的经济理论揭示了资本家剥削工人的秘密和无产阶级同资产阶级对立的经济根源。在社会主义学说方面，列宁高度评价了法国的空想社会主义，说明了空想社会主义者不能指出摆脱资本主义社会的真正出路，指出马克思的功绩在于他发现了资本主义发展的规律，找到了能够成为新社会的创造者的社会力量，彻底地贯彻了关于阶级斗争的学说。中华文化的丰富和发展也是如此。中华文化汲取中华民族五千多年的深厚历史文化积淀，以中华优秀传统文化为根脉，在此重要基础上，形成革命文化和社会主义先进文化。

列宁指出：“只有确切地了解人类全部发展过程所创造的文化，只有对这种文化加以改造，才能建设无产阶级的文化，没有这样的认识，我们就不能完成这项任务。无产阶级文化并不是从天上掉下来的，也不是那些自命为无产阶级文化专家的人杜撰出来的。如果硬说是这样，那完全是一派胡言。”① 历史是民族的根脉。文化是民族的血脉。江泽民指出：“要在我们这样一个经济文化比较落后的国家实现社会主义现代化，如果没有一批又一批、一代又一代用高尚精神武装起来的先进分子……是不可能成功的。我们说的高尚精神，就是指我们党的崇高理想和信念、优良传统和作风，包括中华民族几千年形成、发展起来的优秀文化传统和美德。”② 因此，先进文化既是中华优秀传统文化的历史性延续，又是中华文化的重要内容。2001 年江泽民在七一讲话中全面阐述“三个代表”重要思想。他指出：“发展社会主义文化，必须继承和发扬一切优秀的文化。”“我国几千年历史留下了丰富的文化遗产，我们应该取其精华、去其糟粕，结合时代精神加以继承和发展，做到古为今用。”③ 从此开始，逐渐形成中华文化丰富内涵三个方面的基本内容——中华优秀传统文化、革命文化、社会主义先进文化。

广阔的国际视野和世界眼光，是当代中华民族走向世界舞台中心的重要基础。江泽民一贯强调中华文化走出去，走向世界，使之成为中华民族强大的软实力。1997 年 11 月，他在美国哈佛大学演讲中指出：要了解中国，可以有很多视角。现实中国是历史中国的发展。中国是一个有五千年文明历史的国家，从历史文化来了解和认识

---

① 《列宁选集》第 4 卷，人民出版社 1995 年版，第 285 页。
② 《江泽民文选》第 1 卷，人民出版社 2006 年版，第 503 页。
③ 《十五大以来重要文献选编》（下），人民出版社 2003 年版，第 1908－1909 页。

中国，是一个重要的视角。记得我在高中读书时，老师给我们讲微积分，第一课就是讲《庄子》中的“一尺之棰，日取其半，万世不竭”，很形象地使我建立起极限的概念。这表明中国古人就已认识到事物的发展变化是无限的，也说明我们的先人对自然界的认识已达到相当的水平。早在公元前二千五百年，中国人就开始了仰观天文、俯察地理的活动，逐渐形成了“天人合一”的宇宙观。中国历史上产生了许多杰出的哲学家、思想家、政治家、军事家、科学家和文学艺术家，留下了浩如烟海的文化典籍。春秋战国时期出现的“百家争鸣”局面和老子、孔子等诸子百家的学说，在世界思想史上占有重要地位。

中华民族曾经创造了光辉灿烂的古代文明。江泽民向美国哈佛大学的师生们介绍：古代中国在天文历法、地学、数学、农学、医学和人文科学的许多领域，都作出过独特的贡献。殷商时期的甲骨文中就有日月之食的记载。从秦代到清末的二千一百多年间，哈雷彗星出现二十七次，中国都有记录。汉代张衡发明了测定地震方位的地动仪和演示日月星辰的浑天仪。先秦的数学家提出了勾股定理。南北朝的祖冲之算出圆周率为3.1415926。中国的丝织、制瓷、冶金、造船技术很早就达到世界的先进水平。明代朱载堉首创十二平均律，后来被认定为世界通行的标准音调。中国的医药学在世界上独树一帜。特别是中国的造纸、火药、印刷术、指南针四大发明，曾经改变了世界的面貌。直到十五世纪以前，中国的科学技术在世界上保持了千年的领先地位。中国人的这些发明创造，体现了人与自然协调发展、科学精神与道德理想相结合的理性光辉。

在美国哈佛大学，江泽民还向师生们介绍：中国的历史文化始终处于发展进步之中。它是通过各种学科、各种学派的相互砥砺、相互渗透而发展的，也是通过同世界各国的相互交流、相互学习而进步的。中国人早就懂得兼取众长、以为己善的道理。汉、唐时期，既是经济繁荣的盛世，也是中外交流的盛世。张骞出使西域，开拓举世闻名的“丝绸之路”。玄奘万里取经，带回南亚国家的古老文化。明代郑和“七下西洋”，把中华文化传向远方的国度。但是后来特别是清代晚期，封建统治者实行闭关锁国政策，阻碍了中国的进步和中外交流。鸦片战争以来，一代又一代先进的中国人，为了振兴中华，努力向西方国家学习先进的科学思想和文明成果，并同中国的实际相结合，推动了中国社会的变革与发展。今天，正在为实现现代化而奋斗的中国人民，把对外开放作为一项基本国策，同世界各国进行广泛的交流与合作，开创了中国历史上崭新的开放局面。阳光包含七种色彩，世界也是异彩纷呈。每个国家、每个民族都有自己的历史文化传统，都有自己的长处和优势，应该相互尊重，相互学习，取长补短，共同进步。

鉴往知今。江泽民向美国哈佛大学介绍了中华优秀传统文化：中国在自己发展的长河中，形成了优良的历史文化传统。这些传统，随着时代变迁和社会进步获得扬弃和发展，对今天中国人的价值观念、生活方式和中国的发展道路，具有深刻的影响。①

讲到这里，江泽民说：我想就以下一些方面谈些看法，希望有助于诸位对中国的了解：

一是团结统一的传统。中华民族是由五十六个民族组成的大家庭。从遥远的古代起，我国各族人民就建立了紧密的政治经济文化联系，共同开发了祖国的河山，两千多年前就形成了幅员广阔的统一国家。悠久的中华文化，成为维系民族团结和国家统一的牢固纽带。团结统一，深深印在中国人的民族意识中。中国历史上虽曾出现过暂时的分裂现象，但民族团结和国家统一始终是中华民族历史的主流，是中国发展进步的重要保障。新中国的成立，标志着中华民族实现了空前的大团结。各民族之间建立了平等、团结、互助的新型关系。各民族人民依法享有各项权利和自由。在少数民族聚居的地方实行了区域自治。民族地区的经济社会获得不断的发展。所有这些，为巩固国家统一奠定了坚实的政治基础。

二是独立自主的传统。我们的先人历来把独立自主视为立国之本。中国作为人类文明发祥地之一，在几千年的历史进程中，文化传统始终没有中断。近代中国虽屡遭列强欺凌，国势衰败，但经过全民族的百年抗争，又以巨人的姿态重新站立起来。这充分说明，中国人独立自主的民族精神具有坚不可摧的力量。今天，我们在探索自己的发展道路时，坚持从中国国情出发，来解决如何进行经济政治文化建设的问题，而不照搬别国的模式。在处理国际事务中，我们采取独立自主的立场和政策。中国人民珍惜同各国人民的友谊与合作，也珍惜自己经过长期奋斗而得来的独立自主权利。

三是爱好和平的传统。我国先秦思想家就提出了“亲仁善邻，国之宝也”的思想，反映了自古以来中国人民就希望天下太平、同各国人民友好相处。今天，专心致志进行现代化建设的中国人民，更需要有一个长期的和平国际环境和良好的周边环境。我国的对外政策，是以和平为宗旨的。我们坚持在和平共处五项原则，特别是在相互尊重、平等互利、互不干涉内政的原则基础上，同世界各国建立和发展友好合作关系。我们绝不会把自己曾经遭受欺凌的苦难加之于人。中国的发展与进步，不会对任何人构成威胁。将来中国富强起来了，也永远不称霸。中国始终是维护世界和平与地区稳定的坚定力量。

---

① 《江泽民文选》第2卷，人民出版社2006年版，第58－62页。

四是自强不息的传统。我们的先哲通过观察宇宙万物的变动不居，提出了"天行健，君子以自强不息"的思想，成为激励中国人民变革创新、努力奋斗的精神力量。中国古代文明的发展，是中华民族艰苦奋斗、自强不息的结果。近百年来，为了摆脱半殖民地半封建的历史境遇，中国人民进行了艰苦卓绝、奋发图强的斗争。①

"文以载道""如沐春风"。江泽民在美国哈佛大学的演讲产生了深远而持久的影响。国际儒学联合会常务副会长宫达非指出："如果说，中国共产党第十五次全国代表大会第一次提出文化建设和文明国家的目标，那么，江泽民同志作为中国的国家元首，也是近百年来第一次在美国、在国际舞台上，阐发中国文化与五千年文化传统的历史价值。这是中国人摆脱'西方中心论'、肃清殖民地文化心理、挺直自己民族文化脊梁的一次宣言——关于中国文化的宣言。"

---

① 《江泽民文选》第2卷，人民出版社2006年版，第58－62页。

第五讲

中华优秀传统文化是中华民族的宝贵精神财富

民族在发展，历史在前进。中共十六大开启改革开放和社会主义现代化建设新征程。在新的历史起点上，中共中央大力发展社会主义先进文化，强调建设社会主义精神文明，是贯彻落实“三个代表”重要思想的必然要求，是全面建设小康社会的必然要求，也是促进经济社会协调发展和人的全面发展的必然要求。必须从全面建设小康社会的全局和实现中华民族伟大复兴的高度，深刻认识加强文化建设的战略意义，在推进社会主义物质文明和政治文明建设的同时，更加自觉地推进社会主义文化建设。中华文化是中华民族生生不息、团结奋进的不竭动力。要全面认识中华传统文化，取其精华，去其糟粕，使之与当代社会相适应、与现代文明相协调，保持民族性，体现时代性。要加强中华优秀传统文化教育，运用现代科技开发利用中华优秀传统文化丰厚资源。要加强对中华优秀传统文化的挖掘和保护，重视文物和非物质文化遗产保护，做好文化典籍整理工作。要加强对外文化交流，吸收各国优秀文明成果，增强中华文化国际影响力。要通过弘扬中华优秀传统文化，建设中华民族共有精神家园，提升中华民族在世界上的文化软实力。

一、“文化是民族的血脉，是人民的精神家园”

中华优秀传统文化是中华民族的血脉，是中国人民共同的精神家园。在历史进程中，中华民族无论经历多少艰难曲折、激流险滩、狂风暴雨、惊涛拍岸，中华文明生生不息，代代传承，绵延不绝，延续五千多年，创造了光辉灿烂的古代文化。鸦片战争后，近代中国历经了被动挨打的屈辱历史。中国人民不屈不挠，为实现中华民族伟大复兴英勇顽强，前赴后继，视死如归，不懈奋斗，赢得了中国人民和中华民族的解放，宣告了中华人民共和国的成立。五千多年历史形成的伟大的民族精神，中华优秀传统文化的血脉相传，是中华民族顶天立地，攻坚克难，自立于世界民族之林的强大精神动力。

中共十六大指出："民族精神是一个民族赖以生存和发展的精神支撑。……在五千多年的发展中，中华民族形成了以爱国主义为核心的团结统一、爱好和平、勤劳勇敢、自强不息的伟大民族精神。"① 中共十六大要求，要把弘扬和培育民族精神作为文化建设极为重要的任务，纳入国民教育全过程，纳入精神文明建设全过程。

2006 年 1 月在全国科学技术大会上，胡锦涛指出："中华文化历来包含鼓励创新的丰富内涵，强调推陈出新、革故鼎新，强调'天行健，君子以自强不息。'建设创新型国家，必须大力发扬中华文化的优良传统，大力增强全民族的自强自尊精神，大力增强全社会的创造活力。"② 胡锦涛将中华文化的革故鼎新、自强不息的精神与 21 世纪的时代发展要求紧密结合，指出其在建设创新型国家中的重要作用。在中国文联第八次全国代表大会、中国作协第七次全国代表大会上，胡锦涛指出："我国人民创造的形式多样的优秀文学艺术，描绘了我国人民壮阔而又艰辛的奋斗历程，展示了我国人民细腻而又丰满的艺术情趣，记录了我国人民充实而又多彩的社会生活，是中华文化宝库中的瑰宝。中华民族的优秀文化，生生不息，绵延不绝，是我国人民几千年来克服艰难险阻、战胜内忧外患、创造幸福生活的强大精神力量。每一个中华儿女都为我们伟大的民族拥有这样源远流长、博大精深的文化而感到自豪。"胡锦涛强调中华优秀传统文化是我国人民几千年来克服艰难险阻、战胜内忧外患、创造幸福生活的强大精神力量。

中共十七大指出："中华文化是中华民族生生不息、团结奋进的不竭动力。要全面认识祖国传统文化，取其精华，去其糟粕，使之与现代社会相适应、与现代文明相协调，保持民族性，体现时代性。"中共十七届六中全会通过《关于深化文化体制改革推动社会主义文化大发展大繁荣若干重大问题的决定》指出："文化是民族的血脉，是人民的精神家园。在我国五千多年文明发展历程中，各族人民紧密团结、自强不息，共同创造出源远流长、博大精深的中华文化，为中华民族发展壮大提供了强大精神力量，为人类文明进步作出了不可磨灭的重大贡献。"

在中共十六届六中全会上，《中共中央关于构建社会主义和谐社会若干重大问题的决定》提出，加强文化遗产保护，增强文化产品国际竞争力的问题。指出："建设和谐文化，是构建社会主义和谐社会的重要任务。社会主义核心价值体系是建设和谐文化的根本。必须坚持马克思主义在意识形态领域的指导地位，牢牢把握社会主义先

① 《江泽民文选》第 3 卷，人民出版社 2006 年版，第 559 页。
② 《人民日报》2006 年 1 月 10 日。

进文化的前进方向，弘扬民族优秀文化传统，借鉴人类有益文明成果，倡导和谐理念，培育和谐精神，进一步形成全社会共同的理想信念和道德规范，打牢全党全国各族人民团结奋斗的思想道德基础。”明确提出：“弘扬我国传统文化中有利于社会和谐的内容，形成符合传统美德和时代精神的道德规范和行为规范。”

中华民族延续数千年的剪纸艺术是中华优秀传统文化的内容之一。2007 年 11 月，第二届全国剪纸艺术展在武汉的湖北艺术馆展出，胡锦涛的剪纸作品《回娘家》亮相艺术展，被国内外媒体报道时，赋予了“党和国家领导人心系民众”“关心非物质文化遗产传统艺术”的深层含义。

与民同乐历来是国泰民安的重要象征。胡锦涛的剪纸作品《回娘家》是在甘肃省定西市青岚乡大坪村与农民群众欢度春节时，剪出的剪纸艺术作品。秋天，这幅承载着众多期待的剪纸作品《回娘家》，从西北地区的定西飞向华中地区的武汉，成为第八届中国艺术节最受关注的艺术品之一。

当时的中国新闻报道说，中华人民共和国主席胡锦涛的剪纸作品《回娘家》在武汉的湖北艺术馆一楼大厅最引人注目的位置展出，立刻成为这次展览的一个亮点——《回娘家》吸引了全国各地的剪纸艺术爱好者和广大人民群众，以及海外友人，摩肩接踵，踊跃参观。同时，当时同胡锦涛一起剪纸的甘肃省定西市青岚乡大坪村村民李宏伟和冉菊英夫妇，也出席了第二届全国剪纸艺术展。

剪纸艺术是中华优秀传统文化的重要表现形式，也是非物质文化遗产的重要部分，千百年来在中国民间尤其是广大农村广为流传，世世代代，传承不断，记录着中华民族的民间工艺和风土人情。《回娘家》的剪纸艺术作品，再现了中国领导人深入基层、深入农村、深入群众，与民同乐的情景。

中华民族文化促进会剪纸艺术委员会认为，剪纸作品《回娘家》首次亮相中国艺术节，将对全国剪纸艺术产生重大影响，其意义已远远超越了剪纸艺术本身。此举将推动中华民族优秀文化大发展大繁荣，推动人类非物质文化遗产的保护工作。

二、从中华文明历史谈当代中国的发展战略

中国是世界上最大的发展中国家，具有五千多年绵延不断的辉煌历史；美国是世界上最大的发达国家，却仅有二百多年的历史。2006 年春天，胡锦涛访问美国期间，在耶鲁大学发表重要演讲。他首先从中华文明历史流变和现实发展的角度，阐明当代中国的发展战略和前进方向。胡锦涛指出，在五千多年的历史长河中，中华民族为人类文明进步作出了巨大贡献，同时走过了曲折艰辛的道路。20 世纪 70 年代末期，中国人民开始了改革开放和现代化建设的伟大历史进程，经过艰苦创业取得了举世瞩目

的巨大成就。必须看到，中国尽管取得了巨大的发展成就，但仍是世界上最大的发展中国家。要彻底改变中国的面貌和改善中国人民的生活，需要继续持之以恒地艰苦奋斗。中国将在未来15年集中力量全面建设惠及十几亿人口的更高水平的小康社会，使经济更加发展、民主更加健全、科教更加进步、文化更加繁荣、社会更加和谐、人民生活更加殷实。

胡锦涛在演讲中，首先感谢耶鲁大学莱文校长的邀请使自己有机会来到世界著名学府耶鲁大学，同青年朋友和老师们相聚在一起。他说，进入耶鲁大学的校园，看到莘莘学子青春洋溢的脸庞，呼吸着书香浓郁的空气，不由回想起40年前在北京清华大学度过的美好时光。学生时代，对人的一生都会产生重要影响。当年老师们对我的教诲，同学们给我的启发，我至今仍受用不尽。耶鲁大学以悠久的发展历史、独特的办学风格、卓著的学术成就闻名于世。如果时光能够倒流几十年，我真希望成为你们中的一员。耶鲁大学校训强调追求光明和真理，这符合人类进步的法则，也符合每个有志青年的心愿。300多年来，耶鲁大学培养出一大批杰出人才，其中包括20位诺贝尔奖获得者、5位美国总统。美国民族英雄内森·黑尔是耶鲁校友，他的名言——"我唯一的憾事，就是没有第二次生命献给我的祖国"，深深感染了我和许多中国人。我衷心祝愿贵校培养出更多英才，为美国经济社会发展、为人类进步事业作出更大贡献！

长期以来，中美两国人民一直相互抱有浓厚的兴趣和友好的感情。胡锦涛指出，中国人民欣赏美国人民的开拓进取精神，钦佩美国人民在建设国家中取得的骄人业绩。随着中国的快速发展和中美合作的不断拓展，越来越多的美国人也把目光投向中国，更加关注中国的发展进步。了解是信任的基础。今天，我愿从中华文明历史流变和现实发展的角度，谈谈当代中国的发展战略和前进方向，希望有助于美国人民更全面、更深入地了解中国。

在五千多年的历史长河中，中华民族为人类文明进步作出了巨大贡献，同时走过了曲折艰辛的道路。胡锦涛介绍了中国的近代历史与当代中国的历史性发展。他说：特别是从1840年鸦片战争以来的160多年间，中国人民为摆脱积贫积弱的境遇，实现民族复兴，前仆后继，顽强斗争，使中华民族的命运发生了深刻变化。95年前，中国人民通过辛亥革命推翻了统治中国几千年的君主专制制度，为中国的进步打开了闸门。57年前，中国人民经过长期浴血奋斗实现了民族独立和人民解放，建立了人民当家作主的新中国。28年前，中国人民开始了改革开放和现代化建设的伟大历史进程，经过艰苦创业取得了举世瞩目的巨大成就，从1978年到2005年，中国国内生产总值从1473亿美元增长到22257亿美元，进出口总额从206亿美元增长到14221

亿美元，国家外汇储备从 1.67 亿美元增加到 8189 亿美元，农村贫困人口由 2.5 亿人减少到 2300 多万人。回顾这 160 多年来中国发生的沧桑巨变，可以说，中国人民经过艰苦探索和顽强奋斗，既改变了自己的命运，也推动了人类进步事业。必须看到，中国尽管取得了巨大的发展成就，但仍是世界上最大的发展中国家，人均国内生产总值仍排在世界 100 名之后，中国人民的生活还不富裕，中国的发展还面临着不少突出的矛盾和问题。要彻底改变中国的面貌和改善中国人民的生活，需要继续持之以恒地艰苦奋斗。中国将在未来 15 年集中力量全面建设惠及十几亿人口的更高水平的小康社会。具体来说，就是要使中国国内生产总值到 2020 年达到 40000 亿美元左右，人均达到 3000 美元左右，使经济更加发展、民主更加健全、科教更加进步、文化更加繁荣、社会更加和谐、人民生活更加殷实。

胡锦涛强调，为了实现我们的发展目标，中国根据本国国情和时代要求明确了自己的发展理念，这就是树立和贯彻以人为本、全面协调可持续发展的科学发展观，统筹城乡发展、统筹区域发展、统筹经济社会发展、统筹人与自然和谐发展、统筹国内发展和对外开放，更加注重解决民生问题，更加注重克服发展的不平衡性，更加注重解决发展中存在的突出矛盾，致力于走科技含量高、经济效益好、资源消耗低、环境污染少、人力资源优势得到充分发挥的新型工业化道路，推进经济建设、政治建设、文化建设、社会建设协调发展，努力实现生产发展、生活富裕、生态良好的文明发展格局。科学发展的理念，是在总结中国现代化建设经验、顺应时代潮流的基础上提出来的，也是在继承中华民族优秀文化传统的基础上提出来的。

中华文明是世界古代文明中始终没有中断、连续五千多年发展至今的文明。胡锦涛向耶鲁大学师生介绍，中华民族在漫长历史发展中形成的独具特色的文化传统，深深影响了古代中国，也深深影响着当代中国。现时代中国强调的以人为本、与时俱进、社会和谐、和平发展，既有着中华文明的深厚根基，又体现了时代发展的进步精神。

中华文明是人类文明的重要内容。胡锦涛在演讲中概括了中华文明的四个“历来注重”。

中华文明历来注重以民为本，尊重人的尊严和价值。早在千百年前，中国人就提出“民惟邦本，本固邦宁”“天地之间，莫贵于人”，强调要利民、裕民、养民、惠民。今天，我们坚持以人为本，就是要坚持发展为了人民、发展依靠人民、发展成果由人民共享，关注人的价值、权益和自由，关注人的生活质量、发展潜能和幸福指数，最终是为了实现人的全面发展。保障人民的生存权和发展权仍是中国的首要任务。我们将大力推动经济社会发展，依法保障人民享有自由、民主和人权，实现社会公平和正义，使 13 亿中国人民过上幸福生活。

中华文明历来注重自强不息，不断革故鼎新。“天行健，君子以自强不息。”这是中国的一句千年传世格言。中华民族之所以能在五千多年的历史进程中生生不息、发展壮大，历经挫折而不屈，屡遭坎坷而不馁，靠的就是这样一种发愤图强、坚忍不拔、与时俱进的精神。中国人民在改革开放中表现出来的进取精神，在建设国家中焕发出来的创造热情，在克服前进道路上的各种困难中表现出来的顽强毅力，正是这种自强不息精神的生动写照。

中华文明历来注重社会和谐，强调团结互助。中国人早就提出了“和为贵”的思想，追求天人和谐、人际和谐、身心和谐，向往“人人相亲，人人平等，天下为公”的理想社会。今天，中国提出构建和谐社会，就是要建设一个民主法治、公平正义、诚信友爱、充满活力、安定有序、人与自然和谐相处的社会，实现物质和精神、民主和法治、公平和效率、活力和秩序的有机统一。中国人民把维护民族团结作为自己义不容辞的职责，把维护国家主权和领土完整作为自己至高无上的使命。一切有利于民族团结和国家统一的行为，都会得到中国人民真诚的欢迎和拥护。一切有损于民族团结和国家统一的举动，都会遭到中国人民强烈的反对和抗争。

胡锦涛阐述了自古以来中华文明“海纳百川，有容乃大”的理念。中华文明历来注重亲仁善邻，讲求和睦相处。中华民族历来爱好和平。中国人在对外关系中始终秉承“强不执弱”“富不侮贫”的精神，主张“协和万邦”。中国人提倡“海纳百川，有容乃大”，主张吸纳百家优长、兼集八方精义。今天，中国高举和平、发展、合作的旗帜，奉行独立自主的和平外交政策，坚定不移地走和平发展道路，既通过维护世界和平来发展自己，又通过自身的发展来促进世界和平。中国坚持实施互利共赢的对外开放战略，真诚愿意同各国广泛开展合作，真诚愿意兼收并蓄、博采各种文明之长，以合作谋和平、以合作促发展，推动建设一个持久和平、共同繁荣的和谐世界。

胡锦涛认为，中美都拥有辽阔的国土，都是多个民族并存、多种文化融合的国家，都生活着勤劳智慧的人民。中美因不同的历史背景和现实国情而存在着差异，这有利于我们相互借鉴，取长补短。中美加强合作，符合两国和两国人民的根本利益，对世界的和平与发展也具有重大影响。

200 多年来，浩瀚的太平洋并未阻断中美两国人民的交流合作，中美两国人民相互学习、相互帮助，谱写了世界不同文明相互借鉴的美好篇章。自 1979 年中美建交 27 年来，两国关系曾历经曲折，但总体上保持了稳定发展的大方向，给两国和两国人民带来了巨大利益。

进入 21 世纪，国际形势继续深刻变化。和平与发展仍然是当今时代的主题，但不稳定不确定因素在增多，新挑战新威胁在增加。在新的国际形势下，中美两国共同利益在增多，合作领域在扩大。世界和平与安全面临的新课题，特别是反对国际恐怖主义、防止大规模杀伤性武器扩散、保护人类生存环境、打击跨国犯罪等，使我们两国拥有重要的共同战略利益。中国的巨大市场和发展需求，美国的先进科技和优质产品，使两国具有巨大的经济技术合作空间。中美全面发展建设性合作关系前景广阔。

胡锦涛指出，一个音符无法表达出优美的旋律，一种颜色难以描绘出多彩的画卷。世界是一座丰富多彩的艺术殿堂，各国人民创造的独特文化都是这座殿堂里的瑰宝。他说：

一个民族的文化，往往凝聚着这个民族对世界和生命的历史认知和现实感受，也往往积淀着这个民族最深层的精神追求和行为准则。人类历史发展的过程，就是各种文明不断交流、融合、创新的过程。人类历史上各种文明都以各自的独特方式为人类进步作出了贡献。文明多样性是人类社会的客观现实，是当今世界的基本特征，也是人类进步的重要动力。历史经验表明，在人类文明交流的过程中，不仅需要克服自然的屏障和隔阂，而且需要超越思想的障碍和束缚，更需要克服形形色色的偏见和误解。意识形态、社会制度、发展模式的差异不应成为人类文明交流的障碍，更不能成为相互对抗的理由。我们应该积极维护世界多样性，推动不同文明的对话和交融，相互借鉴而不是相互排斥，使人类更加和睦幸福，让世界更加丰富多彩。

胡锦涛强调，文明多样性是人类社会的客观现实，是当今世界的基本特征，也是人类进步的重要动力。我们应该积极维护世界多样性，推动不同文明的对话和交融，相互借鉴而不是相互排斥，使人类更加和睦幸福，让世界更加丰富多彩。

中华优秀传统文化在中美关系中发挥着重要的桥梁作用。2009 年 11 月 17 日，胡锦涛在北京人民大会堂为美国总统奥巴马访问中国举行欢迎宴会。当晚，在人民大会堂金色大厅的宴会现场，大厅中间是主桌，主桌两旁分排六桌，后为八面中美两国国旗，国旗两边各陈列着来自国内各大博物馆的文物珍品，从距今三千多年的商代龙虎铜尊，唐三彩，到清乾隆年间的瓷瓶，展示了中华悠久厚重的文化。宴会开始前，胡锦涛先请奥巴马鉴赏这些中华瑰宝。

这些文物包括：商龙虎铜尊。1957 年出土于安徽省阜南县、现藏于中国国家博物馆。商朝是中国古代青铜器文明最为发达的时代，铜尊是当时贵族日常生活使用的盛酒器。此件器物铸造精美，纹饰精致，是商时期青铜器中难得的珍品。

西周四虎饰铜鎛。现藏于故宫博物院。鎛是西周时期新出现的打击乐器。此鎛以虎为主要装饰，是因为古人认为虎啸声音宏大，与鎛声相称，鼓鎛时声音好似从鎛上的虎饰中发出来的一样，别有情趣。

西汉七牛虎耳铜贮贝器。出土于云南省晋宁县石寨山，现藏于中国国家博物馆。这件文物出土于一个贵族墓葬，是古人用于储存贝币的器物。牛在当时当地是衡量财富的一种标志。

唐三彩胡人骑骆驼俑。2002 年出土于陕西省西安市，现藏于西安博物院。胡人骑骆驼俑通常表现丝绸之路上的商人形象。唐代大量出现此类俑，是对当时中国对外开放和中西交通与贸易生活的生动反映。

元掐丝珐琅缠枝莲纹龙耳瓶。现藏于故宫博物院。这件文物釉色鲜艳，纹饰繁缛，掐丝精美，是元代珍品。

清康熙青花兽面纹瓷觚。现藏于故宫博物院。这件文物造型仿自商周青铜器，沉稳古朴。釉面平净光润，青花色青翠，纹饰层次分明，是清代康熙时期青花瓷的珍品。

清康熙粉彩九桃天球瓷瓶。现藏于故宫博物院。这件文物运用渲染手法绘画桃实，色彩娇艳，寓意吉祥。九桃图案在清代官窑瓷器上极为流行，代表“长寿”。

中华文化，源远流长，春风化雨，润物无声。奥巴马总统对中华文明具有浓厚兴趣，访问中国期间有机会近距离体验中华民族厚重的古代文明，不虚此行，进一步加深了对中华优秀传统文化的认识，也进一步加深了对中华民族五千多年光辉灿烂历史的认识。

《中共中央关于深化文化体制改革推动社会主义文化大发展大繁荣若干重大问题的决定》明确指出：“中国共产党从成立之日起，就既是中华优秀传统文化的忠实传承者和弘扬者，又是中国先进文化的积极倡导者和发展者。我们党历来高度重视运用文化引领前进方向、凝聚奋斗力量，团结带领全国各族人民不断以思想文化新觉醒、理论创造新成果、文化建设新成就推动党和人民事业向前发展，文化工作在革命、建设、改革各个历史时期都发挥了不可替代的重大作用。”

《中共中央关于深化文化体制改革推动社会主义文化大发展大繁荣若干重大问题的决定》强调，党在传承中华优秀传统文化，发展先进文化过程中，文化在革命、建设和改革各个历史时期都发挥了重要作用。同时提出：“优秀传统文化凝聚着中华民族自强不息的精神追求和历久弥新的精神财富，是发展社会主义先进文化的深厚基础，是建设中华民族共有精神家园的重要支撑。”“要全面认识祖国传统文化，取其精华、去其糟粕，古为今用、推陈出新，坚持保护利用、普及弘扬并重，加强对优秀传统文化思想价值的挖掘和阐发，维护民族文化基本元素，使优秀传统文化成为新时代鼓舞人民前进的精神力量”。

2011 年 11 月，胡锦涛在中国文学艺术界联合会第九次全国代表大会、中国作家协会第八次全国代表大会上指出：“文化是民族的血脉，是人民的精神家园。实现中华民族伟大复兴，离不开中华文化繁荣兴盛。”在这里，胡锦涛进一步明确了中华文化繁荣兴旺与实现中华民族伟大复兴的密切联系。

三、“推动中华文化走向世界，形成与我国国际地位相对称的文化软实力”

21 世纪的国际竞争是综合国力的竞争。当今综合国力竞争的一个显著特点是文化的地位和作用更加凸显，越来越多的国家把提高文化软实力作为发展战略的重要内容。从一定意义上说，谁占据了文化发展制高点，谁拥有了强大文化软实力，谁就能够在激烈的国际竞争中赢得主动。

站在时代的高度，强调传统文化是构建国家文化软实力的重要组成部分。中共十六大报告对中华传统文化在世界多元文化并存中的角色，在综合国力中的地位，在增强民族的生命力、凝聚力、创造力的价值与功能等方面，进行了深刻论证。同时，中国共产党对中华优秀传统文化的视野更为广阔、更具有时代性和民族性。《中共中央关于加强党的执政能力建设的决定》指出：“以体制机制创新为重点，增强微观活力，健全文化市场体系，依法加强管理，促进文化事业全面繁荣和文化产业快速发展，增强我国文化的总体实力。推动中华文化更好地走向世界，提高国际影响力。”

在中国文联第八次全国代表大会、中国作协第七次全国代表大会上，胡锦涛指出：“当今时代，文化在综合国力竞争中的地位日益重要。谁占据了文化发展的制高点，谁就能够更好地在激烈的国际竞争中掌握主动权。人类文明进步的历史充分表明，没有先进文化的积极引领，没有人民精神世界的极大丰富，没有全民族创造精神的充分发挥，一个国家、一个民族不可能屹立于世界先进民族之林。”

中共十七大报告指出：“中华文化是中华民族生生不息、团结奋进的不竭动力。要全面认识祖国传统文化，取其精华，去其糟粕，使之与现代社会相适应、与现代文明相协调，保持民族性，体现时代性。”2008 年 1 月，在全国宣传思想工作会议上，胡锦涛指出：“加强国家文化软实力建设，对内增强民族凝聚力和向心力，对外增强国家亲和力和影响力，是全面增强我国综合国力的必然要求，也是实现我国和平发展的战略之举。”在中国共产党成立 90 周年之际，胡锦涛在七一讲话中明确提出：“要着眼于推动中华文化走向世界，形成与我国国际地位相对称的文化软实力，提高中华文化国际影响力。”

在此期间，中央一方面高度重视中华优秀传统文化的重要作用，另一方面通过一系列政策和措施，大力弘扬和发展中华优秀传统文化。在国内，大力加强传统节日的重视、传统文物的保护、传统文化的研究；在世界上，大力发展与世界各国的文化交流、建立孔子学院，通过北京奥运会、上海世博会等大力宣传中华优秀传统文化，在全社会掀起了国学热，在国际上促成了汉学热。

2005年，中共中央宣传部、中央文明办、教育部、民政部和文化部联合下发《关于运用传统节日弘扬民族文化的优秀传统的意见》，旨在运用传统节日弘扬民族文化，进一步增强中华民族的凝聚力和认同感、推进祖国统一和民族振兴。同年9月，正式出台《国家"十一五"时期文化发展规划纲要》，首次以国家发展战略形式对中华优秀传统文化教育作出系统安排，成为发掘、重视、弘扬中华优秀传统文化的里程碑文献。

2008年1月，为了贯彻中共十七大关于弘扬中华文化，建设中华民族共有精神家园，推动文化大发展大繁荣，促进传统文化与科学、经济、教育、艺术的融合，进一步弘扬中华优秀传统文化，设立全国促进传统文化发展工程。于是，中华民族传承的悠久厚重的历史文化，改革开放奠定的中国雄厚的物质基础，中国古代文化与中国现代文明交相辉映的人文中国的文化软实力日益受到世界的瞩目。

同年8月，北京奥运会以"绿色奥运、科技奥运、人文奥运"为理念，展现了丰富的中华优秀传统文化元素：写意画、缶、四大发明、郑和下西洋、京剧、提线木偶等众多中华文明的精华，瞬间震撼了世界。

"环球同此凉热。"奥运会开幕式上，一束强光从"鸟巢"硕大的"碗边"迅速滚过，滚出一圈灿烂而圆满的光环，光芒集结成一个醒目的影像：中国古代计时器——日晷。"鸟巢"场内，2008位沉默的中国男儿仿佛被从远古的日晷射出的一道闪电惊醒，从一角渐次开始击打缶鼓，缶声最终狂飙般卷过全场。在满场的掌声中，2008个缶面，忽放神奇的异彩，闪烁成一片热情的光的汪洋。在"鸟巢"全场10多万名观众的欢呼、呐喊声中，"鸟巢"被上万束焰火瞬间"点燃"，光的巨瀑瞬间将"鸟巢"通体透明的展示在世界面前。全世界40亿电视转播受众，全中国13亿同胞，共同注视着中国北京国家体育场——"鸟巢"。在"鸟巢"中的奥运会开幕式上，9.1万名观众，1.5万名舞者与歌者，2万名来自全球的运动员，与全中国和全世界电视机前的观众一起互动着，形成了欢乐的海洋。

"这一瞬间是如此辉煌。"如此规模的世界性体育盛典，众多的国家元首、政府首脑和四海嘉宾齐聚中华，在中国历史上堪称空前。在中国改革开放造就的历史性辉煌发展到30年的时候，西方文明的代表作——奥林匹克运动会，从遥远的地中海之滨、奥林匹亚山麓，经过百余年历史变迁，终于来到东方古老的中国。第29届奥林匹克运动会，使东方文明与西方文明在北京的"鸟巢"交汇一起、交相辉映。

"千年一觉强国梦，滚滚惊雷动地来。"抚今追昔，中国人民以精卫填海、夸父追日的坚韧精神，让曾经积贫积弱的中国，堂堂皇皇成为奥林匹克的东道主。中国热血男儿在激越的打击乐表演中，用夏商时代形成的迎宾礼器与礼仪，高歌长空，向四海宾朋表达中国人民的欢悦与好客。

“风景这边独好。”29 个巨大的“脚印”，沿着北京城的中轴线，从城南的永定门出发，穿越天安门广场，向着北边的奥运会主会场一步步地走来，直抵“鸟巢”。猛然间，第 29 个“脚印”在夜空中幻化成漫天流星雨，点点滴滴地飘落会场，奇妙地聚合成奥林匹克五环；闪闪发光的“五环”仿佛一片光网，被 8 位“飞天”仙子轻盈地揭起，在“鸟巢”四周星星瀑布的背景中舞蹈着，向着天空悠然飞去。渐飞渐远，像是举着灯笼的萤火虫，为夜空捎去“奥林匹克来了”的消息。奇幻的焰火与曼妙的“飞天”携手，把第 29 届奥运会带进北京，带进“鸟巢”……

“五星红旗迎风飘扬，胜利歌声多么响亮；歌唱我们亲爱的祖国，从今走向繁荣富强。”一个北京女孩《歌唱祖国》的童声，仿佛天籁。56 名中华民族的小朋友手持巨幅中国五星红旗，欢快地步入“鸟巢”会场，把中国国旗交给庄重的升旗手。中国国歌奏响，中国国旗升起，五星红旗在天空中迎风飘扬。

琴瑟友之，诗画乐之。制纸、落墨、着色、装裱成轴……一部短片在大屏幕上展示着中国书画的制作过程。同时，一幅真正的中国画卷正在“鸟巢”中徐徐展开。几滴“墨点”洇化在画纸上，仿佛有一支如椽巨笔，正在宣纸上闪展腾挪，泼出满纸水墨烟云。那些“墨点”，是现代舞演员，正在用身体作画：山川、河流、太阳……这幅展开的“画卷”，成为“鸟巢”中整场表演的“灵魂”，淋漓尽致地展示中华五千年文明进程和亿万人类的梦想。

“高山流水，叹千古知音难觅。”“改革开放，有五洲嘉宾抵京。”“鸟巢”内，回荡起空灵飘逸的古琴曲《高山流水》，峨峨兮若泰山，洋洋兮若江河，将人们的视线引向踞坐于一幅硕大的扇面上、身着宽袍大袖的古琴演奏家。悠远的“太古遗音”，仿佛在为“鸟巢”场中那幅端然的青绿山水、中国十大传世名画之一的《千里江山图》伴奏，图中千山万壑、浩渺烟波、竹篱茅舍、渔村野渡、绿柳红花，也都曲曲折折、婉婉转转地应和着，在巨大的“鸟巢”之中，嘤其鸣兮，求其友声，寻觅着四海知音。

“有朋自远方来，不亦乐乎。”在孔子思想传承到 21 世纪，“孔子学院”风靡全球的时候，“孔门弟子”引人注目地出现在“鸟巢”。他们一个个褒襟广袖，峨冠博带，每人手持一册竹简，且舞且吟，在“孔子周游列国图”的背景下，显得沉稳、庄重，神采飞扬，将孔子的《论语》传诵给人们：“四海之内，皆兄弟也！”“朝闻道，夕死可矣！”“知之为知之，不知为不知，是知也！”“学而不思则罔，思而不学则殆。”“三人行，必有我师焉！”“知者不惑，仁者不忧，勇者不惧。”

“天下大同”，构建和谐社会，是中国人民的美好理念。在《论语》的吟诵中，从“鸟巢”内场的地下猛然涌出一片“活字”的汪洋。897个“方块字”先是如风吹浪涌，起伏无定，演绎着中国古代文明四大发现之一——“活字印刷”的丰富内涵，并托出第一个“和”字；接着，“活字”涟漪般散开、聚拢、回旋，汇成第二个“和”字；最后，“方块字”激烈地扬尘舞蹈、凸凹无定，在“阴”与“阳”的循环中，完成第三个“和”字。这三个“和”字，字形从古奥到现代，表现了汉字的流变，显示出中华民族自古以来对和谐的坚韧不拔的追求。

中国国粹——京剧是中国古代戏剧艺术的典范。“鸟巢”内，在京胡“行弦”急促的旋律中，开始第三场“戏曲”。身穿中国国粹——京剧服装的群众演员且歌且舞，推出一座流动的“戏台”。“戏台”上，几个“提线木偶”踩着京剧的锣鼓点，威风八面地唱着大戏。这类戏台，遍布昔时中国的通都大邑、穷乡僻壤，中国人从戏曲中完成启蒙教育、历史教育与道德教育。因为戏曲的耳濡目染，乡邻们彼此交谈也能出口成章。

“丝绸之路”是古代中国与古代世界形成东西交融的象征。“鸟巢”中，伴随时而悠扬时而苍凉的笛箫和鸣《阳关三叠》，一群“敦煌舞者”似从敦煌破壁飞来，928个人举着长桨踊跃而出，舞动长桨犹如轻灵的羽毛，秋天漠外闻征雁，春日海滨听巧莺，“陆上丝绸之路”与“海上丝绸之路”贯穿着古代世界的东方与西方。在“郑和下西洋”的造型中，郑和手托指南针，昂首立于“鸟巢”之中，把万顷波涛踩在脚下，七次下西洋，向各国送去和平、友谊和中国文明。

礼乐之邦，盛世气象。灯光映亮了“鸟巢”中的“画卷”，画师们在挑灯宫女的陪侍下，凝神作画。五幅中国古代历朝著名长卷依次出现在画卷之上：《游春图》《清明上河图》《大驾卤簿图》《明宪宗元宵行乐图》《乾隆八旬万寿图卷》。天际飘来古筝发出的《春江花月夜》，两位昆曲演员吟诵着唐朝张若虚的《春江花月夜》。这是中国五千多年文明史上一个片段，享受艺术创造，享受艺术欣赏，享受着尊卑有序、远近和合以及“礼乐不可须臾去身”的修身准则的片段。银瓶乍破水浆迸——随着画师最后一笔，“鸟巢”中乐声大作，灯光大亮，纸上的山水画如同有了灵魂，飘摇空中，令画师惊喜地一揖到地。32个乐台缓缓升起，升至半空，成了32根巍峨的中国宫廷红色龙柱，与“鸟巢”碗边的金色建筑影像交相辉映。一时间，人们仿佛看到中国古代著名的盛唐景象。

这就是第29届奥运会开幕式文艺表演的上半场。跨越时空，贯通古今，融合中西，富丽堂皇，将中国古代献给人类、造福人类的“四大发明”——造纸、火药、指南针与活字印刷，将中国风格的琴、棋、书、画淋漓尽致地展示在21世纪的世界面前。

在人们如醉如痴的欣赏中，第29届奥运会开幕式大型文艺演出《美丽的奥林匹克》进入下篇。

“天神的欢娱，生命的动力。”这是顾拜旦对体育的定义。一束强光照耀在“鸟巢”舞台中心的白色钢琴上，一位青年钢琴家与一位5岁的小琴童四手联弹，用眼神和音乐交流着。2400名“星星人”欢快地在古老的画卷上铺展开来，遍体星光，让这幅立体的“星星画卷”充满现代气息。这幅147米长的“画卷”，是巍巍中华大江南北的壮丽景色。光芒四射的“星星人”在万里河山之中，用身体搭出一个光的“鸟巢”，熠熠生辉，晶莹剔透。一个红裙小女孩快乐地飞翔在“鸟巢”上空，手中握着一个线轴，放飞着一只五彩蝴蝶大风筝。在闪烁的星空下，一个自由飞翔的小女孩，俯瞰一个丰富、美妙而和谐的世界。

中国太极，柔中有刚。看似轻柔，内涵功力。天人合一法自然，行云流水两相得。在286名演员举起的286块纱幕上，大海生波、星云旋转；草长莺飞、杂花生树。在生机盎然的自然环境中，10余名从全国精选出的太极高手，旁若无人，泰然自若——起式、推手、野马分鬃、白鹤亮翅……突然，“鸟巢”的四周激流四溅，“飞流直下三千尺，疑是银河落九天”。2008名身着白衫白裤的太极拳高手，浩浩荡荡，入场布阵，形成一个巨大的旋转的圆形太极八卦图。这是一幅安宁圆满的太极图，在动静相宜、刚柔相济的太极招式变幻中，不断运动、生生不息。

在这幅太极图的中心，是一幅绚烂画面：一群小学生正在女教师的教导下，一句中文、一句英文地读着课文：大气变暖了，冰川融化了；土地变小了，鸟儿不见了。我们来植树，我们来种草。大地变绿了，天空变蓝了；春天又来了，鸟儿回来了……孩子们的手里还拿着画笔，随心所欲地在纸上画着图画，把黑白山水染成彩色。这时，太极阵缓缓收势，2008名演员站如松林，全场沉静肃穆，体验着“大象无形，大音希声”的意境。沉静中，远方传来鸟群扇动翅膀的声音，孩子们雀跃着向“鸟巢”中“飞”出的鸟群欢呼。

“天人合一”是东方哲学的重要理念。北京大学教授季羡林认为：天，就是大自然；人，就是人类；合，就是互相理解，结成友谊。东方先哲告诫我们，人类只是天地万物中的一个部分，人与自然是息息相通的一体。天、地、人的和谐统一、缺一不可。奥运会开幕式总导演说：我们试图通过太极表演，把中国很难解释的一种哲学思想“天人合一”，展现给全世界。人和自然的关系，其实是全人类永恒的思考。

“嫦娥奔月”“天女散花”“月宫玉兔”“精卫填海”，中国古代对于宇宙从来就充满探索精神。正当“鸟巢”中的孩子们仰望天空，期待鸟儿归来的时候，3 位宇航员从空中降落到孩子们中间。一位宇航员在降落时轻轻触摸了一下地面，于是——仿佛星云变幻的宇宙发生裂变，梦幻般的光芒射出，一个“地球”向着空中冉冉升起，58 名特技演员仿佛受到地心引力的无形牵引，在“地球”上正着、侧着、倒着，自如地行走、奔跑，轻盈地翻着跟头。在“地球”的顶端，英国歌手——“月光女神”莎拉·布莱曼与中国歌手刘欢，携手同歌，唱起第 29 届奥运会主题歌《我和你》，深情亲切的旋律，浅吟低唱的声音，发出对友情与梦想的渴望：我和你，心连心，同住地球村；为梦想，千里行，相会在北京。来吧，朋友，伸出你的手；我和你，心连心，永远一家人。当唱到“永远一家人”时，2008 名志愿者手中的“伞”突然绽放出 2008 张全世界五大洲各种肤色孩子们可爱的笑脸，“鸟巢”的周边也映出这些美丽的笑容。

四、弘扬中华优秀传统文化，创造中华文化新的辉煌

中国改革开放和社会主义现代化建设飞速发展，使中华文化的影响放射出更加璀璨的光芒。世界上各种思潮，潮起潮落，更加彰显中华优秀传统文化的永恒魅力。

2009 年 9 月，在孔子诞辰 2560 周年之际，由中国孔子基金会、国际儒学联合会和联合国教科文组织，共同主办的纪念孔子诞辰 2560 周年学术研讨会在人民大会堂隆重开幕，国际儒学联合会会长叶选平主持开幕式。来自世界 27 个国家和地区的 300 位儒学界学者出席研讨会，围绕“儒学的当代使命”“儒学与世界和平”“儒学与全球经济发展”“儒学的实质和核心价值”“儒学与现代人生”“儒学与全球多元化”“当代儒学研究与儒学教育”等主题，共同探讨，开展学术交流。

与会学者认为，作为中华优秀传统文化的基础，儒学对中华民族的形成、繁衍、统一、稳定和自立于世界民族之林都起到了重要的作用。近年来，世界各国的有识之士提醒和告诫人们，在应对世界性的危机中，要注意研究、运用孔子及其儒家学说的智慧与作用。研讨会期间，国际儒学联合会举行了第四届会员大会，选举产生了新一届领导机构成员。

2009 年美国休斯敦市议会通过一项特别法令，接受休斯敦华裔社会和中国驻休斯敦总领事馆向休斯敦市政府赠送伟大教育家、思想家和哲学家孔子的青铜全身塑像，并将它永久安放在休斯敦市中心赫尔曼公园，供世人瞻仰孔子的圣人伟姿。

孔子青铜像正式赠送仪式于 9 月 26 日上午在赫尔曼公园内的芳香园举行。休斯敦市市长比尔怀特代表休斯敦市 200 多万市民接受中国人民赠送的这个特殊礼物。仪式结束后，在赫尔曼公园对面全美最大的米勒露天剧场举行《璀璨中华》大型文艺

演出，隆重庆祝中华人民共和国成立60周年、中美建交30周年暨纪念孔子诞辰2560周年。

美国前总统老布什发来贺信：“这是中国人民赠送给休斯敦市一份令人惊叹不已的厚礼，我们非常感激以这样的方式表达友好。中美关系至关重要，我们对中国的历史了解得越多，就会对我们美国越有好处。”老布什不无遗憾地表示，他和夫人10月中旬之前没有来休斯敦的计划和安排，所以不能到赫尔曼公园现场见证这一具有历史意义的时刻。但是，他非常愉快地应邀担任“孔子青铜塑像捐赠委员会荣誉主席”，并对所有参与有关计划和行动的人士表示敬意和良好祝愿。

亚洲协会得克萨斯分会主席、孔子青铜塑像捐赠委员会共同主席查尔斯·福斯特在接受新华社记者采访时说：“孔子是亚洲历史上最伟大的教育家、思想家和哲学家，他的思想和学说对今天的亚洲各国乃至对全世界仍有深远影响。鉴于今天各国都面临着各种各样的教育问题，所以选择最伟大的教育家孔子的塑像及其最经典的语录在休斯敦最著名的公园内展示，既具有历史意义，又具有现实意义。”

这尊孔子青铜像高2.21米（《史记》记载，孔子身高九尺六寸）。孔子青铜像座基上用中英文雕刻着代表孔子思想的三句经典语录：“温故而知新，可以为师也”“君子和而不同，小人同而不和”“三人行必有我师焉，择其善者而从之，其不善者而改之”。孔子青铜像于中美建交30周年之际“落户”休斯敦赫尔曼公园芳香园，将成为中美两国人民友谊的象征。

孔子青铜像捐赠项目发起人、捐赠委员会主席杨俊说，思想家、教育家、哲学家孔子的青铜像所展现的是中华民族璀璨文化的特有风采，它“落户”美国休斯敦赫尔曼公园，不仅象征着中美两国人民的思想和文化交流，而且能够凝聚海内外中华儿女对共同的人文根基的自豪感。

同年10月28日，美国国会众议院通过一项决议案，纪念孔子诞辰2560周年，并赞扬儒家思想对人文社会的贡献。21世纪以来，一个突出的现象是“孔子热”在美国逐渐升温，要求学习中文的美国在校大学生与日俱增。仅在美国南部八个州的高等学府里，就已经建立起10所孔子学院。每所孔子学院都从中国聘请至少两名地地道道的中文教授或讲师授课。孔子青铜像“落户”美国休斯敦赫尔曼公园，把这波“孔子热”推向一个新高潮。

2010年4月，上海世博会隆重举办，通过建筑、音乐、戏曲、舞蹈等人类共同的语言，将中华文明的精髓在世界平台上予以充分展现，将中华优秀传统文化成功推向世界。中国国家馆以“东方之冠、鼎盛中华，天下粮仓、富庶百姓”的整体造型与布局理念，吸纳了中华优秀传统文化的精髓，表达了中国文化的精神与气质。

2010 年 9 月，胡锦涛为瑞士“文化风景线艺术节 · 中国主宾国”活动致贺信，称赞活动向瑞士人民介绍历史悠久的中国传统文化和丰富多彩的中国当代艺术。

在中国共产党成立 90 周年庆祝大会上，胡锦涛提出，在弘扬中华优秀传统文化基础上创造出中华文化新的辉煌的要求：“中华民族创造了源远流长、博大精深的中华文化，中华民族也一定能够在弘扬中华优秀传统文化的基础上创造出中华文化新的辉煌。”

中共十七届六中全会通过《中共中央关于深化文化体制改革推动社会主义文化大发展大繁荣若干重大问题的决定》，强调要建设优秀传统文化传承体系，并明确提出一系列措施：“加强文化典籍整理和出版工作，推进文化典籍资源数字化。加强国家重大文化和自然遗产地、重点文物保护单位、历史文化名城名镇名村保护建设，抓好非物质文化遗产保护传承。深入挖掘民族传统节日文化内涵，广泛开展优秀传统文化教育普及活动。发挥国民教育在文化传承创新中的基础性作用，增加优秀传统文化课程内容，加强优秀传统文化教学研究基地建设。大力推广和规范使用国家通用语言文字，科学保护各民族语言文字。繁荣发展少数民族文化事业，开展少数民族特色文化保护工作，加强少数民族语言文字党报党刊、广播影视节目、出版物等译制播出出版。加强同香港、澳门的文化交流合作，加强同台湾的各种形式文化交流，共同弘扬中华优秀传统文化。”

在中华书局成立 100 周年之际，胡锦涛致信中华书局指出，百年来，中华书局恪守传承文明职责，秉持守正出新宗旨，在一代又一代员工的不懈努力下，整理、出版了一大批古籍经典和学术新著，受到广大读者的普遍赞誉和充分信任，为弘扬中华文化、促进学术繁荣、提高民族素质、推动社会进步作出了重要贡献。胡锦涛表示，我也是中华书局的一名忠实读者。中华书局出版的许多书籍，都给了我有益熏陶和深刻启迪。

在信中，胡锦涛强调，优秀传统文化是中华民族的宝贵精神财富，是发展社会主义先进文化的深厚基础。希望中华书局以成立百年为新的起点，认真贯彻党的十七届六中全会精神，大力推进体制和机制创新，始终坚持古为今用、推陈出新的出版方向，继续保持笃实谨严、精审细校的科学态度，不断推出更多代表国家最高水准的优秀出版物，在传播中华民族优秀传统文化、建设社会主义文化强国的进程中再创新的辉煌。

五、以人为本，与时俱进，社会和谐，和平发展

中华优秀传统文化植根五千多年的中华文明，根深叶茂，源远流长，微言大义，寓意精湛，博大精深，蕴含着丰富的治国理政经验。胡锦涛根据时代发展需要，善于

从中华优秀传统文化中汲取历史营养，进行“创造性转化和创新性发展”，推进中国特色社会主义伟大事业胜利前进。

创新发展中华优秀传统文化“民为贵”，提出“以人为本”

中华优秀传统文化历来强调民本思想。中国古代春秋时期的政治家管仲提出“以人为本”。西汉刘向在《管子》中提到“夫霸王之所始也，以人为本，本理则固国，本乱则国危”。孔子提出“仁者爱人”。孟子提出“民为贵，君为轻，社稷次之”。近代黄宗羲认为“天下民为主，君为客”。胡锦涛汲取中华优秀传统文化的精髓，指出科学发展观的核心是以人为本。胡锦涛指出：“中华文明历来注重以民为本，尊重人的尊严和价值。早在千百年前，中国人就提出‘民惟邦本，本固邦宁’、‘天地之间，莫贵于人’，强调要利民、裕民、养民、惠民。今天，我们坚持以人为本，就是要坚持发展为了人民、发展依靠人民、发展成果由人民共享，关注人的价值、权益和自由，关注人的生活质量、发展潜能和幸福指数，最终是为了实现人的全面发展。保障人民的生存权和发展权仍是中国的首要任务。我们将大力推动经济社会发展，依法保障人民享有自由、民主和人权，实现社会公平和正义，使13亿中国人民过上幸福生活。”

创新发展中华优秀传统文化“和合理念”，提出构建社会主义和谐社会

中华优秀传统文化的和合理念是中华文化的精髓，是中华文化最完美最完善的体现形式。“和”“合”二字最早见诸甲骨文和金文。“和合”的“和”，指和谐、和平、祥和；“合”是结合、合作、融合。“和合”是实现“和谐”的途径，“和谐”是“和合”的理想实现，也是中华民族古往今来孜孜以求的自然、社会、人际、身心、文明中诸多元素之间的理想关系状态。中华优秀传统文化中贵和持中的和谐意识，表现于两个方面：“天人合一”是指人与自然关系的和谐；“中庸”是指人际关系，即人与人、人与社会关系的和谐。“天人合一”旨在承认人与自然的统一性、反对将它们割裂开来。“中庸”则强调对待事物关系要把握一个度，以避免对立和冲突。提倡“贵和”“持中”的和谐意识，有利于处理现代社会各种矛盾，以保持社会的稳定。中华优秀传统文化的“和合理念”是中华文明世世代代传承的核心思想之一，贯穿于古代中国思想发展的各个时期，反映着中华民族对和谐理念的基本认识。人们可以看到，在古代汉语中，“和”是由“禾”与“口”两个字构成。古代将谷物称为禾（现代的著名歌曲《大海航行靠舵手》里面，有一句：雨露滋润禾苗壮），禾在口边，表示丰衣足食之意。“和”是指不同事物之间，相互和谐，相互一致的关系。古代哲人认为“和”是万物生成和发展的根据；“谐”字左边是“言”，右边为“皆”，含有人人言语的意思，表示音调的和谐。中华优秀传统文化中的“和合理

念"，以天地之间阴阳运动作为哲学基础，号召人们把人际和谐作为基本价值取向，把人们的思想观念和社会倡导的"和"的价值理念融为一体。孔子认为将君子与小人区别开来的一项基本素养就是能否达到"和"的标准。孔子说："君子和而不同，小人同而不和。""以和为贵"的思想，体现了要正确看待社会差异，要发挥不同个体间不同作用，要在实现个体和谐的基础上实现整个社会的和谐与发展，承载着中华民族的梦想。胡锦涛提出构建社会主义和谐社会，立足历史，回应现实，面向未来，赢得举世赞誉。胡锦涛指出："中华文明历来注重社会和谐，强调团结互助。中国人早就提出了'和为贵'的思想，追求天人和谐、人际和谐、身心和谐，向往'人人相亲，人人平等，天下为公'的理想社会。中国提出构建和谐社会，就是要建设一个民主法治、公平正义、诚信友爱、充满活力、安定有序、人与自然和谐相处的社会，实现物质和精神、民主和法治、公平和效率、活力和秩序的有机统一。中国人民把维护民族团结作为自己义不容辞的职责，把维护国家主权和领土完整作为自己至高无上的使命。一切有利于民族团结和国家统一的行为，都会得到中国人民真诚的欢迎和拥护。一切有损于民族团结和国家统一的举动，都会遭到中国人民强烈的反对和抗争。"以胡锦涛同志为总书记的党中央继承我们党在社会建设方面的理论与实践成果，并借鉴中华优秀传统文化中的和谐思想，第一次把"社会主义"与"和谐社会"结合起来，提出了构建社会主义和谐社会的重大战略思想，系统地阐述了社会主义和谐社会所应具有的民主法制、公平正义、诚信友爱、充满活力、安定有序、人与自然和谐相处的六个基本特征，明确提出了中国特色社会主义的经济建设、政治建设、文化建设和社会建设"四位一体"的总体布局，这是中国共产党对"什么是社会主义、怎样建设社会主义"认识的深化和重大理论创新。

创新发展中华优秀传统文化"严以修身"思想，提出社会主义荣辱观

中国古代春秋时期，辅佐齐桓公的著名政治家管仲在《管子·牧民》中最早提出"仓廪实而知礼节，衣食足则知荣辱"。西汉史学家司马迁在《史记·管晏列传》将其中改了一个字："则"改成"而"，成为"仓廪实而知礼节，衣食足而知荣辱"。《史记·管晏列传》写道："仓廪实而知礼节，衣食足而知荣辱，上服度则六亲固。四维不张，国乃灭亡。下令如流水之源，令顺民心。"其中的意思为：粮仓充实了就让民知晓礼节；衣食饱暖了就让民懂得荣辱；君王遵守法度了六亲就关系稳固；礼、节、廉、耻的伦理不起作用，国家就会灭亡。颁布政令就好像流水的源头，要能理顺民心。"仓廪实而知礼节，衣食足而知荣辱。"实际上也蕴含着经济基础决定上层建筑的理念，管理社会的目的在于发展社会，既要发展物质文明，也要建设精神文明。自古以来，中国号称"礼仪之邦"，强调人的道德水平和自身修为。荣辱观念，古已有之。中国古代历史上第一部诗歌总汇《诗经》中就有“相鼠有皮，人而无仪；人而无仪，不死何为?”古人非常看重“礼义廉耻”，认为“不知荣辱乃不能成人”“宁可毁人，不可毁誉”“宁可穷而有志，不可富而失节”，倡导人们做到“富贵不能淫，贫贱不能移，威武不能屈”，凡此种种，说明古代仁人志士已经把荣辱放到与人格、生命同等重要的地位。胡锦涛在总结中华民族优良传统和社会主义道德建设的基础上，提出以“八荣八耻”为主要内容的社会主义荣辱观。他指出：“要引导广大干部群众特别是青少年树立社会主义荣辱观，坚持以热爱祖国为荣、以危害祖国为耻，以服务人民为荣、以背离人民为耻，以崇尚科学为荣、以愚昧无知为耻，以辛勤劳动为荣、以好逸恶劳为耻，以团结互助为荣、以损人利己为耻，以诚实守信为荣、以见利忘义为耻，以遵纪守法为荣、以违法乱纪为耻，以艰苦奋斗为荣、以骄奢淫逸为耻。”以“八荣八耻”为主要内容的社会主义荣辱观，涵盖了爱国主义、集体主义和社会主义思想，体现了中华民族传统美德和时代精神的核心内容，反映了社会主义世界观、人生观和价值观的根本要求，明确了当代中国最基本的价值取向和行为准则，是对马克思主义道德观的新概括。胡锦涛指出：“中华文明历来注重自强不息，不断革故鼎新。‘天行健，君子以自强不息。’这是中国的一句千年传世格言。中华民族所以能在5000多年的历史进程中生生不息、发展壮大，历经挫折而不屈，屡遭坎坷而不馁，靠的就是这样一种发愤图强、坚忍不拔、与时俱进的精神。中国人民在改革开放中表现出来的进取精神，在建设国家中焕发出来的创造热情，在克服前进道路上的各种困难中表现出来的顽强毅力，正是这种自强不息精神的生动写照。”

创新发展中华优秀传统文化“天人合一”思想，提出生态文明建设思想

中华民族的祖先很早就认识到“天人合一”的重要意义，把“天人合一”作为古代中国哲学思想的重要组成部分予以阐发。儒家、道家等诸家各有阐述。天指天空，更指天道和自然大道，道家道教所说的天是指自然、天道。天人合一寓意人与道合。“天地与我并生，万物与我为一”意味着天人相合相应。古人认为，人自身就是自然的一部分。因此，庄子说“有人，天也；有天，亦天也”，天人本是合一的。但由于人制定了各种典章制度、道德规范，使人丧失了原来的自然本性，变得与自然不协调。人修行的目的，便是“绝圣弃智”，打碎这些加于人身上的藩篱，将人性解放出来，重新复归于自然，达到一种“万物与我为一”的精神境界。在自然界中，天、地、人三者是相应的。《庄子·达生》写道：“天地者，万物之父母也。”《易经》中强调三才之道，将天、地、人并立起来，并将人放在中心地位，这就说明人的地位之重要。天有天之道，天之道在于“始万物”；地有地之道，地之道在于“生万物”。人不仅有人之道，而且人之道的作用就在于“成万物”。《易经》认为“立天道曰阴

阳，立地道曰柔刚，立人道曰仁义"。天地人三者虽各有其道，但又是相互对应、相互联系的。这不仅是一种"同与应"的关系，而且是一种内在的生成关系和实现原则。天地之道是生成原则，人之道是实现原则，二者缺一不可。北宋著名哲学家张载最早提出"天人合一"思想："儒者则因明致诚，因诚致明，故天人合一，致学而可以成圣，得天而未始遗人。"也就是说自然万物与人类社会各有特点，但是两者应该和谐统一。《中庸》提到："能尽人之性，则能尽物之性，能尽物之性，则可以赞天地之化育，可以赞天地之化育，则可以与天地参矣。"意思是充分发挥了个人的天性，就能充分激发人类天性，充分激发人类天性就能发挥自然万物的天性。《周易》写道："夫大人者与天地合其德，与日月其明，与四时合其序，与鬼神合其凶吉。"也是强调人与自然的和谐统一。胡锦涛提出生态文明建设思想是对马克思主义中国化的新发展。中共十七大把建设生态文明列为全面建设小康社会目标之一、作为一项战略任务确定下来，提出要推动全社会牢固树立生态文明观念。中共十七届四中全会把生态文明建设提升到与经济建设、政治建设、文化建设、社会建设并列的战略高度，作为中国特色社会主义事业总体布局的有机组成部分。中共十七届五中全会提出要把"绿色发展，建设资源节约型、环境友好型社会""提高生态文明水平"作为"十二五"时期的重要战略任务。中共十八大报告中提出，建设生态文明，是关系人民福祉、关乎民族未来的长远大计。面对资源约束趋紧、环境污染严重、生态系统退化的严峻形势，必须树立尊重自然、顺应自然、保护自然的生态文明理念，把生态文明建设放在突出地位，融入经济建设、政治建设、文化建设、社会建设各方面和全过程，努力建设美丽中国，实现中华民族永续发展。

创新发展中华优秀传统文化"和为贵"思想，提出构建和谐世界理念

在中华大地上，无论中华民族的男女老少，"和为贵"，可谓是人人皆知。"和为贵"最早出自孔子的《论语》："礼之用，和为贵。先王之道，斯为美；小大由之。有所不行，知和而和，不以礼节之，亦不可行也。"由此延伸出来中华民族诸多古训，以和为贵、和气生财、和气致祥、和衷共济、家和万事兴等。"和为贵"属于中华优秀传统文化重要组成部分。"和"是宽容主义精神的表现，是理论理性的体现。和睦的人际关系，和谐的社会环境，对于人的生存和发展，至关重要。人类自古至今，因国界、宗教、种族、主权、经济利益的歧异，思想、语言的差别，乃至因家庭、财产、感情等诸多问题，引起的冲突不胜枚举，常常上演"争地以战，杀人盈野；争城以战，杀人盈城"的惨剧。"和为贵"的理念既有深刻的历史意义，又有深远的现实意义。胡锦涛指出："中华文明历来注重亲仁善邻，讲求和睦相处。中华民族历来爱好和平。中国人在对外关系中始终秉承'强不执弱'、'富不侮贫'的精神，

主张‘协和万邦’。中国人提倡‘海纳百川，有容乃大’，主张吸纳百家优长、兼集八方精义。今天，中国高举和平、发展、合作的旗帜，奉行独立自主的和平外交政策，坚定不移地走和平发展道路，既通过维护世界和平来发展自己，又通过自身的发展来促进世界和平。中国坚持实施互利共赢的对外开放战略，真诚愿意同各国广泛开展合作，真诚愿意兼收并蓄、博采各种文明之长，以合作谋和平、以合作促发展，推动建设一个持久和平、共同繁荣的和谐世界。”

总之，中华优秀传统文化是中华民族的宝贵精神财富，是发展社会主义先进文化的深厚基础。中国共产党从成立之日起，就既是中华优秀传统文化的忠实传承者和弘扬者，又是中国先进文化的积极倡导者和发展者。中国共产党历来高度重视运用文化引领前进方向、凝聚奋斗力量，团结带领全国各族人民不断以思想文化新觉醒、理论创造新成果、文化建设新成就推动党和人民事业向前发展，文化工作在革命、建设、改革各个历史时期都发挥了不可替代的重大作用。

第六讲

“中华优秀传统文化是中华民族的突出优势”①

中国特色社会主义新时代，中共二十大报告指出：“坚持和发展马克思主义，必须同中华优秀传统文化相结合。”《中共中央关于党的百年奋斗重大成就和历史经验的决议》深刻总结百年大党历史经验，在论述“坚持理论创新”时指出：马克思主义是我们立党立国、兴党强国的根本指导思想。马克思主义理论不是教条而是行动指南，必须随着实践发展而发展，必须中国化才能落地生根、本土化才能深入人心。党之所以能够领导人民在一次次求索、一次次挫折、一次次开拓中完成中国其他各种政治力量不可能完成的艰巨任务，根本在于坚持解放思想、实事求是、与时俱进、求真务实，坚持把马克思主义基本原理同中国具体实际相结合、同中华优秀传统文化相结合，坚持实践是检验真理的唯一标准，坚持一切从实际出发，及时回答时代之问、人民之问，不断推进马克思主义中国化时代化。习近平同志指出，当代中国的伟大社会变革，不是简单延续我国历史文化的母版，不是简单套用马克思主义经典作家设想的模板，不是其他国家社会主义实践的再版，也不是国外现代化发展的翻版。只要我们勇于结合新的实践不断推进理论创新、善于用新的理论指导新的实践，就一定能够让马克思主义在中国大地上展现出更强大、更有说服力的真理力量。

《中共中央关于党的百年奋斗重大成就和历史经验的决议》在百年大党的重要历史文献中，第一次阐述“坚持把马克思主义基本原理同中国具体实际相结合、同中华优秀传统文化相结合”。这是马克思主义中国化一个崭新的理论概括、一个崭新的理论判断、一个崭新的理论定位。标志着马克思主义中国化理论创新的新阶段。

深入研究中国特色社会主义新时代“坚持把马克思主义基本原理同中国具体实际相结合、同中华优秀传统文化相结合”的实践经验与理论创新，对全面开启建设

---

① 原载《统一战线学研究》2023 年第 4 期。

社会主义现代化国家新征程具有重要的历史意义和深远的现实意义。

一、新时代“推动中华优秀传统文化创造性转化、创新性发展”

中国共产党高度重视中华优秀传统文化，在中国革命、建设和改革中，一贯继承、弘扬、提升中华优秀传统文化。中国特色社会主义新时代大力传承中华优秀传统文化，赋予中华优秀传统文化崭新时代内涵，运用中华优秀传统文化治国理政，阐发中华优秀传统文化应对国内外重大挑战，将中华优秀传统文化提升到新阶段。这一重大举措，有力凝聚中华民族的民族精神，得到全世界中华儿女高度认同。在中国特色社会主义新时代，中华优秀传统文化已经成为实现中华民族伟大复兴、推动构建“人类命运共同体”的强大精神力量。

中华民族五千多年长盛不衰，“中华优秀传统文化已经成为中华民族的基因”

一个人有自己的基因，一个家族有自己家族的基因，一个民族尤其是一个既有古老历史文明又充满朝气蓬勃青春活力的民族更有自己的基因。中华民族的基因在哪里？中华民族长盛不衰的基因是什么？习近平总书记认为“中华优秀传统文化已经成为中华民族的基因”。21 世纪的世界，科学技术日新月异，人类进步一日千里，各种思潮汹涌澎湃，各种学说潮起潮落。此时此刻，人们更需要自己的精神寄托和共同的精神家园。回望中华民族的精神世界、回溯中华民族的精神源泉，中华优秀传统文化贯通古今，长达五千年以上，源远流长，绵延不绝，长盛不衰，一直是中华民族最基本、最根本、最具本质性的世界观、人生观、价值观的源头所在。中华文化强调“民惟邦本”“天人合一”“和而不同”；“天行健，君子以自强不息”“大道之行也，天下为公”；“天下兴亡，匹夫有责”，以德治国、以文化人；“君子喻于义”“君子坦荡荡”“君子义以为质”；“言必信，行必果”“人而无信，不知其可也”；“德不孤，必有邻”“仁者爱人”“与人为善”“己所不欲，勿施于人”“出入相友，守望相助”“老吾老以及人之老，幼吾幼以及人之幼”“扶贫济困”“不患寡而患不均”等。习近平认为：“像这样的思想和理念，不论过去还是现在，都有其鲜明的民族特色，都有其永不褪色的时代价值。这些思想和理念，既随着时间推移和时代变迁而不断与时俱进，又有其自身的连续性和稳定性。我们生而为中国人，最根本的是我们有中国人的独特精神世界，有百姓日用而不觉的价值观。我们提倡的社会主义核心价值观，就充分体现了对中华优秀传统文化的传承和升华。”因此，习近平总书记站在 21 世纪的时代高度，从实现中华民族伟大复兴出发，高屋建瓴，气贯长虹，深刻总结中华优秀传统文化对中华民族发展的内在关系与生命力、影响力、凝聚力和创造力，对中华优秀传统文化作出了新判断、新概括和新定义，赋予新的时代内涵：“中华文明绵延数千年，有其独特的价值体系。中华优秀传统文化已经成为中华民族的基因，植根在中国人内心，潜移默化影响着中国人的思想方式和行为方式。"而且，习近平总书记认为，中国共产党提倡和弘扬的社会主义核心价值观，只有从中华优秀传统文化中汲取丰富营养，才会有强大的生命力和影响力。这样，就把古老的中华优秀传统文化与当代的社会主义核心价值观，彻底打通了、真正联通了、从古到今贯通了、完完全全的融通了。将中华优秀传统文化与社会主义核心价值观贯通在一起、联结在一起、融合在一起，使中华民族的历史基因得以世代传承，永续其民族精髓，永葆其青春活力，永远展示其时代魅力。

中华民族血肉相连、血脉相通，中华优秀传统文化是"民族文化血脉"

中国古人认为，血脉就是人体内流通血液的脉络。秦代《吕氏春秋》写道："血脉欲其通也，筋骨欲其固也。"汉代《后汉书》强调："血脉流通，病不得生。"在中华民族发展过程中，从古老的《竹书纪年》《尚书》《论语》《道德经》到《二十四史》，从孔子、孟子、老子、孙子、墨子、韩非子到文学、史学、哲学、经学、医学等，从"盘古开天地""女娲造人"到"神农尝百草""仓颉造字"，从精卫填海、炼石补天、后羿射日到嫦娥奔月、愚公移山、天人合一，都属于中华文化的范畴。在人类文明史上的古代中国、古代印度、古代埃及、古代巴比伦、古代两河流域（幼发拉底河和底格里斯河）、古代希腊等文明古国中，有的衰弱了，有的落后了，有的断代了，有的消亡了，唯有中华民族一直延续着创造着五千多年有文字记载的连绵不断的文明历史，一直延续着创造着博大精深的中华文化，为人类文明与进步作出了不可磨灭的贡献。而且，中华文化把 56 个民族、14 亿多人紧密团结在一起，紧紧凝聚在一起，血肉相连，生死相依，密不可分，共存共荣，共同发展。中华文化凝聚着中华民族共同经历的奋斗历程，蕴含着中华民族共同培育的民族精神，贯穿着中华民族共同坚守的理想信念，是中华民族共同创造的精神家园。中国能够作为一个历史悠久的多民族的文明古国持久发展，具有强大凝聚力和包容性的中华文化功不可没。习近平总书记在纪念孔子诞辰 2565 周年国际学术研讨会暨国际儒学联合会上强调，不忘历史才能开辟未来，善于继承才能善于创新。只有坚持从历史走向未来，从延续民族文化血脉中开拓前进，我们才能做好今天的事业。推进人类各种文明交流交融、互学互鉴，是让世界变得更加美丽、各国人民生活得更加美好的必由之路。在古代历史上，中华文化作为"民族文化血脉"，"海纳百川，有容乃大"，凝集人心，形成了中华民族多民族国家。在近代历史上，当日本帝国主义侵略中国、中华民族面临亡国灭种时，"民族文化血脉"凝集起整个中华民族的力量，不同党派、不同信仰、不同阶级、不同阶层，万众一心，"冒着敌人的炮火前进""把我们血肉筑成我们新的长城”；国民党与共产党捐弃前嫌，毅然决然结束“十年内战”，结成最广泛的抗日民族统一战线，赢得了中华民族抗日战争伟大胜利。现在，无论是中国大陆、香港、澳门和台湾地区，还是全世界的华人华侨，都充分认同中华文化这一“民族文化血脉”。孔子及其学说，不仅得到中国大陆和中国台湾地区的充分认同，而且得到全世界华人华侨华裔的充分认同；不仅得到世界上最发达国家美国的充分认同（纽约矗立着孔子铜像），而且得到联合国的充分认同。完全有理由认为，中华文化的“民族文化血脉”作用，不仅在中华民族的形成、发展中发挥着重要作用，而且将在实现祖国统一中发挥更大的作用。

“中华优秀传统文化是中华民族的精神命脉”“最深厚的文化软实力”

中华文化是中华民族在社会实践过程中所获得的物质、精神的生产能力和创造的物质财富与精神财富的总和。习近平总书记指出：“优秀传统文化是一个国家、一个民族传承和发展的根本，如果丢掉了，就割断了精神命脉。”“天行健，君子以自强不息；地势坤，君子以厚德载物”“大学之道，在明明德，在亲民，在止于至善”“富贵不能淫，贫贱不能移，威武不能屈”“在齐太史简，在晋董狐笔；在秦张良椎，在汉苏武节”等，就是中华民族“精神命脉”的具体体现。有了这种“精神命脉”的传承与涵养，在民族危机到来时，就可以同仇敌忾，共赴国难，铁骨铮铮，视死如归，奏响气壮山河的英雄凯歌；就能够“杀身成仁”“视死如归”“挽狂澜于既倒，扶大厦之将倾”。在长达14年的中华民族抗日战争中，杨靖宇、赵尚志、左权、彭雪枫、佟麟阁、赵登禹、张自忠、戴安澜等一批抗日将领，八路军“狼牙山五壮士”、新四军“刘老庄连”、东北抗日联军“八女投江”女战士、坚守上海四行仓库“八百壮士”等众多英雄群体，就是中国人民不畏强暴、以身殉国的杰出代表。“生当作人杰，死亦为鬼雄。”“人生自古谁无死，留取丹心照汗青。”有了这种“精神命脉”的发扬光大，中国改革开放后，就能够“面向现代化，面向世界，面向未来”，以中华民族“兼收并蓄”的“包容精神”，大踏步赶上世界发展潮流，“会当凌绝顶，一览众山小”。习近平总书记认为：“中华优秀传统文化是中华民族的精神命脉，是涵养社会主义核心价值观的重要源泉，也是我们在世界文化激荡中站稳脚跟的坚实根基。”中国特色社会主义新时代，中共中央将中华文化确定为“中华优秀传统文化”“革命文化”“社会主义先进文化”，使中华文化贯通古今，既承载历史、承接历史、传承历史，又联结现实、服务现实、指导现实。当前“我们正在进行具有许多新的历史特点的伟大斗争”，可以从中华优秀传统文化中发掘历史智慧、汲取政治智慧，通过延续、发展中华民族的精神命脉，作为涵养社会主义核心价值观的重要源泉。习近平总书记强调：“中华优秀传统文化是中华民族的突出优势，是我们最深厚的文化软实力。"他要求高度重视中华优秀传统文化的传承："古诗文经典已融入中华民族的血脉，成了我们的基因。我们现在一说话就蹦出来的那些东西，都是小时候记下的。语文课应该学古诗文经典，把中华民族优秀传统文化不断传承下去。"为了实现中华民族伟大复兴，习近平总书记强调，"要使中华民族最基本的文化基因与当代文化相适应、与现代社会相协调""要加强对中华优秀传统文化的挖掘和阐发，努力实现中华传统美德的创造性转化、创新性发展"。要"把跨越时空、超越国度、富有永恒魅力、具有当代价值的文化精神弘扬起来，把继承优秀传统文化又弘扬时代精神、立足本国又面向世界的当代中国文化创新成果传播出去"。

"法令既行，纪律自正。"中华优秀传统文化与全面推进依法治国

中国古代历史上的春秋战国时期，郑国的子产"铸刑鼎"，魏国李悝变法，楚国吴起变法，秦国商鞅变法，体现了社会发展要求生产关系必须适应生产力、上层建筑必须适应经济基础，把法治提升到国家制度层面。习近平总书记多次引用法家经典"国皆有法，而无使法必行之法""法令既行，纪律自正，则无不治之国，无不化之民"，强调依法治国重要性。他引用中华传统文化阐述执法之道："首先，领导干部要懂法，'为官之义在于明法'。知道哪些可为，哪些不可为。'明'也是让自己懂法，在内心拉一条底线。其次，领导干部带头遵纪守法，所谓'子帅以正，孰敢不正'，才能让法令顺利推行。最后，领导干部执法时要公平正直，理国要道，在于公平正直。"习近平总书记强调："依法治国是党领导人民治理国家的基本方略，法治是治国理政的基本方式，要更加注重发挥法治在国家治理和社会管理中的重要作用，全面推进依法治国，加快建设社会主义法治国家。"他主持中共十八届三中全会提出，要推进法治中国建设。在纪念中华人民共和国现行宪法公布施行30周年大会上，习近平总书记强调："党领导人民制定宪法和法律，党领导人民执行宪法和法律，党自身必须在宪法和法律范围内活动，真正做到党领导立法、保证执法、带头守法。"这是中国共产党向全国全世界的庄严宣示。

"去民之患，如除腹心之疾"，中华优秀传统文化与全面从严治党

习近平总书记从中华优秀传统文化汲取历史智慧，全面从严治党，成效显著。他引用苏辙"去民之患，如除腹心之疾"来说明全面从严治党、反腐倡廉是民心所向、刻不容缓。他引用《官箴》"当官之法，惟有三事，曰清、曰慎、曰勤"，来要求领导干部清白做人，谨慎克己，勤恳创业。他引用孔子"政者，正也。其身正，不令而行；其身不正，虽令不从"，来强调为政须自身端正。他提出，全面从严治党，要以上率下，从中央做起，"向中央看齐"。为此，制定"中央八项规定"，开展"党的群众路线教育实践活动"，进行"三严三实"专题教育，把"两学一做"落到实处，

以点带面，推动全局。在反腐倡廉中，习近平总书记指出：为了更好地推动这一工作，需要积极借鉴我国历史上反腐倡廉的宝贵遗产。研究我国反腐倡廉历史，了解我国古代廉政文化，考察我国历史上反腐倡廉的成败得失，可以给人以深刻启迪，有利于我们运用历史智慧推进反腐倡廉建设。他以“刮骨疗毒，壮士断腕”的决心，“老虎”“苍蝇”一起打，坚决查处腐败分子。抓早抓小，有病就马上治，发现问题就及时处理，不搞养痈遗患。全面从严治党，党内政治生活得到更新，理想信念更加坚定，党性更加坚强，党自我净化、自我完善、自我革新、自我提高能力显著提高，执政基础和群众基础更加巩固。

“周虽旧邦，其命维新。”中华优秀传统文化与全面深化改革

中华民族是一个具有改革创新意识和与时俱进精神的民族，中国历代屡屡出现的“管仲改革”“商鞅变法”“戊戌变法”等，宗旨都是期望通过革新内政，改革军制，发展经济，增强国力，达到富国强兵之目的。中国特色社会主义新时代，习近平总书记指出：“中国人民具有伟大梦想精神，中华民族充满变革和开放精神。几千年前，中华民族的先民们就秉持‘周虽旧邦，其命维新’的精神，开启了缔造中华文明的伟大实践。自古以来，中国大地上发生了无数变法变革图强运动，留下了‘治世不一道，便国不法古’等豪迈宣言。”[①] 中国特色社会主义新时代，在深入调查研究的基础上，中共十八届三中全会通过《中共中央关于全面深化改革的决定》，对全面深化改革进行全方位的“顶层设计”，提出一系列具有针对性和可操作性重大举措，在实践中不断将全面深化改革推向前进。中共中央以巨大的政治勇气和智慧，提出全面深化改革总目标是完善和发展中国特色社会主义制度、推进国家治理体系和治理能力现代化，着力增强改革系统性、整体性、协同性，着力抓好重大制度创新，着力提升人民群众获得感、幸福感、安全感，推出1600多项改革方案，啃下了不少硬骨头，闯过了不少急流险滩，使新时代深化改革呈现全面发力、多点突破、蹄疾步稳、纵深推进的局面。从以经济体制改革为主发展到全面深化经济、政治、文化、社会、生态文明体制和党的建设制度改革，与此同时，党和国家机构改革、行政管理体制改革、依法治国体制改革、司法体制改革、外事体制改革、社会治理体制改革、生态环境督察体制改革、国家安全体制改革、国防和军队改革、党的领导和党的建设制度改革、纪检监察制度改革等一系列重大改革扎实推进，各项便民惠民利民举措持续实施，改革开放成为当代中国最显著的特征和最壮丽的气象，成为推动中华民族自信自强走向世界的巨大推动力。

---

① 习近平：《在庆祝改革开放40周年大会上的讲话》，《人民日报》2018年12月19日。

中国特色社会主义新时代将中华优秀传统文化提升为“中华民族的基因”“民族文化血脉”“中华民族的精神命脉”，有力地增强了民族自信心。习近平总书记强调：“我们要坚持道路自信、理论自信、制度自信，最根本的还有一个文化自信”。“文化自信，是更基础、更广泛、更深厚的自信。”从中华优秀传统文化中汲取历史智慧和政治智慧，通过阐发中华优秀传统文化来说明问题，解疑释惑，阐述理念，推动发展，使人们从中得到启发和启迪，是中国特色社会主义新时代治国理政的一个突出特点。运用中华优秀传统文化阐述理念，启迪思维，贯通古今，治国理政，为实现中华民族伟大复兴注入了强大的精神力量。

二、新时代从中华优秀传统文化中汲取丰富的历史智慧和政治智慧

中国特色社会主义新时代，习近平总书记对中华优秀传统文化进行了新的阐发、提升和论述。他指出，中华民族具有五千多年连绵不断的文明历史，创造了博大精深的中华文化，为人类文明进步作出了不可磨灭的贡献。经过几千年的沧桑岁月，把我国 56 个民族、13 亿多人紧紧凝聚在一起的，是我们共同经历的非凡奋斗，是我们共同创造的美好家园，是我们共同培育的民族精神，而贯穿其中的、最重要的是我们共同坚守的理想信念。① 新时代高度注重发掘中华优秀传统文化、提升中华优秀传统文化、运用中华优秀传统文化，通过追根溯源、正本清源、拨乱反正、推陈出新、返璞归真、点石成金，从中汲取实现中华民族伟大复兴的强大精神力量。

“中华文明不仅对中国发展产生了深刻影响，而且对人类文明进步作出了重大贡献”

中华优秀传统文化是中华民族生存、延续、发展，并自立于世界民族之林的根脉和魂魄。然而，“十年内乱”时期的所谓“文化大革命”特别是“批林批孔运动”，蓄意割断历史，狂妄割断文脉，百般谩骂、肆意践踏、无底线丑化孔子，将中华优秀传统文化荡涤已尽。粉碎“四人帮”后，中共十一届三中全会实现历史性伟大转折，中国进入改革开放和社会主义现代化建设新时期，解放思想，拨乱反正，孔子及其学说开始受到重新评价。1996 年国务院批准在山东曲阜设立包括文献收藏、信息交流、学术研究、人才培养和博物展览功能“一体化”的儒学研究机构——孔子研究院，以建设“世界儒学研究交流中心，组织引领国际儒学研究”为发展目标，承担“世界孔子庙研究”等国家社会科学基金项目，创办了《孔子学刊》等。2013 年 11 月 26 日，习近平总书记到山东曲阜孔府考察期间，专程来到孔子研究院，仔细观看孔

① 习近平：《在十二届全国人大一次会议闭幕会上的讲话》，《人民日报》2013 年 3 月 18 日。

子研究院创建以来的系列研究成果，饶有兴趣地翻阅关于孔子研究的著作和刊物，看到《孔子家语通解》《论语诠解》两本书时，他眼前一亮，一边翻阅一边说“这两本书我要仔细看看”。随后，习近平总书记同从事孔子研究的专家、学者座谈，仔细听取他们的发言。习近平总书记表示，中华民族有着源远流长的传统文化，也一定能创造中华文化新的辉煌。研究孔子和儒家思想要坚持历史唯物主义立场，坚持古为今用，去粗取精，去伪存真，因势利导，深化研究，使其在新的时代条件下发挥积极作用。在纪念孔子诞辰2565周年国际学术研讨会暨国际儒学联合会第五届会员大会开幕会上，习近平总书记宣布：“孔子创立的儒家学说以及在此基础上发展起来的儒家思想，对中华文明产生了深刻影响，是中国传统文化的重要组成部分。儒家思想同中华民族形成和发展过程中所产生的其他思想文化一道，记载了中华民族自古以来在建设家园的奋斗中开展的精神活动、进行的理性思维、创造的文化成果，反映了中华民族的精神追求，是中华民族生生不息、发展壮大的重要滋养。中华文明，不仅对中国发展产生了深刻影响，而且对人类文明进步作出了重大贡献。”他明确指出：“从历史的角度看，包括儒家思想在内的中国传统思想文化中的优秀成分，对中华文明形成并延续发展几千年而从未中断，对形成和维护中国团结统一的政治局面，对形成和巩固中国多民族和合一体的大家庭，对形成和丰富中华民族精神，对激励中华儿女维护民族独立、反抗外来侵略，对推动中国社会发展进步、促进中国社会利益和社会关系平衡，都发挥了十分重要的作用。”同时，习近平总书记经常运用中华优秀传统文化的经典著作、孔子的《论语》来阐发问题。2013年6月他在墨西哥参议院作《促进共同发展　共创美好未来》演讲，用《论语·卫灵公》“己所不欲，勿施于人”说明不同社会制度的国家要和平共处，互相尊重。2014年10月他在《在文艺工作座谈会上的讲话》，用《论语·季氏》“远人不服，则修文德以来之”来说明中华民族自古以来“以德服人”的传统文化。

在岳麓书院追根溯源，追寻中国共产党实事求是思想路线源头

唐代刘禹锡在《陋室铭》中写道：“山不在高，有仙则名。水不在深，有龙则灵。斯是陋室，惟吾德馨。苔痕上阶绿，草色入帘青。谈笑有鸿儒，往来无白丁。可以调素琴，阅金经。无丝竹之乱耳，无案牍之劳形。南阳诸葛庐，西蜀子云亭。孔子云：何陋之有？”湖湘文化重要发源地——湖南长沙岳麓山就是具有深厚历史、文化、宗教底蕴的一座“仙山”。南北朝刘宋时《南岳记》载“南岳周围八百里，回雁为首，岳麓为足”。故名岳麓。地质学认为岳麓山古生代开始崛起，中生代基本形成，新生代继续发展，距今已有三亿余年“资历”。唐代杜牧诗曰：“远上寒山石径斜，白云生处有人家。停车坐爱枫林晚，霜叶红于二月花”。闻名遐迩，古今传诵。

古代许多著名大儒曾经在岳麓山上公元976年正式建立的岳麓书院研修讲学，著书立说，传经布道，期望能够"普度众生"。1916年湖南公立工业专门学校校长宾步程手书"实事求是"，制作巨幅匾额，悬挂岳麓书院讲堂上方，期望学生实事求是，崇尚科学，追求真理。岳麓书院成立后，一贯秉持务实学风，反对脱离社会实际，反对埋头钻研故纸堆，反对清议空谈，倡导"经世致用""经邦济世"，把"实事求是"作为校训，一以贯之，代代相传，极大地影响了一代又一代的湖南青年。关于这一点，从岳麓书院种植的树木也可以看出来——凡是岳麓书院种树，不仅要会开花，还要能结果。古代先贤教书育人，用心良苦，由此可见一斑。青年毛泽东在湖南第一师范学校读书期间，经常与志同道合的蔡和森、罗学瓒、张昆弟等到岳麓书院体验古代历史文化，相聚岳麓山爱晚亭纵论天下，探索救国救民之道。1952年长沙在岳麓山重修爱晚亭时，湖南大学校长李达致书毛泽东题写亭名，毛泽东饱蘸浓墨，一挥而就，"爱晚亭"三个大字，跃然纸上。但是，鲜为人知的是，中国共产党实事求是思想路线与岳麓山有着密切的历史渊源。"实事求是"最早出自《二十四史》《汉书·河间献王刘德传》"修学好古，实事求是"。1916年起青年毛泽东多次在湖南大学筹备处所属的岳麓书院半学斋寓居，累计一年多时间，每天与岳麓书院讲堂"实事求是"的匾额朝夕相处，留下不可磨灭的深刻印象。从此"实事求是"深深铭刻在青年毛泽东心中。20世纪40年代初期中国人民抗日战争时期，毛泽东发动全党整风运动，古为今用，点石成金，赋予"实事求是"崭新的政治内涵。毛泽东在《改造我们的学习》中，严厉批判给中国革命造成极大危害的"左"倾教条主义，号召全党坚持实事求是的马克思主义思想路线。1943年毛泽东为中共中央党校题写校训"实事求是"。1945年中国共产党第七次全国代表大会正式将"实事求是"载入党章，确立为中国共产党的思想路线。在此期间，毛泽东为《七大纪念册》题词"实事求是，力戒空谈"，发给每一位中共七大代表。从此，"实事求是"成为毛泽东思想的精髓和灵魂。中共十一届三中全会前夕，邓小平在中央工作会议作《解放思想，实事求是，团结一致向前看》的重要讲话。他指出："一个党，一个国家，一个民族，如果一切从本本出发，思想僵化，迷信盛行，那它就不能前进，它的生机就停止了，就要亡党亡国。""只有解放思想，坚持实事求是，一切从实际出发，理论联系实际，我们的社会主义现代化建设才能顺利进行，我们党的马列主义、毛泽东思想的理论也才能顺利发展。"① 他强调："实事求是，是无产阶级世界观的基础，是马克思主义的思想基础。过去我们搞革命所取得的一切胜利，是靠实事求是；现在我们要实现四个现

① 《邓小平文选》第2卷，人民出版社1994年版，第143页。

代化，同样要靠实事求是。”① 在中共十一届五中全会上，邓小平强调：“实事求是，一切从实际出发，理论联系实际，坚持实践是检验真理的标准，这就是我们党的思想路线。”② 中共十二大通过的《中国共产党章程》规定：坚持解放思想，实事求是，与时俱进，求真务实。党的思想路线是一切从实际出发，理论联系实际，实事求是，在实践中检验真理和发展真理。全党必须坚持这条思想路线，积极探索，大胆试验，开拓创新，创造性地开展工作，不断研究新情况，总结新经验，解决新问题，在实践中丰富和发展马克思主义，推进马克思主义中国化。邓小平在南方谈话中再次郑重强调：“实事求是是马克思主义的精髓。要提倡这个，不要提倡本本。我们改革开放的成功，不是靠本本，而是靠实践，靠实事求是。农村搞家庭联产承包，这个发明权是农民的。农村改革中的好多东西，都是基层创造出来，我们把它拿来加工提高作为全国的指导。实践是检验真理的唯一标准。我读的书并不多，就是一条，相信毛主席讲的实事求是。过去我们打仗靠这个，现在搞建设、搞改革也靠这个。”③ 邓小平针对外国舆论界多次无端猜测中国领导层这个人是“改革派”那个人是“保守派”的论调，明确指出“我是实事求是派”。中国特色社会主义新时代，习近平总书记2020年到湖南调研期间，登上岳麓山，在湖南大学岳麓书院指出“岳麓书院是党的实事求是思想路线的一个策源地”。9月17日下午，岳麓山细雨蒙蒙，荷花带露。习近平总书记走进千年学府岳麓书院时，首先映入眼帘的是震撼五岳的“惟楚有才，于斯为盛”八个大字。在岳麓书院中心讲堂前，习近平总书记久久凝望“实事求是”的巨幅匾额，语重心长地对大家说：“毛主席当年就是在这里熏陶出来的，实事求是就来源于这里。共产党怎么能成功呢？当年在石库门，在南湖上那么一条船，那么十几个人，到今天这一步。这里面的道路一定要搞清楚，一定要把真理本土化。”习近平总书记的话，是对中国共产党坚持实事求是思想路线的深刻总结、是对中国共产党坚持马克思主义中国化本土化的深刻总结。同时，“实事求是”也体现在习近平总书记湖南调研过程中。为了谋划中华人民共和国国民经济和社会发展第十四个五年规划纲要蓝图，他在湖南调查研究，问计于民，主持召开基层代表座谈会，与村级党支部书记、乡村教师、扶贫干部、农民工、种粮大户、快递小哥、餐馆店主等来自“草根阶层”的代表们齐聚一堂，听取来自基层各行各业代表的发言，同基层干部、群众代表深入交流。人们说，习近平总书记言传身教的就是实事求是的作风。中国共产党百余年奋斗，一以贯之，解放思想，实事求是，与时俱进，求真务实，始终不渝地坚

---

① 《邓小平文选》第2卷，人民出版社1994年版，第143页。
② 《邓小平文选》第2卷，人民出版社1994年版，第278页。
③ 《邓小平文选》第3卷，人民出版社1994年版，第382页。

持将马克思主义基本原理与中国革命、建设和改革开放的具体实际相结合，创造了前无古人的历史辉煌。

"国以民为本，社稷亦为民而立"与以人民为中心的发展思想的历史渊源

中华优秀传统文化蕴含丰富的民本思想。西周时期一方面把皇帝奉为至高无上的"天子"，另一方面从殷商灭亡中认识到"民之所欲，天必从之"。春秋时期王室衰微，诸侯争霸，天下大乱，"礼崩乐坏"，促使统治阶层的有识之士逐渐认识到"政之所兴，在顺民心，政之所废，在逆民心"。在此基础上，孔子提出"节用而爱人，使民以时"思想，孟子提出"民为贵，社稷次之，君为轻"的思想，提示统治者要"爱民""利民"，轻徭薄赋，听政于民，与民同乐。标志着中国古代民本思想基本形成。到了宋代，学识渊博、著述甚多的朱熹，成为著名思想家、哲学家和教育家，其编撰的《四书集注》尤为著名。毛泽东少年时代在韶山私塾曾熟读《四书集注》，对其中的《孟子》印象尤其深刻。孟子主张"尚志"即树立雄心壮志，认为"五百年必有王者兴，其间必有名世者"。"夫天未欲治平天下也；如欲治平天下，当今之世，舍我其谁也?"孟子主张立志要有"恒心"，持之以恒，"专心致志"。中华优秀传统文化认为，宝剑锋从磨砺出，梅花香自苦寒来。孟子主张立志需要磨砺。《四书集注》给后人以深刻影响。毛泽东多次引用《四书集注》《孟子·告子下》："天将降大任于是人也，必先苦其心志，劳其筋骨，饿其体肤，空乏其身，行拂乱其所为，所以动心忍性，曾益其所不能。""生于忧患，而死于安乐也。"毛泽东在湖南第一师范学校的课堂笔记《讲堂录》中写道："惟安贫者能成事，故曰咬得菜根，百事可做。"朱熹集孔孟以来儒学之大成，对中国古代民本思想作了深入阐发，提出"国以民为本""平易近民，为政之本"等民本思想和"取信于民""富民为本"等具体主张。2018年6月，习近平总书记在第十九届中共中央政治局第六次集体学习时引用的"国以民为本，社稷亦为民而立"就出自朱熹《四书集注》。这是朱熹对孟子"民为贵，社稷次之，君为轻"思想作出的进一步阐释，意思是说"国家以人民为根本，也是为人民而设立"。习近平总书记强调，加强党的政治建设，要紧扣民心这个最大的政治，把赢得民心民意、汇集民智民力作为重要着力点。他指出：毛泽东同志要求全党同志必须全心全意为人民服务，邓小平同志要求我们做工作必须考虑群众拥护不拥护、赞成不赞成、高兴不高兴、答应不答应，江泽民同志提出我们党要始终代表中国最广大人民根本利益，胡锦涛同志提出必须把实现好、维护好、发展好最广大人民根本利益作为一切工作的出发点和落脚点，我们这一届党中央明确提出"人民对美好生活的向往，就是我们的奋斗目标"，是一以贯之的。在前进征途上，只要我们党

始终坚持人民利益高于一切，紧紧依靠人民，就能永远立于不败之地。① 从中共十八大闭幕后习近平总书记强调“人民对美好生活的向往就是我们的奋斗目标”到中共十九大正式确立以人民为中心的发展思想，从“全面建成小康社会”的实践创造和理论创新到《中共中央关于党的百年奋斗重大成就和历史经验的决议》论述“坚持人民至上”，可以看到，马克思主义基本原理认为人民群众是历史的创造者，中华优秀传统文化主张“以民为本”，中国特色社会主义新时代确立以人民为中心的发展思想，强调“坚持人民至上”，实现了中国特色社会主义新时代“坚持把马克思主义基本原理同中国具体实际相结合、同中华优秀传统文化相结合”新飞跃，树立了马克思主义基本原理、中华优秀传统文化和马克思主义中国化本土化相结合的典范。中共十九届六中全会强调，全党必须永远保持同人民群众的血肉联系，践行以人民为中心的发展思想，不断实现好、维护好、发展好最广大人民根本利益，团结带领全国各族人民不断为美好生活而奋斗。

“富春山居图”与“打造各具特色的现代版‘富春山居图’”

中华优秀传统文化包含着无数传世之作，著名的“富春山居图”就是其中之一。它是元代画家黄公望公元1350年创作的纸本水墨画，被誉为中国十大传世名画之一。该画本是黄公望为师弟郑樗（无用师）所绘，前半卷“剩山图”现存浙江省博物馆，后半卷“无用师卷”则藏于中国台北“故宫博物院”。“富春山居图”寄托着作者对祖国大好河山无限深沉的挚爱，用如椽巨笔绘就千古不朽的传世作品，名义上是将富春江两岸的山山水水尽收画卷，实际上蕴含着作者对中华大地壮丽河山的无限眷恋。“富春山居图”属于中华民族的国宝，2011年6月前后两段曾在中国台北首度合璧展出。中国特色社会主义新时代，习近平总书记将中华优秀传统文化的古代精品“富春山居图”与中国共产党实现乡村振兴战略紧密联结在一起，令人拍案叫绝。2018年9月21日，第十九届中共中央政治局以“实施乡村振兴战略”为主题进行集体学习。习近平总书记指出：“要科学把握乡村的差异性，因村制宜，精准施策，打造各具特色的现代版‘富春山居图’。”实现中华民族伟大复兴的关键是实现乡村振兴，习近平总书记关注的浙江省安吉县天荒坪镇余村树立了“打造各具特色的现代版‘富春山居图’”的样板。余村位于天目山下，属于江南地貌，由于受到三面环山地形限制，交通不便，不利于引进大型工业企业，也不利于发展规模化农业。20世纪80年代起，余村1000多人“靠山吃山”办起了三个采石场和一个水泥厂，许多村民在矿上务工。余村集体经济年收入一度达到300多万元，成为安吉县首富村。2003

① 习近平：《论中国共产党历史》，中央文献出版社2021年版，第20页。

年到2005年间，浙江建设“生态省”，安吉建设“生态县”，根据全省大局，余村陆续关停了原有的矿山、水泥厂，全村集体经济年收入由300多万元降到20多万元。2003年4月9日，当时的中共浙江省委书记习近平同志第一次到安吉县调查研究。他实地调研了竹子博览园、抽水蓄能电站、白茶生产基地等，深入了解安吉县“生态立县”的做法与经验。2005年8月15日，习近平同志第二次到安吉县调查研究，在天荒坪镇余村听取各级干部的工作汇报。最后，习近平同志十分肯定地说：“刚才你们讲了，下决心停掉一些矿山，这个都是高明之举。绿水青山就是金山银山。”安吉调研结束后，习近平同志回到杭州，8月24日在浙江报纸“之江新语”专栏发表短论，详细阐述“绿水青山就是金山银山”的新发展理念。这是习近平同志提出“绿水青山就是金山银山”生态文明思想的源头。从此，浙江省成为“绿水青山就是金山银山”的首倡省，安吉县成为“绿水青山就是金山银山”的发源县，余村成为“绿水青山就是金山银山”的发源地。习近平同志关于“绿水青山就是金山银山”的生态文明发展理念为余村发展指明了前进方向。浙江省“七山一水两分田”，突出特点是山地多平原少，具有十分明显的山清水秀的生态优势。习近平同志提出：“如果能够把这些生态环境优势转化为生态农业、生态工业、生态旅游等生态经济的优势，那么绿水青山也就变成了金山银山。”习近平同志言简意赅，要言不烦；余村人感到拨云见日，一语中的。此后，余村扬长避短，发掘优势，充分利用长三角腹地的有利区位，充分发挥“绿水青山就是金山银山”的独特魅力，着力发展旅游经济，走上“绿水青山就是金山银山”的绿色发展之路。余村决定，关停全部矿山、水泥厂，修复冷水洞水库，拆除溪边违法建筑。整个余村，河流畅通，溪水清澈，竹苞松茂，鹄峙鸾停，鸟语花香，花木扶疏，“不是仙境胜似仙境”，生态文明资源获得空前发展。村民们抓住机遇，“八仙过海，各显神通”。有的村民清理溪道，加固堤岸，设计溪道坡度落差，开办溪流漂流项目；有的村民因地制宜，开办农家乐；有的村民整修房屋，兴办“民宿”。绿色发展有力地提升余村公共设施，“栽下梧桐树，引来金凤凰”。余村之美，美在生态，余村“绿水青山就是金山银山”的绿色发展之路吸引了众多旅游者，每天都有大量游客到余村观光旅游，体验余村的生态文明环境，目不暇接，流连忘返。绿色余村，各业兴旺，收入增加，成为全面推进乡村振兴的“明星村”和现代版“富春山居图”最具代表性村庄，提前进入小康行列。2020年3月30日，习近平总书记冒着蒙蒙细雨再次来到余村，欣喜地看到，曲径通幽，粮丰林茂，青山叠嶂，流水潺潺，道路干净，村子整洁，楼房成群，错落有致，树木青翠，花园洋房，一点不输城市。他触景生情，抚今追昔：“这次来看完全不一样了、美丽乡村建设在余村变成了现实。余村现在取得的成绩证明，绿色发展的路子是正确的，路子选对了就要坚持走下去。”2021 年的余村，农家乐、民宿、漂流、果蔬采摘等一系列休闲旅游产业兴旺发达，蒸蒸日上。“万事开头难。”浙江在实施“绿水青山就是金山银山”发展理念方面开了一个好头，完全契合中国人民对美好生活的向往，很快使“绿水青山就是金山银山”的口号响彻中华大地。全国各地农村、山区竞相效法，农家乐、旅游村、特色小镇，犹如百花齐放，百家争鸣；旅游农业、观光农业、采摘农业、高科技农业，万紫千红，异彩纷呈，极大地促进了全国各地生态文明的发展。与此同时，“绿水青山就是金山银山”的生态文明发展理念得到了世界舆论的高度评价。现在，浙江省已率先成为“绿水青山就是金山银山”的绿色发展省，安吉县已成为“绿水青山就是金山银山”的绿色标杆县，余村已成为“绿水青山就是金山银山”的绿色示范村。实践证明，2005 年习近平同志在浙江安吉余村首倡“绿水青山就是金山银山”，是一个改变中国农村发展理念的科学论断，指引着中国走出了一条绿色发展之路。现在，升级版、现代版的“富春山居图”正在中国大地成为现实。中共二十大指出：“我们坚持绿水青山就是金山银山的理念，坚持山水林田湖草沙一体化保护和系统治理，全方位、全地域、全过程加强生态环境保护，生态文明制度体系更加健全，污染防治攻坚向纵深推进，绿色、循环、低碳发展迈出坚实步伐，生态环境保护发生历史性、转折性、全局性变化，我们的祖国天更蓝、山更绿、水更清。”

从山东曲阜孔子研究院到重新评价中华文化，从湖南大学岳麓书院追寻“实事求是”根脉到福建朱熹园倡导以时代精神激活中华优秀传统文化的生命力，从古代“富春山居图”到打造各具特色的展现乡村振兴美好生活的现代版“富春山居图”，习近平总书记运用中华优秀传统文化指导工作，教育干部，启迪思维，达到炉火纯青、出神入化的程度。

三、中华民族先人憧憬“小康”，新时代“决胜全面建成小康社会”

在中华文明发展史上，从西周开始，“小康”成为勤劳勇敢智慧的中华民族世世代代的期盼。改革开放初期，邓小平描绘了实现“小康”的宏伟蓝图，中国共产党接续奋斗，中国特色社会主义新时代实现“全面建成小康社会”目标，铸就中华民族气壮山河的恢宏史诗。

“全面建成小康社会”汲取中华优秀传统文化期盼“小康”的精髓

《诗经》是中华民族第一部诗歌总集，西周时期从民间采风汇集而成。历朝历代传诵不已，文臣雅士耳熟能详。《诗经》记载的“关关雎鸠，在河之洲；窈窕淑女，君子好逑”成为中国人形容恋爱的经典语言。《诗经》《大雅・民劳》记载的“民亦劳止，汔可小康；惠此中国，以绥四方"是中华民族对"小康"最早的历史记忆。中国古代经典著作《礼记》具体阐发了中华民族对小康的殷切期待："大道之行也，天下为公：选贤与能，讲信修睦。故人不独亲其亲，不独子其子；使老有所终，壮有所用，幼有所长，矜、寡、孤、独、废疾者皆有所养；男有分，女有归。货，恶其弃于地也，不必藏于己；恶其不出于其身也，不必为己。是故谋闭而不兴，盗窃乱贼而不作，故外户而不闭。是谓'大同'。""今大道既隐，天下为家：各亲其亲，各子其子；货力为己；大人世及以身体，城郭沟池以为固；礼义以为纪——以正君臣，以笃父子，以睦兄弟，以和夫妇；以设制度，以立田里；以贤勇知，以功为己。故谋用是作，而兵由此起。禹、汤、文、武、成王、周公，由此其选也。此六君子者，未有不谨于礼者也。以着其义，以考共信，着有过，刑仁，讲让，示民有常。如有不由此者，在执者去，众以为殃。是谓'小康'。"中华民族先人认为，小康意味着安定、富足的生活状态。《礼记》描绘的就是远古时期夏禹、商汤、周文王、周武王、周成王、周公治理下的盛世形态。宋朝洪迈《夷坚志》曾有"久困于穷，冀以小康"的记载。《明太宗实录》记载明成祖朱棣说："如得斯民小康，朕之愿也。"古人认为，小康就是经济宽裕、生活富足。20 世纪 70 年代末期的中国，刚刚结束"十年内乱"，面临经济落后、人口众多、百业待兴的局面，如何设定改革开放初期的基本目标？"改革开放总设计师"邓小平具有中华优秀传统文化的深厚造诣，善于从中汲取政治智慧和历史智慧。他从中华优秀传统文化的"小康"得到启发，提出建设"小康"的思想。由此可见，中国共产党提出的"奔小康""小康之家""建设小康""全面建设小康社会""全面建成小康社会""决胜全面建成小康社会"的源头来自中华优秀传统文化。

改革开放初期提出"小康"就是"中国式的现代化"奋斗目标

1979 年 3 月邓小平提出"中国式的现代化"新概念。他说，我同外国人谈话，用了一个新名词："中国式的现代化。"到 20 世纪末，我们大概只能达到发达国家 70 年代的水平。1979 年 12 月，日本首相大平正芳首相访问中国。这是实现中日邦交正常化后第一位访华的日本首相。此时此刻，中国已经实现以经济建设为中心的历史性转变，实事求是深入人心，解放思想如火如荼，改革开放成为民族共识。中国大地，举国上下，政通人和，气象万千。12 月 6 日，邓小平会见大平正芳首相对其访华表示热烈欢迎。邓小平说：大平首相一行这次来中国访问，不仅能够发展中日两国友好合作关系，而且对国际形势将产生重大的积极影响。再过 20 多天，我们就进入 80 年代，我希望首相阁下这次访华的成果至少要管上 80 年代。大平正芳说：日中两国领导人推心置腹地交换意见是很有意义的。日本政府和国民对我们一行这次访华寄予很大的期望。我渴望通过双方富有成果的会谈能进一步加深和扩大日中友好合作关系。然后，邓小平与大平正芳进行实质性会谈，双方就广泛关心的问题交换看法。在会谈中，邓小平第一次提出著名的“小康”目标。大平正芳问：中国根据自己独立的立场提出了宏伟的现代化规划，将来会是什么样的情况，整个现代化的蓝图是如何构思？邓小平胸有成竹，开门见山，直奔主题，直截了当地回答：“我们要实现的四个现代化，是中国式的四个现代化。我们的四个现代化的概念，不是像你们那样的现代化的概念，而是‘小康之家’。到本世纪末，中国的四个现代化即使达到了某种目标，我们的国民生产总值人均水平也还是很低的。要达到第三世界中比较富裕一点的国家的水平，比如国民生产总值人均一千美元，也还得付出很大的努力。就算达到那样的水平，同西方来比，也还是落后的。所以，我只能说，中国到那时也还是一个小康的状态。当然，比现在毕竟要好得多了。到了那个时候，我们有可能对第三世界的贫穷国家提供更多一点的帮助。那个时候，中国国内市场比较大了，相应的，与国外的经济交往，包括发展贸易，前景就更加宽广了。”① 邓小平向大平正芳强调：“有人担心，如果中国那时候稍微富一点了，会不会在国际的竞争中起很大的作用？既然中国只是一个小康的国家，就不会发生这样的问题。坦率地说，现在我们的对外贸易总额还不如台湾多。我们发展到台湾现在的国民生产总值人均水平，也不会对国际市场产生什么威胁，因为自己的需要多了。”② 后来，邓小平将“小康”概括为“不穷不富，日子比较好过”，即从解决温饱阶段到实现现代化的中间发展阶段。20 世纪 80 年代邓小平多次阐述“小康”愿景。中国特色社会主义为马克思主义中国化的实践创造与理论创新开辟无限广阔的道路。

系统阐述全面建设小康社会开创中国特色社会主义事业新局面

改革开放以来，中国共产党对建设小康社会一以贯之，持之以恒，一抓到底，志在必得。1987 年 4 月邓小平指出：“总的来说，我们确定的目标不高，从 1981 年开始到本世纪末，花二十年的时间，翻两番，达到小康水平，就是年国民生产总值人均 800 到 1000 美元。在这个基础上，再花五十年的时间，再翻两番，达到人均 4000 美元。那意味着什么？就是说，到下一个世纪中叶，我们可以达到中等发达国家的水平。”③ 为此，邓小平完整提出“三步走”发展战略，到 20 世纪 80 年代末，人均国民生产总值达到 500 美元，20 世纪末达到 1000 美元，21 世纪中叶达到中等发达国家

① 《邓小平文选》第 2 卷，人民出版社 1994 年版，第 237－238 页。
② 《邓小平文选》第 2 卷，人民出版社 1994 年版，第 238 页。
③ 《邓小平文选》第 3 卷，人民出版社 1993 年版，第 224 页。

水平。邓小平赋予“小康”的科学内涵和时代内容“就是到本世纪末在中国建立一个‘小康’社会。这个‘小康’社会，叫作‘中国式的现代化’”。从此，“小康”社会作为经济发展、政治民主、文化繁荣、社会和谐、环境优美、生活殷实、人民安居乐业和综合国力强盛的经济、政治、文化、社会、生态等全面协调发展的奋斗目标，成为实现中华民族伟大复兴的重要社会发展阶段。中共十二大确定全面开创社会主义现代化建设新局面，正式把实现“小康”作为中国经济发展的战略目标。中共十三大阐述中国处于社会主义初级阶段，确立“以经济建设为中心，坚持四项基本原则，坚持改革开放”的社会主义初级阶段基本路线。中共十四大提出加快改革开放和现代化建设步伐，夺取有中国特色社会主义事业的更大胜利。中共十五大要求高举邓小平理论伟大旗帜，把建设有中国特色社会主义事业全面推向 21 世纪。中共十六大系统论述全面建设小康社会，开创中国特色社会主义事业新局面。中共中央纵观全局，面向未来，认为 21 世纪头二十年，对中国来说是一个必须紧紧抓住并且可以大有作为的重要战略机遇期。根据中共十五大提出的到 2010 年、中国共产党建党 100 周年和中华人民共和国成立 100 周年的发展目标，要在 21 世纪头二十年，集中力量，全面建设惠及十几亿人口的更高水平的小康社会，使经济更加发展、民主更加健全、科教更加进步、文化更加繁荣、社会更加和谐、人民生活更加殷实。这是实现中国社会主义现代化建设第三步战略目标必经的承上启下的发展阶段，也是完善社会主义市场经济体制和扩大对外开放的关键阶段。经过这个阶段的建设，再继续奋斗几十年，到 21 世纪中叶基本实现现代化，把中国建成富强、民主、文明的社会主义国家。中国共产党全面建设小康社会目标，是中国特色社会主义经济、政治、文化全面发展的目标，是与加快推进现代化相统一的目标，符合中国国情和现代化建设实际，符合人民愿望，意义十分重大。实现全面建设小康社会目标，祖国将更加繁荣富强，人民生活将更加幸福美好，中国特色社会主义将进一步显示巨大的优越性。中共十七大提出高举中国特色社会主义伟大旗帜，为夺取全面建设小康社会新胜利而奋斗的任务，确定实现全面建设小康社会奋斗目标的新要求。必须适应国内外形势的新变化，顺应各族人民过上更好生活的新期待，把握经济社会发展趋势和规律，坚持中国特色社会主义经济建设、政治建设、文化建设、社会建设的基本目标和基本政策构成的基本纲领，在中共十六大确立的全面建设小康社会目标的基础上对中国发展提出新的更高要求。这就是：增强发展协调性，努力实现经济又好又快发展。扩大社会主义民主，更好保障人民权益和社会公平正义。加强文化建设，明显提高全民族文明素质。加快发展社会事业，全面改善人民生活。建设生态文明，基本形成节约能源资源和保护生态环境的产业结构、增长方式、消费模式。循环经济形成较大规模，可再生能源比重显著上升。

在美国讲述决心“全面建成小康社会”的“梁家河故事”

中共十八大提出“坚定不移沿着中国特色社会主义道路前进，为全面建成小康社会而奋斗”。从这时起，中国共产党将“全面建设小康社会”改为“全面建成小康社会”。2013 年习近平总书记向国际社会宣布，中国未来的目标是到 2020 年全面建成惠及十几亿人口的小康社会。中共十九大宣布“决胜全面建成小康社会，夺取新时代中国特色社会主义伟大胜利”。从中共十九大起，习近平总书记将“全面建成小康社会”改为“决胜全面建成小康社会”，并对“小康”念念不忘，抓住不放，知难而进，一抓到底。从习近平总书记访问美国期间在西雅图中美友好组织欢迎会上的演讲，可以追根溯源，找到他“决胜全面建成小康社会”的“初心”所在。2015 年 9 月 22 日傍晚，习近平总书记在美国西雅图出席华盛顿州政府和美国友好团体联合欢迎宴会并发表演讲。他根据自己亲身经历，满怀深情地向美国听众讲述中国发展历程：“新中国成立以来特别是改革开放以来，中国走过了一段很不平凡的历程，我们这一代中国人对此有着切身的体会。上世纪 60 年代末，我才十几岁，就从北京到中国陕西省延安市一个叫梁家河的小村庄插队当农民，在那儿度过了 7 年时光。那时候，我和乡亲们都住在土窑里、睡在土炕上，乡亲们生活十分贫困，经常是几个月吃不到一块肉。我了解乡亲们最需要什么！后来，我当了这个村子的党支部书记，带领乡亲们发展生产。我了解老百姓需要什么。我很期盼的一件事，就是让乡亲们饱餐一顿肉，并且经常吃上肉。但是，这个心愿在当时是很难实现的。”① 这时，出席晚宴的各界代表人物聚精会神，认真聆听习近平总书记的即席演讲，在现场直接感受到了这位东方大国领袖的非凡经历与远见卓识。习近平总书记继续说：“今年春节，我回到这个小村子。梁家河修起了柏油路，乡亲们住上了砖瓦房，用上了互联网，老人们享有基本养老，村民们有医疗保险，孩子们可以接受良好教育，当然吃肉已经不成问题。这使我更加深刻地认识到，中国梦是人民的梦，必须同中国人民对美好生活的向往结合起来才能取得成功。梁家河这个小村庄的变化，是改革开放以来中国社会发展进步的一个缩影。我们用了 30 多年时间，使中国经济总量跃居世界第二，13 亿多人摆脱了物质短缺，总体达到小康水平，享有前所未有的尊严和权利。这不仅是中国人民生活的巨大变化，也是人类文明巨大进步，更是中国对世界和平与发展事业的重要贡献。”② 最后，习近平总书记强调：“同时，我们也清醒认识到，中国仍然是世界上

---

① 《习近平谈治国理政》第 2 卷，外文出版社 2017 年版，第 29 页。

② 《习近平谈治国理政》第 2 卷，外文出版社 2017 年版，第 29－30 页。

最大的发展中国家。中国的人均国内生产总值仅相当于全球平均水平的三分之二、美国的七分之一，排在世界 80 位左右。按照我们自己的标准，中国还有 7000 多万贫困人口。如果按照世界银行的标准，中国则还有两亿多人生活在贫困线以下。中国城乡有 7000 多万低保人口，还有 8500 多万残疾人。这两年，我去了中国很多贫困地区，看望了很多贫困家庭，他们渴望幸福生活的眼神深深印在我的脑海里。"① 习近平总书记的"中国故事"和真挚感情得到美国嘉宾发自内心的强烈情感共鸣，演讲结束时，全场爆发经久不息的热烈掌声。通过习近平总书记的演讲，美国听众认识到追求美好生活的梦想不分国家与民族。中国人民实现国家富强、民族振兴、人民幸福的中国梦与实现持久和平、共同繁荣的世界梦并不矛盾。中国人民和平、发展、合作、共赢的中国梦，与美国人民的美好梦想，与世界各国人民的美好梦想，并行不悖，息息相通。只要中国人民与美国人民、世界人民由追求美好生活的向往紧紧联系在一起，相互支持、相互帮助，就一定能够成功构建"人类命运共同体"，将世界发展与进步推向前进。

在美国讲述中国人民追求美好幸福"小康"生活产生极大效果

中国领导人在美国西雅图根据亲身经历的演讲，以真情实感赢得美国听众的热烈反响。中国改革开放以来的社会进步与经济发展，"中国梦"的朴素内涵与中华民族的千年期盼，中国人民实现全面建成小康社会的不懈奋斗，受到美国听众的高度评价。美国星巴克董事会名誉主席霍华德·舒尔茨是听众之一。他随着习近平总书记的深情讲述，在自己的脑海里深深印上了"梁家河"这个地名。2020 年 11 月 9 日，舒尔茨致函习近平总书记："时至今日，我仍记得您那天分享的关于梁家河的故事。您提到，重访梁家河，其翻天覆地的变化正是中国过去四十年改革开放成就的缩影。在您的领导下，中国于 2020 年实现了全面建成小康社会的宏伟目标。我对中国人民和中国文化充满敬意。中国梦所蕴含的'对美好生活的向往'让我联想到美国梦。"舒尔茨表示，尽管当前中美双边关系正经历一些波折，我相信中美友谊始终根植于两国人民。发生在中国陕西梁家河的故事，让舒尔茨对习近平总书记阐述的中国梦和美国梦的共通之处有了更深的理解。2021 年 1 月 6 日，舒尔茨惊喜地收到了习近平总书记的回信。习近平总书记写道，在中国共产党领导下，14 亿中国人民为全面建成小康社会、建设社会主义现代化进行长期艰苦努力。中国开启全面建设社会主义现代化国家新征程，将为包括星巴克等美国企业在内的世界各国企业在华发展提供更加广阔的空间。希望星巴克公司为推动中美经贸合作和两国关系发展作出积极努力。舒尔茨

---

① 《习近平谈治国理政》第 2 卷，外文出版社 2017 年版，第 30 页。

感到非常振奋。在全面建成小康社会历史性进程中，陕西省延安市梁家河的乡亲们，从原来居住土窑土炕，吃饭酸菜粗粮，发展到出门柏油路，住宅砖瓦房，接通互联网，家家彩电和冰箱。梁家河农民向往的小康生活已经成为现实。昔日与梁家河具有相同贫困历史又在中国特色社会主义新时代共同奔向小康生活的辽阔的中华大地上，中国人民对小康生活的向往以日新月异的速度成为活生生现实。

深入贫困地区创造性提出“精准扶贫”建成“小康村”

2013年11月，习近平总书记来到湖南省地处山区、贫困地区，又是少数民族地区的湘西土家族苗族自治州花垣县排碧乡十八洞村调研。当时，十八洞村是闻名遐迩的贫困村。他在十八洞村走访“低保户”“特困户”，看民居、揭米仓、进猪圈，实地调研村民的生产和生活情况，仔细了解村里的水、路、电和教育、医疗等方方面面存在的问题。然后，他和村干部、村民代表等一起座谈推动十八洞村奔向“小康”的举措。在这次调研中，他首次提出“精准扶贫”，抓扶贫开发，既要整体联动、有共性的要求和措施，又要突出重点、加强对特困村和特困户的帮扶。根据“精准扶贫”新概念，中国共产党确定“精准扶贫”战略，成效显著。2016年3月8日，习近平总书记来到北京人民大会堂东大厅出席全国人大会议的湖南代表团开会的现场，一开口就问：“去年有多少人娶媳妇?”全国人大代表、湘西土家族苗族自治州州长回答：“七个。”听着习近平总书记与州长对话，与会代表开心地笑了。习近平总书记问的正是十八洞村情况。习近平总书记说，我正式提出“精准扶贫”就是在十八洞村，前几天中央电视台报道的十八洞村脱贫进展情况，我都看了。接着，习近平总书记又问：“现在人均收入有多少了?”州长回答：“您当年来的时候是1680元，现在已经增加到3580元。”州长说，十八洞村百姓收入增加，村容村貌变化，已成为全省文明村和旅游定点村，村民笑容多了、求发展愿望强了，连大龄男青年解决“脱单”问题也容易了。习近平总书记提出“精准扶贫”“脱贫攻坚”，把“小康不小康，关键看老乡”作为“全面建成小康社会”的“硬指标”，使愈来愈多处于经济文化落后状态的“弱势群体”和贫困地区过上了丰衣足食的幸福生活。从中华民族古代憧憬“小康”到邓小平提出“小康之家”，从“建设小康”到“全面建成小康社会”，习近平总书记既继承前人又不断创新，引领着“全面建成小康社会”的发展方向。

“在扶贫的路上，不能落下一个贫困家庭，丢下一个贫困群众”

为了带领中国人民尽快实现“小康”，习近平总书记经常到革命老区、少数民族地区、贫困地区、边疆地区和山区调查研究，亲力亲为，分类指导，务求实效。他在关于制定国家“十三五”规划建议的说明中指出：“我们不能一边宣布全面建成了小康社会，另一边还有几千万人口的生活水平处在扶贫标准线以下，这既影响人民群众对全面建成小康社会的满意度，也影响国际社会对我国全面建成小康社会的认可度。"2015 年中共中央政治局常委与地方党政主要负责人全部出席中央扶贫开发工作会议，表现了中央和各地负责人关于消除绝对贫困、决胜全面建成小康社会的一致信念。随后，公布《中共中央、国务院关于打赢脱贫攻坚战的决定》。2016 年春节前夕，习近平总书记在江西考察时强调："在扶贫的路上，不能落下一个贫困家庭，丢下一个贫困群众。"2016 年 3 月 8 日，他参加全国两会期间湖南代表团审议时，更加明确的要求："抓工作不能狗熊掰棒子，去过的每个地方都要抓反馈。"他公开了一个"秘密"——凡是他实地考察过的这些地方，有关部门都要派人进行"回访"，有的事前打招呼，有的事前不打招呼。他强调："要坚持以民为本，民有所想所求，我们就要帮助他们，为他们服务。"新时代提出"决胜全面建成小康社会"，顺天理，接地气，得人心，促发展，提升党的民望，凝聚全民共识，是中国共产党为实现中华民族伟大复兴作出的重大贡献。

新时代万众一心，众志成城，"决胜全面建成小康社会"

在中国共产党成立百年之际，习近平总书记庄严宣告，经过全党全国各族人民持续奋斗，我们实现了第一个百年奋斗目标，在中华大地上全面建成了小康社会，历史性地解决了绝对贫困问题，正在意气风发向着全面建成社会主义现代化强国的第二个百年奋斗目标迈进。在中华民族五千多年历史上，实现"小康"是亘古以来中国人民世世代代的千年期盼。中国改革开放和社会主义现代化建设新时期开启全国人民凝心聚力、一心一意"奔小康"的壮丽征程，中国特色社会主义新时代，习近平总书记提出"决胜全面建成小康社会"。从"奔小康"到"决胜全面建成小康社会"，最大限度地激发了中国人民全力以赴"以经济建设为中心"的积极性、追求美好幸福生活的创造性和实现中华民族伟大复兴的历史主动性，最大限度地反映了中国人民摆脱贫困、实现富裕的共同心愿，最大限度地凝聚了中华民族万众一心、奋发图强的共识，最大限度地代表了全国人民的根本利益和价值追求，最大限度地体现了全国各族人民的根本愿望和奋斗目标。这是中华民族亘古以来的最大共识。经过从改革开放初始阶段到中国特色社会主义新时代的接续奋斗，昔日经济文化落后的农村旧貌已经一去不返了，"全面建成小康社会"展现出中华民族史无前例的美丽画卷。笔者亲眼看到：华东大地的田野里，麦收季节再也看不到戴着草帽、低头弯腰、手持镰刀，一垄一垄割麦子的农民。青年农民驾驶着具有收割机与脱粒机双重功能的现代化联合收割机在麦田里奔驰，所到之处，将金灿灿的麦子收割得干干净净。然后，驾驶员将联合收割机开到地头，将联合收割机已经脱粒的麦粒直接输送到农用汽车装载麦粒的麻袋里，然后直接运到粮食仓库或者面粉厂，可以迅速经过各种工序加工成为面粉。在中原大地，每年麦收季节，由浩浩荡荡的联合收割机组成的钢铁洪流，根据季节和温差，按照麦子成熟先后，由南部往北部，依次收割麦子，成为中国特色社会主义新时代的现代化“麦客”。数日之内，这些新时代的“装甲兵团”将成千上万亩麦子收割得一干二净。在西南边疆云南瑞丽的大山深处，标准化的“村村通”水泥公路通向各个少数民族村寨，不仅实现了“村村通”，而且实现了“户户通”——“村村通”水泥公路直接通到少数民族村寨每家每户的现代化“吊脚楼”门前。少数民族同胞昔日破旧的房子依然存在，但已成为粮食仓库和存放农具的地方，新型的两层以上的别墅式“吊脚楼”建筑成为每家每户的“标配”，外观看起来依然是“吊脚楼”，内部却是彩色电视机、大沙发、电冰箱、洗衣机和各种家用电器应有尽有，院子里的摩托车、电动车、小轿车、农用汽车等一应俱全，生活上必需的自来水、液化气等与城市完全一样。真是“昔日王谢楼前燕，飞入寻常百姓家”。在西南边境地区看到，中国农村的少数民族生活已经进入“小康”水平，与城市相差无几。在中国与外国接壤的一部分边境线上，没有高山峻岭，只有大约一米宽的水沟作为边界标识，穿越许多村寨，形成“一村两国”。在中国一侧的边界线上，没有军队把守、没有武装警察站岗，也没有任何岗楼，成千上万的中国游客没有一人“叛逃”、没有一人“投奔”一米距离以外的资本主义国家。这是中国“全面建成小康社会”带来的显著成果，更是中国特色社会主义道路自信的最好示范。中共二十大指出：“我们经过接续奋斗，实现了小康这个中华民族的千年梦想，我国发展站在了更高历史起点上。我们坚持精准扶贫、尽锐出战，打赢了人类历史上规模最大的脱贫攻坚战，全国八百三十二个贫困县全部摘帽，近一亿农村贫困人口实现脱贫，九百六十多万贫困人口实现易地搬迁，历史性地解决了绝对贫困问题，为全球减贫事业作出了重大贡献。”

中共十九届六中全会强调，全党必须永远保持同人民群众的血肉联系，践行以人民为中心的发展思想，不断实现好、维护好、发展好最广大人民根本利益，团结带领全国各族人民不断为美好生活而奋斗。从中华优秀传统文化“民惟邦本”的民本思想到中国特色社会主义新时代“坚持人民至上”。习近平新时代中国特色社会主义思想源远流长，守正创新，与时偕行，与时俱进，指引着中国人民全面建成社会主义现代化强国新征程，乘风破浪，砥砺前行。中国特色社会主义新时代深入贯彻以人民为中心的发展思想，在幼有所育、学有所教、劳有所得、病有所医、老有所养、住有所居、弱有所扶上持续用力，人民生活全方位改善。人均预期寿命增长到78.2岁。居民人均可支配收入从16500元增加到35100元。城镇新增就业年均1300万人以上。建成世界上规模最大的教育体系、社会保障体系、医疗卫生体系，教育普及水平实现历史性跨越，基本养老保险覆盖10.4亿人，基本医疗保险参保率稳定在95%。及时调整生育政策。改造棚户区住房4200多万套，改造农村危房2400多万户，城乡居民住房条件明显改善。互联网上网人数达10.3亿人。人民群众获得感、幸福感、安全感更加充实、更有保障、更可持续，共同富裕取得新成效。

四、新时代阐发“协和万邦”，激活“丝绸之路”的历史记忆

在人类历史上，一些经济实力后来居上的国家通过发动侵略战争，争夺国际市场、争夺原料产地、争夺世界霸权、进行殖民统治的血腥历史屡屡上演。21世纪成为世界“第二大经济体”的中国属于社会主义国家，坚持独立自主的和平外交政策，坚持和平共处五项原则。中国发展给世界带来的是机遇而不是战争，是和平而不是动乱，是发展而不是挑战。中国特色社会主义新时代，中国向世界阐发中华优秀传统文化，传播中国话语体系，发出共商共建共享“一带一路”倡议，“协和万邦”推动构建“人类命运共同体”，赢得世界广泛赞誉。

中华优秀传统文化崇尚“协和万邦”，新时代推动构建“人类命运共同体”

中国古代经典《尚书》提出：“曰若稽古，帝尧曰放勋，钦明文思安安，允恭克让，光被四表，格于上下。克明俊德，以亲九族；九族既睦，平章百姓；百姓昭明，协和万邦。”其意是，古代传说，帝尧放勋，深思严谨，谦恭礼让，泽披四方，普照大地，明察俊才，亲密同族；同族和睦，民众团结，协调各国，友善和睦。《尚书》阐发的“协和万邦”理念，深刻表达了中华民族自古以来崇尚光明正大、道德高尚、家族和睦、社会和谐、“协和万邦”（各国和谐）的理念。由此证明，“协和万邦”是中华优秀传统文化的历史基因与中华民族的行为方式。2015年11月，习近平总书记在新加坡指出：“和平发展思想是中华文化的内在基因，讲信修睦、协和万邦是中国周边外交的基本内涵。”中国领导人将“协和万邦”点石成金，赋予中国外交的时代内容，作为中华民族与各国和平共处的历史基因予以传播，收到巨大成效。它说明，从古代中国起，中华民族就有“能使九族敦睦，百姓显明，万邦和睦”的和平共处理念。中国从来就是一个爱好和平、讲求睦邻友好的国家。“穷则独善其身，达则兼善天下。”中国发展了、中国强大了、中国成为“世界第二大经济体”了，中国发展和强大给世界带来的是机遇而不是威胁，是和平而不是动荡，是进步而不是倒退。拿破仑说过，中国是一头沉睡的狮子，当这头睡狮醒来时，世界都会为之发抖。现在，中国这头狮子已经醒了，但这是一只和平的、可亲的、文明的狮子。历史证明，中国这只醒来的“东方雄狮”不是一只凶猛的具有侵略性的狮子，而是一只自古以来就主张“协和万邦”的狮子。在现代世界，随着人类发展与科技进步，特别是互联网

蓬勃兴起，地球已成为“地球村”。列宁说：“只有用人类创造的全部知识财富来丰富自己的头脑，才能成为共产主义者。”邓小平指出：“任何一个国家要发展，孤立起来，闭关自守是不可能的。”“和平与发展是当代世界的主题。”“现在的世界是开放的世界”，“中国的发展离不开世界”，世界的发展也离不开中国。当前，国际形势呈现世界多极化、经济全球化、文化多样化和社会信息化等前所未有的“新常态”。日益严重的环境保护问题、气候变化问题、资源短缺问题、网络犯罪问题、恐怖主义问题等，对国际秩序和人类生存构成严峻挑战。人类只有一个地球，各国共处一个世界，“人类命运共同体”意识逐渐成为各国“共识”。中华文明历来崇尚“以和邦国”“和而不同”“以和为贵”。《孙子兵法》虽然是著名军事著作，开头却讲：“兵者，国之大事，死生之地，存亡之道，不可不察也”，其精髓是慎战、不战。几千年来，这些理念世代相传，已融入中华民族的血脉，化为中国人民的基因，铭刻在中国人民的心中，渗透在中国人民的血液中，成为人人耳熟能详的基本常识。习近平初任总书记时就指出，国际社会日益成为一个你中有我、我中有你的“命运共同体”，面对世界经济的复杂形势和全球性问题，任何国家都不可能独善其身。因此，要以“命运共同体”的新视角，寻求人类共同利益和共同价值的新内涵。2014 年 3 月，习近平总书记在德国指出：“中华民族是爱好和平的民族。一个民族最深沉的精神追求，一定要在其薪火相传的民族精神中来进行基因测序。有着五千多年历史的中华文明，始终崇尚和平，和平、和睦、和谐的追求深深植根于中华民族的精神世界之中，深深溶化在中国人民的血脉之中。中国自古就提出了‘国虽大，好战必亡’的箴言。‘以和为贵’‘和而不同’‘化干戈为玉帛’‘国泰民安’‘睦邻友邦’‘天下太平’‘天下大同’等理念世代相传。中国历史上曾经长期是世界上最强大的国家之一，但没有留下殖民和侵略他国的记录。我们坚持走和平发展道路，是对几千年来中华民族热爱和平的文化传统的继承和发扬。”2017 年 1 月，习近平总书记在联合国日内瓦总部全面阐述“共同构建人类命运共同体”理念：“海纳百川，有容乃大。”要推进国际关系民主化，不能搞“一国独霸”或“几方共治”。世界命运应该由各国共同掌握，国际规则应该由各国共同书写，全球事务应该由各国共同治理，发展成果应该由各国共同分享。他说：大道至简，实干为要。构建“人类命运共同体”，关键在行动。我认为，国际社会要从伙伴关系、安全格局、经济发展、文明交流、生态建设等方面作出努力，坚持对话协商，建设一个持久和平的世界；坚持共建共享，建设一个普遍安全的世界；坚持合作共赢，建设一个共同繁荣的世界；坚持交流互鉴，建设一个开放包容的世界；坚持绿色低碳，建设一个清洁美丽的世界。同时，他明确表示，中国维护世界和平的决心不会改变、促进共同发展的决心不会改变、打造伙伴关系的决心不会改变、支持多边主义的决心不会改变。中国古人说："善学者尽其理，善行者究其难。"构建"人类命运共同体"的美好目标，需要一代又一代人接力才能实现。中国愿同联合国成员国、国际组织和机构一道，共同推进构建"人类命运共同体"的伟大进程。中华优秀传统文化是中华民族对人类文明发展的重大贡献，是中华民族走向世界的最深厚的软实力。习近平总书记运用中华优秀传统文化应对国际问题，阐述中国独立自主的和平外交政策，提出构建"人类命运共同体"等，取得令人鼓舞的巨大成果。

中国发展离不开世界，世界发展离不开中国。中华优秀传统文化与"一带一路"

中国是世界的一部分，中国的发展永远离不开世界。改革开放以来，中国经济发展在人类发展史上具有非同寻常的重要地位。中国改革开放初期的基本状况是百废待兴，百业待举，基本国情是资金少，基础差，底子薄，人口多。1987 年 4 月 26 日邓小平指出："中国科学技术落后，困难比较多，特别是人口太多，现在就有十亿五千万，增加人民的收入很不容易，短期内要摆脱贫困落后状态很不容易。"① 为此，中国以"面向现代化，面向世界，面向未来"的雄伟胆略和气魄实行改革开放，以无与伦比的广阔视野向整个世界敞开胸怀，史无前例地实施"引进来"发展战略，大力引进外国资金、现代化工业设备、现代科学技术和现代管理经验，为我所用，实现了中国经济的跨越式发展。实践证明"改革开放是决定当代中国前途命运的关键一招"。经过四十多年聚精会神的快速发展，中国经济以"速度高""增长快""块头大"为特征，进入推动世界经济发展的"第一方阵"，成为引领世界经济发展的重要"引擎"，为世界发展特别是为发展中国家提供了"中国道路""中国方案""中国智慧"和"中国经验"。中国发展了，中国怎么办？中国以实际行动回报世界——这就是中国特色社会主义新时代实施"引进来"与"走出去"相结合发展理念的根本所在。其中，引人注目的就是中国倡导与世界各国共商"一带一路"、共建"一带一路"、共享"一带一路"发展成果。中国汉代时期汉武帝派张骞通西域。开辟以长安为起点，经甘肃、新疆到中亚、西亚，连接地中海各国的陆上通道，进行经济贸易活动。因为这条道路最初的主要功能是运输中国丝绸，1877 年一位德国地质地理学家把中国与中亚、中国与印度以丝绸贸易为媒介的西域通道命名为"丝绸之路"，此即"陆上丝绸之路"；"海上丝绸之路"则是古代中国与外国交通贸易和文化交往的海上通道，也是最古老的海上航线，由于以南海为中心又称为"南海丝绸之路"。由此，

---

① 《邓小平文选》第 3 卷，人民出版社 1994 年版，第 224 页。

“丝绸之路”成为中国古代连接亚洲、非洲和欧洲的商贸路线，东方与西方经济、政治、文化交流的主要通道，形成以和平合作、开放包容、互学互鉴、互利共赢为特征的“丝绸之路”精神。2013 年，习近平总书记借用“丝绸之路”的历史符号，激活历史上“丝绸之路”的历史基因，在哈萨克斯坦提出共同建设“丝绸之路经济带”，又在印度尼西亚提出共同建设“21 世纪海上丝绸之路”，旨在激活古代中国联结世界各国的“丝绸之路”，唤起“丝绸之路”沿线国家历史记忆，共同继承和发扬“丝绸之路”精神，把中国发展同“丝绸之路”沿线国家发展结合起来。习近平总书记提出与有关国家共建“一带一路”的主要目的是依靠中国与有关国家双边、多边机制，借助行之有效的区域合作平台，高举和平发展旗帜，发展中国与“一带一路”倡议参与国家的经济合作伙伴关系，共同打造政治互信、经济融合、文化包容的利益共同体、命运共同体和责任共同体。习近平总书记提出“一带一路”倡议为世界经济发展、特别是发展中国家发展带来重大历史性机遇。“一带一路”赋予古代“丝绸之路”以全新的时代内涵——以中国发展为契机，让更多国家搭上“中国发展快车”，帮助他们实现经济发展目标。习近平总书记提出“一带一路”倡议后，“一石激起千层浪”，各国热烈响应。因为“一带一路”倡议顺应时代要求和各国发展愿望，具有深厚历史渊源和人文基础，彰显了中国作为负责任世界大国的责任意识和担当意识。通过“一带一路”倡议，中国展现出一个拥有深厚历史底蕴的大国应有的胸怀和心志，“以天下为己任”，大力弘扬中华文化优秀传统，积极承担国际责任和义务，在实现自身发展的同时为人类共同发展进步作出积极贡献。同时，“一带一路”既符合中国经济发展内生性要求，也有助于带动中国边疆地区和民族地区发展。习近平总书记提出“一带一路”倡议以来，已经有上百个国家和国际组织积极响应支持，数十个国家和国际组织同中国签署合作协议，中国企业对“一带一路”倡议参与国家投资数百亿美元，一系列重大项目落地开花，带动了各国经济发展，创造了大量就业机会。“一带一路”倡议来自中国，成效惠及世界，成果惠及民众。联合国秘书长古特雷斯说，期待“一带一路”倡议与联合国 2030 年可持续发展议程携手，造福世界。“全球化”概念首倡者之一马丁·阿尔布劳表示，“一带一路”显然与全球经济一体化息息相关，通过扩大共同利益，密切彼此联系，是中国助推世界经济发展的良好途径。

中华优秀传统文化为“一带一路”提供历史与现实结合的深厚基础和现代启示

自古以来，中华文明与人类文明互相促进、互联互通。两千多年前，中华民族满载丝绸的骆驼队伍披荆斩棘，筚路蓝缕，穿越草原沙漠，开辟出中国联通亚欧非的

"陆上丝绸之路"；中华民族浩浩荡荡的船队扬帆远航，穿越惊涛骇浪，闯荡出连接东西方的"海上丝绸之路"。古丝绸之路打开了中国与世界各国友好交往的"新窗口"，书写了人类发展进步的新篇章。中国陕西历史博物馆珍藏的千年"鎏金铜蚕"、在印度尼西亚发现的千年沉船"黑石号"等历史文物，见证了古代"陆上丝绸之路"和"海上丝绸之路"的历史。

古丝绸之路绵亘万里，延续千年，积淀了以和平合作、开放包容、互学互鉴、互利共赢为核心的丝路精神。这是人类文明的宝贵遗产。

古丝绸之路是和平合作之路。公元前 140 多年的中国汉代，一支从长安出发的和平使团，开始打通东方通往西方的道路，完成了"凿空之旅"，这就是著名的张骞出使西域。中国唐宋元时期，陆上和海上丝绸之路同步发展，中国、意大利、摩洛哥的旅行家杜环、马可·波罗、伊本·白图泰都在陆上和海上丝绸之路留下了历史印记。15 世纪初的明代，中国著名航海家郑和七次远洋航海，留下千古佳话。这些开拓事业之所以名垂青史，是因为使用的不是战马和长矛，而是驼队和善意；依靠的不是坚船和利炮，而是宝船和友谊。一代又一代"丝路人"架起了东西方合作的纽带、和平的桥梁。

古丝绸之路是开放包容之路。古丝绸之路跨越尼罗河流域、底格里斯河和幼发拉底河流域、印度河和恒河流域、黄河和长江流域，跨越埃及文明、巴比伦文明、印度文明、中华文明的发祥地，跨越佛教、基督教、伊斯兰教信众的会集地，跨越不同国度和肤色人民的聚居地。不同文明、宗教、种族求同存异、开放包容，并肩书写相互尊重的壮丽诗篇，携手绘就共同发展的美好画卷。酒泉、敦煌、吐鲁番、喀什、撒马尔罕、巴格达、君士坦丁堡等古城，宁波、泉州、广州、北海、科伦坡、吉达、亚历山大等地的古港，就是记载这段历史的"活化石"。古代历史告诉当今世界的人们：文明在开放中发展，民族在融合中共存。

古丝绸之路是互学互鉴之路。古丝绸之路既是一条通商易货之道，更是一条知识交流之路。沿着古丝绸之路，中国将丝绸、瓷器、漆器、铁器传到西方，也为中国带来了胡椒、亚麻、香料、葡萄、石榴。沿着古丝绸之路，佛教、伊斯兰教及阿拉伯的天文、历法、医药传入中国，中国的四大发明、养蚕技术也由此传向世界。更为重要的是，商品和知识交流带来了观念创新。佛教源自印度，在中国发扬光大，在东南亚得到传承。儒家文化起源中国，受到欧洲莱布尼茨、伏尔泰等思想家的推崇。这是交流的魅力、互鉴的成果。

古丝绸之路是互利共赢之路。古丝绸之路见证了陆上"使者相望于道，商旅不绝于途"的盛况，也见证了海上"舶交海中，不知其数"的繁华。在古丝绸之路这条大动脉上，资金、技术、人员等生产要素自由流动，商品、资源、成果等实现共享。阿拉木图、撒马尔罕、长安等重镇和苏尔港、广州等良港兴旺发达，罗马、安息、贵霜等古国欣欣向荣，中国迎来了“汉唐盛世”。古丝绸之路创造了世界上地区性大发展大繁荣的壮丽景象。

知古鉴今。历史是最好的老师。古丝绸之路的历史表明，无论相隔多远，只要勇敢迈出第一步，坚持相向而行，就能走出一条相遇相知、共同发展之路，走向幸福安宁和谐美好的远方。

从历史维度看，21 世纪的人类社会正处在一个大发展大变革大调整时代。世界多极化、经济全球化、社会信息化、文化多样化深入发展，和平发展的大势日益强劲，变革创新的步伐持续向前。各国之间的联系从来没有像当代世界这样紧密，世界人民对美好生活的向往从来没有像当今这样强烈，人类战胜困难的手段从来没有像当今这样丰富。

从现实维度看，21 世纪的人类社会正处在一个挑战频发的世界。世界经济增长需要新动力，发展需要更加普惠平衡，贫富差距鸿沟有待弥合。地区热点持续动荡，恐怖主义蔓延肆虐。和平赤字、发展赤字、治理赤字，是摆在全人类面前的严峻挑战。

“一带一路”建设，植根深厚的古代丝绸之路的历史土壤，重点面向亚欧非大陆，同时向所有国家开放。不论来自亚洲、欧洲，还是非洲、美洲，都是“一带一路”建设国际合作的伙伴。“一带一路”建设将由参与国家共同商量，“一带一路”建设成果将由参与国家共同分享。中国古语讲“不积跬步，无以至千里”，阿拉伯谚语说“金字塔是一块块石头垒成的”，欧洲俗语认为“伟业非一日之功”。“一带一路”建设是伟大的事业，需要伟大的实践。只要参与“一带一路”国家凝心聚力，众志成城，“一带一路”必将造福世界，造福人民。

“一带一路”成为密切当代中国与沿线国家经济联系的重要纽带

中国特色社会主义新时代“一带一路”的“高速列车”高歌猛进，在中国与有关国家的互惠合作中不断发展，已成为范围最广、规模最大的国际合作平台和最受欢迎的国际公共产品。随着中外合作不断深入，“一带一路”建设正沿着高质量发展方向不断前进。2021 年是中国经济和社会发展第十四个五年规划纲要开局之年，“一带一路”建设迎着风云变幻的国际形势，砥砺前行，不断取得积极成效。2021 年上半年中国与“一带一路”倡议参与国家货物贸易额 8245.5 亿美元，同比增长 37.9%。同时，中国对“一带一路”倡议参与国家投资保持增长，前 8 个月对“一带一路”倡议参与国家非金融类直接投资 128.9 亿美元，同比增长 9.2%，在“一带一路”倡议参与国家新签承包工程合同额达到708.9亿美元。在非洲尼日利亚，由中国企业设计建设的西非首条双线标准轨铁路——拉伊铁路顺利通车，结束了尼日利亚第一大城市拉各斯没有现代化铁路的历史，有效改善当地交通拥堵，大大促进了物资交流和经济发展。在印度尼西亚首都雅加达开工建设的雅加达至万隆高铁（雅万高铁），是中国首个海外高铁项目，也是东南亚第一条最高设计时速350公里的高铁，全长142.3公里，途经9个市县，全线共设4座车站，由中国提供贷款，中国与印尼企业合作建设和运营，预计费用55亿美元，75%来自中国国家开发银行。现在，雅万高铁建成通车后，雅加达至万隆的铁路运行时间从原来3个多小时缩短至40分钟，为民众出行、带动沿线产业发展、提升区域经济社会发展水平提供了"捷径"。"一带一路"作为中国推动构建"人类命运共同体"的重要实践平台，彰显中国的责任担当和世界情怀。2021年习近平总书记在博鳌亚洲论坛年会指出，"一带一路"是大家携手前进的阳光大道，不是某一方的私家小路，追求的是发展，崇尚的是共赢，传递的是希望。我们将同各方继续高质量共建"一带一路"，践行共商、共建、共享原则，弘扬开放、绿色、廉洁理念，努力实现高标准、惠民生、可持续目标。我们将建设更紧密的卫生合作伙伴关系，更紧密的互联互通伙伴关系，更紧密的绿色发展伙伴关系，更紧密的开放包容伙伴关系，为人类走向共同繁荣作出积极贡献。习近平总书记还向"一带一路"亚太区域国际合作高级别会议发表书面致辞，在亚太经合组织领导人非正式会议上宣示同世界和亚太各国实现更高水平的互利共赢。在习近平总书记推动下，高质量共建"一带一路"持续发展。"一带一路"倡议以来得到越来越多国家的积极响应。到2021年已经有172个国家和国际组织与中国签署200多份共建"一带一路"合作文件，推动建立90多个双边合作机制。"一带一路"倡议参与国家基础设施联通不断深化，国际互联互通水平持续提升，一大批合作项目落地生根，开花结果。2022年1月17日，习近平总书记在北京出席2022年世界经济论坛视频会议，发表《坚定信心，勇毅前行，共创后疫情时代美好世界》的演讲。习近平总书记表示，中国将继续扩大高水平对外开放，稳步拓展规则、管理、标准等制度型开放，落实外资企业国民待遇，推动共建"一带一路"高质量发展。从2013年中国领导人在哈萨克斯坦和印度尼西亚先后提出共建丝绸之路经济带和21世纪海上丝绸之路以来，中国与有关国家一道共建"一带一路"，推动着"一带一路"在探索中前进、在发展中完善、在合作中成长。近十年来，"一带一路"建设极大地拓展了中国经济发展空间，为"一带一路"沿线各国联动发展注入了磅礴的正能量。"一带一路"的"朋友圈"越来越大，积极参与的国家越来越多；"一带一路"倡议参与国家之间，互联互通，互通有无，平等互利，和平共处，贸易畅通有目共睹，民生改善实实在在。21

世纪20年代的世界，共建“一带一路”已经成为深受欢迎的国际公共产品和国际合作平台。有关国家已经从“一带一路”实际效益中感受到，中国倡导的“一带一路”建设秉持的是共商、共建、共享原则，不是封闭的，而是开放包容的；不是中国的独奏，而是“一带一路”倡议参与国家的合唱。“一带一路”“朋友圈”越来越大再次表明，共建“一带一路”彰显了同舟共济、权责共担的命运共同体意识，为完善全球治理体系变革提供了新思路和新方案。2017年，时任肯尼亚总统肯雅塔向中国领导人赠送了一枚由红色中国结串起的金色镂空窗花优盘。这枚优盘里，存储着蒙内铁路的画面：辽阔的东非草原上，一条铁路线向前延伸，现代化车站拔地而起……到2024年，蒙内铁路已通车7年，大大缩短了人们往来内罗毕和蒙巴萨的时间，让当地居民的出行更加安全方便，显著地提高了货物运输效率和数量，有效地拉动了相关经济和产业发展，极大地促进了区域互通互联。蒙内铁路是一条采用中国标准、中国技术、中国装备建造的现代化铁路。从开初运营7年来的效果看，蒙内铁路的建设和运营，为肯尼亚直接和间接创造超过7.4万个就业岗位，培养2800余名高素质铁路专业技术和管理人才。2024年1月，习近平总书记复信北京交通大学肯尼亚留学生及校友代表，鼓励他们继续为中肯和中非友好事业发光发热。他在复信中指出：“蒙内铁路是中肯共建‘一带一路’旗舰项目和成功典范。我高兴地看到，你们因这条‘幸福路’与中国结缘，是中肯和中非友好合作的见证者、受益者，更是建设者和传播者。”一枚优盘记录友谊；一条铁路铺筑发展。中国铁路建设者们铺筑发展振兴路，将和平、发展、合作、共赢的理念播撒到世界各地。

“一带一路”贯通古今，联结中外，“中欧班列”浩浩荡荡，奔驰向前

古代“丝绸之路”通过贸易互通，将中国与欧洲和世界联结在一起。21世纪中国倡议共建“一带一路”将“丝绸之路”升级为“丝绸之路经济带”。2011年3月，首列中国开往欧洲的中欧班列，披红挂彩，驶出中国重庆的火车站台，开往德国杜伊斯堡，拉开了中欧班列不断发展壮大的序幕。2016年6月，中国领导人在出访波兰期间，同波兰总统共同出席统一品牌中欧班列首达欧洲（波兰）仪式。中国“一带一路”国家级信息服务平台新华丝路网介绍：“中欧班列是按照固定车次、线路、班期和全程运行时刻开行，运行于中国与欧洲以及‘一带一路’沿线各国的集装箱国际铁路联运班列，分别从中国重庆、成都、郑州、武汉、苏州、义乌等开往德国、波兰、西班牙等国家的主要城市。”在重庆铁路列车编组站，可以看到联结中国重庆、新疆和欧洲的铁路上运行的“渝新欧班列”的盛况。在重庆铁路枢纽站担任“调度员”的小伙子和姑娘们，因为每次发出“渝新欧班列”都需要协调若干国家的铁路系统，所以十分自豪非常开心地宣称“我们已成为国际协调员了”。“渝新欧”国际

铁路联运大通道全长1万多公里，从中国重庆、新疆，经过哈萨克斯坦、俄罗斯、白俄罗斯、波兰，直达德国。经过有关国家共同努力，重庆开往欧洲的“渝新欧班列”连续不断，运送货物的时间比中国到德国的海上运输时间节约20多天，经济效益非常显著。“渝新欧国际物流大通道”开通以来，营运水平不断提高。同时，从中国开往欧洲的“中欧班列”数量迅猛增长，时限大幅压缩，物流成本显著降低，服务平台不断完善，货物品类日益丰富，影响力不断增强。中国与欧洲互通有无，实现双赢，“中欧班列”货物品类日益丰富，从小商品和电子产品到纺织品、汽车及配件、机械装备、家具等，从最初单向运营发展到双向运营，西班牙红酒、波兰牛奶、保加利亚玫瑰精油、德国汽车和啤酒等，搭上“中欧班列”进入中国市场。目前，依托新亚欧大陆桥和西伯利亚大陆桥，形成西、中、东三条中欧铁路运输通道，“中欧班列”开行城市不断增加，到达欧洲的国家和城市持续上升。英国是义乌在欧洲的第一大贸易伙伴，2016年1月至10月义乌对英国进出口贸易额达5.69亿美元。2017年1月1日，满载中国商品的“义乌—欧洲班列”从中国浙江义乌始发，由中国新疆阿拉山口出境，经哈萨克斯坦、俄罗斯、白俄罗斯、波兰、德国、法国，穿过英吉利海峡隧道，18天到达伦敦。英国最著名的老牌媒体BBC高度赞赏“一带一路”，认为“中国用现代科技重新打通了古代亚欧大陆的丝绸之路，非常了不起!”2021年在浙江义乌铁路口岸可以看到，满载着德国啤酒、钢材和日用消费品的“中欧班列”不断驶入站台。2021年“中欧班列”开行数量、质量取得逆势增长，5月至8月连续4个月单月开行超过1300列，并首次实现“不停车”快速通关。在“一带一路”沿线快速流动的货物催生出跨境电商“中欧班列+海外仓”的全新业态。如今中欧班列累计开行超过4万列，打通73条运行线路，通过东、中、西三大物流通道，通达欧洲23个国家的170多个城市，成为稳定全球供应的“钢铁驼队”、中国与欧洲以及世界发展经济贸易的“钢铁纽带”。“中欧班列”将中国与欧洲更加紧密地联结在一起。中华优秀传统文化“丝绸之路”升级版的“一带一路”成为联结中国与欧洲经济发展的重要纽带。2021年是中欧班列开行十周年，推进“一带一路”建设工作领导小组办公室召开中欧班列统一品牌五周年工作座谈会宣布，截至2021年3月，中欧班列累计开行突破4万列，合计货值超过2000亿美元，打通73条运行线路，通达欧洲22个国家的160多个城市。这就意味着，中欧铁路不是一条线，而是一张网，欧洲20多个国家百余城市星罗其中。经过多年的市场培育，中欧班列已实现常态化开行、规模化运营。中欧班列开行数量和范围不断扩大，自2016年中欧班列统一品牌以来，班列开行数量逐年快速增长，2016年至2021年，中欧班列分别开行1702列、3673列、6363列、8225列、12406列、15183列，年均增长55%，运输货物不断丰富。从最初的手机、电脑笔记本等 IT 产品，扩大到汽车配件及整车、化工、机电、粮食、酒类、木材等 5 万余种。运输货值成倍增长，由 2016 年的 80 亿美元提升至 2021 年的 749 亿美元。目前，中欧班列已铺画 78 条运行线路，通达欧洲 23 个国家的 180 个城市。

“北斗导航”为“一带一路”沿线国家带来便捷服务。“一带一路”硕果累累

中华民族历来是一个爱好和平的民族，爱好和平在儒家思想中也有很深的渊源。中国人自古就推崇“协和万邦”“亲仁善邻，国之宝也”“四海之内皆兄弟也”“远亲不如近邻”“亲望亲好，邻望邻好”“国虽大，好战必亡”等和平思想。爱好和平的思想深深嵌入了中华民族的精神世界，今天依然是中国处理国际关系的基本理念。现在，中国经济发展助力世界经济发展已经呈现着全方位多领域多渠道的态势。

2021 年“仰望星空”，中国发射在太空中的 30 颗北斗导航卫星不分昼夜为“一带一路”沿线国家和地区提供着导航服务。从最新的北斗系统覆盖分布图可以看到颜色越黄表示信号越强，“一带一路”沿线全部处在北斗系统强信号区间，越来越多的“一带一路”沿线国家享受到北斗导航带来的便捷服务。现在，中国与“一带一路”沿线国家贸易畅通，合作发展，各方面经济联系日益深化。

2013 年至 2020 年中国与“一带一路”倡议参与国家货物贸易额累计达到 9.2 万亿美元。世界银行发布的最新评估报告指出，到 2030 年共建“一带一路”有望帮助世界上 760 万人摆脱极端贫困，帮助 3200 万人摆脱中度贫困。中国提出“一带一路”倡议以来，始终坚持共商、共建、共享，“一带一路”建设正沿着高质量发展方向推进，让世界共享“中国发展”“中国倡议”“中国智慧”的成果。中国与有关国家高质量共建“一带一路”已结出累累硕果，惠及发展中国家，也惠及全世界。

2023 年是中国提出共建“一带一路”倡议 10 周年。中国当初提出这一倡议的初心，是借鉴古丝绸之路，以互联互通为主线，同各国加强政策沟通、设施联通、贸易畅通、资金融通、民心相通，为世界经济增长注入新动能，为全球发展开辟新空间，为国际经济合作打造新平台。十年间，中国坚守初心、与“一带一路”沿线国家携手同行，推动“一带一路”国际合作从无到有，蓬勃发展，取得丰硕成果。“一带一路”合作从亚欧大陆延伸到非洲和拉丁美洲，150 多个国家、30 多个国际组织签署共建“一带一路”合作文件，举办三届“一带一路”国际合作高峰论坛，成立了 20 多个专业领域多边合作平台。“一带一路”合作从“大写意”进入“工笔画”阶段，把规划图转化为实景图，一大批标志性项目和惠民生的“小而美”项目落地生根。“一带一路”合作从硬联通扩展到软联通。共商共建共享、开放绿色廉洁、高标准惠民

生可持续，成为高质量共建“一带一路”的重要指导原则。十年间，中国致力于构建以经济走廊为引领，以大通道和信息高速公路为骨架，以铁路、公路、机场、港口、管网为依托，涵盖陆、海、天、网的全球互联互通网络，有效促进了各国商品、资金、技术、人员的大流通，推动绵亘千年的“古丝绸之路”在新时代焕发新活力。当今世界，“一带一路”成效显著。奔行在铁路上的列车，驰骋在公路上的汽车，联通各国的空中航班，劈波斩浪的货轮，快捷方便的数字电商，成为新时代国际贸易的驼铃、帆影。一座座水电站、风电站、光伏电站，一条条输油、输气管道，越来越智能通达的输电网络，让能源短缺不再是发展的瓶颈，让发展中国家绿色低碳发展的梦想得以点亮，成为新时代可持续发展的绿洲、灯塔。现代化的机场和码头，通畅的道路，拔地而起的经贸产业合作园区，催生新的经济走廊，激发新的增长动力，成为新时代的商贸大道、驿站。精彩纷呈的文化年、艺术节、博览会、展览会，独具特色的鲁班工坊、“丝路一家亲”、“光明行”等人文交流项目，不断深化的民间组织、智库、媒体、青年交流，奏响新时代的丝路乐章。新冠疫情暴发后，“一带一路”成为生命之路和健康之路。中国向各国提供了上百亿个口罩和23亿剂疫苗，同20多个国家合作生产疫苗，为共建“一带一路”合作伙伴抗击疫情作出独特贡献。中国在疫情最严峻的时候也得到70多个国家的宝贵支持。中国倡议共建“一带一路”，坚持共商、共建、共享，跨越不同文明、文化、社会制度、发展阶段差异，开辟了各国交往的新路径，搭建起国际合作的新框架，汇集着人类共同发展的最大公约数。

“一带一路”沿线国家“中国草”茁壮生长，被民众称为“幸福草”

当今世界，“一带一路”沿线许多国家都知道，在习近平总书记亲自关心和推动下，来自他工作过福建的神奇“中国草”已经在100多个国家落地生根，给这些国家创造了数十万个就业机会。中国国家菌草工程技术研究中心首席科学家林占熺说：“没有树挺拔，没有花香，但菌草能变出山珍。”在“一带一路”沿线许多国家，来自中国福建的菌草被很多民众称为“中国草”“幸福草”。在第三次“一带一路”建设座谈会上，习近平总书记回忆了“中国草”的往事。习近平同志在福建工作期间，接待了巴布亚新几内亚东高地省省长拉法纳玛。我向他介绍了菌草技术，这位省长一听很感兴趣。我就派《山海情》里的那个林占熺去了。林占熺就是热播剧《山海情》中“凌教授”的原型。中国菌草技术诞生于20世纪80年代的福建，当时期待尽快脱贫致富的农民们砍树种菇，导致出现了伐木养菌与植树造林之间的突出矛盾。林占熺发明的菌草技术能够以草代木栽培食用菌，兼具经济价值和生态效益，成为福建对口帮扶宁夏的农业技术之一。在习近平同志的推动下，位于太平洋的岛国巴布亚新几内亚成为中国菌草技术走出国门的首站。林占熺接到委派的出国任务后，在巴布亚新几内亚进行了半年的技术重演示范试验。林占熺回忆说，当时巴布亚新几内亚东高地省仍处于刀耕火种的部落经济，当地百姓对寻找摆脱贫困的道路非常渴望。他们很好奇，漫山遍野的野草怎么就能变出解决温饱的食物？当时的技术示范现场会大约来了6000人，很多群众甚至步行三天三夜赶到现场。2000年时任福建省省长的习近平同志与巴布亚新几内亚东高地省省长拉法纳玛在福州签署了菌草等技术援助协议，林占熺再次受命前往巴布亚新几内亚。为了让菌草能够适应巴布亚新几内亚的自然环境，林占熺从当地实际情况出发，对菌草技术进行了本土化改造。为了真正造福巴布亚新几内亚的穷苦百姓，林占熺的团队把这一现代生物技术简化、简化、再简化，直到没受过太多教育的农民也能“一看就懂”“一学就会”“一做就成”。在当地艰苦的条件下，林占熺专家组坚持了整整8年，帮助菌草技术在巴布亚新几内亚落地生根，开花结果，走向成熟。2018年来自中国福建的菌草在巴布亚新几内亚创下每公顷年产鲜草853吨的纪录。当地百姓把菌草称作“中国草”“幸福草”“中国神草”。当地民众甚至给孩子取名为“菌草”，以感谢中国神奇菌草的援助。巴布亚新几内亚总理詹姆斯·马拉佩表示，菌草促进当地民众收入增加、性别平等和摆脱贫困，“菌草就是我们的脱贫致富草”。专家认为，中国福建菌草生长快，适应性强，管理简便，有利于保持水土，特别适合发展中国家用于快速减贫增收和可持续发展，是助力发展中国家民众走向富裕的“脱贫致富草”。2021年习近平总书记在“一带一路”建设座谈会上说：“我当国家副主席以后，到南太平洋，到非洲，到南美洲继续推广菌草。现在这个技术已经在100多个国家落地生根，给当地创造了数十万个就业机会。”在习近平总书记大力推动下，经过中国专家的拼搏奉献，实现了菌草从一国到百国的落地生根，茁壮生长。目前，林占熺团队已选育菌草48种，可以生产56种食用和药用菌。而且，菌草不仅可以养菇致富，还可以治理风沙，饲养牛羊，甚至用于发电和造纸。长期以来，中国已在国内外举办270期培训项目，培训学员上万人，传播推广菌草技术的语言达18种。菌草在广大发展中国家成功播撒了希望的种子，改变了许多家庭的贫困面貌，拓展了许多落后地区的产业路径。斐济一位菇农通过菌草种菇获得1000斐济元以上的收入，斐济菌草种植面积达到500公顷以上，中国菌草被称作“岛国农业的新希望”。莱索托一位用菌草养牛的农民深有体会地说，菌草长得很快，牛的产奶量很大，而且能够保持水土。卢旺达一位企业家起初从中国专家那里学习菌草技术，后来自己开设菌袋生产车间并雇用工人。他说因为菌草，自己能为孩子支付学费并为邻居提供工作岗位了。南非夸祖鲁－纳塔尔省，菌草项目遍布农村多个地区。该省省长援引中国古语形容中国的菌草技术援助：“授人以鱼，仅供一饭之需；

授人以渔，则终身受用无穷。"现在菌草成为中国帮助发展中国家落实可持续发展目标的重点项目之一。2016年习近平总书记在推进"一带一路"建设工作座谈会上强调，让"一带一路"建设造福沿线各国人民。长期致力于向发展中国家推广菌草技术的专家林占熺说："天底下的老百姓都想把日子过好，这就是最深的共情。我们不去比拼援款多少，比的是更适用的技术，更好地解决百姓的生存、生活和发展的需要。"中国向"一带一路"沿线国家推广菌草技术，彰显中国倡议共建"一带一路"理念，追求的是发展，崇尚的是共赢，传递的是希望。推动高质量共建"一带一路"就是要使更多国家和人民获得发展机遇和经济实惠。2018年习近平总书记在推进"一带一路"建设工作5周年座谈会上强调，注意实施雪中送炭、急对方之所急、能够让当地老百姓受益的民生工程。在第三次"一带一路"建设座谈会上，习近平总书记再次叮嘱共建"一带一路"参与者、建设者，要算一算项目里有多少直接体现了民生需求。他说"民生工程是快速提升共建国家民众获得感的重要途径，立竿见影啊""小而美的项目，是直接影响到民众的。今后要将小而美项目作为对外合作的优先事项，加强统筹谋划，发挥援外资金四两拨千斤作用，形成更多接地气、聚人心的项目。"年已古稀的林占熺表示："希望在我还能工作的期间，使菌草成为'一带一路'沿线国家和地区重要的可持续发展的新型产业。"

中国改革开放以来经济发展和社会进步的实践证明，中国的经济发展与社会进步离不开世界，同时中国的发展与进步又推动着世界的发展与进步。推动构建"人类命运共同体"，激活历史记忆，解密成功密码，提供发展机遇，密切中欧交融，贯通古今的"一带一路"树立了典范。

五、"天行健，君子以自强不息；地势坤，君子以厚德载物"

中华民族文明史上，创造、沉淀、传承的"修身齐家治国平天下""天行健，君子以自强不息；地势坤，君子以厚德载物""知行合一，学以致用"等核心理念，既是中华民族生生不息的本原，也是中国人民勤劳、勇敢、智慧传统美德的源头。由古到今，成为激励人们奋发有为，经邦济世，自励自省自知的基本精神，并成为中国特色社会主义新时代教育青年的重要内容。

中华优秀传统文化倡导"修身齐家治国平天下"

中华优秀传统文化经典著作《礼记・礼运》写道："古之欲明明德于天下者，先治其国；欲治其国者，先齐其家；欲齐其家者，先修其身；欲修其身者，先正其心；欲正其心者，先诚其意；欲诚其意者，先致其知，致知在格物。物格而后知至，知至而后意诚，意诚而后心正，心正而后身修，身修而后家齐，家齐而后国治，国治而后天下平。”由此提炼出中华民族千古传诵的“修身齐家治国平天下”的基本理念。这段话意思是，古时要想在天下弘扬光明正大品德的人，先要治理好自己的国家；要想治理好自己的国家，先要管理好自己的属地；要想管理好自己的属地，先要修养自身的品格；要想修养自身的品格，先要端正自己的思想；要想端正自己的思想，先要使自己的意念真诚；要想使自己的意念真诚，先要使自己获得知识，获得知识的途径在于认识和研究万事万物。通过对万事万物的认识和研究，才能获得知识；获得知识后，意念才能真诚；意念真诚后，心思才能端正；心思端正后，才能修养品格；品格修养后，才能管理好属地；属地管理好了，才能治理好国家；治理好国家后天下才能太平。“修身齐家治国平天下”既是中华优秀传统文化的结晶，又是中华民族历代志士仁人为实现远大抱负而精心自我修养的准绳。中国特色社会主义新时代，习近平总书记多次谈到自古以来中华民族知识分子固有的“修身、齐家、治国、平天下”的家国情怀。2014 年他在文艺工作座谈会上说：修身、齐家、治国、平天下，我们这代人自小就受这种思想的影响。上山下乡的时候，我 15 岁。我当时想，齐家、治国、平天下还轮不到我们去做，我们现在只能做一件事，就是读书、修身。“一物不知，深以为耻”，我给自己提出了这样一个要求。那个时候，除了劳动之外，一个是融入群众，再一个就是到处找书、看书。我们插队那时候，也是书籍的大交流。我是北京八一学校的，同去的还有清华附中、五十七中等学校的，这些学校的有些学生有点家学渊源。我们都是背着书下乡，相互之间交换着看。那个环境下，就是有这样一个爱读书的小气候。那时，我居然在乡村教师那儿也发现很多好书，像《红与黑》《战争与和平》，还有一些古时候的课本，比如清代课本、明代课本等。毫不夸张地说，当时的文学经典，能找到的我都看了，到现在脱口而出的都是那时读到的东西。[①] 2013 年 5 月 4 日，习近平总书记会见中国航天科技集团公司中国空间技术研究院的青年同志。为了激励当代青年胸怀大志，提升自己，担当重任，他说：“我到农村插队后，给自己定了一个座右铭，先从修身开始。一物不知，深以为耻，便求知若渴。上山放羊，我揣着书，把羊放到山坡上，就开始看书。锄地到田头，开始休息一会儿时，我就拿出《新华字典》记一个字的多种含义，一点一滴积累。我并不觉得农村 7 年时光被荒废了，很多知识的基础是那时候打下来的。现在条件这么好，大家更要把学习、把自身的本领搞好。”习近平同志从北京到梁家河插队时，随身携带着一箱子书籍。白天劳动，晚上读书，同时磨炼意志。习近平同志和知识青年们为了砥砺意志，奠定未来担当重任的毅力，曾经刻苦磨炼自己。他深有体会地说：我们那一代人受俄

① 《习近平总书记的文学情缘》，《人民日报》2016 年 10 月 14 日。

罗斯经典的影响很深。看了普希金的爱情诗《叶甫盖尼·奥涅金》，后来我还去过敖德萨，看那里留下的一些诗人痕迹。我很喜欢莱蒙托夫的《当代英雄》，说英雄，谁是英雄啊？每一个时代都有每一个时代的英雄。当时，在梁家河的山沟里看这本书，那种感受很强烈。陀思妥耶夫斯基是最有深度的俄国作家，托尔斯泰是最有广度的俄国作家，两相比较，我更喜欢托尔斯泰。托尔斯泰的三部代表作，我更喜欢的是《战争与和平》，当然《复活》给人很多心灵上的反省。我也很喜欢肖洛霍夫，他的《静静的顿河》对大时代的变革和人性的反映，确实非常深刻。车尔尼雪夫斯基是一个民主主义革命者，他的作品给我们不少启迪。他的《怎么办?》我是在梁家河窑洞里读的，当时在心中引起了很大震动。书的主人公拉赫美托夫，过着苦行僧式的生活，为了磨炼意志，甚至睡在钉板床上，扎得浑身是血。那时候，我们觉得锻炼毅力就得这么炼，干脆也把褥子撤了，就睡在光板炕上。一到下雨下雪天，我们就出去摸爬滚打，下雨的时候去淋雨，下雪的时候去搓雪，在井台边洗冷水澡，都是受这本书的影响。[①] 可以说，中华优秀传统文化蕴含的"修身齐家治国平天下"理念，深刻滋润了青年习近平的心灵，更鼓舞了他志在人民、为了人民、造福人民、"人民至上"的情怀。在梁家河为了解决虱子问题，他把农药撒在土炕的席子下面。在社会实践和农村生活中，习近平同志感受到，只有深入基层，深入农村，深入农民，深深扎根农村，植根群众之中，才能锻炼成为中华民族的参天大树和国家栋梁。担任中共梁家河支部书记后，他全心全意为人民谋利益，带领乡亲们打井汲水，造坝淤地，建成了西北地区黄土高原第一个沼气池。他参加延安地区"上山下乡积极分子代表大会"期间，获得的奖品是一辆三轮摩托车，为了让全村人能够在村里磨面，就找到延安地区的领导同志，将三轮摩托车置换为"小钢磨"。他把"修身齐家治国平天下"铭刻在脑海里，落实在梁家河的土地上。梁家河原支部书记认为习近平同志"能跟老百姓打成一片，群众需要什么，他就干什么"。习近平同志从群众最需要最迫切的一桩桩实事做起，为梁家河乡亲们谋利益、谋幸福、谋发展，身体力行，诠释了共产党人的初心和使命。这就是一以贯之的人民立场。他认为"幸福都是奋斗出来的"。为了人民幸福，为了让贫穷落后面貌一去不复返，习近平同志和梁家河的乡亲们情同手足，同甘共苦，以"敢教日月换新天"的奋斗精神，战天斗地，整整七年。他鲜明的人民立场和坚定真挚的人民情怀。一往无前的执着与拼搏精神，源于无比鲜明的人民立场和坚定真挚的人民情怀。正是这种真情大爱，获得了人民群众的情感认同和发自内心的崇敬爱戴。正是胸怀"修身齐家治国平天下"坚定不移的信念，他从西北的黄

---

① 《习近平总书记的文学情缘》，《人民日报》2016 年 10 月 14 日。

土高原到北京的清华大学，从书声琅琅的大学校园到中央军委办公厅，从华北平原的正定县委书记到东南沿海地区的厦门党政领导干部，从经济落后的宁德地委书记到省会城市福州市委书记，从福建省党政负责人到浙江省委书记，从亚洲第一大城市上海市委书记到世界上人口最多的中国领导人，为民为国，始终不渝，脚踏实地，砥砺前行。从中共十八大起，习近平总书记相继提出“人民对美好生活的向往就是我们的奋斗目标”“要实现中华民族伟大复兴的中国梦”“坚持以人民为中心的发展思想”“江山就是人民，人民就是江山”“人民至上”等贯穿着执政为民的响亮口号和思想。特别是中国特色社会主义新时代，大刀阔斧，雷厉风行，以“壮士断腕、刮骨疗毒”的霹雳行动反腐倡廉，得到国内外的热烈赞誉和联合国高度评价。全面建成小康社会、全面深化改革、全面依法治国、全面从严治党，扎扎实实推进，结出累累硕果。根据21世纪世界形势启动的大规模军队改革使中国人民解放军大步迈向“世界一流军队”，中国与有关国家共商共建共享“一带一路”发展成果成效显著，构建“人类命运共同体”扬帆起航，全面建成小康社会已经实现，中华民族伟大复兴正在变成活生生的现实。中共十九大正式确立以人民为中心的发展思想：“坚持以人民为中心。人民是历史的创造者，是决定党和国家前途命运的根本力量。必须坚持人民主体地位，坚持立党为公、执政为民，践行全心全意为人民服务的根本宗旨，把党的群众路线贯彻到治国理政全部活动之中，把人民对美好生活的向往作为奋斗目标，依靠人民创造历史伟业。”中国共产党确立“以人民为中心”的发展思想，强调“人民至上”，将马克思主义关于人民群众是历史创造者的基本原理和中国共产党的群众路线发展到新阶段，成为21世纪马克思主义的重要内容。2015年5月4日，习近平总书记在北京大学师生座谈会上进一步系统阐述“修身齐家治国平天下”的历史内涵与现实意义。他指出：中国古代历来讲格物致知、诚意正心、修身齐家、治国平天下。从某种角度看，格物致知、诚意正心、修身是个人层面的要求，齐家是社会层面的要求，治国平天下是国家层面的要求。我们提出的社会主义核心价值观，把涉及国家、社会、公民的价值要求融为一体，既体现了社会主义本质要求，继承了中华优秀传统文化，也吸收了世界文明有益成果，体现了时代精神。① 习近平总书记期望北京大学学生：富强、民主、文明、和谐，自由、平等、公正、法治，爱国、敬业、诚信、友善，传承着中华优秀传统文化的基因，寄托着近代以来中国人民上下求索、历经千辛万苦确立的理想和信念，也承载着我们每个人的美好愿景。我们要在全社会牢固树立

---

① 习近平：《青年要自觉践行社会主义核心价值观——在北京大学师生座谈会上的讲话》，《人民日报》2015年5月4日。

社会主义核心价值观，全体人民一起努力，通过持之以恒的奋斗，把我们的国家建设得更加富强、更加民主、更加文明、更加和谐、更加美丽，让中华民族以更加自信、更加自强的姿态屹立于世界民族之林。①

中华优秀传统文化强调"天行健，君子以自强不息；地势坤，君子以厚德载物"

中华优秀传统文化典籍《易经》（亦称《周易》）写道："天行健，君子以自强不息。""地势坤，君子以厚德载物。"其中的"天行健"即自然界的运动刚强劲健，"君子以自强不息"则说明君子处事应该像自然界运动一样，自信自强，艰苦卓绝，发愤图强，永不停息；"地势坤"寓意着大地的气势厚实和顺，"君子以厚德载物"则阐述君子应当增厚美德，才能容载万物的哲理。中国哲学家张岱年认为中华精神集中表现于两个命题："天行健，君子以自强不息。""地势坤，君子以厚德载物。"一个是奋斗精神，一个是兼容精神。这两种精神在铸造中华民族的民族精神上起了决定性作用。中华民族五千多年历史，饱经内忧外患，历经种种磨难，依然坚韧不拔，走向繁荣昌盛，依靠的就是自强不息的精神与厚德载物的品德。清华大学前身清华学堂始建于 1911 年，1912 年更名清华学校。1914 年 11 月 5 日，著名学者梁启超应清华学校校长周诒春邀请，给清华学生作《论君子》的演讲，希望清华学生都能继承中华传统美德，并引用了《易经》上的"自强不息""厚德载物"等激励清华学生。梁启超说：《周易》六十四卦，言君子者凡五十三。乾坤二卦所云尤为提要钩元。《乾・象》曰："天行健，君子以自强不息。"《坤・象》曰："地势坤，君子以厚德载物。"推本乎此，君子之条件庶几近之矣。梁启超认为，《乾・象》言，君子自励犹天之运行不息，不得有一曝十寒之弊。才智如董子，犹云"勉强学问"；《中庸》亦曰"或勉强而行之"。人非上圣，其求学之道，非勉强不得入于自然。且学者立志，尤须坚忍强毅，虽遇颠沛流离，不屈不挠，若或见利而进，知难而退，非大有为者之事，何足取焉？人之生世，犹舟之航于海。顺风逆风，因时而异，如必风顺而后扬帆，登岸无日矣。梁启超强调，且夫自胜则为强，乍见孺子入水，急欲援手，情之真也。继而思之，往援则己危，趋而避之，私欲之念起，不克自胜故也。孔子曰："克己复礼为仁。"王阳明曰："治山中贼易，治心中贼难。"古来忠臣孝子愤时忧国奋不欲生，然或念及妻儿，辄有难于一死不能自克者。若能摈私欲尚果毅，自强不息，则自励之功与天同德，犹英之劲德尔门，见义勇为，不避艰险，非吾辈所谓君子

① 习近平：《青年要自觉践行社会主义核心价值观——在北京大学师生座谈会上的讲话》，《人民日报》2015 年 5 月 4 日。

其人哉？梁启超认为，《坤·象》言君子接物，度量宽厚，犹大地之博，无所不载。君子责己甚厚，责人甚轻。孔子曰：“躬自厚而薄责于人。”盖惟有容人之量，处世接物坦焉无所芥蒂，然后得以膺重任，非如小有才者，轻佻狂薄，毫无度量，不然小不忍必乱大谋，君子不为也。当其名高任重，气度雍容，望之俨然，即之温然，此其所以为厚也，此其所以为君子也。梁启超认为，纵观四万万同胞，得安居乐业，教养其子若弟者几何人？读书子弟能得良师益友之熏陶者几何人？清华学子，荟中西之鸿儒，集四方之俊秀，为师为友，相磋相磨，他年遨游海外，吸收新文明，改良我社会，促进我政治，所谓君子人者，非清华学子，行将焉属？[①] 梁启超在演讲中，着力阐发《周易·大象传》“天行健，君子以自强不息；地势坤，君子以厚德载物”精神，影响很大。当年11月10日《清华周刊》全文刊登了梁启超的演讲词。随后，“自强不息，厚德载物”被写进清华校规，并逐渐成为清华校训。习近平总书记毕业于清华大学，对“天行健，君子以自强不息；地势坤，君子以厚德载物”印象尤为深刻。2018年3月10日习近平总书记参加十三届全国人大一次会议重庆代表团审议时指出：推动营造科技创新的生态“小气候”，增加我们的吸引力。实现中华民族伟大复兴，有如我们先人所讲，要苟日新、日日新，要天行健、自强不息。2018年12月18日，他在庆祝改革开放40周年大会上指出：自古以来，中华民族就以“天下大同”“协和万邦”的宽广胸怀，自信而又大度地开展同域外民族交往和文化交流，曾经谱写了万里驼铃万里波的浩浩丝路长歌，也曾经创造了万国衣冠会长安的盛唐气象。正是这种“天行健，君子以自强不息”“地势坤，君子以厚德载物”的变革和开放精神，使中华文明成为人类历史上唯一一个绵延5000多年至今未曾中断的灿烂文明。以数千年大历史观之，变革和开放总体上是中国的历史常态。中华民族以改革开放的姿态继续走向未来，有着深远的历史渊源、深厚的文化根基。

中华优秀传统文化主张“知行合一、学以致用”

中华优秀传统文化是中华民族深厚的文化软实力。2014年12月20日下午，习近平总书记来到澳门大学横琴校区郑裕彤书院的教室，与澳门大学数十位师生齐聚一堂，一起讨论“中华传统文化与当代青年”的主题。习近平总书记首先认真倾听师生们座谈学习中华传统文化的体会，接着与师生们一起畅谈，并以自己亲身经历为大家上了一堂生动、精彩、深邃的中华传统文化课。关于求知、求学的热情方面，他向师生们讲了自己的经历，“中华文化博大精深，我本人也是一个中华文化的热烈拥护者、忠实学习者”。师生们聚精会神，习近平总书记侃侃而谈：小学时候看了《水

① 清华大学编：《清华周刊》第20期，1914年11月10日。

浒传》《三国演义》。文化荒芜的年代，拼命去涉猎一切中华文化知识。后来做了七年农民，也一直在学习、在积累。至今，只要有闲暇就推开中华文化宝库的大门，仍是“一书在手，其乐无穷”。他与师生们交流中提到了自己阅读过的中华文化代表性书籍，包括《聊斋》、鲁迅的杂文、中华文化经典著作《二十四史》和《资治通鉴》等。他对大家说：“读这些书，开卷有益。这个过程中，我们要学习扬弃，取其精华、去其糟粕，获得正能量。”中华文化包含着数千年来代代相传的中华传统美德。习近平说：“这些都是中华文化的重要组成部分，关键是我们怎么样去把握它，赋予新的时代内涵和精神，去很好地理解和运用。我们叫格物致知诚意正心修身齐家治国平天下。”在交流过程中，习近平总书记听到学生们讨论其中的“信”字，他说：“人无信不立，一个人是这样，一个组织是这样，一个民族、一个国家也是这样。守信用的民族和国家一定会富强，一定会赢得国际上的尊重。”关于文化自信问题，习近平总书记向师生们讲起学习的目的。他强调要“知行合一、学以致用”“一定要通过学习树立对五千多年文明的自豪感，树立文化的自信、民族的自豪感。”“五千多年文明史，源远流长。而且我们是没有断流的文化。建立理论自信、制度自信、道路自信，还有文化自信。文化自信是基础。”他讲起外事会见时，一些外国政要都在谈论中华文化。很多外国政要并不是一上来就谈现实问题，而是询问他，能不能谈谈对中国文化的理解？他们说，中国现在很多事情做得那么好，一定有内在的原因。习近平总书记深有体会地说“中华文化渗透到中国人的骨髓里，是文化的DNA”。关于弘扬爱国主义精神，习近平总书记说，中华文化中很核心很重要的一条是爱国。人、家、国、天下，一层层递进。他从中华民族历史讲起。“爱国主义在中国根深蒂固，爱国情结也是深入骨髓。”他引用了两首歌的歌词来阐述“爱国”：一首是中华人民共和国国歌“把我们的血肉筑成我们新的长城”，一首是“七子之歌”，“但是他们掳去的是我的肉体，你依然保管我内心的灵魂”。“永远能听出新意，备受感动。”习近平总书记面向朝气蓬勃、渴望求知的大学生们勉励说：“你们作为澳门的青年一代，弘扬爱国主义精神是毕生之责。”“我们正从事着一项很伟大的事业，‘一国两制’。这是前无古人的事业。（澳门）回归祖国15年，发生了沧桑巨变，这么伟大的成就，证明了‘一国两制’的成功，证明了制度的优势。”“‘一国两制’事业是前无古人的，还在继续深化发展。这个任务将历史性地落到澳门青年人肩上。”“希望你们发扬担当精神，去创造新的历史！”他向澳门大学赠送了《永乐大典》重印本和《北京大学图书馆藏稀见方志丛刊》，并现场在赠书函上签名“习近平”。一堂生动感人的中华文化交流课结束了，澳门大学的师生们却依然沉浸在习近平总书记讲述的深邃道理之中，久久难以忘怀。习近平总书记向澳门大学赠送的《永乐大典》是明代永乐年间，由明成祖朱棣先后命解缙、姚广孝等主持编纂的一部集中国古代典籍于大成的类书。初名《文献大成》，后明成祖亲自撰写序言并赐名《永乐大典》。全书22877卷（目录60卷，共计22937卷），11095册，约3.7亿字，汇集古代图书七八千种。永乐元年（公元1403年），朱棣决心修一部巨著彰显国威，造福万代。宗旨是“凡书契以来经史子集百家之书，至于天文、地志、阴阳、医卜、僧道、技艺之言，备辑为一书”。最初令解缙主持，带着147人编纂此书，一年后修成《文献大成》。但是朱棣亲阅后甚为不满，钦点姚广孝担任监修，并将编纂队伍扩大到2196人，实际上累计达3000多人，于永乐五年（公元1407年）定稿，朱棣亲自作序并赐名《永乐大典》。全书于永乐六年（公元1408年）抄写完毕。《永乐大典》内容包括经、史、子、集，涉及天文、地理、阴阳、医术、占卜、释藏道经、戏剧、工艺、农艺，涵盖中华民族数千年的知识财富。英国《不列颠百科全书》在“百科全书”条目中称中国明代类书《永乐大典》为“世界有史以来最大的百科全书”。实际上，《永乐大典》已成为中华传统文化的一个重要符号。《北京大学图书馆藏稀见方志丛刊》是国家图书馆出版社出版的“著名图书馆藏稀见方志丛刊”图书系列的第十五种，涵盖北京大学图书馆藏稀见方志274种，其中孤本、稿本92种。包含自宋代至民国的省、府、州、厅、县志的刻本、稿本和抄本，包括价值较高的乡土志，弥足珍贵。所收方志中，绝大多数书品较好。编册排序大致依《中国地方志联合目录》，成书共计330册。“著名图书馆藏稀见方志丛刊”是“十一五”国家古籍整理重点图书出版规划项目，得到相关部门大力支持。习近平总书记将《永乐大典》和《北京大学图书馆藏稀见方志丛刊》赠送澳门大学，就是期望澳门大学师生们能够认真学习、研究中华传统文化，奠定深厚的中华传统文化底蕴，牢固树立中华民族共同体意识，“知行合一、学以致用”，为实现中华民族伟大复兴贡献力量。

新时代运用中华优秀传统文化的精髓和本原，赋予治国理政的崭新内涵，既蕴含深邃的历史智慧，又给人们长远的现实启迪，例如，中国古代知识分子屈原在《离骚》中表达自己的家国情怀时，用“亦余心之所善兮，虽九死其犹未悔”来表达自己的真情实感——这些都是我心中追求的真善美，纵使为此要九死一生也不会懊悔。它体现出屈原坚定执着，追求美好理想的精神。2018年5月28日，习近平总书记出席中国科学院第十九次院士大会、中国工程院第十四次院士大会时，讲到矢志不移自主创新，坚定创新信心，着力增强自主创新能力，着重指出，创新从来都是九死一生，但我们必须有“亦余心之所善兮，虽九死其犹未悔”的豪情。他的话，言简意赅，一语中的，内涵丰富，“余音绕梁，寓意无穷”。

六、阐发中华优秀传统文化，为世界提供"中国智慧"和"中国经验"

中国共产党奋斗过程中，抗战时期运用马克思主义辩证法将中华传统文化区分为"民主性的精华"和"封建性的糟粕"两部分，倡导"吸取其精华，排泄其糟粕"。改革开放新时期从中华优秀传统文化"小康"得到启迪，在社会主义发展史上独创性地提出建设小康社会；从中华优秀传统文化提取以德治国的历史基因，实现中华民族跨世纪发展；强调"中华文明历来注重以民为本，尊重人的尊严和价值"，从中汲取政治智慧，提出以人为本、科学发展。新时代全面、系统、科学阐发中华优秀传统文化，推进马克思主义中国化，全面建成小康社会，为世界提供了"中国智慧"和"中国经验"。

"坚持把马克思主义基本原理同中国具体实际相结合、同中华优秀传统文化相结合"，21世纪马克思主义扎根五千多年中华文化

中国特色社会主义新时代，将中华优秀传统文化提升到新阶段。2021年3月习近平总书记在福建考察时强调，我们走中国特色社会主义道路，一定要推进马克思主义中国化。如果没有中华五千年文明，哪里有什么中国特色？如果不是中国特色，哪有我们今天这么成功的中国特色社会主义道路？我们要特别重视挖掘中华五千年文明中的精华，把弘扬优秀传统文化同马克思主义立场观点方法结合起来，坚定不移走中国特色社会主义道路。[①] 习近平总书记的这一全新阐发，深刻揭示中国共产党实现马克思主义中国化本土化的内在逻辑，指出了中国共产党将诞生在欧洲西部的马克思主义与亚洲东方的中国实际相结合，使马克思主义在中华大地落地生根，开花结果，成为参天大树的真谛所在。中华民族之所以有五千多年长盛不衰的强大凝聚力、向心力、感召力、影响力和坚韧发展的内在动力，根本原因就在于中华优秀传统文化是中华民族的"老根""血脉"和精神命脉。自古以来，无论风霜雷电严寒酷暑，无论艰难险阻惊涛骇浪，无论刀砍斧劈强敌入侵，只要这样的"根脉"存在，中华民族就能够战胜困难，顽强屹立，顶风傲雪，焕发出古藤新花的勃勃生机。尤其是强敌压境，天塌地陷，有中华民族"血脉"相连，就能够凝聚人心，汇聚成抵御一切外侮、战胜自然灾害的强大力量。中国共产党正是将马克思主义基本原理与中国实际相结合，认识中国国情，激活中华民族优秀传统文化，赢得了革命、建设和改革的百年辉煌，实现马克思主义中国化新的飞跃，形成21世纪马克思主义。当代中国马克思主义重要特征，就是具有中国风格和中国气派，立足中国历史沃土，汲取中华文化智

① 《人民日报》2021年3月24日。

慧，具有中华文明基因，达到了马克思主义中国化新境界。

“坚持把马克思主义基本原理同中国具体实际相结合、同中华优秀传统文化相结合”，是马克思主义中国化新论断

中国共产党成立百年之际，习近平总书记根据中华民族五千多年长盛不衰悠久历史和独一无二的中华文明，明确指出：中国共产党的百年经验就是“坚持把马克思主义基本原理同中国具体实际相结合、同中华优秀传统文化相结合”。这个论断进一步拓展当代中国马克思主义的丰富内涵。石破天惊，振聋发聩，大得党心，大得民心，大得人心。中华民族为什么能够创造五千多年光辉灿烂的古代文明和朝气蓬勃的现代文明，历久弥新，长盛不衰？中国遭到日本帝国主义侵略时，为什么能够万众一心结成抗日民族统一战线，“用我们的血肉筑成我们新的长城？”中华民族遭到危难和大灾大难时，全世界中国人和华人华侨华裔为什么能够“山川异域，风月同天？”[①]中华民族56个民族为什么能够亲密和谐、像“石榴籽”一样紧密团结？中国化马克思主义为什么能够植根中华大地，汲取中华文明，根深叶茂，与时俱进，成为引领中华民族前进的指导思想？因为中华优秀传统文化是“中华民族的基因”，是“民族文化血脉”，是“中华民族的精神命脉”，是中华民族共同的“精神家园”。《中共中央关于党的百年奋斗重大成就和历史经验的决议》指出：“习近平新时代中国特色社会主义思想是当代中国马克思主义、二十一世纪马克思主义，是中华文化和中国精神的时代精华，实现了马克思主义中国化新的飞跃。”

“坚持把马克思主义基本原理同中国具体实际相结合、同中华优秀传统文化相结合”，丰富、发展、拓展马克思主义中国化深厚内涵

中国共产党横空出世，立刻开始马克思主义中国化的建构，根据马克思主义基本原理研究中国国情、中国历史与中国革命特点。为此，毛泽东写了《中国社会各阶级的分析》《湖南农民运动考察报告》《中国的红色政权为什么能够存在?》《井冈山的斗争》《星星之火，可以燎原》《反对本本主义》《中国革命战争的战略问题》《中国革命和中国共产党》等著作，提出“中国革命斗争的胜利要靠中国同志了解中国情况”，奠定马克思主义中国化的理论基础，开创农村包围城市、武装夺取政权的中国革命道路。邓小平引领中国改革开放，首先发表《解放思想，实事求是，团结一致向前看》的“改革开放宣言书”，继而强调，把马克思主义基本原理与中国的实际情况结合起来，“走自己的道路，建设有中国特色的社会主义”，开辟中国特色社会主义道路。习近平总书记根据马克思主义基本原理，凝聚五千多年中华文明底蕴，创

① （唐）长屋：《绣袈裟衣缘》：“山川异域，风月同天。寄诸佛子，共结来缘。”

造性运用中华优秀传统文化治国理政，在中国全面建成小康社会。他根据21世纪中国与世界的发展变化，激活中华优秀传统文化的历史基因，倡议"一带一路"，助力世界发展，提出构建"人类命运共同体"，向世界提供"中国智慧"，创立习近平新时代中国特色社会主义思想。中共十八大以来"实施中华优秀传统文化传承发展工程，推动中华优秀传统文化创造性转化、创新性发展"，丰富、发展、拓展马克思主义中国化本土化的深厚内涵。"坚持理论创新"是中国共产党百年奋斗重要经验之一。马克思主义是立党立国、兴党强国的根本指导思想。马克思主义理论不是教条而是行动指南，必须随着实践发展而发展，必须中国化才能落地生根、本土化才能深入人心。中国共产党之所以能够领导人民历经曲折走向辉煌，完成中国其他各种政治力量不可能完成的艰巨任务，根本在于坚持解放思想、实事求是、与时俱进、求真务实，坚持把马克思主义基本原理同中国具体实际相结合、同中华优秀传统文化相结合，坚持实践是检验真理的唯一标准，坚持一切从实际出发，及时回答时代之问、人民之问，不断推进马克思主义中国化时代化。"坚持把马克思主义基本原理同中国具体实际相结合、同中华优秀传统文化相结合"，进一步彰显马克思主义中国化的深度和广度，进一步体现马克思主义中国化的历史渊源，进一步提升中华优秀传统文化的持久魅力和广泛影响力，进一步增强对全世界中国人和华人华侨华裔的凝聚力和号召力，对实现中华民族伟大复兴具有重要意义，对构建"人类命运共同体"有重要意义，对实现祖国统一大业有重要意义。尤其是中华优秀传统文化作为中国人民联结香港、澳门和台湾同胞的共同血脉和共同精神家园，对实现祖国统一具有特殊的无可估量的意义。

"坚持把马克思主义基本原理同中国具体实际相结合、同中华优秀传统文化相结合"，让中华优秀传统文化代代相传

2015年5月4日，习近平总书记在北京大学师生座谈会上发表讲话《青年要自觉践行社会主义核心价值观》。他指出：中华文明绵延数千年，有其独特的价值体系。中华优秀传统文化已经成为中华民族的基因，植根在中国人内心，潜移默化影响着中国人的思想方式和行为方式。今天，我们提倡和弘扬社会主义核心价值观，必须从中汲取丰富营养，否则就不会有生命力和影响力。比如，中华文化强调"民惟邦本""天人合一""和而不同"，强调"天行健，君子以自强不息""大道之行也，天下为公"；强调"天下兴亡，匹夫有责"，主张以德治国、以文化人；强调"君子喻于义""君子坦荡荡""君子义以为质"；强调"言必信，行必果""人而无信，不知其可也"；强调"德不孤，必有邻""仁者爱人""与人为善""己所不欲，勿施于人""出入相友，守望相助""老吾老以及人之老，幼吾幼以及人之幼""扶贫济困"

“不患寡而患不均”，等等。像这样的思想和理念，不论过去还是现在，都有其鲜明的民族特色，都有其永不褪色的时代价值。这些思想和理念，既随着时间推移和时代变迁而不断与时俱进，又有其自身的连续性和稳定性。我们生而为中国人，最根本的是我们有中国人的独特精神世界，有百姓日用而不觉的价值观。我们提倡的社会主义核心价值观，就充分体现了对中华优秀传统文化的传承和升华。中国革命能够赢得伟大胜利，中国社会主义建设能够取得巨大成就，中国改革开放和社会主义现代化建设能够开辟中国特色社会主义道路，中国特色社会主义新时代能够全面建成小康社会，归根结底，是由于中国共产党始终不渝地坚持把诞生在欧洲土地上的马克思主义基本原理与亚洲东方大地上的中国革命具体实际相结合，与中华优秀传统文化相结合，实现了马克思主义中国化本土化。习近平总书记希望北京大学学生和中国青年，认识中华优秀传统文化是中华民族的“根脉”，“坚持把马克思主义基本原理同中国具体实际相结合、同中华优秀传统文化相结合”的正确方向，铭记“根脉”，面向未来，继往开来，让中华优秀传统文化代代相传。

“坚持把马克思主义基本原理同中国具体实际相结合、同中华优秀传统文化相结合”，为人类应对21世纪各种挑战提供“中国智慧”和“中国经验”

21世纪20年代，整个世界正在发生令人眼花缭乱的前所未有的巨大变化。美国统治阶层分崩离析，美国统治阶级的两大政党民主党和共和党争斗不已，两党内部亦各自呈现着自身无法解决的难题。日本、欧洲、北美、大洋洲等国家和地区，出现了纷争不已错综复杂的各种矛盾。一些发展中国家政治局势动荡不已，经济发展出现“瓶颈”，各种社会思潮铺天盖地，“山雨欲来风满楼”。整个世界“四海翻腾云水怒，五洲震荡风雷激”，可谓变化多端，变幻莫测。气候问题，环境问题，大气问题，反恐问题，战乱问题，难民问题，民族问题，宗教问题，毒品问题，金融问题，贸易问题，领土问题，海洋问题，疫情问题，以及全球化与反全球化问题、维护多边主义与坚持单边主义问题，等等，此起彼伏，潮起潮落。如何破解这些难题，中华优秀传统文化可以提供相应的答案。中华优秀传统文化在21世纪仍然具有深刻的现实意义，世界上一些有识之士认为，包括儒家思想在内的中华优秀传统文化中蕴藏着解决当代人类面临的难题的重要启示，比如，关于道法自然、天人合一的思想，关于天下为公、大同世界的思想，关于自强不息、厚德载物的思想，关于以民为本、安民富民乐民的思想，关于为政以德、政者正也的思想，关于苟日新日日新又日新、革故鼎新、与时俱进的思想，关于脚踏实地、实事求是的思想，关于经世致用、知行合一、躬行实践的思想，关于集思广益、博施众利、群策群力的思想，关于仁者爱人、以德立人的思想，关于以诚待人、讲信修睦的思想，关于清廉从政、勤勉奉公的思想，关于俭约自守、力戒奢华的思想，关于中和、泰和、求同存异、和而不同、和谐相处的思想，关于安不忘危、存不忘亡、治不忘乱、居安思危的思想，等等。中华优秀传统文化的丰富哲学思想、人文精神、教化思想、道德理念等，可以为人们认识和改造世界提供有益启迪，可以为治国理政提供有益启示，也可以为道德建设提供有益启发。习近平总书记认为："对传统文化中适合于调理社会关系和鼓励人们向上向善的内容，我们要结合时代条件加以继承和发扬，赋予其新的涵义。希望中国和各国学者相互交流、相互切磋，把这个课题研究好，让中华优秀传统文化同世界各国优秀文化一道造福人类。"① 弘扬五千多年中华文明，推动构建"人类命运共同体"，全面提升中华优秀传统文化具有重要历史意义和深远现实意义。

"坚持把马克思主义基本原理同中国具体实际相结合、同中华优秀传统文化相结合"，为彰显中国形象提供强大"软实力"

《中共中央关于党的百年奋斗重大成就和历史经验的决议》指出："中华优秀传统文化是中华民族的突出优势，是我们在世界文化激荡中站稳脚跟的根基，必须结合新的时代条件传承和弘扬好。"当代中国日益走近世界舞台的中央，中华优秀传统文化是中国走向世界的最可靠、最根本、最能令人信服的"软实力"。我们要立足中华文明，胸怀"国之大事"，眼观五洲风云，不断提升中华文化影响力。要把握天下大势、区分不同对象、精准选择题材，"讲好中国故事"。特别要主动宣介习近平新时代中国特色社会主义思想，主动讲好中国共产党治国理政的故事、中国人民奋斗圆梦的故事、中国坚持和平发展合作共赢的故事，让世界更好了解中国。中华优秀传统文化是中华民族的文化根脉，其蕴含的思想观念、人文精神、道德规范，不仅是我们中国人思想和精神的内核，对解决人类问题也有重要价值。要把优秀传统文化的精神标识提炼出来、展示出来，把优秀传统文化中具有当代价值、世界意义的文化精髓提炼出来、展示出来。让中华优秀传统文化惠及中国、惠及世界，造福人类，彪炳千秋。

七、"为天地立心、为生民立命、为往圣继绝学、为万世开太平"

中国共产党源自中华民族，植根中华大地，服务中国人民，是中华文明和中华文化的继承者、发展者和创新者。中华优秀传统文化荟萃了中华文化的精华，总结了中华民族的实践创造，凝聚了中华文明的精神创造，成为中华民族共同的"传世之宝"和"精神家园"。

① 习近平：《在纪念孔子诞辰2565周年国际学术研讨会暨国际儒学联合会第五届会员大会开幕会上的讲话》，《人民日报》2014年9月25日。

中华文化是中华民族的血脉，是全世界中国人共同的精神家园

马克思说：“人们自己创造自己的历史，但是他们并不是随心所欲地创造，并不是在他们自己选定的条件下创造，而是在直接碰到的、既定的、从过去承继下来的条件下创造。”实现中华民族伟大复兴，离不开中华文化的繁荣兴盛。中华优秀传统文化是中华文化的重要内容。中国共产党高度重视中华优秀传统文化，在中国革命、建设和改革中，一贯继承、弘扬、提升中华优秀传统文化。中华优秀传统文化，中国大陆的中华儿女认同，香港、澳门的中华儿女认同，台湾的中华儿女认同，全世界的华人华侨华裔都认同。中华优秀传统文化具有深厚的凝聚力、向心力和融合力。中华优秀传统文化是全世界所有中国人和华人华侨华裔共同的精神家园和精神寄托所在。中华优秀传统文化是实现中华民族大团结大统一的精神纽带和根脉所在。习近平总书记将中华优秀传统文化升华为“中华民族的基因”“民族文化血脉”和“中华民族的精神命脉”，使其成为民族精神的源头和“老根”所在，为世界上所有中国人提供了“精神家园”，使之找到了自己的“基因”所在，有力地提升了民族自信心、民族自豪感和民族凝聚力。

深入研究中华优秀传统文化，坚持中国特色社会主义文化自信

中国进入21世纪后，需要进一步全面认识中华传统文化。要取其精华，去其糟粕，使之与21世纪的现代社会相适应相衔接、与21世纪的现代文明相协调相沟通，保持民族性，体现时代性，提升理论性，增强普及性，形成广泛性。从中国共产党与中华优秀传统文化的传承、运用和提升，可以清楚地看到，中华优秀传统文化在中国革命、建设和改革开放的各个历史时期都发挥了重要作用。从中华民族祖先憧憬小康到中国共产党提出小康、全国人民奔小康、建设小康社会到全面建成小康社会、决胜全面建成小康社会，中国共产党代表着中华民族和中国人民的根本利益，将中华优秀传统文化融入中华文化的范畴，有力提升中国特色社会主义文化自信。

中华优秀传统文化是中国走向世界舞台中心最强大的软实力

中华优秀传统文化凝聚着中华民族自强不息的精神追求和历久弥新的精神财富，是发展社会主义先进文化的深厚基础，是建设中华民族共有精神家园的重要支撑。要坚持用马克思主义的立场、观点和方法对待中华传统文化。通过全面认识中华传统文化，取其精华、去其糟粕，古为今用、推陈出新，这是正确对待中华传统文化的基本原则。要加强对中华优秀传统文化思想价值的挖掘和阐发，维护中华文化的基本元素，使中华优秀传统文化成为增强中华民族自信心、提升中华民族凝聚力、实现中华民族伟大复兴的强大精神力量。随着中国的经济发展和中国的各方面实力日益强大，21世纪的中国正在充满信心，大踏步地日益走向世界舞台的中心。“穷则独善其身，

富则达济天下。”中华优秀传统文化的精神境界、丰富内涵和深邃魅力是中国走向世界舞台中心的最强大的软实力。

中华优秀传统文化是实现中华民族伟大复兴、构建“人类命运共同体”的强大精神力量

新时代认为：文化是一个国家、一个民族的灵魂。文化兴国运兴，文化强民族强。没有高度的文化自信，没有文化的繁荣兴盛，就没有中华民族伟大复兴。要坚持中国特色社会主义文化发展道路，激发全民族文化创新创造活力，建设社会主义文化强国。新时代大力传承中华优秀传统文化，赋予中华优秀传统文化时代内涵，运用中华优秀传统文化治国理政，阐发中华优秀传统文化应对国内外重大挑战，讲述中华优秀传统文化自古以来“协和万邦”的和平共处基因，推进“一带一路”和构建“人类命运共同体”，将中华优秀传统文化提升到崭新阶段，有力凝聚民族精神，得到全世界中华儿女高度认同，赢得世界各国广泛赞同。21 世纪的中华优秀传统文化已经转化为实现中华民族伟大复兴、构建“人类命运共同体”的强大精神力量。同时，根据 21 世纪的新形势新情况新特点和新的时代特征，适应国家发展要求和人民大众心灵需求，向世界讲好包括中华优秀传统文化的“中国故事”，进一步研究、阐发和提升中华优秀传统文化，当代中国知识分子义不容辞。中国知识分子历来有浓厚的家国情怀，有强烈的社会责任感，“修身齐家治国平天下”“为天地立心、为生民立命、为往圣继绝学、为万世开太平”“先天下之忧而忧，后天下之乐而乐”，这些思想为一代又一代知识分子所尊崇。这是研究中华优秀传统文化的使命所在。

21 世纪的中国与世界，正在发生令人鼓舞的巨大变化。在经济腾飞和物质生活极大丰富的同时，中国人的成长需要丰富的精神滋养，中华民族伟大复兴需要强大的精神动力。中国日益走近世界舞台中心，中华文明给世界带来全新的感受，人类文明发展需要中华文明的持续“充电”。“坚持把马克思主义基本原理同中国具体实际相结合、同中华优秀传统文化相结合”，既是全面建设社会主义现代化强国的需要，也是推动整个世界向前发展的需要。

第七讲

中国特色社会主义新时代深入推进“第二个结合”[①]

中国特色社会主义新时代全面建成小康社会，中国人民进入梦寐以求的全面小康时代。但是，世界风云急剧变幻，中国发展也遇到许多前所未有的严峻挑战。中共二十大明确指出：“只有把马克思主义基本原理同中国具体实际相结合、同中华优秀传统文化相结合，坚持运用辩证唯物主义和历史唯物主义，才能正确回答时代和实践提出的重大问题，才能始终保持马克思主义的蓬勃生机和旺盛活力。”以习近平同志为核心的党中央深入推进“第二个结合”，创立和发展作为中华文化和中国精神时代精华的习近平新时代中国特色社会主义思想。

一、坚持把马克思主义基本原理同中华优秀传统文化相结合是历史经验结晶

中国共产党长期奋斗凝聚历史经验，形成三个历史决议。第三个历史决议——《中共中央关于党的百年奋斗重大成就和历史经验的决议》指出：1945 年党的六届七中全会通过的《关于若干历史问题的决议》、1981 年党的十一届六中全会通过的《关于建国以来党的若干历史问题的决议》，实事求是总结党的重大历史事件和重要经验教训，在重大历史关头统一了全党思想和行动，对推进党和人民事业发挥了重要引领作用，其基本论述和结论至今仍然适用。

《中共中央关于党的百年奋斗重大成就和历史经验的决议》第一次指出：“坚持把马克思主义基本原理同中国具体实际相结合、同中华优秀传统文化相结合。”这是中共中央决议正式将“两个结合”载入文件。

新时代的中共二十大报告中指出：“坚持和发展马克思主义，必须同中华优秀传

① 原载《统一战线学研究》2023 年第 4 期。

统文化相结合。只有植根本国、本民族历史文化沃土，马克思主义真理之树才能根深叶茂。中华优秀传统文化源远流长、博大精深，是中华文明的智慧结晶，其中蕴含的天下为公、民为邦本、为政以德、革故鼎新、任人唯贤、天人合一、自强不息、厚德载物、讲信修睦、亲仁善邻等，是中国人民在长期生产生活中积累的宇宙观、天下观、社会观、道德观的重要体现，同科学社会主义价值观主张具有高度契合性。"

马克思主义和中华优秀传统文化来源不同，但彼此存在高度的契合性，相互契合才能有机结合。在宇宙观方面，马克思主义认为"我们连同我们的肉、血和头脑都是属于自然界和存在于自然界之中的"，这与"中华文明历来崇尚天人合一、道法自然，追求人与自然和谐共生"高度契合。在天下观方面，马克思、恩格斯在《共产党宣言》中主张"代替那存在着阶级和阶级对立的资产阶级旧社会的，将是这样一个联合体，在那里，每个人的自由发展是一切人的自由发展的条件"，这与"中华文明自古就以开放包容闻名于世，在同其他文明的交流互鉴中不断焕发新的生命力"高度契合。在社会观方面，马克思主义主张建立没有人剥削人、没有人压迫人的社会主义和共产主义社会，这与中华民族五千多年历史上代代相传的"天下大同""世界大同"理念具有高度契合性。在道德观方面，《共产党宣言》提出"每一个人的自由发展是其他一切人自由发展的前提条件""实现每个人自由而全面的发展"。中华文明认为"修身齐家治国平天下""人无德不立，品德是为人之本""道德当身，故不以物惑""勿以善小而不为，勿以恶小而为之""尽小者大，慎微者著""兼善天下""利济苍生"，这与马克思主义主张每个人都得到了自由而全面的发展高度契合。

正是马克思主义基本原理同中华优秀传统文化高度契合，使诞生在世界西方欧洲工业国家的马克思主义，在世界东方的亚洲农业国家——中国找到了"知音"。"十月革命一声炮响，给我们送来了马克思列宁主义。"① 从此，中国人民找到了彻底推翻帝国主义和封建主义的有力思想武器。"中国人找到了马克思列宁主义这个放之四海而皆准的普遍真理，中国的面目就起了变化了。"② 马克思主义在古老的中华大地落地生根、枝繁叶茂，开花结果、硕果累累。无论过去、现在和将来，"我们必须坚定历史自信、文化自信，坚持古为今用、推陈出新，把马克思主义思想精髓同中华优秀传统文化精华贯通起来、同人民群众日用而不觉的共同价值观念融通起来，不断赋予科学理论鲜明的中国特色，不断夯实马克思主义中国化时代化的历史基础和群众基

① 《毛泽东选集》第4卷，人民出版社1991年版，第1471页。
② 《毛泽东选集》第4卷，人民出版社1991年版，第1470页。

础，让马克思主义在中国牢牢扎根”[①]。

二、中华优秀传统文化是中华民族的根和魂

新时代认为，中华优秀传统文化是中国共产党创新理论的“根”，推进马克思主义中国化时代化的根本途径是“两个结合”。在世界四大文明古国中，有的历史中断了，有的历史消亡了，有的长期动荡不已。唯有中华民族五千多年长盛不衰，绵延不绝，既创造了光辉灿烂的古代文明，又创造了充满青春活力的现代文明。因此，新时代强调“中华民族在几千年历史中创造和延续的中华优秀传统文化，是中华民族的根和魂”[②]。新时代十分重视发掘、弘扬和传承中华优秀传统文化，习近平总书记明确指出：“我们从哪里来？我们走向何方？中国到了今天，我无时无刻不提醒自己，要有这样一种历史感。”[③]

新时代非常重视追溯、研究中华民族历史源头的“中华民族探源工程”和展示中华文明起源的标志性研究成果。中共中央政治局就深化中华文明探源工程进行第三十九次集体学习时，深入研究、阐述了深化“中华文明探源工程”的重要意义，强调“中华文明探源工程”成绩显著，但仍然任重而道远，必须继续推进、不断深化。习近平总书记在中华文明发源地之一——山西运城考察时强调，要深入实施“中华文明探源工程”，把中国文明历史研究引向深入。河南安阳殷墟遗址出土的甲骨文是古代中华文明的标志性成就，为中华民族保存了3000年前的文字，把中国信史向上推进了约1000年。中共二十大后，习近平总书记来到河南安阳殷墟遗址考察。他指出：“殷墟我向往已久，这次来是想更深地学习理解中华文明，古为今用，为更好建设中华民族现代文明提供借鉴。”[④] 他强调，中国的汉文字非常了不起，中华民族的形成和发展离不开汉文字的维系。在这方面，考古事业居功至伟。考古工作要继续重视和加强，继续深化“中华文明探源工程”。中华文明源远流长，从未中断，塑造了我们伟大的民族，这个民族还会伟大下去的。要通过文物发掘、研究保护工作，更好地传承优秀传统文化[⑤]。

在繁忙的调研工作中，习近平总书记重视中华文化的足迹遍及全国各地。2021

---

① 习近平：《高举中国特色社会主义伟大旗帜　为全面建设社会主义现代化国家而团结奋斗——在中国共产党第二十次全国代表大会上的报告》，《人民日报》2022年10月26日。

② 习近平：《在庆祝澳门回归祖国15周年大会暨澳门特别行政区第四届政府就职典礼上的讲话》，《人民日报》2014年12月21日。

③ 《人民日报》2016年1月5日。

④ 《人民日报》2022年10月29日。

⑤ 《人民日报》2022年10月29日。

年春天，他在福建调研期间，专程来到九曲溪畔的朱熹园考察。他说，我到山东考察时专门去看了孔府孔庙，到武夷山也专门来看一看朱熹园。2022 年 4 月 25 日，在藏书 410 余万册的中国人民大学图书馆，他听取了加强文献古籍保护利用、促进理论研究成果转化应用等情况介绍。然后指出，人民大学馆藏红色文献，鉴证了我们党创办正规高等教育的艰辛历程，是十分宝贵的红色记忆。他与师生代表座谈时强调，要坚持把马克思主义基本原理同中国具体实际相结合、同中华优秀传统文化相结合，立足中华民族伟大复兴战略全局和世界百年未有之大变局，不断推进马克思主义中国化时代化。①

三、坚持中国共产党的马克思主义魂脉和中华优秀传统文化的根脉

中国共产党成立之日起便以马克思主义作为指导思想。从此，马克思主义成为中国共产党人的魂脉，中华优秀传统文化成为中国共产党人的根脉。2023 年 6 月 30 日，中共中央政治局第六次集体学习时强调，马克思主义中国化时代化这个重大命题本身就决定，我们决不能抛弃马克思主义这个魂脉，决不能抛弃中华优秀传统文化这个根脉。② 有了马克思主义作为中国共产党人的魂脉，中国革命在历经旧民主主义革命无数次抗争与失败之后，终于进入新民主主义革命的"高速铁路"，一往无前，走向胜利；有了中华优秀传统文化作为中国共产党人的根脉，起源于西方的马克思主义在东方大国找到了落地生根的肥沃土壤，搏风击浪，茁壮生长。

正是马克思主义魂脉与中华优秀传统文化根脉的高度契合，造就了中国革命、建设和改革生机勃勃向前发展的历史性机缘。如果丢掉了马克思主义的魂脉，中国革命、建设和改革就会失去魂脉，失去精神动力，失去前进方向，失去指导思想。如果丢掉了中华优秀传统文化的根脉，马克思主义理论创新和实践创新就会成为无根之木、无源之水，就会失去存在的深厚基础，失去滋养的丰厚源泉。对中国共产党人来说，马克思主义魂脉和中华优秀传统文化根脉，犹如鸟之双翼、车之双轮，相辅相成，缺一不可。

新时代指出，坚守好马克思主义的魂脉和中华优秀传统文化的根脉，是马克思主义中国化理论创新的基础和前提。理论创新必须讲新话，但不能丢了老祖宗，数典忘祖就等于割断了魂脉和根脉，最终会犯失去魂脉和根脉的颠覆性错误。我们必须坚持马克思主义这个立党立国、兴党兴国之本不动摇，坚持植根本国、本民族历史文化沃

---

① 《人民日报》2022 年 4 月 26 日。

② 《人民日报》2023 年 7 月 2 日。

土发展马克思主义不停步，坚定历史自信、文化自信，坚持古为今用、推陈出新。①

当代中国马克思主义中国化时代化的任务，就是以马克思主义“魂脉”为指导，对中华五千多年文明宝库进行全面挖掘，用马克思主义“魂脉”激活中华优秀传统文化“根脉”中富有生命力的“优秀因子”并赋予新的时代内涵，将中华民族的伟大精神和丰富智慧更深层次地注入马克思主义，更好地把马克思主义思想精髓同中华优秀传统文化精华贯通起来，聚变为马克思主义中国化时代化的最新成果，使当代中国马克思主义永葆其蓬勃发展的旺盛活力。

四、“第二个结合”凝聚着马克思主义中国化的最新成果

马克思主义认为：“人们自己创造自己的历史，但是他们并不是随心所欲地创造，并不是在他们自己选定的条件下创造，而是在直接碰到的、既定的、从过去承继下来的条件下创造。”② 马克思主义传入中国后，科学社会主义的主张受到中国人民热烈欢迎，并最终扎根中国大地、开花结果，绝不是偶然的，而是同我国传承了几千年的优秀历史文化和广大人民日用而不觉的价值观念融通的。中华优秀传统文化价值观同马克思、恩格斯创立的科学社会主义体系价值观主张具有高度融合性。这是中国共产党“坚持把马克思主义基本原理同中国具体实际相结合、同中华优秀传统文化相结合”的重要前提和有利条件。

中国共产党成立后，植根中华大地，汲取中华优秀传统文化的丰厚营养，承继中华民族五千多年历史文化传统，不断将马克思主义中国化推向新阶段。中国人民抗日战争时期，毛泽东在《中国革命和中国共产党》中，深刻论述了中国社会、中华民族、古代的封建社会、现代的殖民地半殖民地和半封建社会。在此基础上，他论述了中国革命、近代以来的革命运动、中国革命的对象、中国革命的任务、中国革命的动力，从而得出中国革命的性质、中国革命的前途、中国革命的两重任务和中国共产党的结论。

在中国革命进程中，从中华优秀传统文化提取“实事求是”思想基因，将其确立为中国共产党的思想路线。开启改革开放新时期，首先提出恢复中国共产党实事求是的思想路线。并且从中华民族对“小康”的千年期盼获得启发，用“奔小康”“小康之家”“建设小康社会”作为改革开放的阶段性目标。然后，根据中华优秀传统文化“以德治国”理念，明确提出“把依法治国与以德治国紧密结合起来”的治国方略，实现中国从 20 世纪向 21 世纪的跨世纪发展。继之，传承中华优秀传统文化“民

---

① 《人民日报》2023 年 7 月 2 日。

② 《马克思恩格斯选集》第 1 卷，人民出版社 2012 年版，第 603 页。

为邦本”的历史基因，提出“科学发展”“以人为本”；根据中华民族历来主张“以和为贵”“仁者爱人”理念，提出构建“和谐社会”与“和谐世界”。

新时代把马克思主义基本原理同中国具体实际相结合、同中华优秀传统文化相结合推进到新阶段，运用“两个结合”治党治国治军，创立习近平新时代中国特色社会主义思想。把马克思主义关于人民群众是历史的创造者的基本原理、中国共产党长期形成的群众路线，同中华优秀传统文化的“民为邦本”相结合，创造性提出“江山就是人民，人民就是江山”“坚持以人民为中心的发展思想”“坚持人民至上”。运用中华优秀传统文化“周虽旧邦、其命维新”“天行健，君子以自强不息；地势坤，君子以厚德载物”“苟日新，日日新，又日新”来阐发全面深化改革思想。运用中华优秀传统文化自古以来“协和万邦”的历史基因阐述中国周边外交与和平共处的外交政策，倡导推动构建“人类命运共同体”。运用中华优秀传统文化“愚公移山”来激励脱贫攻坚、全面建成小康社会。凡此种种，上接天理，下接地气，明白晓畅，成效显著。

中华优秀传统文化为不断推进马克思主义中国化注入了源源不断的清清泉水。宋代朱熹诗曰：“半亩方塘一鉴开，天光云影共徘徊。问渠那得清如许，为有源头活水来。”新时代深刻把握中华文明的突出特性，提炼、总结出来中华优秀传统文化中诸多重要元素：天下为公、天下大同的社会理想，民为邦本、为政以德的治理思想，九州共贯、多元一体的大一统传统，修齐治平、兴亡有责的家国情怀，厚德载物、明德弘道的精神追求，富民厚生、义利兼顾的经济伦理，天人合一、万物并育的生态理念，实事求是、知行合一的哲学思想，执两用中、守中致和的思维方法，讲信修睦、亲仁善邻的交往之道。

中华优秀传统文化中这些重要元素共同塑造出中华文明突出的连续性、创新性、统一性、包容性、和平性。

就世界上公认的四大文明古国——发源于黄河流域的古代中国、发源于恒河流域的古代印度、发源于尼罗河流域的古代埃及、发源于幼发拉底河和底格里斯河流域（两河流域）的古代巴比伦来说，五千年以上的中华文明具有突出的连续性。中华文明是世界上唯一绵延不断且以国家形态发展至今的伟大文明。这充分证明了中华文明具有自我发展、回应挑战、开创新局的文化主体性与旺盛生命力。深厚的家国情怀与深沉的历史意识，为中华民族打下了维护大一统的人心根基，成为中华民族历经千难万险而不断复兴的精神支撑。中华文明的连续性，从根本上决定了中华民族必然走自己的路。如果不从源远流长的历史连续性来认识中国，就不可能理解古代中国，也不可能理解现代中国，更不可能理解未来中国。

就人类文明的发展来说，中华文明具有立足本土文化、吸收外来文化、开创未来文化的特质。中华文明具有突出的创新性。中华文明是革故鼎新、辉光日新的文明，静水深流与波澜壮阔交织。连续不是停滞、更不是僵化，而是以创新为支撑的历史进步过程。中华民族始终以“苟日新，日日新，又日新”的精神不断创造自己的物质文明、精神文明和政治文明，在很长的历史时期内作为最繁荣最强大的文明体屹立于世。中华文明的创新性，从根本上决定了中华民族守正不守旧、尊古不复古的进取精神，决定了中华民族不惧新挑战、勇于接受新事物的无畏品格。

就中华民族的高度统一来说，“大一统”的历史基因世代相传，已经融入中华民族成员的血脉。中华民族的凝聚力和向心力已成为中华民族的重要标识。中华文明具有突出的统一性。中华文明长期的“大一统”传统，形成了多元一体、团结集中的统一性。“向内凝聚”的统一性追求，是文明连续的前提，也是文明连续的结果。团结统一是福，分裂动荡是祸，是中国人用血的代价换来的宝贵经验教训。中华文明的统一性，从根本上决定了中华民族各民族文化融为一体、即使遭遇重大挫折也牢固凝聚，决定了国土不可分、国家不可乱、民族不可散、文明不可断的共同信念，决定了国家统一永远是中国核心利益的核心，决定了一个坚强统一的国家是各族人民的命运所系。

就各种文明的消长来说，中华文明一直固有“海纳百川、有容乃大”的宏伟气魄。中国地域辽阔，民族众多，语言不一，风俗各异。“百里不同乡，十里不同俗。”唐代韩愈《进学解》写道：“玉札丹砂，赤箭青芝，牛溲马勃，败鼓之皮，俱收并蓄，待用无遗者，医师之良也。”“兼容并包”“兼收并蓄”“求同存异”是中华民族的突出特点之一。西方国家认为中华民族多种宗教并存实属罕见，而中华文明对多种宗教并存视为常态。中华文明具有突出的包容性。中华文明从来不用单一文化代替多元文化，而是由多元文化汇聚成共同文化，化解冲突，凝聚共识。中华文化认同超越地域乡土、血缘世系、宗教信仰等，把内部差异极大的广土巨族整合成多元一体的中华民族。越包容就越是得到认同和维护，就越会绵延不断。中华文明的包容性，从根本上决定了中华民族交往交流交融的历史取向，决定了中国各宗教信仰多元并存的和谐格局，决定了中华文化对世界文明兼收并蓄的开放胸怀。

就睦邻相处来说，中华民族自古以来主张“协和万邦”“以和为贵”“和而不同”“和风细雨”。中国古代修建的举世闻名的万里长城，不是用来进攻，而是为了防御，实际上只是一个规模浩大的防御工事体系而已。中华文明具有突出的和平性。和平、和睦、和谐是中华文明五千多年来一直传承的理念，主张以道德秩序构造一个群己合一的世界，在人己关系中以他人为重。倡导交通成和，反对隔绝闭塞；倡导共生并进，反对强人从己；倡导保合太和，反对丛林法则。中华文明的和平性，从根本上决定了中国始终是世界和平的建设者、全球发展的贡献者、国际秩序的维护者，决定了中国不断追求文明交流互鉴而不搞文化霸权，决定了中国不会把自己的价值观念与政治体制强加于人，决定了中国坚持合作、不搞对抗，决不搞“党同伐异”的小圈子。

新时代把“两个结合”的重大意义归纳为以下方面：“我们的社会主义为什么不一样？为什么能够生机勃勃充满活力？关键就在于中国特色，中国特色的关键就在于两个结合”；“中国特色社会主义道路，是在马克思主义指导下走出来的，也是从五千多年中华文明史中走出来的”；“中国式现代化是赓续古老文明的现代化，而不是消灭古老文明的现代化；是从中华大地长出来的现代化，不是照搬照抄其他国家的现代化；是文明更新的结果，而不是文明断裂的产物”。

中国共产党坚持把马克思主义基本原理同中国具体实际相结合、同中华优秀传统文化相结合，对中华优秀传统文化不是简单的“克隆”、不是轻而易举的“复制”，更不是“山寨版”的“照抄照搬”，而是对中华优秀传统文化进行“创造性转化和创新性发展”，从中汲取五千多年中华文明史上蕴含的深邃政治智慧和丰厚历史智慧，从而为实现中华民族伟大复兴提供取之不尽用之不竭的精神动力。

马克思主义和中华优秀传统文化来源不同，但彼此存在高度的契合性。比如，天下为公、讲信修睦的社会追求与共产主义、社会主义的理想信念相通，民为邦本、为政以德的治理思想与人民至上的政治观念相融，革故鼎新、自强不息的担当与共产党人的革命精神相合。马克思主义从社会关系的角度把握人的本质，中华文化也把人安放在家国天下之中，都反对把人看作孤立的个体。相互契合才能有机结合。正是在这个意义上，中国共产党既是马克思主义的坚定信仰者和践行者，又是中华优秀传统文化的忠实继承者和弘扬者。

特别令人惊叹不已的是，在中华大地，从北方到南方，从华东到西部，“天下大同”“世界大同”的理念，无论男女老少，几乎人人皆知。这种自古以来就世世代代相传的理念与社会主义、共产主义高度契合，为坚定不移地走中国特色社会主义道路提供了得天独厚的丰富土壤和坚实基础。

下　篇

愚公移山：
中华优秀传统文化的时代价值

第一讲

愚公移山：从中华优秀传统文化到愚公移山精神①

一、古代寓言愚公移山到新时代“锲而不舍、挖山不止”

“让我们大力弘扬愚公移山精神，大力弘扬将革命进行到底精神，在中国和世界进步的历史潮流中，坚定不移把我们的事业不断推向前进，直至光辉的彼岸。”②

《愚公移山》来自中国古代寓言《列子・汤问》，作者是春秋战国的道列御寇。《愚公移山》全文如下：

太行、王屋二山，方七百里，高万仞，本在冀州之南，河阳之北。

北山愚公者，年且九十，面山而居。惩山北之塞，出入之迂也，聚室而谋曰：“吾与汝毕力平险，指通豫南，达于汉阴，可乎？”杂然相许。其妻献疑曰：“以君之力，曾不能损魁父之丘，如太行、王屋何？且焉置土石？”杂曰：“投诸渤海之尾，隐土之北。”遂率子孙荷担者三夫，叩石垦壤，箕畚运于渤海之尾。邻人京城氏之孀妻有遗男，始龀，跳往助之。寒暑易节，始一返焉。

河曲智叟笑而止之曰：“甚矣，汝之不惠！以残年余力，曾不能毁山之一毛，其如土石何？”北山愚公长息曰：“汝心之固，固不可彻，曾不若孀妻弱子。虽我之死，有子存焉；子又生孙，孙又生子；子又有子，子又有孙；子子孙孙无穷匮也，而山不加增，何苦而不平？”河曲智叟亡以应。

操蛇之神闻之，惧其不已也，告之于帝。帝感其诚，命夸娥氏二子负二山，一厝朔东，一厝雍南。自此，冀之南，汉之阴，无陇断焉。

愚公移山，表达“恒道”理念，借愚公移山故事申道明义。

---

① 原载《毛泽东思想研究》2022 年第 3 期。

② 习近平：《在全国政协新年茶话会上的讲话》，《人民日报》2016 年 12 月 31 日。

愚公移山，口口相传，言为心声，在中国历代民间广为流传。

愚公移山，中华文化，传统文化，在中国历代文学、哲学和民间都有记载和传说。

愚公移山表现了中华民族精神，具有三大内涵：

一是比喻中华民族充分发挥自身的主观能动性，改造自然，造福人民。万里长城，都江堰水利工程，京杭大运河，三门峡水库，葛洲坝水库，龙羊峡水库，小浪底水库（黄河小浪底水利枢纽工程），三峡水库，黄河大桥，长江大桥，高速公路，高速铁路，航天飞机，洲际导弹，红旗渠劈开太行山，等等，都属于愚公移山、改造自然的范畴。

二是比喻中国人民开展社会革命，改天换地，推动社会变革，推动历史前进。秦朝末年的陈胜吴广起义，东汉末年的黄巾起义，唐朝末年的黄巢起义，元朝末年的朱元璋起义，明朝末年的李自成起义，清朝时期的太平天国起义，推翻清朝的辛亥革命，推翻帝国主义、封建主义和官僚资本主义的中国新民主主义革命，等等，都属于愚公移山、改造社会的范畴。

三是比喻中华民族充分发挥自身的主动性、积极性和创造性，攻坚克难，克服困难，克敌制胜，攻克难关，实现预期目标。

中国古代南北朝诗人庾信："愚公何德，遂荷锸而移山；精卫何禽，欲衔石而塞海。"中国明代理学家沈鲤："愚公移山而期之子复子孙也，卒能感山神而役之。"中国近代新文化运动代表人物之一蔡元培，用愚公移山阐述"小我"与"大我"的关系，号召全民族同舟共济、共克时艰。中国人民抗日战争时期，著名画家徐悲鸿创作国画《愚公移山》，表达了中国民众和中华民族坚决抗日到底的坚强斗志。这些都属于愚公移山、克服困难的范畴。

特别是中国共产党第七次全国代表大会闭幕词，讲述愚公移山故事，号召全党以愚公移山精神战胜一切艰难险阻，彻底推翻帝国主义和封建主义在中国的统治，赢得中国革命胜利，极大地鼓舞了共产党人和全国人民"下定决心，不怕牺牲，排除万难，去争取胜利"。

中华人民共和国成立后，号召中国人民"愚公移山，改造中国"。改革开放和社会主义现代化建设新时期，中共中央在《关于建国以来党的若干历史问题的决议》中号召，在马克思列宁主义、毛泽东思想的伟大旗帜下，全党、全军、全国各族人民紧密团结在党中央周围，继续发扬愚公移山的精神，同时同德，排除万难，为把我们的国家逐步建设成为现代化的、高度民主的、高度文明的社会主义强国而努力奋斗！我们的目的一定要达到！我们的目的一定能达到！

中国特色社会主义新时代，中国共产党领导中国人民决胜全面建成小康社会、为实现中华民族伟大复兴而奋斗。中央媒体报道，习近平总书记多次论述愚公移山精神。

2011 年 3 月 7 日，习近平同志参加十一届全国人大四次会议河南代表团审议时强调：河南是中华民族、华夏文明的重要发祥地，自古以来中原大地孕育的风流人物灿若群星，产生的历史文化影响深远，创造了许多闻名遐迩的精神文化成果，培育了愚公移山精神、焦裕禄精神、红旗渠精神，这些革命创业精神是我们党的性质和宗旨的集中体现，历久弥新，永远不会过时。加强文化建设首先要把继承和弘扬这些革命创业精神作为凝聚人心、战胜困难、开拓前进的精神动力，不断结合新的时代特征用以滋养教育广大干部群众，为全省经济社会发展注入强大精神力量。

2011 年 9 月 1 日，习近平同志在中央党校秋季开学典礼的讲话中强调：我们的先哲很早就提出“天行健，君子以自强不息”的思想，这是中华民族积极进取、刚健有为、勇往直前的内在动力。古代神话中流传的“精卫填海”“女娲补天”“愚公移山”，孔子倡导的“学道不倦、诲人不厌”，“发愤忘食、乐以忘忧”，越王勾践的卧薪尝胆，汉使苏武的饮雪吞毡，以及文王拘而演《周易》、屈原逐而赋《离骚》、司马迁忍辱而作《史记》，等等，无不体现出中华民族刚强坚毅、自强不息的优良传统和积极进取的人生态度。我们学习中国历史，就要继承中华民族的优良传统，从中汲取思想精华，结合新的实践不断发扬光大。

2013 年 11 月 28 日，习近平总书记在济南军区调研时，提出要以愚公移山精神全面实施改革强军战略、加强作风建设：我们必须坚决克服“闯关”“松口气”等消极思想情绪，乘势而上，乘胜追击，以愚公移山精神，一个问题一个问题去攻坚克难，做到善始善终、善作善成，努力实现作风根本好转。克服不良作风也不能一蹴而就。作风建设要经常抓深入抓持久抓，必须自上而下、以上率下，构建规范化制度化长效机制，以愚公移山精神，发扬宜将剩勇追穷寇的劲头，在抓常、抓细、抓长上下功夫，做到持之以恒、锲而不舍，善始善终、善作善成。

2014 年 11 月 8 日，习近平总书记在参加 APEC“加强互联互通伙伴关系”东道主伙伴峰会上，以“愚公移山”故事谈互联互通：中国有个寓言叫“愚公移山”。讲的是几千年前，一个交通不便的山村里有位叫愚公的老人，下决心将挡在家门口的两座大山移开。亲戚和邻居都说不可能，但他力排众议，带着子孙日复一日挖土移山。他说，山不会加大增高，人却子孙无穷，只要持之以恒，总有一天会把大山搬走。愚公的精神感动了天神，两座山在人和神的共同努力下被移开了，愚公的家乡同外界实现了互联互通。

2015 年 3 月 6 日，习近平总书记参加十二届全国人大三次会议江西代表团会议时，针对老区经济发展问题，提出要立下愚公志，打好攻坚战：要着力推动老区特别是原中央苏区加快发展，决不能让老区群众在全面建成小康社会进程中掉队，立下愚公志、打好攻坚战，让老区人民同全国人民共享全面建成小康社会成果。这是我们党的历史责任。

2015 年 11 月 28 日，习近平总书记出席中央扶贫开发工作会议强调，要立下愚公移山志：全面建成小康社会，是我们对全国人民的庄严承诺。脱贫攻坚战的冲锋号已经吹响。我们要立下愚公移山志，咬定目标、苦干实干，坚决打赢脱贫攻坚战，确保到 2020 年所有贫困地区和贫困人口一道迈入全面小康社会。

2016 年 6 月 12 日，习近平总书记对河北农业大学教授李保国同志先进事迹作出批示：李保国同志 35 年如一日，坚持全心全意为人民服务的宗旨，长期奋战在扶贫攻坚和科技创新第一线，把毕生精力投入山区生态建设和科技富民事业之中，用自己的模范行动彰显了共产党员的优秀品格，事迹感人至深。李保国同志堪称新时期共产党人的楷模，知识分子的优秀代表，太行山上的新愚公。广大党员、干部和教育、科技工作者要学习李保国同志心系群众、扎实苦干、奋发作为、无私奉献的高尚精神，自觉为人民服务、为人民造福，努力做出无愧于时代的业绩。

2016 年 12 月 30 日，习近平总书记在参加全国政协新年茶话会时指出，一个时代有一个时代的主题，一代人有一代人的使命。新长征路上，每一个中国人都是主角、都有一份责任。让我们大力弘扬愚公移山精神，大力弘扬将革命进行到底精神，在中国和世界进步的历史潮流中，坚定不移把我们的事业不断推向前进，直至光辉的彼岸。

2017 年 1 月 6 日，习近平总书记在十八届中央纪律检查委员会第七次全体会议上强调，要锲而不舍、挖山不止，坚决铲除腐败这个最致命的“污染源”，坚决打赢反腐败这场正义之战，为营造政治上的绿水青山不断努力。

2018 年 3 月 20 日，习近平总书记在十三届全国人大一次会议闭幕会上讲话中，从中华民族传统文化精神的角度强调愚公移山精神：中国人民是具有伟大梦想精神的人民。在几千年历史长河中，中国人民始终心怀梦想、不懈追求，我们不仅形成了小康生活的理念，而且秉持天下为公的情怀，盘古开天、女娲补天、伏羲画卦、神农尝草、夸父追日、精卫填海、愚公移山等我国古代神话深刻反映了中国人民勇于追求和实现梦想的执着精神。中国人民相信，山再高，往上攀，总能登顶；路再长，走下去，定能到达。

2021 年元旦，习近平总书记发表新年贺词：2020 年，全面建成小康社会取得伟大历史性成就，决战脱贫攻坚取得决定性胜利。我们向深度贫困堡垒发起总攻，啃下了最难啃的“硬骨头”。历经 8 年，现行标准下近 1 亿农村贫困人口全部脱贫，832 个贫困县全部摘帽。这些年，我去了全国 14 个集中连片特困地区，乡亲们愚公移山的干劲，广大扶贫干部倾情投入的奉献，时常浮现在脑海。我们还要咬定青山不放松，脚踏实地加油干，努力绘就乡村振兴的壮美画卷，朝着共同富裕的目标稳步前行。

中华民族五千多年绵延不绝的悠久历史，形成博大精深的历史文化积淀，造就源远流长、生生不息、世代相传、历久弥新的民族精神。愚公移山精神就是其中之一。愚公移山精神是中华民族的民族精神具体体现，是中华优秀传统文化的重要基因，是中国走向世界的最深厚的软实力。在中国共产党长期奋斗中，愚公移山精神是推动中国革命、建设、改革和新时代各项事业发展的强大精神动力。

二、古为今用，点石成金，愚公移山，赢得胜利

1840 年鸦片战争后，中国逐渐沦为半殖民地半封建社会，在近代中国，帝国主义、封建主义和官僚资本主义成为压在中国人民头上的“三座大山”。要实现中国人民的自由解放和中华民族的独立富强，必须首先挖掉“三座大山”。然而，中国革命是在极为困难的条件下进行的，一方面，革命阵营面临着国内外敌人互相勾结和国际帝国主义对反革命阵营的源源不断的国际援助；另一方面，革命阵营却没有任何国际援助，要赢得胜利必须依靠自己力量顽强奋斗。愚公移山精神为中国共产党提供了独立自主、自力更生、依靠自己力量战胜强敌夺取胜利的强大精神动力。

以愚公移山精神挖掉帝国主义和封建主义的“大山”

抗日战争胜利前夕，在中共七大上，具有深厚政治智慧和历史智慧积淀的毛泽东，为了鼓舞全党，同心同德，顽强奋斗，实现中共七大路线，古为今用，点石成金，赋予愚公移山崭新的政治内涵。毛泽东在《愚公移山》的七大闭幕词中指出：中国古代有个寓言，叫作“愚公移山”。说的是古代有一位老人，住在华北，名叫北山愚公。他的家门南面有两座大山挡住他家的出路，一座叫作太行山，一座叫作王屋山。愚公下决心率领他的儿子们要用锄头挖去这两座大山。有个老头子名叫智叟的看了发笑，说是你们这样干未免太愚蠢了，你们父子数人要挖掉这样两座大山是完全不可能的。愚公回答说：我死了以后有我的儿子，儿子死了，又有孙子，子子孙孙是没有穷尽的。这两座山虽然很高，却是不会再增高了，挖一点就会少一点，为什么挖不平呢？愚公批驳了智叟的错误思想，毫不动摇，每天挖山不止。这件事感动了上帝，他就派了两个神仙下凡，把两座山背走了。现在也有两座压在中国人民头上的大山，一

座叫作帝国主义，一座叫作封建主义。中国共产党早就下了决心，要挖掉这两座山。我们一定要坚持下去，一定要不断地工作，我们也会感动上帝的。这个上帝不是别人，就是全中国的人民大众。全国人民大众一齐起来和我们一道挖这两座山，有什么挖不平呢？[①] 毛泽东号召全党，愚公移山，坚韧不拔，顽强奋斗，坚决挖掉压在中国人民头上的帝国主义和封建主义"大山"[②]。中共七大后，中国共产党发扬愚公移山精神，赢得抗日战争最后胜利。解放战争初期，国民党政府气势汹汹，不可一世，发动全面内战，一时间"黑云压城城欲摧"。中国共产党以愚公移山精神，英勇顽强，克敌制胜，战胜了貌似强大的国民党反动派。中国人民解放军经过战略防御、战略进攻和战略决战，歼灭了国民党军精锐部队。随之发起渡江战役，突破国民党军长江防线，占领南京，攻克上海，宣告了国民党统治的崩溃。当时的美国驻华大使司徒雷登写道："共产党的先头部队成功地过了长江，入了城，平静地接管了首都。他们纪律严明，士气高昂，同政府军冷漠的表情和混乱的指挥形成了鲜明的对照。"[③] 中国革命胜利、中华人民共和国成立，标志着中国共产党领导中国人民彻底挖掉压在中国人民头上的帝国主义、封建主义和官僚资本主义"三座大山"。

以愚公移山精神"建设一个独立的、自由的、民主的、统一的、富强的新中国"

毛泽东以《愚公移山》作为中共七大闭幕词，具有深刻的政治内涵，根本目的在于实现"放手发动群众，壮大人民力量，在我党的领导下，打败日本侵略者，解放全国人民，建立一个新民主主义的中国"[④] 的七大路线。毛泽东在中共七大政治报告《论联合政府》中指出：作为一般纲领，我们在政治上的主张是"在彻底地打败日本侵略者之后，建立一个以全国绝对大多数人民为基础而在工人阶级领导之下的统一战线的民主联盟的国家制度，我们把这样的国家制度称之为新民主主义的国家制度"[⑤]。毛泽东强调："我们的将来纲领或最高纲领，是要将中国推进到社会主义社会和共产主义社会去的，这是确定的和毫无疑义的。"但是，一切中国共产党人不为着现阶段的目标而奋斗，而空谈社会主义和共产主义，"就不是一个自觉的和忠诚的共产主义者"。[⑥] "只有经过民主主义，才能到达社会主义，这是马克思主义的天经地

① 《毛泽东选集》第 3 卷，人民出版社 1991 年版，第 1102 页。
② 中国人民解放战争时期提出，坚决挖掉帝国主义、封建主义和官僚资本主义"三座大山"。
③ 〔美〕司徒雷登：《在华五十年——司徒雷登回忆录》，李晶译，译林出版社 2015 年版，第 193 页。
④ 《毛泽东选集》第 3 卷，人民出版社 1991 年版，第 1101 页。
⑤ 《毛泽东选集》第 3 卷，人民出版社 1991 年版，第 1056 页。
⑥ 《毛泽东选集》第 3 卷，人民出版社 1991 年版，第 1059－1060 页。

义。而在中国，为民主主义奋斗的时间还是长期的。”[①] 当时，中国共产党主张的新民主主义经济，必须是由国家经营、私人经营和合作社经营三部分组成。毛泽东阐述了中国共产党对待资本主义的鲜明态度：“有些人不了解共产党人为什么不但不怕资本主义，反而在一定的条件下提倡它的发展。我们的回答是这样简单：拿资本主义的某种发展去代替外国帝国主义和本国封建主义的压迫，不但是一个进步，而且是一个不可避免的过程。它不但有利于资产阶级，同时也有利于无产阶级，或者说更有利于无产阶级。”[②] 毛泽东认为：“中国一切政党的政策及其实践在中国人民中所表现的作用的好坏、大小，归根到底，看它对于中国人民的生产力的发展是否有帮助及其帮助之大小，看它是束缚生产力的，还是解放生产力的。”[③] 毛泽东深刻总结中国共产党的成功经验：“以马克思列宁主义的理论思想武装起来的中国共产党，在中国人民中产生了新的工作作风，这主要的就是理论和实践相结合的作风，和人民群众紧密地联系在一起的作风以及自我批评的作风。”[④] “应该使每个同志明了，共产党人的一切言论行动，必须以合乎最广大人民群众的最大利益，为最广大人民群众所拥护为最高标准。应该使每一个同志懂得，只要我们依靠人民，坚决地相信人民群众的创造力是无穷无尽的，因而信任人民，和人民打成一片，那就任何困难也能克服，任何敌人也不能压倒我们，而只会被我们所压倒。”[⑤] 因此，毛泽东以愚公移山精神激励全党，“为着打败日本侵略者，建设一个光明的新中国，建设一个独立的、自由的、民主的、统一的、富强的新中国而奋斗”。[⑥] 毛泽东阐发的基本思想和真知灼见，至今仍然具有深远的历史意义和鲜明的现实意义。

以愚公移山精神应对面临的空前尖锐复杂的国际国内局势

毛泽东在中共七大谈到国际形势时指出：把世界引向进步，这是历史的总趋向。国内形势既要看到光明的一面，又要看到困难的一面。“但是我们更要准备困难，我下面讲的困难有十七条”：第一条，外国大骂。现在英、美的报纸和通讯社都在骂共产党，将来我们发展越大，他们会骂得越有劲。要准备着挨外国人的骂。第二条，国内大骂。什么破坏抗战，危害国家，杀人放火，共产共妻，毫无人性，等等。第三条，准备被他们占去几大块根据地。第四条，被他们消灭若干万军队。第五条，伪军欢迎蒋介石。第六条，爆发内战。第七条，出了斯科比，中国变成希腊。第八条，

① 《毛泽东选集》第 3 卷，人民出版社 1991 年版，第 1060 页。
② 《毛泽东选集》第 3 卷，人民出版社 1991 年版，第 1060 页。
③ 《毛泽东选集》第 3 卷，人民出版社 1991 年版，第 1079 页。
④ 《毛泽东选集》第 3 卷，人民出版社 1991 年版，第 1093－1094 页。
⑤ 《毛泽东选集》第 3 卷，人民出版社 1991 年版，第 1096 页。
⑥ 《毛泽东选集》第 3 卷，人民出版社 1991 年版，第 1026 页。

"不承认波兰"。这里是比喻我们得不到承认。第九条，跑掉、散掉若干万党员。第十条，党内出现悲观心理、疲劳情绪。第十一条，天灾流行，赤地千里。天灾是天不下雨，玉皇大帝不帮忙。第十二条，经济困难。第十三条，敌人兵力集中华北。第十四条，国民党实行暗杀阴谋，暗杀我们的负责同志。第十五条，党的领导机关发生意见分歧。第十六条，国际无产阶级长期不援助我们。第十七条，其他意想不到的事。许多事情是意料不到的，但是一定要想到，尤其是我们的高级负责干部要有这种精神准备，准备对付非常的困难，对付非常的不利情况。这些，我们都要透彻地想好。"困难我讲了十七条，下面讲我们一定要胜利。""第一，暂时吃亏，最终胜利。""第二，此处失败，彼处胜利。""东方不亮西方亮，黑了南方有北方，我们总有道路。""第三，一些人跑了，一些人来了。""第四，一些人死了，一些人活着。""第五，经济困难就学会做经济工作。" "第六，克服天灾，太行有经验……这些经验很好。""第七，党内发生纠纷，这也是给我们上课，使我们获得锻炼。""第八，没有国际援助，学会自力更生。"① 在抗日战争胜利前夕，毛泽东既对中国革命充满胜利信心，又对应对急剧变幻的国内外形势做了最坏的精神准备，提醒全党高度重视，从最坏处着想，向最好处努力，以愚公移山精神应对各种复杂的国内外局势，克服一切困难，争取光明前景。

发扬愚公移山精神的根本方法是依靠人民

毛泽东发表《愚公移山》讲话后，在延安窑洞里会见了从重庆飞抵延安的黄炎培等6位国民参政会参政员。毛泽东问起黄炎培在延安期间有什么感想时，黄炎培说，我生六十多年，耳闻的不说，所亲眼看到的，真所谓"其兴也勃焉"，"其亡也忽焉"，一人，一家，一团体，一地方，乃至一国，不少单位，都没有能跳出这周期率的支配力。一部历史，"政怠宦成"的也有，"人亡政息"的也有，"求荣取辱"的也有，总之没有能跳出这周期率。中共诸君从过去到现在，我略略了解的了，就是希望找出一条新路，来跳出这周期率的支配。② 毛泽东郑重地说：我们已经找到新路，我们能跳出这周期率。这条新路，就是民主。只有让人民来监督政府，政府才不敢松懈。只有人人起来负责，才不会人亡政息。③ 毛泽东坚信，只要坚持和发扬愚公移山精神，中国共产党就能够跳出黄炎培所说的"周期率"，开创实现人民民主新路。

---

① 《毛泽东文集》第3卷，人民出版社1996年版，第387－393页。

② 中共中央文献研究室编：《毛泽东年谱（1893—1949）》中卷，人民出版社、中央文献出版社1993年版，第609－610页。

③ 中共中央文献研究室编：《毛泽东年谱（1893—1949）》中卷，人民出版社、中央文献出版社1993年版，第610页。

新中国"愚公移山，改造中国"

中国革命战争时期，毛泽东号召中国共产党团结带领中国人民以愚公移山精神，坚决挖掉阻挡中华民族发展与进步的帝国主义、封建主义和官僚资本主义"三座大山"，极大地激励了全党全国人民，大家齐心协力，"每天挖山不止"，终于赢得抗日战争和中国革命伟大胜利，宣告中华人民共和国成立。

中华人民共和国成立初期，经济上面临着国民党遗留下来的久经战乱的贫穷落后的"烂摊子"，生产萎缩，交通梗阻，民生困苦，失业众多。特别是国民党统治时期长期通货膨胀，造成了物价飞涨、投机猖獗、市场混乱、民不聊生的严峻局面，给恢复和发展国民经济带来极大困难。新中国各项事业百废待兴，国民经济亟待发展，为此，毛泽东在20世纪50年代号召全党全国人民"愚公移山，改造中国"。[①]

社会主义革命和建设时期，要把中国从经济文化、科学技术落后的农业国发展成为先进的工业国，缺乏资金，缺乏科学技术，缺乏各方面的专业人才，缺乏外国援助（20世纪50年代苏联曾经提供经济援助，50年代末期全部停止），缺乏经济建设经验，缺乏熟悉经济工作的领导干部，面对上述重重"大山"，中国只有走"愚公移山，改造中国"的道路，以"每天挖山不止"的精神状态，克服困难，渡过难关。农业方面的红旗渠、工业方面的大庆油田、科学技术方面的"两弹一星"，既是"愚公移山、改造中国"的具体体现，也是中国人民以愚公移山精神自力更生、艰苦奋斗的缩影。

三、新时期"继续发扬愚公移山的精神"

中共十一届三中全会标志着中国进入改革开放新时期。刚刚结束"十年内乱"的中国，"积重难返""问题成山"，面对新技术革命带来世界突飞猛进、日新月异的变化，面临前所未有的新情况、新问题和新挑战。邓小平反复告诫全党："中国搞四个现代化，要老老实实地艰苦创业。我们穷，底子薄，教育、科学、文化都落后，这就决定了我们还要有一个艰苦奋斗的过程。"[②] 中共中央号召全党："继续发扬愚公移山的精神，同心同德，排除万难，为把我们的国家逐步建设成为现代化的、高度民主的、高度文明的社会主义强国而努力奋斗。"[③]

---

① 中共中央文献研究室编：《毛泽东年谱（1949～1976年）》第3卷，中央文献出版社2013年版，第220页。

② 《邓小平文选》第2卷，人民出版社1994年版，第257页。

③ 《关于建国以来党的若干历史问题的决议》，《人民日报》1981年7月1日。

以愚公移山精神实行对外开放

中国实行改革开放，经济特区是"试验田"。此前，广东"南大门"出现"逃港风"——广东农村一些经济落后地区的青壮年纷纷跑到香港"打工"去了，无论采取什么办法都拦不住。中共广东省委负责同志深入农村调研，了解到真实情况，在人民公社体制下农民的劳动收入很低，而跑到香港打工则收入较高。于是，中共广东省委向中央提出，划出一块地方实行特殊政策，迅速把经济搞上去、迅速把群众生活搞上去，从根本上解决"逃港风"问题。中共中央完全同意广东省委建议，经济特区应运而生。愚公移山精神为创办经济特区提供了强大精神动力。深圳经济特区成立初期，一场暴雨将罗湖地区的洼地化为泽国。当时，香港来的女性一下火车，都要把高跟鞋脱下来拎着。深圳经济特区集中全国 108 个工程师的住地——欣园招待所，都是平房，地势很低，一下大雨，"水漫金山"，图纸被冲得乱七八糟。工程师们问深圳经济特区负责人，敢不敢搬掉罗湖山填平洼地，把罗湖这块水淹地变成"宝地"。这个创意得到深圳经济特区同意。于是，横亘在罗湖桥边的罗湖山被移走，罗湖区腾出 0. 8 平方公里宝贵用地，深圳大规模经济建设由此开始。愚公移山，移山造地，化害为利，化消极因素为积极因素，大获成功。深圳经济特区由此得出了经验，罗湖旁边都是农村，怎么消化农民——从日本、中国香港地区进口一批吊车、铲车、载重汽车，让罗湖农民开车，把农民变成工人。深圳以愚公移山精神建设经济特区，中国特色社会主义事业取得显著成绩，很快成为改革开放的重要窗口，已经成为举世瞩目的充满活力的国际化创新型城市。深圳坚持以愚公移山精神不断探索全面建设社会主义现代化强国新路径，为实现中华民族伟大复兴提供了有力支撑。

以愚公移山精神进行农村改革

中国共产党高度重视农村问题，从土地革命战争"打土豪、分田地"、抗日战争"减租减息"到解放战争土地改革，创造了农村包围城市、武装夺取政权的道路。中华人民共和国成立后，颁布《土地改革法》，全国实施土地改革，农村政通人和、粮食丰收、百业兴旺，欣欣向荣。20 世纪 50 年代后期在脱离农村生产力发展水平情况下急剧变革生产关系导致极为严重的后果。改革开放初期，农村改革势在必行，其根本目的就是以愚公移山精神彻底挖掉贫困这座阻挡中国农村现代化的"大山"。列宁认为生机勃勃的社会主义是人民群众自己创造出来的。农村改革就来自中国农民自己的创造。1978 年的安徽省凤阳县小岗村 115 人、550 多亩耕地，人均耕地超出安徽省平均值，却是全县有名的"吃粮靠返销、用钱靠救济、生产靠贷款"的"三靠村"，1966 年至 1978 年吃国家返销粮 23 万斤。1978 年 11 月 24 日，小岗村 18 户农民秘密商定"包产到户"。当时，这是一个危险的举动。为此，小岗村 18 户农民用传统方式起草契约："我们分田到户，每户户主签字盖章，如以后能干，保证完成每户的全年上缴和公粮，不再向国家伸手要钱要粮；如果不成，我们干部坐牢杀头也甘心。"然后每人摁下手印。由此，小岗村成为农村改革发源地。小岗村农民朴实地说："交足国家的，留够集体的，剩下都是自己的。"由此可见，小岗村农民总是将国家利益放在第一位。这就是中国农民的精神境界。这时，中共十一届三中全会开启的改革开放大潮汹涌澎湃。"一马当先，万马奔腾。""小岗变法"引发的农村改革犹如星火燎原在中国农村全面展开。"家庭联产承包责任制"彻底解决了困扰中华民族数千年的吃饭问题。这是中国特色社会主义对中华民族的伟大贡献，也是中国对人类发展的最大贡献，因为中国率先解决了人类四分之一人口的吃饭问题。

以愚公移山精神进行经济体制改革

改革开放初期，经济体制改革步履维艰。必须以愚公移山精神"每天挖山不止"，才能将经济体制改革一步一步地引向深入，最终建立生机勃勃的社会主义市场经济体制。当时，雇工问题争议很大。有人认为，雇工七人以下，属于个体户性质；雇工八人以上，就属于资本家性质。根据是马克思在《资本论》中的一段话："按照我们的假设，他必须使用两个工人，才能依靠每天占有的剩余价值来过工人那样的生活，即满足他的必要的需求。在这种情况下，他的生产的目的就只是维持生活，不是增加财富；而在资本主义生产下，增加财富是前提。为了使他的生活只比一个普通工人好一倍，并且把所生产的剩余价值的一半再转化为资本，他就必须把预付资本的最低限款和工人人数都增加为原来的 8 倍。"① 因为对马克思的话理解不同，曾引发"傻子瓜子风波"——年广久是安徽省芜湖市的个体户，雇工经营，制作和销售的瓜子称为"傻子瓜子"。1981 年 9 月雇工 4 人，1984 年雇工达到 103 人，加上分店则达到 140 多人，成为改革开放初期的百万富翁之一。多次陷入"傻子瓜子风波"而成为"有争议人物"。1983 年初，中共中央《当前农村经济政策的若干问题》指出："农村个体工商户和种养业的能手，请帮手、带徒弟，可参照《国务院关于城镇非农业个体经济若干政策性规定》执行。对超过上述规定雇工请较多帮工的，不宜提倡，不要公开宣传，也不要急于取缔，而应因势利导，使之向不同形式的合作经济发展。农村个体商业和各种服务业，经营灵活，方便群众，应适当加以发展，并给予必要的扶持。农民个人或合伙人进行长途贩运，也应当允许。"1 月 9 日，《人民日报》社论《适当发展个体经济是社会经济生活的需要》进一步指出：个体经济不是资本主义性质；个体经济是生产资料的个人占有与个体劳动相结合；劳动者自己养活自己。今后

① 《马克思恩格斯全集》第 23 卷，人民出版社 1975 年版，第 342 页。

一个相当长的时期内，我们必须采取措施，促进个体经济有一个适当发展。1 月 12 日，邓小平指出："有个别雇工超过了国务院的规定，这冲击不了社会主义。只要方向正确，头脑清醒，这个问题容易解决，十年、八年以后解决也来得及，没什么危险。"① 1984 年初，中共中央《关于 1984 年农村工作的通知》指出，对当前雇请工人超过法定人数的企业，可以不按照资本主义的雇工经营看待。1984 年 10 月 22 日，邓小平在中央顾问委员会第三次全体会议上第一次提到"傻子瓜子"："前些时候那个雇工问题，相当震动呀，大家担心得不得了。我的意见是放两年再看。那个能影响到我们的大局吗？如果你一动，群众就说政策变了，人心就不安了。你解决了一个'傻子瓜子'，会牵动人心不安，没有益处。让'傻子瓜子'经营一段，怕什么？伤害了社会主义吗？"② 1987 年中共中央 5 号文件指出，允许存在，加强管理，兴利抑弊，逐步引导。同时指出，在社会主义初级阶段，在商品经济发展中，在一个较长时期内，个体经济和少量私人企业的存在是不可避免的。1992 年初，邓小平回顾说："农村改革初期，安徽出了个'傻子瓜子'问题。当时许多人不舒服，说他赚了一百万，主张动他。我说不能动，一动人们就会说政策变了，得不偿失。"③ 习近平总书记总结改革开放经验时指出："我们党作出实行改革开放的历史性决策，是基于对党和国家前途命运的深刻把握，是基于对社会主义革命和建设实践的深刻总结，是基于对时代潮流的深刻洞察，是基于对人民群众期盼和需要的深刻体悟。邓小平同志指出：'贫穷不是社会主义'，'我们要赶上时代，这是改革要达到的目的'。"④ 愚公移山精神鼓舞着中国人民攻坚克难，挖掉一座座"大山"，实现经济体制改革，确立社会主义市场经济体制。

改革开放新时期"继续发扬愚公移山的精神"，中国人民面对社会主义现代化建设遇到的一座又一座"大山"，"每天挖山不止"，农村改革、经济体制改革、科技体制改革、教育体制改革、国防和军队改革等获得显著成果。中国大踏步赶上世界发展潮流，在较短的时间内，浓缩世界上发达国家数十年以至上百年发展历程，创造了迅速发展成为世界第二大经济体的奇迹。

四、新时代"立下愚公移山志，咬定目标、苦干实干"

中国特色社会主义新时代强调弘扬愚公移山精神。2015 年 11 月 28 日，中央扶

① 《邓小平文选》第 3 卷，人民出版社 1993 年版，第 252 页。
② 《邓小平文选》第 3 卷，人民出版社 1993 年版，第 91 页。
③ 《邓小平文选》第 3 卷，人民出版社 1993 年版，第 371 页。
④ 习近平：《论中国共产党历史》，中央文献出版社 2021 年版，第 214 页。

贫开发工作会议指出“我们要立下愚公移山志，咬定目标、苦干实干，坚决打赢脱贫攻坚战”。新时代要继续发扬愚公移山精神的重要论述赋予愚公移山精神崭新的时代内涵。愚公移山精神成为决胜全面建成小康社会、实现中华民族伟大复兴的强大精神力量。

中国特色社会主义新时代“大力弘扬愚公移山精神”，集中体现为“立下愚公移山志”“决胜全面建成小康社会”。中共十八大提出“全面建成小康社会”，中共十九大提出“决胜全面建成小康社会”，全党全国人民以愚公移山精神，一以贯之，众志成城，决战决胜，奔向小康。为了挖掉贫困“大山”，习近平总书记经常到革命老区、少数民族地区、边疆地区和贫困地区，调查研究，实地指导，同基层干部、群众一起，总结实践经验，共谋发展思路，并多次强调“小康不小康，关键看老乡”，全面建成小康社会“一个也不能少”。四川省凉山彝族自治州昭觉县支尔莫乡阿土列尔村又叫“悬崖村”，大山里的村民每次出入村子都需要攀爬落差 800 米的悬崖“天梯”——所有村民，无论男女老少，只有通过这个“天梯”才能通往外界。在四川省实施最大的易地扶贫搬迁项目中，省、州、县、乡、村的有关干部和群众一起动员，通过愚公移山，使“悬崖村”84 户贫困户告别悬崖“天梯”，搬进县城新居，过上了小康生活。根据习近平总书记“全面建成小康社会，一个少数民族也不能少”的要求，各地广大干部、群众发扬愚公移山精神，使革命老区、民族地区、边疆地区、贫困地区的面貌发生了翻天覆地的巨大变化。井冈山、大别山、延安、太行山、西柏坡等革命老区已全部走上脱贫致富之路，西部地区世世代代“逐水草而居”的少数民族搬进了配备全套现代家用电器的牧民新村，西南地区少数民族实现盼望已久的现代化水泥公路“村村通”，云南边疆地区的“村村通”公路直接通到少数民族村寨家家户户的新式“吊脚楼”前，东北地区少数民族的农业劳作已全部使用拖拉机、播种机、收割机等农业机械完成，北方边疆地区农民下地劳动和收工回家全部开着摩托车、小轿车或农用汽车。2016 年 12 月 30 日，习近平总书记在全国政协新年茶话会上强调：“让我们大力弘扬愚公移山精神，大力弘扬将革命进行到底精神，在中国和世界进步的历史潮流中，坚定不移把我们的事业不断推向前进，直至光辉的彼岸。”这个号召正在转化为祖国大地的美好现实。

“沧海横流，方显出英雄本色。”中国共产党“横空出世”，就确立实现民族独立、人民解放、国家富强的历史性任务，以彻底挖掉束缚中国社会生产力发展、压迫中华民族、剥削中国人民的帝国主义、封建主义和官僚资本主义“三座大山”为己任。中国革命胜利，标志着愚公移山彻底推翻“三座大山”，实现了民族独立与人民解放，为社会生产力的解放与发展开辟了无限广阔的道路。中华人民共和国成立，社会主义制度确立，开展大规模经济建设，奠定挖掉贫困“大山”的根本制度基础和经济基础。改革开放、开创中国特色社会主义道路，愚公移山具体转化为建设小康社会、彻底挖掉贫困“大山”。改革开放和中国特色社会主义使中国人民挖掉贫困“大山”的积极性、主动性和创造性空前地迸发出来，中华民族的聪明才智空前地涌现出来，中国由昔日长期的“短缺经济”发展到物质创造财富空前地“剩余”起来，中国人民的精神生活也随之空前地绚丽多姿、丰富多彩起来。这是中华民族五千多年历史上空前的“太平盛世”，具有前无古人的历史意义。中国用 30 多年时间愚公移山，彻底挖掉贫困“大山”，使经济总量跃居世界第二，14 亿多人摆脱物质短缺，实现小康水平，中国人民享有前所未有的尊严和权利，既是中国人民生活的巨大变化，也是人类文明的巨大进步，更是中国对世界发展的重要贡献——中国人民进入“小康时代”，享受小康社会生活，毫无疑问是对人类发展的伟大贡献。

中国人民是具有伟大梦想精神的人民。在几千年历史长河中，中国人民始终心怀梦想、不懈追求，我们不仅形成了小康生活的理念，而且秉持天下为公的情怀，盘古开天、女娲补天、伏羲画卦、神农尝草、夸父追日、精卫填海、愚公移山等我国古代神话深刻反映了中国人民勇于追求和实现梦想的执着精神。中国人民相信，山再高，往上攀，总能登顶；路再长，走下去，定能到达。中国全面进入小康社会，愚公移山的历史任务并没有结束，愚公移山精神并没有过时。在全面建设社会主义现代化国家进程中，在应对国内外纷繁复杂的突如其来的局势过程中，在中国人民高歌猛进的奋斗历程中，依然会遇到一座又一座“大山”需要攻坚克难，人类社会就是在战胜一座又一座“大山”中发展起来的。因此，愚公移山精神永远是激励中国人民奋勇前进、创造美好未来的强大精神动力。

第二讲

“人间天河”：愚公移山的壮丽画卷

2019年9月中旬习近平总书记在河南考察时指出，鄂豫皖苏区根据地是我们党的重要建党基地，焦裕禄精神、红旗渠精神、大别山精神等都是我们党的宝贵精神财富。开展主题教育，要让广大党员、干部在接受红色教育中守初心、担使命，把革命先烈为之奋斗、为之牺牲的伟大事业奋力推向前进。[①]

一、愚公移山，东方神话，现代真实

红旗渠精神发源于太行山脉南段——河南省安阳市林县，也就是现在的林州市。林县具有光荣的革命传统，中国人民抗日战争时期，这里是中国共产党领导开辟的晋冀鲁豫抗日民主根据地的组成部分；中国人民解放战争时期，这里是中国共产党领导的晋冀鲁豫解放区的组成部分。

长期以来，中国共产党林县各级组织坚强有力，广大人民群众具有勤劳勇敢、顽强拼搏、不屈不挠、坚忍不拔的历史基因、革命基因和红色基因。从1944年林县获得解放起，中国共产党领导林县人民，“发扬革命传统，争取更大光荣”。艰苦奋斗，知难而进；艰苦创业，与时俱进；永不停步，永不自满。20世纪60年代，林州人民为改变干旱缺水的困境，在太行山上建成了全长1500公里，被誉为“人间天河”的大型水利工程红旗渠，从而创造了人间奇迹。古代愚公移山的神话，穿越千年时空，显现在雄伟的太行山上。从此，在太行山区修建的红旗渠，闻名遐迩，名扬世界。

林县人民在修建红旗渠过程中，历经十年的艰辛劳动，历经十年的智慧心血，历经十年的砥砺奋斗，历经十年的汗水浇灌，用气壮山河、改造自然的具体实践，凝聚形成“自力更生、艰苦创业、团结协作、无私奉献”的红旗渠精神。红旗渠不是依

---

① 《人民日报》2019年9月19日。

赖国家，向上伸手的产物，而是坚持自力更生为主，国家扶持为辅原则，主要依靠林县人民的人力、物力和财力修建而成的，红旗渠的兴建，突出体现了自力更生精神；红旗渠工程艰巨，经济困难时期开工，物资短缺、设备落后、技术缺乏、资金有限，艰苦创业精神十分突出；红旗渠工程浩大，施工人员众多，全县各地各单位，顾全大局，相互支持，相互配合，国家、河南有关部门、驻地部队大力支持，各级水利部门、工程技术人员、山西干部群众大力帮助，确保了红旗渠进展顺利。所以，红旗渠修建过程中，突出体现了团结协作精神；红旗渠修建过程中，无论受益地区还是非受益地区，从不考虑局部利益，全力以赴，为修建红旗渠创造条件、贡献力量，先后有80位同志为修建红旗渠献出了生命，修建红旗渠，集中体现出了无私奉献的精神。

二、"劈开太行山，漳河穿山来"

"历史发展有其规律，但人在其中不是完全消极被动的。只要把握住历史发展大势，抓住历史变革时机，奋发有为，锐意进取，人类社会就能更好前进。"在中国大地，有一首人们耳熟能详的歌曲：《定叫山河换新装》。这首歌曲由中央广播乐团合唱队演唱，歌词充满时代豪情，歌谱欢快流畅，内容斗志昂扬，充分抒发了林县人民战天斗地、重新安排林县山河的雄心壮志和胜利心情。《定叫山河换新装》的歌词是：

劈开太行山，漳河穿山来；林县人们多壮志，誓把河山重安排。心中升起红太阳，千军万马战太行；毛泽东思想来统帅，定叫山河换新装。

心中升起红太阳，千军万马战太行；一锤一钎干革命，愚公移山志如钢。劈开太行山，漳河穿山来；林县人们多壮志，誓把河山重安排。

条条渠道绕山转，座座水库映蓝天；层层山岭绿油油，荒山变成大寨田。条条渠道绕山转，座座水库映蓝天；层层山岭绿油油，荒山变成大寨田。

劈开太行山，漳河穿山来；自力更生创奇迹，高举红旗永向前；高举红旗永向前

林县位于河南省西北部，地处山西、河北、河南三省交界处。1994 年 1 月 24 日，撤县建市，称林州市。林县缺水，古已有之。翻开林县的县志，从清朝后期到20 世纪 50 年代，干旱缺雨、干旱缺水的记载，比比皆是。在历史悠久的古老林县，自古以来就流传着一个缺水的故事：按照中原大地的风俗习惯，大年三十要吃饺子，饺子形状如同元宝，隐含着未来一年招财进宝的美好愿望。

1920 年林县大旱，黄崖泉的泉水，十分细小，只有香火头那么粗。大年三十，桑老汉起五更，爬上黄崖泉，想趁早挑回家一担水，好好过年。无奈挑水的人多，一

直等到天黑，才接满一担水，挑着回村。新媳妇惦念公公去担水，一天未归，就出村去迎接。天黑路滑，新媳妇又是小脚，接过担子，刚走几步，一不小心，被石头绊倒，一担水顿时洒得精光。儿媳妇又羞又愧，就在万家团圆的除夕，上吊自尽了。大年初一，桑老汉安葬了新婚儿媳，带着全家踏上了逃荒路。从此，这一家人再无音信。这个故事说明，干旱缺水，是林县自古以来一个非同寻常的严重问题。干旱缺水，对林县人来说，具有刻骨铭心的历史记忆。

从地理环境看，林县地处太行山区，自然环境较差，光山秃岭，土薄石厚，十年九旱，水贵如油。大旱降临时，绝大多数村庄没有水源，人们翻山越岭几公里甚至十几公里以外排队挑水。许多家庭，常年不洗衣服，不洗手，不洗脸。往往走亲戚、赶庙会时，才洗一次脸，也是男人洗了女人洗，大人洗了小孩洗，以至水变成黑乎乎、脏兮兮的，还舍不得倒掉，要留作它用。遇到连年大旱，河干井枯，庄稼颗粒无收，甚至出现“人相食”的惨状。人们为了寻找活路，不得不背井离乡、成群结队、翻山越岭、逃荒要饭。干旱缺水，必然影响人类的生产活动，旧中国的林县，千百年来以穷困著称，林县人民过着“水缺贵如油，十年九不收；豪门逼租债，穷人日夜愁”的悲惨生活。

自古以来，林县人民，缺水想水，干旱盼水。天旱时节，盼望天降甘霖；浇地时节，盼望地上流出清泉；做饭时分，盼望吃水不出村；播种时候，盼望种上水浇田。祖祖辈辈，林县人打旱井、引山泉、修水塘，采取了生产力水平条件下所能采取的各种措施，与干旱缺水进行着坚韧不拔的持续抗争。元代修建天平渠，明朝修建谢公渠，清代修建 7 条引水渠。

“为有牺牲多壮志，敢教日月换新天。”中国人民抗日战争时期，1944 年八路军一二九师开辟林县为抗日根据地，林县人民获得解放。烽火连天的抗日战争正在进行的时候，中国共产党领导的抗日民主政府就组织人民群众，修建了抗日渠、爱民渠和荷花渠，发展生产，发展水利事业。人民群众的生活状况有所好转。1947 年，林县任村区盘龙山村的中共组织，领导乡亲，从西山沟引山泉水入村，人民群众树碑刻石，记载着共产党领导的业绩。中华人民共和国成立前，林州人民共修建大大小小 18 条引水渠。

中国共产党人的初心和使命，就是为中国人民谋幸福、为中华民族谋复兴。中华人民共和国成立后，林县县委首先面临的一个重要问题，就是全县人民的吃饭问题。“洪范八政，食为首政。”搞好农业离不开水。要让全县人民过上好日子，就必须解决缺水问题。林县县委带领林县人民兴修水利，打旱井、掘旱池、挖鱼鳞坑、修水渠。20 世纪 50 年代中期，全国大兴以增产增收为目的的农田灌溉水利建设。毛泽东在《中国农村的社会主义高潮》按语中提出："每县都应当在自己的全面规划中，做出一个适当的水利规划。"林县县委在这样的时代背景下，根据林县缺水的实际情况，勇敢发出"重新安排林县河山"的号召。林县人民响应县委"重新安排林县河山"的号召，开展大规模的治山治水运动，共修复开挖 18 条中小型渠道，建起 3 座中型水库和 17 座小型水库，使林县严重缺水状况有所缓解。但是，1959 年林县又遇大旱，井池无水，水库见底，人畜吃水困难，新开发的 12 万亩水浇地，土地干裂。夏天没有大雨，冬天没有大雪，泉水断流。大部分地区地下水的水位太深，无法打井。林县河流多是季节河，不到汛期缺水。水，成为林县压倒一切的最大问题。

共产党人要迎着困难，破解问题。林县县委经过反复调查研究，进行实地勘探，集思广益，深入论证，提出大胆设想："引漳入林"，将山西省平顺县境内水量丰富的浊漳河的水引进林县。为此，林县县委提出"引漳入林"，并把"引漳入林"工程命名为"红旗渠"。这个重大决策，充分体现了林县县委的使命和担当，反映了林县县委的气魄和决心。当时，根据林县县委"引漳入林"的设想，中共河南省委向山西省致函协商。中共山西省委全力支持河南方面的要求，迅速复函中共河南省委，同意河南省林县从山西省平顺县"引漳入林"。

1960 年 2 月，收到山西省委复函后，河南省委致函林县县委，批准兴建"引漳入林"工程。于是，由近 4 万人组成的修渠大军的先锋队从林县不同村庄同时出发，浩浩荡荡开进修渠工地。名扬天下的红旗渠工程开始了。在整个红旗渠工程中，总干渠和一、二、三干渠最雄伟壮观，施工也最为艰巨。从渠首到分水岭的红旗渠总干渠，从山西省平顺县开始，穿过崇山峻岭，越过峡谷险滩，经林县西北部到达北部的坟头岭，全长 70 公里，其中 20 公里在平顺县境内。林县人民不畏艰难，克服困难，经历 10 年，靠两只手建成长达 1500 公里的"人造天河"红旗渠。修好红旗渠后，1970 年又开始搞渠系配套工程。根据 1981 年底统计，红旗渠工程包括总干渠 1 条、干渠 9 条、支渠 51 条、斗渠 290 条、农渠 4281 条，共有拦河大坝、分水闸、支渠闸、防洪桥、路桥、涵洞、渡槽等大大小小的建筑物 12051 座。

红旗渠全部工程，体现着顾全大局、团结协作、无私奉献精神。红旗渠总投资 1.25 亿元，其中 63% 由林县人民筹集。红旗渠工程动工之日，正是国家经济困难之时。为了修建红旗渠，林县人民全体总动员，全县的财力、物力，倾力投入进去。全县作为一个整体，顾全大局，绝不计较局部得失。为了修好红旗渠，党员、干部、群众同吃同住同劳动。千军万马，齐心协力，众志成城。在修渠大军中，走在最前面的是县委负责人和各级领导干部。副县长马有金，身为指挥，天天同民工打成一片，全副身心扑在工地上，春节来到了，也不回家，一直在工地指挥施工。

修建红旗渠，施工难度很大，拦腰斩断奔腾不羁的浊漳河、筑起渠首拦河坝是第一攻坚战。大坝合龙，时值冰天雪地的隆冬。在施工的紧要关头，任村党员干部带头、人们紧紧跟上，一个个奋不顾身，跳入冰冷刺骨的河水中，臂挽臂、肩并肩，筑起三道人墙，硬是用血肉之躯挡住急流，砌起一块一块巨石，大坝顺利合龙，浊漳河水终于流入红旗渠的渠源隧洞。红旗渠总干渠上的鹦鹉崖，高达 70 多丈，崖壁如削。林县 5000 名精兵强将在这里进行会战。爆破之后，炸松的石块不时往下掉，无法施工。除险队长任羊成等 12 名勇士腰系粗绳，每天在悬崖上凌空飞荡，排除一块又一块险石。他们舍生忘死，换来了数千民工的人身安全。红旗渠三干渠的曙光洞，位于卢寨岭上，长达 4 公里，岩层复杂，不易施工。“钻洞能手”、施工连长王师存带领民工，苦干加巧干：打出 34 个竖井，使工作面由 2 个增加到 70 个；用自制风车从井里往外排烟；边掘进，边券砌，既大大提高日进度，又保证了施工人员安全。王师存 7 次受伤，没有下过工地。

修建红旗渠，工程浩大，地形复杂，需要一个全心全意、技术全面、精心细心的设计师。修渠需要施工放炮，不影响老百姓正常生活和生产，降低工程危险隐患；工程设计需要尽量远离村庄，绕开耕地。在太行山腰修渠，才是最佳选择。这样高的要求，这么重大的事情，谁敢担当。林县将这副重担，交给了黄河水利学校毕业的吴祖太，于是，千钧重担压在了这位青年技术人员肩上。当时，林县只有这一个科班出身的中专生和两台测量仪器。吴祖太带着测量小组，马上投入测量工作，70 多公里距离对平原地区直线距离来说，不算太长。在太行山上，却是上不着天、下不着地的悬崖绝壁。一山更比一山高，一沟更比一沟深。有些地方，甚至是人类第一次涉足。测量时，水平仪不够用，吴祖太就自己设计制作了一种叫“水鸭子”的简易水平仪。所谓“水鸭子”，就是在一个洗脸盆中盛上半盆水，再在盆里放上一个空碗浮在水面上，空碗上放上一根直棍，通过棍子两端的两点和要测定的点，共三个点，连成一条线，来测定水平是否准确。有时水平仪在悬崖峭壁上找不到合适的支点，吴祖太就让其他人，用绳子把自己吊在悬崖边，将水平仪的两个支点放在自己的肩膀上，进行测量。就是这样，测量人员凭着顽强的毅力和一丝不苟的科学精神，攻克修建红旗渠的一系列技术难关，在最短时间完成了红旗渠的设计蓝图。

在修建红旗渠过程中，林县领导干部身先士卒、与群众同甘共苦。林县人民群众吃苦耐劳、不怕任何牺牲。在抗日战争、解放战争和抗美援朝中，林县有 3000 多名英雄儿女献出生命。在修建红旗渠过程中，林县有 189 位优秀儿女光荣捐躯。林县人民艰苦奋斗，不畏牺牲，终于将红旗渠修建在太行山的悬崖峭壁之上。张买江是当年最年轻的红旗渠劳动模范，参加修建红旗渠时只有十三岁，是红旗渠工地上最小的建设者之一。2014 年春天，红旗渠纪念馆建成开放，66 岁的张买江和第一批参观者走进红旗渠纪念馆，在太行丰碑前驻足凝视，上面镌刻着红旗渠建设中的烈士名字，其中包括张买江的父亲。张买江回忆说："红旗渠工程正式动工建设时，我父亲张运仁积极报名参加修渠。当时他担任三个村庄的技术员，并且还是本大队的施工排长。那天收工放炮，有一炮迟迟未响，他光顾着招呼，让大家躲炮，没想到炮就响了，一块飞石击中了他，不幸当场牺牲。"父亲牺牲后，母亲就把少年张买江送上了红旗渠工地。临行前，母亲对他说，"孩子，你爹没把渠修到底，你就去替他完成吧，不把水引回来就别回家"。就是这样，他一直到红旗渠修好才回家。修建红旗渠期间，没有请过一次假。红旗渠通水那天，张买江的母亲坐在红旗渠的水边，呼叫着丈夫的名字："运仁啊，你家大孩儿把水引过来了，你也可以放心了。"第二天早晨，这个在水边坐了一夜的妇女，挺身拦住了来挑水的人群。对全村人有话要说。她的丈夫牺牲在红旗渠上，儿子自十三岁就去修渠，她对村里人的要求是，她要在这个池子里打第一桶水。张买江回忆说："我去挑的俺村第一担水。我挑第一担水，那基本上去挑水的老百姓，没有一个人不哭的。"于是，张家母子把第一桶红旗渠的水挑回了家。当全村人将家门口的红旗渠水纷纷挑回家后，张买江的母亲却默默地消失了。张买江说："当时我母亲提着一小壳篓水就去了我父亲坟上，她把那水往我父亲坟上浇了浇，在那里哭得休克了。"后来，张买江曾几次提出接母亲到县城居住，母亲都拒绝了。她要守望红旗渠，守望为修建红旗渠而献身的丈夫的英魂。

修建红旗渠，林县人民付出了辛勤劳动和无数汗水。建成 1500 公里的红旗渠，彻底结束林县十年九旱、水贵如油的历史，彻底改善林县人民靠天等雨的生存环境，彻底解决林县吃水问题和用水问题，使林县 54 万亩耕地得到灌溉，全县粮食亩产大幅度增产。因此，红旗渠被林县人民称为"生命渠""幸福渠"。红旗渠是林县人民自力更生、艰苦创业、自强不息、开拓创新、团结协作、无私奉献的一大奇迹。

三、改革开放，红旗渠精神在时代大潮中升华

改革开放极大地激发了林县人民的积极性和创造性。林县人民坚持改革开放，在中国特色社会主义道路上阔步前进。改革开放，解放思想。实行家庭联产承包责任制后，农村剩余劳动力问题较为突出。林县农民不想农闲时节在村头、树下晒太阳，聊闲天，打扑克。有改革开放的好政策，有祖辈传下来的手艺，有修红旗渠练出来的实用技术，有战天斗地的顽强意志，林县人走出大山，开始谱写新的英雄篇章。

改革开放进程中，林县县委认识到，修建红旗渠锻炼出来善于搞建筑的几十万能工巧匠，是发展林县经济的重要力量。于是决定，对林县人外出搞建筑的潮流给予鼓

励和大力支持，并加以有力组织和正确引导。

于是，林县建筑大军走出太行山，走出河南省，在祖国大地上纵横驰骋。林县人修建的厂房、公路、高楼大厦，遍布全国的250多个大中小城市。林县建筑大军开进银川，正遇上宁夏回族自治区政府幼儿园工程举行招标。参加投标的有六七个施工队，而中标的恰恰是林县合涧乡施工队。从破土动工开始，这个施工队就按“争信誉，质量第一，创全优，用户至上”的口号，严把质量关。质量第一，贯彻始终，一直到幼儿园落成。自治区政府办公厅组织工程验收，幼儿园被评为全优工程。自治区政府办公厅赠给施工队一面锦旗、6.5万元奖金，宁夏电视台播放了林县人创全优工程的先进经验。林县施工队一炮打响，誉满银川，在整个宁夏大显身手，捷报频传。

林县建筑大军开进齐鲁大地，创造良好信誉。1987年冬，青岛二轻化工联运办公大楼工程公开招标。12个投标施工队激烈竞争，最后林县茶店乡施工队以周期短、造价低，一举夺标。这是一座17层高大建筑，施工场地不到200平方米，处在十字路口，招标方要求，施工期间不能影响正常交通。林县来的这个施工队周密计划，以7天盖1层的速度，高速施工，提前6天，保质保量，完成主体工程。为此，河南省建设厅发去贺电，《青岛日报》刊登大幅照片，青岛市电视台进行采访报道，青岛城市建设委员会专门召开现场表彰会。从此，山东青岛，敞开海洋般的胸怀，热情欢迎红旗渠的传人——林县建筑大军。

改革开放极大地解放生产力、发展生产力、促进生产力。修建林县红旗渠锻炼、造就的林县建筑队伍，20世纪80年代中期已汇成十万建筑大军，浩浩荡荡，走出太行，走向全国，汇入改革开放的滚滚时代大潮。坚持质量第一，坚持用户至上，林县建筑大军牢牢占领许多城市的建筑市场。到1993年，林县外出的建筑大军已发展到13.5万人，全县年建筑劳务收入高达6.1亿元。林县人不仅修建房屋、公路，而且参与宝中铁路、兰新铁路复线等国家重点工程建设。多年来，林县建筑大军建筑的优质工程，获部优、省优、市优的工程，数不胜数。林县建筑大军一方面在国内建筑市场大显身手，另一方面打入南也门、科威特、俄罗斯等国建筑市场，创造了一个又一个改革开放奇迹。

林县建筑大军各个施工队，虽然从事着繁重的体力劳动，日常生活却极其俭朴。为了建设家乡，他们争先恐后，舍得慷慨解囊。林县小店乡东油村农民建筑企业家、共产党员崔旺全，曾将自己外出施工积蓄的45万元捐给村里，其中的34万元用来盖了一栋教学楼。采桑乡秦家坡村建筑工队长、共产党员万荣奎病逝前，舍不得吃好药，却把储蓄的20万元全部捐给乡政府，用于兴办第二中学。

据不完全统计，改革开放前期，全县仅用建筑业的集资，就新建、扩建中小学400多所，有力地提升了林县办学条件，有力地提升了林县办学质量，有力地提升了林县教育水平。当时的中共河南省委书记李长春赞誉说，建筑业使林县人民饱了肚子、挣了票子、换了脑子、有了点子、走出了路子。林县的建筑业不仅解决了林县农村剩余劳动力的出路问题，而且帮助林县广大农民走上了脱贫致富之路。它已由长期以来一种补充农业收入的副业，逐步发展成为一种新兴产业，成为林县经济建设的支柱产业。并且"反哺"了农业、交通运输业，特别是乡镇企业，实现了林县在改革开放中新的发展、新的创造和新的腾飞。

中国特色社会主义道路上高歌猛进，开辟无限广阔的发展前景

改革开放是我们党的一次伟大觉醒，正是这个伟大觉醒孕育了我们党从理论到实践的伟大创造。改革开放是中国人民和中华民族发展史上一次伟大革命，正是这个伟大革命推动了中国特色社会主义事业的伟大飞跃。改革开放解放了林县人民的思想，中国特色社会主义开辟了无限广阔的发展前景。在坚持和发展中国特色社会主义进程中，林县人民开始向工业化和小康目标进军，逐步实现林县由农业县向工业县的过渡。

林县县委从调查研究中认识到，林县乡镇企业长期发展比较缓慢。从20世纪80年代起，当林县建筑大军走遍全国时，县委就要求，外出的施工队伍负责人，做到：提供一个信息，推销一种产品，创办一个乡镇企业。林县建筑业一方面解决了林县多数人的温饱问题，另一方面解决了原始资金积累问题，同时培养了经营管理人才和技术人才，接触了国内外大市场，带回了丰富的信息。这就为林县乡镇企业大规模发展注入强大动力，起到了带动、启动和推动作用。于是，林县乡镇企业紧跟建筑业，异军突起，成为林县迈向小康目标和实现工业化的主力军。

林县人民聪明智慧，艰苦创业。过去林县人世世代代在太行山里，面朝黄土背朝天，依靠土里刨食，虽然搞一点儿副业，但是与现代工业无缘。改革开放大潮改变着林县人的观念和眼界，他们的智慧和才能，通过改革开放一下子迸发出来。在建筑业带动下，不要国家任何投资，林县一座座厂房建起来了，一部部机器响起来了，一车车产品运出来了，一个个农民企业家成长起来了。

林县人民敢闯敢干，发展工业。林县史家河村曾是一个经济落后村。1983年，高中毕业的村民王发水牵头承包村里面临停产的机械厂。一上任，王发水就和同伴们拎着小米、玉米面、煤油炉、切菜刀和食盐，闯关东，白天搞市场调查，晚上住火车站候车室，饿了生火做饭，渴了就喝自来水。在市场调查研究中，找到了史家河村走上致富之路的办法。1987年工厂年产值达到303万元，按合同承包人可拿127万元提

成款。王发水等人一文未取，把这笔款全部献出，扩大再生产。正是靠这种艰苦奋斗、乐于奉献精神，史家河村的路子越走越宽，很快又有 7 个企业平地崛起。1992 年总产值达到 7600 万元。1993 年成立史家河企业集团总公司，实现以汽车配件为龙头的多行业、集团化经营，建成一个现代化的工业小区。很快，史家河村人均纯收入达到 2000 多元，然后步步高升，实现家家住楼房，安装自动电话，全村孩子从小学到职业高中，全部免费，人人享受医疗养老保险。

林县人民勤劳勇敢，自强不息。改革开放前，林县定角村主要家当仅有 20 名职工的 5 间厂棚。改革开放开始，会计李广元，首先带头拿出借来准备给母亲抓药的 300 元钱，走家串户，发动群众集资，用千辛万苦筹集的钱，加上信用社 1.4 万元贷款，使定角汽车配件厂迈开第一步。李广元刻苦自学，钻研管理，把这个村办工厂管理得井井有条。他根据实践经验，主持编制的《ABC 生产计划管理法》，获得河南省现代化管理奖。定角村群众和带头人，依靠自强不息精神，依靠现代化管理，发展步子越迈越快，定角汽车配件厂迅速发展成为拥有若干专业分厂和一个贸易公司，拥有大批固定资产，产品畅销全国，并打入国际市场的定角实业总公司。改革开放以来，定角村艰苦创业，百业兴旺，工业发展，欣欣向荣。安居才能乐业。全村 500 多户住上了小洋楼，彩电、组合音响、程控电话进入寻常农民家。孩子们上学，从小学到大学，学费由村里出资。定角村一举甩掉贫穷落后的帽子，成为改革开放的幸福村。

林县人民勇于实践，敢于创新。林县城郊乡上庄村 20 世纪 60 年代末就建起一批砖厂、铸造厂、附件厂、维修厂等，但一直没有一个“高大上”的企业。改革开放后，上庄村党支部书记王道生、村委会主任李章元去北京，走访本村建筑队，看到北京的大街小巷，正在兴起啤酒热。他们走进一家饭店，要来各种牌号的啤酒，一面饮酒，一面聊着。于是，林县人的聪明劲头一下子迸发出来，一个“致富点子”也冒了出来。他们体现着朴实、朴素、直爽的太行山人风格。他们有着一股子聪明、真诚、大胆的真情。这种真情感动了北京双合盛五星啤酒厂。该厂同意上庄人与之“攀亲结缘”。为此，安阳市委负责人专门在林县召开会议，为上庄解决资金 300 万元。上庄村啤酒厂就此建立起来。经过艰苦努力，上庄村啤酒厂的产品 1988 年在五星啤酒集团 17 家联营厂质量评比中，荣获第一。从此，连年在全国系统评比中居于领先地位。1991 年被评为河南省一级企业。后来，上庄村啤酒厂的年产值不断上升，产品畅销全国，进而走出国门，远销朝鲜、俄罗斯等国家。1991 年，村里投资，盖起 48 幢漂亮的农民公寓，每幢 200 平方米。村民人均居住面积 50 平方米。全村男女老少，喜气洋洋，乔迁新居，过上了改革开放带来的美好生活。

林县人民崇尚科技，科技兴厂。林县北巷口村原来没有村办企业，20 世纪 80 年代，能人郝东升挺身而出，到全国各地，考察学习。然后，他与村党支部分析研究，决定闯出一条北巷口村致富之路。大家伙儿信任他，选他为村里新开办的安阳市东风冶金机械厂厂长。从此，郝东升带领大家向高科技进军。该厂引进的德国“德马克”、美国“洛克普”等先进设备，以及日本设备，号称“多国部队”。他们生产的“结晶器”是炼钢厂连铸机必不可少的配件。郝东升领导的这个厂，依靠先进科学技术，艰苦创业，科技兴厂，成为全国较为有名的结晶器生产厂之一。这下子，北巷口村实现小康的奋斗目标开始胜利在望。由于工厂效益逐年提高，村民生活迅速改善。北巷口人爱国家、爱林县、更爱自己的工厂，他们把厂区打扮得十分整洁美丽，由此赢得“林县花园”的美称。

在林县城乡各地，改革开放大潮蓬勃发展。史家河村、定角村、上庄村、北巷口村兴办的企业，成了林县人为之骄傲的企业典型。它们像光彩夺目的明珠，放射着红旗渠精神的光芒。20 世纪 90 年代，邓小平南方谈话以来，林县所有的乡村都在上项目、办企业，逐步形成一些工业小区、工业走廊。同时，林县人把盘山公路修上太行山巅，通到每一个行政村。林县农村人口占全县总人口 93.3%，全县实现小康和工业化的关键在农村，而农村又主要靠乡镇企业。林县县委提出，要走出一条乡镇企业开花、农业综合开发、小城镇建设三位一体的发展新路子，加速农业现代化、农村工业化、乡村城镇化的进程，为全面建成小康社会贡献力量。

愚公移山，林县巨变。1993 年 8 月，中共河南省委作出《关于学习林县人民创业精神的决定》。红旗渠精神大放光彩。林县再次被推到全省、全国万众瞩目的位置。河南和全国到林县红旗渠参观、学习的各种车辆，将条条山路挤得水泄不通。1994 年 1 月国务院批准林县撤县设市，改称林州市。林州人民以修建红旗渠的辉煌历史作为新的起点，改革开放不停步，不断谱写新的篇章。从修建红旗渠，两期技术改造工程完工，10 万建筑大军出太行，乡镇企业迅速崛起，林州物质文明建设和精神文明建设，枝繁叶茂，硕果累累。在修建红旗渠过程中形成的红旗渠精神，在改革开放新时期形成的改革开放精神，在前进中不断丰富、不断发展的创业精神，相辅相成，相互促进，使林州在中国特色社会主义道路上奋勇前进，再创辉煌。

四、大力传承红旗渠精神，在新时代建功立业

红旗渠是镌刻在太行山上的一座历史丰碑，红旗渠精神是林州人民的传家宝。改革开放以来，林州人民继续前进，敢于创新，赋予红旗渠精神新的时代内涵，将改革开放和中华民族艰苦奋斗的传统美德与时代精神结合起来，谱写了气壮山河的“战太行、出太行、富太行”“创业三部曲”，实现了林州由山区贫困县向现代化新兴城

市、生态旅游城市的跨越。

林县人民在建设红旗渠这项惊天地泣鬼神的伟大工程中，锻造了气壮山河的“红旗渠精神”。红旗渠已不是单纯的一项水利工程，它已成为民族精神的一个象征。修建红旗渠形成的红旗渠精神，成为民族精神的重要内容、中华文化的标志性符号。20 世纪 90 年代对红旗渠精神进行了集中概括：“为了人民，依靠人民是红旗渠精神的根本；解放思想，实事求是是红旗渠精神的灵魂；自力更生，艰苦创业是红旗渠精神的具体体现；团结协作，无私奉献是红旗渠精神的有力保障。”

人民利益高于一切，是红旗渠精神的根本立足点。20 世纪五六十年代，林县县委深知全县人民虽然在政治上翻了身，但经济上还很贫困，仍在受干旱缺水的煎熬。改变林县山区面貌，让农民脱贫致富，关键是引水进村、引水上山。他们组织群众打旱井、挖山泉，修建英雄渠、抗日渠、淇南渠、淇北渠、天桥断渠、南谷洞水库、弓上水库、要街水库、石门水库等许多中小型水利工程。1957 年中共林县二届二次党代会作出了《全党动手，全民动员，苦战五年，重新安排林县河山》的决议。1959 年林县大旱，全县境内水资源不足的矛盾更加突出。县委、县人委的领导成员到邻近的山西平顺县考察“引漳入林”工程，山西省委和平顺县委给予了很大的支持。林县县委于 1960 年 2 月决定开工修建红旗渠，全县各级党组织和广大党员干部懂得，修建红旗渠是全县人民群众的迫切要求，只要坚定地依靠群众的力量和智慧，再大的困难也能克服。全县各级干部和群众在修渠工地同吃、同住、同劳动、同商量解决难题，真正打成一片，拧成了一股劲。领导一心为人民，赢得万众一条心。全县各级党组织模范执行党的群众路线，全心全意为人民服务，真心诚意依靠人民群众，从而创造出人间奇迹，形成了宝贵的红旗渠精神。修建红旗渠的条件十分艰苦，没有也不可能靠奖金和物质刺激群众建渠的积极性。广大群众在自我实践、自我教育中懂得了为谁修渠，怎样修渠，宁愿苦干也不苦熬；宁愿眼前吃苦也要换来长久幸福；宁愿自力更生、群策群力也不等靠要，不单纯依赖国家。党组织实实在在的思想政治工作贯穿在修渠的整个过程中，特别是全县各级领导干部身先士卒，发挥了模范带头作用。工地上民工营、连建有党、团组织，广大干部群众学先进，争上游，同甘共苦，没有怨言。事实充分证明，党员干部尤其是各级领导干部只有树立全心全意为人民服务的精神，才能积极主动地领导群众、依靠群众，自力更生、艰苦奋斗地创建社会主义事业。

敢想敢干，实事求是，是红旗渠精神的灵魂。劈开太行山，修建红旗渠，是林县人民从根本上改变干旱缺水的大胆创举。20 世纪 60 年代初，在修建红旗渠的过程中，林县县委坚持实事求是。在浮夸风、瞎指挥、高征购一度盛行时，林县县委注意从实际出发。县委深入工地调查研究，学习毛主席抓主要矛盾和集中精力打歼灭战的思想，实事求是地将全线开工的决策，调整为"集中兵力，分段施工，建成一段，通水一段"，这是决定修建红旗渠最终取得胜利的关键措施。一是先修山西境内的20公里，六个月完成任务，缩短了工期，减少了两地矛盾，既节省了劳力，减轻了劳动强度，又大大鼓舞了群众修渠的积极性。二是在国家三年困难时期，林县红旗渠工程既没有全部停工，也不是撑着硬干，而是实事求是，正视困难，留下数百名技术好战斗力强的民工凿通了"青年洞"等，这对在困难时期建成总干渠起了决定性的作用。三是提前修建原定总干渠第四期工程，提前发挥南谷洞水库的效益，使得全县粮食产量于1964年在全省第一个达到纲要指标，这就进一步鼓舞广大人民群众大力推进红旗渠建设。红旗渠的总干渠修了五年时间，于1965年4月建成通水；三条干渠原定两年完工，结果一年完成。

自力更生、艰苦奋斗，是红旗渠精神的体现。修建红旗渠，林县人民出工按受益面积分配，群众自带工具，自带口粮，不足部分从生产队储备粮中补助。修建红旗渠的石灰自己烧，水泥自己产，每一分钱，一袋水泥，一个钢筋头，一根锤把子，都做到了物尽其用，整个工程总投资6865万多元，其中国家资助1025万多元，仅占总投资的14.94%。干部群众同甘共苦，亲如一家，多快好省，群策群力。所有这些事情，当时林县干部群众都觉得是理应如此的。修建红旗渠十年，没有发生过一宗请客送礼、挥霍浪费的情况；也没有一个干部贪污挪用建渠物资。在建设红旗渠过程中，涌现出一大批艰苦奋斗、无私奉献、舍己救人、不怕牺牲的红旗渠建设模范；还涌现出一批坚持真理、实事求是、顶着压力、不计个人得失的好党员、好干部。

红旗渠精神具有强大的凝聚力和感召力。在修建红旗渠的十年中，全县参加红旗渠建设的不少于三十万人。各级干部和广大群众在建渠中锻炼了意志，增长了才干。十年修渠，培养锻炼了五万多名石匠，三千多名懂技术、会管理、能领导施工的队长、技术员，这些人后来成为林县十万建筑大军的中坚力量。更重要的是，红旗渠精神成为激励林县人民奋发图强，建设社会主义新农村的精神动力，是林县各级党组织、广大干部群众紧密团结、干事创业的象征。林县干部群众说得好：红旗渠精神有党的宗旨，又有群众路线；有解放思想，又有实事求是；有思想方法，又有工作方法；有物质文明，也有精神文明。改革开放离不开它，党和群众丢不掉它，就是到了共产主义也别忘了它。红旗渠精神，是我们党的性质和宗旨的集中体现，历久弥新，永远不会过时。20世纪60年代红旗渠建成，从根本上改变了林县的生产条件和生活条件，人民群众亲切地称红旗渠为"生命渠""幸福渠"。20世纪70年代，周恩来总理曾告诉国际友人：新中国有两大奇迹，一个是南京长江大桥，一个是林县红旗渠。

并介绍外宾到红旗渠参观。从此，林县成为对外开放县。仅仅1971年至1980年，到林县参观红旗渠的外国人士就达11300多人，涉及五大洲119个国家和地区。长期以来，红旗渠和红旗渠精神，经受了历史的考验和实践的检验，成为时代精神的楷模。

党中央的坚强领导是修建红旗渠的根本保证。20世纪60年代党中央多次指出兴修水利，给林县人民修建红旗渠奠定了思想基础。70年代中央十分关心林县工作，对红旗渠建设提供很多支持。1995年春天中央领导同志参观红旗渠青年洞，高度评价林州人民自力更生，艰苦创业的红旗渠精神，并讲道“在改革开放的今天，我们仍要继续弘扬当年的修渠精神，把红旗渠精神代代传下去”。1996年6月中央领导同志视察红旗渠亲笔题词“发扬自力更生，艰苦创业的红旗渠精神”。

林县县委敢于担当使修建红旗渠成为现实。红旗渠上马时，正值国家三年困难时期，林县县委一班人，面临资金缺乏、物资匮乏、粮食紧张、施工条件险恶等重重困难；面临着各种压力、误解的严峻考验。有人说，在崇山峻岭修渠是异想天开。对此，林县县委没有退缩，团结和带领全县人民自力更生，艰苦奋斗，挖山开渠不止。在建设红旗渠过程中，县委一班人迎难而上，负重前行，做出一个又一个改变林县历史的重大决策。他们“干”字当头，身先士卒，在红旗渠工地与民工同吃、同住、同劳动，同群众风雨同舟，血肉相连。非常难能可贵的是，县委一班人带领林县人修渠10年，动用大量资金和物资，从来没有发生请客送礼、挥霍浪费的情况，也没有一个干部贪污挪用一丝一毫的钱粮物资。

红旗渠精神是修建红旗渠的精神动力。在修建红旗渠过程中，林县县委带领全县干部群众将党的事业、人民利益，与县域治理的生动实践有机结合，红旗渠精神应运而生。周恩来总理多次称赞林县人民修建红旗渠过程中发扬的自力更生、艰苦奋斗精神。为了有效解决全县人民的用水问题，林县县委实行党的“一元化”领导，充分发挥县委“战斗司令部”的作用，形成了领导干部与群众同吃、同住、同劳动、同学习、同商量的工作机制。林县人谈到红旗渠时常说，“人民紧跟共产党，改造山河有力量”，“共产党送来幸福水，人换精神地换装”。“红旗渠精神”是林县人民创业精神的真实写照。这种艰苦奋斗的拼搏精神，激励人们战胜各种困难，创造人间奇迹。现在，整个红旗渠灌区，实灌面积54万亩，农作物产量大幅提高，并且带动林业、电业、工业、交通运输业迅速发展。在红旗渠精神激励下，当年的林县，现在的林州，“治山山变样、治水水长流、治穷穷变富”，“战太行、出太行、富太行、美太行”，干什么，成什么；干一样，成一样。2018年12月，林州入选全国县域经济竞争力百强县（市）。

共产党员发挥先锋模范作用。在修建红旗渠过程中，建立了专门负责除险的队伍。共产党员任羊成担任除险队长。他们每人身上系着几十斤重绳索，手上拿着特制铁钩，像荡秋千一样在悬崖上荡来荡去，除去险石。工友们说：“羊成啊，你这是在老虎嘴里拔牙啊。”一次除险时，一块石块掉下来，正好打到任羊成嘴上。他眼前一黑，昏了过去。过了一会儿清醒后，嘴里鲜血直流。他张了张嘴，不会说话了，原来石块砸在嘴上，三颗门牙横在嘴里，卡住了舌头。在凌空除险作业时，喊不出话来就无法跟上面拉绳子的人配合。他们之间互相是看不见的，只能顺着绳子喊，靠绳子传递声音。喊不出来话，就无法施工。任羊成拿起随身携带的一把钳子，将三颗牙硬生生连根拔了下来。然后，不顾鲜血直流，在悬崖上又连续作业 6 个小时。

红旗渠造就了林县的新面貌。改革开放以来，日新月异的林县频繁地出现在各种媒体上。红旗渠精神作为中华民族的宝贵精神财富，作为中国的“软实力”，作为人类文明发展的组成部分，已经超越了林县、超越了河南，也超越了中国，正在走向世界。红旗渠使太行山上地处偏僻的林县，迎来了络绎不绝的中外参观旅游者。他们望着太行山的悬崖峭壁，望着蜿蜒起伏的“人间天河”，望着林县人民用智慧和汗水凝聚的红旗渠，赞叹“红旗渠是世界第八大奇迹”。在修建红旗渠过程中，林县人民形成的红旗渠精神，正在鼓舞着林县人民，解放思想，实事求是，自力更生，艰苦创业，自强不息，开拓创新，团结实干，无私奉献，为实现中华民族伟大复兴的中国梦努力奋斗。

第三讲

攻坚克难：愚公移山的坚韧精神

愚公移山，改造自然。20 世纪 60 年代初期的河南兰考，经受了严峻的自然灾害，面临着内涝、风沙、盐碱“三座大山”。从 1962 年 12 月至 1964 年春天，中共兰考县委书记焦裕禄带领兰考人民，为挖掉困扰兰考发展的内涝、风沙、盐碱“三座大山”努力奋斗。他坚持实事求是，坚持群众路线，同全县干部和群众一起，为战胜内涝、风沙、盐碱“三座大山”进行了坚韧不拔的顽强斗争，以愚公移山精神努力改变兰考面貌。他身患肝癌坚持工作，用实际行动，谱写了愚公移山精神在兰考的壮丽篇章。2017 年 3 月，兰考成为河南首个脱贫“摘帽”的贫困县。兰考人民继续发扬愚公移山精神，特别是利用焦裕禄当年带领大家栽种的泡桐树制作乐器、家具等，非常畅销。现在，兰考泡桐制作的各种乐器享誉国内外，已经成为兰考的一项重要产业。

一、历经现代工业文明、青年团工作，充满干事创业精神

焦裕禄是山东省淄博市人，出生在一个贫苦家庭。

全国解放战争后期，焦裕禄作为“南下干部”，离开山东，前往河南，历任开封地区尉氏县的副区长、区长、区委副书记等职务。在实际工作中，由于焦裕禄富有青春活力和创造精神，被调到青年团工作，历任青年团县委副书记、青年团地委宣传部部长、青年团地委第二副书记等职，是一位在青年团里成长起来的年轻干部。

国家开展大规模的经济建设后，为了加强工业系统的领导力量，派遣大批干部进入工业系统。1953 年 6 月焦裕禄被调到洛阳矿山机器制造厂参加工业建设，担任过车间主任、科长。在此期间，曾经到大连起重机厂实习一年多时间。他善于学习，参加过技术改新，积累了从事现代化工业建设的经验。

20 世纪 60 年代初，中共中央提出全党大办农业。1962 年 6 月，为了加强农村工

作，焦裕禄被调回开封地区的尉氏县，任县委书记处书记。1962 年 12 月，他被调到开封地区的兰考县，先后任县委第二书记和县委书记。

河南省开封地区兰考县，地处豫东黄河故道，长期受到风沙、盐碱、内涝等自然灾害的严重危害，是一个著名的老灾区。焦裕禄上任的时候，正是兰考县遭受自然灾害最为严重的时候，全县粮食产量下降到历年最低水平。他从担任县委书记起，就深入群众、深入基层、深入农村、深入实际，调查研究，选择对策。

“把我运回兰考，埋在沙堆上，活着我没有治好沙丘，死了也要看着你们把沙丘治好。”由于积劳成疾，1964 年 5 月 14 日，焦裕禄被肝癌夺去了生命，年仅 42 岁。他临终前对组织上唯一的要求，就是把遗体运回兰考，看着同志们把沙丘治好。同年 11 月，中共河南省委号召全省干部学习焦裕禄忠心耿耿地为党为人民工作的革命精神。1966 年 2 月，《人民日报》发表长篇通讯《县委书记的榜样——焦裕禄》，全面介绍了焦裕禄的感人事迹，同时刊登《向毛泽东同志的好学生——焦裕禄同志学习》的社论。随后，全国掀起学习焦裕禄的热潮。

二、“过去是、现在是、将来仍然是我们党的宝贵精神财富”

中国共产党领导的革命、建设和改革开放事业，形成了无数闪烁着马克思主义中国化光辉的革命精神。善于将马克思主义基本原理与中国革命的具体实践相结合、勇于开创革命新道路的井冈山精神；善于在艰难困苦的条件下独立自主、艰苦奋斗，勇于开创革命新局面的延安精神；“将有限的生命投入到无限的为人民服务之中”的雷锋精神。“心中装着全体人民、唯独没有他自己”，凡事探求就里、“吃别人嚼过的馍没味道”，“敢教日月换新天”“革命者要在困难面前逞英雄”，艰苦朴素、廉洁奉公、“任何时候都不搞特殊化”的焦裕禄精神。

习近平总书记指出：我们这一代人是深受焦裕禄事迹教育成长起来的，焦裕禄的形象一直在我心中。很多东西存在的时间虽然短暂，但这短暂铸就了永恒。焦裕禄是县委书记的榜样，也是全党的榜样，他虽然离开我们几十年了，但他的事迹永远为人们传颂，他的精神同井冈山精神、延安精神、雷锋精神等革命传统和伟大精神一样，过去是、现在是、将来仍然是我们党的宝贵精神财富，我们要永远向他学习。

“心中装着全体人民、唯独没有他自己。”焦裕禄牢记党的全心全意为人民服务的根本宗旨，胸怀天下，心系群众。焦裕禄到兰考任县委书记，不是为了做官，不是为了谋取私利，而是为了干事创业，为人民群众谋利益。他能够成为县委书记的榜样、共产党员的典范、人民群众深深爱戴的领导干部，根本原因就在于始终与人民群众心连心、同呼吸、共命运，视人民群众为父母、诚心诚意当好人民群众的公仆。

凡事探求就里，“吃别人嚼过的馍没味道”。焦裕禄具有凡事亲力亲为的特点。他认为，只有亲身体验到事物的本质，才有发言权。他拖着患有慢性肝病的身体，在一年多的时间里，跑遍全县140多个行政村中的120多个村子。“干部不领，水牛掉井。”焦裕禄认为，干部，干部，要带头先行一步。焦裕禄在带领全县人民战天斗地，奋力改变兰考贫困面貌过程中，身先士卒，以身作则；风沙最大的时候，带头去查风口，探流沙；大雨瓢泼的时候，带头在洪水中察看洪水流势；风雪铺天盖地的时候，率领干部访贫问苦，登门为群众送救济粮款。他经常进入农民的草庵、牛棚，同普通农民同吃同住同劳动。他把人民群众同自然灾害斗争的宝贵经验，一点一滴地集中起来，成为全县人民的共同财富，成为全县人民战胜灾害的有力武器。

“敢教日月换新天”，“革命者要在困难面前逞英雄”。艰苦奋斗是中华民族的光荣传统，是党的立业之本、取胜之道、传家之宝，也是焦裕禄精神的精髓。焦裕禄面对兰考的自然灾害和贫困落后面貌，不等不靠，带领全县人民自力更生、艰苦奋斗，奋力拼搏、自强不息。他说：“我们要有革命的胆略，坚决领导全县人民苦战三五年，改变兰考的面貌，不达目的，死不瞑目。”他带领广大干部群众大力治理风沙、内涝、盐碱“三害”，亲自种植泡桐树，以满腔热情和实际行动谱写了改天换地的英雄壮歌。他坚持生活俭朴、勤俭办事，吃苦在前、享受在后。焦裕禄以自己的言行对艰苦奋斗做了生动诠释，这是他赢得群众拥护和爱戴的重要原因。

艰苦朴素、廉洁奉公、“任何时候都不搞特殊化”。廉洁奉公、勤政为民，为党和人民事业鞠躬尽瘁、死而后已的精神。清正廉洁、无私奉献，是共产党人先进性的重要体现，也是焦裕禄精神的鲜明特点。焦裕禄不怕苦、不怕死，不为名、不为利，完全彻底地为人民服务。他带着患病身体，忍着肝病折磨，奔波在农村、田地，置身于群众之中。风沙最大的时候，往往是他带头下去查风口、探流沙的时候；大雨如注的时候，往往是他带头下去冒雨涉水、观察洪水流势和变化的时候。他严守党纪党规，从不利用手中权力为自己、为子女、为亲属谋取任何好处。他起草了《干部十不准》，规定任何干部在任何时候都不能搞特殊化。焦裕禄以勤政为民、廉洁奉公的实际行动，展现了共产党人的高尚情操，在人民群众心目中树立了崇高形象。

三、新时代，焦裕禄精神永远与时代前行

焦裕禄精神产生于20世纪60年代，历史车轮已经进入21世纪，无论是国际环境、国内环境，还是社会环境、经济发展水平，以及人们的思维方式和社会生活的各个方面，都发生了巨大的变化。但是，焦裕禄精神作为一种历史的产物、时代的符号、民族精神的积淀、共产党人的楷模、县委书记的榜样，其精神永远不会过时，而

是随着时代的发展而发展，随着历史的前进而前进。

"共产党员应该在群众最困难的时候，出现在群众面前。"焦裕禄对人民群众满腔热情。经常在群众最需要帮助的时候，去关心群众、帮助群众。在风雪铺天盖地的时候，他带领干部访贫问苦，登门为人民群众送去救济粮、救济款，自称"我是你们的儿子"，充分体现了党组织和人民群众的鱼水深情。焦裕禄是人民的公仆、干部的榜样。直到生命的最后一刻，始终保持人民公仆的本色，想的仍然是人民群众的幸福安康，充分体现了共产党人立党为公、执政为民的崇高风范。用自己的实际行动，塑造了优秀共产党员和优秀县委书记的形象，铸就了亲民爱民、艰苦奋斗、科学求实、迎难而上、无私奉献的焦裕禄精神。

坚持实事求是、深入调查研究，一切从实际出发。实事求是是中国共产党思想路线的核心内容，也是焦裕禄精神的灵魂。在焦裕禄看来，实事求是、求真务实既是一种科学精神，也是一种工作作风，还是一种人生态度。为了改变兰考的落后面貌，他从兰考县情出发，尊重客观规律，坚持把战胜灾害、改善生产条件、提高人民群众生活水平作为压倒一切的中心任务，大力调整农业结构，为兰考长远发展打下良好基础。他在兰考期间，对全县149个生产大队（现在的行政村）中的120多个生产大队进行了走访和蹲点调研。这种深入、系统、全面的调查研究，使焦裕禄能够在较短时间内对改变兰考面貌提出切合实际的规划。在焦裕禄身上，充分体现了共产党人脚踏实地干事创业的求实精神和尊重客观规律的科学态度。

"空谈误国，实干兴邦。"脚踏实地，求真务实，讲究科学，实践第一。焦裕禄提出的治沙、治涝、治碱，都是关系兰考民生的实实在在的大事。解决这些问题，就抓住了促进兰考发展、改变兰考落后面貌的"牛鼻子"。焦裕禄在狠抓这些工作的过程中，身体力行，既不是应付群众，也不是为了给上级看。焦裕禄尊重客观规律，真正把求真务实融入自己的工作和生活之中，坚持一切从实际出发，讲实话、办实事、求实效。他在现代化工厂工作过，搞过技术革新，深深理解科学的真谛。凡是符合科学的就全力以赴去做，不符合科学的就毫不犹豫去改，真正把科学转化为谋划发展的正确思想、促进发展的政策措施、领导发展的实际能力。把干事创业的满腔热情与科学求实精神结合起来，把积极有为与尊重客观规律结合起来，把抓好当前工作与着眼长远发展结合起来，创造了经得起实践检验、群众检验和历史检验的实绩。

面对困难，知难而进，勇于在困难的条件下开拓创新。焦裕禄面对兰考的困难局面，不怕困难、不惧风险，知难而进，迎难而上。这是共产党人的宝贵品格，也是焦裕禄精神的重要内容。焦裕禄到兰考上任前，中共开封地委负责人明确提出，兰考是一个最穷的县，一个最困难的县，你要在思想上有经受最严峻考验的准备。焦裕禄坚定地说：感谢党把我派到最困难的地方，越是困难的地方，越能锻炼人。不改变兰考的面貌，我决不离开兰考。焦裕禄经常教育党员干部说，要克服困难，就必须不怕困难，发扬革命精神。面对兰考十分严重的自然灾害，焦裕禄没有被困难所吓倒，他以共产党人的英雄气概，创造性地制定了一套科学易行、简单实用、符合客观规律的治理“三害”方法，在解决困难中闯出了新路。

在全党开展党的群众路线教育实践活动中，习近平总书记指出，党的群众路线教育实践活动的主题与焦裕禄精神是高度契合的，要把学习弘扬焦裕禄精神作为一条红线贯穿活动始终，做到深学、细照、笃行。要特别学习弘扬焦裕禄“心中装着全体人民、唯独没有他自己”的公仆情怀，凡事探求就里、“吃别人嚼过的馍没味道”的求实作风，“敢教日月换新天”“革命者要在困难面前逞英雄”的奋斗精神，艰苦朴素、廉洁奉公、“任何时候都不搞特殊化”的道德情操。要组织党员、干部把焦裕禄精神作为一面镜子，从里到外、从上到下反复照一照自己，深入查摆自己在思想境界、素质能力、作风形象等方面存在的问题和不足，努力向焦裕禄看齐，从今天做起，从眼前做起，从小事做起，像焦裕禄那样对待群众、对待组织、对待事业、对待同志、对待亲属、对待自己，像焦裕禄那样生命不息、奋斗不止，努力做焦裕禄式的好党员、好干部。

四、学习焦裕禄精神，为推进事业发展提供正能量

习近平总书记在兰考县委常委扩大会议上指出：“我之所以选择兰考作为联系点，一个重要考虑就是因为兰考是焦裕禄同志工作和生活过的地方，是焦裕禄精神的发源地。我希望通过学习焦裕禄精神，为推进党和人民事业发展、实现中华民族伟大复兴的中国梦提供强大正能量。”精神，属于上层建筑的范畴，是人们和社会生活的高度概括和升华。焦裕禄精神，是中国共产党倡导的干部作风的典型化体现，是社会主义核心价值观的组成部分，也是中华民族的民族精神的组成部分。焦裕禄精神中包含的实事求是、联系实际，脚踏实地、联系群众，自力更生、艰苦奋斗，艰苦朴素、勤俭节约，严以律己、宽以待人等精神元素，同群众路线高度契合、高度一致。我们要通过学习焦裕禄精神，为全面深化改革、大力推进党和人民事业、实现中华民族伟大复兴的中国梦贡献力量。

学习焦裕禄，始终不渝地坚持党的以经济建设为中心的基本路线。焦裕禄所处的年代，正是“以阶级斗争为纲”的年代。当时，如果一个地方的经济落后怎么办？通常的做法是狠抓阶级斗争，揪出阶级敌人，“大批资本主义”，“大批修正主义”，认定“大批出大干”，只有这样，才能“大干促大变”。焦裕禄到兰考担任县委书记，

既没有狠抓阶级斗争，也没有揪出阶级敌人，他在调查研究的基础上，树立了狠抓经济建设的“四面红旗”。他说：“榜样的力量是无穷的，我们应该把群众中这些可贵的东西，集中起来，再坚持下去，号召全县向他们学习。”在兰考县委召开的农村基层干部会议上，焦裕禄为韩村、秦寨、赵垛楼、双杨树的农民群众总结经验，大张旗鼓地推广他们的艰苦创业精神：“韩村的精神，秦寨的决心，赵垛楼的干劲，双杨树的道路。”号召全县人民向他们学习，在全县范围内锁住风沙，制服洪水，向“三害”展开英勇的斗争。学习焦裕禄，就要实实在在做人做事，做到严以修身、严以用权、严以律己，谋事要实、创业要实、做人要实，堂堂正正、光明磊落，敢于担当责任，勇于直面矛盾，善于解决问题，不搞“假大空”。

学习焦裕禄，自觉尊重科学，自觉接受新事物，自觉钻研现代化。早年焦裕禄受过农村教育，具有一定的文化素质，参加革命工作后，一贯好学深思。焦裕禄担任过车间主任的洛阳矿山机器厂是中国第一个五年计划的产物，焦裕禄是从青年团调入国家重点工程、重点企业的青年干部。进入现代工业领域后，曾经被洛阳矿山机器厂派到哈尔滨工业大学学习，进行培训，奠定了较好的了解工业基本知识的初步基础。20世纪50年代中期，焦裕禄又被洛阳矿山机器厂派到大连起重机厂实习，接受了许多新的现代工业知识。他为什么能在那么短的时间里面找出治理兰考风沙、盐碱和旱涝灾害的办法？这和他在洛阳矿山机器厂养成的科学素养有关系，那就是科学、求实。焦裕禄到兰考担任县委书记期间，一直提倡在兰考大种泡桐树。他种植泡桐树“治沙”的理念，就来自科学、来自实践、来自群众。焦裕禄上任后，经常研究兰考的地质情况和土壤情况，询问了很多老农民和科技人员，究竟兰考种什么树最合适？经过多方考察，最终选择了种植泡桐树。改革开放后，兰考县的泡桐已经成为上海和欧洲制作小提琴的重要原料，成为兰考向外国出口的重要产品。

学习焦裕禄，青春向上，充满阳光，热爱生活，健康生活。习近平总书记要求各级领导干部，要下决心减少应酬，保持健康的工作方式和生活方式，多学习充电、消化政策，多下基层调查研究、掌握第一手情况，多系统思考和解决存在的突出问题，自觉远离那些庸俗的东西。焦裕禄曾经历任青年团县委副书记、青年团地委宣传部部长、青年团地委第二副书记等职，是一位在青年团队伍里成长起来的年轻干部。焦裕禄多才多艺，能歌善舞，是一个感情色彩丰富、爱跳舞、会唱歌、喜欢拉二胡的“文艺青年”。那时候，洛阳矿山机器厂有许多苏联专家，他们是欧洲人，工作时间就是工作，休息时间就是休息，互不干扰。洛阳矿山机器厂的中国干部、工人和知识分子，充满激情，干劲十足，常常没有工作时间和休息时间的区分。如果在休息时间请苏联专家指导工作、解答技术问题、提供技术帮助，最好的办法就是请苏联专家跳舞唱歌，以便趁机请教各种技术问题。焦裕禄还是篮球爱好者，洛阳矿山机器厂篮球场上的“积极分子”。他喜欢听戏、唱戏，爱好戏曲。他还喜欢跳舞，跳舞水平在洛阳矿山机器厂还有点“知名度”。由此可见，焦裕禄是一个具有生活情调，充满青春，充满阳光，热爱生活，并坚持健康生活的非常富有精神魅力的领导干部。学习焦裕禄，就要具有高尚的生活情趣，充满青春的朝气，充满阳光和活力，坚持健康生活，拒绝低级趣味，抵制歪风邪气，远离灯红酒绿的诱惑，不找情人，不搞“婚外恋”，做一个正正派派的具有高尚精神魅力的领导干部。

学习焦裕禄，廉洁自律，不谋私利，管好家人，形成良好家风。习近平总书记在兰考调研期间接见焦裕禄家人的时候，十分重视焦裕禄严格的家风。听取焦裕禄家人汇报“他对家人要求很严”的家风时，深有感触，若有所思，多次点头，重复三次：“家风！家风！家风！”焦裕禄总是正确认识和处理人际关系，做到既有人情味又按原则办，特别是当个人感情同党性原则、私人关系同人民利益相抵触时，必须毫不犹豫站稳党性立场，坚定不移维护人民利益。焦裕禄的一个女儿回忆说：“当年大姐毕业以后要工作，母亲就问父亲怎么安排，父亲说，一个选择是在机关打扫厕所，一个选择是去咸菜厂当工人。”母亲听了很高兴，觉得当工人很不错。没想到焦裕禄竟要求女儿不但要在咸菜厂干活，还要挑着担子在大街上卖咸菜。“当年大姐是一个大姑娘，脸皮薄，父亲又是县委书记，怎么也想不通”，僵持了很久，焦裕禄说，那我和你一起卖咸菜。“这样才做通了大姐的思想工作”，不过女儿也不可能让父亲陪着满大街卖咸菜。焦裕禄的女儿还说：父亲给大家的印象就是补丁摞补丁，穿得又脏又破，其实不是这样。老父亲非常讲究，非常知书达理，见到人，脸不笑不开口，没有称呼不开口，衣服也是尽量穿得干净。“他毕竟是县委书记，是一名干部。”学习焦裕禄，就要对一切腐蚀诱惑保持高度警惕，慎独、慎初、慎微，做到防微杜渐。

五、深学、细照、笃行，把一切献给党和人民群众

第一是深学，要让焦裕禄精神触及思想和灵魂，像焦裕禄一样有一颗为人民服务的心。从信念深处感受他在漫天风雪中为群众送救济粮款的公仆情怀，在灵魂深处思考他“一辆自行车和一双铁脚板”走访调研的求实作风，向思想深处领悟他迎难而上、带领干部群众治理“三害”的奋斗精神，往境界深处体悟他从不利用手中权力为自己和子女、亲属谋取任何好处的道德情操。通过深学，让焦裕禄精神充盈自己的内心，使为民务实清廉的价值理念更加坚定。

第二是细照，就是要对照焦裕禄精神这面镜子，将自己从里到外、从上到下，反复照一照，深入查摆自己在思想境界、素质能力、作风形象等方面存在的问题和不

足。反思自己有没有像焦裕禄那样在群众最困难的时候出现在群众面前？有没有像焦裕禄那样艰苦朴素、廉洁奉公、“任何时候都不搞特殊化”？深入思考为什么现在条件好了、与群众在一起的时间却少了？为什么现在取得了巨大成就却依然要发扬艰苦奋斗精神？从焦裕禄精神中照出思想的差距、认识的不足、观念的问题、作风的毛病，明确改进的方向。

第三是笃行，面对群众急难之事，要时时刻刻把群众安危冷暖记在心上，不要等到群众反映强烈了或者上级批示了才去解决；面对改革的攻坚克难，尤其需要弘扬“革命者要在困难面前逞英雄”的气概，发扬“吃别人嚼过的馍没味道”的精神。见贤思齐，向焦裕禄精神看齐，从今天做起，从眼前做起，从小事做起，像焦裕禄那样对待群众、对待组织、对待事业、对待同志、对待亲属、对待自己，像焦裕禄那样生命不息、奋斗不止，争取成为焦裕禄式的好党员、好干部。

当前，中国特色社会主义伟大事业飞速发展，中国经济和社会发展已经取得举世瞩目的成就，中国已经全面建成小康社会。无论是兰考的物质条件还是全国的经济整体发展水平与焦裕禄所处的20世纪60年代相比，都有了根本性的变化。但是，焦裕禄精神依然具有蓬勃的生机和活力。学习和弘扬焦裕禄精神，就要像焦裕禄那样，在任何时候、任何情况下都自觉践行艰苦创业、厉行节约、勤俭办事的优良作风，发扬自强不息、与时俱进、开拓创新的时代精神，保持不畏困难、坚韧不拔、奋发有为的精神状态，为推进党和人民的事业努力奋斗。

第四讲

钻探地球：愚公移山的豪迈情怀

愚公移山，勇往直前。中华人民共和国成立前，全国只有玉门油矿等极少的石油工业和很少的石油产量，中国需要的大量石油产品基本依赖进口，因此石油产品在中国被称为“洋油”。中华人民共和国成立后，建立一系列新兴工业。石油工业就是得到空前发展的新兴工业之一。愚公移山精神，是实现中国石油工业迅猛发展的强大精神动力。

一、“社会主义革命的目的是为了解放生产力”

“社会主义革命的目的是为了解放生产力。”“所谓社会主义生产关系比较旧时代生产关系更能够适合生产力发展的性质，就是指能够容许生产力以旧社会所没有的速度迅速发展，因而生产不断扩大，因而使人民不断增长的需要能够逐步满足的这样一种情况。”①

马克思主义历来认为，革命就是解放生产力，革命就是促进生产力的发展。中华人民共和国成立为石油工业发展提供无限广阔的发展前景。随着中国大规模社会主义建设全面展开，石油工业逐步兴起，发展成为中国社会主义经济的重要支柱产业之一。

中华人民共和国成立初期，石油工业的基础十分薄弱，全国只在西北和西南地区建有几个小型油气田，在东北地区建有几个小型人造油厂，原油年产量仅 12 万吨。“一五”计划结束时，石油工业虽有很大发展，但原油年产量仅 145 万吨，国民经济建设和国防用油大部分依靠进口。尤其是一些西方学者关于“中国贫油”的看法，在国内外都还有一定的影响。当时，中国石油工业能不能发展、有没有希望，引起了

---

① 《毛泽东著作选读》下册，人民出版社 1986 年版，第 717、767 页。

中共中央、国务院的高度重视。1956 年中共八大后，中共中央确定由邓小平主管石油工业。他代表中共中央、国务院，作出一系列重大战略决策，有力地推动了中国石油工业的发展。

松辽盆地是中国东北地区由大小兴安岭、长白山环绕的一个大型沉积盆地，面积约 26 万平方公里。20 世纪 50 年代上半期，李四光等中国地质学家和一些苏联专家对中国东部地区的沉积盆地作过不少论述，直接或间接地指出松辽盆地是具有含油远景的地区。1957 年，地质部松辽石油普查大队首先进行横过平原的重力、电法、磁力的综合地球物理勘探（简称物探）的剖面作业，然后再在测线上做地震剖面。到 1958 年上半年，物探工作取得的资料初步说明一些地下深部构造情况，特别被认为是特殊部位的"大同长垣"初见轮廓。按照物探资料，1958 年 7 月 9 日和 8 月 6 日石油部松辽石油勘探局先后在安达和前郭两地开钻松基 1 井和松基 2 井，结果都不理想。于是松基 3 井打在哪里，成了石油部和地质部领导同志特别关心的大事。

1959 年 2 月 8 日是农历正月初一，石油部领导同志连续三天召开会议讨论松基 3 井的井位，取得了一致意见。正月初四，余秋里部长、康世恩副部长到地质部何长工副部长家拜年，对松基 3 井的井位情况进行了通报后，余秋里表示用"三年时间攻下松辽"。何长工也很兴奋，说："看来我们的目标是一致的！这样吧，四条地质综合大剖面由地质部承担，松基 3 井等基准井的任务由石油部完成。咱们携手并肩，团结一心，争取早日拿下大油田！"

石油部下达钻探松基 3 井的命令后，1959 年 4 月 11 日，承担作业任务的 32118 钻井队开钻，设计井深 3200 米。到 7 月钻至 1050 米开始连续取岩心时，由于工具简陋和经验不足，只取出 202. 51 米，见到含油显示层 3. 15 米，油砂饱满，气味浓烈，并伴有两次从泥浆中返出原油。

经过固井和试油专家以及工人们的紧张工作，9 月 26 日 16 时，随着主任地质师下令"开阀试油"，松基 3 井放喷的原油大量涌出。得知这一喜讯，身在哈尔滨的康世恩给北京的余秋里打电话："出油了！油量而且很大，日产能达十几吨！""好嘛！"电话那头，余秋里以军人特有的简捷回答表示祝贺，并爽朗地笑了。

由于松基 3 井的提前完钻试油，从而宣告了松辽盆地第一个油田的诞生。9 月 27 日，时任黑龙江省委书记的欧阳钦等领导同志到大同镇祝贺，欧阳钦提议把大同镇改名为"大庆"，既有对发现油田的肯定，又有庆祝国庆十周年之意。

此后，渤海湾地区相继发现和建成胜利、辽河、华北、平原、大港、河南、冀东等油田，使这一地区成为中国一个重要的产油区。当年邓小平十分关注的苏北地区也发现和建成了江苏油田，并在 1995 年实现了邓小平预期的"年产一百万吨"的要求。

大庆油田的发现和会战，是改变中国石油工业落后面貌的决定性一仗。邓小平从一开始就直接参与了大庆石油会战的决策。1959 年 9 月，石油部松辽石油勘探局在黑龙江省安达县大同镇附近钻探的松基三井喷出了优质原油，喜讯迅速传到了北京。

同年 12 月，在中央书记处会议上，石油部一位副部长汇报，明年第一季度拟在松辽盆地摸出样子，上半年见个分晓，3 年内拿下松辽等油田。这时，邓小平坚定地表示："这样搞完全正确。要集中力量，不要把力量分散。"

1960 年 2 月，石油部党组决心从全国石油系统调集力量，采取集中兵力打歼灭战的办法，在松辽盆地组织一场石油大会战。2 月中旬，石油部部长余秋里和副部长李人俊向邓小平汇报了这一打算，邓小平当即表示同意，并让石油部党组正式向中央写出报告。

石油部党组的报告上报后，过了 7 天，中央就作了批示，并转发有关部门和省、市，同意石油部抽调各方面的力量进行一次石油大会战。由于决定松辽盆地石油会战时国家计划投资和物资已经分配，而且国民经济已出现严重困难，对石油会战需要的大批资金和物资，国家计划委员会、国家经济委员会无法在自己权限内平衡、解决。

邓小平问明情况后，果断地表示同意解决。事后，由国务院确定增拨资金 2 亿元，并要求有关部门和省、市迅速调剂钢材 1.8 万吨、发电机组 6000 千瓦、汽车 130 辆、拖拉机 60 台、油井水泥 1 万吨等物资。

1961 年 1 月，石油部部长余秋里向中央财经小组汇报石油工业生产建设和大庆石油会战情况时，邓小平又指示："大庆会战，石油部要抓 20 年，不要抓一年。双重领导，以石油部为主。"

二、"石油工人一声吼，地球也要抖三抖"

中共中央、国务院调动全国石油系统的精兵强将，在松辽盆地展开石油大会战的日子里，大批石油系统的工人、干部和技术人员怀着一定要为祖国开发大油田的雄心壮志，奔赴东北，其中涌现出大批先进模范人物。被人们誉为"王铁人"的王进喜就是一个优秀代表。1960 年，王进喜和 1205 钻井队来到大庆，他们克服一切困难，立刻投入了石油会战。

当火车把钻井队的石油钻机运到大庆火车站后，王进喜立刻带领工人们赶到车站，准备卸下钻机，运到油田。但是，装卸现场上，吊车、拖拉机都不够用，只能等待。王进喜眼看着 60 多吨重的石油钻机躺在火车上，不能迅速投入钻井作业，心里非常焦急。他向工人们说："没有吊车，咱们有人在。只要有人在，咱们就能想办法把钻机卸下来!"工人们立即高喊："上啊!"大家一拥而上，齐心协力，用绳子拉，用撬杠撬，用木块垫，硬是把石油钻机从火车上卸了下来。接着，依靠人拉肩扛，把石油钻井运到采油工地，架设在茫茫荒原上，开始了钻井作业。

在艰苦的环境中，王进喜豪迈地说："为了拿下大油田，宁可少活 20 年。"这既是王进喜的豪言壮语，也是所有参加大庆石油会战的工人、干部和技术人员的心里话。经过王进喜和无数钻井工人的艰苦劳动，丰收的季节终于来到了。

"石油工人一声吼，地球也要抖三抖。"1960 年 4 月 14 日，大庆油田的第一口油井在人们的欢呼声中，喷出了乌黑发亮的原油。

当钻井工人打第二口油井的时候，王进喜因为腿部严重受伤，不能亲自上阵作业，就拄着拐棍在井边指挥。有一天，钻机正在钻进的油井忽然发出一声巨响，严重的井喷事故发生了。一股股泥水像巨龙一样猛烈地喷射到天空。如不及时处置，制服井喷，机毁井塌就在眼前。

面对险情，王进喜当机立断，甩开拐棍，带领大家立即把一袋袋水泥倒进泥浆池。要压住剧烈的井喷，必须把水泥和泥浆搅拌在一起。然而油井现场却没有搅拌机，这时王进喜大喊一声："跳!"一纵身跳进了泥浆池，用自己的身体搅拌起泥浆来。在他的带动下，工人们也一个个跳了下去，在泥浆池里一起搅拌起来。

经过 3 个多小时奋不顾身的抢险作业，一场剧烈的井喷被制服了，油井和钻机保住了。工人们一个个累得筋疲力尽，剧烈的腿痛使王进喜倒在了钻杆上，豆大的汗珠不停地从脸上洒落下来。在大庆石油会战中，类似的事例举不胜举。王进喜总是义无反顾，挺身而出，冲在第一线。为此，人们亲切地把王进喜称为"王铁人"。

在东北的冰天雪地中，王进喜以苦为乐，常常对钻井队的工人们说："现在我们流点汗，吃点苦，为的是尽快把我们的国家建设得强大起来。只要国家有了石油，再苦再累也高兴。"

20 世纪 60 年代初期是中国的困难时期。中国石油工人满怀激情，以对社会主义事业的高度责任感，艰苦奋斗，辛勤创业，终于在一片荒原上建起了举世闻名的大庆油田，为祖国石油自给做出巨大贡献。从此，大庆油田成为中国的骄傲，"铁人"王进喜成为中国工人阶级的一面旗帜，以"铁人"王进喜为代表的"铁人精神"成为 20 世纪 60 年代初期的时代精神。

中国坚持独立自主，自力更生，艰苦奋斗，奋发图强，在 20 世纪 60 年代初期开发的大庆油田是一座世界级的大型油田。这个由中国自己勘探、自己设计、自己开发的油田，终于使中国一举甩掉了"贫油国"的帽子。中国人使用"洋油"的时代一去不复返了。

中共中央、国务院对大庆油田极为关心。从 1962 年起到 1966 年，国务院领导同志 3 次到黑龙江松嫩平原上的大庆油田，向艰苦创业的大庆工人阶级表示敬意。

当时大庆石油会战指挥部总指挥宋振明的秘书钱棣华回忆说：

当时我们大庆人居住条件很困难，没有房子住，就在地下挖一个大坑，上面搭一些笆叶呀，油毡纸，人就在这地窝子里住。后来总理看见这个地窝子里走出一个女人，这个女人头发乱蓬蓬的，满脸乌黑，还领着一个小孩，从这个地窝子出来，总理老远看到了，赶紧跑过去了，我们想怎么往那边跑，原来他是看我们大庆工人住的地方。

地窝子这个东西，可能好多人不太了解，挖个大坑，里面弄个炕，炕这边一个炉子里烧着原油，为啥脸乌黑呢，就是因为当时我们大庆空气不像现在这么好，一片乌黑，沙里麻雀都是黑的，脸也是黑的，一到油区里面，就是一股油味，因为我们烧的都是大原油块子，一坨一坨像帽子一样。

……总理走路很快，步子迈得挺大，直接过去了。过去以后总理看见是我们的家属住在这样恶劣的环境下，总理两手握住家属的手下去了。下去看到下面正在煮高粱米，总理还揭开锅，把锅里面的高粱米搅一搅，握住家属的手说："我代表党中央、国务院感谢你们，感谢你们。"

当时我们在旁边听了很感动，我们在这吃苦，没白吃，党中央、国务院很关心我们，而且表示亲切的慰问，一再表示感谢。所以我觉得我们大庆吃那么点苦，受那么点累也值得，中央是知道的。

在大庆，周恩来结识了一个工人朋友，就是被工人们称作"铁人"的王进喜。临别的时候，周恩来握着张云清和王进喜的手说："你们两个钻井队，今年一个队如果打上 5 万米，给我发电报，我一定替你们向毛主席报喜。"

这一年，这两个队钻井果然都超过了 5 万米，周恩来不仅邀请"王铁人"等登上了天安门，参加国庆典礼，并且请他们住进中南海。

邓小平十分关心大庆石油会战和油田的发展情况，20 世纪 60 年代多次视察大庆油田，足迹遍及百里油田的生产、科研、后勤、农副业单位。

第一次视察时，得知大庆油田探明的含油面积和地质储量后，他说："现在 7 亿吨（石油储量）是肯定了，你们要搞到 10 亿吨，有了 10 亿吨，一年就可以生产 3000 万吨。"他还对尽快探明 10 亿吨储量特别关心，先后 4 次讲到了这个问题。在察看北 1—58 井时，他对油井使用多少毫米油嘴，日产多少原油等生产数据一一询问。离开后，在汽车上仍不停地计算一口油井一天的产量和全年的产量。

第二次视察大庆油田时，又到了北 1—58 井，当看到采油装置喷出原油时，他高兴地说："你们管理得真好，我看了两次，出油都很好，你们要为社会出大力气，为国家争光。"

每次视察大庆油田，他都很关心大庆油田的科技工作，询问大庆油田的注水和技术试验等情况，勉励大庆油田技术人员要积极学习借鉴外国先进技术，鼓励大庆油田科技工作者在地质理论研究中，要百家争鸣，博采众长。

在视察大庆油田过程中，他对搞好职工生活作了许多指示。针对大庆石油会战正值经济困难时期，会战地区又是茫茫荒原，广大职工的工作、生活条件十分艰苦等情况。他指出：这个地方靠着铁路，有火车站，草原很平，汽车可以到处跑，土地肥，到处能种地，这个地方太好了。你们要好好种地，成立专业队，实行单独核算。专业队是集体所有制，不要和企业混在一起。你们要争取做到蔬菜、副食品自给。这里养猪的条件也很好，要好好养猪。你们也可以办个牧场，养点乳牛、菜牛，养点羊。当看到油田因地制宜建起的"干打垒"房子后，他关切地问："干打垒搞了多少？每平方米多少钱？"大庆油田领导干部一一作了回答。听了以后，他对大庆油田干部、职工立足现有条件，坚持自力更生、艰苦奋斗的精神表示赞扬。

在中共中央、国务院的领导和亲切关怀下，大庆油田的开发、建设创造了世界同类油田开发、建设的先进水平。同时，依托大庆油田的发展，在昔日的茫茫荒原上，逐渐建立起了楼房林立，道路纵横，社会功能齐全的现代化石油城市——这就是遐迩皆知、举世闻名的黑龙江省大庆市。

三、把高度革命精神与严格科学态度结合起来的结果

建设大庆油田是中华人民共和国历史上的辉煌篇章。1959 年 9 月 26 日松基三井喜喷工业油流，通过地质石油勘探发现大庆油田，气吞山河、波澜壮阔的大庆石油会战建成举世闻名的大庆油田。改革开放新时期，当时的中共中央东北局第一书记宋任穷曾回忆了建设大庆油田、推广大庆油田经验的来龙去脉。

大庆石油会战是在极端艰苦的条件下进行的。会战开始，4 万多人一下子拥到一个冰天雪地的大草原上，真是上有青天一顶，下有草原一片。没有房子住，工人们自己动手盖"干打垒"（土房子）。有时粮食、蔬菜供应不上，他们就打草籽、挖野菜，还组织职工家属种粮种菜和生产劳动保护用品，解决了职工生活和生产的需要。当时用水很缺，打井用水供不上，工人们就排成队用水桶、脸盆从几百米以外的水池子打水。一打就是几十吨，保证了钻井需要。大庆石油会战指挥部和东北三省特别是黑龙江省的配合很密切，关系十分融洽，会战需要什么，地方就支援什么，保证了会战的顺利进行。广大石油职工，就是在这样困难的条件下充分发扬工人阶级的主人翁精

神，自力更生，艰苦创业，战胜了重重困难，取得了会战的胜利。在整个会战中，从1960年5月会战开始至1963年10月，已探清了800多平方公里的储油面积，建成了年产550万吨规模的石油基地，建成了年炼100万吨原油的炼油厂，建设了相应的生产辅助设施和生活基地。

成功建成大庆油田是把高度的革命精神与严格的科学态度结合起来的结果。大庆石油会战能在很短的时间内取得很大的成就，是因为始终坚持了社会主义现代化企业必须坚持革命化；把高度的革命精神与严格的科学态度结合起来，重视科研工作，认真搞群众运动，抓基层建设；领导干部以身作则，亲临前线。在会战中，注意培养和选拔年轻干部，关心职工生活。认真学习人民解放军的政治工作，形成了具有大庆特点的好作风。以解放军的"三八"作风为榜样，强调树立"三老""四严""四个一样"的作风。"三老"就是当老实人，说老实话，做老实事。"四严"是严格的要求，严密的组织，严肃的态度，严明的纪律。"四个一样"是黑天和白天干工作一个样；坏天气和好天气干工作一个样；领导不在场和领导在场干工作一个样；没有人检查和有人检查干工作一个样。

东北局首先发现、总结和推广大庆经验。1963年10月，东北局一致认为：大庆石油会战的经验，不仅适用于石油战线，而且具有普遍意义，是东北地区工业交通战线出现的新事物，应该在全区推广。会议决定召开大庆油田现场会议，推广大庆精神。会前，东北局派出工作组到大庆油田，与石油工业部的同志一起搞调查研究，为开好现场会做准备。10月下旬，东北局在大庆油田召开了东北地区工业交通企业基层工作经验交流会。三省和15个市的工交部门及101个厂矿企业的领导干部共200多人参加了会议。石油部长余秋里和国家经委、国家计委负责同志也亲临会议。顾卓新同志代表东北局在会上讲了话。现场会结束后，东北局给中央和毛主席写了《关于大庆油田现场会议的报告》，报告从大庆油田执行社会主义建设总路线、集中优势兵力打歼灭战、做大量细致艰苦的基础工作、加强基层建设、大胆突破技术关、搞好职工生活、建设好领导班子和做好思想政治工作等方面总结概括了大庆石油会战的基本经验。

大庆油田成功建成、中国石油产品基本实现自给的消息震动了全国更轰动了世界。1963年11月召开的全国人民代表大会第二届第四次会议，宣布了我国石油产品已经基本自给。这条消息震动了国人更轰动了世界。1964年2月，中共中央、国务院转发了石油工业部关于大庆油田会战情况的报告。不久，毛泽东发出"工业学大庆"的号召。大庆油田这面光辉的旗帜，激励着人们的建设热情，极大地推动了各方面的工作。大庆油田也在飞速发展。1966年原油产量已达1060万吨，比1963年翻了一番。今天，大庆油田已成为年产 5590 万吨原油的特大型油田。

四、大庆精神、铁人精神，集中体现了工人阶级的崇高品质和精神风貌

2009 年 9 月是发现大庆油田 50 周年。在半个世纪里，大庆油田累计生产原油 20 亿吨，占全国同期原油总产量的 40%；从 1976 年开始实现年产原油 5000 万吨连续 27 年稳产高产，创造世界同类油田开发史上的奇迹，为建立我国现代石油工业体系作出重大贡献。

2009 年 9 月 22 日，大庆油田发现 50 周年庆祝大会在黑龙江省大庆市举行。习近平同志指出，在大庆油田开发建设的艰苦环境和激情岁月里形成的以爱国、创业、求实、奉献为主要内涵的大庆精神、铁人精神，集中体现了我国工人阶级的崇高品质和精神风貌，永远是激励中国人民不畏艰难、勇往直前的宝贵精神财富。各级党组织要结合新的实际与时俱进地大力弘扬大庆精神、铁人精神，使之在全面建设小康社会的进程中持久地发挥思想保证和精神动力作用。

习近平同志强调，随着我国发展对能源需求的持续增长，油气供需矛盾日益突出，迫切要求我们进一步把石油资源的开发利用这件关系国家安全和国民经济命脉的大事办好。大庆油田和石油战线的干部职工要一如既往地保持艰苦奋斗、锐意进取的精神风貌，进一步做好油田开发建设的各项工作，以油田科学发展、和谐发展的骄人业绩，为做强做大我国石油工业作出新的更大贡献。

中央对大庆油田提出五点希望：一要胸怀全局，站在党和国家事业发展的高度思考问题、谋划发展，立足自身优势和条件履行责任、多作贡献。二要坚持改革创新，保持锐气、焕发朝气、增添勇气，奋力开拓大庆油田更为广阔的发展前景。三要牢记"两个务必"，深刻认识激烈的国际竞争带来的机遇和挑战，奋发进取、求真务实、埋头苦干，创造经得起实践、人民、历史检验的业绩。四要坚定不移地依靠职工群众，切实解决广大职工最关心、最直接、最现实的利益问题，关心"老会战"、老职工的生活和健康，使企业的发展成果更好地惠及职工群众。五要加强和改进新形势下企业党建工作，完善领导体制，强化领导班子整体功能，充分发挥党组织的政治核心作用，切实提高党组织的创造力、凝聚力、战斗力。

2019 年是大庆油田发现 60 周年。从 1959 年到 2019 年的 60 年间，大庆油田累计生产原油近 23. 9 亿吨，为建立中国现代石油工业体系作出重大贡献，孕育了大庆精神、铁人精神。

在大庆油田发现 60 周年之际，习近平总书记发去贺信：值此大庆油田发现 60 周年之际，我代表党中央，向大庆油田广大干部职工、离退休老同志及家属表示热烈的

祝贺，并致以诚挚的慰问！60 年前，党中央作出石油勘探战略东移的重大决策，广大石油、地质工作者历尽艰辛发现大庆油田，翻开了中国石油开发史上具有历史转折意义的一页。60 年来，几代大庆人艰苦创业、接力奋斗，在亘古荒原上建成我国最大的石油生产基地。大庆油田的卓越贡献已经镌刻在伟大祖国的历史丰碑上，大庆精神、铁人精神已经成为中华民族伟大精神的重要组成部分。

站在新的历史起点上，希望大庆油田全体干部职工不忘初心、牢记使命，大力弘扬大庆精神、铁人精神，不断改革创新，推动高质量发展，肩负起当好标杆旗帜、建设百年油田的重大责任，为实现"两个一百年"奋斗目标、实现中华民族伟大复兴的中国梦作出新的更大的贡献！

同时，国务院发去贺电，希望大庆油田以习近平新时代中国特色社会主义思想为指导，按照党中央、国务院决策部署，持续深化改革、降本增效，坚持稳油增气、内外并举，积极培育新动能，着力推动高质量发展，为保障我国油气安全稳定供应、推动东北全面振兴全方位振兴、实现"两个一百年"奋斗目标和中华民族伟大复兴的中国梦作出新的更大贡献。

五、"一油独大"变"油气并举"，传统能源向新能源迈进，走向世界

21 世纪的中国与世界，能源问题十分重要。能源安全关乎社会稳定发展，能源低碳发展关乎人类未来生存。中共二十大报告对于能源发展提出多方要求，要确保粮食、能源资源、重要产业链供应链安全。深入推进能源革命，加强煤炭清洁高效利用，加快规划建设新型能源体系。

中共二十大闭幕后的"党代表通道"上，针对记者有关"大庆还有多少油"的提问，中国石油大庆油田采油班班长刘丽说，大庆油田靠技术创新，目前依然保持着旺盛的生机和活力，有望实现百年油田的目标。今天的大庆已经从过去的"一油独大"变成"油气并举"，同时从传统能源向新能源领域迈进，从国内走向了国外，目前依然保持着旺盛的生机和活力，正满怀信心朝着建设百年油田的目标前进。

石油工人刘丽说，新时代的石油工人要不断创新。60 多年前，大庆油田的石油很容易喷涌而出。如今，开采难度越来越大，必须通过科技创新才能实现突破。近年来，大庆油田创新发展了石油勘探理论和技术，已取得 1 万多项科技成果。砂岩油田的开采水平始终保持国际领先。"这是我们大庆油田长盛不衰的秘诀。"刘丽的父亲和王进喜一样，是大庆油田的第一批创业者，大庆精神、铁人精神已经刻印在石油工人的基因里。2022 年 10 月初，中央电视台报道，我国陆上最大油田大庆油田被发现 63 年来，已累计生产原油逾 24 亿吨，占国内陆上同期原油总产量约 40%。

近年来，大庆油田年产油气当量始终保持在4000万吨以上，2021年大庆油田完成油气产量当量4322.6069万吨，实现了同比增加。随着油田开发难度越来越大，大庆油田聚焦科技创新，不断提高油田综合效益。目前，大庆油田三次采油技术保持世界领先水平，建成了全球规模最大的三次采油生产基地，三次采油年产量连续20年超千万吨。

石油被称为流动黑金、工业血液。如此重要，它会枯竭吗？中国科学院院士王铁冠表示，技术发展很重要："技术的发展和对储量的估计不可同日而语了。"以大庆油田为例，刚发现它时，我们对其地下两米以内的油层就不具备开采能力。后来，随着技术的发展进步，实现了对两米以内薄油层中原油的开采，大庆油田储量也随之翻番。在被勘探开发超过60年后，大庆油田常规油气资源已经进入开发的中后期。石油人开始向源内青山口组页岩油进军。2021年，大庆油田古龙页岩油勘探宣布取得重大战略性突破。

新时代要守住能源安全底线。中共二十大新闻中心举行首场记者招待会上，国家能源局负责人说，能源安全是关系国家经济社会发展的全局性、战略性问题，对国家繁荣发展、人民生活改善、社会长治久安至关重要。

党的十八大以来，我国能源供给体系逐步完善，供给质量和效益不断提升，能源自给率保持在80%以上，不仅经受住了新冠疫情、重大自然灾害等方面的严峻考验，而且有力应对了国际能源价格动荡对我国发展的传导影响，为促进经济社会高质量发展提供了坚实的能源保障。《"十四五"现代能源体系规划》提出，增强油气供应能力。石油产量稳中有升，力争2022年回升到2亿吨水平并较长时期稳产。中国石油根据油价变化，大力加强国内勘探开发，在塔里木、准噶尔、鄂尔多斯、四川等盆地获得一批重要发现和突破。

截至2022年10月9日，位于塔克拉玛干沙漠腹地的我国最大超深油田——中国石油塔里木油田公司富满油田累计油气产量突破1000万吨，其中原油867.96万吨、天然气16.68亿立方米，标志着我国超深层油气迈入规模开发新阶段。富满油田位于塔克拉玛干沙漠腹地，是我国发现的最大超深海相断控缝洞型碳酸盐岩油藏。该油田油气藏埋深在7500米至10000米的超深层，是我国在7500米以深建成的规模最大、开发效益最好的油田。

2022年上半年，中国石化深化基础研究，加强新区新领域风险勘探和圈闭预探，取得了一批油气新发现，其中塔里木盆地顺北油气、渤海湾盆地和苏北盆地页岩油、四川盆地深层天然气和普光陆相页岩气勘探等取得重大突破。

同时，中国石化"地下珠峰"找油获得重大突破：该公司顺北803斜井测试获高产工业油气流。至此，在我国塔里木盆地顺北油气田，钻探垂直深度超过 8000 米的油气井达 41 口，已落实四个亿吨级油气区，标志着这一全球埋藏最深的油气田被成功勘探开发，在油气勘探开发领域实施的“深地工程”获得重大突破。

中国海油着力抓好油气勘探工作，可持续发展资源基础得到进一步夯实。在中国海域，获得并确认渤中 26－6 和渤中 19－2 两个大中型发现。在海外，圭亚那项目再获 5 个新发现，可采资源量约 110 亿桶油当量。此外，海上页岩油勘探喜获新突破，陆上深煤层气井压裂施工顺利完成。

第五讲

夏彝商鼎：愚公移山的精神特质

愚公移山，中华优秀传统文化中展示的世世代代相传的民族精神。

愚公移山，中华民族万众一心，众志成城，20 世纪 30 年代中期至 40 年代中期结成抗日民族统一战线，赢得中国人民抗日战争伟大胜利。

愚公移山，中华民族浴血奋斗，前赴后继，推翻帝国主义、封建主义和官僚资本主义“三座大山”，实现民族独立与人民解放，建立中华人民共和国。

愚公移山，险峰可攀。中华人民共和国成立后，20 世纪 50 年代中期，中央作出研制尖端武器的战略决策。中国研制原子弹、导弹核武器和人造地球卫星的工作就此开始，并取得举世瞩目的一系列重大成果。

一、“我们要不受人家欺负，就不能没有这个东西”

20 世纪 30 年代至 40 年代的第二次世界大战中，为了赢得战争的胜利，法西斯国家和反法西斯国家都在竞相研制原子弹。德国、美国、日本等国家都进行了核武器研究和试制。

当时的法西斯国家德国既具有一定的经济实力，又具有先进的科学技术，还具有世界上一流的科学家，是世界上率先研究原子弹的国家。但是，由于种种原因，特别是由于一些心怀正义的科学家反对法西斯德国妄图称霸世界的反人类的侵略政策和战争政策，致使法西斯德国的核武器研究和试制，尽管取得极大进展，最后仍然胎死腹中，无疾而终。

此时的反法西斯国家美国，同样具有雄厚的经济实力、先进的科学技术以及世界上一流的科学家。美国的原子弹研制工作，虽然比德国起步稍迟，但进展较快，通过实施“曼哈顿计划”，迅速推进核武器研究和试制，成为世界上第一个研制出原子弹的国家。

第二次世界大战后期，美国为了检验原子弹的实战威力，摧毁日本的战争潜力，减少美国军队在日本登陆时的战争伤亡，敦促日本无条件投降，使用原子弹对日本的广岛、长崎进行了轰炸。

在第二次世界大战后期的波茨坦会议上，美国总统杜鲁门为了对苏联进行核讹诈，曾经极其秘密地告诉苏联领导人斯大林："我们制造出来一种威力巨大的炸弹。"同时，杜鲁门非常认真地仔细观察斯大林对这一消息的反应。

但是，斯大林仿佛没有听见杜鲁门的话一样，对于杜鲁门传递的"巨大秘密"无动于衷，沉默不语。以至于杜鲁门在回忆录中认为：斯大林根本没有听懂我的话。

然而，杜鲁门的判断完全错误。其实，斯大林完全听懂了杜鲁门的话。波茨坦会议后，斯大林立即下达命令，加快进行苏联的原子弹研制工作。为了应对美国利用原子弹进行的"核讹诈"，苏联很快成功地研制出了原子弹。

中华人民共和国成立，实现中国从几千年封建专制制度向人民民主制度的伟大跨越，实现中国高度统一和各民族空前团结。完成社会主义革命，确立社会主义制度，实现中国历史上最广泛最深刻的社会变革。建立独立的比较完整的工业体系和国民经济体系，培养大批经济建设人才，积累社会主义建设的重要经验。

中华人民共和国成立后，在大规模经济建设中，为了巩固国防，保卫祖国安全，建立了中国历史上前所未有的新兴工业——核工业，设立了专门的核武器研究机构，较快地研制成功了核武器，极大地提高了中国的国防和军事水平。邓小平指出："如果六十年代以来中国没有原子弹、氢弹，没有发射卫星，中国就不能叫有重要影响的大国，就没有现在这样的国际地位。这些东西反映一个民族的能力，也是一个民族、一个国家兴旺发达的标志。"

研制原子弹、氢弹、导弹核武器和人造地球卫星，是中华人民共和国的重大战略决策和科学技术进步。新中国成立初期就深刻认识到"只有掌握了最先进的科学，我们才能有巩固的国防"。中央就发展原子弹和导弹核武器等问题专门征询了有关科学家的意见。

中央高度重视中国核武器研制、核电站建设、核科技研究体系与核工业体系的建立与发展。1955 年 1 月 15 日，毛泽东主持召开中共中央书记处扩大会议，作出发展中国原子能事业的战略决策——中国核工业就此起步。1956 年 4 月，毛泽东指出："要有原子弹。在今天的世界上，我们要不受人家欺负，就不能没有这个东西。"1958 年毛泽东在中央军委扩大会议上指出："原子弹就是那么大的东西。没有那个东西，人家就说你不算数。那么好吧，我们就搞一点吧，搞一点原子弹、氢弹、洲际导弹，我看有十年工夫完全可能。"同年，毛泽东在中共八大二次会议上提出"我们也要搞人造卫星”。1960年6月，苏联撕毁援助协定，撤走专家。中国人民坚持独立自主、自力更生研制原子弹等。毛泽东强调：“自己动手，从头做起来，准备用8年时间，拿出自己的原子弹!”

二、“万里赴戎机，关山度若飞”

20世纪50年代中期的中国尚处于农业国的发展阶段，国家经济落后，科学技术落后，技术基础薄弱，科研工作条件十分艰苦，在“一穷二白”的基础上研制原子弹、导弹核武器和人造地球卫星，面临的一系列困难犹如重重“大山”。只有发扬愚公移山精神，挖掉一座又一座的“大山”，才能实现预期的目标。

第一座“大山”是工业基础落后。当时，中华人民共和国成立不到十年，工业基础落后，没有资料，没有设备，没有技术。许多人连原子弹、导弹核武器和人造地球卫星是什么样子都不知道。除了初始阶段苏联的帮助外，没有任何其他核大国的技术支持。一切从零起步。例如，研制核武器需要的基本原料是铀。铀需要从铀矿中提炼出来。李四光等中国一流的地质学家为寻找铀矿呕心沥血，在中国发现了铀矿。但是铀矿中浓缩铀的含量只有千万分之一。于是，为了提炼研制核武器需要的适用的浓缩铀，就要建造技术要求很高的专门提炼浓缩铀的大型工厂。在一无所有的基础上，以浓缩铀为原料制造核武器，更需要突破重重“大山”。研制成功核武器后，需要建造专门搭载核弹头的导弹。核导弹研制成功后，需要建造专门发射核导弹的发射井。建成发射核导弹的发射井，还需要建设一系列配套性的保障性设施，等等。

第二座“大山”是苏联撕毁条约造成的严重困难。当时的苏联是社会主义阵营的“老大哥”。中国在“一穷二白”的基础上研制核武器，首先需要得到苏联的技术援助。1954年9月，苏联负责人赫鲁晓夫率领苏联代表团访问中国。中国方面表示，希望苏联在原子能与核武器上提供帮助。赫鲁晓夫回答：“那个东西太费钱了，社会主义是个大家庭，有一把核保护伞就行了，不需要大家都来搞。”毛泽东说：“大家打一把伞，当然省事，但是顾头不顾屁股，终究还是要被打湿的。”赫鲁晓夫指着苏联代表团成员米高扬（当时任苏联部长会议副主席，后来任苏联最高苏维埃主席团主席）、布尔加宁（苏联国防部部长）说：“他们知道，搞原子弹需要很多科学家、很多钢铁、很多电，如果中国现在要搞核武器，就是把全中国的电力都集中起来也保证不了。你们应该集中力量发展经济，多炼钢，多造拖拉机。”最后，赫鲁晓夫同意帮助中国建设一个小型原子能反应堆。1957年9月，以聂荣臻为首的中国政府工业代表团赴苏联谈判，中苏两国签订《国防新技术协定》，苏联同意在原子能工业、导弹、火箭等方面援助中国。但是，从20世纪50年代后期起，中国与苏联的关系急剧恶化，苏联撕毁协议，撤走专家，带走图纸，停止供应原料和设备。1959 年 6 月 20 日，苏共中央致函中共中央，为不影响苏联、美国、英国首脑关于禁止核武器试验条约的日内瓦谈判，“暂缓”向中国提供核武器样品和技术资料。随着中苏关系日益恶化，1960 年 7 月 16 日苏联政府又照会中国，停止执行援助中国原子能工业及国防工业的协议，撤走全部在华专家，终止原定一切设备材料的供应。中国科学家在研发技术落后，国内条件差，外国技术封锁、军事威胁、核讹诈的情况下，坚持自力更生，奋发图强，终于依靠自己的力量研制出了“两弹一星”。

第三座“大山”是资金不足。20 世纪 60 年代初期中国经济出现严重困难，许多重大工程、重大建设项目纷纷“下马”。研制“两弹一星”需要投入大量人力、物力、财力。“两弹一星”是继续进行，是缓一缓，还是“下马”？无论持那一种意见，都能讲出许多道理。其中，一种意见是集中力量发展常规武器，“你打你的原子弹，我打我的手榴弹”。关于原子弹和氢弹是“下马”还是“上马”的争论，在 1961 年夏天北戴河一次会议上达到高潮，有关领导同志在会场发生争论，甚至面红耳赤拍起了桌子。贺龙、陈毅、聂荣臻、叶剑英等元帅坚持“上马”，从事经济工作的同志则要求慎重考虑。陈毅说：“就是当了裤子也要把这个原子弹氢弹导弹搞出来！”坚持另一种意见的同志则发言说：“老总啊，你还是把裤子提上吧，光着屁股是搞不了原子弹的。”主张“下马”的人认为，研制原子弹困难太大，苏联的援助没有了，技术上有很多困难，国家经济困难，工业基础薄弱，花钱太多，拿不出那么多钱，而且影响常规武器和国民经济其他部门的发展，应该暂时“下马”，国家经济好转后再“上马”，“不能为了一头牛，而饿死一群羊”。这样的分析得到许多人的赞同。聂荣臻坚决主张继续研制“两弹一星”，并给毛泽东直接写了报告，得到中央一致同意。中国发挥社会主义制度集中力量办大事的制度优势，中共中央决策，国务院协调，中央 15 人专门委员会具体组织实施，攻坚克难，排除万难，全国支援，各方协同，将研制“两弹一星”坚持了下来。

第四座“大山”是艰苦的工作环境。青海试验基地位于西北地区的青藏高原，在一望无际的草原上从事尖端武器研制，生活非常艰苦。青藏高原平均海拔 3200 米，空气稀薄，严重缺氧，参与研制“两弹一星”的科学家、干部等，晚上睡觉都十分困难，总是感觉似睡非睡，缺乏深度睡眠。开始阶段，没有高压锅做饭，米饭、馒头都是夹生的。为了开胃，甚至高级干部从北京到青海基地都要带几瓶辣椒酱，每顿饭都要依靠辣椒酱才吃得下饭。1959 年到 1961 年，中国经济遇到严重困难局面。很多科学家吃不饱，出现浮肿、色盲。聂荣臻的秘书周均伦回忆说：“聂帅听到这个消息后很着急，他说，这让科学家们怎么再搞科研工作？聂帅当时自己生病在医院里，他把秘书找过去，说用我的名义向海军、广州军区、沈阳军区、北京军区、南京军区几个沿海的、条件好的军区发募捐倡议，请求他们援助副食品来提供给科学家，保证科学家的营养和身体健康。"由于聂荣臻的大声疾呼和"募捐"，海军、北京军区、广州军区、济南军区、沈阳军区等给了一批猪肉、鱼、海带、黄豆等。周均伦回忆："而且聂帅规定，这些东西要来以后，行政和政工干部一律不准分，统统分给一线的科技人员。所以当时的专家领副食品的时候，真是很多人感动得流泪。东西分完了，他还派人下去检查。五院的政委刘有光说，我没有分一两肉，如果分了就开除我的党籍！"大家齐心协力，共度难关。

三、"四海之内皆兄弟。"关键在于实现科学技术现代化

中国核工业20世纪50年代中期起步，从无到有，从小到大，从弱到强，凝结着老一代革命家的心血和智慧。在中央领导集体的工作分工中，邓小平一开始就参与了对这项工作的领导。他代表中央对核工业的创建与发展，进行具体的决策、领导和支持。

中共八大二次会议期间印发了毛泽东对第二机械工业部党组关于同苏联专家关系的报告的批示。毛泽东在批示中指出："四海之内皆兄弟"，要"尊重苏联同志，刻苦虚心学习。但又一定要破除迷信，打倒贾桂！贾桂（即奴才）是谁也看不起的"。随后，中央批准了核工业建设首批项目的选址方案。

1958年8月，邓小平在北戴河陪同毛泽东听取第二机械工业部领导同志关于发展原子能事业的方针和规划的汇报，他强调指出："当着国内粮食、钢铁和机械的生产问题获得解决和国际形势紧张的情况下，发展原子能尖端科学和工业，已经成为可能和必需的事情，今后应该加速发展。"邓小平的讲话，为刚刚起步的中国核工业建设注入了强大动力，使核工业系统广大干部、职工群情振奋，斗志昂扬，核工业出现了快速发展的局面。

正当中国核工业建设全面向前推进的时候，1960年夏天苏联政府突然撤走了在中国工作的全部专家，停止了对中国的一切技术援助，给中国核工业建设带来了严重困难。面对严峻形势，毛泽东坚定地指出："要下决心搞尖端技术。赫鲁晓夫不给我们尖端技术，极好！如果给了，这个账是很难还的。"

当时，全党全国提出了自力更生，艰苦奋斗，奋发图强，勤俭建国的口号。为了突破原子能技术，加强原子能工业建设，中共中央认为有必要进一步缩短战线，集中力量，加强各有关方面对原子能工业建设的支援。1961年7月16日，中共中央作出《关于加强原子能工业建设若干问题的决定》，决定自力更生，组织力量，突破原子

能技术。要求有关部门从技术和领导力量调配、专用设备制造能力配置、医疗卫生设施保障和物资运输等方面，支援核工业建设。有关部门认真贯彻中央决定，发扬社会主义大协作精神，要人给人，要物给物，尽量满足核工业建设的需要，有力地保证了中国核工业建设在自力更生的轨道上继续前进。

推进核工业发展的关键在于提高科学技术现代化的水平。1963 年 1 月周恩来在上海科学技术工作会议上指出：我们要实现农业现代化、工业现代化、国防现代化、科学技术现代化，把我们祖国建设成为一个社会主义强国，关键在于实现科学技术现代化。

四、身经百战的老帅说“二机部的工作我亲自管”

在困难的条件下研制“两弹一星”，需要克服重重困难，需要排除重重难关，需要挖掉重重“大山”。只有发扬愚公移山精神，才能实现预定目标。聂荣臻挺身而出，义无反顾，掷地有声，响亮地提出“二机部的工作我亲自管”。

早年为了实现“科学救国”“工业救国”的理想，聂荣臻背井离乡，远渡重洋，到欧洲勤工俭学。中华人民共和国成立后，在中央工作分工中，长期主管科学技术和国防科学技术工作。

关于聂荣臻组织领导中国原子弹研制的情况，聂荣臻的女儿聂力回忆说：1962 年，美国军舰、飞机不断侵犯我国领海、领空，中印边界、台湾海峡局势紧张，战争的阴影一直笼罩在中国人民头上。从那个年代过来的人，也许终生都不会忘记，当时是在怎样的焦虑状态下生活的。那时，新中国面临着严峻的政治、军事和经济形势，国际上，美国对中国的核战争威胁不断，战争随时都会打响，战备是中国人每天都必须做的工作；国内，则经济形势严重恶化，在这种内忧外患的情况下，党中央决定加快原子弹的研制。只要有了原子弹，就像陈毅元帅说的那样，我们的腰杆子就硬了，我们就不怕了，敌人反而会怕我们。经历过 1961 年夏天的“两弹”（“两弹”即原子弹和导弹核武器。一般人认为“两弹”就是原子弹和氢弹，这种认识是不对的——笔者注）“上马”“下马”之争后，“两弹”的攻关进入关键时期。父亲作为中央科学小组组长、分管全国科技工作的国务院副总理，他肩上的担子更重了。那时，有关原子弹的一切工作，全部都是在极其秘密的状态下进行的。我虽然和父亲生活在一起，又在研制导弹的五院（即国防部第五研究院——笔者注）工作，对原子弹也是知之甚少。对我和母亲，父亲总是守口如瓶。他的回忆录里，谈到原子弹时，内容也是很少。据说当时中央有严格要求，上层开会时，涉及原子弹，不许记录。父亲参与领导、组织原子弹攻关的很多情况，是很多年之后，我从别人那里听说，从别人的回忆文章里看到，或者是从已经解密的文件上看到的。父亲对原子弹十分关心、十分重视。中央确定"两弹"继续攻关后，父亲反复强调了国防科研各部门都要贯彻"缩短战线，任务排队，确保重点"的方针，即三五年内要突破导弹、原子弹技术难关的问题，国防科研的其他任务，都要为"两弹"让路。在核武器方面，缩短战线的做法集中到一点，就是保证1964年炸响中国的第一颗原子弹。①

中国试制第一颗原子弹，是一项需要诸多方面协调、协同的系统工程，具体任务由国务院第二机械工业部等部门、单位承担。但是，必须有一位指挥若定的著名统帅总揽全局，才能确保各项预定计划如期完成。

鉴于原子弹的研制工作，关系到国家的最高利益，决策运筹极端重要，研制过程极端机密，一举一动极端敏感，时间要求极端紧迫；同时原子弹的研制技术极为复杂，攻关协作需要方方面面帮助，责任重大，困难较多，所以中央分工主管原子弹研制的聂荣臻多次反复强调，对于原子弹研制，自己要"亲自管"。

1961年6月20日，聂荣臻在一次会议上明确表示："二机部的工作我亲自管。"以后，在给中央军委写报告时，他又嘱咐秘书："二机部的工作由我亲自管，这一条要补写到报告中。"7月19日，中央军委第97次办公会议讨论同意了这一报告。

五、确定"时间表"

自古以来，中华民族就有立下"军令状"的各种故事。1962年9月11日，第二机械工业部正式向中共中央提出了一个"时间表"，即"军令状"：争取1964年，最迟在1965年上半年，爆炸我国第一颗原子弹。

既然立下"军令状"，就要如期兑现。为了实现这个"时间表"，聂荣臻多次对第二机械工业部领导同志说，核武器研究力量要集中，西北核工业基地着重搞基本建设，要确保质量。我们遵照中央的指示，要求全国科研部门，努力配合你们的研制工作，全国要拧成一股劲，共同完成任务。

按照聂荣臻的意见，为配合"两弹"攻关，中国科学院和国防科学技术委员会集中了科技精英，调集了雄厚的科研力量，组成了两个协作组。其中，原子弹攻关协作组由第二机械工业部部长刘杰，著名科学家钱三强，中国科学院和有关方面主要负责人张劲夫、裴丽生、刘西尧组成。

就像军事统帅部署、协调重大战役一样，聂荣臻调集了全国的国防科研机构、中国科学院、国防工业部门、地方科研机构、高等院校，组成"五个方面军"，围绕研

① 聂力：《山高水长——回忆父亲聂荣臻》，上海文艺出版社2006年版，第253－254页。

制第一颗原子弹，开展技术协作，协同攻克难题，有力地推动了这项工作。

1962 年 10 月 10 日上午，聂荣臻会同国务院副总理兼国防工业办公室主任、中央军委秘书长兼总参谋长罗瑞卿，副总参谋长兼国防科学技术委员会副主任张爱萍等人一起，听取了第二机械工业部部长刘杰、第九研究所副所长朱光亚汇报关于研制第一颗原子弹的规划设想。

然后，聂荣臻指出：有这样一个目标有好处，可以更大地调动各方面的积极性，协调各方面的力量。现在主要是如何搞响（即原子弹爆炸）的问题，采用什么办法都行，将来再考虑装到运载工具上的问题。聂荣臻要求：第一颗原子弹最好在 1964 年炸响，因为那一年是新中国成立 15 周年。

朱光亚回忆说："根据聂帅的上述指示，二机部党组再次作了研究，制定了 1964 年先在铁塔上进行原子弹爆炸试验，1965 年接着再进行由飞机投掷的空中爆炸试验的'两年规划'，并将此规划意见上报罗瑞卿总参谋长呈中共中央审定。"

1965 年 11 月 2 日，邓小平和李富春等同志，在成都听取了第二机械工业部负责同志关于三线建设选址情况的汇报。当时对一个工厂的厂址定点有不同意见，该厂认为原定地址布局分散，水温不宜，主张另选新点进行建设。邓小平听了十分重视，亲自到新点踏勘地形，调查环境，考虑到核工业的三线建设，既要贯彻分散、隐蔽的原则，又要从工艺技术特点的实际出发等情况，他认为新点好，背靠大山，地形隐蔽；面临大河，水温适宜，能满足工艺要求；场地平坦，有利于厂房合理布置，决定同意改在新点建设。邓小平这种深入实际，调查研究，尊重科学，实事求是的领导作风和决策方法，给大家以深刻的教育。实践证明，该厂改在新点建设是完全必要的和完全正确的。邓小平一直十分关心和支持核工业的科研、生产基地建设，亲自审定核工业在三线地区的新基地建设厂址只是其中的事例之一。

六、愚公移山、攻坚克难的"无名英雄"

在中国研制原子弹、氢弹、导弹、人造地球卫星、核潜艇等战略武器和航天工程过程中，最高层的领导机构是中共中央政治局。第二层的领导机构是中央专门委员会（简称"中央专委""专委"）。国务院一层的领导人是周恩来。中央军委和国务院一层的主管负责人是聂荣臻。

平时，包括许多媒体和人们，通常说的"两弹一星"，是指原子弹、氢弹和人造地球卫星。这种说法和概念并不准确。

为了确定"两弹一星"的"本来面目"并进行科学定位，原中共中央党史研究室在编写《中国共产党历史》期间，曾经专门邀请参加过"两弹一星"设计、研究、制造、发射等工作的老一代科学家，举行“两弹一星”专题座谈会。

老一代科学家认为，“两弹一星”是指原子弹、导弹核武器和人造地球卫星（笔者之一曾经当面求证一位科学家，“两弹一星”为什么没有单独提到氢弹。这位科学家回答：原子弹和氢弹属于同一体系的不同体现，原子弹是实现核裂变，氢弹是实现核聚变，但比原子弹威力更大，中子弹则属于小型氢弹。在科学家们以科学眼光看来，原子弹和氢弹实际是“兄弟”关系，无须单列）。

在中央领导下，研制“两弹一星”集中了中国一流的科学家进行科技攻关。其中既有全球闻名的著名科学家钱学森，也有一直默默无闻、无私奉献的“无名英雄”。

钱学森，毕业于美国加州理工学院。荣获“两弹一星功勋奖章”。1957 年 2 月，国务院任命钱学森为国防部第五研究院院长。钱学森成为新中国火箭、导弹和航天事业技术领导人。1957 年 11 月，钱学森兼任国防部第五研究院一分院（现在的中国运载火箭技术研究院）院长，他明确提出：一分院核心研究任务是两个系列：一个是导弹，一个是运载火箭。1958 年 5 月，钱学森开始负责中国第一枚近程导弹的制造工作。1960 年 11 月，在中国酒泉发射场成功组织中国第一枚近程导弹飞行试验。1964 年 6 月，钱学森与张爱萍一起组织指挥中国第一枚改进后的中近程地对地导弹飞行试验。1966 年 10 月，钱学森协助聂荣臻元帅在酒泉发射场直接领导用中近程导弹运载原子弹的“两弹结合”飞行试验，导弹飞行正常，原子弹在预定距离和高度实现核爆炸，标志着中国开始拥有自卫的导弹核武器。《纽约时报》报道说：“一位 15 年中在美国接受教育、培养、鼓励并成为科学名流的人，负责了这项试验，这是对冷战历史的嘲弄。1950—1955 年的 5 年中，美国政府成为这位科学家的迫害者，将他视为异己的共产党分子予以拘捕，并试图改变他的思想，违背他的意愿滞留他，最后才放逐他出境回到自己的祖国。”20 世纪 80 年代初期，钱学森参与组织领导中国洲际导弹第一次全程飞行、潜艇水下发射导弹和地球静止轨道试验通信卫星发射任务，实现中国国防尖端技术的全面突破。

笔者之一作为中共中央党史研究室代表出席钱学森图书馆开幕活动期间，与在中国人民解放军总装备部工作的钱学森的老秘书、儿子和儿媳妇、孙子和孙媳妇同乘一辆中巴车，一起活动。在此期间，抓住机遇，向他们“调研”、核实了关于钱学森的许多生平、业绩、传说。他们谈到，钱学森不仅是一位著名科学家，而且具有鲜为人知的非凡的领导能力、组织能力、协调能力、办事能力。凡是他主持的核武器实验，从上到下，人人放心；他组织协调四面八方，井井有条，人人佩服。他具有与人为善的特点，特别善于与人沟通，与上级、同级、下级和工作人员、干部、职工都保持着良好的人际关系。凡是他的照片，都是笑眯眯的形象，这就是他通常对人的形象，总是面含微笑，平等待人，尊重每一个人。

同时，在此处“科普”一个“常识性问题”——钱学森作为“两弹一星”功勋科学家，其主要贡献集中在研制导弹和人造卫星的“一弹一星”。研制原子弹的领军人物是钱三强、邓稼先等一大批科学家。所以，每当人们向钱学森了解原子弹情况时，他总是回答：您这是“问道于盲”。

钱学森的专业研究领域不是原子弹、氢弹，而是导弹、核导弹、近程导弹、中程导弹、远程导弹、洲际战略弹道导弹和人造卫星。笔者之一参与过中央军委总政治部干部管理部审定建军以来师级以上干部简历工作，对参与“两弹一星”研制的每位科学家的专业研究领域有所了解。

钱三强，浙江湖州人。核物理学家。1937 年赴欧洲留学。1946 年与夫人何泽慧在研究铀核三裂变中取得突破性成果。1948 年放弃优厚的生活和工作条件回国，参加中国原子能科学事业和原子能科学研究基地的创立和组建工作，对中国研制原子弹、氢弹和高能物理科学发展做出重要贡献。1954 年加入中国共产党。1992 年因病逝世。被国家追授“两弹一星功勋奖章”。

邓稼先，安徽怀宁人。中国核武器理论研究工作的奠基人和开拓者之一。1948 年赴美国留学，1950 年获博士学位后回国。1958 年开始从事中国核武器研究工作，解决了中国原子弹试验成败的关键性难题，为中国原子弹、氢弹研制成功，新一代核武器原理突破做出重大贡献。1956 年加入中国共产党。1986 年因病逝世。被国家追授“两弹一星功勋奖章”。

郭永怀，山东荣成人。空气动力学家和应用数学家。中国共产党党员。1941 年赴美国留学，获博士学位。1956 年回国。在中国原子弹、氢弹的研制工作中，解决了一系列重大问题，对氢弹的结构设计、飞行弹道空气动力学的有关试验做出重要贡献。1968 年 12 月 5 日，从西北核试验基地返回北京时，因飞机失事，不幸遇难。在生命的最后时刻，他和警卫员紧紧拥抱在一起，两人胸前是完好无损的氢弹研制、实验绝密资料。被国家追授“两弹一星功勋奖章”。

王淦昌，江苏常熟人。核物理学家。1930 年考入德国柏林大学，1934 年获博士学位后回国。中国实验原子核物理、宇宙射线及基本粒子物理研究的主要奠基人和开拓者，参与中国原子弹、氢弹原理突破及核武器研制的试验研究和组织领导，是中国核武器研制的主要奠基人之一。参与制定国家发展科学的“863 计划”，为中国高技术发展开创了新局面。1979 年加入中国共产党。1998 年逝世。被国家追授“两弹一星功勋奖章”。

英雄无名。在“两弹一星”研制工作中，在攀登科学技术高峰过程中，还有许许多多的“无名英雄”……

七、组织协调科技发展

在组织、领导、协调中国国防科学技术事业发展过程中，中国人民解放军国防科学技术委员会负责人张爱萍作出重要贡献。新中国成立后，张爱萍历任中国人民解放军第三野战军第七兵团司令员兼浙江省军区司令员，华东军区暨第三野战军参谋长，中国人民解放军副总参谋长。他能文能武，军政兼备，运筹帷幄，指挥作战，赋诗填词，挥毫泼墨，皆有造诣，是伟大的中国革命中造就出来的一位出类拔萃的将才。

张爱萍长期从事国防科学技术和国防工业的领导工作，是中国国防科学技术事业的杰出领导者。1955 年 12 月，他参加国务院科学规划委员会研究制订全国科学技术远景规划工作，拟制了《关于十二年内我国科学对国防需要的研究项目的初步意见》《关于军队内部建立科学研究工作的初步意见》。自 1959 年 9 月起，先后任国防科学技术委员会副主任、国防工业办公室副主任，中央专门委员会委员兼办公室副主任，中央军委委员，主持国防科学技术、装备和国防工业工作，组织领导“两弹一星”大协作、大会战，先后 4 次担任核试验委员会主任委员、现场试验总指挥，成功地组织了中国第一代地地导弹、首次原子弹塔爆、空爆及第三次原子弹爆炸试验。

在中国第一颗原子弹研制工作面临严重困难的关键时刻，张爱萍深入全国各地的核工业单位调查研究，向中央建议集中全国力量，加速攻关，并呈报了《关于原子能工业建设的基本情况和亟待解决的几个问题的报告》，为中央决策提供了科学依据。他长年奔波在大漠深处、深山僻壤，与科学家、工程技术人员和参试部队官兵工作在一起，生活在一起，为解决核试验中的难题，呕心沥血，殚精竭虑，提出了许多关键的指导性意见。

1964 年 2 月，张爱萍任地地导弹专门领导小组组长，负责建立导弹作战基地及组建导弹部队领导机构的工作。1965 年 6 月，向中央军委呈报了《关于组建导弹部队领导机构问题的报告》，得到军委批准。1966 年 6 月 6 日，中共中央、中央军委决定成立中国人民解放军战略导弹部队——第二炮兵。他亲赴全国各地勘察、选址，为第二炮兵和中国战略核力量的建设与发展倾注了大量心血，作出重要贡献。在相当长的岁月里，张爱萍以高度的政治责任感和强烈的历史使命感，为中国国防建设呕心沥血，昼夜操劳。

研制核武器，发展核工业，是中国向科学进军的重要方面，是新中国发展国防建设事业的需要，是打破世界上超级大国的核垄断和核讹诈，保卫中国的国家安全，提高中国的国际地位的关键所在。1961 年，中央作出以研制原子弹、导弹核武器为中心，加速国防科研和工业发展的重大决策。

1962 年 11 月，中央成立以周恩来为首的 15 人专门委员会，负责组织和领导两弹的研制。为了发展国防尖端事业、为了核武器研制和核工业建设，周恩来付出巨大心血。从提出任务、确定规划、审查方案到历次核试验，周恩来都亲自听取汇报，审批文件，督促检查，一丝不苟。他在一次核试验的前夕，对有关高级干部说：对于负责核武器研制工作，我是“战战兢兢，如履薄冰”。他的话，反映了核武器研制工作责任重大，来不得半点差错，不能出现丝毫失误，必须做到稳妥可靠，万无一失。中央其他领导同志也对中国核武器的发展十分关注，或实地视察或作出报告或审批文件或指导工作，给予全力支持。

为了发展核武器，从 1955 年到 1964 年，核工业部门集中了由全国各部门、各地区、各部队调集来的最优秀的科技人员、干部和工人，以及归国留学生和国内原子能专业的大学毕业生组成的科学技术工业队伍。中国科学院所属的有关研究所、全国有关高等院校通力合作，积极进行技术协作和联合攻关。国家物资、外贸、粮食、商业等部门提供全力保障，有关省、自治区、直辖市大力支援。凡此种种，为核武器和核工业建设解决了一系列重大科学技术问题，保证了基建物资、生产物资和生活物资的充分供应。

八、“实事求是、循序渐进”

在研制核武器过程中，广大科技人员、中国人民解放军指战员、有关部门的干部职工，发扬自力更生、奋发图强的精神，在苏联政府撕毁协议、撤走专家、停止供给设备、拒绝提供原子弹样品和生产技术资料的情况下，坚持“实事求是、循序渐进、坚持不懈、戒骄戒躁”，始终以技术攻关为中心，有条不紊地进行研制工作。

参与核武器研制领导工作的刘西尧回忆说：1961 年夏，北戴河举行了一次有关国际工业的重要会议。会前，聂荣臻紧急召见了兼任国防科委副主任的刘西尧，让他们赶紧起草一份国防尖端武器要“上马”的报告。此前一段时期，共和国骤遇“三重浪”：苏联中止合作协议、“大跃进”劳民伤财、自然灾害连续三年，迫使决策层不得不考虑：原子弹是继续“上马”，还是暂时“下马”？这当口陈毅元帅旗帜鲜明、快人快语：“脱了裤子当了，也要把我国的尖端武器搞上去。我这个外交部长的腰杆现在还不硬，你们把原子弹、导弹搞出来了，我的腰杆就硬了！”聂荣臻指定刘西尧等人起草的报告，提交给了毛泽东、周恩来。中央决定详细了解核武器研制的现状：我国究竟能否自力更生造出原子弹？什么时候能爆炸第一颗原子弹？张爱萍、刘西尧被"点将"进行调研。他们通过一个多月的调研备受鼓舞，返京后，他们联名写出《关于原子能工业建设的基本情况和亟待解决的问题》的报告，核心观点是：在两三年内，即最迟在 1964 年，实现第一颗原子弹的爆炸是可能的。

这个调研报告很快通过了中央书记处的审议，毛泽东圈阅同意。1962 年 9 月，二机部党组关于爆炸原子弹的"两年规划"向中央呈报。1963 年初，"两年规划"得到中央批准。没料到二机部有的同志在这节骨眼上提出异议，认为"两年规划"不可能实现，二机部党组在京的成员向中央作了反映。为此，刘西尧再一次受命，率领国防科委、国防工业办公室联合调查组，重走一年多前走过的调研路线，检查和帮助解决"两年规划"中存在的问题。与上次调研不同的是，这次调研首先在北京广泛征求有关负责人和专家的看法。通过了解，中国的核燃料生产事实上已无问题，另一项关键技术也选定方案，种种情况表明"两年规划"切实可行。3 月，检查组兵分两路再次出发调研。检查组在玉门请来各方人员研究讨论，调研结果，多数人认为"绝对工期"并不绝对，既定目标完全可以拿下。

有关"两年规划"的疑云一扫而散。1964 年 6 月，刘杰在实验基地主持不带核燃料的原子弹模拟装置实验成功意味着一切难题迎刃而解，"核爆炸"指日可待。8 月，现场试验指挥部成立，张爱萍、刘西尧任正副总指挥。为了确保成功，以防万一，准备了两颗原子弹。万事俱备，只欠东风。张爱萍、刘西尧赶回北京，向中央专门委员会汇报。会毕，周恩来留下了刘西尧，严肃地问：假若暂不试验行不行？刘西尧深知当时的国际环境险恶，对总理的提问并不感到意外，他知道那些梦想称霸全球的国家扬言，如果中国进行核试验，他们就要摧毁核基地与核设施。刘西尧认真地回答：为了研制氢弹，还得先爆炸原子弹，弄清梯恩梯当量才行。他还向总理表示，实现核爆炸没有问题。中央专门委员会反复研究，提出了两个方面，一个是"早试"，一个是"晚试"。"晚试"打算避开锋芒，先抓紧三线建设，后寻机试爆。从战略高度权衡再三，毛泽东一锤定音：原子弹是吓人的，不一定用，既然是吓人的就要早响。10 月 16 日 15 时，中国第一颗原子弹爆炸试验终于一举成功！①

九、登上科学技术高峰

在中央正确领导下，广大科技人员、中国人民解放军指战员、有关部门干部职工齐心协力，奋力拼搏，终于攻克了核武器的研制关。在组织、协调、部署、指挥核武器研制过程中，张爱萍付出了极大辛劳，作出了重要贡献。

---

① 《刘西尧回忆首次核试验的三次决策》，《福州晚报》2013 年 8 月 30 日。

1964 年 10 月 4 日，正式试验用的原子弹运抵西北核试验基地试验场区。张爱萍任核试验委员会党委书记、主任。他和副书记、副主任刘西尧、各部门的主要负责人与有关专家一起，对原子弹的装配、控制测试系统等重要部位，一个一个把关、最后验收。

10 月 9 日晚上，张爱萍又一次听取气象汇报后，召开核试验委员会会议，对原子弹试爆的准备情况逐项进行审核。10 日凌晨 3 时 10 分，张爱萍、刘西尧签署关于原子弹试验准备工作情况及正式试爆时间选定在 15 日至 20 日之间的报告，并立刻派专人乘专机赴北京报送周恩来。

10 月 11 日凌晨 1 时，周恩来批示同意。

10 月 12 日 20 时 30 分，张爱萍、刘西尧再次召开核试验委员会会议，传达中央同意试验现场的安排和周恩来总理、罗瑞卿总参谋长的指示。

10 月 13 日起，核试验场各参试单位进入“临战状态”。

10 月 14 日 19 时 20 分，经周恩来总理批准，将原子弹安装到试验塔上。

10 月 15 日 10 时 30 分，指挥部根据气象部门 15 日 14 时以后，风速转小到每秒 6 米以下的预报，确定 16 日 15 时为零时——即原子弹爆炸时间。

此后，张爱萍连续四次听取气象情况汇报，力求气象预报结论完全符合原子弹试验要求。

10 月 16 日 6 时，张爱萍在试验塔下接到核试验基地气象处处长关于整个场区及云迹地带气象转好的报告，当即下达命令：8 时插接雷管。这是原子弹装配的最后一道工序。

为了与试验人员一起同甘共苦，特别是为了稳定具体操作人员的情绪，张爱萍在现场一直等待有关人员在原子弹上插接完雷管后，才离开试验塔到主控站，看着李觉将起爆控制室的钥匙交给在主控室主持工作的张震寰。

各项准备工作一切正常后，张爱萍又赶往“前进庄”送防化部队向出发地域开进。

14 时 30 分，张爱萍、刘西尧等进入距铁塔 60 公里的白云岗观察所。

这时，张爱萍向周恩来报告：完成试验前各项工作，一切正常。

周恩来代表中共中央、国务院、中央军委，批准按时起爆。

时钟上的指针“咔、咔、咔、咔……”一秒、一秒的迅速接近 15 时。

实验现场的张爱萍和北京中南海的周恩来都拿起了“红机子”电话的话筒。

周恩来要直接听取前线总指挥的现场报告。

“9、8、7、6、5、4、3、2、1，起爆！”报时员洪亮的声音刚刚传出……

霎时间，一贯静如处女的寂静的戈壁深处，骤然腾起一股强烈耀眼的光芒。随即，地面上展现出一个巨大的火球，接着就是一声惊天动地的巨响，地动山摇，大地颤抖……

1964 年 10 月 16 日 15 时整，随着新疆罗布泊地区发出的一阵山呼海啸、震撼大地的巨响，一团蘑菇云腾空而起，中国自己设计制造的第一颗原子弹爆炸成功！

这时，张爱萍十分激动地向周恩来报告："核爆炸成功了！"

周恩来要确认一下："是不是真的核爆炸？"

张爱萍随即询问身旁的科学家王淦昌："总理问，是不是真的核爆炸？"

王淦昌肯定地回答："是核爆炸！"

张爱萍当即又向周恩来作了肯定的报告。

周恩来兴奋地说："很好！我代表毛主席、党中央、国务院向参加原子弹研制和试验的全体同志表示热烈的祝贺！毛主席正在人民大会堂，我马上去向他报告！"

张爱萍立即通过实验现场的扬声器转达了周恩来的祝贺！

顿时，原子弹试验基地实验场区一片欢腾！人们欢呼着，跳跃着，拥抱着，有的忘情地向天空抛掷帽子和衣物。张爱萍也同身边的科学家一一握手、拥抱。

中国第一颗原子弹爆炸成功后，中共中央、国务院向参加核试验和国防建设的科学家和专业技术人员、中国人民解放军指战员和一切有关人员发出贺电，热烈祝贺这一伟大胜利。

同时，中国政府就第一次核试验成功发表声明：中国进行核试验，发展核武器，完全是为了防御。中国发展核武器，不是为了要使用核武器；中国发展核武器的目的，是为了打破核大国的核垄断，最终要消灭核武器。

中国政府郑重宣布：中国在任何时候、任何情况下，都不会首先使用核武器。在实现全面禁止和彻底销毁核武器的崇高目标到来之前，中国政府和中国人民将坚定不移地走自己的路，加强国防，保卫祖国，保卫世界和平。

现在，当年非常秘密的青藏高原上的"原子城"，已经撩开了"神秘的面纱"，建设成为"两弹一星"干部学院。它位于青海省海北藏族自治州海晏县金银滩草原，总面积 1100 多平方公里。是我国建设的第一个核武器研制基地，老一代科技工作者在这里成功研制出中国第一颗原子弹和第一颗氢弹。原子城建于 1958 年，我国第一颗原子弹、第一颗氢弹均诞生于此，故称为"原子城"。"原子城"是原"青海 221 厂"所在地。1995 年 5 月 15 日退役，经国务院批准更名为西海镇，现为海北州府所在地。2001 年，青海原子城被国务院列为全国重点文物保护单位。2005 年 11 月，原子城被确定为全国爱国主义教育示范基地。

十、“世上无难事，只要肯登攀”

中国原子弹试验成功后，有关科学家和各个方面再接再厉，努力攻关，以一往无前的精神，突破重重难关，在核武器研制试验方面取得一个又一个的重大成就。

1965 年 5 月 14 日，中国成功地爆炸了第一颗核航弹，标志着中国原子弹实现了武器化。中央党政军领导同志在北京人民大会堂亲切会见并宴请了参与核武器研制和试验的科学家、工程技术专家、领导干部和空军有关机组代表，向大家表示热烈庆贺。

1967 年 6 月 17 日，中国第一颗氢弹在西部地区上空爆炸成功。

中国原子弹和氢弹的爆炸成功，是中国向科学进军道路上的重要里程碑，集中代表了中国科学技术的新水平，有力地打破了超级大国的核垄断和核讹诈，保卫了中国的国家安全，提高了中国的国际地位。

一位著名的导弹与运载火箭专家回忆说：“张爱萍是我最为尊敬的将军之一。1960 年，也就是我穿上军装到国防部第五研究院工作的第二年，就跟着他到酒泉基地验收靶场，之后又随他到甘肃兰州检查工作，住在宁卧庄招待所里。这个新落成的招待所，水磨石的墙壁，楼梯上铺有大红地毯，宽敞明亮的大厅里摆有高大的陶瓷花瓶，在当时看来是非常豪华、考究的。张爱萍为此专门批评了当地的军地领导：‘国家正处在困难时期，不少地区都饿死了人，你们为什么把招待所盖得这样豪华？要接待皇帝老子吗？要知道你们用的是国防费，是老百姓的血汗钱，你们的群众观念哪里去了……’这一次张爱萍将军就给我留下了，极深极好的印象。”

这位著名导弹与运载火箭专家还回忆说：

“我们第一颗原子弹、第一颗导弹相继发射成功后，中央专门委员会决定要解决两弹结合的问题，真正形成有战斗力的核武器。但是导弹和原子弹是由两个单位两部分科学家分别负责的。而按照规定，这两弹的研制、管理都有着自己严格的保密规定；而‘两弹’又都有着各自的特点，仅从导弹的发射程序看，就要经过几十道工序，被其称为‘啰唆君’；而原子弹，仅从保管上看，它怕冷、怕热、怕燥、怕湿，还怕电子干扰等，被称为‘娇小姐’。”

“由于体制和协调工作上的问题，几次研究‘两弹’结合的问题都没有解决。在一次张爱萍主持的研究会上，我提意见说：上级要求要尽快完成‘两弹’的结合，也就是说要让‘啰唆君’同‘娇小姐’结婚，但又不为他们创造条件谈恋爱，这不谈恋爱能结婚吗？”

“张爱萍问明情况后说：我来当‘啰唆君’和‘娇小姐’的介绍人，给他们创造条件谈恋爱。接着就确定负责'两弹'结合的牵头人，指定我当协调组组长，指派当时国防科委秘书长张震寰为主组织个班子，负责两个单位的疏密释密问题。这样，就加快了'两弹'结合的进程。"

同时，中国的导弹研制取得重要突破，成功发射常规导弹和核导弹。

1970 年 4 月 24 日，中国自行设计、制造的第一颗人造地球卫星"东方红一号"由长征一号运载火箭一次发射成功，开创中国航天事业新纪元，中国继苏联、美国、法国、日本之后正式进入太空时代。"东方红一号"卫星在跟踪手段、信号传输形式和星上温控系统等技术方面，均超过苏联、美国等国首颗卫星的水平。2016 年起，中国将 4 月 24 日设立为"中国航天日"。

此后，中国成功研发各种功能卫星：资源卫星、气象卫星、通信卫星、导航卫星、海洋卫星等。

以"两弹一星"为核心的国防尖端科技，是国防现代化的伟大成就，是中国现代科技发展的重要标志，有力带动中国科技事业发展。

2020 年 4 月 23 日，习近平总书记给参与"东方红一号"的老科学家回信：50 年前，"东方红一号"卫星发射成功，我在陕北梁家河听到这一消息十分激动。当年，你们发愤图强、埋头苦干，创造了令全国各族人民自豪的非凡成就，彰显了中华民族自强不息的伟大精神。老一代航天人的功勋已经牢牢铭刻在新中国史册上。不管条件如何变化，自力更生、艰苦奋斗的志气不能丢。新时代的航天工作者要以老一代航天人为榜样，大力弘扬"两弹一星"精神，敢于战胜一切艰难险阻，勇于攀登航天科技高峰，让中国人探索太空的脚步迈得更稳更远，早日实现建设航天强国的伟大梦想。

现在，中国宇宙飞船遨游太空。中国战略火箭军的"导弹家族"配套成龙，各种型号齐全。中国阅兵公开展示的东风－41 洲际导弹、东风－17 超高音速导弹等威震世界。

十一、"可上九天揽月，可下五洋捉鳖，谈笑凯歌还"

从 20 世纪 50 年代开始，中华民族以愚公移山精神研制"两弹一星"的业绩震撼世界。正是由于中共中央的坚强领导和中国科学家默默无闻的献身精神、奉献精神、攻坚精神与强烈的爱国主义精神，中华人民共和国历史永远记载着研制"两弹一星"的历史辉煌。

据《人民日报》报道：

1964 年 10 月 16 日，中国研制的第一颗原子弹爆炸成功。

1965 年 5 月 14 日，中国研制的核航弹首次试验成功，标志着中国原子弹实现了武器化。

1966 年 5 月 9 日，中国第一颗带核弹头的中程导弹准确命中目标。

1966 年 10 月 27 日，中国研制的导弹核武器首次飞行试验成功，标志着中国有了可用于实战的导弹核武器。

1967 年 6 月 17 日，中国研制的第一颗氢弹爆炸成功。

1970 年 4 月 24 日，中国第一颗人造地球卫星发射成功。

1980 年 5 月 18 日，中国第一颗洲际导弹，在茫茫戈壁腾空而起，从华北上空飞出国境，经过韩国、日本，在太平洋岛国瑙鲁以东飞越赤道，准确溅落在南纬 7.7 度、东经 172.2 度的预定海域。

1982 年 10 月 12 日，中国首次潜射导弹核武器试验成功，标志着中国具有了陆、海、空三位一体的战略核威慑能力。

1984 年国庆 35 周年阅兵，中国人民解放军装备的战略导弹首次亮相。“中国已经拥有核战略威慑力量”成为当时世界媒体最具轰动性的新闻，国际舆论高度关注、纷纷热议。

1988 年，中国研制出中子弹设计技术。

2019 年，庆祝中华人民共和国成立 70 周年，举行阅兵式，根据中华人民共和国国防部公布的消息，在盛大阅兵中，1.5 万军人、580 套装备、160 余架飞机参加阅兵式。中国最新的军事科技全面展示，坦克、直升机，新型的“东风 - 41”战略洲际导弹一一亮相。

庆祝中华人民共和国成立 70 周年阅兵中展示的战略导弹，无论质量还是数量都更为引人注目。“东风 - 41”“巨浪 - 2”等首次亮相，展示了中国战略核力量发展的最新成就，令人震撼。

庆祝中华人民共和国成立 70 周年阅兵，中国中央电视台电视实况直播解说“东风 - 41”洲际核导弹的威力——“战略制衡、战略摄控、战略决胜，东风 - 41 洲际战略核导弹，是我国战略核力量的中流砥柱”。

英国《卫报》报道，1949 年 10 月 1 日中华人民共和国成立时，中国刚经过内战，如此贫穷，只好让 17 架飞机在阅兵式上飞了两遍。今天中国是一个主要的世界大国，精心筹备的庆典展示中国的经济和军事力量。

法新社报道，解放军在阅兵式上展示了最新的武器装备，包括“东风 - 41”战略核导弹，这是一种能够打到美国任何地方的洲际弹道导弹。中国还展示了“东风 - 17”高超声速导弹，高速无人侦察机也首次亮相。阅兵式后是由 10 万民众参加的盛大群众游行，70 辆花车描绘了中国的最伟大成就。法新社援引一名分析人士的话说："北京希望展现自己的军事现代化、政治团结和保护自身利益的决心。"

美国有线电视新闻网直播了中国阅兵式全过程，并报道说，阅兵式展现了中国的军事力量，参加阅兵式的士兵要求非常高，男士兵身高在 1.75 米至 1.85 米之间，女兵身高在 1.63 米至 1.75 米之间。参加阅兵的军人年龄则很宽泛，从 20 多岁的普通士兵到 60 岁左右的高级指挥官。

中国国庆阅兵式展示的"无侦 – 8"隐形侦察机由于其光滑的外形和超音速性能吸引许多目光，"无侦 – 8"被认为能以 5 倍音速飞行，其主要任务是，在发生冲突时可以靠近对方航空母舰，向导弹发射装置发回瞄准信息。

世界各国媒体报道都十分关注"东风 – 41"战略导弹终于揭开"温情脉脉"的神秘面纱，首次公开亮相，露出了人们期待已久的"魅力无限"的真容。这款强大的洲际弹道导弹被认为将是今后几年中国火箭军武器库中的"中流砥柱"，一些媒体判断，"东风 – 41"战略导弹是当今世界上最强大的导弹。"东风 – 41"由导弹发射车运载，具有高机动性，提高了其生存能力和操作灵活性。

美国智库战略与国际研究中心导弹防御项目研究认为，"东风 – 41"射程可达 1.5 万公里，超过地球上的任何导弹，能够搭载 10 枚独立瞄准目标的核弹头。理论上，从中国发射，导弹可以在 30 分钟内到达美国。报道认为，中国可能已经准备好部署多套"东风 – 41"导弹系统。

中国台湾地区《旺报》认为，"东风 – 41"的风头"遭抢"，因为新"航母杀手""东风 – 100"现身。此次阅兵分列式方阵展示的主要新型武器，包含了"鹰击 – 12B"陆基反舰弹道导弹、"无侦 – 8"无人侦察机、"利剑"隐形无人机、"东风 – 41"洲际弹道导弹、"东风 – 17"极音速滑翔弹道导弹、"歼 – 20"隐形战机，以及"直 – 20"直升机。中国人民解放军首次展示"东风 – 100"陆基反舰导弹，该导弹是两联装式机动超音速岸基反舰导弹，专门针对大型舰艇，射程在 1500 公里左右，可封锁台海周边海域。

中国台湾地区《联合报》报道"大陆阅兵展示让美国坐立难安的东风 – 41"。中国举行十一国庆大阅兵，全球射程最长的洲际弹道导弹之一"东风 – 41"首度公开亮相，备受瞩目。在美国华盛顿，许多人将中国此次阅兵看作对美国在西太平洋霸权日益增强的"威胁"。

法国智库战略研究基金会研究人员说，这些导弹会是人人谈论的话题，它展示中国的军力和实力，外国武器专家也将利用此次阅兵的机会，观察通常隐而不见的中国导弹数量和质量的现代化程度。

日本《每日新闻》发表社评，就像拿破仑的预言一样“沉睡的雄狮”苏醒了，中国 70 年来的发展震撼了世界。曾经是全球最贫穷国家之一的中国成为“世界工厂”，这样的发展值得在人类史上特写一笔。中国科技特别是 5G 和人工智能方面的发展让美国产生危机感。美中经济在全球化的背景下复杂连接在一起，美国一些人主张美中经济脱钩，是不现实的。除了与巨大邻国中国共处之外，日本别无选择。

2015 年 5 月中国政府发布的《中国的军事战略白皮书》指出，第二炮兵（2015 年 12 月更名为火箭军）按照精干有效、核常兼备的战略要求，加快推进信息化转型，依靠科技进步推动武器装备自主创新，增强导弹武器的安全性、可靠性、有效性，完善核常兼备的力量体系，提高战略威慑与核反击和中远程精确打击能力。

（本讲内容，包括笔者多次访问当时承担“两弹一星”研制任务的国务院第二机械工业部部长刘杰同志的内容，他讲了许多当初的情况。笔者曾经实地考察过的青藏高原上的原子弹研制基地、西南地区的卫星发射基地，现在均已成为“爱国主义教育基地”、“两弹一星”干部学院或教学基地。借此机会，向刘杰老部长、老书记，向热情接待笔者的各地“两弹一星”干部学院和教学基地的各族领导干部、各族教师和各族同志们，表示诚挚的谢意）。

第六讲

“愚公移山，志在千里”

“愚公移山，志在千里”是钱学森攀登科学高峰的坚定信念。

“天下兴亡，匹夫有责”是钱学森知识报国的矢志不渝的理念。

中国古代创造了光辉灿烂的古代文明，古代四大发明令人自豪，后母戊大方鼎举世称奇，万里长城巍然屹立。近代中国，政治腐败，科技落后，屡遭帝国主义列强凌辱。振兴中华成为每一个有良知的知识分子的最大心愿。中华人民共和国成立后，国内知识分子欢欣鼓舞，发奋赶超世界先进水平。海外大批知识分子冲破重重阻力，回到祖国，报效祖国，旨在为中国科学技术事业做出贡献。20 世纪 50 年代中期，中央决定研制原子弹、氢弹、导弹核武器和人造地球卫星。一批领导干部、科学家和干部职工，默默无闻，无私奉献，卧薪尝胆，攻坚克难。数年之间，中国成功研制原子弹、氢弹、导弹核武器和人造地球卫星。这个巨大科技成就，振奋全国，震撼世界。某些西方人惊呼：中国似乎在一夜之间一下子进入了世界核大国行列，无可争辩地成为“世界核俱乐部的成员”。中国发展“两弹一星”事业中，荟萃了科学技术界众多精英，钱学森就是其中一位代表性人物。他 1935 年赴美国留学并从事科学研究，奠定地地导弹和探空火箭的理论基础。1955 年冲破美国政府阻挠回到祖国，长期致力国防科技事业，为中国火箭、导弹和航天事业的创建与发展做出卓越贡献。

一、九死一生，回到祖国

古代中国有句话：“学成文武艺，货与帝王家。”意思是指古代一些知识分子学成之后，满腹经纶，待价而沽，志在为封建帝王服务，从而建功立业，封妻荫子。春秋战国时期苏秦挂六国相印、张仪说服诸国。刘向认为：“苏秦为纵，张仪为横，横则秦帝，纵则楚王，所在国重，所去国轻。”司马光认为：“张仪与苏秦皆以纵横之术游诸侯，致位富贵，天下争慕效之。”

钱学森则与苏秦、张仪一类的纵横捭阖之士截然不同。20 世纪 40 年代他在美国从事科研，很快功成名就，锦衣玉食，别墅轿车，工作和生活都达到人所不及的境界。但他志不在此，心系祖国，密切关注国内政局。

在美国期间，钱学森多次说，我是中国人，我到美国来是学习科学技术的。我的祖国需要我。因此，我总有一天要回到中国去的。我从来也没有打算在美国住一辈子。钱学森认为，谁不属于自己的祖国，那么，他也就不属于人类。中国革命胜利前夕，钱学森毅然退出美国空军科学顾问团，辞去美国海军军械研究所顾问，为回国做准备。

中华人民共和国宣告成立，钱学森决心回国，为振兴中华效力。这时，正是美国历史上最黑暗的“麦卡锡时期”。美国参议员麦卡锡无中生有，制造混乱，在美国掀起一股对共产党人全面追查、驱使雇员效忠美国政府的逆流。

钱学森被怀疑为共产党人（其实，美国联邦调查局是毫无证据地信口雌黄，钱学森从美国回国后，1958 年才加入中国共产党），拒绝揭发朋友，被美国突然吊销参加机密研究的证书。这使他非常气愤，以此为理由，要求回国。1950 年夏天他向加州理工学院提出回国探亲时，美国海军部一名次长却说：“他知道所有美国导弹工程的核心机密，一个钱学森抵得上 5 个海军陆战师，我宁可把这个家伙枪毙了，也不能放他回红色中国去！”

于是，自称“自由世界”的美国对钱学森的政治迫害接踵而至。美国移民局抄了钱学森的家，在一个岛上将他拘留 14 天，一直到加州理工学院交纳 1. 5 万美元保释金后才予以释放。后来，美国海关又没收了钱学森的行李，包括 800 公斤书籍和笔记本，硬说里面有机密材料。其实，钱学森在行李打包前，已让美国方面检查过需要打包的物品。美国检察官再次审查所有材料后，证明钱学森是光明磊落的。

当时，钱学森全家不得安宁，钱学森夫人蒋英有着刻骨铭心的记忆：“我们总是在身边放好三只轻便的箱子，天天准备随时获准搭机回国；可以讲，他最后是作为‘美国犯人’被驱逐出境的。”

钱学森为了回到祖国，竟然被美国当局无理羁留、监控 5 年之久。在此期间他坚持学术研究，1953 年发表《从地球卫星轨道上起飞》，为低推力飞行力学奠定基础，1954 年出版专著《工程控制论》，受到美国一流科学家冯 · 卡门教授高度评价。

钱学森回忆说：“在 1955 年，我被允许可以回国了。我拿着一本我刚出版的《工程控制论》交到老师冯 · 卡门手里。他翻了翻感慨地说：你现在在学术上已经超过了我。我钱学森在学术上超过了这么一位世界闻名的大权威，为中国人争了气，我激动极了。”

美国无中生有、无理迫害科学家钱学森的消息传到中国，中国科技界通过各种途径对钱学森表示声援。中国政府发表声明谴责美国政府在违背本人意愿的情况下对钱学森进行政治迫害。

当时，中国扣留着一批违反中国法律被依法拘禁的美国侨民，包括侵犯中国领空被击落被拘禁的美国战俘。美国政府一直急于要求中国释放这些被扣押的美国人，但是又不愿意与中国发生直接接触。

"机遇偏爱有准备的头脑。"1954 年周恩来率领中国代表团出席美国、英国、中国、苏联、法国举行的日内瓦会议期间，美国代表团希望英国代表团为之疏通与中国代表团的联系。周恩来高屋建瓴，思维敏捷，立刻抓住机遇，开辟中美之间接触渠道，解决一批中国留学生和科学家被扣留在美国的问题。

出席日内瓦会议的中国代表团根据周恩来决策，由中国代表团秘书长王炳南出面，开始与美国副国务卿约翰逊就中美两国侨民问题初步商谈。美国方面向中国方面提交了一份美国在华侨民和被中国拘禁的美国军事人员名单，要求中国政府给予他们回国的机会。

中国代表团团长周恩来立刻指示王炳南，为了表示中国方面诚意，在 6 月 15 日举行中美第三次会谈中要作出一些让步，同时要求美国方面停止扣留钱学森等中国留美人员。但是，中国方面释放的诚意没有得到美国方面应有的回报。美国方面固守"冷战"思维，无理拒绝中国方面正当要求。

日内瓦会议后，为了继续保持中美联系渠道，周恩来指示王炳南与美国方面商定，中美在日内瓦进行领事级会谈。为了进一步表示中国方面对中美会谈的诚意，中国释放了 4 个被扣押的美国飞行员。周恩来作出这个决定的目的是减少美国方面的阻力、争取使钱学森等留在美国的中国科学家能够尽快回国。

可是，美国代表约翰逊却以中国拿不出钱学森要求回国的真实理由为借口，拒绝作出同意钱学森等回国的承诺。在此期间，全国人大常委会副委员长陈叔通收到一封钱学森从美国辗转寄来的请求中国政府帮助他返回中国的信，导致事情出现转机。

原来，钱学森一贯关心国际形势和时事政治，每天阅读报纸。1955 年 5 月，钱学森在美国华人报纸上看到一则毛泽东主席和首都人民在北京天安门广场欢庆五一国际劳动节的消息，同时载有全国人大常委会副委员长陈叔通等社会各界参加观礼人员的详细名单。

钱学森还从报纸上看到一些中美两国谈判双方侨民归国问题的消息，美国报纸报道说，中国学生愿意回国者皆已放回。钱学森知道陈叔通是父亲的好友。于是立即给陈叔通写信，请中国政府帮助自己回国。

然后，具有“超级科学家智慧”的钱学森，摆脱美国当局监视，将此信夹在寄给比利时的亲戚——钱学森夫人蒋英妹妹蒋华的家书中。蒋华立刻寄给上海钱学森的父亲。钱学森父亲立刻转给北京的老友陈叔通副委员长。

陈叔通立刻将钱学森揭露美国方面无理扣押自己的“美国来信”送达周恩来总理。周恩来认为据此完全可以驳倒美国政府的谎言。他让中国外交部迅速把钱学森的“美国来信”转给正在日内瓦参加中美大使级会谈的王炳南，并指示：“这封信很有价值。这是一个铁证，美国当局至今仍在阻挠中国平民归国。你要在谈判中用这封信揭穿他们的谎言。”

于是，中美大使级会谈一开始，王炳南就“制敌先机”，掌控着主动权，首先对美国代表约翰逊说：“大使先生，在我们开始讨论之前，我奉命通知你下述消息：中国政府在 7 月 31 日按照中国的法律程序，决定提前释放阿诺维等 11 名美国飞行员，他们已于 7 月 31 日离开北京，估计 8 月 4 日即可到达香港。我希望，中国政府所采取的这个措施，能对我们的会谈起到积极的影响。”

可是，在谈到钱学森回国问题时，约翰逊依然表示：“没有证据表明钱学森要归国，美国政府不能强迫命令！”这时，王炳南出人意料地拿出钱学森从美国经比利时寄给陈叔通副委员长的“美国来信”，理直气壮地说：“既然美国政府早在 1955 年 4 月间就发表公告，允许留美学者来去自由，为什么中国科学家钱学森博士在 6 月间写信给中国政府请求帮助呢？显然，中国学者要求回国依然受到阻挠。”

美国代表约翰逊在铁证面前猝不及防，哑口无言。在中国方面提出释放美国战俘情况下，美国总统艾森豪威尔下令允许钱学森回国。

1955 年 8 月初美国移民局批准钱学森回国。9 月中旬钱学森和全家登上“克利夫兰总统号”轮船开始回国。钱学森到达广州时对迎接他的中国科学院代表说：“我一直相信，我一定能够回到祖国的，今天，我终于回来了！”

从此，钱学森再也没去过美国。他坚持，只要美国政府不对“驱逐”他出境作出正式道歉，今生今世绝不再去美国。原来，凡在美国移民局档案里留有被驱逐记录的人，都必须经过某种特赦手续后才能入境。钱学森铮铮铁骨地说：“我钱学森本来无罪，何须你特赦？”他坚定地认为：“我的事业在中国，我的成就在中国，我的归宿在中国。”他的爱国与回国，追求与探索，知识报国的志向，科技报国的辉煌，代表着 20 世纪 50 年代初期中国知识分子的世界观、人生观和价值观，具有鲜明的时代特征，为爱国主义精神写下了壮丽篇章，是爱国主义的生动教材。

钱学森回到祖国后表示，今天我们重新踏上祖国的土地，觉得无限的愉快和兴奋。过去四五年来，因为美国政府无理的羁留，归国无期，天天在焦虑和气愤中过活。现在靠了我国政府在外交上严正有力的支持，和世界爱好和平的人民在舆论上的援助，我们才能安然返国。我们向政府和所有帮助我们的人民致谢。

二、为科技发展作出开创性、前瞻性、历史性贡献

中华人民共和国成立初期，百废待兴，百业待举，火箭和导弹大部分人闻所未闻，研制火箭和导弹，面临着重重"大山"。

第一座"大山"，犹如"一张白纸"，毫无经验。

第二座"大山"，缺乏具有较高水平的科技人才。

第三座"大山"，缺少研制工作必备的大量设备。

第四座"大山"，缺少充足的经费。

愚公移山，攻坚克难。钱学森是中国火箭、导弹、航天科学的开拓者和创业者。钱学森在理论上、战略上、发展方向上为中国国防科技事业做出重大贡献。

钱学森回国后，立即投入新中国建设。他深入东北地区有关厂矿、大学和研究所考察调研，与有关科研院所领导干部和专家座谈讨论，迅速组建中国科学院力学研究所，并担任所长（这是钱学森很长一段时间的公开身份）。

中国政府高度重视科技发展，在周恩来总理鼓励和支持下，钱学森起草了《建立我国国防航空工业的意见书》，为中国火箭和导弹技术的创建与发展提供了极为重要的实施方案。

20 世纪 50 年代中期，曾经有一段中国与苏联关系的"蜜月时期"。在中国与苏联签订国防新技术协定方面，钱学森做了卓有成效的工作。

中华人民共和国成立后，首先与苏联建交，双方签订《中苏友好同盟互助条约》。1957 年初苏联同意从中国留学生中抽出 70 多人改学导弹新技术专业。1957 年 6 月 18 日，聂荣臻会见苏联驻中国经济技术总顾问阿尔希波夫时提出请苏联援助中国国防新技术问题。阿尔希波夫说："您提出的问题我本人同意，待请示我国政府以后再予答复。"

随后，1957 年 7 月 20 日，阿尔希波夫约聂荣臻面谈："元帅阁下，您上次提出的国防新技术援助的问题，我国政府对中国政府的要求表示支持。我受权宣布：苏联政府同意在适当的时候，由中国派政府代表团去苏联谈判。"

接着，聂荣臻立刻打电话给周恩来："今天，阿尔希波夫约见了我，苏联方面答复，同意我们的要求，要我们派一个政府代表团去苏联谈判。"周恩来高兴地说："这次还不错，我马上报告主席，你就着手考虑组织代表团吧！"

同年 9 月 3 日，聂荣臻在中国赴苏联谈判代表团全体会议上宣布：经毛泽东、

周恩来等批准，代表团名称为中国政府工业代表团。聂荣臻任团长，宋任穷、陈赓任副团长，成员钱学森、李强、刘杰、万毅、通信兵部主任王诤，二机部副部长张连奎、刘寅；聘请21名火箭、原子能、飞机、电子等方面的专家、教授任顾问。希望大家遵守外事纪律和注意事项，力争谈判能取得圆满成功。

9月7日，在赴苏代表团专机上，聂荣臻与钱学森谈到苏联的一种导弹。钱学森说，苏联的这种导弹是从德国的V－2火箭演化而来的。聂荣臻问："造它，你有把握吗?"钱学森说："就看这次去苏联的结果了，只要他们肯提供有关的设备和火箭样品，保证能行。"

聂荣臻又问："你觉得还有什么困难吗?"钱学森说："不是说，困难就像老鼠，听见脚步声就逃走吗!"聂荣臻大笑，说："去年10月开会的时候，你说过，如果没有外援，依靠我国现有的技术力量，可以在7至8年内，研制出像美国'诚实约翰'一类无控制火箭。我把你的意见报告给总理。后来中央叫我们7年内搞出自己的导弹。我比较乐观，大概只用5年，最多7年就行。这次能争取到苏联的帮助，就可以提前制造出比'诚实约翰'性能更先进的火箭武器来。"

钱学森说："也许不用5年，在元帅领导下，大家干劲足得很哟。"聂荣臻说："如果这样，那就是世界的一个奇迹了。"钱学森说："我有个预感，因为我们的制度能使科研力量高度集中，意志高度统一，这比自由化的美国更适合搞火箭工程。"

1957年10月15日在苏联国防部大楼，中国政府代表聂荣臻、苏联政府代表苏联部长会议第一副主席别尔乌辛，在《关于生产新式武器和军事技术装备以及在中国建立综合性原子能工业的协定》（简称《中苏国防新技术协定》）上签字。苏联同意在原子能工业、导弹、火箭武器、航空新技术，以及导弹和核试验基地建设等方面对中国提供援助。

钱学森作为科学技术顾问随聂荣臻赴苏联访问，为《中苏国防新技术协定》顺利签订做了大量卓有成效的工作。

访问苏联回国后，钱学森遵照中央关于国防工业发展方针，狠抓技术消化、科研协作和制度建设等工作，参加了导弹卫星发射试验基地勘察选址，负责运载火箭、人造卫星以及卫星探测仪器的设计、协调及研究机构建立等。1957年至1958年《中苏国防新技术协定》执行期间，苏联向中国提供多种导弹、飞机和其他军事装备的实物样品，交付技术资料，派技术专家来华，对中国尖端武器研制起步有一定作用，在导弹、火箭和作战飞机、试验基地建设等方面加快了中国研制进程。

中苏关系是变化的。1958年夏天赫鲁晓夫访华期间，中国拒绝赫鲁晓夫关于中国和苏联建立联合舰队和长波电台的建议，中苏关系急剧逆转。1959年6月，苏联共产党中央致函中共中央，提出苏联与美国等西方国家正在日内瓦谈判关于禁止核武器试验的协议，担心西方国家获悉苏联在新技术方面援助中国"有可能严重地破坏社会主义国家为争取和平，缓和国际紧张局势所作的努力"，提出中断若干重要援助项目，两年以后看形势发展再说。其中特别提到苏联不再提供原子弹教学模型和技术资料。

从此，苏联单方面终止《中苏国防新技术协定》部分项目。1960 年 7 月苏联全面撕毁协议，撤走尖端技术方面全部专家。毛泽东说："要下决心搞尖端技术。赫鲁晓夫不给我们尖端技术，极好。如果给了，这个账是很难还的。"①

毋庸讳言，新中国早期研制核武器得到了苏联帮助。但是，20 世纪 50 年代末，中苏关系走向破裂。1960 年苏联撤走派往中国的全部专家，停止执行中苏签订的 257 个科技协定，包括向中国提供原子弹、火箭和导弹样品的《中苏国防新技术协定》。苏联撕毁协定、撤走专家，给中国核工业发展造成严重困难局面。

在中共中央坚强领导下，钱学森团结带领科技人员自力更生，奋发图强，艰苦奋斗，联合攻关，依靠自身力量，实现导弹武器研制试验一系列重大突破。1960 年 2 月钱学森指导设计的中国第一枚液体探空火箭发射成功。同年 11 月他协助聂荣臻成功组织中国第一枚近程地地导弹发射试验。1964 年 6 月钱学森作为发射场最高技术负责人，同现场总指挥张爱萍一起组织指挥中国第一枚改进后的中近程地地导弹飞行试验。

20 世纪 60 年代中期，钱学森任国务院第七机械工业部副部长和党组成员，主持制定《火箭技术八年发展规划》，组织领导地地导弹、地空导弹、岸舰导弹和固体火箭发动机、固体燃料导弹、运载火箭以及卫星研制试验等任务。1966 年 10 月，他作为技术总负责人，协助聂荣臻组织实施中国首次导弹与原子弹"两弹结合"试验，把中国的国防现代化建设提升到崭新阶段。

在重重大山面前，钱学森以愚公移山精神，坚持攀登科学技术高峰。钱学森为中国科技、工业、农业和国防发展起到重要作用。他参与制定中国第一个科学技术发展远景规划纲要，主持起草建立喷气和火箭技术项目报告书，参与筹备组建导弹与航空科学研究领导机构航空工业委员会，组建火箭和导弹研究机构国防部第五研究院，具体负责导弹与航天事业的技术领导。他一面组建液体导弹研制队伍，一面为研制固体火箭发动机和固体地地战略导弹打下良好基础，并组建第一个空气动力学专业研究机构。1968 年初兼任中国空间技术研究院院长，"十年内乱"时期，他努力排除"文化

---

① 《当代中国的国防科技事业》上卷，当代中国出版社 1992 年版，第 45 页。

大革命”干扰，狠抓机构组建、工作规划、基础设施建设和卫星研制质量，指导地面发射和跟踪测量系统建设。

20 世纪 70 年代初期，钱学森牵头组织实施中国第一颗人造地球卫星发射任务，铸成中国科技发展的重要里程碑。20 世纪 70 年代至 80 年代，钱学森担任国防科学技术委员会副主任、国防科学技术工业委员会（国务院国防工业办公室与中国人民解放军国防科学技术委员会合并成立）科学技术委员会副主任，参与组织实施中国导弹航天技术领域重大型号研制和发射试验，对一系列重大科学和技术问题提出许多创新观点和超前思想。

20 世纪 70 年代，钱学森组织完成“实践一号”卫星发射试验，为研制应用卫星和通信卫星积累经验。参与组织领导运载火箭和洲际导弹研制工作，领导设计制造中国第一艘核动力潜艇，组织启动远洋测量船基地建设工程，指挥成功发射中国第一颗返回式卫星，使中国成为继美国、苏联之后第三个掌握卫星回收技术的国家。

中国改革开放新时期，中国特色社会主义伟大事业为钱学森的科技创新提供无限广阔的发展前景和历史机遇，他参与组织领导中国洲际导弹第一次全程飞行、潜艇水下发射导弹和地球静止轨道试验通信卫星发射任务，为实现国防尖端技术新突破功勋卓著。

三、科学思维异常活跃，科学探讨独领风骚

钱学森善于学习，勇于探索，功底深厚，学贯中西，自然科学、社会科学、军事科学、国防科学、经济科学、农业科学、林业科学等多种学科，在他的智慧大脑里，融会贯通，交汇交融，融为一体。

钱学森具有勇攀科学技术高峰的创新精神。始终站在世界科技前沿，以远见卓识从战略上思考中国科技发展特别是国防科技发展的重大问题，提出许多富于创造性、前瞻性的重要学术思想和具有重大价值的建议，以渊博知识和超前智慧解决一系列关键技术难题，为中国导弹航天事业发展作出具有里程碑意义的贡献。

他潜心研究的工程控制论、系统工程论，广泛应用于军事、农业、林业以及经济运行、社会生活各个领域的实践活动，在中国现代化建设中发挥着重要作用。他高屋建瓴，科学思维非常敏锐，较早注重和把握信息技术对人类社会发展的深远影响，积极倡导信息技术研究应用和信息产业发展，为推动军队信息化建设作出重要贡献。

钱学森具有坚定不移的科学精神。他具有智慧的头脑，渊博的知识，前卫的思维，涌泉般的潜能。他的科学思想异常活跃，科学思维纵横驰骋。既在自然科学领域独领风骚，又在社会科学领域有大量真知灼见。

他重视用马克思主义哲学指导科技工作，在学习、研究和创造性运用马克思主义哲学指导科研工作方面造诣很深。一位秘书回忆：在力学研究所的时候，我经常见到钱先生和郭永怀先生两人，利用晚上加班的时间学习、讨论毛主席的《矛盾论》《实践论》。有时候，我还偷着笑，觉得他们讨论的问题"太有意思"，因为他们在美国没有学过，是初学者。而几十年之后，钱先生却在研究马克思主义哲学方面做出巨大的理论贡献。

钱学森重视自然科学与社会科学相结合，担任中国科学技术协会负责人期间，积极践行"科学技术是第一生产力"，开创、推动面向企业的"讲理想、比贡献"竞赛活动，引导企业科技工作者把振兴中华的理想与企业发展目标和个人理想有机结合起来，促进群众性技术创新活动蓬勃开展；积极推动科技兴农活动，倡导发展沙草产业，支持开展多种形式的送科技下乡活动，帮助农民依靠科学技术脱贫致富。

钱学森倡议设立中国青年科技奖，促进优秀青年科技人才脱颖而出，培养造就大批优秀青年科技人才；主持成立中国科学技术讲学团，倡导学科交叉融合，促进自然科学与社会科学联盟，支持编纂出版《中国科学技术专家传略》，充分发挥科协在社会主义精神文明建设中的重要作用。

钱学森十分重视科技创新人才培养，对中国高等教育事业和学科专业建设倾注大量心血，大力倡导培养科技帅才和将才，较早提出尽快提高中国人民解放军指挥员科学文化素质的建议。他以模范行动和严谨学风，培养造就一批中国一流的科学家和工程技术专家。由于他在中国科技发展与创新中的突出贡献，成为中国科学院学部委员和中国工程院院士，获得 1956 年度中国科学院自然科学奖一等奖、1985 年度国家科技进步奖特等奖。他的《工程控制论》《物理力学讲义》《星际航行概论》《论系统工程》等著作，受到科技界高度评价。

四、"两次失眠"皆有成因，理想信念坚如磐石

钱学森经常说，我姓钱，但不爱钱。他的一生，诠释了爱党爱国爱人民的大德大爱。他德馨技高，堪为楷模；胸怀坦荡，光明磊落；坚持原则，维护大局；严于律己，一身正气；淡泊名利，无私奉献。他坚持真理，科学求实；治学严谨，精益求精；不务虚名、不尚空谈；作风民主，与人为善；在中国科技界、在中国人民心中，享有崇高威望。

1958 年钱学森加入中国共产党。正式入党当天，下班后，回到家里，他高兴地对家人说，我成为中国工人阶级先锋队的一员了。激动的心情，难以言表。当天晚上，钱学森彻夜未眠。他回忆说："我被接纳为中国共产党党员时，我激动得睡不

好党。”

1999 年，中共中央组织部决定把雷锋、焦裕禄、王进喜、史来贺和钱学森作为新中国成立以来共产党员的优秀代表。钱学森得知后，心情非常激动。他说：“今年，我读了王任重同志为《史来贺传》写的序。在这个序里，他说中央组织部决定雷锋、焦裕禄、王进喜、史来贺和钱学森这五位作为解放 50 年来在群众中享有崇高威望的共产党员的优秀代表。我能跟他们并列，心情怎不激动?!”当天晚上，钱学森兴奋激动的心情难以抑制，彻夜失眠。

在新中国史册上，钱学森被国务院、中央军委授予“国家杰出贡献科学家”，被中央军委授予“一级英雄模范奖章”，被中共中央、国务院、中央军委授予“两弹一星功勋奖章”，被人民群众评为“100 位新中国成立以来感动中国人物”。

钱学森具有对马克思主义的崇高信仰、对共产主义的坚定信念、对中国共产党的高度忠诚。他以敏锐的政治眼光，紧密联系社会发展和科学技术发展实际，运用马克思主义世界观和方法论指导科研工作。他具有崇高的民族气节，对祖国和人民无限忠诚，始终把热爱祖国、热爱人民作为人生的最高境界，自觉把个人志向与民族振兴紧紧联系在一起，为祖国强盛和人民幸福鞠躬尽瘁、死而后已，堪称中国知识分子的典范和楷模。

五、功绩、风范，永垂史册

中共中央和中国政府对钱学森十分重视，一贯充分肯定和高度评价钱学森。

1955 年 10 月下旬钱学森从上海到达北京，11 月中旬国务院副总理陈毅代表党中央和国务院对钱学森归国表示热烈欢迎。

1956 年 2 月 1 日，毛泽东宴请全国政协委员，钱学森的名字在宴会厅第 37 桌，毛泽东在审阅名单时，用红铅笔把钱学森的名字移到第 1 桌。宴会上，毛泽东与钱学森亲切交谈，气氛融洽。

1964 年 10 月中国第一颗原子弹爆炸成功，毛泽东非常高兴。12 月 26 日毛泽东举行宴会，审定邀请名单时，特意用铅笔将钱学森的名字画到自己所在桌子的名单里。宴会前，毛泽东让钱学森坐在身边。宴会开始时，毛泽东说；“今天，请各位来叙一叙，主要是因为我们的原子弹爆炸了，我们的火箭试验成功了，我们中国人在世界上说话更有底气了！”毛泽东指着钱学森对大家说：“我现在特别向在座的诸位介绍一下我们的钱学森同志，他是我们的几个王呢！什么王？‘工程控制论王’，‘火箭王’！他这个王用工程控制论一发号令，我们的火箭就上天，所以各位想上天，就找我们的‘工程控制论王’和‘火箭王’钱学森同志！”毛泽东的话使与会人员对钱学森充满敬意。

人类历史发展不可能"像涅瓦大道一样笔直和平坦"。中华民族的发展经历过曲折的岁月，但黄河九曲终归大海，长江滚滚永远东流。历史发展总是历经曲折才进入金光大道。"十年内乱"时期，钱学森受到周恩来总理等中央领导同志的重点保护。钱学森所在单位出现动乱后，周恩来专门给这个单位的军代表打电话说，从现在起，把你的办公室和宿舍搬到钱学森同志住的楼下，你的主要任务就是保护钱学森同志的安全。

这位军代表忠实地履行了周恩来亲自赋予的光荣职责。

钱学森回忆说：1970 年，我国第一颗人造地球卫星"东方红"发射前夕，周恩来总理召集相关的科研人员在北京人民大会堂开会，临别之际，周恩来总理特意叫住他，说："钱学森，你不要太累着了。"意思是要钱学森注意休息、注意身体。钱学森心中一热，连声回答："总理，您比我要辛苦得多!"

1970 年 5 月 1 日钱学森与参加第一颗人造地球卫星研制的代表一起，在北京天安门城楼受到毛泽东、周恩来等中央领导人亲切接见。

钱学森的一生是为国家富强、民族振兴不懈奋斗的一生，是全心全意为人民服务的一生。他是中国人民政治协商会议第六届至第八届全国委员会副主席。钱学森辞世后，中共中央和中国政府高度评价钱学森是中国共产党的优秀党员、忠诚的共产主义战士、享誉海内外的杰出科学家、中国航天事业的奠基人。钱学森的精神、风范和历史功绩，永远铭刻在中华民族的史册上。

六、坚持科学精神，保卫中华民族的英雄

研究科学家钱学森，要注意发扬科学精神，正本清源，实事求是。由于钱学森长期从事科研工作，也由于钱学森卓越的历史性贡献，关于钱学森的若干史实，有许多传说、传言甚至穿凿附会的东西，有的出于善意，有的出于无知，有的属于以讹传讹。

许多文章、书籍在反映、宣传著名科学家钱学森生平时，因为掌握和占有资料有限，或者考证不够，或多或少的有一点"锦上添花"，或者出现一些"无中生有"的"特别引人注目的事例"。

有这样一个被广泛传播的事例：1957 年 9 月至 10 月，钱学森作为中国代表团成员，访问苏联。苏联方面规定，具有中将以上军衔，才有资格参观苏联的导弹基地。中国代表团立即向中央打电报请示。中央为了使钱学森能够在出访期间参观苏联的导弹基地，经周恩来提议、毛泽东批准，中央军委作出决定，授予钱学森中将军衔。

其实，并无此事。只要稍加考证，就能得到正确的结论——在已经公开出版的，最权威的，中共中央组织部、中共中央党史研究室主编、中共党史出版社出版的《中国共产党历届中央委员大辞典》（钱学森是中国共产党第九届、十届、十一届、十二届中央候补委员）里面，《星火燎原》编辑部编辑、解放军出版社出版的《中国人民解放军将帅名录》里面，都根本没有中央军委授予钱学森中将军衔的记载。

实际上，钱学森担负的科技工作和重要领导职务，为中华民族创造的辉煌业绩，在中国发展运载火箭、战略导弹、航天科技、系统科学等方面的重大历史贡献，远远高于一个中将军衔。

因此，研究钱学森的历史贡献和钱学森精神，要以科学、准确、严谨的事实为依据，对于“民间传说”“无中生有”之类的“神话故事”，一概不能采用。这样做，可能会减少“可读性”，但是却增加了“科学性”（互联网上，还有写得绘声绘色的“周恩来总理与南京军区司令员拼酒的故事”，也是杜撰。实际上，并无此事）。

钱学森是一个世界著名的科学家，最讲“科学精神”。研究钱学森的历史贡献和钱学森精神，需要对一些基本史实进行详细考证。

还有，“两弹”是指原子弹和导弹核武器。一般人认为“两弹”就是原子弹和氢弹。这种看法是不对的。在中共中央党史研究室举行的“两弹一星”问题专题座谈会上，一些著名科学家专门强调了这一点。

许多文章和书籍说钱学森是研究原子弹的科学家，这种说法也是错误的。钱学森是研究运载火箭的科学家、研究战略导弹的科学家，而不是研究原子弹的科学家。钱学森是中华民族的英雄，中华民族的功臣，中华民族的骄傲。对互联网上一些损害钱学森声誉的文章，要坚决清除。

七、“志在强国”“心在富民”

钱学森还说过，在美国，一个人一参加工作，总要把他的一部分收入存入保险公司，以备晚年退休之后用。在美国期间，有人好几次问我存了保险金没有，我说一块美元也不存，他们听了感到奇怪。其实没什么奇怪的，因为我是中国人，根本不打算在美国住一辈子。到 1950 年我得知新中国成立，认为机会到了，应该回到祖国去。

“我作为一名中国的科技工作者，活着的目的就是为人民服务。”这是钱学森持之以恒、坚持不懈的精神追求。

“志在强国”“心在富民”。钱学森不仅是一位“两弹一星”科学家，更是一位时时刻刻、全心全意为中华民族发展和中国人民幸福而思考、而奋斗、而行动的科学家。他的科学思维，独出心裁，令人惊叹。

例如，当"沙进人退"——"沙漠化"成为制约西北地区、内蒙古地区发展的一个严重问题时，一般科学家和各界人士的思维是，只有"退耕还草""退耕还林"，才能达到"人进沙退"。这也是一般治理沙漠的通常思路。

钱学森却与众不同，独辟蹊径，提出"发展沙草产业"。他在《中国科学院院士自述》中，将自己提出的第六次产业革命写了进去，认为这是自己的重要学术成就。第六次产业革命的产业类型可分为林产业、农产业、草产业、海产业和沙产业，在这些产业类型中，钱学森最为关注"沙产业"。他认为，有充沛阳光的沙漠戈壁有可能发展成为农业空间，当前沙漠、戈壁、阳光的潜力远未被利用，沙产业的研究还是空白，真正做到沙产业大发展还有待时日。中国有着广袤的荒漠戈壁，发展沙产业，对国民经济发展、人民生活改善，意义深远且重大。

为什么钱学森能够提出建立"沙产业""草产业"等治理沙漠、戈壁等科学设想？因为来自实践——他主持核导弹和人造卫星研制、发射期间，经常在人迹罕至的沙漠地区、荒无人烟的戈壁地区，长途跋涉，历尽艰辛，由此了解到这些地区的实际情况。1994 年，钱学森获得何梁何利基金奖 100 万港元奖金。他悉数捐出，为沙产业培养相关人才。这笔奖金成为沙产业基金启动资金，为研究沙产业发展奠定初步基础。

钱学森从来不过高评价自己，对职务升迁毫无兴趣，一心一意从事科学研究。他认为，个人传略总免不了对其人做出评价，而对人的评价只宜等人死了再做。所以我不赞成现在就写我的传；至于我死了之后，写不写，那是人民决定的事了。他主张，一切成就归于党，归于集体。我个人不过适逢其时，做了一点点事。自己想来，也很内疚，因为做得太少了。

钱学森是中国人民政治协商会议第六届、七届、八届全国委员会副主席。对这个"副国级"职务，钱学森却不愿意承担。

于是，当时的全国政协主席邓颖超，亲自动员钱学森担任全国政协副主席。因为两人是"师生关系"，具有师生之谊。有一次，邓颖超问钱学森一些原子弹方面的问题，钱学森说自己的专业领域是核导弹、运载火箭、航天科技等，不是原子弹专家。邓颖超幽默地说，这都怨恩来同志，任何事情都对我保密，弄得对原子弹与导弹也不了解。聊着聊着，钱学森问，您早年是否在北京当过小学老师？邓颖超回答，当过。钱学森说，您是我的小学老师呀，我早年在北京读小学期间，听过您讲话。两人回顾往事，学校、时间、地点，完全契合。

原来，钱学森虽然出生在上海，但由于父亲钱均夫 1914 年到北京的教育部任职，于是未满 3 周岁的钱学森便随父母迁居北京。少年钱学森天资聪颖，悟性很好，到了读书年龄，就读于国立北京高等师范学校附属小学。而钱学森在该校读书期间，邓颖超恰巧在该校任教，是该校第一批女教师之一。谁也想不到，在改革开放新时期，老师邓颖超和学生钱学森奇迹般地相逢了。

由于“邓老师”亲自出马，约见钱学森谈话。于是，钱学森根据“邓老师”要求担任了全国政协副主席，并连续任职三届。

钱永刚回忆说：因为父亲是院士，当时院士是不退休的，所以并没有办过正式的退休手续。1982 年，他卸任国防科工委副主任，五年后又卸任国防科工委科技委员会副主任，从那时起，他就不再去办公室了。

1986 年的时候，我父亲还能走动，组织上找他，要提名他为全国政协副主席的推荐人选，他一开始没答应。当时全国政协主席是邓颖超，她亲自找我父亲谈。他们有特殊的渊源，我父亲上小学的时候，邓颖超就在那个小学当老师，虽然没有教过他，但我父亲后来一直管邓颖超叫邓老师，有一份师生情。

邓颖超问我父亲为什么不愿意当，他说想用有限的精力多做一些学术研究。邓颖超就说，提名还是要提名，当选后你有事可以请假。

应该说，从行政领导岗位上退下后，父亲从未停止思考。从 1982 年卸任国防科工委副主任，到 1996 年的那十四年，是我父亲晚年学术思想的高峰期。从 1982 年到 1990 年，父亲研究的重点是系统科学、思维科学，还有人体科学、社会科学。1978 年 5 月，我父亲在国内第一次提出了系统工程。1990 年，他和其他两位同志在《自然》杂志发表了《一个科学新领域——开放的复杂巨系统及其方法论》，就是他那一阶段研究成果的一个总结。

1991 年 10 月，我父亲八十岁的时候，中央授予他“国家杰出贡献科学家”荣誉称号，这个称号迄今为止我们国家只授予了我父亲一个人。

钱永刚说：“我认为钱学森为什么能，他和别的科学家与众不同之处，就是他对系统科学的造诣比别人高。”

在最后的岁月里，钱学森认为，自己毕生的最大成就是创建了系统科学。

“愚公移山，志在千里。”钱学森用一生一世实践着自己攀登科学高峰的信念。